Gabriela Riemer-Kafka

Schweizerisches Sozialversicherungsrecht

Schweizerisches Sozialversicherungsrecht

Gabriela Riemer-Kafka
Professorin (em.) an der Universität Luzern

7. Auflage

Stämpfli Verlag

Bibliografische Information der Deutschen Nationalbibliothek
Die Deutsche Nationalbibliothek verzeichnet diese Publikation in der Deutschen Nationalbibliografie; detaillierte bibliografische Daten sind im Internet über http://dnb.d-nb.de abrufbar.

www.staempfliverlag.com

ISBN 978-3-7272-1046-4

FSC www.fsc.org MIX Papier aus verantwortungsvollen Quellen FSC® C083411

Vorwort

Sozialversicherungsrecht ist für viele Leute ein Buch mit sieben Siegeln oder, einfacher ausgedrückt, ein «Dschungel» von Rechtsnormen, in dem es sehr schwierig ist, sich in nützlicher Zeit zurechtzufinden. Es zeigt sich auch sehr vielfältig, dynamisch und komplex, weil es viele Bezugspunkte zu andern Rechtsgebieten aufweist und daher nie isoliert angewendet werden kann.

Das Sozialversicherungsrecht begleitet den Menschen in all seinen Lebenssituationen, nämlich von der Geburt, über die Kindheit hin zur Ausbildung, Familiengründung oder auch Auflösung, durchs Erwerbsleben, sei es bei guter oder schlechter Gesundheit, bis hin zur Pensionierung und letztlich zum Tod: kurz gesagt «von der Wiege bis zur Bahre». In all diesen Situationen geht es darum, dass mit Hilfe sozialrechtlicher Ansprüche erschwerende Momente des Lebens besser gemeistert werden können und von kompetenter Stelle geeignete Massnahmen in Form von Sach- und/oder Geldleistungen zur Bewältigung gesundheitlicher und/oder finanzieller Probleme zur Verfügung gestellt werden. Die Sozialversicherungen mit ihren zahlreichen Leistungsarten bieten somit eine eigentliche Lebenshilfe und sind aus unserer Gesellschaft und dem Wirtschaftsleben, das durch sie ebenfalls von zahlreichen Verpflichtungen entlastet wird, nicht mehr wegzudenken. Die soziale Sicherheit trägt wesentlich zum Wohlstand und sozialen Frieden in unserem Land bei und stärkt den Einzelnen sowie den Zusammenhalt in der Gesellschaft.

Das vorliegende Stämpfli Skript stellt den Aufbau und die Grundzüge unserer Sozialversicherungen dar, mit dem Ziel, für Studierende und ebenso auch für Praktiker, eine Wissensgrundlage zu vermitteln, mit der sie in der Praxis den Einstieg in komplexere Fragen des Sozialversicherungsrechts finden können. Daher versteht es sich von selbst, dass zwar die meisten, aber nicht alle der sozialversicherungsrechtlichen Institute und Institutionen (insb. nicht die Kurzarbeits-, Schlechtwetter- und Insolvenzentschädigung) gleich vertieft vorgestellt werden. Es wird auch davon ausgegangen, dass bei Fragen, die in diesem Lehrmittel nicht beantwortet werden, auf weitere Literatur, so insbesondere andere Lehrbücher, Kommentare oder die zahlreiche bundesgerichtliche Rechtsprechung, zurückgegriffen wird.

Um mit der Dynamik dieses Rechtsgebiets mithalten zu können, ist es erforderlich, gleichzeitig die neueste Gesetzesausgabe und die aktuelle Rechtsprechung zu konsultieren bzw. sich auf elektronischem Weg Zugang zur Systematischen Sammlung des Bundesrechts (www.admin.ch) sowie zur Rechtsprechung des Bundesgerichts (www.bger.ch) zu verschaffen.

Die nun vorliegende siebte Auflage berücksichtigt, der Dynamik von Gesetzgebung und Rechtsprechung folgend, nicht nur die zwischenzeitlich ergangenen Gesetzesrevisionen sondern wirft auch einen Blick auf die noch nicht in Kraft gesetzten Revisionen des ATSG und ELG sowie gewisse Neuerungen der laufenden IVG-Revision. Darüber hinaus sind die aktuellen Grenzbeträge und die ab 2020 geltenden AHV-Beitragssätze angepasst sowie die zwischenzeitlich erschienene Literatur nachgeführt worden. Auch in dieser Auflage wird besonderen Wert auf die aktuellste bundesgerichtliche Rechtsprechung gelegt (berücksichtigt bis 31.7.2019). Sie soll nicht nur den Studierenden sondern auch dem Rechtsanwender wertvolle Hinweise bieten und helfen, die knapp gefasst Theorie zu veranschaulichen.

Der besseren Lesbarkeit halber gilt die männliche Form auch für die weibliche.

Zürich, Juli 2019 Prof. (em.) Dr. Gabriela Riemer-Kafka

Inhaltsverzeichnis

Literaturhinweise

Standardliteratur:

a) Allgemeine Literatur

Kieser Ueli, Schweizerisches Sozialversicherungsrecht, 2. Auflage, Zürich/St. Gallen 2017

Kieser Ueli, ATSG-Kommentar, 3. Auflage, Zürich 2015

Kieser Ueli/Riemer-Kafka Gabriela, Tafeln zum schweizerischen Sozialversicherungsrecht, 5. Auflage, Zürich 2013

Locher Thomas/Gächter Thomas, Grundriss des Sozialversicherungsrechts, 4. Auflage, Bern 2014

Meyer Ulrich (Hrsg.), Schweizerisches Bundesverwaltungsrecht, Soziale Sicherheit, Bd. XIV, 3. Auflage, Basel/Genf/München 2015

Scartazzini Gustavo/Hürzeler Marc, Bundessozialversicherungsrecht, 4. Auflage, Basel 2012

b) Berufliche Vorsorge

Riemer Hans Michael/Riemer-Kafka Gabriela, Das Recht der beruflichen Vorsorge in der Schweiz, 2. Auflage, Bern 2006 (SjL)

Hürzeler Marc, Berufliche Vorsorge. Ein Grundriss für Studium und Praxis, Basel 2019

Schneider Jacques-André/Geiser Thomas/Gächter Thomas (Hrsg.), BVG und FZG, Handkommentar, 2. Auflage, Bern 2019

Stauffer Hans-Ulrich, Berufliche Vorsorge, 3. Auflage, Zürich 2019

Vetter-Schreiber Isabelle, Berufliche Vorsorge, Kommentar zum BVG/FZG, 3. Auflage, Zürich 2013

Repetitorien zum Sozialversicherungsrecht (Hrsg.: Gabriela Riemer-Kafka), Bern:

Ueberschlag Jakob/Beeler Alex, Repetitorium zum Sozialversicherungsrecht, Band 1, Alters-, Hinterlassenen- und Invalidenversicherung sowie Ergänzungsleistungen, 2. Auflage, Bern 2013

Hürzeler Marc M., Repetitorium zum Sozialversicherungsrecht, Band 2, Die Berufliche Vorsorge, 2. Auflage, Bern 2013

Pfiffner Rauber Brigitte, Repetitorium zum Sozialversicherungsrecht, Band 3, Krankenversicherung, 2. Auflage, Bern 2013

Usinger-Egger Patricia, Repetitorium zum Sozialversicherungsrecht, Band 4, Unfallversicherung unter Berücksichtigung der Militärversicherung und der Erwerbsersatzordnung, 2. Auflage, Bern 2013

Usinger-Egger Patricia, Repetitorium zum Sozialversicherungsrecht, Band 5, Arbeitslosenversicherung, 2. Auflage, Bern 2013

Rechtsprechung des Bundesgerichts zum Sozialversicherungsrecht (Hrsg.: Erwin Murer/Hans-Ulrich Stauffer), Zürich:

- *Eugster Gebhard,* Bundesgesetz über die Krankenversicherung (KVG), 2. Auflage, Zürich 2018
- *Kieser Ueli,* Alters- und Hinterlassenenversicherung, 3. Auflage, Zürich 2012
- *Kupfer Bucher Barbara*, Bundesgesetz über die obligatorische Arbeits-losenversicherung und Insolvenzentschädigung, 5. Auflage, Zürich 2019
- *Meyer Ulrich/Reichmuth Marco,* Bundesgesetz über die Invalidenversicherung (IVG), 3. Auflage, Zürich 2014
- *Müller Urs,* Rechtsprechung des Bundesgerichts zum ELG, 3. Auflage, Zürich 2015
- *Rumo-Jungo Alexandra/Holzer André Pierre*, Bundesgesetz über die Unfallversicherung (UVG), 4. Auflage, Zürich 2012
- *Stauffer Hans-Ulrich,* Die berufliche Vorsorge, BVG/FZG/ZGB/OR/FusG/ZPO, 4. Auflage, Zürich 2019

Periodika:

- AHI-Praxis (ab 1998 auf Internet: www.sozialversicherungen.admin.ch)
- ARV, Arbeitsrecht und Arbeitslosenversicherung, Zürich
- HAVE, Haftung und Versicherung, Zürich/Eglisau
- SZS: Schweizerische Zeitschrift für Sozialversicherung und berufliche Vorsorge, Bern

Abkürzungsverzeichnis

aArt.	alt Artikel
Abs.	Absatz
Abt.	Abteilung
aBV	Bundesverfassung der Schweizerischen Eidgenossenschaft vom 29. Mai 1874
AdoV	Verordnung vom 29. Juni 2011 über die Adoption (Adoptionsverordnung; SR 211.221.36)
ADS, ADHS	Aufmerksamkeit-Defizit-(Hyperaktivitäts)-Störung
AE	Auffangeinrichtung
AG	Aktiengesellschaft
AHI-Praxis	Rechtsprechung und Verwaltungspraxis (BSV)
AHV	Alters- und Hinterlassenenversicherung
AHVG	Bundesgesetz vom 20. Dezember 1946 über die Alters- und Hinterlassenenversicherung (SR 831.10)
AHVV	Verordnung vom 31. Oktober 1947 über die Alters- und Hinterlassenenversicherung (SR 831.101)
AK	Ausgleichskasse
ALE	Arbeitslosenentschädigung
ALV	Arbeitslosenversicherung
AMM	arbeitsmarktliche Massnahmen
AN	Arbeitnehmer
a.o.	ausserordentlich
Art.	Artikel
ARV	Arbeitsrecht und Arbeitslosenversicherung, Mitteilungsblatt des seco (vorm. BIGA; seit 2001 Arbeitsrecht)
ASV	Verordnung vom 10. und 22. Juni 2011 über die Anlagestiftungen (SR 831.403.2)
ATSG	Bundesgesetz vom 6. Oktober 2000 über den Allgemeinen Teil des Sozialversicherungsrechts (SR 830.1)
ATSV	Verordnung vom 11. September 2002 über den Allgemeinen Teil des Sozialversicherungsrechts (SR 830.11)
AVB	Allgemeine Versicherungsbedingungen
AVIG	Bundesgesetz vom 25. Juni 1982 über die obligatorische Arbeitslosenversicherung und die Insolvenzentschädigung (SR 837.0)
AVIV	Verordnung vom 31. August 1983 über die obligatorische Arbeitslosenversicherung und die Insolvenzentschädigung (SR 837.02)
BAG	Bundesamt für Gesundheit
BAMV	Bundesamt für Militärversicherung
BB	Bundesbeschluss
BBG	Bundesgesetz vom 13. Dezember 2002 über die Berufsbildung (SR 412.10)
BBl	Bundesblatt der schweizerischen Eidgenossenschaft
Bd.	Band
BEFAS	Berufliche Abklärungsstelle

betr.	betreffend
BG	Bundesgesetz
BGE	Entscheidungen des Schweizerischen Bundesgerichts, Amtliche Sammlung, zitiert nach Jahrgang und Band
BGerR	Reglement vom 20. November 2006 für das Bundesgericht (SR 173.110.131)
BGG	Bundesgesetz vom 17. Juni 2005 über das Bundesgericht (SR 173.110)
BGSA	Bundesgesetz vom 17. Juni 2005 über Massnahmen zur Bekämpfung der Schwarzarbeit (SR 822.41)
BIGA	Bundesamt für Industrie, Gewerbe und Arbeit (heute seco)
BIP	Bruttoinlandprodukt, gesamte jährliche Wertschöpfung innerhalb der Schweizer Grenzen
BIZ	Berufsinformationszentrum
BJM	Basler Juristische Mitteilungen (Reinach BL)
BS	Bereinigte Sammlung der Bundesgesetze
BSV	Bundesamt für Sozialversicherungen
BU	Berufsunfälle
BV	Bundesverfassung der Schweizerischen Eidgenossenschaft vom 18. April 1999 (SR 101)
bV	berufliche Vorsorge
BVG	Bundesgesetz vom 25. Juni 1982 über die berufliche Alters-, Hinterlassenen- und Invalidenvorsorge (SR 831.40)
BVGE	Entscheide des Schweizerischen Bundesverwaltungsgerichts
BVV1	Verordnung vom 10. und 22. Juni 2011 über die Aufsicht in der beruflichen Vorsorge (SR 831.435.1)
BVV2	Verordnung vom 18. April 1984 über die berufliche Alters-, Hinterlassenen- und Invalidenvorsorge (SR 831.441.1)
BVV3	Verordnung vom 13. November 1985 über die steuerliche Abzugsberechtigung für Beiträge an anerkannte Vorsorgeformen (SR 831.461.3)
bzgl.	bezüglich
bzw.	beziehungsweise
ca.	circa
CESS	Europäische Ordnung der Sozialen Sicherheit vom 16. April 1964 (SR 0.831.104)
CH	Schweizerische Eidgenossenschaft
d.h.	das heisst
DAP	Dokumentation von Arbeitsplätzen (Suva)
dB	Dezibel
DBG	Bundesgesetz vom 14. Dezember 1990 über die direkte Bundessteuer (SR 642.11)
dgl.	dergleichen
DSG	Bundesgesetz vom 19. Juni 1992 über den Datenschutz (SR 235.1)
DSM-5	Diagnostic and Statistical Manual of Mental Disorders
DVO	Durchführungsverordnung (VO [EG] 987/2009 vom 16. September 2009)
EAK	Eidgenössische Ausgleichskasse

EDI	Eidgenössisches Departement des Innern
EESSI	Electronic Exchange of Social Security Information
EFD	Eidgenössische Finanzverwaltung
EFTA	European Free Trade Association (Norwegen, Island, Liechtenstein)
EGMR	Europäischer Gerichtshof für Menschenrechte
eidg.	eidgenössisch
EJPD	Eidgenössisches Justiz- und Polizeidepartement
EL	Ergänzungsleistung(en)
ELG	Bundesgesetz vom 6. Oktober 2006 über Ergänzungsleistungen zur Alters-, Hinterlassenen- und Invalidenversicherung (SR 831.30)
ELV	Verordnung vom 15. Januar 1971 über die Ergänzungsleistungen zur Alters-, Hinterlassenen- und Invalidenversicherung (SR 831.301)
EMRK	Konvention vom 4. November 1950 zum Schutze der Menschenrechte und Grundfreiheiten (SR 0.101)
EO	Erwerbsersatzordnung
EOG	Bundesgesetz vom 25. September 1952 über den Erwerbsersatz für Dienstleistende und bei Mutterschaft (SR 834.1)
EOV	Verordnung vom 24. November 2004 zum Erwerbsersatzgesetz (SR 834.11)
etc.	et cetera
EU	Europäische Union (Frankreich, Deutschland, Österreich, Italien, Spanien, Portugal, Irland, Dänemark, Schweden, Finnland, Belgien, Niederland, Luxemburg, Griechenland, Malta, Zypern, Rumänien, Bulgarien, Kroatien, [Status von Grossbritannien wegen Brexit noch nicht geklärt])
EuGH	Europäischer Gerichtshof
ev.	eventuell
EVG	Eidgenössisches Versicherungsgericht (selbständiger Status bis 31. Dezember 2006)
EVGE	Entscheidungen des Eidgenössischen Versicherungsgerichts (ab 1970: BGE Band V)
EWG	Europäische Wirtschaftsgemeinschaft
f./ff.	folgende
FamZ	Familienzulagen
FamZG	Bundesgesetz vom 24. März 2006 über die Familienzulagen (SR 836.2)
FamZV	Verordnung vom 31. Oktober 2007 über die Familienzulagen (SR 836.21)
FHSG	Bundesgesetz vom 6. Oktober 1995 über die Fachhochschulen (SR 414.71)
FINMA	Eidgenössische Finanzmarktaufsicht
FLG	Bundesgesetz vom 20. Juni 1952 über die Familienzulagen in der Landwirtschaft (SR 836.1)
FLV	Verordnung vom 11. November 1952 über die Familienzulagen in der Landwirtschaft (SR 836.11)
Fr.	Franken
freiw.	freiwillig
FusG	Bundesgesetz vom 3. Oktober 2003 über Fusion, Spaltung, Umwandlung und Vermögensübertragung (SR 221.301)

FZA	Abkommen zwischen der Schweizerischen Eidgenossenschaft einerseits und der Europäischen Gemeinschaft und ihren Mitgliedstaaten andererseits über die Freizügigkeit. Abgeschlossen am 21. Juni 1999, von der Bundesversammlung genehmigt am 8. Oktober 1999, Schweizerische Ratifikationsurkunde hinterlegt am 16. Oktober 2000, in Kraft getreten am 1. Juni 2002 (SR 0.142.112.681)
FZG	Bundesgesetz vom 17. Dezember 1993 über die Freizügigkeit in der beruflichen Alters-, Hinterlassenen- und Invalidenvorsorge (SR 831.42)
FZV	Verordnung vom 3. Oktober 1994 über die Freizügigkeit in der beruflichen Alters-, Hinterlassenen- und Invalidenvorsorge (SR 831.425)
Gg	Geburtsgebrechen
GGML	Geburtsgebrechen-Medikamentenliste
GgV	Verordnung vom 9. Dezember 1985 über Geburtsgebrechen (SR 831.232.21)
GS	Gemeinschaftsstiftung
GSG	Bundesgesetz vom 22. Juni 2007 über die von der Schweiz als Gaststaat gewährten Vorrechte, Immunitäten und Erleichterungen sowie finanziellen Beiträge (SR 192.2)
HEKS	Hilfswerk der Evangelischen Kirchen Schweiz
HIV	Humanes Immundefizienz-Virus
HMO	Health Maintenance Organization
HVA	Verordnung vom 28. August 1978 über die Abgabe von Hilfsmitteln durch die Altersversicherung (SR 831.135.1)
HVI	Verordnung des EDI vom 29. November 1976 über die Abgabe von Hilfsmitteln durch die Invalidenversicherung (SR 831.232.51)
HVUV	Verordnung vom 18. Oktober 1984 über die Abgabe von Hilfsmitteln durch die Unfallversicherung (SR 832.205.12)
hyp.	hypothetisch
IAO	Internationale Arbeitsorganisation
i.c.	in casu
ICD-10	International Classification of Diseases
i.d.R.	in der Regel
IE	Invalideneinkommen
i.e.S.	im engeren Sinne
IFEG	Bundesgesetz vom 6. Oktober 2006 über die Institutionen zur Förderung der Eingliederung von invaliden Personen (SR 831.26)
IgA	Invaliditätsgrad Aufgabenbereich
IgE	Invaliditätsgrad Erwerbstätigkeit
IIZ	Interinstitutionelle Zusammenarbeit
IK	Individuelles Konto
ILO	International Labour Organisation
insb.	insbesondere
IQ	Intelligenzquotient
i.S.	im Sinne
i.S.v.	im Sinne von
IV	Invalidenversicherung

IVE	Invalideneinkommen
IVG	Bundesgesetz vom 19. Juni 1959 über die Invalidenversicherung (SR 831.20)
IVV	Verordnung vom 17. Januar 1961 über die Invalidenversicherung (SR 831.201)
i.V.m.	in Verbindung mit
Jh.	Jahrhundert
KAK	Kantonale Ausgleichskasse
KHMI	Kreisschreiben über die Abgabe von Hilfsmitteln durch die Invalidenversicherung
KLV	Verordnung des EDI vom 29. September 1995 über Leistungen in der obligatorischen Krankenpflegeversicherung (SR 832.112.31)
KS	Kreisschreiben
KSBE	Kreisschreiben über die Eingliederungsmassnahmen beruflicher Art
KSBIL	Kreisschreiben über das Verfahren zur Leistungsfestsetzung in der AHV/IV/EL
KSIH	Kreisschreiben über Invalidität und Hilfslosigkeit in der Invalidenversicherung
KSIM	Kreisschreiben über die Integrationsmassnahmen
KSVI	Kreisschreiben über das Verfahren in der Invalidenversicherung
KSVR	Kreisschreiben über die Vergütung der Reisekosten in der Invalidenversicherung
KUVG	Bundesgesetz vom 13. Juni 1911 über die Kranken- und Unfallversicherung (BS 8 281)
KV	Krankenversicherung
KVAG	Bundesgesetz 26. September 2014 betreffend die Aufsicht über die soziale Krankenversicherung (Krankenversicherungsaufsichtsgesetz, KVAG) (SR 832.12)
KVAV	Verordnung vom 18. November 2015 betreffend die Aufsicht über die soziale Krankenversicherung (Krankenversicherungsaufsichtsverordnung, KVAV) (SR 832.121)
KVG	Bundesgesetz vom 18. März 1994 über die Krankenversicherung (SR 832.10)
KVV	Verordnung vom 27. Juni 1995 über die Krankenversicherung (SR 832.102)
LAM	Logistik Arbeitsmarktliche Massnahmen
LEO	Lohnausfallentschädigungsordnung
lit.	litera
LSE	Lohnstrukturerhebung
m.E.	meines Erachtens
max.	maximal
MEDAS	Medizinische Abklärungsstelle
MiGeL	Mittel- und Gegenstände-Liste
mind.	mindestens
Mrd.	Milliarde
MuV	Mutterschaftsversicherung
MV	Militärversicherung
MVG	Bundesgesetz vom 19. Juni 1992 über die Militärversicherung (SR 833.1)
MVV	Verordnung vom 10. November 1993 über die Militärversicherung (SR 833.11)

NFA	Neugestaltung des Finanzausgleichs und der Aufgabenteilung zwischen Bund und Kantonen, seit 1.1.2008
NBU	Nichtberufsunfälle
Nr.	Nummer
OAK	Oberaufsichtskommission berufliche Vorsorge
obl.	obligatorisch
OR	Bundesgesetz vom 30. März 1911 betreffend die Ergänzung des Schweizerischen Zivilgesetzbuches (Fünfter Teil: Obligationenrecht) (SR 220)
öV	öffentliche Verkehrsmittel
PKB-Gesetz	Bundesgesetz vom 23. Juni 2000 über die Pensionskasse des Bundes (SR 172.222.0)
POS	Psycho-Organisches Syndrom
PTBS	Posttraumatische Belastungsstörung
PWS	Prader-Willi-Syndrom
RAD	Regionaler Ärztlicher Dienst
RAV	Regionales Arbeitsvermittlungszentrum
rechtl.	rechtlich
resp.	respektive
RKUV	Kranken- und Unfallversicherung, Rechtsprechung und Verwaltungspraxis (Hrsg.: BSV, ab 2007 eingestellt)
RO	Reglement vom 14. Juni 2002 über die Organisation der Schweizerischen Unfallversicherungsanstalt (SR 832.207)
RV-AHV	Verordnung vom 29. November 1995 über die Rückvergütung der von Ausländern an die Alters- und Hinterlassenenversicherung bezahlten Beiträge (SR 831.131.12)
RWL	Wegleitung des BSV über die Renten
SAH	Schweizerisches Arbeiterhilfswerk
SAK	Schweizerische Ausgleichskasse
SchKG	Bundesgesetz vom 11. April 1889 über Schuldbetreibung und Konkurs (SR 281.1)
Seco	Staatssekretariat für Wirtschaft
SFV	Verordnung vom 22. Juni 1998 über den Sicherheitsfonds BVG (SR 831.432.1)
SL	Spezialitätenliste
sog.	sogenannt
SR	Systematische Sammlung des Bundesrechts
SRK	Schweizerisches Rotes Kreuz
SRL	Systematische Rechtssammlung des Kantons Luzern
Std.	Stunde
StGB	Schweizerisches Strafgesetzbuch vom 21. Dezember 1937 (SR 311.0)
Suva	Schweizerische Unfallversicherungsanstalt
SVR	Rechtsprechung zum Schweizerischen Sozialversicherungsrecht
SwissDRG	Swiss Diagnosis Related Groups

SZS	Schweizerische Zeitschrift für Sozialversicherung und berufliche Vorsorge (Bern)
tAZ	tatsächliche Arbeitszeit
u.a.	unter anderem
UeB	Übergangsbestimmung
UFG	Bundesgesetz vom 8. Oktober 1999 über die Förderung der Universitäten und über die Zusammenarbeit im Hochschulbereich (SR 414.20)
U-Haft	Untersuchungshaft
UKS	Unfallähnliche Körperschädigung
UP	unentgeltliche Prozessführung
usw.	und so weiter
UV	Unfallversicherung
UVG	Bundesgesetz vom 20. März 1981 über die Unfallversicherung (SR 832.20)
UVV	Verordnung vom 20. Dezember 1982 über die Unfallversicherung (SR 832.202)
v.	von
v.a.	vor allem
VAG	Bundesgesetz vom 17. Dezember 2004 betreffend die Aufsicht über Versicherungsunternehmen (SR 961.01)
VAK	Verbandsausgleichskasse
VE	Vorsorgeeinrichtung, Valideneinkommen
VEO	Verdienstersatzordnung
vers. Verd.	versicherter Verdienst
VFV	Verordnung vom 26. Mai 1961 über die freiwillige Alters-, Hinterlassenen- und Invalidenversicherung (SR 831.111)
VGG	Bundesgesetz vom 17. Juni 2005 über das Bundesverwaltungsgericht (SR 173.32)
vgl.	vergleiche
VO	Verordnung
VO (EG)	Verordnung (EG) 883/2004 des Europäischen Parlaments und des Rates vom 29. April 2004 zur Koordinierung der Systeme der Sozialen Sicherheit
VORA	Verordnung vom 12. April 1995 über den Risikoausgleich in der Krankenversicherung (SR 832.112.1)
VPVK	Verordnung vom 7. November 2007 über den Bundesbeitrag zur Prämienverbilligung in der Krankenversicherung (SR 832.112.4)
VUV	Verordnung vom 19. Dezember 1983 über die Verhütung von Unfällen und Berufskrankheiten (SR 832.30)
VVG	Bundesgesetz vom 2. April 1908 über den Versicherungsvertrag (SR 221.229.1)
VwVG	Bundesgesetz vom 20. Dezember 1968 über das Verwaltungsverfahren (SR 172.021)
WBB	Wegleitung über den Bezug der Beiträge in der AHV, IV und EO
WEFV	Verordnung vom 3. Oktober 1994 über die Wohneigentumsförderung mit Mitteln der beruflichen Vorsorge (SR 831.411)
WEL	Wegleitung des BSV über die Ergänzungsleistungen zur AHV und IV

WHO	World Health Organization (Weltgesundheitsorganisation)
WML	Wegleitung über den massgebenden Lohn in der AHV, IV und EO
WSN	Wegleitung über die Beiträge der Selbständigerwerbenden und Nichterwerbstätigen in der AHV, IV und EO
WTO	Welthandelsorganisation (World Trade Organization)
ZAK	Zeitschrift für die Ausgleichskassen (ab 1993: AHI-Praxis)
ZAS	Zentrale Ausgleichsstelle (Genf)
z.B.	zum Beispiel
ZBSA	Zentralschweizer BVG- und Stiftungsaufsicht
ZGB	Schweizerisches Zivilgesetzbuch vom 10. Dezember 1907 (SR 210)
z.T.	zum Teil

1. Teil: Grundlagen

Einführung

Ausgehend vom allgemein anerkannten Grundsatz, dass jede Person, zusammen mit den gesetzlich zu Beistand verpflichteten Familienangehörigen (Art. 159 ZGB, Art. 272 ZGB), den erlittenen Schaden selbst zu tragen hat (casum sentit dominus), wird die Haftung für einen erlittenen Schaden (damnum emergens und/oder lucrum cessans bzw. Differenz zwischen dem Vermögen vor und demjenigen nach Eintritt des schädigenden Ereignisses) nur dort auf die Person des Schädigers oder eine Versicherung verschoben, wo das Gesetz oder ein Vertrag dies vorsieht. Die Notwendigkeit eines Ersatzes für erlittenen Schaden ergibt sich einerseits aus Gerechtigkeitsüberlegungen und anderseits aus wirtschaftlichen Erwägungen. Wer jemandem einen Schaden widerrechtlich und schuldhaft zufügt, soll Ersatz für den (natürlich und adäquat kausal) verursachten Schaden leisten, dies nicht zuletzt als Folge der Verletzung von Persönlichkeitsrechten bzw. der Unantastbarkeit der körperlichen, seelischen und wirtschaftlichen Integrität. Diese Aufgabe nehmen in erster Linie das Haftpflichtrecht (Art. 41 ff. OR) und das Vertragsrecht (Art. 97 ff. OR) wahr. Dass diese einen Ausgleich schaffende Ordnung nicht genügen kann, ergibt sich aus der möglichen beschränkten Leistungsfähigkeit des Schuldners und der im konkret eingetretenen Schadensfalls möglicherweise sehr hoch ausfallenden Schadenssumme. Daneben hat sich deshalb insbesondere während der Industrialisierung das Versicherungswesen entwickelt, das zum Zweck hat, die Individuen durch *gemeinsame* Vorsorge (Solidarität durch «einer für alle, alle für einen», Finanzierung durch Beiträge der Versicherten als Teil ihrer Selbstvorsorge und Eigenverantwortung sowie Leistungen nach Plan) vor übergrosser Belastung durch die finanziellen Folgen von Schadensfällen zu schützen und vor Verarmung, die letztlich zu Lasten des Gemeinwesen ginge, zu bewahren. Darüber hinaus aber war die Versicherung, insbesondere die Sachversicherung, auch ein Mittel zur Förderung der Kreditwürdigkeit, indem sie den Investoren im Zuge der Industrialisierung eine Sicherheit bot. 1.01

Die Versicherung übernimmt grundsätzlich sowohl Personen- als auch Sachschäden. Letztere werden aber nur von den Privatversicherungen versichert. Diese bieten für Sachschäden entweder eigentliche Schadensversicherungen an, indem der konkrete, im Risikofall eintretende Schaden beglichen wird, oder Summenversicherungen, wonach unabhängig vom erlittenen Schaden bei Risikoeintritt die vertraglich vereinbarte Summe ausbezahlt wird. Oftmals muss durch Auslegung des Versicherungsvertrags resp. der Versicherungspolice nach Vertrauensprinzip ermittelt werden, ob es sich um eine Schadens- oder Summenversicherung handelt. Vorteil der Summenversicherung ist, dass beim Zusammenfallen von Leistungen von verschiedenen Versicherungen für den gleichen Risikofall keine Kürzungen wegen Überversicherung erfolgen dürfen. 1.02

Die Sozialversicherung ist im Gegensatz zur Privatversicherung immer nur Personenversicherung, die den erlittenen Schaden der versicherten Person in der Regel nicht zu 100% deckt (Gründe dafür: Förderung der Eigenverantwortung und Verhinderung der Attraktivität von Versicherungsleistungen = moral hazard-Verhalten, teilweise Befreiung der Leistungen von Soziallasten). Zudem sind ihre Leistungen in manchen Fällen auf Grund von Tabellen und Formeln pauschalisiert und typisiert.

Das Versicherungssystem wird ergänzt durch die staatliche Hilfe in Notlagen, wenn die eigene Erwerbsfähigkeit, die Ansprüche gegenüber den verschiedenen Versicherungen, Haftpflichtigen, Vertragsschuldern sowie die Eigenvorsorge (Säule 3a und b) nicht für die Deckung des Existenzminimums ausreichen. Das Recht auf Sozialhilfe gemäss Art. 12 BV ist ein direkt aus der Bundesverfassung fliessender Rechtsanspruch.

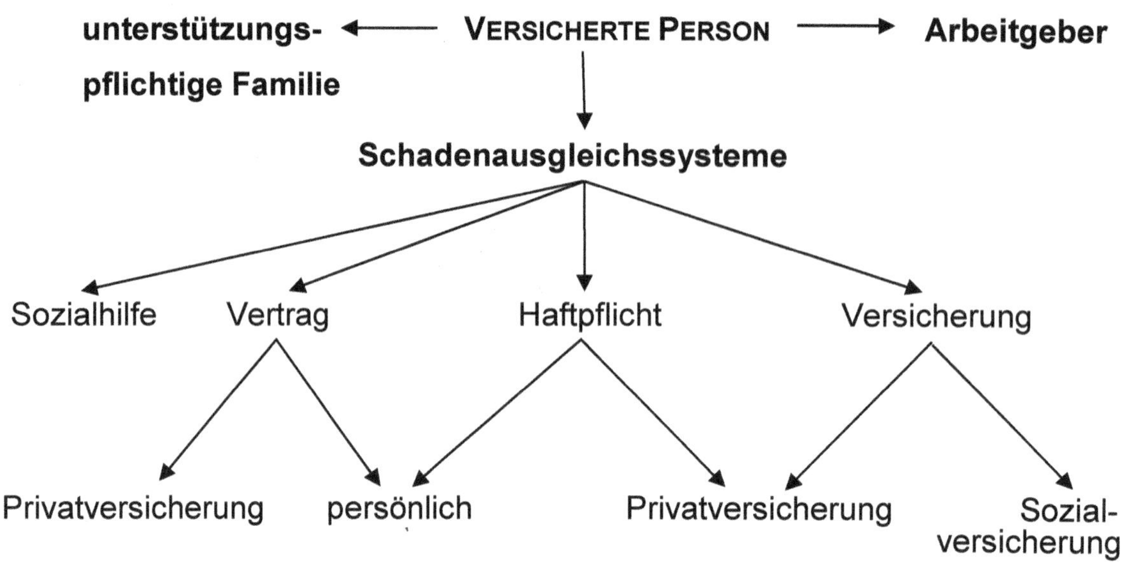

Vom gesamten Sozialschutz decken die obligatorischen Sozialversicherungen einen grossen Teil der Leistungen ab, während der Rest sich auf die Sozialhilfe, öffentliche Subventionen, private Versicherungen, Lohnfortzahlung des Arbeitgebers und soziale Massnahmen der Drogen- und Asylpolitik verteilt.

A. Sozialversicherung als Teil der sozialen Sicherheit

I. Die volkswirtschaftliche Bedeutung

1.03 Die soziale Sicherheit ist nicht nur eine Last, sondern in verschiedener Hinsicht auch ein Segen. Volkswirtschaftlich ist sie unverzichtbar geworden, da sie nicht nur der Sicherstellung der Kaufkraft, sondern durch die verschiedenen Wiedereingliederungsmassnahmen auch dem Erhalt der Arbeitskraft dient.

Bezieht man sich auf die statistischen Werte, so nimmt die Sozialversicherung einen beachtlichen Teil am Bruttoinlandprodukt (BIP: 2018 betrug es 689'898 Mrd.), d.h. am Gesamtwert der in der Schweiz erarbeiteten Güter und Dienstleistungen, ein. Knapp 13% des BIP entfallen auf den Bereich des Gesundheitswesens. Gemäss Bundesbudget 2019 liegt der Voranschlag des Ausgabenanteils für die soziale Wohlfahrt (inkl. Asylwesen und Wohnungsbau) bei 23,02 Mrd. (bei budgetierten Ausgaben von total 72,334 Mrd.) und die Leistungen des Bundes an die Finanzierung der Sozialversicherungen sind für 2019 mit 17'787 Mrd. Franken budgetiert. Die Soziallastquote[1] stieg auf 27,23% des BIP (Stand 2017) und die Sozialleistungsquote[2] beträgt 21,2% (Stand 2017). Dies bedeutet, dass mehr als jeder vierte Franken als Beitragsleistung in die Sozialversicherungen fliesst. Dieser Anteil wird als sehr hoch empfunden (er hat sich doch in den letzten 30 Jahren geradezu verdoppelt), weil er der Kaufkraft entzogen und dadurch das Wirtschaftswachstum wegen geringerer Investitionstätigkeit gebremst wird.[3] Umgekehrt wird mehr als jeder fünfte Franken von den Sozialversicherungen ausbezahlt und, aus volkswirtschaftlicher Sicht in die Volkswirtschaft hineingepumpt und für die Investition in Güter und Dienstleistungen verwendet. Das Gesamtvermögen der Sozialversicherungen bewegte sich 2017 bei 998,4 Mrd. Franken, wobei davon 886 Mrd. Franken allein auf die berufliche Vorsorge entfielen.

1. Einkommens- und Auslagenersatz

Geldleistungen wie Taggelder und Renten stellen Ersatz für ausbleibendes Er- 1.04
werbseinkommen dar, Kostenvergütungen Ersatz für übermässig und erwartet anfallende Auslagen. Damit soll garantiert werden, dass der laufende Lebensunterhalt nicht mit unerwarteten und zu hohen finanziellen Belastungen überfordert wird und gesichert ist, dass die versicherte Person nicht in Not und Armut verfällt. Die von den Sozialversicherungen erbrachten Geldleistungen dienen der Bestreitung der Lebenshaltungskosten und der Kaufkrafterhaltung sowie der Erfüllung familienrechtlicher Pflichten gegenüber dem Ehegatten und den Kindern. Mit dem Einkommensersatz – ebenso natürlich auch mit dem Kostenersatz für medizinische und berufliche Eingliederungsmassnahmen – wird dem verfassungsrechtlichen Auftrag hinsichtlich der Garantie eines menschenwürdigen Lebens entsprochen, welcher in Art. 2, 7 und 41 BV seinen Niederschlag gefunden hat.

1 Verhältnis zwischen der Gesamtheit der Sozialversicherungseinnahmen und dem BIP in %.

2 Verhältnis zwischen der Gesamtheit der Sozialversicherungsleistungen und dem BIP in %.

3 Zudem werden die Produktionskosten verteuert, was die Konkurrenzfähigkeit schmälert.

2. Gesundheitswesen

1.05 Weite Bereiche des Gesundheitswesens, dazu gehören Ärzte, medizinisches Hilfspersonal, Spitäler, Heime, Spitex sowie die chemische und medizinaltechnische Industrie, finanzieren sich teilweise indirekt über Sozialversicherungsleistungen. Entsprechend viele Arbeitsplätze haben denn auch einen Bezug zum Gesundheitswesen (von den derzeit rund 5 Mio. Erwerbstätigen in der Schweiz waren im 1. Quartal 2019 rund 422'000 Personen voll- und teilzeitlich im Gesundheitswesen (ohne Heime und Sozialwesen) beschäftigt, 192'200 in Heimen, 45'200 in der Pharmaindustrie). Kostensparende Massnahmen im Leistungsbereich könnten sich daher für die Leistungserbringer einschneidend auswirken (z.B. Tarmedtarife, Preissenkungen für Hilfsmittel oder Medikamente). Betroffen wäre daher auch die Forschung, welche den Umfang des Investitionsvolumens u.a. von der Finanzierung der Leistungen abhängig macht.

1.06 Die von den Sozialversicherungen erbrachten Leistungen steuern auch das Verhalten der Leistungsempfänger. So ist z.B. aufgrund unterschiedlicher Tarife die Behandlung eines Unfalles lukrativer als die einer Krankheit. Ebenso haben die duale Finanzierung der stationären Behandlung durch die Krankenversicherung und die öffentliche Hand oder die Fallpauschalen (Swiss DRG) im stationären Bereich Einfluss auf die Frage, ob eine ambulante, eine stationäre oder eine Rehabilitationsbehandlung erfolgen soll.

Verhaltenssteuerung durch Kostenbeteiligung oder andere Massnahmen ist generell im Gesundheitswesen angesagt. Dabei kann nicht ausser Acht gelassen werden, dass sich auch der technische Fortschritt bei den Behandlungsmethoden und der demographiebedingte zunehmende Bedarf an Pflegemassnahmen auf den Umfang der Leistungen der betroffenen Sozialversicherungszweige auswirkt.

3. Volksgesundheit

1.07 Der Ausbau der Sozialversicherungen dient neben der Verwirklichung von mehr Chancengleichheit auch der Volksgesundheit in dem Sinne, dass die medizinische Versorgung allen Bevölkerungskreisen, ohne allzu hohe Hürden beim Zugang zu den Leistungen, zugänglich ist. Die frühest und bestmögliche Wiederherstellung der Gesundheit lässt nämlich den volkswirtschaftlichen Schaden kleiner ausfallen. Dieser besteht einerseits in den Aufwendungen für die Gesundheit, welche zudem anderen Investitionen entzogen werden, und andererseits, bezogen auf den Arbeitsmarkt, im produktiven Arbeitsausfall, was die Wirtschaft jährlich Milliarden kostet. Dass die Volksgesundheit von volkswirtschaftlichem Nutzen ist, zeigen auch die Bemühungen, die Gesundheitsprävention schon bei Kindern (obl. Schulzahnklinik, Impfungen) im Rahmen der Sozialversicherung zu fördern.

II. Verfassungsrechtliche Grundlagen (Art. 2, 6, 12, 41, 110–117 BV)

Der Sozialstaatsgedanke erfuhr in der total revidierten Bundesverfassung von 1999 eine verstärkte Verankerung. Ausgehend vom Zweckartikel in Art. 2 BV, in dem die gemeinsame Wohlfahrt und die Chancengleichheit aller Bürgerinnen und Bürger – bzw. Bewohner – des Landes angerufen werden, wird in den Art. 12, 41 und vor allem Art. 110–118a BV auf die soziale Sicherheit Bezug genommen. Zwischen Grundrechtskatalog und Zuständigkeitsbestimmungen eingebettet legt Art. 41 BV das Bekenntnis zur Sozialstaatsidee ab. Die Schweiz gilt als sozialer Bundesstaat, welcher Aufgaben wie soziale Sicherheit, Förderung von Bildung, Arbeit und Wohnen, Schutz der Familien und der Jugend sowie der Gesundheit der Bevölkerung wahrnimmt. Es handelt sich in Art. 41 Abs. 1 lit. a–g BV um Sozialziele und *nicht um unmittelbar durchsetzbare individuelle Ansprüche* auf staatliche Leistungen. Die normative Kraft dieser Bestimmung darf nicht überschätzt werden, da der Gesetzgeber frei bleibt, ob, wie und wann er die Sozialziele umsetzen will. Die Sozialziele hat er nämlich bloss im Rahmen seiner Zuständigkeit und seiner verfügbaren Mittel anzustreben. 1.08

Umgesetzt wird das Sozialziel der sozialen Sicherheit im Rahmen des als Grundrecht ausgestalteten Rechts auf Hilfe in Notlagen (Art. 12 BV), das aber kantonal, und zwar im Wohnkanton der bedürftigen Person, vollzogen wird (Art. 115 BV). Bei diesem Sozialrecht handelt es sich um ein unmittelbar aus der Bundesverfassung fliessendes individuelles Leistungsrecht gegenüber dem Staat, das jedoch in Umsetzung des in Art. 6 BV verankerten Grundsatzes der Eigenverantwortung des Bürgers nur *subsidiär* gewährt wird. Leistungsvoraussetzung ist nämlich, dass die betreffende Person nicht mehr in der Lage ist, aus eigener Kraft, d.h. nach Ausschöpfung sämtlicher ihr zustehenden finanziellen Quellen bzw. ihrer Arbeitskraft, für ihren Lebensunterhalt im Umfang des Existenzminimums aufzukommen. Durch den verfassungsrechtlichen Anspruch nicht festgelegt wird die Höhe des Existenzminimums, das individuell-konkret zu bestimmen ist. Viele Kantone richten sich bei der Berechnung des Existenzminimums nach den als Empfehlungen zu verstehenden Richtlinien für die Ausgestaltung und Bemessung der Sozialhilfe, welche von der Schweizerischen Konferenz für Sozialhilfe (SKOS) herausgegeben werden. 1.09

Auf Bundesebene findet sich die Gesetzgebungskompetenz für die Bundessozialversicherungen in Art. 111–117 BV. Daneben haben auch die Kantone in den der Bundeskompetenz nicht vorbehaltenen Bereichen der sozialen Sicherheit eine Gesetzgebungskompetenz, so insbesondere im Bereich der Familienzulagen. Am 1.1.2009 trat das BG über Familienzulagen (FamZG, SR 836.2) in Kraft, welches als Rahmengesetz eine weitgehend vereinheitlichte Regelung für die ganze Schweiz brachte, indem betragliche Minima für Kinder- und Ausbildungszulagen festgesetzt wurden. Gleichwohl verblieb den Kantonen ein Gestaltungsspielraum. So können sie namentlich höhere Zulagen vorsehen sowie zusätzlich 1.10

Geburts- und Adoptionszulagen ausrichten. Weitere Kompetenzen haben die Kantone im Rahmen der Arbeitslosenfürsorge und seit Inkrafttreten der Neugestaltung des Finanzausgleichs und der Aufgabenteilung zwischen Bund und Kantonen (NFA) am 1. Januar 2008 zudem im Bereich der Ergänzungsleistungen, der Sonderschulung und der Förderung der Institutionen zur Eingliederung invalider Personen (IFEG).

III. Soziale Sicherheit als Teil des Sozialrechts

1. Begriff des Sozialrechts

1.11 Eine prägnante Umschreibung des Begriffs «Sozialrecht» findet sich in unserer Rechtsordnung nicht. Art. 41 BV und der 8. Abschnitt des 3. Kapitels über Wohnung, Arbeit, soziale Sicherheit und Gesundheit bilden jedoch eine Ausgangslage. Als Sozialrecht gilt die Gesamtheit der Rechtsnormen, welche den Menschen in seiner körperlichen, beruflichen und wirtschaftlichen Existenz schützen. Im Interesse der Garantie eines menschenwürdigen Lebens strebt das Sozialrecht primär die Sicherung verschiedener zentraler Lebensgrundlagen an und schafft die Voraussetzung für eine bestmögliche Annäherung an die Rechts- und Chancengleichheit. Sozialrecht könnte man am ehesten umschreiben als Gesamtheit der Normen, welche sich historisch aus der Arbeiterbewegung und den Klassenunterschieden der Industrialisierung heraus entwickelt haben und die in den für den Menschen existenziellen Lebensbelangen (Wohnen, Arbeit, Bildung, Gesundheit und soziale Sicherheit) ihre Geltung entfalten.

2. Begriff der sozialen Sicherheit

1.12 Unter «sozialer Sicherheit» versteht man die Absicherung gegen die wirtschaftlichen Folgen von mehr oder weniger vorhersehbaren Gefahren, sog. Risiken (vgl. hinten 2.01 ff.), welche den Menschen in seiner Person unmittelbar treffen und/oder ihn in seiner wirtschaftlichen Existenz gefährden können.

1.13 Nicht zu den sozialen Risiken zählen somit Gefahren, welche sich gegen die Güter des Menschen richten, wie z.B. Zerstörung, Beschädigung oder Verlust resp. Diebstahl von Sachen. Die Versicherung dieser Gefahren fällt ausschliesslich in den Bereich der Privatversicherung. Die Sozialversicherungen übernehmen Schäden an Sachen nur in ganz begrenztem Rahmen und nur im Zusammenhang mit dem Eintritt eines sozialen Risikos beim Menschen.

1.14 Ziel der sozialen Sicherheit ist nicht allein der Ersatz des aus einem Risikofall resultierenden Schadens. Vielmehr geht es der sozialen Sicherheit auch um die Wiederherstellung der Gesundheit, um ihren Schutz bzw. ihre Erhaltung sowie um die Wiedereingliederung ins und die Partizipation am Alltags- und Erwerbsleben (Grundsatz «Eingliederung vor resp. statt Rente»).

Mittel zur Erreichung sozialer Sicherheit sind unter anderem die Sozialversicherungen, die Sozialhilfe und, in Ergänzung dazu, auch die Privatversicherung. Das in Art. 111 Abs. 1 BV statuierte *Drei-Säulen-Prinzip* baut für die Vorsorge für Alter, Tod und Invalidität auf der staatlich vorgesehenen 1. und 2. Säule (nur für Arbeitnehmende obligatorisch) sowie auf der Selbstvorsorge in der 3. Säule auf. Auf Grund des in Art. 6, 12 und 41 BV verankerten Prinzips der Eigen- oder Selbstverantwortung wird vom Bürger erwartet, dass er primär auch für seine eigene soziale Sicherheit sorgt, indem er z.B. Ersparnisse anlegt (z.B. das steuerbegünstigte Sparen in der Säule 3a (Stand: 2019) für Arbeitnehmer max. Fr. 6'826.–/Jahr, für Selbständigerwerbende bis zu max. 20% des steuerbaren Jahreseinkommens, aber max. Fr. 34'128.–/Jahr), Privatversicherungen abschliesst und schadensverhütende sowie schadensmindernde Massnahmen ergreift. Der Förderung der Selbstverantwortung dienen im Rahmen der Sozial- aber auch der Privatversicherung auch Kostenbeteiligungen durch Selbstbehalt und Franchise, Mitwirkungspflichten und -obliegenheiten sowie «Eintrittsschwellen» bei Leistungsansprüchen (z.B. Mindestinvaliditätsgrad, Mindesterwerbsausfall, Karenztage) sowie auch die Leistungskürzungen zufolge schuldhafter Herbeiführung des Risikos oder Vereitelung der zumutbaren Wiedereingliederung. 1.15

3. Begriff des Sozialen

Jedermann bedient sich des Begriffs «sozial», welcher in allen Kombinationen mit andern Begriffen anzutreffen ist. Ethymologisch leitet er sich aus dem lateinischen «societas» oder «socius» ab, hat also etwas mit Gesellschaft zu tun. Während des Mittelalters, der Reformationszeit und der darauf einsetzenden Aufklärung dominierte das absolutistische Regime mit der ständestaatlichen Ordnung, in der der Staat nur als Ordnungshüter auftrat und sich nur begrenzt um die Belange der Bevölkerung kümmerte. Bereits in der ersten Hälfte des 19. Jh. machten sich in den Nationalstaaten mit der zunehmenden Industrialisierung, der Landflucht und dem Pauperismus in den Zentren gesellschaftliche Probleme und Spannungen breit, welche ideologisch ihre Wurzeln im revolutionären Postulat der «égalité» hatten. Die daraus entstehenden politischen Probleme nannte man die «soziale Frage». Die Kirche, aufgeschlossene Industrielle und Philantropen nahmen sich durch Gründung wohltätiger Institutionen der «sozialen Not» an, während der Staat – z.B. Baden oder Preussen – auf eine bürgerliche Sozialpolitik setzte. Dies führte unter Reichskanzler Otto v. Bismarck ab 1883 zur Gründung von obligatorischen Sozialversicherungen mit dem einzigen Ziel, den sozialen Frieden nicht zu gefährden und dem sich ausbreitenden sozialistischen Gedankengut den Boden zu entziehen. Der Begriff des «Sozialen» hat daher seine Wurzeln in der Arbeiterfrage des 19. Jh. und beinhaltet das Bestreben, wirtschaftliche Not und andere Formen von gesellschaftlicher Unterprivilegierung, wie z.B. in Bildung oder Gesundheitsschutz, abzuwenden. Dies soll zu einer gesellschaftlichen Aufgabe werden, welche alle Bewohner eines Landes erfasst. Es geht 1.16

heute um die in Art. 2 Abs. 2 und 3 BV (Zweckartikel) aufgestellte Idee, die gemeinsame Wohlfahrt und eine möglichst grosse Chancengleichheit unter den Bürgern anzustreben. «Sozial» hat daher die Bedeutung erhalten, die schwächeren Glieder der Gesellschaft zu schützen und ihnen durch verschiedene Massnahmen zur besseren gesellschaftlichen Integration und Förderung zu verhelfen.

4. Begriff der Sozialversicherung

1.17 Die Sozialversicherung hat sich gegenüber der Privatversicherung einerseits und der Sozialhilfe anderseits abzugrenzen.

Bei der Privatversicherung handelt es sich um eine grundsätzlich freiwillige Versicherung (Art. 19 OR: ohne Aufnahmeanspruch oder mit Aufnahme unter Vorbehalt), deren Beiträge risikobezogen ausgestaltet sind, deren Abwicklung sich nach Privatrecht und privatrechtlichen Grundsätzen richtet und bei der die Leistungsansprüche auf dem Zivilprozessweg durchgesetzt werden. Gewisse Kantone (z.B. Zürich) erklären jedoch – u.a. zwecks Vermeidung widersprüchlicher Urteile bei Parallelverfahren – das kantonale Sozialversicherungsgericht für Streitigkeiten aus Zusatzversicherungen zur Kranken- oder Unfallversicherung als sachlich zuständig (Widerspruch zu Art. 75 Abs. 2 BGG).

Die Sozialhilfe gehört dem öffentlich-rechtlichen Bereich an, wird ausschliesslich durch Steuergelder finanziert, ist subsidiär gegenüber gesetzlichen und vertraglichen Ansprüchen des Petenten, der in erster Linie – im Sinne der Wahrnehmung von Selbstverantwortung (Art. 6 und Art. 5a BV: Bei der Zuweisung und Erfüllung staatlicher Aufgaben ist der Grundsatz der Subsidiarität zu beachten) – seine eigenen Mittel bzw. seine eigene Arbeitskraft auszuschöpfen hat. Die Sozialhilfe richtet individuell zugeschnittene Leistungen im Umfang des benötigten Existenzminimums aus, welche auf dem Verwaltungsgerichtsweg durchgesetzt werden können (Art. 22 BGG i.V.m. Art. 34 lit. f des Reglements für das Bundesgericht); letzte Instanz ist die I. sozialrechtliche Abteilung des Bundesgerichts in Luzern.

Die Sozialversicherung demgegenüber ist gekennzeichnet durch folgende Merkmale:

a) Soziales Risiko

1.18 Die Sozialversicherungen versichern ausschliesslich Risiken, die den Menschen in seiner Person treffen können. Die sozialen Risiken werden durch internationale Übereinkommen definiert. Die schweizerische Sozialversicherung hat auf Grund völkerrechtlicher Verpflichtungen (massgebend sind die Übereinkommen Nr. 102 vom 28. Juni 1952 der IAO über die Mindestnormen der Sozialen Sicherheit sowie die Europäische Ordnung der Sozialen Sicherheit vom 16. April 1964, beide für die Schweiz in Kraft seit 1978; von der Schweiz nicht ratifiziert ist hingegen die Europäische Sozialcharta) für folgende Risiken Leistungen, wie medizinische

Behandlung sowie Erwerbsausfallentschädigung resp. Aufwand für Familienlasten, zu erbringen:

Krankheit, Arbeitsunfall und Berufskrankheit, Mutterschaft, Invalidität, Familienlasten, Alter, Hinterlassensein und Arbeitslosigkeit.

b) Obligatorium

Auch wenn das Obligatorium hierzulande erst schrittweise für alle Sozialversi- 1.19
cherungszweige eingeführt werden konnte und umgekehrt auch gewisse Privatversicherungen obligatorisch sind (Motorfahrzeughaftpflicht oder kantonale Gebäudeversicherungen), gehört es zum Wesen einer Sozialversicherung, dass sie entweder für die gesamte Bevölkerung oder wenigstens für gewisse Bevölkerungskreise, wie insbesondere die Arbeitnehmer, durch Gesetz obligatorisch erklärt wird. Das Versicherungsobligatorium ist eng mit dem Sozialziel der Rechts- und Chancengleichheit verknüpft, dient aber in erster Linie der Verhinderung der Risikoselektion (sog. Antiselektion) durch die Versicherungsträger. Es verleiht grundsätzlich jeder Person, auch bei bereits eingetretenem Risiko, einen vorbehaltslosen Aufnahmeanspruch und bindet somit auch Personen mit erhöhtem Leistungsbedarf (sog. «schlechte Risiken»: z.B. Alte, Frauen, Kranke, Invalide) in die Versichertengemeinschaft ein (vgl. hinten 3.24). Es schafft auch die Voraussetzung für eine sozialverträgliche Finanzierung der Sozialversicherungen durch die je nach Sozialversicherungszweig mehr oder weniger starke Durchbrechung des Äquivalenzprinzips (vgl. im Einzelnen hinten 4.18 f.) zu Gunsten des Solidaritätsprinzips (vgl. hinten 4.20 f.). Dadurch gewinnen auch finanziell leistungsschwache Bevölkerungskreise den Zugang zu den gleichen resp. angemessenen Leistungen. Das Obligatorium ist somit Ausdruck der sog. *vertikalen Solidarität*, durch die die begüterten Kreise die weniger begüterten mitfinanzieren sowie der sog. *horizontalen Solidarität* in dem Sinne, dass Junge für Alte, Gesunde für Kranke, Erwerbstätige für Nichterwerbstätige, einstehen.

c) Öffentlich-rechtliches Rechtsverhältnis

Die Sozialversicherung ist von ihrem historisch politischen Hintergrund aus be- 1.20
trachtet eine staatliche Angelegenheit. Der Staat nimmt die paternalistische Stellung ein, welche früher die Familie, der Patron oder die Kirche innehatten. Basierend auf Verfassungskompetenzen, welche 1890 mit der Einrichtung einer Kranken- und Unfallversicherung ihren Anfang nahmen, wurde in über 100 Jahren ein Gesetzgebungswerk geschaffen. Dieses wird dem öffentlichen Recht als besonderem Verwaltungsrecht zugeordnet, weil Unterstellung, Beitrags- und Leistungswesen *gesetzlich zwingend* festgelegt sind, zumindest in der Frage des «ob», nicht überall auch in der des «wie viel». Die versicherte Person geniesst

somit nur in ganz beschränktem Umfang Wahlfreiheiten (z.B. freie Wahl der Krankenkasse oder des Leistungserbringers). Da insbesondere die Unterstellung zwingend gesetzlich geregelt ist und der Anschluss, von wenigen Ausnahmen abgesehen (z.B. Krankenkasse), von Gesetzes wegen erfolgt, ist das Rechtsverhältnis in der Sozialversicherung – im Gegensatz zur Privatversicherung – öffentlich-rechtlicher Natur, auch wenn ein beachtlicher Teil der Sozialversicherungsträger privatrechtlich organisiert ist und das vertragliche Verhältnis privatrechtlich zu Stande kommt (z.B. Beitritt zur Krankenkasse, Überobligatorium in der beruflichen Vorsorge, vgl. hinten 3.56, 3.17).

BGE 129 III 305, E. 2.6 betr. stark eingeschränkter Privatautonomie in der überobligatorischen beruflichen Vorsorge.

d) Sozialversicherungsgerichtsbarkeit

1.21 Aufgrund der Spezialmaterie innerhalb des Verwaltungsrechts, dem hoheitlichen Charakter der Sozialversicherung, der erhöhten Schutzbedürftigkeit der versicherten Personen und des existenzsichernden Charakters der Leistungen, sind die Streitigkeiten einem besonderen Verfahren unterstellt worden. Die Sozialversicherungsgerichtsbarkeit nahm ihren Anfang im Jahr 1917, und war eng verknüpft mit der Einrichtung der Suva als öffentlich-rechtlicher Anstalt mit öffentlich-rechtlichen Unterstellungsverhältnissen. Die Sozialversicherungsgerichtsbarkeit zeichnet sich durch die Untersuchungsmaxime, durch fehlende oder bescheidene Kostenauflagen und durch ein einfaches und rasches Verfahren aus (vgl. 7. Teil). Obwohl in der beruflichen Vorsorge grundsätzlich kein hoheitliches Handeln gegeben ist, wurden die Streitigkeiten mit Vorsorgeeinrichtungen, auch die dem Privatrecht zugeordneten Rechtsbeziehungen zu Einrichtungen der beruflichen Vorsorge (auch Freizügigkeitseinrichtungen, steuerbegünstigtes Vorsorgesparen in der Säule 3a), der Sozialversicherungsgerichtsbarkeit unterworfen (Art. 73 Abs. 1 lit. a und b BVG).

e) Andere Kriterien?

1.22 Keine schlüssige Zuordnung lässt sich aus der Durchführung und Art der Finanzierung der Sozialversicherung ableiten. Die Durchführung ist historisch bedingt auf verschiedenartige Träger verteilt. Neben öffentlich-rechtlichen Anstalten wie der Suva oder den kantonalen Ausgleichskassen teilen sich auch privatrechtliche Träger wie Vereine, Stiftungen, Genossenschaften und Aktiengesellschaften in diese Aufgaben. Es handelt sich aber dennoch um öffentlich-rechtliche Aufgaben (daher die Bundesaufsicht), nämlich die Durchführung einer Bundesaufgabe, zu deren Erfüllung – der liberalen Tradition der Schweiz folgend – auch private Trägerschaften herangezogen werden. Man nennt diesen Aufbau der Durchführung «ausgegliederte Verwaltung» oder «dezentralisierte Verwaltung» (beliehene Träger). Sie dient der Bürgernähe, Flexibilität sowie Wirtschaftlichkeit durch Konkurrenz. Die Militärversicherung wurde vom Bund direkt durchgeführt, bevor sie am 1. Januar 2005 der Suva zur Durchführung übertragen wurde.

Auch die Art der Finanzierung lässt keine eindeutigen Hinweise auf die Zuordnung zur Sozialversicherung erkennen, da je nach Sozialversicherungszweig leistungsfähigkeits- oder risikoorientierte Beitragssysteme resp. eine Kombination beider Elemente, Kopfprämien oder völlige Staatsversorgung (staatliche Leistungen ohne Beiträge der Versicherten) eingeführt wurden.

B. Historische Übersicht über die Entwicklung des Sozialversicherungsrechts

Um ein menschenwürdiges Dasein fristen zu können, benötigt jeder Mensch ein 1.23
Minimum an physischen Gütern wie Nahrung, Kleidung, Obdach und medizinischer Versorgung. Aber auch nicht-physische Güter wie Ausbildung, Erziehung, soziale Kontakte usw. sind für eine harmonische Entwicklung und eine ausgeglichene Entfaltung von grosser Wichtigkeit. Im Normalfall, welcher gleichfalls den Idealfall darstellt, kann eine Person – ab einem gewissen Alter – ihre Fähigkeiten so einsetzen, dass sie durch ihr eigenes Handeln (insb. durch Aufnahme einer Erwerbstätigkeit) in der Lage ist, ihre Grundbedürfnisse selber zu befriedigen. Dazu nicht in der Lage sind jedoch Kinder und alte Menschen, welche noch nicht bzw. nicht mehr in der Lage sind, einer die Existenz sichernden Erwerbstätigkeit nachzugehen. Auch kranken oder behinderten Menschen kann die Fähigkeit abhandenkommen oder fehlen, ihre existenziellen Bedürfnisse aus eigener Kraft zu befriedigen. Folglich sind sie auf Hilfe und Beistand Dritter angewiesen. Historisch kam diese Aufgabe in erster Linie der Hausgemeinschaft (Verwandte und Gesinde) und in zweiter der Dorf-, Zunft- oder ähnlichen Gemeinschaften zu.

Die industrielle Revolution brachte erhebliche gesellschaftliche Veränderungen 1.24
mit sich. Landflucht bzw. Verstädterung sowie die Trennung von Kapital und Arbeit führten zur Trennung von Arbeitsplatz und Familie. Die ländliche Grossfamilie – als wichtiges soziales Auffangnetz – wich in der industriellen Gesellschaft immer mehr der städtischen Kleinfamilie. Der Verlust dieser sozialen Ausgleichsmechanismen, die katastrophalen Wohn- und Arbeitsbedingungen und die durch die Fabrikarbeit und zeitliche Überbeanspruchung (bis zu 16-Stunden-Tage) erheblich gewachsenen gesundheitlichen Risiken und Belastungen machten es – auch aus politischen Gründen – dringend notwendig, sich mit der «sozialen Frage» auseinanderzusetzen. So hatte z.B. auch aufgrund des damaligen Arbeitsvertragsverständnisses (es galt der Grundsatz «ohne Arbeit kein Geld») der Ausfall an Arbeitseinsatz unmittelbar den Verdienstausfall und eine finanzielle Not zur Folge. Die Frage des Arbeitnehmerschutzes einerseits und vor allem auch die eines familienunabhängigen Risikoausgleichs anderseits harrten daher vordringlich einer angemessenen Lösung.

1.25 Zunächst wurde auf privater, kirchlicher und später auch staatlicher Basis versucht, durch Wohltätigkeit und Armenfürsorge den sozialen Problemen entgegen zu treten. Grundsätzlich wurde die Fürsorge für die Armen bis ins 19. Jahrhundert als Verpflichtung der Familie, von Berufsgemeinschaften sowie der Kirche und nicht in erster Linie als solche der Kantone und Gemeinden verstanden. Nachdem die Industrialisierung aber eine neue Dimension von Armut – nämlich die Massenarmut – hervorbrachte, wurde klar, dass die Armenfürsorge zu institutionalisieren bzw. zu systematisieren sei. Es ging nicht mehr darum, vereinzelt Witwen und Waisen zu helfen, sondern man sah sich jetzt mit Armut ganzer Bevölkerungsgruppen konfrontiert. Zur Abhilfe wurden die Bürgergemeinden in die Pflicht genommen, welche aber auch bald vor dem Problem standen, dass den Ausgaben keine entsprechenden Einnahmen gegenüber standen.

1.26 In den Städten bestanden seit dem Mittelalter sog. «Hilfsgesellschaften auf Gegenseitigkeit» in Form von Zünften, Bruderschaften, Stadtbürgerschaften, Kirchgemeinden, Gesellenverbänden usw., welche vielfältige Selbsthilfemassnahmen trafen. In diesen Selbsthilfeorganisationen kann man geistige Vorläufer sowohl der sozialen Krankenversicherung als auch einer Alters- und Hinterlassenenversicherung erblicken, denn ihre Aufgabe bestanden darin, ihre Mitglieder und deren Familien in dringenden Notlagen zu versorgen.

1.27 Getragen vom Gedanken, dass derjenige, welchem die Früchte der industriellen Arbeit zugutekommen, auch die mit der Arbeit zusammenhängenden Gefahren und die bei den Arbeitnehmenden eingetretenen Schädigungen zu tragen hat, lancierte der Bund das BG vom 23. März 1877 betr. der Arbeit in den Fabriken, ergänzt durch ein BG vom 25. Brachmonat 1881 betr. die Haftpflicht von Fabrikbetrieben. Trotz verschuldens-unabhängiger (Kausal-)Haftung des Fabrikherrn zeigte die Praxis bald einmal, dass diese Lösung nicht befriedigen konnte. Die Arbeiter scheuten davor zurück, ihre Ansprüche gegen den Unternehmer gerichtlich durchzusetzen, namentlich aus Angst vor einer auf dem Fuss folgenden Kündigung. Zudem trug der die Beweislast tragende Kläger, der seinerseits für jedes Selbstverschulden voll haftete, das nicht unerhebliche Prozessrisiko und die gesetzliche Obergrenze des Schadenersatzanspruchs war auf Fr. 6'000.–, viel zu niedrig, begrenzt. Überdies waren auch die Betriebsinhaber von dieser Lösung nicht überzeugt, denn insbesondere für kleinere Unternehmer konnte ein Haftpflichtfall den finanziellen Ruin bedeuten, was dann wiederum dazu führen konnte, dass der Geschädigte leer ausging.

1.28 Eine zentrale Vorreiterrolle für den Aufbau der Sozialversicherungen in der Schweiz spielte die Entwicklung in der Privatversicherung. Bereits im Mittelalter gab es Feuer- und Seetransportversicherungen. In der zweiten Hälfte des 19. Jh. begann eine eigentliche Gründerwelle im Bereich der Privatversicherungen. Die Errichtung der wichtigsten Lebensversicherungsgesellschaften, deren Aufgabe bekanntlich mit denen der Sozialversicherungen am nächsten verwandt ist, vollzog sich in der Schweiz zwischen 1857 und 1895. Der Staat zeigte schon bald einmal

Interesse, die Privatassekuranz in der einen oder anderen Form zur Erfüllung von Vorsorgeaufgaben heranzuziehen. Den Bürgern wurde empfohlen, Versicherungsverträge abzuschliessen, deren Prämien z.T. sogar staatlich subventioniert wurden. Als Beispiel dafür sei erwähnt, dass die Eidgenossenschaft 1887 mit der «Zürich»-Versicherung einen Vertrag zur Abdeckung des Unfallrisikos im Militärdienst abschloss. Dieser Vertrag war als privater Kollektivversicherungsvertrag zugunsten jener Militärdienstleistenden ausgestaltet, welche bereit waren, dafür Prämien zu bezahlen. 6 Jahre später hat dann die Eidgenossenschaft diese Beiträge übernommen.

In der revidierten Bundesverfassung von 1874 waren noch keine Sozialversiche- 1.29
rungsleistungen vorgesehen. Die bedenkliche Lage der Arbeiterschaft rückte aber gegen Ende des 19. Jahrhunderts immer mehr ins Bewusstsein der verschiedenen Bevölkerungsgruppen. Die Arbeiterschaft brachte ihren Unmut durch teilweise erbittert geführte Arbeitskämpfe und durch Zusammenschluss in Gewerkschaften zum Ausdruck. Zur selben Zeit schlug der deutsche Reichskanzler Otto v. Bismarck in einer kaiserlichen Botschaft an den Reichstag vom 17. November 1881 ein zwar bescheidenes, aber doch bereits geschlossenes System der sozialen Sicherheit vor. Es bestand aus getrennten Versicherungswerken, nämlich der KV der Arbeiter (umgesetzt durch Gesetz vom 15. Juni 1883), der UV (umgesetzt durch Gesetz vom 6. Juli 1884) und schliesslich der IV und Altersversicherung (umgesetzt durch Gesetz vom 22. Juni 1889). Finanziert wurden die Leistungen durch Beiträge der unterstellten Arbeitnehmer, Beiträge der Arbeitgeber und Staatszuschüsse. Dieses System war Ausgangspunkt für die Entwicklung des Sozialversicherungssystems in der Schweiz.

Als sich die Einsicht durchzusetzen begann, dass sich der Staat der Sozialversi- 1.30
cherung anzunehmen hat, stellten sich primär die Kantone dieser Aufgabe. Die Kantone hatten i.d.R. keine verfassungsrechtlichen Hindernisse, welche einer Legiferierung im Bereich der Sozialversicherungen im Weg standen. Somit entstanden gegen Ende des 19. Jh. die ersten kant. Krankenversicherungsgesetze sowie kommunale Arbeitslosenversicherungskassen (Bern und St. Gallen) und anfangs des 20. Jh. bereits die ersten kant. Alters- und/oder Invalidenversicherungen (Glarus, Appenzell A.Rh., Basel-Stadt, Neuenburg, Waadt).

1.31

Datum/Jahr	**Ereignis**	**Kommentar**
1870	Kollektivlebensversicherungsvertrag der Maschinenfabrik Sulzer mit der Rentenanstalt	Frühes Beispiel betrieblicher Altersvorsorge auf privater Basis.
1876	Obligat. Krankenversicherung für alle Arbeiter der Stadt Luzern	
1881	Bundesgesetz zur zivilrechtlichen Haftung der Fabrikanten	Einführung einer Kausalhaftung; Entlastungsmöglichkeiten der Fabrikanten (Selbstverschulden, höhere Gewalt); Haftungshöchstbetrag von Fr. 6`000.–.

Datum/Jahr	Ereignis	Kommentar
1890	Annahme von Art. 34bis BV (Vorgänger von Art. 117 der heutigen BV)	Art. 34bis BV begründete die Bundeskompetenz bzw. den Gesetzgebungsauftrag zur Schaffung einer KV und UV, welcher von Nationalrat Ludwig Forrer wahrgenommen wurde («Lex Forrer»).
1898 bzw. 1907	Erste öffentliche, das ganze Volk erfassende, aber nicht obligat. Altersversicherung in den Kantonen Neuenburg und Waadt	
1900	Volk lehnt Gesetzesentwürfe für KV und UV, welche vom Parlament zu einem einzigen Gesetz verschmolzen wurden, klar ab.	Die Opposition richtet sich v.a. gegen das KV-Obligatorium.
1901	Erlass des **MVG** (in Kraft: 1.1.1902)	
1904	Erste obligat. AHV im Kanton Glarus.	Ausschliesslich durch Steuergelder finanziert.
1912	**KUVG** wird knapp angenommen. (in Kraft KV: 1.1.1914; in Kraft UV: 1.1.1918)	Der KV-Teil stellt ein reines Subventionsgesetz dar, welches dem Bund erlaubt, das bestehende, weitgehend private Krankenkassenwesen zu unterstützen. Der KV-Teil tritt 1914 in Kraft, der UV-Teil 1918.
1917	Am 17. Dezember 1917 trat das Eidgenössische Versicherungsgericht (EVG) zu seiner ersten konstituierenden Sitzung zusammen.	Rechtsgrundlage für die Schaffung eines Eidgenössischen Versicherungsgerichts bildet Art. 122 KUVG bzw. indirekt Art. 34bis der BV von 1874.
1918	Schaffung des Bundesamts für Sozialversicherung (BSV) (heute: Bundesamt für Sozialversicherungen)	Mit in Krafttreten des UV-Teils des KUVG am 1.1.1918 nahm auch die Suva (damals SUVAL) ihre Tätigkeit auf.
1925	Annahme von Art. 34^{quater} BV (Vorgänger von Art. 111 der heutigen BV).	Art. 34^{quater} begründet die Bundeskompetenz zur Schaffung einer AHV und einer IV. Bundesrat Schulthess erarbeitete einen entsprechenden Gesetzesentwurf zur Schaffung einer AHV («Lex Schulthess»).
1931	Ablehnung der «Lex Schulthess».	Grund der Ablehnung waren u.a. das Obligatorium, die bescheidenen Leistungen, das politische Klima durch die Wirtschaftskrise
1939	Schaffung einer ersten Erwerbsersatzordnung **EO**.	Die Finanzierung der EO erfolgte durch Beiträge der Arbeitgeber und Arbeitnehmer zu je 2%. Damit begann ein Ausgleichssystem zu spielen, welches die wichtigste Grundlage der heutigen sozialen Sicherheit bildet und Vorbild wurde für andere Sozialversicherungszweige, insb. für die AHV.
1944	Haushaltungs- und Kinderzulagen für landwirtschaftliche Arbeitnehmer und Bergbauern	Vorläufer der heutigen Zulagen in der Landwirtschaft (FLG).

Datum/Jahr	Ereignis	Kommentar
1945	Annahme des Art. 34^{quinquies} BV (Vorgänger von Art. 116 Abs. 2–4 BV)	Bundeskompetenz zur Legiferierung im Bereich von Familienausgleich und Mutterschaft.
1947	Annahme des Art. 34ter BV (Vorgänger von Art. 114 der heutigen BV)	Annahme der neuen Wirtschafts- und Sozialartikel. Beschränkte Bundeskompetenz zur Regelung der ALV. Die Durchführung der Arbeitslosenversicherung blieb drei Arten von Kassen anvertraut (öffentliche, private paritätische und private einseitige). Öffentliche Arbeitslosenversicherungskassen einrichten sowie das Obligatorium einführen durften nur die Kantone, nicht aber der Bund.
1947	Annahme des **AHVG** durch das Volk (in Kraft: 1.1.1948)	In der Ausgestaltung ist der Einfluss Bismarcks spürbar und die Strukturen der EO dienten als Grundlage (insb. Arbeitnehmer und Arbeitgeberbeiträge).
1951	Erstes ordentliches **AVIG** auf Bundesebene (in Kraft: 1.1.1952)	Noch ohne Obligatorium
1952	Erlass des **EOG** (in Kraft: 1.1.1953) Erlass des **FLG** (in Kraft: 1.1.1953)	
1959	Erlass des **IVG** (in Kraft: 1.1.1960)	Erst 34 Jahre nach der Schaffung der Verfassungsgrundlage
1965	Erlass des **ELG** (in Kraft: 1.1.1966)	Ursprünglich als Provisorium gedacht. Gemäss Art. 112 Abs. 2 lit. b BV sollen die Renten der AHV und IV (die sog. «1. Säule») den Existenzbedarf angemessen decken. Wird dieses Ziel im Einzelfall verfehlt, besteht ein Anspruch auf Ergänzungsleistungen, welche die 1. Säule verstärken sollen (vgl. UeB Art. 196 Ziff. 10 BV bzw. Art. 11 der Übergangsbestimmungen aBV).
1972	Die Neufassung von Art. 34^{quater} BV wird vom Volk angenommen (Vorgänger von Art. 111 der heutigen BV).	Dadurch wird das «Dreisäulenprinzip» für die Risiken Alter, Tod und Invalidität begründet.
1976	Art. 34^{novies} BV (Vorgänger von Art. 114 der heutigen BV) wird angenommen.	Bund bekommt Kompetenz, in der Arbeitslosenversicherung das Obligatorium auf Landesebene einzuführen.
1981	Erlass des **UVG** (in Kraft: 1.1.1984)	Der UV-Teil des KUVG wird verselbständigt. Arbeitnehmerobligatorium für alle Arbeitnehmer (nicht nur für Arbeitnehmer der Industrie und der gefährlichen Gewerbezweige) und Teil-Monopol der Suva werden eingeführt.

Datum/Jahr	Ereignis	Kommentar
1982	Erlass des revidierten **AVIG** (in Kraft: 1.1.1984) Erlass des **BVG** (in Kraft: 1.1.1985)	Obligatorium für alle Arbeitnehmer Obligatorium für alle Arbeitnehmer; Rahmengesetz
1993	Erlass des **FZG** (in Kraft: 1.1.1995)	
1994	Zweite Totalrevision des KUVG, welches neu **KVG** heisst (in Kraft: 1.1.1996).	Einführung des Obligatoriums für die gesamte Bevölkerung. Die Revision bringt erhebliche Leistungsverbesserungen, unterstreicht aber auch den Wirtschaftlichkeitsgrundsatz und versucht, kostendämpfend zu wirken.
2000	Personenfreizügigkeitsabkommen mit der EU	Mit der Inkraftsetzung am 1.Juni 2002 hat der Multilateralismus in die sozialrechtlichen Beziehungen der Schweiz mit der EU Einzug gehalten.
2000	BG über den allgemeinen Teil des Sozialversicherungsrechts (**ATSG**) (in Kraft: 1.1.2003)	
2003	**Mutterschaftsentschädigung (integriert in EOG)** (in Kraft: 1.7.2005)	Obligatorium für alle erwerbstätigen Mütter. Ausrichtung von Taggeldern während 98 Tagen.
2003	**1. BVG-Revision** (in Kraft 1. Paket: Transparenz: 1.4.2004 in Kraft 2. Paket: Leistungen: 1.1.2005 in Kraft 3. Paket: steuerrechtliche Bestimmungen: 1.1.2006)	Begriff der Versicherungseinrichtung; Eintrittschwelle/Koordinationsabzug, Begünstigtenordnung, Versicherbarkeit von Frühinvaliden, Strukturreform.
2003/2005	**11. AHV-Revision**	Vorruhestand, gleiches Rentenalter für Frau und Mann, Beiträge und Leistungen. Scheitert in den Referendumsabstimmungen 16.5.2004 und 1.10.2010.
2004	**«Neuer Finanzausgleich» NFA:** Bundesgesetz über die Neugestaltung des Finanzausgleichs und der Aufgabenteilung zwischen Bund und Kantonen (in Kraft: 1.1.2008)	Entflechtung der Aufgaben zwischen Bund und Kantonen. Sonderpädagogische Massnahmen fallen neu in die Kompetenz der Kantone.
2006	Erlass des **FamZG** (in Kraft: 1.1.2009)	Obligatorium; Rahmengesetz mit Mindestansätzen
2006	**IFEG** (in Kraft: 1.1.2008)	Anpassung an NFA
2006	**5. IVG-Revision** (in Kraft: 1.1.2008)	Eingliederung vor Rente, Früherfassung, Verlängerung Beitragszeit für Renten
2008	**BG über die Neuordnung der Pflegefinanzierung** (in Kraft: 1.1.2011)	Patientenbeitrag an Grundpflege zu Hause oder im Heim; für Personen zu Hause: Hilflosenentschädigung zur AHV bei Hilflosigkeit leichten Grades; für Pflegebedürftige im Heim: Aufhebung des Höchstbetrages für den Anspruch auf Ergänzungsleistungen. Vergütung der stationären Spitalleistungen nach einheitlichen Fallpauschalen (SwissDRG).

Datum/Jahr	Ereignis	Kommentar
2010	**Strukturreform BVG** (in Kraft: Bestimmungen Transparenz und Governance: (in Kraft: 1.7.2011, Aufsichtsstruktur: 1.1.2012)	Stärkung von Transparenz, Governance und Unabhängigkeit sowie des Aufsichtssystems mittels verwaltungsunabhängiger Oberaufsichtskommission; neues Finanzierungsmodell für Vorsorgeeinrichtungen.
2011	**6a. IVG-Revision** (in Kraft: 1.1.2012)	Eingliederungsorientierte Rentenrevision: Aktive Förderung der Wiedereingliederung, Reduktion des Rentenbestandes durch «Eingliederung *aus* Rente» und weiterhin Vermeidung von Neurenten; Neuregelung Finanzierungsmechanismus; Preissenkungen im Hilfsmittelbereich; Einführung Assistenzbeitrag.
2011	Ausdehnung des Kreises der Unterstellten im **FamZG** (in Kraft: 1.1. 2013)	Einführung von Familienzulagen schweizweit für Selbständigerwerbstätige (zuvor kannten 13 Kantone FamZ für Selbständigerwerbstätige).
2013	**Ablehnung der 6b. IVG-Revision** (zweites Massnahmenpaket der 6. IVG-Revision) im Parlament	Vorgesehen waren folgende Massnahmen: stufenloses IV-Rentensystem; verstärkte Eingliederung, insb. bei psych. Behinderungen; Interventionsmechanismus zur Sicherstellung des finanziellen Gleichgewichts; Entschuldung; Verstärkung der Betrugsbekämpfung; neue Regelungen für Kinderrenten und Reisekosten.
2014	Erlass des **KVAG (Krankversicherungsaufsichtsgesetz)** (in Kraft. 1.1.2016)	Bessere Transparenz, Governance und Solvenz, Aufsicht
2015	**1. UVG-Revision** (in Kraft: 1.1.2017)	Gesetzliche Verankerung der Stellung der Arbeitslosen; Beginn/Ende der Unterstellung; Neuregelung der unfallähnlichen Körperschädigungen; gerechtere Leistungskoordination nach Rentenaltereintritt; Medizinalrecht; Organisation und Nebentätigkeiten; Finanzierung der Unfallverhütung
2015	Revision Schweizerisches Zivilgesetzbuch: **Vorsorgeausgleich bei Scheidung** (in Kraft: 1.1.2017)	Ausgleich von Invalidenrenten vor und nach Eintritt des Rentenalters; Teilungsmodalitäten; Anpassung des BVG und FZG bezüglich Berücksichtigung des Vorsorgeausgleichs und der «Vorsorgerenten»; anteilsmässige Zuteilung von Vorbezügen und Rückzahlungen zum obligatorischen und überobligatorischen Bereich
2015	Einfügung von **Art. 19a FZG** (in Kraft: 1.10.2017)	Bestimmung der Freizügigkeitsleistung bei der Wahl verschiedener Anlagestrategien
2019	**ELG-Revision** (voraussichtlich in Kraft: 1.1.2021)	Herabsetzung der Karenzfristen für gewisse Kategorien von Ausländern; Einführung von Vermögensgrenzwerten; Anhebung der Mietzinshöchstbeträge; Anrechnung von Ehegatteneinkommen; Herabsetzung der Vermögensfreibeträge; Neuregelung des Einkommens- und Vermögensverzichts; Rückerstattung bezogener EL durch die Erben des Bezügers.

Datum/Jahr	Ereignis	Kommentar
2019	**Steuerreform und AHV-Finanzierung** (in Kraft: 1.1.2020)	Vereinheitlichung der Besteuerung von nationalen und internationalen Unternehmen; Erhöhung der AHV-Beiträge und Mehrwertsteuersätze.
2019	**1. ATSG-Revision** (in Kraft: Art. 43a ATSG: 1.1.2020 oder früher; der Rest voraussichtlich 1.1.2021)	Diverse Änderungen, insb. Genehmigung durch BB von internationalen Sozialversicherungsabkommen, elektronischer Datenaustausch.

1.32 Konsolidierung der Altersvorsorge: Nachdem mit der Referendumsabstimmung vom 24.9.2017 das Reformpaket «Altersvorsorge 2020» (vgl. BBl 2015 1 ff.) vom Volk verworfen und im Rahmen der Vorlage zur Unternehmenssteuerreform die Zusatzfinanzierung der AHV in der Volksabstimmung vom 19.5.2019 angenommen wurde, geht es bei der weiteren Vorlage «AHV 21» um die Konsolidierung der AHV in erster Linie durch die schrittweise Erhöhung des Frauenrentenalters auf 65 Jahre sowie Zusatzfinanzierungen.

Derzeit in parlamentarischer Beratung ist die Vorlage zur «Weiterentwicklung der Invalidenversicherung» mit Fokus auf verstärkte Massnahmen zur Wiedereingliederung psychisch Kranker, insbesondere von Kindern und Jugendlichen im Übergang von Grundschule zum Berufseinstieg, der besseren Zusammenarbeit mit Ärzten und Arbeitgebern, der Überarbeitung der Geburtsgebrechen-Liste (GgV), der Annäherung der medizinischen Massnahmen an diejenigen des KVG, der Einführung eines stufenlosen Rentenmodells und der Schaffung von Rahmenbedingungen für Qualitätssicherungsmassnahmen für die medizinische Begutachtung in Art. 44 ATSG.

Im Parlament zu Ende beraten, aber noch nicht in Kraft gesetzt, ist der zweite Teil der ATSG-Reform. Die Bestimmungen betr. die Observation von unter Verdacht stehenden unrechtmässigerweise Leistungen beziehenden Personen wurden in der vorgezogenen Volksabstimmung vom 25.11.2018 angenommen.

Als Reaktion auf die Ablehnung der parlamentarischen Initiative 14.415 von Martin Candinas (abgelehnt vom Nationalrat am 27.4.2016) für einen zweiwöchigen Vaterschaftsurlaub wurde auf Betreiben verschiedener Organisationen die Volksinitiative «Für einen vernünftigen Vaterschaftsurlaub – zum Nutzen der ganzen Familie» lanciert und im Sommer 2017 eingereicht. Darin wird ein vierwöchiger, während eines Jahres nach der Geburt flexibel beziehbarer Vaterschaftsurlaub gefordert, der über die Erwerbsersatzordnung abgewickelt wird. Derzeit steht ein indirekter Gegenvorschlag der ständerätlichen Gesundheitskommission mit einem zweiwöchigen Vaterschaftsurlaub zur Diskussion (Geschäftsnummer 18.441).

C. Rechtsquellen

I. Überblick über die wichtigsten Rechtsquellen (vgl. SR 830–837; 0.830–0.837)

1. Internationale Rechtsquellen

a) Multilaterale Abkommen

- Konvention vom 4. November 1950 zum Schutze der Menschenrechte und Grundfreiheiten (EMRK), SR 0.101 (BBl 1974 I 1035). 1.33

  Insb. sind Art. 6 Abs. 1 bzgl. Verfahrensgarantien, Art. 8 bzgl. Achtung des Privatlebens und Art. 14 bzgl. des Diskriminierungsverbots anwendbar.

- Europäische Ordnung der Sozialen Sicherheit vom 16. April 1964 (CESS), SR 0.831.104 (BBl 1976 III 1317).

  Diese Konvention des Europarats enthält Mindestnormen im Hinblick auf verschiedene soziale Risiken.

- Übereinkommen der Internationalen Arbeitsorganisation (IAO):
  - Übereinkommen Nr. 102 vom 28. Juni 1952 über die Mindestnormen der Sozialen Sicherheit, SR 0.831.102 (BBl 1976 III 1317)
  - Übereinkommen Nr. 128 vom 29. Juni 1967 über Leistungen bei Invalidität und Alter und an Hinterbliebene, SR 0.831.105 (BBl 1976 III 1317)
  - Übereinkommen Nr. 168 vom 21. Juni 1988 über Beschäftigungsförderung und den Schutz gegen Arbeitslosigkeit, SR 0.822.726.8 (BBl 1989 III 1592)
- Übereinkommen vom 9. Dezember 1977 zwischen der Bundesrepublik Deutschland, dem Fürstentum Lichtenstein, der Republik Österreich und der schweizerischen Eidgenossenschaft im Bereich der sozialen Sicherheit, SR 0.831.109.136.2 (BBl 1978 II 1572; vgl. aber 3.07).
- Internationaler Pakt vom 16. Dezember 1966 über wirtschaftliche, soziale und kulturelle Rechte, SR 0.103.1 (BBl 1991 I 189).
- Übereinkommen vom 13. Dezember 2006 über die Rechte von Menschen mit Behinderungen (BRK), für die Schweiz in Kraft seit 15. Mai 2014, SR 0.109 (BBl 2013 661).

b) Bilaterale Abkommen

Die Schweiz hat mit einer Reihe von Staaten (41) bilaterale Verträge über soziale Sicherheit abgeschlossen. Bei diesen Verträgen stehen diejenigen Staaten im Vordergrund, welche Systeme der sozialen Sicherheit eingerichtet haben, die mit den entsprechenden schweizerischen vergleichbar sind. 1.34

c) *Bilaterale Abkommen Schweiz-EU*

1.35 Das am 21. Juni 1999 unterzeichnete Abkommen zwischen der Europäischen Gemeinschaft und ihren Mitgliedstaaten einerseits und der Schweizerischen Eidgenossenschaft andererseits über die Freizügigkeit (FZA; BBl 1999 VI 7027) bildet eines der sieben sektoriellen Abkommen, welche am 1. Juni 2002 in Kraft traten. Es besteht aus einem Hauptvertrag sowie drei Anhängen, welche integralen Bestandteil des Abkommens bilden. Im Wesentlichen erwachsen daraus folgende Pflichten: Inländergleichbehandlung, Bestimmung des Sozialversicherungsstatus nach dem Recht des Beschäftigungsstaates, Zusammenrechnung von Versicherungs-, Beschäftigungs- und Wohnzeiten, Leistungsexportgebot. Die diesbezüglichen Grundlagen im EU-Recht bilden die

- VO (EG) 883/2004 (SR 0.831.109.268.1; vormals VO [EWG] 1408/71) des Europäischen Parlaments und des Rates vom 29. April 2004 zur Koordinierung der Systeme der sozialen Sicherheit (mit den seitherigen Änderungen, insb. durch VO (EG) 988/2009 des Europäischen Parlaments und des Rates vom 16. September 2009) sowie
- Verordnung (EG) 987/2009 (SR 0.831.109.268.11; vormals VO [EWG] 574/72) des Europäischen Parlaments und des Rates vom 16. September 2009 zur Festlegung der Modalitäten für die Durchführung der VO (EG) 883/2004 über die Koordinierung der Systeme der sozialen Sicherheit.

Diese beiden EU-Verordnungen, welche die Koordinierung der Sozialversicherungssysteme in Europa regeln, gelten für die Schweiz in den Beziehungen zu den EU-Mitgliedstaaten seit dem 1. April 2012 (mit Inkrafttreten des revidierten Anhangs II zum Freizügigkeitsabkommen [FZA]).

Im Bestreben einer Aktualisierung und Vereinfachung (z.B. stärkere Kooperation durch elektronischen Datenaustausch via EESSI, Leistungen bei Vaterschaft, Unterhaltsvorschussleistungen, Leistungen bei Pflegebedürftigkeit, begriffliche Klarstellung der beitragsunabhängigen Geldleistungen, Verlängerung der Entsendezeit auf zwei Jahre, einheitliche Zuständigkeit des Erwerbsstaates bei Mehrfacherwerbstätigkeiten) lösen sie die vormaligen und im Laufe der Jahre durch zahlreiche Anpassungen komplex und umfangreich gewordenen gemeinschaftlichen Koordinierungsregeln (VO [EWG] 1408/71 und 574/72) ab.

Jedoch erfahren die beiden neuen Erlasse durch die Verordnungen (EG) 1244/2010, 465/2012 und 1224/2012 bereits gewisse Änderungen bzw. Konkretisierungen – für die Schweiz mit Wirkung ab 1. Januar 2015.

In den Beziehungen zwischen der Schweiz und den EFTA-Staaten (Island, Liechtenstein, Norwegen) wurde die VO (EWG) 1408/71 des Rates vom 14. Juni 1971 zur Anwendung der Systeme der sozialen Sicherheit auf Arbeitnehmer und Selbstständige sowie deren Familienangehörige, die innerhalb der Gemeinschaft zu- und abwandern, sowie die dazugehörige Durchführungsverordnung (EWG) 574/72 von der VO (EG) 883/2004 definitiv abgelöst.

Im Verhältnis zwischen der Schweiz und Kroatien (EU-Mitglied seit Erweiterung am 1. Juli 2013) gilt mit der Ratifizierung des Protokolls III zur Erweiterung des Personenfreizügigkeitsabkommens auf Kroatien und dessen Inkraftsetzung am 1.1.2017 die Ausdehnung der FZA auf Kroatien.

EU-Richtlinie 98/49 vom 29. Juni 1998 betr. Wahrung ergänzender Rentenansprüche, d.h. Barauszahlung der überobligatorischen Freizügigkeitsleistung in den EU-/EFTA-Raum (zu beachten ist ein Sonderabkommen betr. BVG-Freizügigkeit mit dem Fürstentum Liechtenstein).

2. Nationale Rechtsquellen

a) Rechtsquellen auf Bundesebene

Allgemeine Grundsatzregelungen

- BV Art. 112 Abs. 1, 114 Abs. 1, 117 Abs. 1 1.36
- BV Art. 5, 8, 9, 12
- Bundesgesetz vom 6. Oktober 2000 über den Allgemeinen Teil des Sozialversicherungsrechts (ATSG), SR 830.1
- Verordnung vom 11. September 2002 über den Allgemeinen Teil des Sozialversicherungsrechts (ATSV), SR 830.11

Alters- und Hinterlassenenversicherung

- BV Art. 111, 112, 113 1.37
- Bundesgesetz vom 20. Dezember 1946 über die Alters- und Hinterlassenenversicherung (AHVG), SR 831.10
- Verordnung vom 31. Oktober 1947 über die Alters- und Hinterlassenenversicherung (AHVV), SR 831.101
- Verordnung vom 26. Mai 1961 über die freiwillige Alters-, Hinterlassenen- und Invalidenversicherung (VFV), SR 831.111
- Verordnung vom 29. November 1995 über die Rückvergütung der von Ausländern an die Alters- und Hinterlassenenversicherung bezahlten Beiträge (RV-AHV), SR 831.131.12
- Verordnung vom 28. August 1978 über die Abgabe von Hilfsmitteln durch die Altersversicherung (HVA), SR 831.135.1
- Bundesgesetz vom 13. Juni 2008 über die Neuordnung der Pflegefinanzierung, SR 831.10

Invalidenversicherung

1.38
- BV Art. 111, 112, 112b, 113
- Bundesgesetz vom 19. Juni 1959 über die Invalidenversicherung (IVG), SR 831.20 (BBl 1958 II 1137, 2005 4459)
- Verordnung vom 17. Januar 1961 über die Invalidenversicherung (IVV), SR 831.201
- Freiwillige Versicherung für Auslandschweizer, SR 831.211.1
- Verordnung vom 9. Dezember 1985 über Geburtsgebrechen (GgV), SR 831.232.21
- Verordnung des EDI vom 29. November 1976 über die Abgabe von Hilfsmitteln durch die Invalidenversicherung (HVI), SR 831.232.51
- Bundesgesetz vom 6. Oktober 2006 über die Institutionen zur Förderung der Eingliederung von invaliden Personen (IFEG), SR 831.26
- Bundesgesetz vom 13. Juni 2008 über die Sanierung der Invalidenversicherung, SR 831.27

Ergänzungsleistungen zur Alters-, Hinterlassenen- und Invalidenversicherung

1.39
- BV Art. 112a, 112b, 112c
- Bundesgesetz vom 6. Oktober 2006 über Ergänzungsleistungen zur Alters-, Hinterlassenen- und Invalidenversicherung (ELG), SR 831.30
- Verordnung vom 15. Januar 1971 über die Ergänzungsleistungen zur Alters-, Hinterlassenen- und Invalidenversicherung (ELV), SR 831.301

Berufliche Alters-, Hinterlassenen- und Invalidenvorsorge

1.40
- BV Art. 111, 112, 113, 196 Ziff. 11
- Bundesgesetz vom 25. Juni 1982 über die berufliche Alters-, Hinterlassenen- und Invalidenvorsorge (BVG), SR 831.40
- Verordnung vom 3. Oktober 1994 über die Wohneigentumsförderung mit Mitteln der beruflichen Vorsorge (WEFV), SR 831.411
- Bundesgesetz vom 17. Dezember 1993 über die Freizügigkeit in der beruflichen Alters-, Hinterlassenen- und Invalidenvorsorge (Freizügigkeitsgesetz, FZG), SR 831.42
- Verordnung vom 3. Oktober 1994 über die Freizügigkeit in der beruflichen Alters-, Hinterlassenen- und Invalidenvorsorge (Freizügigkeitsverordnung, FZV), SR 831.425
- Verordnung vom 22. Juni 1998 über den Sicherheitsfonds BVG (SFV), SR 831.432.1
- Reglement vom 17. Mai 1985 über die Organisation der Stiftung Sicherheitsfonds BVG, SR 831.432.2

- Verordnung vom 10. und 22. Juni 2011 über die Aufsicht in der beruflichen Vorsorge (BVV1), SR 831.435.1
- Verordnung vom 18. April 1984 über die berufliche Alters-, Hinterlassenen- und Invalidenvorsorge (BVV2), SR 831.441.1
- Verordnung vom 13. November 1985 über die steuerliche Abzugsberechtigung für Beiträge an anerkannte Vorsorgeformen (BVV3), SR 831.461.3
- Verordnung vom 10. und 22. Juni 2011 über die Anlagestiftungen (ASV), SR 831.403.2
- Bundesgesetz vom 20. Dezember 2006 über die Pensionskasse des Bundes (PUBLICA-Gesetz), SR 172.222.1

Im Überobligatorium: Art. 89a ZGB; Art. 331–331f OR

Krankenversicherung

- BV Art. 117, 118a 1.41
- Bundesgesetz vom 18. März 1994 über die Krankenversicherung (KVG), SR 832.10
- Verordnung vom 27. Juni 1995 über die Krankenversicherung (KVV), SR 832.102
- Verordnung vom 12. April 1995 über den Risikoausgleich in der Krankenversicherung (VORA), SR 832.112.1
- Verordnung des EDI vom 29. September 1995 über Leistungen in der obligatorischen Krankenpflegeversicherung (Krankenpflege-Leistungsverordnung, KLV), SR 832.112.31
- Bundesgesetz vom 26. September 2014 betreffend die Aufsicht über die soziale Krankenversicherung (Krankenversicherungsaufsichtsgesetz, KVAG), SR 832.12
- Verordnung vom 18. November 2015 betreffend die Aufsicht über die soziale Krankenversicherung (Krankenversicherungsaufsichtsverordnung, KVAV), SR 832.121

Unfallversicherung

- BV Art. 117 1.42
- Bundesgesetz vom 20. März 1981 über die Unfallversicherung (UVG), SR 832.20
- Verordnung vom 20. Dezember 1982 über die Unfallversicherung (UVV), SR 832.202

- Verordnung vom 18. Oktober 1984 über die Abgabe von Hilfsmitteln durch die Unfallversicherung (HVUV), SR 832.205.12
- Verordnung vom 19. Dezember 1983 über die Verhütung von Unfällen und Berufskrankheiten (Verordnung über die Unfallverhütung, VUV), SR 832.30; diverse Verordnungen zur Verhütung von Betriebsunfällen, SR 832.31 ff.; diverse Verordnungen zur Verhütung von Berufskrankheiten, SR 832.32 ff.

Militärversicherung

1.43
- BV Art. 59 Abs. 5, 61 Abs. 5
- Bundesgesetz vom 19. Juni 1992 über die Militärversicherung (MVG), SR 833.1
- Verordnung vom 10. November 1993 über die Militärversicherung (MVV), SR 833.11

Erwerbsersatz/Mutterschaftsversicherung (SR 838)

1.44
- BV Art. 59 Abs. 4, 61 Abs. 4, 116
- Bundesgesetz vom 25. September 1952 über den Erwerbsersatz für Dienstleistende und bei Mutterschaft (Erwerbsersatzgesetz, EOG), SR 834.1
- Verordnung vom 24. November 2004 zum Erwerbsersatzgesetz (EOV), SR 834.11

Familienzulagen

1.45
- BV Art. 116
- Bundesgesetz vom 24. März 2006 über die Familienzulagen (Familienzulagengesetz, FamZG), SR 836.2
- Verordnung vom 31. Oktober 2007 über die Familienzulagen (Familienzulagenverordnung, FamZV), SR 836.21
- Bundesgesetz vom 20. Juni 1952 über die Familienzulagen in der Landwirtschaft (FLG), SR 836.1
- Verordnung vom 11. November 1952 über die Familienzulagen in der Landwirtschaft (FLV), SR 836.11

Arbeitslosenversicherung

1.46
- BV Art. 114
- Bundesgesetz vom 25. Juni 1982 über die obligatorische Arbeitslosenversicherung und die Insolvenzentschädigung (Arbeitslosenversicherungsgesetz, AVIG), SR 837.0

- Verordnung vom 31. August 1983 über die obligatorische Arbeitslosenversicherung und die Insolvenzentschädigung (Arbeitslosenversicherungsverordnung, AVIV), SR 837.02
- Verordnung vom 3. März 1997 über die obligatorische berufliche Vorsorge von arbeitslosen Personen, SR 837.174
- Verordnung vom 29. Juni 2001 über die Entschädigung der Kantone für den Vollzug des Arbeitslosenversicherungsgesetzes (AVIG-Vollzugskostenentschädigungs-Verordnung), SR 837.023.3

b) Verwaltungsverordnungen?

«Verwaltungsverordnungen» – auch Kreisschreiben, Weisungen, Wegleitungen, Richtlinien oder Rundschreiben genannt – sind *keine Rechtsquellen*. Es handelt sich um generelle, die Ämterorganisation oder den Gesetzesvollzug betreffende Anordnungen. Sie werden von einer übergeordneten Verwaltungsbehörde gegenüber einer ihr unterstellten Behörde erteilt, um eine landesweite einheitliche und sachgerechte Behandlung der Fälle zu bewirken. Vgl. bezüglich ihrer Anwendung im Einzelnen hinten 1.77. 1.47

Sie sind sehr zahlreich und finden sich in allen Zweigen der Sozialversicherung. Sie werden nicht amtlich publiziert, sind aber – zumindest die massgebenden – auf Internet abrufbar.

Beispiele:

- Wegleitung des BSV über die Renten (RWL)
- Wegleitung des BSV über die Ergänzungsleistungen zur AHV und IV (WEL)
- AVIG-Praxis ALE (Weisungen des seco betr. Arbeitslosenentschädigung)

c) Rechtsquellen auf kantonaler Ebene

- Kant. Einführungsgesetze zu den durch die Kantone zu vollziehenden Bundesgesetzen (z.B. Kanton Luzern: Gesetz über die Einführung des Bundesgesetzes über die Alters- und Hinterlassenenversicherung vom 7. September 1992, SRL 880) 1.48
- Kant. Zuschüsse an die Gemeinden für Ausrichtung von Sozialhilfe und EL (z.B. Kanton Luzern: Sozialhilfeverordnung vom 13. Juli 1990, SRL 892a)
- Regelung des Verfahrens (z.B. Kanton Luzern für den Bereich KV/UV: Verordnung über das Schiedsverfahren nach den Bestimmungen des eidgenössischen Sozialversicherungsrechts vom 10. Dezember 2003, SRL 869)

- Kant. Gesetz über Familienzulagen, Beihilfen und ähnliche Leistungen (z.B. Kanton Luzern: Gesetz über die Familienzulagen vom 8. September 2008, SRL 885)
- Kant. Gesetze betr. die öffentlich-rechtlichen Vorsorgeeinrichtungen im Bereich der BV (z.B. Kanton Luzern: Ausführungsbestimmungen der ZBSA über die berufliche Vorsorge vom 16. September 2005, SRL 875)
- Kant. Mutterschaftsgesetzgebung (etliche Kantone – Zürich, Luzern, Glarus, Zug, Freiburg, Schaffhausen, St. Gallen, Graubünden, Aargau, Tessin, Waadt und Neuenburg – kennen Bedarfsleistungen bei Mutterschaft, die analog den Ergänzungsleistungen ausgestaltet sind; z.B. Kanton Luzern: § 7 Sozialhilfeverordnung vom 13. Juli 1990, SRL 892a).
- Kant. Gesetze betr. Aufsicht, v.a. im Bereich des BVG (z.B. Kanton Luzern: Verordnung über die Luzerner Pensionskasse vom 11. Mai 1999, SRL 131; Verordnung über die Stiftungsaufsicht vom 25. September 2001, SRL 202)

d) Weitere Rechtsquellen

1.49 **Stiftungsurkunden:**

Die obligatorische und überobligatorische berufliche Vorsorge wird durch Vorsorgeeinrichtungen (VE), auch Pensionskassen genannt, durchgeführt, welche überwiegend in der Rechtsform der privatrechtlichen Stiftung oder öffentlich-rechtlichen Anstalt auftreten. Deren Stiftungsurkunden (im Fall öffentlich-rechtlicher Anstalten das Gesetz), auch Statuten genannt, enthalten Bestimmungen grundsätzlicher Natur über die Organisation der Vorsorgeeinrichtung, den Destinatärkreis, die Beitragsstruktur und die Leistungen sowie Verfahrensfragen. Ein Mindeststandard ist gesetzlich vorgeschrieben (vgl. BVG als Rahmengesetz; Art. 80–89a ZGB; Art. 331–331c OR, Art. 88 ff. FusG). Sie werden von den Aufsichtsbehörden überprüft und unterliegen einer generell-abstrakten Normenkontrolle durch diese. Die Stiftungsurkunde resp. die Statuten können auf Antrag der Vorsorgeeinrichtung von der Aufsichtsbehörde geändert werden. Die Stiftungsurkunden werden von Reglementen, in denen die Einzelheiten festgehalten sind, konkretisiert.

Statuten und Reglemente:

Statuten enthalten Bestimmungen über die Organisation des jeweiligen Versicherers (Krankenkassen, Unfallversicherer, Verbandsausgleichskassen etc.) sowie Grundsätze über die Mitgliedschaft, die Bemessung von Beiträgen, Leistungen und Leistungsmodalitäten sowie verfahrensmässige Regelungen.

In den Reglementen finden sich detaillierte Ausführungen über Versicherteneigenschaft, Bemessung und Erhebung von Beiträgen sowie Ausrichtung von Leistungen. Von grosser Bedeutung sind sie im Zusammenhang mit Statuten von Vorsorgeeinrichtungen oder Krankenkassen. Sie dürfen der übergeordneten Satzung (z.B. Stiftungsurkunde) sowie auch dem übergeordneten Recht (Verfassung, Gesetze) nicht widersprechen. So hat insbesondere das KVG die Leistungen abschliessend festgelegt, während das BVG als Rahmengesetz nur den Mindeststandard (sog. Obligatorium) festlegt. Reglemente sind in der Regel durch die zuständigen Organe abänderbar. BVG-Reglemente müssen jedoch der Aufsichtsbehörde zwecks Überprüfung ihrer Rechtsmässigkeit vorgelegt werden (grundsätzlich keine konstitutive Wirkung, mit Ausnahme des Teilliquidations-Reglements gem. Art. 53b Abs. 2 BVG).

Beschlüsse:
In Beschlüssen werden bestimmte Fragen durch den Vorstand oder Verwaltungsrat des betreffenden Versicherers entschieden (z.B. Prämienfestsetzung). In der beruflichen Vorsorge werden die Leistungen in dieser Form, und nicht durch Verfügung, zugesprochen.

Verträge:
Verträge sind insbesondere in denjenigen Sozialversicherungszweigen bedeutsam, in welchen Leistungen in Form von medizinischen oder beruflichen Massnahmen oder als Hilfsmittel erbracht werden. Entsprechende Verträge regeln die Zusammenarbeit und das Tarifwesen zwischen Sozialversicherung und Leistungserbringer.

Beispiele:

- ***IV***: Verträge werden vom BSV mit der Ärzteschaft, weiteren Berufsverbänden sowie mit den Heilanstalten abgeschlossen (vgl. Art. 27 Abs. 1 IVG; Art. 24 Abs. 2 IVV). In den Bereichen Hilfsmittel, Integrationsmassnahmen und Massnahmen beruflicher Art schliessen die IV-Stellen Verträge mit den Leistungserbringern ab (vgl. Art. 21^{quater} Abs. 1 lit. b IVG; Art. 41 Abs. 1 lit. l IVV).
- ***KV***: Zwischen Leistungserbringern und Versicherern werden Tarifverträge abgeschlossen. Kommen solche Verträge nicht zustande, setzt die Kantonsregierung oder der Bundesrat einen Ersatztarif fest. Gegen diesen Entscheid kann Beschwerde an das Bundesverwaltungsgericht erhoben werden (vgl. Art. 53 KVG). Für Tarifverträge mit Spitälern: siehe Art. 49 KVG.

  BGE 139 V 82 ff. betr. keine Anwendung des ATSG auf Tarifverträge und Anwendung vertraglicher Verzugszinsregelungen.
- ***UV***: Verträge mit Medizinalpersonen sowie den Transport- und Rettungsunternehmen müssen gesamtschweizerisch abgeschlossen werden (vgl. Art. 56 Abs. 1 UVG, Art. 70 Abs. 1 UVV). Im Übrigen sind auch Einzelverträge sowie solche mit regionaler Bedeutung möglich. Beispiel: Tarifvertrag zwischen der Suva und einem kant. Spital (BGE 114 V 324), Verträge zwischen Krankenkassen und anderen Leistungserbringern (Art. 70 UVG).
- ***MV***: Vgl. Art. 26 MVG, der den entsprechenden Bestimmungen des UVG nachgebildet ist.
- ***bV***: Vorsorgevertrag (Art. 44 BVG), Anschlussvertrag (Art. 11 BVG).

- ***ALV***: Verträge (verwaltungsrechtliche) zwischen Kanton (vertreten durch Amtsstelle) und Organisation, die kollektive arbeitsmarktliche Massnahmen durchführt.

II. Rechtsquellen auf Verfassungsebene

1. Sozialverfassung (Art. 2, 12, 41, 111–117 BV)

1.50 Die Sozialverfassung bildet den Teil der Bundesverfassung, der die Umsetzung der Sozialstaatsidee, wie sie in Art. 2 und 41 BV sowie mit Bezug auf das Drei-Säulen-Prinzip in Art. 111 Abs. 1 BV niedergelegt ist, vollzieht. Bezogen auf die soziale Sicherheit fallen Art. 12 BV für die Sozialhilfe und Art. 111–117 BV für die Sozialversicherungen ins Gewicht. Materiell geht es bei den letzteren um reine Kompetenznormen. Aus ihnen lassen sich, dies im Gegensatz zu Art. 12 BV, grundsätzlich keine direkten Leistungsansprüche ableiten.

BGE 130 V 369, E. 6 betr. keine direkten Leistungsansprüche aus der BV sowie auch BGE 140 V 385, E. 5.1 betr. keine direkten Leistungsansprüche aus Art. 8 resp. 14 EMRK.

1.51 Neben den zur eigentlichen Sozialverfassung zählenden Bestimmungen der Bundesverfassung sind auch die verfassungsmässigen Grundsätze sowie die grundrechtskonforme Auslegung sozialversicherungsrechtlicher Erlasse von grosser Tragweite.

BGE 140 V 538, E. 4.3 bzw. 137 V 373, E. 5.2 betr. grundrechtskonforme Auslegung von Normen, soweit nicht durch den Wortlaut ausgeschlossen.

2. Grundrechte

1.52 Die Sozialversicherungsgesetzgebung zählt zur Leistungsverwaltung, und nur beschränkt zur Eingriffsverwaltung. Dabei kommt den gesetzlichen Voraussetzungen, die man für die Geltendmachung eines Leistungsanspruchs vorweisen muss, eingriffsartiger Charakter zu. Insbesondere im Zusammenhang mit medizinischen oder beruflichen Massnahmen, denen sich die versicherte Person zum Zwecke ihrer Eingliederung unterziehen sollte, können ihre Grundrechte berührt sein. Insbesondere durch die Nichtgewährung einer Leistung kann ein Grundrecht, welches unter den Voraussetzungen von Art. 36 BV (gesetzliche Grundlage, öffentliches Interesse unter Vorbehalt eines unmittelbaren Notstands, Verhältnismässigkeit des Eingriffs, Unantastbarkeit des Kerngehalts) beschränkbar ist, verletzt werden. Hauptanwendungsfälle sind die Umsetzung der Schadenminderungspflicht bzw. die Selbsteingliederungspflicht der versicherten Person. Auch das Verhältnismässigkeitsprinzip i.S. der Kosten-Nutzen-Relation kann im Einzelfall mit Grundrechten kollidieren, indem die Gewährung der zweckmässigsten oder kostengünstigsten Leistung die Grundrechte der versicherten Person übermässig einschränkt. Soweit den Grundrechten neben den gesetzlichen Leistungserfordernissen eine eigenständige Rechtsgrundlage eingeräumt wird, darf ihnen aber nicht einen über das Gesetz hinausgehenden leistungsbegründenden Charakter zuerkannt werden. Sodann begründen die Grundrechte i.S.v. Art. 6, 8 und 14 EMRK gemäss Rechtsprechung des EGMR, ebenso wenig wie die in der Bundesverfassung verankerten Grundrechte, keine direkten Ansprüche auf Zusprechung sozialversicherungsrechtlicher Leistungen durch die Mitgliedstaaten. Die Grundrechte richten sich nämlich in erster Linie als Abwehrrechte gegen den Staat und geben nur ausnahmsweise verfassungsunmittelbare Leistungsansprüche (vgl. Art. 12, 19 und 29 Abs. 3 BV). Namentlich liegt keine Verletzung von Grundrechten vor, wenn die Sozialversicherungen nicht alle durch die Behinderung verursachten Kosten übernehmen.

9C_340/2017 v. 9.2.2018, E. 4.3 betr. kein unmittelbarer Anspruch auf Sozialversicherungsleistungen aus den Grundrechten.

Die Grundrechte spielen daher in erster Linie bei der Auslegung von sozialversicherungsrechtlichen Normen, insbesondere solche mit Ermessensgehalt, eine Rolle: grundrechtskonforme Gesetzesauslegung.

BGE 144 V 319, E. 4.6.2 betr. grundrechtskonforme Gesetzesauslegung; 8C_172/2017 v. 27.4.2018, E. 4 betr. Tragweite der Grundrechte auf staatliche Leistungspflicht.

In diesem Zusammenhang können bei der individuell-konkreten Zusage bzw. Ab- 1.53
lehnung von Leistungen folgende Grundrechte betroffen sein:

- Persönliche Freiheit (Art. 10, 13 BV)

  8C_648/2018 v. 7.1.2019, E. 9.2 betr. kein Anspruch auf allgemeine Handlungsfreiheit und kein Anspruch auf staatliche Leistungen (i.c. Sozialhilfe) auf der Grundlage des Grundrechts auf persönliche Freiheit; 8C_909/2017 v. 26.6.2018, E. 6.2 betr. Einsichtnahmerecht der Behörden in Social-Media-Profil der versicherten Person; I 750/04 v. 5.4.2006, E. 5 betr. Zumutbarkeit für Fahrende, sesshaft zu werden und eine Arbeitsstelle anzunehmen, Anwendung von LSE-Löhnen; 9C_301/2008 v. 2.7.2008, E. 5 betr. Zumutbarkeit der Abdeckung von Hakenkreuztattoos für eine Praktikumsstelle (IV).

- Niederlassungsfreiheit (Art. 24 BV)

  9C_661/2016 v. 19.4.2017, E. 4 betr. Interessenabwägung zwischen einem Umzug in eine behindertengerechtere Wohnung und Leistungen der IV für eine bauliche Anpassung der bisherigen Wohnung; 9C_429/2013 v. 23.10.2013, E. 3 betr. Zumutbarkeit der Aufgabe der eigenen Wohnung und Rückkehr ins elterliche Haus für eine EL-beziehende Studentin; BGE 113 V 22, E. 4 betr. Abgabe von Hilfsmitteln bei Verlegung des Wohnorts weg vom Arbeitsort; C 140/06 v. 16.11.2006, E. 2 betr. Stellenaufgabe wegen Heimweh und Rückkehr in den Heimatkanton.

- Familienleben (Art. 14 BV, Art. 8 EMRK)

  BGE 144 V 319, E. 4.6.3 betr. schwellenloser Zugang zur Terrasse; BGE 143 I 50, E. 3-4 betr. Verletzung der Grundrechte bei Statuswechsel und Anwendung der gemischten Methode allein aus familiären Gründen; BGE 142 V 457, E. 3.4 betr. keine Verletzung weder des Gleichbehandlungsgebotes noch des Rechts auf Familienleben durch eine Limitierung der Vergütung von Krankheits- und Behinderungskosten in Verweisung auf Art. 14 ELG; 9C_6/2017 v. 17.2.2017, E. 3 betr. keine Verletzung der Achtung des Familienlebens bei Ablehnung von beruflichen Eingliederungsmassnahmen im Ausland; 9C_88/2016 v. 12.5.2016, E. 2 betr. keine Pflegeleistungen der KV für Pflege durch den Sohn in der Familie anstatt im Heim: keine direkten Leistungsansprüche aus Art. 14 BV; 8C_803/2013 v. 30.7.2014, E. 4.3 betr. keine Verletzung des Familienlebens bei getrennten Schlafzimmern (bauliche Massnahmen nur im Erdgeschoss); BGE 139 I 155, E. 4 betr. keine Schutzwirkung von Art. 8 EMRK betr. Wohnsitzklausel bei a.o. IV-Renten; BGE 134 I 105, E. 4-8 betr. Wohnungsumbau auch für zwei Wohnungen bei behindertem Kind geschiedener Eltern; BGE 121 V 8, E. 6 sowie 118 V 206, E. 5 betr. Reisekostenvergütung für Besuchsfahrten der Eltern.

- Glaubens- und Gewissensfreiheit (Art. 15 BV)

C 274/04 v. 29.3.2005, E. 2 betr. Zumutbarkeit der Arbeitsaufnahme in der Administration einer ideologisch orientierten Institution; RKUV 2001 117 ff. betr. KV-Austritt aus religiösen Gründen; ARV 1998 Nr. 47 betr. Unzumutbarkeit einer Arbeit, bei der eine strenggläubige Muslimin das Kopftuch nicht tragen könnte.

- Meinungsäusserungsfreiheit (Art. 16 BV)

BGE 109 V 276, E. 2 betr. Vermittlungsunfähigkeit bei Äusserung der eigenen gesellschaftlichen oder politischen Ansichten; U 269/98 v. 15.3.2001, E. 2 betr. Meinungsäusserungsfreiheit im Prozess.

- Eigentumsfreiheit (Art. 26 BV)

BGE 143 V 254, E. 6.4 betr. konfiskatorische Beitragsbemessung Nichterwerbstätiger, wonach die Beiträge höher ausfallen als ein möglich zu erzielender Vermögensertrag (Frage offen gelassen).

- Wirtschaftsfreiheit (Art. 27 BV)

BGE 143 V 208, E. 6.1.2 betr. keine Berufung von Anlagestiftungen auf die Wirtschaftsfreiheit wegen Miterfüllung einer öffentlich-rechtlichen Aufgabe; 8C_930/2015 v. 15.4.2016, E. 6.2 betr. keine Verletzung des Berufswahlfreiheit bei Nichtgewährung staatlicher Leistungen (i.c. Sozialhilfe) für ein gewünschtes Berufsziel; 9C_737/2015 v. 13.10.2016, E. 7.2 betr. keine Verletzung der Wirtschaftsfreiheit bei Preislimiten (bezogen auf die Aufnahme in die SL) in einem dem freien Wettbewerb entzogenen Bereich wie der Sozialversicherung; 9C_8/2014 und 9C_9/2014 v. 14.10.2014, E. 4.4 betr. keine Berufung der Sozialversicherer auf die Wirtschaftsfreiheit (auch BGE 132 V 6, E. 2.5.2); BGE 113 V 22, E. 4.d betr. freie Wahl des Arbeitsorts; I 10/03 v. 30.8.2004, E. 3 betr. berufliche Massnahmen zwecks Erlernens eines neuen Berufs auf Grund der Berufsfreiheit; I 15/05 v. 18.7.2005, E. 6.2-4 betr. Wechsel von selbständiger zu unselbständiger Erwerbstätigkeit.

- Diskriminierungsverbot (Art. 8 Abs. 2 und 4 BV, Art. 14 EMRK)

9C_833/2018 v. 21.2.2019, E. 2 betr. keine Diskriminierung durch Wohnsitzklausel im Falle einer a.o. Invalidenrente; BGE 143 I 50, E. 3 betr. Verletzung von Art. 14 i.V.m. Art. 8 EMRK bzgl. Anwendung der gemischten Methode für teilzeiterwerbstätige Frauen; 9C_499/2017 v. 30.8.2017, E. 3 betr. kein verpönter unterschiedlicher Beendigungsgrund bei Witwern gem. Art. 24 Abs. 2 AHVG und keine Pflicht der Mitgliedstaaten, direkt auf der Grundlage von Art. 8 EMRK Leistungen zu erbringen; Urteil EGMR Nr. 26275/12 v. 10.12.2015 betr. keine Diskriminierung von Versicherten mit nicht objektivierbaren Gesundheitsstörungen; BGE 140 I 305, E. 4 betr. keinen Anspruch auf Mutterschaftsentschädigung für Väter; BGE 138 I 225, E. 3. 6.1 betr. keine Diskriminierung durch Limitierung der Vergütungskosten bei Hilflosigkeit gem. Art. 14 ELG; BGE 136 I 121, E. 5 betr. Altersgrenze von 60 Jahren für chirurgische Behandlung von Adipositas (Ziff. 1.1 Anhang 1 KLV).

3. Verfassungsmässige Prinzipien

a) Legalitätsprinzip (Art. 5 Abs. 1, Art. 9 BV)

aa) Verwaltungshandeln

1.54 Sowohl die Eingriffs- als auch die Leistungsverwaltung bauen auf dem rechtsstaatlich zentralen *Legalitätsprinzip* auf. Im Sozialversicherungsrecht müssen daher die Risikobegriffe, die Unterstellungsbedingungen, das Beitrags- und Finanzierungswesen, die Leistungsvoraussetzungen, die Leistungsarten, der Leistungsumfang und die Leistungskoordination sowie alle verfahrensrechtlichen Fragen auf gesetzlicher Grundlage beruhen.

BGE 144 V 97, E. 3.2-5 betr. fehlende gesetzliche Grundlage für Rückerstattung der gewährten unentgeltlichen Prozessführung und Verbeiständung.

Zu beachten ist sodann unter dem Gesichtspunkt des Legalitätsprinzips, dass rangtiefere Normen ranghöherem Recht nicht widersprechen dürfen (vgl. zur Auslegung von Gesetzen hinten 1.58). Dabei gilt auf Grund von Art. 190 BV, dass jedoch der Verfassung widersprechende Bundesgesetze anzuwenden sind: 1.55

- Bundesrecht bricht kantonales Recht (Art. 49 Abs. 1 BV). Hat der Bund eine Materie abschliessend geregelt, darf der Kanton über die gleiche Materie nicht abweichend zum Bundesrecht bzw. in Missachtung des bundesrechtlichen Zwecks legiferieren.

  BGE 145 I 26, E. 3.1 betr. Beachtung vom Bundesrecht vorgegebener Zwecke bei der Prämienverbilligung durch die Kantone; 9C_176/2016 v. 21.2.2017, E. 6.2.1 betr. keine Bundesrechtswidrigkeit einer kantonalen Bestimmung, welche die erbrachten Pflegeleistungen aufgrund des Bedarfsabklärungssystems «RAI Homecare» beurteilt und abrechnet; BGE 141 V 455, E. 6 betr. Versicherungskarte, welche der Kanton den Asylbewerbern vorenthalten will.

- Hierarchisch gesehen darf eine *rangtiefere* Rechtsquelle nicht einer *ranghöheren* widersprechen. Die Verordnung darf z.B. weder zusätzliche Leistungen vorsehen noch gesetzliche mittels Zusatzbedingungen einschränken. Soweit ein Bundesgesetz dem Verordnungsgesetzgeber einen weiten Ermessensspielraum zugesteht, ist nur eine Ermessensüberschreitung gesetzeswidrig.

  8C_632/2017 v. 29.3.2018, E. 5.1-2 betr. keine Gesetzeswidrigkeit der in GgV 403 vorgesehenen leistungseinschränkenden Voraussetzungen (m.E. zu Unrecht); BGE 144 V 138, E. 6.4 betr. keine Gesetzeswidrigkeit der Taxpunkt-Anpassungsverordnung; BGE 140 V 233, E. 4 betr. Bundesrechtswidrigkeit einer kantonalen FamZG-Bestimmung betr. Funktion der Arbeitgeberin als Durchführungsorgan anstatt nur als Zahlstelle; BGE 134 V 202, E. 3 betr. *keine* Gesetzeswidrigkeit von Art. 41bis Abs. 1 AHVV (Verzugszinspflicht auf fälligen AHV-Beiträgen.

- Kreisschreiben und Wegleitungen dürfen keine zusätzlichen, über das Gesetz hinausgehenden Bedingungen einführen. Jedes Verwaltungshandeln muss eine *gesetzliche Grundlage* haben.

  9C_596/2017 v. 9.5.2018, E. 2.5 betr. Gesetzeswidrigkeit der EL-Mitteilungen Nr. 323; 9C_270/2016 und 9C_299/2016 v. 13.2.2017, E. 4 betr. Gesetzes- und Verordnungswidrigkeit der IV-Rundschreiben Nr. 297 und Nr. 308 bzgl. Limitierung der zu vergütenden Stunden (8-Stunden-Regel); BGE 142 V 380, E. 5.4 betr. Verordnungswidrigkeit der Verwaltungsweisung C29 der ALE-Praxis; BGE 142 V 368, E. 5 betr. Gesetzeswidrigkeit des SL-Handbuches bzgl. Auslandpreisvergleich ohne gleichzeitige Wirtschaftlichkeitsprüfung; BGE 142 V 523, E. 5 betr. Gesetzeswidrigkeit des IV-Rundschreibens Nr. 299 bzgl. zusätzlicher Bedingungen für zweites Anlehrjahr; 9C_576/2013 v. 15.4.2014, E. 3.3 betr. keine Gesetzeswidrigkeit von das Gesetz auslegenden und konkretisierenden Richtlinien des Verbandes der Kantonszahnärzte Schweiz (VKZS); BGE 140 V 368 ff. betr. Gesetzeswidrigkeit von Rz. 1073 (1/10) zweiter Satz des Kreisschreibens des BSV über die Mutterschaftsentschädigung; 8C_875/2013 v. 29.4.2014, E. 3.2-3.3 betr. Gesetzeskonformität von Rz. 3366 f. der Rentenwegleitung (RWL) des BSV (Berechnungsweise in Bezug auf Art. 49bis Abs. 3 AHVV); BGE 129 V 67, E. 2 betr. keine quantitative Eingliederungswirksamkeit als Leistungsvoraussetzung auf Wegleitungsebene für Treppenlifte.

- Statuten, Reglemente, Verträge, Vergleiche dürfen objektivem Recht nicht widersprechen.

  BGE 144 V 327, E. 4 betr. Gesetzeswidrigkeit einer die in Art. 20a Abs. 1 lit. a BVG statuierte 5-Jahres-Dauer einer Lebenspartnerschaft unterschreitenden Reglementsbestimmung; 9C_582/2016 v. 16.1.2017, E. 8 betr. Verletzung von Art. 61 Abs. 1 KVG im Fall eines Prämienmodells mit «Überschussbeteiligung» der Versicherten; BGE 138 V 147, E. 2.4 betr. keine vom Gesetzesrecht abweichende Regelung in einem Vergleich (vgl. auch U 378/05 v. 10.5.2006, E. 4.3: zulässiger Vergleich); BGE 135 V 261, E. 4 und 5 betr. Nichtigkeit einer Art. 53e BVG widersprechenden Reglementsbestimmung;

BGE 124 V 356, E. 3 betr. Unzulässigkeit des Leistungsausschlusses bei Wagnis in der Krankenversicherung; RKUV 2004 238 ff. betr. Anspruch auf Dolmetscher; BVGE 2009 Nr. 49 betr. vertragliches Abweichen vom zwingenden gesetzlichen Rechtsmittelweg.

bb) Ermessen

1.56 Die Lebensnähe eines Gesetzes hängt von seiner Flexibilität ab. Konsequentes Legalitätsprinzip hiesse mehr Lücken im Gesetz sowie im Einzelfall unangemessene Härte. Ein Gesetz hat daher primär einen Rahmen zu geben, in dem sich auch ein Ermessen, und zwar ein kalkulierbares, bewegen darf. Das Ermessen zeigt sich in folgenden Formen:

1.57 • *Entschliessungsermessen:* Die rechtsanwendenden Organe können im Einzelfall entscheiden, ob sie den fraglichen Tatbestand anwenden wollen. Dieser Freiraum wird vom Gesetzgeber in Form einer «Kann»-Vorschrift zum Ausdruck gebracht. wie z.B. in Art. 21 (Kürzungen) oder Art. 61 lit. d ATSG (reformatio in peius), Art. 69 Abs. 1 KVG bzw. Art. 45 BVG (Gesundheitsvorbehalte) oder Art. 20 Abs. 2 BVV2 (Kürzung von Hinterlassenenrenten). Sogenannte echte «Kann»-Vorschriften finden sich auch häufig in Reglementen von Vorsorgeeinrichtungen. Ob es sich im konkreten Fall um eine echte «Kann»-Vorschrift mit freier Wahl in der Anwendung der Norm handelt (vgl. z.B. Art. 92 Abs. 1 UVG) oder nur um einen Ermessensfreiraum bzgl. des Umfangs einer Leistung, muss durch Auslegung ermittelt werden. Eine besondere Form der «Kann-Vorschrift» findet sich in Art. 20a oder 33a BVG, wonach die Vorsorgeeinrichtung in ihrem Reglement frei bestimmen kann, ob sie eine Begünstigtenordnung oder die Weiterführung des Alterskontos für Teilzeit-Rentner auf der Basis des bisherigen Lohns einführen will.

  BGE 144 V 153, E. 4 betr. kein Entschliessungsermessen bzgl. einer «reformatio in peius» im kantonalen Rechtsmittelverfahren (Art. 61 lit. d ATSG); BGE 138 V 86, E. 2.2 betr. echte Kann-Vorschrift in Art. 20a BVG und Gestaltungsfreiheit der Vorsorgeeinrichtung, BGE 137 V 154, E. 3.3 betr. keine echte Kann-Vorschrift in Art. 21 Abs. 5 ATSG aus Gründen der Gleichbehandlung.

• *Auswahlermessen:* Die Verwaltung kann unter verschiedenen, gesetzlich vorgesehenen und in Betracht fallenden Massnahmen diejenige wählen, welche das Eingliederungsziel auf geeignetste, zweckmässigste und wirtschaftlichste Art erreicht. Eine Rolle spielt das Auswahlermessen bei verschiedenen möglichen medizinischen oder beruflichen Massnahmen oder bei der Wahl eines Hilfsmittels oder im Zusammenhang mit verschiedenen möglichen Sanierungsmassnahmen bei Unterdeckung einer Pensionskasse (vgl. Art. 65d Abs. 2 und 3 BVG).

  8C_596/2015 v. 19.3.2015, E. 3.3.2 betr. Auswahlermessen bei Wahl der DAP-Skala für Invaliditätsbemessung; B 34/02 v. 31.12.2003 betr. Verzicht der Pensionskasse auf Teuerungsausgleich.

- *Rechtsetzungsermessen:* Dem Verordnungsgeber wird ein Ermessensspielraum bei der Wahl, Art und dem Umfang des zu regelnden Tatbestands eingeräumt (sog. unselbständige Verordnung als gesetzesvertretende Verordnungsbestimmung).

  BGE 141 V 473, E. 8.2 betr. Art. 49bis f. AHVV; 8C_45/2007 v. 31.1.2008, E. 4.3 betr. Ermessen des Bundesrates gem. Art. 42 Abs. 2 AVIG i.V.m. Art. 65 Abs. 1 AVIV; BGE 132 V 310, E. 8-9 betr. von der Versicherungspflicht befreite Personen; BGE 131 V 9, E. 3.4.2-3 betr. Hilfsmittelliste; BGE 126 V 344, E. 4 betr. Tariffestsetzung.

Je grösser der vom Gesetz eingeräumte Ermessensspielraum ist, desto kleiner ist die Chance einer gerichtlichen Korrektur (z.B. bei Leistungskürzungen [vgl. hinten 5. 341], Leidensabzug [vgl. hinten 5.315]). Grundsätzlich setzt das Gericht bei sachlicher Vertretbarkeit des von der zuständigen Behörde angewendeten Ermessens nicht sein eigenes an dessen Stelle. Das der Verwaltung überlassene Ermessen ist aber auch nicht schrankenlos. Im Rechtsmittelverfahren (vgl. hinten 7.78 und 7.110) sind zu überprüfen:

- *Ermessensüber- oder unterschreitung (Ermessensmissbrauch)* in Form der Verletzung des Legalitätsprinzips durch Über- oder Unterschreitung des im Gesetz gesteckten Rahmens. Ebensolches gilt, wenn eine Behörde zwar im Rahmen des ihr eingeräumten Ermessens bleibt, sich aber – ganz im Sinn des Begriffs der Willkür – von unsachlichen, dem Zweck der massgebenden Vorschriften fremden Erwägungen leiten lässt oder allgemeine Rechtsprinzipien, wie das Verbot von Willkür oder rechtsungleicher Behandlung, das Gebot von Treu und Glauben sowie den Grundsatz der Verhältnismässigkeit verletzt.

  8C_342/2017 v. 28.8.2017, E. 4 betr. Einstelltage in der ALV; 8C_114/2017 v. 11.7.2017, E. 3.2 betr. Höhe des leidensbedingten Abzugs vom Tabellenlohn (5%); BGE 141 V 466, E. 4.3 betr. kein freies Ermessen bei Art. 21 Abs. 5 ATSG.

- *Willkür* i.S.v. unsachlicher, zweckfremder, offensichtlich unhaltbarer Unterscheidungen oder Begründungen resp. wenn der Entscheid zur tatsächlichen Situation in klarem Widerspruch steht oder auf einem offenkundigen Fehler beruht oder wenn tatsächliche Feststellungen bzw. Schätzungen (Tatbestandsermessen) unhaltbar sind.

  BGE 141 V 384, E. 4.1 betr. Begriff der Willkür; 9C_721/2008 v. 14.10.2008, E. 1.3.3 betr. Tatbestandsermessen.

cc) Auslegung

Ausgangspunkt jeder Auslegung ist der Wortlaut, Sinn und Zweck des Gesetzes 1.58
bzw. einer Norm. Aber sprachliches Ungenügen (Mehrdeutigkeit der Wortwahl, Vereinfachungen) oder offene Begriffe führen zu Unklarheiten (Lücken intra legem), sodass durch Auslegung der wahre Sinn ermittelt werden muss. So sind insbesondere sozialversicherungsrechtliche Leistungsnormen bei der Ermessenshandhabung *verfassungskonform,* unter Berücksichtigung des Verhältnis-

mässigkeitsprinzips (vgl. hinten 1.62 ff.), auszulegen. Erst dann lässt sich allenfalls auf eine Gesetzeswidrigkeit oder eigentliche resp. *echte Lücke* (Lücken extra legem) schliessen. Eine solche zeichnet sich dadurch aus, dass im Gesetz die Antwort auf eine bestimmte Frage fehlt, weil der Gesetzgeber die Regelung der Frage planwidrig vergessen hat oder sich durch die Weiterentwicklungen im Alltag neue Fragen stellen. Eine solche Lücke darf nur angenommen und analog Art. 1 ZGB nach der Regel des Gesetzgebers geschlossen werden, wenn *kein qualifiziertes Schweigen* des Gesetzgebers vorliegt. Ist die gesetzgeberische Antwort auf eine bestimmte Frage jedoch nur unbefriedigend, handelt es sich um eine *unechte Lücke* (politische Lücke), die als solche nur bei Rechtsmissbrauch geschlossen werden darf, ansonsten also in der Regel hinzunehmen ist. Soweit sich aus der Auslegung ein klarer gesetzgeberischer Wille erschliessen lässt, kann das Ergebnis nicht mittels Berufung auf verfassungsmässige Rechte resp. die Rechtsgleichheit als verfassungswidrig in Frage gestellt werden.

BGE 145 V 57, E. 6-9 betr. Verweisung in Art. 14bis IVG auf Art. 39 KVG; BGE 144 V 319, E. 4.6.2 betr. verfassungskonforme Auslegung bei Hilfsmitteln; BGE 143 I 187, E. 3.2 betr. keine elektronische Eingabe ans Gericht ohne kantonale Gesetzesgrundlage; 9C_795/2016 v. 12.4.2017, E. 4.3.1 betr. qualifiziertes Schweigen bzgl. Erfordernis eines Erwerbseinkommens als Voraussetzung für Mutterschaftsentschädigung; BGE 142 V 402, E. 5.2 betr. keine Berufung auf Rechtsgleichheit und Reduktion des allgemeinen Lebensbedarfs (EL) von in einer Wohngemeinschaft lebenden Alleinstehenden; BGE 141 V 481, E. 3.3 betr. unechte Lücke bzgl. Berechnung der Altersrente der Frau eines im Rentenalter erwerbstätigen Ehemannes; BGE 134 V 182, E. 4 betr. keine schriftliche Zustimmung des Ehegatten im Fall von Kapitalauszahlung gemäss FZG; BGE 131 V 4, E. 3.4 betr. echte Lücke bei Vollstreckungsverjährungsfrist in Art. 52 AHVG; BGE 129 V 95, E. 3.2 betr. keine verminderte Urteilsfähigkeit bei Suizid; RKUV 2003 62 ff. betr. qualifiziertem Schweigen bzgl. Dolmetscher im KVG.

Die Auslegung erfolgt bei:

- *Gesetzen und Verordnungen* grammatikalisch, systematisch, teleologisch und historisch. Entsprechend dem Methodenpluralismus sind alle Elemente in gleicher Weise zu prüfen und zu würdigen (so auch bei Statuten/Reglementen einer öffentlich-rechtlichen Vorsorgeeinrichtung). Als weiteres «Auslegungselement» berücksichtigt das Bundesgericht auch Kriterien wie Rechtssicherheit und Praktikabilität.

  BGE 145 V 2, E. 4.2-3 betr. historische Auslegung von Art. 8a Abs. 1 IVG; 9C_891/2017 v. 14.9.2018, E. 5 betr. Auslegung des Reglements einer öffentlich-rechtlichen Pensionskasse; BGE 144 V 327, E. 4.2 betr. normspezifischer Zweck in Art. 20a Abs. 1 lit. a BVG (5-Jahresdauer bei Lebenspartnerschaft); BGE 144 V 159, E. 3-4 betr. historische Auslegung von Art. 29^{septies} AHVG (persönliche Betreuung); 9C_795/2016 v. 12.4.2017, E. 4.3.1 betr. Art. 16b Abs. 1 lit. b EOG (effektives Erwerbs- bzw. Ersatzeinkommen); BGE 142 V 502, E. 4.3 betr. Art. 9a AVIG (Rahmenfrist bei selbständig erwerbstätig gewesenen Müttern); 9C_418/2016 v. 4.11.2016, E. 6.3 betr. GgV 404 (Zeit des Behandlungsbeginns); BGE 141 V 25, E. 8 betr. Art. 56 KVG (kein Verschulden bei Rückerstattung im Fall von Überarztung); BGE 139 V 212, E. 4.1 betr. Auslegung nach dem Zweck von Art. 13 Abs. 1 i.V.m. Art. 23 Abs. 3bis AVIG; BGE 137 V 373, E. 6.4 betr. Art. 20 Abs. 1 lit. b BVV2 (Begriff «Rente»).

- *Statuten und Reglementen* (von öffentlich-rechtlichen Vorsorgeeinrichtungen) nach den Grundsätzen der Gesetzesauslegung. Lücken werden gemäss Art. 1 ZGB geschlossen.

9C_891/2017 v. 14.9.2018, E. 4.2 betr. Auslegung eines Lohndekrets einer öffentlich-rechtlichen Einrichtung; AHI-Praxis 6/2004 257 betr. echte Lücke, wenn bei Zahlungsfristen der letzte Tag auf einen Samstag, Sonntag oder anerkannten Feiertag fällt.

- *Staatsverträgen* autonom und richtet sich in erster Linie nach dem Vertragstext bzw. den Staatsvertragsbestimmungen, allenfalls dazu eingesetzten gemeinsamen Kommissionen und, wenn solche fehlen, nach Treu und Glauben und Landesrecht (vgl. Art. 31 der Wiener Konvention über das Recht der Verträge vom 23. Mai 1969).

  Bzgl. der *Freizügigkeitsabkommen mit der EU/EFTA* gelten die Auslegungsartikel sowie die im Anhang individuell aufgeführten Begriffsbestimmungen. Insbesondere ist bei der Auslegung von Begriffen des Gemeinschaftsrechts gemäss Art. 16 Abs. 2 FZA auch die einschlägige, vor Unterzeichnung der Verträge ergangene Rechtsprechung des EuGH zu berücksichtigen. Des Weiteren gibt aufgrund von Art. 14 FZA der Gemischte Ausschuss Empfehlungen für die Durchführung ab. Die Verwaltungskommission für die Wanderarbeitnehmer (Art. 72 lit. a VO [EG] 883/2004) befasst sich ebenfalls mit Auslegungsfragen. Handelt es sich jedoch um Begriffe im Zusammenhang mit den innerstaatlichen Leistungsvoraussetzungen, werden jene nach Landesrecht ausgelegt.

  BGE 138 V 258, E. 5.3.2 betr. Berücksichtigung der Rechtsprechung, soweit sie frühere, vor der Unterzeichnung ergangene Urteile nur präzisiert; BGE 131 V 209, E. 8.2 betr. die Auslegung des Begriffs «Versicherungszeiten» nach Landesrecht (vorbehältlich des gemäss Art. 2 FZA bestehenden Diskriminierungsverbots).

b) Rechtsgleichheit (Art. 8, Art. 29 BV)

Die Rechtsgleichheit ist im Sozialversicherungsrecht ein zentraler Rechtsgrundsatz, der letztlich zusammen mit dem Legalitätsprinzip zu einem allen Personen gleichermassen garantierten Zugang zum System der sozialen Sicherheit und zu Rechtssicherheit in dessen Anwendung verhilft. 1.59

Der Grundsatz der Rechtsgleichheit tritt in verschiedenen Formen auf. Er nimmt einerseits Einfluss auf das Verhältnis zwischen versicherten Personen und dem Zugang zur Sozialversicherung, den Beitragspflichten sowie Leistungen und andererseits geht es um die Durchsetzungsmöglichkeiten sowie die Rolle der versicherten Person im Sozialversicherungsverfahren.

aa) Im materiellen Bereich (Art. 8 BV)

Art. 8 Abs. 1 BV bestimmt, dass alle Menschen vor dem Gesetz gleich sind. Was dies jedoch im Einzelnen bedeutet, muss anhand der gesetzlichen Regelung und dem zur Entscheidung stehenden Einzelfall geprüft werden. Nach ständiger Rechtsprechung ist der Grundsatz der rechtsgleichen Behandlung verletzt, wenn rechtliche Unterscheidungen getroffen werden, für die kein vernünftiger Grund in 1.60

den zu regelnden Verhältnissen ersichtlich ist, oder wenn Unterscheidungen unterlassen werden, welche sich auf Grund der Verhältnisse aufdrängen. Die Rechtsgleichheit ist insbesondere verletzt, wenn Gleiches nicht nach Massgabe seiner Gleichheit gleich oder Ungleiches nicht nach Massgabe seiner Ungleichheit ungleich behandelt wird. Vorausgesetzt ist, dass sich die ungerechtfertigte Gleich- bzw. Ungleichbehandlung auf eine wesentliche Tatsache bezieht. Die Frage, ob für eine rechtliche Unterscheidung ein vernünftiger Grund in den zu regelnden Verhältnissen ersichtlich ist, kann zu verschiedenen Zeiten, d.h. je nach den vorherrschenden Anschauungen, verschieden beantwortet werden. Dem Gesetzgeber bleibt im Rahmen dieser Grundsätze und des Willkürverbots ein weiter Spielraum der Gestaltung. So knüpft der Gesetzgeber zum Beispiel an den Umstand, ob eine pflegebedürftige Person zu Hause oder im Pflegeheim lebt, unterschiedliche Folgen bezüglich der Höhe der Leistungen (vgl. Art. 43bis Abs. 1bis AHVG, Art. 42ter Abs. 2 IVG, Art. 14 Abs. 3 und 4 ELG).

In der Folge wird eine Reihe von Fallgruppen aufgeführt:

- Sowohl in Gesetzgebung als auch in Rechtsanwendung darf keine Unterscheidung ohne sachlichen Grund getroffen werden.

  9C_346/2017 v. 14.11.2017, E. 5.2-3 betr. unterschiedliche Verzinsung des Alterskapitals für für Arbeitnehmer, die am 31. Dezember die VE verlassen und solche, die verbleiben; BGE 143 V 254, E. 6.3.2 betr. Überlegungen zur Rechtsgleichheit im Zusammenhang mit der Vergleichsrechnung gem. Art. 28bis AHVV; 9C_797/2014 v. 28.5.2015, E. 4-5 betr. keine Rechtsungleichheit und Gesetzeswidrigkeit von Art. 29 Abs. 5 AHVV; BGE 140 I 305, E. 7 betr. Rechtfertigung der Ungleichbehandlung (Art. 8 Abs. 3 BV) von Müttern und Vätern in Bezug auf den Anspruch auf Mutterschaftsentschädigung (Art. 16b EOG) durch biologischen Grund der Mutterschaft; BGE 140 V 113, E. 6 betr. keine Verletzung von Art. 8 Abs. 2 BV bzw. Art. 14 EMRK, wenn Assistenzbeiträge nur Versicherten mit einer Hilflosenentschädigung der IV, nicht jedoch der UV, gewährt werden; BGE 138 I 225, E. 3.5-7 betr. Limitierung von Krankheits- und Behinderungskosten in der EL; BGE 138 I 205, E. 6.2 betr. Diskriminierung bezüglich der Invaliditätsbemessung eines Mitgliedes des fahrenden Volkes; BGE 135 V 80, E. 3.4 betr. unterschiedliche Begünstigtenordnung im BVG und FZG; BGE 131 V 107, E. 3.4.3 betr. Austauschbefugnis bzgl. motorisierten Rollstuhl eines Altersrentners; BGE 129 V 145, E. 4 betr. unterschiedliche statutarische Regelung zwischen Kinder- und Waisenrenten in der überobligatorischen beruflichen Vorsorge.

- Der Leistungsanspruch (damit verbunden auch der ihm zugrunde liegende Gesundheitsverlauf) ist prognostisch (objektiviert) und nicht individuell erfolgsorientiert zu beurteilen.

  8C_537/2018 v. 22.1.2019, E. 4.2 betr. Fallabschluss und Einstellung der Heilbehandlung in der UV; 9C_509/2018 v. 21.2.2019, E. 2 betr. Gesundheitszustand und Wiedererlangung der Leistungsfähigkeit aufgrund mehrmonatiger Besserung; 9C_677/2017 v. 8.6.2018, E. 4 betr. Eingliederungsfähigkeit eines schwer behinderten Kindes; 8C_ 67/2018 v. 16.4.2018, E. 4 betr. Vermittlungsfähigkeit und Anspruch auf AMM; BGE 143 V 190, E. 2.2 betr. Funktionsverlust bei Hilfsmittelabgabe; U 105/03 v. 23.12.2003, E. 5.3.5 betr. nach eingetretenem Tod retrospektiv zu beurteilende Lebenserwartung.

- Eine Gleichbehandlung im Unrecht wird nur geschützt, wenn die zuständige Behörde nicht nur in einem einzelnen oder einigen wenigen Fällen, sondern wiederholt vom Gesetz abgewichen und nicht bereit ist, von der gesetzeswidrigen Rechtsanwendung abzulassen.

9C_601/2017 v. 26.1.2018, E. 3 betr. ungleiche Beurteilung der Statusfrage durch verschiedene kantonale AK; BGE 134 V 34, E. 9 betr. ungleiche kantonale KVG-Unterstellungspraxis; K 123/00 v. 8.8.2001, E. 2.f betr. gesetzeswidrige Übernahme der Kosten eines Medikaments.

- Gleich zu behandeln in Bezug auf die gesetzlichen Leistungen sind körperliche, geistige und psychische Gesundheitsschäden.

  BGE 131 V 9, E. 3.4.3 betr. medizinische Massnahmen und Hilfsmittel der IV bei Trisomie 21; BGE 133 V 569, E. 5.5 betr. keine Berücksichtigung lebenspraktischer Begleitung bei Hilflosenentschädigung der AHV aus Gründen der rechtsgleichen Behandlung.

- Soweit das Gesetz keine Gleichbehandlung von Partnern in eheähnlicher Lebensgemeinschaft (Konkubinat) mit Ehegatten vorsieht, dürfen an erstere keine an die Voraussetzung der Ehe geknüpfte Leistungen ausgerichtet werden.

  BGE 140 I 77, E. 6-9 betr. keine Diskriminierung der Ehe gegenüber dem Konkubinat durch Rentenplafonierung; RKUV 2004 578 ff. betr. keine Hinterlassenenleistungen an den Konkubinatspartner in der Unfallversicherung.

- Gleichbehandlung mit Bezug auf Leistungsvoraussetzungen

  9C_792/2012 v. 14.12.2012, E. 3 betr. Anspruch der Witwe auf eine Abfindung und, bei gleichen Bedingungen, Anspruch der begünstigten Person i.S.v. Art. 20a BVG auf das ganze Todesfallkapital; BGE 138 V 176, E. 8.3 betr. Ausrichtung der reglementarischen BVG-Invalidenrente, deren Ende mit 62 Jahren vorgesehen ist, nicht bis zum 64. Altersjahr; BGE 136 I 297, E. 6-7 betr. verweigerte Familienzulagen bei Wohnsitz im Ausland und fehlendem Sozialversicherungsabkommen; BGE 135 V 286, E. 5.3 betr. Anpassung des versicherten Verdienstes an die Nominallohnentwicklung bei Risikoeintritt nach Erreichen des Pensionsalters (Berufskrankheit).

bb) Im formellen Bereich (Art. 29 und 30 BV)

Rechtsungleiche Behandlung kann auch durch ganze oder teilweise Vereitelung bzw. Störung bei der Rechtsdurchsetzung im Verlauf des Verwaltungs- oder Rechtsmittelverfahrens eintreten. Gemäss Art. 29 BV wird die rechtsgleiche Behandlung vor unteren Instanzen zu den Verfahrensgrundsätzen gezählt. Auch hier zeigt sich ein buntes Bild von möglichen Verstössen gegen dieses verfassungsmässig zugesicherte Recht. 1.61

- Von *Rechtsverweigerung* ist die Rede, wenn die Behörde nicht bereit ist, einen Rechtsakt, z.B. den Erlass einer Verfügung, überhaupt vorzunehmen oder eine zu grosse, ohne schutzwürdiges Interesse begründete Formstrenge (überspitzter Formalismus) anwendet. Im Falle der *Rechtsverzögerung* geht es darum, dass sich die Verwaltung oder das Gericht auf das Verfahren einlässt, dieses aber *ohne Vorliegen sachlicher Gründe,* z.B. auch die Ansetzung zu langer Eingabefristen, nicht innert einer den Umständen angemessenen Zeitdauer durch einen Entscheid zu Ende führt (vgl. hinten 7.04 ff.). Die Angemessenheit der Verfahrensdauer richtet sich nach der Art des Verfahrens, der Schwierigkeit der Materie, der Abklärungsbedürftigkeit des Sachverhalts (z.B. bei Gutachten), der Komplexität der Abklärungen sowie der Mitwirkungsbereitschaft der am Verfahren Beteiligten. Eine lange Dauer muss somit immer durch *objektive Gründe* gerechtfertigt sein.

Die versicherte Person hat die säumige Behörde zu mahnen und eine Frist anzusetzen, bevor sie Rechtsverweigerung- resp. Rechtsverzögerungsbeschwerde einreicht. Bei ausdrücklich verweigerten Verfügungen gilt 30 Tage als Richtwert, bei Untätigkeit des Versicherers (Einspracheentscheide, Abklärungen) 9—12 Monate und mehr.

9C_366/2016 v. 11.8.2016, E. 5.3 betr. Einholung medizinischer Gutachten als objektiven Grund für eine Verfahrensverzögerung; BGE 133 V 188, E. 2, BGE 125 V 188, E. 2.b, 373, E. 2 und I 760/05 v. 24.5.2006, E. 3 betr. Bejahung der Angemessenheit von 4 resp. 7 Monaten für einen Einspracheentscheid; BGE 126 V 244, E. 4 betr. Einräumung zu langer Fristen; 9C_251/2009 v. 15.5.2009, E. 1.4 und 9C_887/2008 v. 28.11.2008, E. 3 betr. überspitzter Formalismus.

- *Das Recht auf den verfassungsmässigen unabhängigen Richter* bezieht sich nicht nur auf die gesetzeskonforme Besetzung des richterlichen Spruchkörpers sondern auch auf die mitwirkenden Gerichtsschreiber sowie auf die richtige Besetzung eines Schiedsgerichts (vgl. 7.13).

9C_813/2018 v. 13.2.2019, E. 1 betr. keine Befangenheit durch wissenschaftliche Meinungsäusserungen eines Richters; BGE 142 V 337, E. 3.2.1 betr. kein Anspruch im Einspracheverfahren; 9C_19/2017 v. 30.3.2017, E. 3.2 betr. vergleichbarer Massstab bzgl. Unabhängigkeit bei medizinischen Gutachtern; 8C_557/2011 v. 1.2.2012, E. 4 betr. Gesamtgericht; BGE 125 V 499, E. 3 betr. Gerichtsschreiber; RKUV 2005 71 ff. betr. kantonales Schiedsgericht.

- Der rechtsgleichen Behandlung dient letztlich auch der in Art. 29 Abs. 2 BV verankerte und in Art. 42 ATSG für das sozialversicherungsrechtliche Verfahren konkretisierte *Anspruch auf rechtliches Gehör*, welcher zum Inhalt hat: Orientierung, Äusserung bzw. Stellungnahme zu neuen rechtlichen Erwägungen und Mitwirkung bei der Sachverhaltsabklärung vor dem Erlass einer mit Rechtsfolgen versehenen Verfügung, soweit gegen die Verfügung nicht Einsprache erhoben werden kann. Der Anspruch ist formeller Natur (vgl. hinten 7.09 ff.).

BGE 138 V 125, E. 3.2 betr. Recht auf Beweis (i.c. Videoaufzeichnungen am Arbeitsplatz als Beweismittel im Sozialversicherungsprozess) nach Art. 29 Abs. 2 BV; I 868/05 v. 11.8.2006, E. 3.2 betr. Verletzung des rechtl. Gehörs durch Nichtanzeigen einer reformatio in peius.

Das rechtliche Gehör umfasst weiter auch das:

1. Akteneinsichtsrecht, welches formeller Natur ist und *sich während eines laufenden Verfahrens* auf Art. 47 ATSG stützt, alle das laufende Verfahren betreffenden Akten erfasst und einen Interessennachweis erfordert. Bei überwiegenden privaten oder öffentlichen Interessen kann die Einsicht verweigert werden (Ergänzung durch Art. 26 f. VwVG; AHI 2002 33 ff.).

BGE 138 V 218, E. 8.1.2 betr. Aktenführungspflicht von Verwaltung und Behörden als Gegenstück und notwendige Voraussetzung zur Wahrnehmung des aus Art. 29 Abs. 2 BV fliessenden Akteneinsichts- und Beweisführungsrecht; BGE 132 V 387, E. 5.1 betr. formelle Natur des Akteneinsichtsrechts und Anspruch auf Information bezüglich neu beigezogener resp. erstellten Akten; BGE 131 V 35, E. 4 betr. keine Verletzung des Akteneinsichtsrechts bei in einer Fremdsprache verfassten internen Mitteilungen.

2. Akteneinsichtsrecht gegenüber Dritten, die nicht Behörden oder Parteien sind, gemäss den für sie geltenden Einzelgesetzen.

3. Akteneinsichtsrecht im eigenen Dossier *ausserhalb eines Verfahrens* und ohne Interessennachweis aufgrund von *Art. 8 DSG*. Es ist unbeschränkt. Beschwerden richten sich an das Bundesverwaltungsgericht und ans Bundesgericht in Lausanne. Das Akteneinsichtsrecht ist grundsätzlich kostenlos und am Ort der Behörde auszuüben, wobei Kopien auch verschickt werden.
4. Recht auf Mitwirkung bei medizinischen Gutachten, d.h. das Recht, vor der Vornahme der Begutachtung begründete Zusatzfragen zu stellen oder den genannten Gutachter aus persönlichen oder materiellen Gründen abzulehnen (vgl. 7.28).

   BGE 138 V 271, E. 1.1 betr. Fackompetenz des Gutachters; BGE 137 V 210, E. 3.4.2.9 betr. verfügungsweise Ablehnung von Zusatzfragen.
5. Übersetzen in die Sprache der versicherten Person.

   BGE 140 V 260, E. 3.2 f. betr. Anspruch auf unabhängigen Dolmetscher und prinzipieller Ausschluss des Beizugs Angehöriger zur Übersetzung eines psychiatrischen Untersuchungsgesprächs, Auswirkungen in beweisrechtlicher Hinsicht; AHI 2004 143 ff. betr. Dolmetscher für medizinische Massnahmen in der IV.

Recht auf unentgeltliche Prozessführung und Verbeiständung, sofern die versicherte Person bedürftig ist, ihr Rechtsbegehren nicht aussichtslos und bei komplexen juristischen Fragestellungen die Vertretung sachlich geboten ist. Bei der Ermittlung der prozessualen Bedürftigkeit darf nicht schematisch auf das betreibungsrechtliche Existenzminimum abgestellt werden. Die prozessuale Bedürftigkeit beurteilt sich nach den individuellen Umständen des konkreten Einzelfalles und der gesamten wirtschaftlichen Situation des Rechtssuchenden im Zeitpunkt der Einreichung des Gesuchs. Eine Person ist bedürftig, wenn sie nicht in der Lage ist, für die Prozesskosten aufzukommen, ohne dass sie Mittel beanspruchen müsste, die zur Deckung des Grundbedarfs für sie und ihre Familie notwendig sind. Dazu gehören auch sämtliche finanziellen Verpflichtungen des Gesuchstellers. Die Grenze der Bedürftigkeit kann daher höher als das betreibungsrechtliche Existenzminimum liegen (vgl. hinten 7.12). Kein Anspruch auf unentgeltlichen Rechtsbeistand besteht bei Früherfassung und Frühintervention. Bei Mutwilligkeit und Leichtfertigkeit der Prozessführung entfällt der Anspruch auf unentgeltliche Prozessführung.

BGE 144 V 97, E. 3.5 betr. keine nachträgliche Rückerstattungspflicht; 8C_377/2016 v. 8.8.2017, E. 2 betr. Begriff der prozessualen Bedürftigkeit; 8C_310/2016 v. 7.12.2016, E. 5 betr. Höhe eines Notgroschens; 9C_492/2015 v. 9.2.2016, E. 8 betr. Voraussetzungen im Einspracheverfahren; 9C_432/2010 v. 8.7.2010, E. 5.2 betr. Berücksichtigung des ehelichen Vermögens auch bei Getrenntleben unter Vorbehalt, dass der Unterstützungsbeitrag des andern Ehegatten einbringlich ist; BGE 132 V 443, E.3 betr. Nichtgewährung im Abklärungsverfahren.

c) Verhältnismässigkeitsprinzip (Art. 5 Abs. 2 BV)

Das Verhältnismässigkeitsprinzip ist ein verfassungsmässiger Rechtsgrundsatz. 1.62
Sein Zweck ist es, staatliches Handeln dahingehend zu beschränken, dass Eingriffe der Verwaltung in die Rechte und Stellung der versicherten Person nicht über das Notwendige hinausgehen. Es ist im Einzelfall ein Ausgleich zwischen

den Interessen der Allgemeinheit und denen des Bürgers zu suchen. Voraussetzung für die Anwendung des Verhältnismässigkeitsprinzips ist daher ein Ermessensspielraum der Verwaltung. Dieser offenbart sich im Bereich der Sozialversicherungen in erster Linie im Leistungsbereich (medizinische und berufliche Massnahmen), wo es um Art bzw. Ausmass der zu anzuordnenden Leistungen resp. deren Nichtgewährung oder das Mass des Eingriffs in Grundrechte gehen kann (Schadenminderungspflicht). Ein weiterer Anwendungsfall ist das Mass bei Sanktionen im Falle der Verletzung von Schadensverhütungs- oder Schadenminderungspflichten (z.B. Leistungsverweigerungen oder -kürzungen i.S.v. Art. 21 ATSG, Art. 37 Abs. 2 UVG, Art. 45 AVIV).

1.63 Der Verhältnismässigkeitsgrundsatz hat einen objektiven und einen subjektiven Aspekt:

In *objektiver* Hinsicht muss geprüft werden (erster Schritt), ob die im Einzelfall angeordnete Massnahme kumulativ folgende Bedingungen erfüllt (vgl. 5.52 ff.): Sie hat

- *wirksam* resp. *geeignet* zu sein, um den verfolgten Zweck (medizinischer Behandlungszweck, berufliche Eingliederung) zu erreichen.

  8C_351/2018 v. 15.2.2019, E. 3 betr. Wirksamkeit von drei wöchentlichen Physiotherapiesitzungen auch nach 10-jähriger Behandlungsdauer; 9C_340/2017 v. 9.2.2018, E. 4.1 betr. aus medizinischen Gründen ungeeignete Umschulung; BGE 143 V 95, E. 3.4-3.6 betr. nachträgliches Entfallen der Wirksamkeit (und Zweckmässigkeit) eines Opiats zur Behandlung einer somatoformen Schmerzstörung; 9C_573/2016 v. 20.2.2017, E. 4.1-4.4 betr. keine berufliche Eingliederungswirksamkeit eines elektronischen Türöffners an der Eingangstür eines Mehrfamilienhauses; 9C_14/2016 v. 15.9.2016, E. 3.1 betr. ungeeignete Umschulung zur Sozialpädagogin bei eigenen psychischen Problemen; BGE 139 V 375, E. 6.2 betr. Orphan drug; 9C_82/2013 v. 20.3.2013, E. 4.2-4.3 betr. Zumutbarkeit (Wirksamkeit) der Einnahme von Neuroleptika aufgrund Schadenminderungspflicht auch bei fehlender Krankheitseinsicht; 9C_1011/2012 v. 18.4.2013, E. 2.3 betr. diagnostische Massnahme; 9C_940/2010 v. 24.3.2011, E. 4 betr. Schiebe- und Bremshilfe für einen Rollstuhl bei bleibender fehlender selbständiger Fortbewegungsmöglichkeit; BGE 125 V 95, E. 4 betr. Herzoperation mit geringer Aussicht auf Erfolg.

- *zweckmässig* resp. *notwendig*, erforderlich und angemessen zu sein, d.h. dass die Massnahme den erwarteten Nutzen bringt und, bei mehreren gleich zweckmässigen Massnahmen, diejenige gewählt werden muss, die bei der versicherten Person auf erfolgreichste und mildeste resp. einfachste Art den angestrebten Erfolg herbeiführt und den zu beeinflussenden gegenwärtigen Zustand so gut als möglich beseitigt oder lindert (dies auch unter Berücksichtigung sozialer Faktoren). Es besteht aber kein Anspruch auf die bestmögliche medizinische oder berufliche Massnahme (leichtere Inkonvenienzen sind daher von der versicherten Person hinzunehmen), sondern nur auf die für die Erreichung des Eingliederungsziels *notwendige*. Auch muss die Massnahme in sachlicher Hinsicht zu einer *wesentlichen* Verbesserung (mehr als 5%) beitragen und in zeitlicher Hinsicht, bezogen auf die voraussichtliche Aktivitätsdauer, auch amortisiert werden können, so z.B. keine Umschulung kurz vor der Pensionierung.

9C_912/2017 v. 6.12.2018, E. 5.1.2 betr. Spitex-Versorgung anstatt Pflegeheim; 9C_272/2018 v. 22.6.2018, E. 5 betr. Rollstuhlversorgung mit Zuggerät; BGE 142 V 58, E. 3.5 betr. Operationsnotwendigkeit bei Geburtsgebrechen; 8C_256/2016 v. 22.7.2016, E. 4 betr. keine Notwendigkeit für Lederausstattung des Autos; 9C_560/2014 v. 3.11.2014, E. 3.2 und 5.3 betr. Psychotherapie anstatt Operation bei Depression nach Gewichtsverlust und Hautfalten; 9C_413/2012 v. 14.2.2913, E. 3.1 betr. kein Reha-Aufenthalt für eine MS-Patientin; 9C_493/2009 v. 18.9.2009, E. 5.2 betr. kein Anspruch auf sämtliche Gesetzestexte in Braille-Schrift.

- *wirtschaftlich* in dem Sinn zu sein, als bei mehreren sich anbietenden, gleich zweckmässigen Massnahmen im Sinn der Kosten-Nutzen-Relation die kostengünstigere Massnahme zu wählen ist. Dabei ist im Einzelfall das (vernünftige) Verhältnis zwischen den Kosten der Massnahme und der Eingliederungswirksamkeit und -dauer zu prüfen. In diesem Zusammenhang ist auch die Frage der Zumutbarkeit der Massnahme zu prüfen (vgl. hinten 1.65 f.).

9C_193/2019 v. 4.6.2019, E. 4 betr. Kompressionsstrümpfe statt Operation; 9C_637/2018 v. 28.3.2019, E. 4 betr. fehlende Wirtschaftlichkeit bei Zahnersatzimplantat (vgl. auch 9C_576/2013 v. 15.4.2014, E. 3.1 [EL]); 9C_912/2017 v. 6.12.2018, E. 5.2.2 betr. Wirtschaftlichkeit der Spitex-Versorgung zu Hause bei leichtem Mehrwert ; BGE 142 V 478, E. 6.4 betr. keine nochmalige Überprüfung der Wirtschaftlichkeit bei in die SL aufgenommenen Medikamenten; BGE 142 V 144, E. 6 betr. keine Wirtschaftlichkeitsprüfung bei fehlender wirksamer und zweckmässiger Alternative; BGE 143 V 190, E. 7 betr. Wirksamkeit und Zweckmässigkeit einer C-Leg-Prothese anstatt des gewünschten Gemium-Kniegelenksy-stems; 9C_560/2014 v. 3.11.2014, E. 3.2 betr. Psychotherapie anstatt Operation.

Soweit eine zu treffende Massnahme oder Leistung die Bedingungen der Eig- 1.64
nung und Zweckmässigkeit erfüllt, hat die versicherte Person im Falle schützenswerter Gründe auch das Recht, in Abweichung der im Gesetz angebotenen Leistungen (z.B. in Hilfsmittelliste) eine andere, ihr mehr zusagende Leistung zu wählen, sog. *Austauschbefugnis* (vgl. hinten 5.98, 5.100). Die Austauschbefugnis gilt grundsätzlich in allen Sozialversicherungszweigen, ist jedoch dort ausgeschlossen, wo eine strenge Bindung ans Listenprinzip besteht, so insbesondere in der Krankenversicherung, wo eine Listenleistung nicht durch eine Nichtlistenleistung, sondern nur eine andere Listenleistung ersetzt werden darf.

9C_573/2016 v. 20.2.2017, E. 4.1 am Ende; BGE 131 V 107, E. 3-4 betr. Elektrorollstuhl auch im Bereich der HVA; BGE 120 V 280, E. 4 betr. Hauspflege durch Eltern anstatt durch med. Hilfspersonal.

In *subjektiver* Hinsicht wird als selbstverständlich vorausgesetzt, dass der Ein- 1.65
gliederungswille und die Motivation vorhanden sind. Darüber hinaus muss aber, soweit die objektiven Voraussetzungen erfüllt sind, geprüft werden, ob die zu treffende Massnahme im konkreten Fall für die betroffene Person auch *zumutbar* ist (zweiter Schritt). Bezogen auf die gesamten persönlichen Verhältnisse der versicherten Person wird eine Abwägung zwischen den öffentlichen Interessen der Allgemeinheit an der Durchführung einer Massnahme (Schadenminderung) und den privaten Interessen der versicherten Person (Schutz vor unverhältnismässigen Eingriffen in die Grundrechte: Art. 36 BV) vorgenommen. Es geht um die Frage, ob, stets auf den *konkreten Fall* bezogen, unter Berücksichtigung sämtlicher Umstände der betroffenen Person aus den ihr eigenen individuellen Gründen (z.B. Alter, familiäre, soziale, intellektuelle, sprachliche, religiöse) die als geeignet, zweckmässig und wirtschaftlich betrachtete Massnahme oder die erwogene Selbsteingliederung überhaupt möglich resp. zumutbar ist. «Subjektiv» in

diesem Zusammenhang hat nicht die Meinung, dass die versicherte Person aus Gründen ihrer Befindlichkeit, ihrer Überzeugung, ihrer Motivation oder allgemein negativer Erfahrungen eine Massnahme ablehnen kann. «Subjektiv» meint einzig die Berücksichtigung von objektivierten, der Person zuzurechnenden Eigenschaften. Die Zumutbarkeit ist zu verneinen, wenn die Massnahme ernsthafte Risiken in sich birgt, wie insb. eine Gefahr für Leib, Leben und Gesundheit, grosse Schmerzen oder schwere bleibende äussere Entstellungen. Sodann können Eingliederungsmassnahmen geeignet sein, in Grundrechte der versicherten Person (z.B. Familienleben, Niederlassungsfreiheit, Glaubens- und Gewissensfreiheit), welche nicht mehr vom öffentlichen Interesse an der Schadenminderung gedeckt werden, einzugreifen. Unzumutbarkeit liegt auch bei fehlender Eignung resp. Sinnlosigkeit der Massnahme vor, so wenn der Eingliederungszweck gar nicht (mehr) erreicht werden kann oder wenn aufgrund des (weit) fortgeschrittenen Alters der betroffenen Person die Restarbeitsfähigkeit auf dem Arbeitsmarkt kaum mehr verwertbar ist.

Das Mass der Anforderung an die Zumutbarkeit ist abhängig von der Schwere des Eingriffs und dem Grad der Verbesserung der Erwerbsfähigkeit. Die Zumutbarkeit ist grundsätzlich zu bejahen, wenn die fragliche Massnahme unbedenklich ist, z.B. bei einem Wechsel des Erwerbsstatus; Selbsteingliederungspflicht. Bei Massnahmen, die einen starken Eingriff in die Persönlichkeitsrechte der versicherten Person darstellen, ist die Zumutbarkeit davon abhängig, dass eine hohe Wahrscheinlichkeit der Verbesserung der Erwerbsfähigkeit zu erwarten ist oder mit anderen Wort der erforderliche Grad an Wahrscheinlichkeit ist unter Berücksichtigung der Schwere des mit der Massnahme verbundenen Eingriffs in Persönlichkeitsrechte zu beurteilen bzw. die Anforderungen an die Schadenminderungspflicht sind dort strenger, wo der Verzicht auf schadenmindernde Vorkehren Rentenleistungen auszulösen vermag (vgl. hinten 2.23 f.).

8C_220/2019 v. 26.6.2019, E. 6 betr. Zumutbarkeit des Statuswechsels; BGE 145 V 2, E. 4-5 betr. vorgerücktes Alter und subjektiver Eingliederungsfähigkeit; 9C_555/2018 v. 17.10.2018, E. 4.1 betr. Unzumutbarkeit einer Abstinenzkur bei fortgeschrittener Suchterkrankung; 8C_128/2015 v. 25.6.2015, E. 1.2 und 2.2 betr. Definition der Zumutbarkeit und Bejahung der Zumutbarkeit einer Operation am Daumen zwecks Verbesserung der Funktionsfähigkeit; 8C_128/2016 v. 13.4.2016, E. 2-3 betr. Bejahung der Zumutbarkeit der Teilnahme an einer arbeitsmarktlichen Massnahme (Beschäftigungsprogramm) für einen IT-Sachbearbeiter; 9C_357/2014 v. 7.4.2015, E. 3.3 betr. Unzumutbarkeit bei nur unwesentlicher Verbesserung der Erwerbsfähigkeit; 9C_734/2013 v. 13.3.2014, E. 3.4 betr. Unzumutbarkeit der Verwertung der Restarbeitsfähigkeit bei fortgeschrittenem Alter (61) und weiterer gesundheitlicher und sozialer Faktoren sowie 9C_769/2016 v. 29.6.2017, E. 4.3 betr. Zumutbarkeit der Verwertung der Restarbeitsfähigkeit eines Lastwagenchauffeurs für leichte Arbeiten im Alter von 60½; 9C_343/2013 v. 21.1.2014, E. 4 betr. Berücksichtigung subjektiver Faktoren bzgl. Spitex anstatt Heimpflege; 8C_1021/2012 v. 10.5.2013, E. 5.4 betr. Zumutbarkeit, eine Stelle wegen nicht gelöster Kinderbetreuung zu behalten; 9C_748/2011 v. 1.12.2011, E. 3.4 betr. Zumutbarkeit einer BEFAS-Abklärung trotz starker Traumatisierung; U 199/04 v. 14.7.2005, E. 5.2 betr. relativ einfache Operation ohne wesentliche Komplikationsrisiken bei «panischer Angst» des Patienten vor Dauerschmerzen und Wetterfühligkeit; I 654/04 v. 21.7.2005, E. 6.4 betr. Zumutbarkeit eines Ortswechsels bei dortigen besseren Einkommensmöglichkeiten; ZAK 1982 493 ff. betr. Zumutbarkeit eines Berufswechsels vom Linienpilot zum Flughafenbodenpersonal.

1.66 Soweit eine zumutbare medizinische oder berufliche Massnahme eine wesentliche Verbesserung der Erwerbsfähigkeit (Arbeitsfähigkeit im Aufgabenbereich) verspricht, wobei die Vorkehr nur mit einer gewissen Wahrscheinlichkeit erfolgsversprechend zu sein hat (keine Notwendigkeit eines strikten Beweises in Bezug auf die Erfolgschancen), führt deren Ablehnung durch die versicherte Person nach erfolgter Mahnung und Androhung der Sanktionen zu Leistungskürzungen oder zur -verweigerung (Art. 21 Abs. 4 ATSG).

Der Verhältnismässigkeitsgrundsatz spielt auch beim Mass der Leistungskürzung und -verweigerung i.S.v. Art. 21 Abs. 4 ATSG eine wichtige Rolle. Die gesetzlich vorgesehenen Sanktionen müssen insofern angemessen sein, als sie erst nach erfolgter Mahnung und Androhung der Säumnisfolgen ergriffen werden dürfen und umfangmässig sich am Verschulden der versicherten Person zu orientieren haben.

8C_690/2018 v. 20.2.2019, E. 5.4 betr. verschuldensabhängige Dauer der Einstelltage in der ALV; 9C_325/2015 v. 25.6.2015, E. 2.4 betr. Leistungsverweigerung der Krankenkasse bei Notfall im Ausland wegen Missachtung einer Obliegenheit (Konsultation von Telemedizin); 8C_321/2013 v. 4.6.2013, E. 3 betr. Einstelltage wegen Verletzung der Meldepflicht gegenüber dem RAV bei Umzug; 8C_830/2012 v. 13.3.2013, E. 5 betr. Verschuldensabhängigkeit der Sanktion; BGE 138 V 522 ff. betr. Leistungskürzung bei Wagnis; BGE 129 V 95, E. 3 betr. Leistungskürzungen bei Suizid; RKUV 2003 95 ff. betr. Prämienzuschlag gemäss Art. 5 Abs. 2 KVG für 11 Jahre (doppelte Verspätungszeit) als zu hoch befunden.

d) Treu und Glauben (Art. 9 BV)

aa) Leistungsgrundlage

Der Grundsatz von Treu und Glauben hat für den öffentlich-rechtlichen Bereich 1.67
mit Art. 9 Eingang in die Bundesverfassung gefunden (er bildet für das öffentliche Recht das Pendent zu Art. 2 ZGB). Dieser Grundsatz soll – dies der eine Aspekt – das Vertrauen zwischen Bürger und Staat stärken, widersprüchliches Verhalten unterbinden und die Verwaltung indirekt zwingen, die anderen Grundsätze, insb. das Legalitätsprinzip, ernst zu nehmen. Der Grundsatz von Treu und Glauben bietet der versicherten Person Schutz des berechtigten Vertrauens in behördliche Zusicherungen oder sonstiges, bestimmte Erwartungen begründendes Verhalten der Behörden. Anwendungsfelder des Vertrauensschutzes sind falsche Auskünfte, Angaben resp. Zusicherungen oder, diesen gleichgestellt, eine unterlassene Aufklärung i.S.v. Art. 27 ATSG, obwohl dies nach Gesetz oder den gegebenen Umständen geboten gewesen wäre (z.B. unterlassene Aufklärung betr. Anspruch auf unentgeltlichen Rechtsbeistand, Folgen einer Auslandreise für die Unterstellung unter die Versicherung oder für den Anspruch auf Versicherungsleistungen oder die Möglichkeit des Abschlusses einer Abredeversicherung), Ausrichtung und Rückforderung gesetzeswidrig erbrachter Leistungen, widerrechtliche Vereinbarungen oder falsche Rechtsmittelbelehrungen. Treu und Glauben resp. der Vertrauensschutz begründet bei Vorliegen kumulativ zu erfüllender Bedingungen, in Abweichung vom Legalitätsprinzip, eine *Leistungsgrundlage,* die bei nicht erfüllten gesetzlichen Leistungsvoraussetzungen zusätzlich angerufen werden kann.

Der Grundsatz von Treu und Glauben kann jedoch nicht angerufen werden, wenn es um eine gesetzlich gebotene wiedererwägungs- oder revisionsweise neue Verfügung resp. Neuberechnung von Leistungen geht (vgl. Art. 53 Abs. 2 ATSG und hinten 7.52).

9C_263/2018 v. 14.5.2018, E. 2 betr. wiedererwägungsweise Einstellung einer Invalidenrente; 9C_52/2015 v. 3.7.2015, E. 2.2.2 betr. Neuberechnung der EL bei Wohnsitzwechsel in einen anderen Kanton.

1.68 Leistungsbegründend sind im Einzelnen folgende, *kumulativ* erforderliche Bedingungen:

- Gegenüber der versicherten Person vorbehaltslos vorgenommene *individuelle Auskunft oder Zusicherung in konkreter Angelegenheit* oder *deren Unterlassung bei gesetzlich oder nach den gegebenen Umständen gebotener Aufklärungspflicht* i.S.v. Art. 27 ATSG (vgl. hinten 7.28). Eine Verweisung auf Merkblätter und dgl. oder die blosse Zustellung eines Versicherungsausweises (z.B. derjenige der Pensionskasse) genügen nicht. Der individuellen Auskunft resp. Zusicherung einer konkreten Leistung gleichzusetzen ist die ohne gesetzliche Grundlage erfolgte vorbehaltslose Ausrichtung von Leistungen während längerer Zeit.

  8C_625/2018 v. 22.1.2019, E. 5.2 betr. Falschauskunft der Arbeitslosenkasse; BGE 144 V 127, E. 7.2 betr. KVG-Unterstellung eines deutschen Rentnerpaares; BGE 143 V 95, E. 3.7 betr. Übernahme der Kosten eines nicht wirksamen Medikaments während längerer Zeit bejaht; 8C_108/2017 v. 16.8.2017, E. 5 betr. ungenaue Abrechnungsangaben der Arbeitslosenversicherung und widersprüchliches Verhalten des die Prämien kassierenden Unfallversicherers bei Abredeversicherung; 8F_6/2013 v. 25.6.2013, E. 2 betr. Beweisanforderungen im Fall von mündlichen Auskünften; 8C_744/2010 v. 22.2.2011, E. 5 betr. fehlende Information über Abredeversicherung; 9C_35/2010 v. 28.5.2010, E. 6.3 betr. Absetzen der Kostenübernahme bei Auslandbehandlung (Dialyse); bei widersprüchlichen Auskünften der Verwaltung hat die versicherte Person nachzufragen; BGE 131 V 472, E. 5 betr. Einstellung der Taggelder wegen Vermittlungsunfähigkeit bei Auslandaufenthalt bejaht.

- Die Auskunft erteilende Person muss *sachlich zuständig* sein.

  8C_625/2018 v. 22.1.2019, E. 5.3 betr. Unzuständigkeit der Sachbearbeiterin der Arbeitslosenkasse für Auskünfte über Leistungen anderer Versicherer; K 123/00 v. 8.8.2001, E. 2.e.bb betr. Unzuständigkeit des Vertrauensarztes für Kostengutsprachen.

- *Kausal* zur falschen oder unterlassenen Auskunft der zuständigen Stelle muss die versicherte Person *nicht wieder gut zu machende Dispositionen* getätigt haben.

  8C_625/2018 v. 22.1.2019, E. 5.4 betr. Rückzug einer Einsprache aufgrund einer Falschauskunft des Arbeitslosenkasse; 9C_311/2014 v. 11.8.2014, E. 3 betr. Finanzplanung, die nicht gleichgesetzt wird mit nicht ohne Nachteil rückgängig zu machende Dispositionen; B 59/01 v. 24.10.2003, E. 4.2 betr. Kauf einer Eigentumswohnung mit Mitteln der beruflichen Vorsorge; K 50/03 v. 3.12.2003, E. 8 betr. Spitalaufenthalt wegen von der Krankenkasse unterlassener Ablehnung der Kostengutsprache; C 25/02 v. 29.8.2002, E. 3.b betr. vorgenommene Geschäftsliquidation.

- Die Rechtsgrundlage darf sich, wegen des Vorrangs des Legalitätsprinzips und der Rechtsgleichheit, *nicht nachträglich geändert* haben.

  BGE 134 I 23, E. 7.5-7.6 betr. nachträgliche Erhöhung des Rentenalters durch Rechtskleidwechsel der Pensionskasse mit angemessenen und den Vertrauensschutz berücksichtigenden Übergangsfristen.

bb) Auslegung

Der zweite Aspekt von Treu und Glauben liegt im Bereich der *Auslegung.* Davon erfasst sind nicht nur Rechtsbegehren sondern auch die privatrechtlichen Statuten und Reglemente von Krankenkassen und Vorsorgeeinrichtungen. Ihre privatrechtliche Grundlage, nicht ihre Auswirkungen im öffentlich-rechtlichen Bereich, und ihr Zustandekommen auf der Basis von Art. 1 OR gebieten eine Auslegung nach Vertrauensprinzip, darin enthaltend auch die Unklarheits- und Ungewöhnlichkeitsregel sowie den Grundsatz «in dubio contra stipulatorem». (Betr. Auslegung von Statuten und Reglemente öffentlich-rechtlicher Vorsorgeeinrichtungen vgl. 1.58). Lücken werden gemässs Art. 2 ZGB nach dem hypothetischen Willen der Parteien geschlossen. 1.69

BGE 142 V 129, E. 5.2.2 betr. Vorsorgereglement.

cc) Rechtsmissbrauch

Anwendungsfall des Grundsatzes von Treu und Glauben ist auch das Rechtsmissbrauchsverbot im Sinne des Verbots widersprüchlichen Verhaltens oder der Zweckentfremdung einer Versicherungsinstitution. So werden z.B. den beanspruchten Leistungen, insbesondere bei Taggeldern und Renten, immer nur die effektiv erworbenen Einkommen zugerechnet und nicht die nie bezogenen, zu hoch oder zu niedrig deklarierten. Als Ausnahme vom Verbot des widersprüchlichen Verhaltens ist auf das Recht der Verwaltung auf Wiedererwägung einer bereits rechtskräftigen Verfügung hinzuweisen, da der richtigen Rechtsanwendung und dem Legalitätsprinzip grundsätzlich Vorrang zukommt (vgl. hinten 7.52). 1.70

9C_740/2014 v. 9.3.2015, E. 5 betr. rechtsmissbräuchliche Erhöhung der Unterhaltsbeiträge zwecks Erlangung von EL-Leistungen; 9C_863/2013 v. 9.5.2014, E. 3.3 betr. widersprüchliches Verhalten der IV-Stelle in Bezug auf die Anerkennung der Rechtsvertretung der versicherten Person; BGE 134 V 145, E. 5.3.2 betr. zu langes Zuwarten mit einer Reaktion auf Formfehler (mehr als ein Jahr); I 400/05 v. 27.4.2006, E. 4.2 betr. nie erworbenes Einkommen; BGE 131 V 97, E. 4 betr. Gründung einer Kommanditgesellschaft durch ausländische Kommanditäre zwecks deren Unterstellung unter die AHV.

e) Territorialitätsprinzip

siehe → Unterstellung unter die Versicherung 1.71

siehe → Erhebung von Beiträgen, Anrechnung

siehe → Leistungsrecht

III. Rechtsquellen auf Gesetzesebene

1. Die internationalen Abkommen

1.72 Im Sozialbereich haben einerseits infolge der zunehmenden Mobilität der Menschen und anderseits zum Zwecke der Förderung des sozialen Friedens und der Chancengleichheit zahlreiche bilaterale und multilaterale Abkommen Eingang in die Gesetzgebung gefunden. Sie haben Gesetzesrang und können geltendes Landesrecht derogieren. Ihre Normen müssen im Einzelfall daraufhin überprüft werden, ob sie direkt als Landesrecht auf Gesetzesstufe anwendbar sind (self-executing) oder ob sie der Transformation ins Landesrecht bedürfen (non-self-executing). Das Erstere ist nur dann der Fall, wenn sich im Einzelfall *konkrete* Rechte und *berechenbare* Leistungen aus der Abkommensnorm ableiten lassen, die einzelne Norm somit *justiziabel* ist. Fehlt es jedoch an der Konkretheit des Anspruchs, muss eine Transformation ins Landesrecht erfolgen.

BGE 119 V 171, E. 4 bzgl. Kürzungsverbot bei Grobfahrlässigkeit als self-executing.

1.73 Internationale Abkommen enthalten zweierlei Ausrichtungen:

- Garantie eines sozialen Mindeststandards: Internationale Abkommen geben vor, welche sozialen Risiken versichert sein müssen. Weit mehr Normen aber bedürfen der Umsetzung ins Landesrecht, so z.B. die Einrichtung einer Mutterschafts- oder Vaterschaftsversicherung in Form einer Erwerbsausfallversicherung.
- Damit in Folge der Mobilität keine Leistungsansprüche verloren gehen und sich der Verlust an sozialem Schutz nicht mobilitätsfeindlich auswirkt, werden die verschiedenen staatlichen Leistungssysteme miteinander in der Art koordiniert, dass Beitrags- und Versicherungszeiten, Wohn- und Karenzzeiten gegenseitig anerkannt und insbesondere Geldleistungen in die Vertragsstaaten exportiert werden. Das FZA geht dem Landesrecht vor, ohne es formell aufzuheben, d.h. dass das Landesrecht ruht. Bilaterale Sozialversicherungsabkommen mit Ländern der EU und EFTA kommen dann zur Anwendung, wenn sie gegenüber den FZA eine günstigere Regel enthalten (Vorrang des Günstigkeitsprinzips). Mit Drittstaaten (Staaten ausserhalb des EU-/EFTA- Raums) gelten, sofern vorhanden, bilaterale Sozialversicherungsabkommen.

Die VO (EG) 883/2004 (in Kraft seit 1. April 2012) und 465/2012 (sowie 1244/2010 und 1224/2012; alle für die Schweiz in Kraft seit 1. Januar 2015) werden von folgenden Prinzipien beherrscht:

1. Gleichbehandlungsgrundsatz resp. Diskriminierungsverbot (Art. 2 FZA und Art. 4 VO [EG] 883/2004).
2. Unterstellung bei Ausübung von Tätigkeiten in zwei oder mehr Mitgliedstaaten (Art. 11 ff. VO [EG] 883/2004, insb. Art. 13 und für die Präzisierung vgl. VO [EG] 465/2012).

3. Zusammen- und Umrechnung aller Beitrags- und Wohnzeiten (Art. 6 VO [EG] 883/2004; Art. 12 und 13 der VO [EG] 987/2009).
4. Anknüpfung an die Rechtsvorschriften nur eines Mitgliedstaates (Art. 11 Abs. 1 VO [EG] 883/2004 und Präzisierung in VO [EG] 465/2012).
5. Leistungsaushilfe für Sachleistungen (Art. 17 VO [EG] 883/2004), d.h. Recht auf Bezug von Sachleistungen am Wohn- oder Aufenthaltsort zu Lasten des zuständigen Trägers.
6. Leistungsexport von Geldleistungen an den Wohn- oder Aufenthaltsort durch den zuständigen Träger (Art. 21 Abs. 1 VO [EG] 883/2004).

- Eine Übersicht mit den wesentlichen Änderungen (inkl. Beispiele zur Unterstellung) im Zusammenhang mit den neuen VO (EG) 883/2004 sowie 987/2009 (Durchführungsverordnung) ist abrufbar unter: www.bsv.admin.ch/vollzug/storage/documents/3970/3970_1_de.pdf
- Zu den durch die VO (EG) 465/2012 ergangenen Änderungen und Präzisierungen findet sich zudem eine Übersicht unter: Mitteilungen an die AHV-Ausgleichskassen und EL-Durchführungsstellen

2. Die verschiedenen Sozialversicherungsgesetze

Die verschiedenen Sozialversicherungsgesetze unter sich (vgl. ihre Aufstellung vorne 1.36 ff.), einschliesslich des ATSG, sind nebeneinander ranggleich. Ihre Anwendbarkeit im Einzelfall wird durch die Anknüpfung an das Risiko sowie das Koordinationsrecht vorgenommen. 1.74

Das Bundesgesetz über den Allgemeinen Teil des Sozialversicherungsrechts (ATSG) regelt Fragenkomplexe, welche die meisten Sozialversicherungsgesetze gleichermassen betreffen wie gewisse Begriffe (Art. 3–13a ATSG), allgemeine Bestimmungen über Leistungen und Beiträge, so insbesondere z.B. Auszahlung, Rückerstattung oder Verzugsfolgen (Art. 14–26 ATSG), Verfahrensbestimmungen (Art. 27–55 ATSG), die Rechtspflege (Art. 56–62 ATSG), Koordinations- und Regressbestimmungen (Art. 63–75 ATSG; *ATSG-Revision* Art. 75a–75c ATSG: Internationaler elektronischer Datenaustausch), Strafbestimmungen, Verantwortlichkeit und Steuerfreiheit der Versicherungsträger (Art. 76–80 ATSG). Das ATSG ist materiell integrierter Teil jedes Einzelgesetzes (Ausnahme: BVG) und nur formell ein eigenes Gesetzeswerk. Um jedoch den Bedürfnissen der jeweiligen Sozialversicherungszweige im Einzelfall dennoch Rechnung tragen zu können (aus Rücksicht auf die Rechtsgleichheit und Praktikabilität), enthalten die Einzelgesetze *Gegenausnahmen zum ATSG* in Form von eigentlichen Vorbehalten. Man erkennt sie in erster Linie durch die Wendung «in Abweichung von Art. (...) ATSG (...)». Beispiele dazu finden sich in Art. 14 Abs. 3 AHVG für den Beitragsbezug der Arbeitgeberbeiträge, in Art. 80 KVG und Art. 100 AVIG für formloses Verfahren auch für erhebliche Leistungen, im Koordinationsrecht der Unfallversicherung (Art. 20 1.75

Abs. 2 und Art. 31 Abs. 4 UVG), im Verfahrensrecht (Art. 84 AHVG und Art. 69 IVG betr. Zuständigkeiten, Art. 58 IVG betr. Leistungszusprache ohne Verfügung) oder bei der Verjährungsbestimmung (Art. 46 AHVG, Art. 47 IVG). Art. 57a IVG betreffend das Vorbescheid- anstatt Einspracheverfahren erwähnt jedoch keine Abweichung vom ATSG. Eine Abweichung contra legem bzw. ohne ausdrücklichen Vorbehalt ist nicht zulässig, da im Zweifel das ATSG Kraft der Rückweisung zur Anwendung gelangt. Dies ist angesichts seines Zwecks, nämlich der Harmonisierung und Koordinierung der Einzelgesetze, auch geboten. Die Anwendung des ATSG wird aber für ganze Bereiche wie z.B. berufliche Massnahmen, Subventionierung von Institutionen, Medizinalrecht oder die Schiedsgerichtsbarkeit ausgeklammert (vgl. die jeweiligen Art. 1 der Sozialversicherungsgesetze). Von Bedeutung ist insbesondere, dass die *berufliche Vorsorge und somit das BVG dem ATSG nicht unterstellt* ist. Dennoch fliessen aber bestimmte Regeln, so insbesondere die Risikobegriffe, indirekt in die obligatorische berufliche Vorsorge ein, da diese materiell eng mit der AHV/IV, welche dem ATSG unterstehen, verknüpft ist. Zudem bezieht das ATSG auch die berufliche Vorsorge im Bereich der Einsprachelegitimation und der Leistungskoordination direkt mit ein (vgl. z.B. Art. 49 Abs. 4, Art. 66 Abs. 2 lit. c ATSG).

3. Vorgehen bei der Anwendung von Bundesgesetzen und internationalen Abkommen

1.76 Da internationale Abkommen, ATSG und Einzelgesetze gleichrangig nebeneinander stehen und die beiden letzteren durch eine Verweisungsnorm integrierte Bestandteile der Einzelgesetze mit punktuellen oder ganze Themenbereiche umfassenden Abweichungen geworden sind, müssen in jedem Falle alle drei Gesetzeswerke miteinander und parallel konsultiert werden. Als «Gebrauchsanweisung» gilt:

1. Schritt: Überprüfung, ob das Einzelgesetz (in der Regel Art. 1) eine Verweisungsnorm auf ATSG bzw. bei internationalem Bezug auf FZA (oder ein bilaterales Sozialversicherungsabkommen) enthält.

2. Schritt: Wenn ja, wird grundsätzlich die sich stellende Rechtsfrage nach dem Verweisungsgesetz beantwortet, z.B. Risikobegriff, Unterstellung, Koordination der Leistungen, Verfahren, Leistungsmodalitäten, Leistungsexport, Anrechnung von Wartezeiten/Beitragszeiten.

3. Schritt: Konsultation des Einzelgesetzes, ob nicht im speziell gefragten Punkt eine Abweichung vom ATSG gilt («...in Abweichung von Art. ... ATSG»), d.h. die Regelung des Einzelgesetzes zum Zuge kommt. Bei der VO (EG) 883/2004 zum FZA: Ob nicht ein Vorbehalt zu Gunsten des Landesrechts vorliegt, was im Anhang der Verordnung jeweils zu finden ist.

IV. Wegleitungen, Kreisschreiben

Wegleitungen und Kreisschreiben, auch Verwaltungsverordnungen genannt, sind Arbeitsinstrumente der Verwaltung. Verwaltungsverordnungen geben den Standpunkt der Verwaltung wieder, dienen in erster Linie der Konkretisierung des formellen Rechts und der landesweiten rechtsgleichen Rechtsanwendung. Es handelt sich somit nicht um Rechtsquellen im formellen Sinn, also nicht um Rechtsverordnungen. Sie haben aber, ebenso wie Rechtsverordnungen, gesetzmässig zu sein, das heisst, dass sie gegenüber dem Recht im formellen Sinn weder einschränkende noch erweiternde Voraussetzungen einführen dürfen. Gegenüber den Gerichten weisen sie grundsätzlich keine Verbindlichkeit auf, können aber von ihnen im konkreten Fall auf ihre Verfassungs- und Gesetzmässigkeit hin überprüft werden. Sie finden Beachtung, soweit sie gesetzeskonform sind und eine dem Einzelfall angepasste Auslegung des Gesetzes wiedergeben. Erweisen sie sich als gesetzeswidrig, bleiben sie unbeachtlich. 1.77

Soweit sich die Verwaltungsverordnung nicht als gesetzeswidrig erweist, sind die Verwaltungsbehörden grundsätzlich angewiesen, sie zu befolgen.

BGE 142 V 523, E. 5.5 und 5.6 betr. keine Anwendung eines gesetzeswidrigen IV-Rundschreibens durch die Verwaltung; 141 V 365, E. 2.4 betr. rechtliche Verbindlichkeit von Verwaltungsweisungen.

V. Statuten und Reglemente

1. Tragweite in der Krankenversicherung

Seit dem Wechsel von der freiwilligen zur obligatorischen KV im Jahr 1996 haben Statuten/Reglemente keine gesetzesergänzende Funktion mehr. Das KVG regelt das Versicherungsverhältnis und den ganzen Bereich der Leistungen und Versicherungsmodelle abschliessend, sodass entsprechende statutarische, dem KVG und seinen Verordnungen widersprechende Regelungen gesetzeswidrig sind (vgl. hinten 4.59). Die Krankenkassen haben somit in Fragen, welche das KVG zwingend geregelt haben will, keine Autonomie mehr. Statuten und Reglemente können daher nur noch die Organisation der i.d.R. in der Rechtsform des Vereins oder der Aktiengesellschaft ausgestalteten Krankenkassen, das kasseninterne Verfahren oder bestimmte Fragen der freiwilligen Krankentaggeldversicherung autonom regeln. Alle über das KVG hinausgehenden Belange, insb. Leistungsausdehnungen, d.h. eigentliche Mehrleistungen, sind durch Zusatzversicherungen abzudecken. Diese richten sich nach den Bestimmungen des VVG und unterstehen im Übrigen den Regeln des OR, somit auch der Privatautonomie gemäss Art. 19 OR. Die Statuten/Reglemente sind materiell Allgemeine Versicherungsbedingungen (AVB). Die Rechtsanwendung ist ausschliesslich zivilrechtlich und der Rechtsweg richtet sich nicht nach ATSG, sondern nach dem Zivilklage- 1.78

verfahren (auf kantonaler Ebene kann der Rechtsweg jedoch über die Sozialversicherungsgerichte führen) mit letzter Instanz am Bundesgericht in Lausanne, I. Zivilabteilung.

2. Tragweite in der beruflichen Vorsorge

1.79 Das BVG ist ein Rahmengesetz. Es enthält, zusammen mit dem ergänzenden Freizügigkeitsgesetz (FZG), zwingende Mindestanforderungen im Rahmen des persönlichen Geltungsbereichs, der Leistungen, der Beitragserhebung, des Verfahrens, der Vermögensanlage und der Organisation. Inhaltlich und quantitativ müssen die Vorsorgeeinrichtungen aber autonom – vorbehältlich einiger gesetzlicher Einschränkungen – ihre Statuten/Reglemente selbständig ausgestalten, insbesondere in Bezug auf Art und Weise der Durchführung der beruflichen Vorsorge (autonom mit eigener Vorsorgeeinrichtung des Arbeitgebers oder nicht autonom durch Anschluss an eine bestehende Vorsorgeeinrichtung), betreffend Umfang von Beiträgen und Leistungen, im Organisationsbereich, für die Vermögensanlage sowie bzgl. des versicherten Personenkreises, d.h. der Zulassung freiwilliger Unterstellung.

Statuten/Reglemente haben in der beruflichen Vorsorge, im Gegensatz zur obligatorischen Krankenversicherung, rechtsbegründenden Charakter, soweit sie nicht verfassungs- oder gesetzeswidrig sind: Im überobligatorischen Bereich zu beachten sind insbesondere der Grundsatz der Rechtsgleichheit und Verhältnismässigkeit, das Willkürverbot, Treu und Glauben, Art. 27 ZGB, Art. 20 OR sowie die in Art. 49 Abs. 2 BVG (bzw. Art. 89a Abs. 6 ZGB, Art. 331 ff. OR) aufgeführten und auch im Überobligatorium zwingend zu beachtenden Bestimmungen des BVG sowie diejenigen der gesamten Rechtsordnung, insbesondere auch der Sozialversicherungsgesetze. Die Vorsorgeeinrichtungen unterstehen aus diesen Gründen auch der behördlichen Aufsicht, die diese Prüfung von Amtes wegen oder auf Beschwerde hin im Rahmen der abstrakten Normenkontrolle vorzunehmen hat (vgl. hinten 6.31).

2. Teil:
Die versicherten Risiken

A. Risikobegriff

I. Im Allgemeinen

Wenn wir von Risiko sprechen, denken wir in erster Linie an «Ungewissheit» und 2.01
«Unsicherheit» im Zusammenhang mit Gefahren. Der Umgang mit der «Unsicherheit» bildet u.a. Gegenstand der Versicherungsmathematik. Sie macht die Unsicherheit kalkulierbar und analysierbar. Das bedingt somit folgende Elemente:

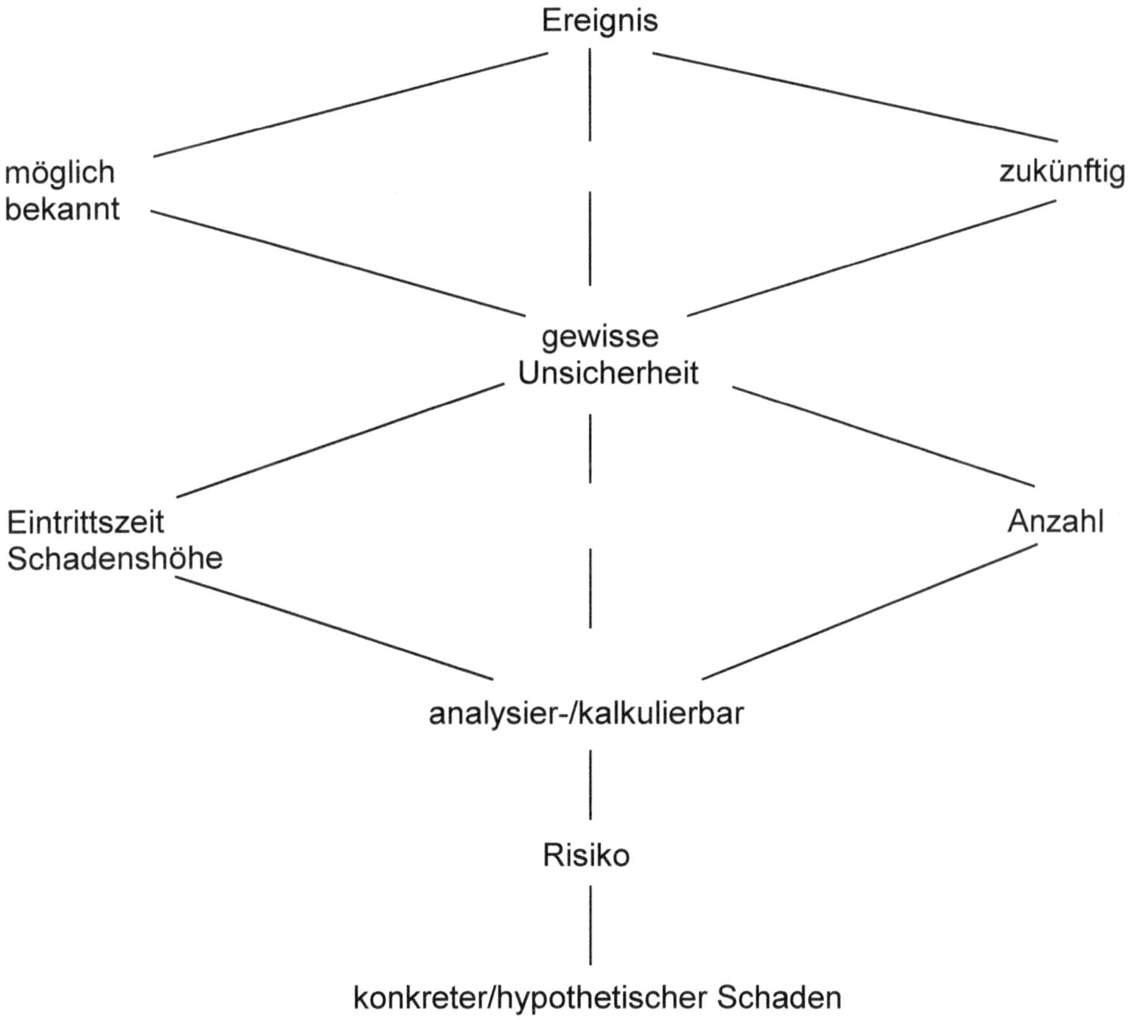

II. Die Begriffselemente

1. Eintritt eines Ereignisses

2.02 Das zu versichernde Ereignis muss der menschlichen Erkenntnis und Erfahrung grundsätzlich zugänglich sein und sich auf Grund einer gewissen Wahrscheinlichkeit auch verwirklichen können. Bezogen auf die Versichertengemeinschaft ist auch eine gewisse Häufigkeit vorausgesetzt (also keine Einmaligkeit), damit die Risikowahrscheinlichkeit kalkulierbar wird.

2. Ungewissheit

2.03 Das zu versichernde Ereignis muss in der Zukunft liegen, darf also noch nicht eingetreten sein (Art. 9 VVG: Verbot der Rückwärtsversicherung). Durch die Determiniertheit der Unsicherheit lassen sich nach gehöriger Analyse der Wahrscheinlichkeiten Modellstrukturen bilden, was nur möglich ist, wenn *jede subjektive Einflussnahme* und Risikobewertung unbeachtet bleibt.

Bereits eingetretene Risiken lassen sich grundsätzlich nicht versichern, da sowohl der Zeitpunkt des Risikoeintritts als auch der Schadensumfang nicht mehr ungewiss sind. Aus diesem Grund wird auch die vorsätzliche Herbeiführung des Risikos grundsätzlich von der Versicherung ausgeschlossen. Diese für die Privatversicherung entwickelten Grundsätze gelten jedoch im Bereich der Sozialversicherung nicht durchgängig. Vielmehr werden hier, vorbehältlich gewisser Ausnahmen z.B. in der beruflichen Vorsorge (Art. 1j Abs. 1 lit. d BVV2, Art. 23 lit. b und c BVG), der Invalidenversicherung (Art. 6 Abs. 2 IVG) und der Krankenversicherung (Art. 3 Abs. 1 KVG), aus Gründen der sozialen Sicherheit und der Verhinderung von Risikoselektion auch Personen mit bereits eingetretenen Risiken der Versicherung unterstellt. Zudem werden ebenfalls aus sozialen Motiven auch Ausnahmen im Bereich der vorsätzlichen Herbeiführung des Risikos gemacht, so z.B. in der Arbeitslosenversicherung, die bei verschuldeter Arbeitslosigkeit anstatt eines Leistungsausschlusses nur Einstelltage verfügt. In der ersten Säule und beruflichen Vorsorge löst ein von der versicherten Person begangener Suizid auch bei Vorsatz Anspruch auf Hinterlassenenleistungen aus. Im Fall der Altersversicherung ist zwar der Zeitpunkt des Alterseintritts bestimmt, nicht aber, ob dieser auch erreicht wird.

8C_111/2019 v. 14.6.2019, E. 5.2 betr. vorbestandene Invalidität und nicht bloss gesundheitliche Beschwerden; BGE 129 V 95, E. 3.1 betr. Suizid in der UV; BGE 127 III 21, E. 2 betr. Rückfall einer vorbestandenen Krankheit; I 76/05 v. 30.5.2006, E. 2 betr. bereits vor Einreise in die Schweiz eingetretene Invalidität und Verschlimmerung in der Schweiz; SZS 2003 41 betr. vorbestandene Invalidität.

3. Schaden

Gegenstand der Versicherung ist nicht der Risikoeintritt als solcher, sondern der daraus entstehende Schaden in Form von lucrum cessans (entgangener Verdienst) und/oder damnum emergens (erhöhte Auslagen). Es muss sich um einen Vermögensschaden handeln, allenfalls auch eine Genugtuung, zumindest um einen drohenden oder möglichen Vermögensschaden. Nicht zwingend erforderlich in der Sozialversicherung ist das Vorliegen eines konkreten Schadens. So werden die Altersrenten unabhängig von der Einstellung der Erwerbstätigkeit im Rentenalter ausgerichtet. Auch Taggelder der Unfallversicherung, nicht aber solche der Kranken- und Militärversicherung, sowie Hilflosenentschädigungen (nicht jedoch der Assistenzbeitrag) sind grundsätzlich ohne Nachweis eines konkreten Schadens geschuldet, d.h. es handelt sich um einen abstrakten Schaden. 2.04

8C_243/2017 v. 31.8.2017, E. 3.5-3.7 betr. abstrakte Natur des UV-Taggeldes und dessen Anspruchsbegründung auch während der Dauer der Abredeversicherung.

B. Die sozialen Risiken

I. Allgemeines

Alter, Tod, Krankheit, Unfall, Geburtsgebrechen, Mutterschaft und Invalidität treffen den menschlichen Körper als Wechselfälle des Lebens und verursachen damit einen materiellen, wirtschaftlichen Schaden. 2.05

In allen diesen Fällen geht es um:

1. eine Gesundheitseinbusse bis hin zum möglichen Verlust des Lebens und
2. daraus entstehende Kosten für medizinische Behandlung, eine vorübergehende (Arbeitsunfähigkeit) oder eine bleibende bzw. lang dauernde Erwerbseinbusse (Erwerbsunfähigkeit) oder einen Versorgerschaden.

Eher atypische soziale Risiken stellen Arbeitslosigkeit, Kurzarbeit, Insolvenz, Schlechtwetter und Familienlasten dar. Sie sind von gesundheitlichen Ursachen unabhängige finanzielle Einbussen, die im Fall der Arbeitslosigkeit, Kurzarbeit oder Insolvenz konjunkturell bedingt sind in dem Sinn, als es um die fehlende Möglichkeit geht, auf dem (nicht ausgeglichenen) Arbeitsmarkt die vorhandene Arbeitskraft zu verwerten. Die Arbeitslosenversicherung unterscheidet sich daher von den übrigen Sozialversicherungen in ihrem Aufbau, was sich auch gesetzgeberisch in der späten Regelung auf Bundesebene und dem eigenen internationalen Abkommen Nr. 168 der IAO niederschlägt. 2.06

Bei den Familienlasten geht es um eine gesellschafts- und familienpolitische Massnahme, die ihren Ausgangspunkt in aArt. 45^{quinquies} BV, heute Art. 116 Abs. 1 und 2 BV, hat. Mit den Familienzulageordnungen sollen den Erwerbstätigen (Nichterwerbstätige nur bei tiefem steuerbaren Einkommen [Art. 19 Abs. 2

FamZG]) Beiträge an den zu Folge der elterlichen Unterhaltspflicht entstehenden erhöhten Bedarf an Mitteln für den Lebensunterhalt ausgerichtet werden (Art. 2 FamZG).

Eine weitere Kategorie von Erwerbsausfallentschädigung stellen die Leistungen der Erwerbsersatzordnung zufolge Wahrnehmung der Dienstpflicht im Interesse der Eidgenossenschaft sowie die damit verwandten Formen der Dienstpflichterfüllung dar.

II. Alter

1. Begriff

2.07 Gegenstand der Versicherung ist die altersbedingte, abstrakte mögliche Einbusse an Erwerbseinkommen. Es herrscht die Vermutung, dass sich der Mensch ab einem gewissen Alter aus dem Erwerbsleben ganz oder teilweise zurückzieht und das Erwerbseinkommen entfällt. Der Gesetzgeber bestimmt die Altersgrenze, ab welcher der Anspruch auf eine Rente entstehen kann. Bei welcher Höhe die Altersgrenze angesetzt wird, ist das Ergebnis politischer Auseinandersetzungen, wirtschaftlicher Gegebenheiten und heute vor allem der demographischen Entwicklung.

2. Alter in den verschiedenen Sozialversicherungszweigen

a) In der AHV (Art. 21 Abs. 1, 39, 40 AHVG, Art. 55ter, 56 AHVV) und EL (Art. 4 Abs. 1 lit. a ELG)

2.08 Das gesetzliche Rentenalter liegt für Männer bei 65 Jahren und für Frauen derzeit noch bei 64 Jahren.

Mit der 10. AHV-Revision wurde, in Nachahmung der Gegebenheiten in der beruflichen Vorsorge und auf Grund eines gesellschaftlichen sowie arbeitsmarktlichen Bedürfnisses, auch in der AHV die Möglichkeit des Rentenvorbezuges eingeführt. Sie ist auf maximal zwei Jahre vor dem gesetzlichen Rentenalter beschränkt und mit einer bleibenden Rentenkürzung von derzeit 6,8% pro Jahr verbunden (Art. 40 Abs. 3 AHVG: für Frauen in der Übergangszeit jedoch nur die Hälfte: Schlussbestimmungen (1994) lit. d Abs. 3). Auch ein Aufschub der Rente um maximal 5 Jahre mit einer je nach Aufschubzeit abgestuften Erhöhung der Altersrente ist möglich, zahlt sich jedoch wegen des Rentenverlustes während der Aufschubzeit in der Regel nicht aus. Sowohl während des Rentenvorbezugs als auch des -aufschubs werden in der AHV keine Kinderrenten ausgerichtet, da Kinderrenten akzessorische Renten zur Hauptrente sind (Art. 40 Abs. 1 AHVG), dies im Gegensatz zum Rentenvorbezug in der beruflichen Vorsorge, wo gleichzeitig mit der vorbezogenen (i.d.R. gekürzten) Hauptrente die Kinderrenten ausgerichtet werden.

BGE 133 V 575, E. 4-6 betr. Kinderrente auch bei Vorbezug.

Die Ergänzungsleistungen richten zusammen mit dem Anspruch auf eine AHV-Altersrente Leistungen aus, wenn die gemäss Art. 4 f. sowie 9 ff. ELG erforderlichen Voraussetzungen erfüllt sind. Durch einen AHV-Rentenvorbezug erfolgte Rentenkürzungen werden gem. Art. 15a ELV von den Ergänzungsleistungen ausgeglichen.

b) In der beruflichen Vorsorge (Art. 13 BVG, Art. 1i BVV2)

Im Obligatorium der beruflichen Vorsorge (versicherter Verdienst bis Fr. 85'320.–) entspricht die Altersgrenze derjenigen der AHV, dies aus Gründen der Komplementarität der beiden Säulen. Eine Verschiebung der Altersgrenze ist im überobligatorischen Bereich auf reglementarischer Grundlage möglich (z.B. Frauenrentenalter 65, was bei vorzeitiger Pensionierung eine Rentenkürzung im Überobligatorium nach sich zieht), und zwar sowohl nach oben bis maximal zur Vollendung des 70. Altersjahres (Art. 33b BVG) als auch nach unten bis maximal zum vollendetem 58. Altersjahr, gewisse Ausnahmen vorbehalten (Art. 1i BVV2). Mit Erreichen der statutarischen Altersgrenze hat die versicherte Person im Fall der Auflösung des Arbeitsverhältnisses beim bisherigen Arbeitgeber die Wahl, ob sie die Erwerbstätigkeit fortsetzen (in unselbständiger bzw. selbständiger Stellung im Umfang von mind. 20% oder durch Anmeldung als arbeitslos) und eine Freizügigkeitsleistung empfangen oder ob sie die Erwerbstätigkeit aufgeben und die Altersleistungen in welcher Form auch immer beanspruchen will (Art. 2 Abs. 1bis FZG). Art. 33a BVG eröffnet kraft reglementarischer Grundlage auch die Möglichkeit der Weiterversicherung des bisherigen Verdienstes bis zum ordentlichen Rentenalter, sofern sich der Verdienst um maximal die Hälfte reduziert (*ATSG-Revision:* Art. 47a BVG: Weiterversicherung von entlassenen Arbeitnehmern nach vollendetem 58. Altersjahr). 2.09

BGE 138 V 227, E. 5 betr. vorzeitiger Eintritt des Vorsorgefalles «Alter», der den späteren Eintritt des Versicherungsfalles «Invalidität» ausschliesst.

Auf reglementarischer Grundlage kann die grundsätzlich lebenslängliche Invalidenrente mit Erreichen des Rentenalters in eine Altersrente umgewandelt werden. Da es sich um einen neuen Risikofall handelt, kommen zwischenzeitlich neu in Kraft getretene Reglementsbestimmungen zur Anwendung und auch Leistungsreduktionen (bis zur Grenze des Obligatoriums) sind möglich. 2.10

BGE 138 V 176, E. 8 betr. Pensionsalter und Ablösung einer reglementarischen Invalidenrente durch eine Altersrente; BGE 130 V 370 betr. Umwandlung der Invaliden- in eine Altersrente.

c) Andere Zweige der Sozialversicherung

aa) *Invalidenversicherung (Art. 30 IVG)*

2.11 Gemäss Art. 30 IVG erlischt der Anspruch auf eine Invalidenrente im Zeitpunkt der Entstehung des Anspruchs auf eine Altersrente (auch bei Rentenvorbezug) resp. mit dessen allenfalls vorzeitigen Geltendmachung von Gesetzes wegen. Betr. Berechnung der Altersrente vgl. Art. 24b AHVG i.Vm. Art. 43 IVG.

bb) *Krankenversicherung (Art. 67 Abs. 1 KVG)*

2.12 Gemäss Art. 67 Abs. 1 KVG ist der Abschluss einer Taggeldversicherung nach Erreichen des 65. Altersjahrs nicht mehr möglich. Hingegen fallen Taggelder mit der Vollendung des 65. Altersjahres nicht von Gesetzes wegen dahin. Die Krankentaggeldversicherer sind aber befugt, die Taggeldversicherung für Personen, welche das 65. Altersjahr vollendet haben, statutarisch einzuschränken oder aufzuheben. Besondere statutarische Regeln sind hinsichtlich der Einstellung oder Reduktion laufender Versicherungsansprüche zu beachten.

BGE 124 V 201, E. 4 betr. Zulässigkeit der Herabsetzung von freiw. Taggeldern; vgl. auch BGE 124 V 268.

cc) *Unfallversicherung (Art. 18 Abs. 1 und 20 Abs. 2ter UVG, Art. 33a-33c, Art. 134 Abs. 2 UVV)*

2.13 Die obligatorische Unterstellung unter das UVG ist grundsätzlich weder nach oben noch nach unten altersabhängig. Hingegen kann der Anspruch auf eine Invalidenrente der Unfallversicherung nur noch entstehen, wenn der Unfall (auch die Berufskrankheit oder UKS) vor Erreichen des ordentlichen AHV-Rentenalters eingetreten ist. Laufende Invaliden- und Komplementärrenten (samt Teuerungszulagen) werden sodann ab Eintritt des ordentlichen AHV-Rentenalters für jedes volle Jahr, das der Versicherte zum Unfallzeitpunkt älter als 45 Jahre war, – zwecks Verhinderung einer Überversicherung – nach Prozenten pro Jahr gekürzt (vgl. hinten 5.382).

Die freiwillige Unterstellung von Selbständigerwerbenden ist gemäss Art. 134 Abs. 2 UVV nach Erreichen des gesetzlichen Rentenalters nur noch möglich, wenn diese unmittelbar zuvor während mindestens einem Jahr obligatorisch versichert waren.

dd) *Militärversicherung (Art. 2, 47 Abs. 1 MVG)*

2.14 Nach der Pensionierung kann der beruflich Militärversicherte i.S.v. Art. 1a Abs. 1 lit. b MVG eine freiwillige MVG-Grundversicherung für Krankheit und Unfall abschliessen. Gemäss Art. 47 Abs. 1 MVG wird eine laufende Invalidenrente nach Erreichen des AHV-Rentenalters in eine Altersrente umgewandelt und nur noch auf der Hälfte des Jahresverdienstes, welcher der Bemessung der Rente zu Grunde lag, ausgerichtet.

ee) Arbeitslosenversicherung (Art. 2 Abs. 2 lit. c, Art. 8 Abs. 1 lit. d AVIG)

In der Arbeitslosenversicherung endet die Unterstellung resp. Beitragspflicht sowie Leistungsberechtigung mit Erreichen des gesetzlichen AHV-Rentenalters (auch im Falle eines Rentenaufschubs) oder mit dem Rentenvorbezug, Dies hat zur Folge, dass ab dem Monat der Rentenberechtigung die Arbeitslosenentschädigungen, ungeachtet der Erschöpfung der Bezugsberechtigung, eingestellt werden. 2.15

III. Tod

1. Begriff

Der Tod definiert sich in der Sozialversicherung nach Zivilrecht, welches seinerseits auf die Richtlinien der Schweizerischen Akademie der medizinischen Wissenschaften abstellt. Massgebend ist der irreversible Ausfall der Gehirnfunktionen. Für Eintritt und Zeitpunkt gelten die Art. 31 und 34 ZGB, soweit nicht der Gegenbeweis erbracht werden kann. 2.16

Dem Tod gleichgestellt ist die Verschollenerklärung (Art. 35 ZGB).

2. Tod in den verschiedenen Sozialversicherungszweigen (Art. 23 ff. AHVG; Art. 4 Abs. 1 lit. $a^{bis/ter}$ ELG; Art. 18 ff. BVG, Art. 20 BVV2; Art. 28 ff. UVG, Art. 39 ff. UVV; Art. 51 ff. MVG)

Primär richten im Rahmen der ersten und zweiten Säule die AHV und, zwecks Sicherung des Existenzminimums, die Ergänzungsleistungen sowie bei Arbeitnehmern die berufliche Vorsorge Leistungen bei Tod aus. Aufgrund ihres haftpflichtrechtlichen Hintergrunds sehen auch die Unfall- und Militärversicherung Hinterlassenenleistungen vor. Da diese Ersatz für verloren gegangenen Unterhalt (sog. Versorgerschaden) bieten sollen, werden in den jeweiligen Sozialversicherungsgesetzen zusätzlich zum Todeseintritt der versicherten Person noch weitere, bei der leistungsberechtigten Person liegende Leistungsvoraussetzungen verlangt. Zu den Voraussetzungen im Einzelnen vgl. hinten 5.288 ff. 2.17

IV. Invalidität und Erwerbsunfähigkeit

1. Begriff (Art. 8 Abs. 1 i.V.m. Art. 7 ATSG)

2.18 Invalidität definiert sich gemäss Art. 8 Abs. 1 ATSG, d.h. in allen Sozialversicherungszweigen somit einheitlich, als gesundheitsbedingte bleibende oder längere Zeit andauernde *Erwerbsunfähigkeit.* Es handelt sich somit um einen ganzen oder teilweisen Verlust von Erwerbsmöglichkeiten resp. den Verlust, seine Leistungsfähigkeit in zumutbarer Weise *erwerblich auf dem* Arbeitsmarkt (bzw. im Aufgabenbereich) zu verwerten. Erwerbsunfähigkeit ihrerseits ist gemäss Art. 7 Abs. 1 ATSG der durch Beeinträchtigung der körperlichen, geistigen oder psychischen Gesundheit (kausales Element) verursachte und nach zumutbarer Behandlung und Eingliederung verbleibende ganze oder teilweise Verlust der Erwerbsmöglichkeiten auf dem in Betracht kommenden *ausgeglichenen* Arbeitsmarkt. Der Begriff der Invalidität ist im Sozialversicherungsrecht somit ein *wirtschaftlicher* und nicht ein medizinischer. Gemäss Art. 7 Abs. 2 ATSG (Fassung ab Inkrafttreten der 5. IVG-Revision) dürfen aus Gründen der Kausalität zwischen Gesundheitsschaden und Erwerbsunfähigkeit (in Berücksichtigung der Rechtsprechung BGE 130 V 359) für die Beurteilung der Erwerbsunfähigkeit sog. invaliditätsfremde (d.h. nichtmedizinische) Faktoren wie Alter, Sprache, familiäre, berufliche, soziokulturelle oder psychosoziale Belastungsfaktoren grundsätzlich nicht berücksichtigt werden (BBl 2005 4577). Zudem bestimmt Art. 7a IVG neu, verbunden mit einer Beweislastumkehr zu Ungunsten der versicherten Person, dass alle angeordneten Eingliederungsmassnahmen, die nicht eine Gesundheitsbeeinträchtigung zur Folge haben, als zumutbar gelten (BBl 2005 4560). Zwecks Verbesserung der Koordination bei der Eingliederung Arbeitsunfähiger wird, unter Aufhebung der gegenseitigen Schweigepflichten, die Zusammenarbeit unter den involvierten Leistungserbringern gefördert (interinstitutionelle Zusammenarbeit IIZ), wofür die 5. IVG-Revision die gesetzlichen Grundlagen geschaffen hat.

BGE 145 V 2, E. 4.2.3-5.3 betr. Zumutbarkeit von Wiedereingliederungsmassnahmen.

Da die Invalidenversicherung eine für die ganze Bevölkerung obligatorische Versicherung ist, wird die Invalidität Nichterwerbstätiger an der Einschränkung im Aufgabenbereich gemessen (vgl. 5.316).

Neben dem wirtschaftlich resp. erwerblich orientierten Begriff der Invalidität i.S.v. Art. 8 Abs. 1 ATSG benützt der Gesetzgeber den Begriff aber auch in einem medizinischen Sinn. Im Zusammenhang mit dem Anspruch auf Eingliederungsmassnahmen (Art. 8 IVG, Art. 1 IFEG) oder Hilfsmittel (Art. 21 Abs. 2 IVG) bedeutet Invalidität als Leistungsvoraussetzung, dass eine «Gesundheitsbeeinträchtigung» vorliegen muss.

8C_818/2016 v. 3.8.2017, E. 3 betr. leistungsbezogener Invaliditätsbegriff.

Der Invaliditätsbegriff setzt sich aus den folgenden vier Elementen zusammen:

a) Gesundheitsschaden

Die Erwerbsunmöglichkeit muss durch eine körperliche, geistige oder psychische Gesundheitsbeeinträchtigung bedingt sein, welche in Folge Krankheit, Unfall oder Geburtsgebrechen eingetreten ist. Nach bundesgerichtlicher Rechtsprechung (BGE 130 V 401 ff.) muss das krankheits*werte* Geschehen einer Diagnose im Rahmen der anerkannten Klassifikationssysteme (z.B. ICD-10 oder DSM-5) zugänglich sein. Die Beeinträchtigung der Leistungsfähigkeit darf sich nicht einzig in invaliditätsfremden Ursachen, wie insbesondere soziale, familiäre, arbeitsplatzbezogene oder kulturelle, erschöpfen. Kann jedoch ein zur Erwerbsunfähigkeit führender Gesundheitsschaden mit Krankheitswert als *selbständiges Leiden* diagnostiziert werden, schaden ursächliche invaliditätsfremde Faktoren, die den Gesundheitsschaden negativ beeinflussen, nicht. 2.19

9C_724/2018 v. 11.7.2019, E. 5.3 betr. Sucht als invalidisierender Gesundheitsschaden; 8C_608/2018 v. 11.2.2019, E. 3.2 betr. Suchtproblematik; 8C_ 582/2017 v. 22.3.2018, E. 5.1 betr. Verhältnis von selbständigem Leiden und psychosozialen und soziokulturellen Faktoren (vgl. auch BGE 127 V 294, E. 5.a); 8C_302/2011, E. 2 betr. Burnout; BGE 130 V 396, E. 6.3 betr. Pflicht zur Anwendung von anerkannten Klassifikationssystemen; ZAK 1988 476 betr. körperlich schwacher Konstitution.

Besondere Fragen stellen sich bei sog. somatoformen Schmerzstörungen, Fibromyalgie (chronische, schmerzhafte, nicht-entzündliche Erkrankung des Bewegungsapparates), Chronic Fatigue Syndrome oder Neurasthenie, dissoziative Sensibilitäts- und Empfindungsstörung, dissoziative Bewegungsstörung, Tinnitus, HWS-Distorsionen und Schleudertraumata usw. In diesen Fällen geht es um gesundheitliche Beeinträchtigungen, welche objektiv nicht nachweisbar und eher im psychischen und sozialen Bereich anzusiedeln sind (ICD-10 F 45.40 spricht von «emotionalen Konflikten und psychosozialen Belastungen»). Vom Patienten werden sie aber als Krankheit und Einbusse an Leistungsfähigkeit wahrgenommen und auch konventionell behandelt. Während die Behandlungskosten aufgrund der ärztlich festgestellten ICD-Diagnose von der Kranken- bzw. Unfallversicherung getragen werden, stellen sich im Zusammenhang mit der Frage einer *Invalidisierung* (d.h. der Feststellung einer länger dauernden Arbeitsunfähigkeit) beim Umgang mit diesen Krankheitsbildern unklarer Kausalität erhöhte beweisrechtliche Probleme. Dazu im Einzelnen 5.313. 2.20

BGE 141 V 281 ff. betr. Aufgabe der bisherigen Rechtsprechung (BGE 130 V 352 ff.) mit Anwendung einer widerlegbaren Vermutung gemäss Foerster-Kriterien und Hinwendung zu einem strukturierten indikatorenorientierten Abklärungsverfahren; BGE 140 V 8, E. 2.2.1.3 betr. Zusammenfassung anerkannter nicht objektivierbarer unklarer Beschwerdebilder sowie 290, E. 3.3 betr. invalidisierende Wirkung einer Migräne (i.c. verneint); 8C_676/2015 v. 7.7.2016, E. 5 betr. PTBS; BGE 138 V 248, E. 5 betr. Tinnitus.

Das Erfordernis der Dauer des Gesundheitsschadens und damit verbunden der funktionalen Leistungseinbusse bezieht sich nur auf Renten. 2.21

- *Bleibend* ist der Gesundheitsschaden, wenn er irreversibel und stabil ist und die Behandlung des Leidens nur noch auf die Erhaltung des eingetretenen

Zustands gerichtet ist bzw. das pathologische Geschehen durch eine Behandlung nicht mehr verändert werden kann (keine Besserung und keine Verschlechterung, z.B. bei Lähmungen, Amputationen oder gewissen psychischen Leiden).

- *Längere Zeit dauernd* ist ein Gesundheitsschaden, wenn er noch labil ist, d.h. die Entwicklung durch die Behandlung beeinflussbar ist bzw. nur durch eine Behandlung stabilisiert werden kann (z.B. bei Krebsleiden, Multiple Sklerose-Leiden, gewisse psychische Leiden).

Wie lange die gesundheitsbedingte funktionale Leistungseinbusse anhalten muss, bis der Anspruch auf Rente entsteht, wird einzelgesetzlich unterschiedlich geregelt:

- ***IV***: 1 Jahr Wartezeit seit Festsetzung der gesundheitsbedingt verminderten funktionellen Leistungseinbusse in der bisherigen Tätigkeit (Arbeitsunfähigkeit), die ohne wesentlichen Unterbruch (mind. 30 Tage volle Arbeitsfähigkeit) durchschnittlich übers Jahr gerechnet 40% betragen muss (Art. 28 Abs. 1 lit. b IVG). Der Rentenanspruch entsteht aber erst *nach sechs Monaten seit Geltendmachung des Leistungsanspruchs* (Art. 29 Abs. 1 IVG), was zu einer frühzeitigen Anmeldung (sechs Monate vor Ablauf des Wartejahres) veranlassen soll (Art. 29 Abs.1 ATSG, hinten 7.16 ff.).

  Beispiel: Eintritt der Arbeitsunfähigkeit am 3. Juni 2018 → Invalidität ab 3. Juni 2019. Anmeldung zum Leistungsbezug: 3. Dezember 2018 (Art. 29 Abs. 1 IVG).

  BGE 140 V 2, E. 5 betr. Erfassung als neues versichertes Ereignis, wenn Invalidität nach Aufhebung einer befristeten Rente aus neuer Ursache wiederauflebt: Ausrichtung der neuen Rente frühestens nach sechs Monaten seit Neuanmeldung bei der IV (Art. 29 Abs. 1 IVG; keine Anwendbarkeit von Art. 88bis Abs. 1 lit. a IVV).

- ***bV***: Im obligatorischen Bereich gleichzeitig mit der IV (Art. 26 BVG). Die Vorsorgeeinrichtung kann für den überobligatorischen Bereich im Reglement von Art. 26 BVG abweichen und eine kürzere Wartezeit statuieren (z.B. Beginn des Anspruchs bereits mit Eintritt der Arbeitsunfähigkeit).

  BGE 140 V 470, E. 3.3 betr. Beginn der Invalidenrente der 2. Säule im Obligatorium unter Beachtung von Art. 29 Abs. 1 IVG, d.h. nach sechs Monaten Voranmeldung.

- ***UV***: Im Moment, in dem *keine namhafte Besserung* (günstige Beeinflussung) des Gesundheitszustandes mit Hilfe von Eingliederungsmassnahmen mehr zu erwarten ist (Art. 19 Abs. 1 UVG: sog. Fallabschluss).

  8C_888/2013 v. 2.5.2014, E. 4 betr. Fallabschluss wegen fehlender namhafter Besserung durch Operation.

- ***MV***: Im Moment, in dem *keine namhafte Besserung* (günstige Beeinflussung) des Gesundheitszustandes mit Hilfe von Eingliederungsmassnahmen mehr zu erwarten ist (Art. 40 Abs. 1 MVG: sog. Fallabschluss).

b) Erwerbsunfähigkeit, Einschränkung im Aufgabenbereich (Art. 7 f. ATSG, Art. 25 ff. IVV)

Art. 7 Abs. 1 i.V.m. Art. 8 Abs. 1 ATSG definiert die Invalidität primär *wirtschaftlich*, indem die Gesundheitsbeeinträchtigung einen *wirtschaftlichen Nachteil* von einem gewissen Umfang in Form einer Erwerbseinbusse (mind. 20%) oder der Unmöglichkeit, sich im ohne Gesundheitsschaden ausgeübten bisherigen (oder allenfalls künftigen, z.B. bei definitiver Aufgabe der Erwerbstätigkeit wegen Übernahme von Haushaltsaufgaben) Aufgabenbereich zu betätigen, nach sich ziehen muss, und zwar wie folgt: 2.22

- für *Erwerbstätige* eine voraussichtlich bleibende oder längere Zeit dauernde ganze oder teilweise Erwerbsunfähigkeit (Art. 8 Abs. 1 ATSG),
- für *mündige Nichterwerbstätige* (im Haushalt Tätige, Kinder Erziehende, Studierende, Ordensangehörige) *die Unmöglichkeit, sich im bisherigen Aufgabenbereich zu betätigen* (Art. 8 Abs. 3 ATSG),
- für *nicht erwerbstätige Minderjährige* mit einer Beeinträchtigung der körperlichen, geistigen oder psychischen Gesundheit *die voraussichtliche ganze oder teilweise Erwerbsunfähigkeit* (Art. 8 Abs. 2 ATSG).

c) Durchlaufen zumutbarer Eingliederungsmassnahmen

Um Rentenleistungen zufolge Erwerbsunfähigkeit beanspruchen zu können, muss die versicherte Person im Sinne der ihr auferlegten *Schadenminderungspflicht* ihr zumutbare Eingliederungsmassnahmen befolgen bzw. sich um eine Selbsteingliederung bemühen (vgl. Art. 7 Abs. 1 und 16 ATSG, Art. 28a IVG):

- *Medizinische Massnahmen (Art. 7 Abs. 2 lit. d, Art. 7a und 7b IVG):* Von Erwerbsunfähigkeit wird erst ausgegangen, nachdem die versicherte Person die ihr zumutbaren (vgl. vorne 1.65 f.) und vom Gesetz (Art. 25 KVG, Art. 10 UVG, Art. 16 MVG) angebotenen medizinischen Eingliederungsmassnahmen durchlaufen hat (Heilbehandlung, Medikamente, Operation, Psychotherapie, Physiotherapie usw.) 2.23

  9C_671/2016 v. 20.3.2017, E. 4 betr. Bejahung der Zumutbarkeit einer medizinischen Massnahme unter Berücksichtigung der Motivation und des Alters; 8C_128/2015 v. 25.6.2015, E. 1.2 und 2.2 betr. Definition und Bejahung der Zumutbarkeit einer Operation am Daumen zwecks Verbesserung der Funktionsfähigkeit; BGE 105 V 176, E. 3 betr. Unzumutbarkeit einer Operation bei relativ hohem Sterblichkeitsrisiko; I 70/01 v. 19.7.2001, E. 3.c betr. Abmagerungskur als zumutbare Selbsteingliederung.

- *Berufliche Massnahmen (Art. 7 Abs. 2 lit. a–c, Art. 7a, 7b und Art. 14a ff. IVG):* 2.24
  Zwecks Eingliederung auf dem gesamten in Betracht kommenden zumutbaren Arbeitsmarkt kann die versicherte Person verpflichtet werden, sämtliche vom Gesetz vorgesehenen Eingliederungsmassnahmen, wie z.B. Integrationsmassnahmen, Berufsberatung, Umschulungen oder Arbeitsversuche (bei

Eingliederung aus Rente) vorzunehmen. Zur Ausschöpfung der verbleibenden Erwerbsfähigkeit kann im Sinne der Selbsteingliederung die Änderung des Erwerbsstatus von selbständig zu unselbständig oder umgekehrt verlangt werden, ebenso betriebliche Umstellungen oder Erleichterungen von Betriebsabläufen vorzunehmen, bei Zumutbarkeit allenfalls auch den Arbeits- und Wohnort zu verlegen. Auch hier gilt neu ein (vermeintlich) strengerer Zumutbarkeitsbegriff, indem alle Massnahmen als zumutbar betrachtet werden, die nicht dem Gesundheitszustand der versicherten Person unangemessen sind (vgl. vorne 1.65).

8C_11/2018 v. 5.7.2018, E. 5 und 8C_121/2017 v. 5.7.2018, E. 7.4 betr. Selbsteingliederungspflicht; 8C_579/2015 v. 14.4.2016, E. 3 betr. Verzichtserklärung bzgl. Durchlaufen beruflicher Massnahmen; 9C_272/2014 v. 30.7.2014, E. 3 betr. Zumutbarkeit der beruflichen Umorientierung im fortgeschrittenen Alter; 9C_357/2014 v. 7.4.2015, E. 2.3 betr. Wechsel von selbständig- zu unselbständigerwerbend; BGE 122 V 77 betr. Umschulung einer Psychiatrieschwester zur Damenschneiderin; I 314/05 v. 19.10.2005, E. 2.3 betr. Umschulung eines Oberstufenlehrers zu Bürotätigkeit; I 233/06 v. 27.2.2007, E. 4-6 betr. Umstellung von Betriebsabläufen.

d) Kausalzusammenhang

2.25 Zwischen Gesundheitsschaden und wirtschaftlichem Nachteil, nach erfolgten medizinischen oder/und beruflichen Eingliederungsmassnahmen, muss ein Kausalzusammenhang bestehen. Invaliditätsfremde Faktoren bzw. rein psychosoziale Belastungsstörungen (vgl. 2.18 ff.), die die Erwerbschancen beeinträchtigen, werden aus rechtlicher Sicht (nicht aber medizinischer Sicht: bio-psycho-sozialer Krankheitsbegriff, vgl. hinten 2.63) als nicht kausale Ursache der Leistungseinbusse grundsätzlich ausgeblendet. Ebenso wenig vermögen nicht krankheitsbedingte Charakter- oder Willensschwäche sowie ein freiwilliger Verzicht auf Arbeitsleistung eine Erwerbsunfähigkeit herbeizuführen. Gewisse gesundheitliche Defizite, wie z.B. Diabetes, Fettleibigkeit, Kleinwuchs oder Suchtverhalten (ohne krankhafte Ursache oder Folgen) führen unter dem Gesichtspunkt der Kausalität nicht zwingend zu einer Erwerbseinbusse. Auch sind kleinere gesundheitliche Unpässlichkeiten hinzunehmen.

8C_620/2017 v. 10.4.2018, E. 2.2 betr. Drogensucht; 8C_579/2015 v. 14.4.2016, E. 3 betr. freiwilliger Verzicht auf Verwertung der Arbeitsfähigkeit.

2.26 Zwecks Abgrenzung zur Arbeitslosenversicherung wird bei der Feststellung der Erwerbsunfähigkeit auf eine abstrakte Betrachtungsweise resp. den *ausgeglichenen* Arbeitsmarkt (unabhängig von der jeweiligen Arbeitsmarkt- und Konjunkturlage) abgestellt. Unabhängig von den realistischen Chancen, auf dem Arbeitsmarkt überhaupt eine Arbeit zu finden, wird allein aufgrund der gesundheitlichen Tatsachen festgestellt, ob ein Arbeitseinsatz überhaupt möglich ist.

2. Abgrenzungen

a) Zur Berufsunfähigkeit (-invalidität)

Berufsunfähigkeit bzw. -invalidität bedeutet die gesundheitsbedingte Unfähigkeit, bleibend oder während längerer Zeit die *bis anhin ausgeübte Tätigkeit* ausüben zu können. Es geht somit im Gegensatz zur eigentlichen Invalidität nicht um die Unfähigkeit, seine Erwerbsmöglichkeiten auf dem ganzen in Frage kommenden Arbeitsmarkt nach Durchführung zumutbarer Eingliederungsmassnahmen auszuschöpfen. Berufsunfähigkeit setzt daher nicht zwingend einen Verlust an Erwerbsmöglichkeit und demzufolge auch keine Erwerbseinbusse voraus. 2.27

Berufsunfähigkeit (-invalidität) kann im überobligatorischen Bereich der beruflichen Vorsorge oder der privaten Lebensversicherung, sofern das Vorsorgereglement resp. die AVB dies vorsehen, Anspruch auf Leistungen bei Invalidität begründen. 2.28

9C_16/2018 v. 25.9.2018, E. 3.2 betr. Berufsinvalidität (BVK-Reglement des Kantons Zürich); I 423/91 v. 28.9.1992 betr. Fussballspieler; ZAK 1983 445 betr. Zahnsanierung einer Zahnarztgehilfin.

b) Zur Arbeitsunfähigkeit (Art. 6 ATSG)

Arbeitsunfähigkeit ist die gesundheitsbedingte Unfähigkeit, vorübergehend die *bis anhin ausgeübte Tätigkeit* ausüben zu können. Es handelt sich um die Auswirkungen einer Gesundheitsstörung auf die *vor Risikoeintritt ausgeübte Tätigkeit* (Relativität des Arbeitsunfähigkeitsbegriffs) bzw. die *Einbusse an funktionellem Leistungsvermögen* bezogen auf die bisherige Tätigkeit. Die medizinisch-theoretische Funktionseinbusse ist mithin nicht massgebend. Nicht jede Gesundheitsbeeinträchtigung führt somit automatisch zu einer Arbeitsunfähigkeit. 2.29

Beispiel: Während ein Beinbruch einen Bauarbeiter oder Berufssportler arbeitsunfähig werden lässt, ist dies für einen Büroangestellten nur bedingt der Fall.

Zu beachten ist in diesem Zusammenhang die Schadenminderungspflicht. Die Arbeitsunfähigkeit lässt sich durch geeignete Massnahmen (Therapien, Hilfsmittel, vorübergehende Zuweisung eines angepassten Arbeitsplatzes) mindern oder aufheben. Auch ist die arbeitsunfähige Person verpflichtet, die ihr zumutbare Restarbeitsfähigkeit auszuschöpfen. Der Grad der Arbeitsunfähigkeit wird solange unter Berücksichtigung der bisherigen Tätigkeit festgesetzt, als vom Versicherten vernünftigerweise nicht verlangt werden kann, dass er seine restliche Arbeitsfähigkeit anderweitig einsetzt. Bei lang dauernder Arbeitsunfähigkeit im bisherigen Beruf resp. sobald klar wird, dass eine Wiederaufnahme der bisher ausgeübten Tätigkeit aus gesundheitlichen Gründen nicht mehr in Frage kommt (vgl. hinten 5.195), muss sich die versicherte Person auf eine andere Tätigkeit umstellen und aufgrund der Schadenminderungspflicht nach Ablauf einer gewissen Anpassungszeit von ca. 3-5 Monate auch zumutbare Tätigkeiten in einem andern Beruf aufnehmen. 2.30

8C_320/2007 v. 7.12.2007, E. 6.2 betr. Begriff der Arbeitsunfähigkeit und deren langer Dauer.

2.31 Die Bestimmung der Arbeitsunfähigkeit auf Grund der medizinischen Befunde, die Festsetzung des Eintritts der Arbeitsunfähigkeit und die auf Grund des Gesundheitszustands erfolgende Einschätzung der noch vorhandenen Restarbeitsfähigkeit sind Tatsachenfeststellungen (vgl. hinten 7.78, 7.110).

3. Invalidität in den verschiedenen Sozialversicherungszweigen

a) IV, EL, UV, MV

2.32 Der Invaliditätsbegriff definiert sich in allen Sozialversicherungszweigen gemäss Art. 8 ATSG einheitlich. Die einzelnen Sozialversicherungszweige sind jedoch nicht gegenseitig an ihre Invaliditätsbemessung gebunden, sondern haben sie grundsätzlich selbständig vorzunehmen. Unterschiedlich geregelt in den einzelnen Zweigen sind hingegen die Leistungsvoraussetzungen und die Leistungsansprüche bei Invalidität.

BGE 133 V 549, E. 6 betr. keine Bindungswirkung der Invaliditätsbemessung der IV gegenüber der UV und umgekehrt.

b) Berufliche Vorsorge (Art. 23 BVG)

2.33 Im Bereich des Obligatoriums wird in Art. 23 BVG (*ATSG-Revision:* Art. 26b BVG) auf die Invalidenversicherung verwiesen und der Begriff lehnt sich zwingend an den der 1. Säule an, weshalb Art. 8 ATSG indirekt auch auf die 2. Säule Einfluss nimmt. Zudem sind die Vorsorgeeinrichtungen an die Feststellungen der IV-Stelle bezüglich Invaliditätsbemessung und Zeitpunkt des Eintritts der Arbeitsunfähigkeit gebunden, sofern der IV nicht ein offensichtlicher Fehler unterlaufen ist oder sie die Vorsorgeeinrichtung entgegen Art. 49 Abs. 4 ATSG nicht ins Verfahren miteinbezogen hat (vgl. hinten 7.48 ff.). Im überobligatorischen Bereich kann der Invaliditätsbegriff enger oder weiter gefasst werden, so dass keinerlei Bindung an die Feststellungen der IV besteht.

BGE 142 V 380, E. 5.3 betr. Verhältnis zwischen Arbeitslosenversicherung und Invalidenversicherung bzgl. Vorliegen einer die Vermittelbarkeit ausschliessenden Invalidität; BGE 141 V 439, E. 4.2 betr. keine Bindungswirkung gegenüber Säule 3a; BGE 141 V 127, E. 5 betr. Bedingungen der Bindungswirkung an eine Revisionsverfügung der IV; 9C_895/2013 v. 15.5.2014, E. 3 betr. Bindung der VE an die Feststellungen der Organe der Invalidenversicherung, auch hinsichtlich des Eintritts der invalidisierenden Arbeitsunfähigkeit; BGE 138 V 125, E. 3.3 betr. keine Bindungswirkung ohne Eröffnung der Verfügung gegenüber der VE.

c) *Haftpflichtrecht und Privatversicherung*

aa) Im Haftpflichtrecht

Im Haftpflichtrecht wird der künftige, auf die voraussichtliche Aktivitätszeit begrenzte Erwerbsausfall *konkret* berechnet und zwar aufgrund der nach Ausschöpfung schadensmindernder Massnahmen verbleibenden Erwerbsunfähigkeit (Art. 42 ff. OR). Es handelt sich um den Erwerbsausfallschaden als Differenz zwischen den gesamten, auf die voraussichtliche Aktivitätsdauer bezogenen Erwerbsmöglichkeiten ohne Eintritt des Risikos und den verbleibenden nach Eintritt des Risikos (BGE 127 III 405). 2.34

bb) Im Privatversicherungsrecht

In der Privatversicherung wird der Invaliditätsbegriff in den Allgemeinen Versicherungsbedingungen (AVB) autonom festgelegt. Üblich sind zwei Methoden: 2.35

- *konkrete Methode*: Der Invaliditätsbegriff entspricht dem sozialversicherungsrechtlichen (Einkommensvergleich) oder dem haftpflichtrechtlichen (Differenztheorie).
- *abstrakte Methode*: Der Invaliditätsbegriff wird medizinisch-theoretisch bestimmt, d.h. entsprechend der Einschränkungen der medizinischen Funktionsfähigkeit, unabhängig von den konkreten erwerblichen Auswirkungen: sog. Gliedertaxenmethode.

  BGE 127 III 100, E. 2 betr. abstrakte Bemessung der Invalidität, sofern nicht in den AVB eine wirtschaftliche Betrachtungsweise statuiert ist.

V. Unfall

1. Allgemeines zum Unfallbegriff (Art. 4 ATSG)

Dem Unfallbegriff kommt deshalb eine ganz zentrale Bedeutung zu, weil jeder Gesundheitsschaden, der nicht als Unfall i.S.v. Art. 4 ATSG qualifiziert werden kann, eine Krankheit darstellt. Die Krankheit definiert sich somit negativ über den Unfallbegriff. Es handelt sich um komplementäre Begriffe. 2.36

Da die Unfallversicherung keine Volksversicherung sondern eine obligatorische Arbeitnehmerversicherung ist, spielt die Abgrenzung zwischen den Risiken Krankheit und Unfall eine ausschlaggebende Rolle. Die Leistungen der Unfallversicherung sind nämlich quantitativ (z.B. kein Selbstbehalt und keine Franchise) und qualitativ (z.B. diverse Geldleistungen, eingeschränktes Listenprinzip) ausgebauter als diejenigen der Krankenversicherung. 2.37

2.38 Erwähnt, jedoch noch nicht definiert, wurde der Unfallbegriff erstmals im Eisenbahnhaftpflichtgesetz aus dem Jahr 1905. Die Begriffsumschreibung war vielmehr Gegenstand der privaten Versicherungspolicen. Im Sozialversicherungsrecht hat sich das Eidgenössische Versicherungsgericht dieser Aufgabe angenommen, da auch das im Jahr 1913 in Kraft getretene KUVG auf eine Definition verzichtete. Der Unfallbegriff hat erst mit dem Inkrafttreten des UVG im Jahr 1985 in Art. 9 Abs. 1 aUVV eine Legaldefinition erhalten. Heute ist er in Art. 4 ATSG für *alle* Sozialversicherungszweige (IV, KV, UV, MV) vereinheitlicht und definiert sich wie folgt:

«Als Unfall gilt die *plötzliche, nicht beabsichtigte schädigende* Einwirkung eines *ungewöhnlichen äusseren Faktors* auf den menschlichen Körper.»

2.39 Die fünf Begriffselemente müssen *kumulativ* erfüllt sein. Der Versicherte hat nebst dem Gesundheitsschaden auch die konkreten Umstände des Unfallhergangs wahr und bis in alle Einzelheiten glaubhaft zu machen, damit sich der Versicherer über den Tathergang ein Bild machen und das Vorhandensein der Begriffselemente prüfen kann.

9C_338/2018 v. 17.12.2018, E. 4.2 betr. Glaubhaftmachung eines unfallbedingten Zahnschadens.

Der Unfallbegriff gilt auch dann als erfüllt, wenn der Unfall – unabhängig von Alter und konstitutioneller Prädisposition (= vorbestehender Gesundheitszustand: Teilkausalität, vgl. Art. 36 Abs. 2 UVG betreffend Kürzungen der Leistungen bei vorbestehender Erwerbsunfähigkeit, vgl. hinten 5.34, 5.36, 5.301, 5.335) – Folge eines krankhaften Vorzustandes ist, wie z.B. ein Sturz zu Folge Epilepsie, Sklerose oder Infarkt.

2.40 Gewisse Verletzungen, die sog. *unfallähnlichen Körperschädigungen* (UKS), wurden ins Gesetz aufgenommen, einerseits weil die privaten Unfallversicherer ursprünglich diese wie Unfälle behandelten und andererseits weil sich die unfall- von den degenerativ bedingten Ursachen des Gesundheitsschadens zum Teil nicht immer medizinisch klar voneinander abgrenzen lassen. Es handelt sich dabei um die in Art. 6 Abs. 2 lit. a–h UVG abschliessend aufgezählten Körperschädigungen: Knochenbrüche, Verrenkungen von Gelenken, Meniskusrisse, Muskelrisse, Muskelzerrungen, Sehnenrisse, Bandläsionen und Trommelfellverletzungen. Soweit der Unfallbegriff i.S.v. Art. 4 ATSG nicht ohnehin erfüllt ist (siehe 2.41 ff.), stellt Art. 6 Abs. 2 UVG bei Vorliegen einer der aufgeführten Gesundheitsschädigungen aber nur eine *widerlegbare Vermutung* einer unfallähnlichen Körperschädigung auf. Diese kann (vom Unfallversicherer) durch den Beweis des vorwiegenden (> 50% analog zu Art. 9 Abs. 1 UVG) Vorliegens einer Erkrankung oder Degenerationserscheinung umgestossen werden (im Unterschied zur Vorgängernorm [aArt. 9 UVV] verzichtet die neue Gesetzesbestimmung bei den aufgeführten Gesundheitsschäden auf das Erfordernis eines ungewöhnlichen äusseren Faktors und gesteigerten Gefahrenpotentials, wobei dennoch von einem Erfordernis eines Traumas auszugehen ist).

2. Elemente des Unfallbegriffs

a) *Äusserer Faktor*

Das den Gesundheitsschaden auslösende Element muss *von ausserhalb des Körpers her* auf den Körper oder die Psyche einwirken. Es kann z.B. mechanischer, chemischer, thermischer, elektrischer oder ionisierender Natur sein. Ist der Gesundheitsschaden aber ohne äussere Einwirkung bzw. Programmwidrigkeit durch ein ausschliesslich *inner*körperliches Geschehen begründet, z.B. Platzen eines Gefässes oder Knochenbrüche zu Folge Osteoporose, fehlt es am äusseren Faktor und es liegt somit kein Unfall vor. Bei degenerativen Diskushernien, die oft durch eine programmwidrige Körperbewegung ausgelöst werden, ist ein äusserer Faktor nur ausnahmsweise eigentliche Ursache des Schmerzsyndroms. Vielmehr wird der degenerative Vorzustand in der Regel nur dadurch aktiviert. Die Unfallversicherung erbringt daher Leistungen bis zum status quo sine zeitlich begrenzt nur für das unmittelbar durch den Unfall ausgelöste Schmerzsyndrom. 2.41

BGE 142 V 219, E. 4.3.2 betr. fehlender äusserer Faktor bei Bruch einer Prothese; 8C_571/2015 v. 14.10.2015, E. 2.2.3 betr. Dauer der Leistungspflicht bei aktivierten Diskushernien.

Als äussere Einwirkung gilt auch eine *unerlaubte Handlung* durch einen Dritten, wie z.B. die vorsätzliche oder fahrlässige Körperverletzung, Tötung, Raubüberfall mit *stark lebensbedrohenden* Elementen, eine unter aussergewöhnlichen und massiven Einwirkungen erfolgte Vergewaltigung oder sexuelle Nötigung, Ersticken zu Folge Strangulation, Ertränken, HIV^{+}-Ansteckung durch Vergewaltigung oder anderweitiger Körperverletzung (z.B. mit Spritze). 2.42

8C_412/2015 v. 5.11.2015, E. 6 betr. posttraumatische Belastungsstörung nach Vergewaltigung; BGE 140 V 356, A. betr. HIV-Ansteckung durch Griff in eine kontaminierte Fixernadel.

Der äussere Faktor wurde auch bejaht bei *Infektionen* durch Insektenstiche oder -bisse (z.B. Zecke, hingegen Malaria als Krankheit = Berufskrankheit und nicht Unfall). Erforderlich dafür ist eine Verletzung der Haut bzw. eine Infektionswunde oder dergleichen. Demgegenüber stellen eine Bläscheninfektion oder auch die (durch normalen Geschlechtsverkehr übertragene) HIV-Übertragung keine äussere Einwirkung mit einer Wunde dar. Damit eine Infektion ohne Wunde als äusserer Faktor anerkannt wird, müssen ganz aussergewöhnliche Merkmale gegeben sein, wie z.B. Trinken einer Bakterienkultur oder Sturz in verseuchtes Wasser. Wundinfektionen als Folge eines Unfalls resp. einer Unfallbehandlung gelten als zum Unfall gehörige Komplikationen. Sind Wundinfektionen Folge einer nicht unfallbedingten Heilbehandlung, können sie nur dann als Unfall qualifiziert werden, wenn ein eigentlicher ärztlicher Kunstfehler nachgewiesen werden kann. 2.43

BGE 129 V 406, E. 4.2 verneint betr. Verletzung mit infizierter Spritze, wenn keine HIV-Ansteckung erfolgt ist; BGE 122 V 230, E. 5 bejaht betr. Infektion durch Zeckenbiss.

2.44 Auch *Vergiftungen* sind Unfälle, sofern es sich um einen «error in re» (Verwechslung: z.B. bei Pilzen, Flüssigkeiten) und nicht um einen «error in qualitate» (Verderben: Fisch, Fleisch, Schimmel) handelt.

2.45 Beim *Eindringen von Wasser* in den Körper, insbesondere in die Atemwege, sowie bei zu hohem Druck unter Wasser (ab 40 m Tiefe) liegt ebenfalls ein äusserer Faktor vor.

8C_647/2012 v. 28.9.2012, E. 4 betr. äusserer Faktor: *normaler* Wasserdruck auf den Körper ist kein relevanter äusserer Faktor. Dies gilt namentlich auch für die Druckveränderung, die durch den normalen Bewegungsablauf des Tauchers beim Ab- und Auftauchen bewirkt wird.

2.46 Auch *unkoordinierte, programmwidrige körpereigene Bewegungen* und Überanstrengungen werden dem äusseren Faktor zugerechnet.

b) Ungewöhnlichkeit

2.47 Der äussere Faktor muss von qualifizierter Art sein und nach einem objektiven Massstab auf den jeweiligen Lebensbereich bezogen den Rahmen des Alltäglichen, Banalen, Normalen, Unauffälligen sprengen. Es muss sich um ein aufrüttelndes, brüskes Ereignis handeln, das quasi aus heiterem Himmel fällt, insbesondere nicht regelmässig auftritt, mit dem man nicht zu rechnen hat und welches nicht dem gewöhnlichen programmgemässen Ablauf von Lebensverrichtungen entspricht. Ungewöhnlich können auch bloss die äusseren Umstände des Ereignisses sein, wie z.B. das Eingeschlossensein in einer Gletscherspalte. Die Ungewöhnlichkeit darf sich aber nicht auf die Auswirkungen resp. Folgen bei der betroffenen Person (z.B. allergische Überreaktion) beziehen, muss also objektiv ereignisbezogen und darf nicht erfolgsorientiert sein.

2.48 Die Frage, ob Ungewöhnlichkeit vorliegt, ist eine Ermessensfrage, zu der eine reichhaltige Rechtsprechung existiert. Es lassen sich folgende Fallgruppen bilden:

- Bei *Körperbewegungen* liegt die Ungewöhnlichkeit in der *Programmwidrigkeit* des normalen Bewegungsablaufs oder des äusseren Bewegungsflusses (z.B. Stürzen, Ausrutschen, Stolpern, Anstossen/Aufprallen, Abwehren eines Sturzes), welche durch einen in der Aussenwelt liegenden Umstand verursacht wurde. Ungewöhnlichkeit kann auch in der unphysiologischen Beanspruchung gewisser Körperteile liegen, so z.B. bei grossen Überanstrengungen durch das Heben von schweren Lasten, sofern sie nicht berufsüblich (100–120kg als nicht ungewöhnlich) oder für die betroffene Person gewohnt sind.

  8C_783/2013 v. 10.4.2014, E. 6.2 betr. keine Programmwidrigkeit bei Diskushernie eines Metzgers durch Heben von schweren Fleischkisten, dies trotz reflexartiger Rückwärtsbewegung; 8C_141/2013 v. 8.5.2013, E. 4 betr. Umlagern eines 100–120kg schweren Patienten verneint; 8C_712/2010 v. 16.11.2010, E. 4 betr. Einsacken mit angehobener schwerer Kabelrolle bei Erschrecken verneint; BGE 134 V 72, E. 4.3 betr. Aufschlagen des Kopfes gegen das Lenkrad eines Auto-Scooters bejaht.

- Bei *Zahnschäden* spielt die Vorhersehbarkeit eine grosse Rolle, insbesondere wenn im fraglichen Nahrungsmittel auf Grund der Zutaten mit dem harten Gegenstand gerechnet werden muss. Nicht entscheidend ist, ob es sich im betreffenden Lebensmittel um einen Fremdkörper handelt. Die blosse Vermutung, es handelt sich um einen Fremdkörper, genügt für die Annahme eines ungewöhnlichen äusseren Faktors nicht.

  8C_251/2018 v. 20.6.2018, E. 4.1 betr. harter Gegenstand in Kartoffelgratin; 8C_893/2014 v. 27.1.2015, E. 3.3 betr. nicht entsteinte grüne Olive im grünen Salat verneint; BGE 112 V 201, E. 3.b betr. Stein in selbstgebackenem Kirschenkuchen mit nicht entsteinten Früchten verneint, hingegen bei entsteinten Früchten bejaht; U 8/06 v. 13.3.2006, E. 2.3 betr. Griottes verneint; RKUV 2006 84 ff. betr. projectil de chasse verneint; U 305/02 v. 26.2.2004, E. 2.3 betr. Schalen von Meeresfrüchten auf Pizza verneint (Zusammenstellung der Rechtsprechung), RKUV 1999 477 betr. Stein im Reis verneint.

- *Sport- und Freizeitunfälle* werden einzelfallbezogen beurteilt. Eine durch die Aktivität erhöhte Wahrscheinlichkeit zu verunfallen, führt aber nicht generell zur Verneinung der Ungewöhnlichkeit des Ereigniseintritts. Sie liegt aber nicht vor, wenn bei einer Sportverletzung das Geschehen in die gewöhnliche Bandbreite der Bewegungsmuster des betreffenden Sports fällt, wie z.B. bei unebenem Gelände, wo mit kleinen Absätzen und Schlägen gerechnet werden muss.

  8C_107/2017 v. 3.3.2017, E. 5 betr. Knieverletzung durch Snowboarden auf unebenem Gelände ohne erfolgten Sturz verneint; 8C_909/2012 v. 4.3.2013, E. 5.2 betr. Misstritt beim Volleyball und 8C_403/2013 v. 21.8.2013, E. 4 betr. Fussball bejaht; 9C_776/2012 v. 8.1.2013, E. 5.2 betr. Zusammenstoss des Kopfes mit einer Orientierungstafel auf der Strasse bejaht; 8C_693/2010 v. 25.3.2011, E. 6 betr. Hampelmann-Übung im Rahmen eines Tae Bo-Trainings verneint; BGE 130 V 117, E. 3 betr. Bandencheck beim Eishockey bejaht; RKUV 2004 275 ff. betr. Druckveränderung beim Fallschirmspringen verneint; RKUV 1999 420 betr. vereister Skipiste bejaht; RKUV 1992 258 betr. Hechtsprung einer geübten Turnerin bejaht, hingegen RKUV 2004 183 ff. betr. Rückwärtspurzelbaum verneint; U 203/04 v. 10.11.2004, E. 2 betr. Tauchunfall durch Dekompressionstrauma verneint; U 296/05 v. 14.2.2006, E. 2.3 betr. Sturz vom Pferd wegen Einknicken des Tieres verneint.

- *Schallexpositionen* sind nur dann ungewöhnliche Ursachen einer Gehörsschädigung, wenn aus fachmedizinischer Sicht die Knalltraumata Spitzenwerte zwischen 160 bis 190 dB erreichen.

  8C_403/2018 v. 7.9.2018, E. 4 betr. Knalltrauma und Grenzwerte; 8C_317/2010 v. 3.8.2010, E. 3.2 betr. Lautstärke des Pfeiftons eines Marderschutzgerätes.

- *Schock- bzw. Schreckereignisse* mit psychischen Folgen gelten als Unfälle, wenn sich das ausserordentliche, aussergewöhnliche und *überraschend heftige* oder *gewaltsame* Ereignis in *unmittelbarer Gegenwart* des Versicherten abspielt oder er davon unmittelbar bedroht ist (z.B. bei unmittelbarem Miterleben einer Lawine, Suizid auf den Bahngeleisen für den Lokomotivführer, von einem Attentat unmittelbar Betroffene). Auch bei Schreckereignissen dient nicht nur die Reaktion eines (psychisch) gesunden Menschen als Vergleichsgrösse, sondern in diesem Zusammenhang ist ebenfalls auf eine «weite Bandbreite» von Versicherten abzustellen. Handelt es sich um einen «gemischten Vorfall» (Schreckereignis und physische Verletzung), erfolgt die Adäquanzbeurteilung für jeden Faktor selbständig, sofern nicht einer der beiden eindeutig überwiegt.

8C_847/2017 v. 29.9.2018, A. betr. häusliche Gewalt (vgl. auch 8C_412/2015 v. 5.11.2015, E. 6 und 8C_505/2015 v. 14.10.2015, E. 3 betr. Vergewaltigung); 8C_609/2018 v. 5.12.2018, E. 3.3.2 betr. nicht unmittelbares Miterleben des Attentats in Nizza verneint; 8C_857/2014 v. 3.3.2015, E. 6.1 betr. Schreckereignis bei Brandanschlag mit mehreren Toten bejaht; 8C_376/2013 v. 13.10.2013, E. 4.2 betr. keine Unmittelbarkeit bei unbemerktem Überrollen eines Suizidenten durch den Zug; 8C_30/2007 v. 20.9.2007, E. 4.2 betr. Tsunami-Schreck bejaht; RKUV 2004 153 ff. betr. Tod eines Arbeitskollegen in einer Kehrichtverbrennung wegen fehlender Unmittelbarkeit verneint; RKUV 2000 91 betr. späteres Auffinden des Sohnes, welcher einem Tötungsdelikt zum Opfer gefallen war verneint.

- *Intoxikationen* sind nur ungewöhnlich, wenn der Erreger der Infektion bzw. das Gift in untypischer Weise in den Körper gelangt. Dies wird regelmässig bei Stichen oder Bissen von Tieren (etwa Bienen, Zecken, Wespen, usw.) angenommen.

  BGE 118 V 61 ff. verneint betr. Infektion bei Operationswunde; RKUV 2000 175 ff. verneint betr. Drogen.

- *Medizinische Kunstfehler* werden nur bei groben und ausserordentlichen Verwechslungen und Ungeschicklichkeiten, mit denen niemand zu rechnen hat, oder bei einer absichtliche Schädigung angenommen. Versichert sind hingegen, ohne dass Ungewöhnlichkeit gegeben sein muss, die bei Abklärungs- oder Heilbehandlungsmassnahmen adäquat kausal eingetretenen Komplikationen, auch wenn sie selten oder schwerwiegend sind (Art. 10 UVV), ohne dass ein ärztlicher Kunstfehler vorliegen muss.

  8C_813/2017 v. 6.6.2018, E. 3 betr. Nebenfolgen einer Operation; 8C_858/2014 v. 24.4.2015, E. 3.4 betr. keine Ungewöhnlichkeit bei intraoperativer Ausdehnung der Operation; 8C_283/2014 v. 2.9.2014, E. 2.2 und 3.4 f. betr. kein relevanter Behandlungsfehler im Fall einer Koronarperforation; 8C_535/2012 v. 20.11.2012, E. 5.4.2 betr. Injektion eines Anästhetikums in den Unterkiefer und Läsion des Nervus lingualis bejaht; BGE 121 V 35, E. 1 Zusammenfassung der Rechtsprechung (z.B. Vergessen eines 19 cm langen Katheters im Innern des Körpers bejaht; Verwechslung der Blutgruppe bejaht).

c) Plötzlichkeit

2.49 Mit dem Merkmal der Plötzlichkeit wird die *zeitliche Dimension* der äusseren Einwirkung angesprochen. Plötzlich ist gleichzusetzen mit «kurz», «zeitlich begrenzt» und «einmalig». Soweit also eine Einwirkung wiederholt bzw. kontinuierlich resp. über eine längere Zeitspanne hinweg erfolgt, fehlt es am Erfordernis der Plötzlichkeit. Dies ist auch der Fall, wenn repetitive Tätigkeiten dem Gesundheitsschaden vorausgehen.

8C_609/2018 v. 5.12.2018, E. 3.3.3 betr. Schockereignis verneint; BGE 140 V 220, E. 5 betr. wiederholte Suizidhandlungen durch Einnahme von Alkohol. Medikamenten und Drogen; 8C_3/2014 v. 4.4.2014, E. 4 betr. bei verspäteter Entdeckung eines medizinischen Fehlers, der für sich jedoch nicht die Qualität eines Kunstfehlers nicht aufweist, verneint.

2.50 Sofern die äussere Einwirkung jedoch länger andauert, wie z.B. bei Sonnenstich, Sonnenbrand, Erfrierungen, Vergiftungen oder Strahlungen, so ist für die Bejahung eines Unfalls stets ein zusätzliches *auffälliges äusseres* Ereignis erforderlich, welches selber plötzlich und einmalig zu sein hat (z.B. Sturz, Eingeklemmtsein). Der Gesetzgeber und die Praxis verzichten auf eine zeitliche Festsetzung.

RKUV 2001 342 ff. bejaht betr. Erfrierung zu Folge gerissener Kletterhandschuhe.

Soweit die Plötzlichkeit wegen Kontinuität des Einflusses verneint werden muss, ist zu prüfen, ob eine *Berufskrankheit* vorliegt (vgl. hinten 2.75 ff.). 2.51

d) Unfreiwilligkeit/fehlende Absicht (Art. 37 Abs. 1 UVG, Art. 48 UVV)

Wer eine Gesundheitsschädigung oder den Tod will, anstrebt oder in Kauf nimmt (Eventualvorsatz), erleidet keinen Unfall. Der Wille muss dabei nach Lehre und Rechtsprechung auf den *Erfolg,* und nicht auf die Handlung gerichtet sein. Die Abgrenzung zwischen Eventualvorsatz und Fahrlässigkeit ist nicht immer einfach. Bei der Fahrlässigkeit hofft man auf ein Ausbleiben der Schädigung, was i.d.R. bei allen Sportunfällen anzunehmen ist. 2.52

BGE 143 V 285, E. 4.2 betr. eventualvorsätzliche Körperschädigung; BGE 115 V 152, E. 4 betr. Gleichbehandlung von Suizid und versuchtem Suizid.

Absicht heisst mit Wissen und Willen. Damit die Absicht rechtlich relevant ist, muss ein gewisses Mass an Urteilsfähigkeit resp. volle Urteilsfähigkeit gegeben sein, und zwar bzgl. der begangenen Tat. Damit trotz absichtlichem Handeln ein Unfall angenommen werden kann, verlangt Art. 48 UVV, dass der Versicherte *gänzlich unfähig* war, vernunftgemäss zu handeln. Nur wer nachgewiesenermassen geisteskrank oder geistesschwach ist, kann sich auf einen Unfall berufen. Personen, die lediglich vermindert urteilsfähig sind, und dies sind die meisten in solcher Situation, handeln nicht völlig triebhaft bzw. unkontrolliert. Sie haben i.S.v. Art. 48 UVV immer noch einen rechtlich relevanten Willen, wie dies insb. für den sog. Bilanzselbstmord gilt. Die restriktive Behandlung der Urteilsfähigkeit ist im Einzelfall unbefriedigend, weil es letztlich auf ein Beweisproblem hinausläuft, auf die Qualität des Gutachters und ob jemand bereits vor der Tat in psychiatrischer Behandlung war. Eine Lockerung der geltenden Regelung, wie sie in der Literatur verschiedentlich postuliert wird, hätte weitreichende Konsequenzen. Sie käme letztlich der Aufhebung des Elements der «fehlenden Absicht» gleich. Im Gegensatz zur Unfallversicherung erbringen AHV und obligatorische berufliche Vorsorge Leistungen bei Suizid.

BGE 140 V 220, E. 3.3 betr. Relevanz der Urteilsunfähigkeit bei Selbsttötung und Selbstschädigung nur, wenn alle Kriterien des Unfallbegriffs erfüllt sind (i.c. fehlende Plötzlichkeit); BGE 129 V 95, E. 3.2 betr. historische Auslegung von Art. 37 Abs. 1 UVG; 8C_953/2012 v. 22.2.2013, E. 4 betr. Sprung aus dem Fenster vom 3. Stock.

Ist die absichtliche Körperschädigung (auch bei verminderter Urteilsfähigkeit) jedoch eine adäquat kausale Folge eines UVG-versicherten Unfalls, gilt die absichtliche Selbstschädigung als Folge dieses Unfalles (Art. 48 UVV in fine). 2.53

e) Schädigung

Voraussetzung jeder Versicherungsleistung ist ein Schaden. Der Schaden kann ein körperlicher, ein psychischer oder ausnahmsweise ein Sachschaden sein. 2.54

2.55 Bei psychischen Schäden als direkte Unfallfolge hat das Bundesgericht in Luzern strenge Anforderungskriterien an die Kausalität entwickelt (vgl. dazu eingehend hinten 5.42).

2.56 Der Gesundheitsschaden muss, um als Unfall zu gelten, eine Heilbehandlung, eine Arbeits- resp. Erwerbsunfähigkeit oder den Tod nach sich ziehen. Nicht vorausgesetzt wird, dass die Behandlung sofort nach dem Ereignis eintreten muss. Manchmal zeigen sich die Gesundheitsstörungen erst später. In diesen Fällen kann es aber für die versicherte Person schwierig werden, den *natürlichen und adäquaten Kausalzusammenhang zwischen Unfall und Schaden zu beweisen.* Dasselbe gilt für *Spätfolgen oder Rückfälle.* Auch sie müssen zum ursprünglichen Ereignis kausal sein, was bei längerem zeitlichem Abstand zu Beweisproblemen führen kann.

2.57 Die Schädigung kann auch eine Sache betreffen, so z.B. Prothesen der Arme und Beine oder andere Hilfsmittel, welche einen Körperteil oder eine Körperfunktion ersetzen. Da Brillen, Hörapparate und Zahnprothesen von Schäden besonders betroffen sind, werden, um Missbräuchen vorzubeugen, solche Sachschäden nur ersetzt, wenn eine behandlungsbedürftige Körperschädigung damit einhergeht. Des Weiteren muss der Sachschaden Folge der Einwirkung des äusseren Faktors sein und nicht selbst Ursache für die Körperschädigung.

3. Unfall in den verschiedenen Sozialversicherungszweigen

a) Unfallversicherung (Art. 6 UVG)

2.58 Bei Arbeitnehmenden oder ihnen gleichgestellten Personen (vgl. hinten 3.33 ff.) wird die obligatorische Unfallversicherung leistungspflichtig. Sie ist primär für alle Berufsunfälle und für Beschäftigte ab einem Wochenpensum von mind. 8 Stunden pro Arbeitgeber auch für Nichtbetriebs- resp. Freizeitunfälle leistungspflichtig (Art. 13 UVV). Teilzeitbeschäftigte mit einem Wochenpensum von weniger als 8 Stunden pro Arbeitgeber sind für Berufs- und Arbeitswegunfälle bei der Unfallversicherung des Arbeitgebers (Art. 13 Abs. 2 UVV), jedoch für Nichtberufs- bzw. Freizeitunfälle bei ihrer Krankenversicherung versichert.

BGE 134 V 412, E. 2.1-2.4 betr. keine Zusammenrechnung der Arbeitszeiten bei mehreren Pensen von weniger als 8 Stunden; BGE 126 V 353, E. 3 betr. Berechnung der Wochenstundenzahl bei unregelmässiger Teilzeitarbeit.

b) Krankenversicherung (Art. 1a Abs. 2 lit. b KVG)

2.59 Die Krankenversicherung versichert gemäss Art. 1a Abs. 2 lit. b KVG das Unfallrisiko für Personen, die nichterwerbstätig oder selbständigerwerbstätig (Selbständigerwerbende können sich gemäss Art. 4 UVG aber freiwillig dem UVG unterstellen) oder die der obligatorischen Unfallversicherung für Nichtberufsunfälle nicht unterstellt sind (Art. 13 UVV; die Sistierung der KVG-Unfalldeckung für Nichtberufsunfälle ist nur bei voller UVG-Deckung möglich: Art. 8 Abs. 1 KVG). Im Gegensatz zur Unfallversicherung hat die versicherte Person in der Krankenversicherung auch bei einem Unfall Kostenbeiträge in Form von Selbstbehalt, Franchise und Spitalkostenbeitrag persönlich zu tragen (vgl. hinten 4.06).

c) *Militärversicherung (Art. 3 MVG)*

Die Militärversicherung wird leistungspflichtig und übernimmt sämtliche Kosten, wenn sich ein Unfall während des Militärdienstes oder ihm durch Gesetz gleichgestellten Einsätzen sowie auf dem Hin- und Rückreiseweg ereignet (Art. 3 MVG). 2.60

d) *Invalidenversicherung und berufliche Vorsorge (Art. 4 Abs. 1 IVG; Art. 23 BVG)*

Da die Invalidenversicherung und die berufliche Vorsorge Erwerbsausfallversicherungen sind und somit als finale Versicherungen gelten, stellen sie nur insoweit auf die Ursache des Erwerbsausfalls ab, als diese gesundheitsbedingt zu sein hat, also auf Krankheit, Unfall oder Geburtsgebrechen beruhen muss. 2.61

e) *Arbeitslosenversicherung (Art. 28 Abs. 1 AVIG, Art. 1a Abs. 1 lit. b UVG, Art. 25 Abs. 3 UVV)*

Auch während der Arbeitslosigkeit ist das Unfallrisiko versichert, solange Arbeitslose die Voraussetzungen von Art. 8 AVIG erfüllen oder Anspruch auf Arbeitslosenentschädigung gem. Art. 29 AVIG haben, und zwar bei der Suva (Art. 66 Abs. 3bis UVG). Betr. Leistungen vgl. hinten 5.212, 5.375. 2.62

VI. Krankheit

1. Allgemeines zum Krankheitsbegriff (Art. 3 ATSG)

Gesundheit und Krankheit sind komplementäre Begriffe. In der Definition von Krankheit geht die WHO sehr weit, indem Gesundheit «der Zustand vollständigen körperlichen, geistigen und sozialen Wohlbefindens und nicht nur die Abwesenheit von Krankheit oder Gebrechen» darstellt. Diese Definition ist daher eher als Postulat und Ziel zu verstehen. Auch wenn diesem offenen Begriff seine Berechtigung nicht abgesprochen werden darf, kann er für die Rechtswissenschaft und die Versicherung nicht bindend sein. Die Rechtswissenschaft bedient sich, grundsätzlich *leistungs- bzw. schadensorientiert*, des *bio-psychischen Krankheitsbegriffs*, indem nur die körperlichen, geistigen und psychischen Ursachen einer Gesundheitsbeeinträchtigung leistungsrelevant sind, so insbesondere im 2.63

Zusammenhang mit den Folgen einer Arbeits- oder Erwerbsunfähigkeit. Die Medizin ist hingegen *behandlungsorientiert* und geht von einem erweiterten *bio-psycho-sozialen Krankheitsbegriff* aus, indem sie zusätzlich zur bio-psychischen Sphäre des Patienten auch die zur Beeinträchtigung seines Wohlbefindens führenden sozialen Ursachen bzw. Einflüsse rechnet. Der Patient wird ganzheitlich erfasst, was deren Miteinbeziehung in die Behandlung erfordert. Diese begriffliche Differenzierung ist m.E. aber letztlich nur eine scheinbare, da sich auch beim bio-psychischen Modell, das auf die entsprechenden Klassifikationen in den ICD-10 oder DSM-5 abstellt, durchaus die den Gesundheitsschaden beeinflussenden sozialen Faktoren indirekt niederschlagen und ein bestehendes Krankheitsbild negativ beeinflussen können. Ob *rein* soziale Faktoren (vgl. 2.66), die zu einer unbefriedigenden Belastungssituation führen, sich zu einer Gesundheitsbeeinträchtigung mit Krankheitswert verdichten, muss im Einzelfall durch den Arzt festgestellt werden (z.B. bei den sog. «Z-Diagnosen» der ICD-10 [z.B. Burnout]). Aus versicherungsrechtlicher Sicht müssen auf jeden Fall darüber hinaus psychiatrisch relevante Befunde, die eine anerkannte Diagnose erlauben, vorliegen (z.B. eine von depressiven Verstimmungszuständen klar unterscheidbare andauernde Depression im fachmedizinischen Sinne oder ein damit vergleichbarer psychischer Leidenszustand).

9C_303/2018 v. 30.8.2018, E. 4.2 betr. bio-psychisches Krankheitsmodell und Art. 6 ATSG (mit Hinweis auf BGE 143 V 418, E. 6); 8C_810/2013 v. 9.4.2014, E. 5.2.2 betr. Z-Diagnosen der ICD-10, die nicht als eigentliche Krankheiten gelten, sondern als Belastungen oder Probleme, die zur Inanspruchnahme des Gesundheitssystems führen. Sie stellen keine rechtserheblichen Gesundheitsschäden dar und fallen daher für eine Komorbidität ausser Betracht; 9C_830/2007 v. 29.7.2008, E. 4.2 betr. Wechselwirkung zwischen körperlich oder psychisch manifesten Störungen und der sozialen Umwelt.

2.64 Der für die Sozialversicherung geltende bio-psychische Krankheitsbegriff hat in Art. 3 Abs. 1 ATSG seinen Niederschlag gefunden. Dabei wird festgehalten, dass neben den geistigen auch die psychischen Krankheiten den körperlichen gleichgestellt sind. Die privaten Zusatzversicherungen können den Krankheitsbegriff in ihren AVB in Abweichung von Art. 3 ATSG fassen.

2. Begriffselemente

a) Gesundheitliche Beeinträchtigung

2.65 Die Beeinträchtigung kann Körper, Geist und Seele betreffen. Ist sie vorgeburtlich oder durch den Geburtsvorgang (vor vollendeter Geburt) bedingt, spricht man von Geburtsgebrechen (Art. 3 Abs. 2 ATSG). Die Beeinträchtigung besteht in einer auf ein pathologisches Geschehen zurückführbaren, vom Normalfall abweichenden Über- oder Unterfunktion von Organen bzw. körperinternen Abläufen (bio-psychischer Krankheitsbegriff). Es handelt sich somit um *Abweichungen von der physiologischen oder psychologischen Normalität, sofern und soweit sie sich in morphologischen Schädigungen, funktionellen Ausfällen oder in mentalen, kognitiven, emotionalen oder starken intellektuellen Defiziten ausdrücken.* Gemäss Rechtsprechung des Bundesgerichts müssen sich gesundheitliche Störungen in ein anerkanntes Klassifikationssystem (ICD-10 oder DSM-5), welches auch sog. offene Auffangdiagnosen kennt, einordnen lassen. Aus Gründen der Rechtsgleichheit und des Legalitätsprinzips muss es sich bei der Krankheit um einen objektivierbaren Zustand handeln. Das subjektive Empfinden des Exploranden genügt zwar, um den Arzt zwecks Erhebung von Befunden und Feststellung einer Diagnose aufzusuchen (vgl. hinten 5.50), was von der Krankenkasse vergütet wird. Das subjektive Empfinden genügt aber nicht, um weitere Leistungen der Versicherung beanspruchen zu können, wenn dem Unwohlsein kein Krankheitswert beigemessen werden kann. Tatsache ist aber, dass das subjektive Empfinden das Ausmass der Leidensfähigkeit bestimmt und daher bei den versicherten Personen sehr unterschiedliche Reaktionen auslöst, was sich u.a. auf die Behandlungsdauer auswirken kann.

BGE 141 V 281, E. 2.1 und 130 V 396, E. 6 betr. Pflicht zur Diagnose.

Grundsätzlich begründen *normale* physiologische Vorgänge des Körpers, eine 2.66
blosse Krankheits*disposition* oder die körperliche oder psychische Konstitution noch keine Krankheit, soweit damit nicht besondere Beschwerden verbunden sind. Das trifft insbesondere zu auf die normale Alterung und den Rückgang gewisser Körperfunktionen, normale belastende Lebenssituationen oder die normal verlaufende Schwangerschaft und Geburt (nicht aber Schwangerschaftskomplikationen bis zur Niederkunft, eine Fehlgeburt vor der 23. Schwangerschaftswoche oder Geburtsdepressionen). Bezogen auf die Leistungen wird heute der legale Schwangerschaftsabbruch wie eine Krankheit behandelt (Art. 30 KVG).

Auch somatoforme Schmerzstörungen und ihnen gleichgestellt andere pathoge- 2.67
netisch-ätiologisch unklare syndromale Zustände, die zur Hauptsache in emotionalen Konflikten und psychosozialen Problemen ihre Ursache haben, sind als ICD-10 F 45.0–45.9 anerkannt, sodass ihnen durchaus Krankheitswert zukommt. Ob sie auch Anspruch auf eine Invalidenrente begründen können, hängt vom indikatorenorientierten Beweis der Arbeitsunfähigkeit ab (vgl. hinten 5.313a).

BGE 140 V 290, E. 3.3.1 betr. Migräne (offen gelassen, ob diese zu den objektivierbaren Krankheitsbildern zählt); BGE 132 V 65, E. 4 betr. Fibromyalgie; BGE 130 V 352, E. 2.2.2 betr. somatoforme Schmerzstörung.

b) Gewisse Schwere

Die gesundheitliche Beeinträchtigung muss eine gewisse Schwere, d.h. einen 2.68
Krankheitswert, aufweisen, d.h. nicht nur als lästige, mit gutem Willen zu beherrschende Erscheinung zu Tage treten, sondern eine Behandlung durch eine Fachperson erfordern. So werden vorübergehende leichte Befindlichkeitsstörungen oder leichte bis mittelschwere Belastungsstörungen in der Regel nicht als Krankheit gewertet (z.B. Trauer, Enttäuschung, Überbelastung). Sie können aber ein Ausmass

erlangen, das nach einer Behandlung ruft und die Schwelle zum Krankheitsbegriff überschreitet (z.B. Altersdepressionen, eigentliche altersbedingte schmerzhafte Abnützungserscheinungen, Schlafstörungen, Wechseljahresbeschwerden bei Frauen, erhebliche psychische Belastungen). Ob eine gesundheitliche Störung über eine Unpässlichkeit hinausgeht und Krankheitswert erlangt resp. nicht nur auf sozialen Ursachen beruht, muss im Hinblick auf die weitere Leistungspflicht der Versicherung vom Arzt beurteilt werden (für die von der Krankenkasse zu vergütende Diagnosestellung reicht aber das subjektive Krankheitsempfinden). Bestehen Zweifel, ob eine gesundheitliche Störung effektiv Krankheitswert aufweist, wird der Krankenversicherer seinen Vertrauensarzt beiziehen.

Die besondere Schwere bzw. der Krankheitswert (vgl. nachfolgend 2.70) zeigt sich somit darin, dass die Gesundheitsbeeinträchtigung

- eine *Behandlung* erfordern und/oder
- eine *Arbeitsunfähigkeit*

nach sich ziehen muss.

c) Abgrenzungen

2.69 Gesundheitliche Störungen können durch einen inneren oder einen äusseren Vorgang bzw. Einfluss entstehen. Soweit die Ursache in einem äusseren Faktor resp. einer äusseren Einwirkung auf den Körper liegt, handelt es sich nicht um eine Krankheit i.S.v. Art. 3 ATSG sondern, wenn alle fünf Voraussetzungen kumulativ erfüllt sind, um einen Unfall i.S.v. Art. 4 ATSG. Krankheit und Unfall sind somit komplementäre Begriffe (vgl. vorne 2.36 ff.).

d) Anwendungsbeispiele

2.70 • *Zahnschäden, -erkrankungen:* Vom KVG ausgenommen ist in der Schweiz die allgemeine Zahnmedizin (wegen Möglichkeit der Prophylaxe; tiefere Prämien), soweit der Zahnschaden nicht Folge eines Unfalles i.S.v. Art. 4 ATSG ist. Übernommen werden aber gemäss Art. 31 Abs. 1 lit. a–c KVG i.V.m. Art. 17–19a KLV (abschliessende Liste der Erkrankungen) gewisse zahnmedizinische Behandlungen, sofern sie kausal auf einen eigentlichen krankhaften Zustand des Kausystems resp. ein Geburtsgebrechen zurückzuführen sind oder durch eine schwere Allgemeinerkrankung bedingt oder zur Behandlung einer schweren Allgemeinerkrankung oder deren Folgen notwendig und nicht vermeidbar sind.

9C_ 725/2017 v. 28.3.2018, E. 3.2 betr. nicht kausal zur Krankheit bedingte Zahnextraktion; 9C_574/2015 v. 14.4.2016, E. 3 betr. Vermeidbarkeit der Karies trotz Geburtsgebrechen; BGE 124 V 185, E. 4 betr. abschliessende Aufzählung der Erkrankungen in Art. 17-19a KLV.

- *Suchterkrankungen:* Die kontrollierte Heroinabgabe ist gemäss Anhang 1 Ziff. 8 der KLV Pflichtleistung, sofern die in Ziffer 1–5 aufgeführten Voraussetzungen erfüllt werden. Im Übrigen gilt nach neuester bundesgerichtlicher Rechtsprechung eine Sucht ebenfalls als invalidisierende Krankheit.

  9C_724/2018 v. 11.7.2019, E. 5.3 betr. Krankheitswert von Suchterkrankungen und Anwendung von BGE 141 V 281 auf Suchterkrankungen; BGE 137 V 295, E. 2-6, betr. Gesichtspunkte bei Nikotinsucht als behandlungsbedürftige Krankheit.

- *Mutterschaft:* Schwangerschaftskomplikationen (ebenso die Fehlgeburt vor vollendeter 23. Schwangerschaftswoche) gelten als Krankheit (betr. Befreiung von Kostenbeteiligungen ab der 13. Schwangerschaftswoche und während acht Wochen nach der Geburt erbrachte Behandlungskosten vgl. Art. 64 Abs. 7 KVG).

- *Unfruchtbarkeit:* Soweit die Sterilität auf einen krankhaften Zustand zurückzuführen ist, ist die KV leistungspflichtig, falls die Behandlung wissenschaftlich, zweckmässig und wirtschaftlich ist (vgl. die zugelassenen Behandlungsmethoden in KLV Anhang 1 Ziff. 3).

  9C_878/2015 v. 11.7.2016, E. 4 betr. Unzweckmässigkeit einer künstlichen Insemination, BGE 142 V 249, E. 6.4 betr. keine fixe Altersgrenze für Sterilitätsbehandlung.

- *Schwangerschaftsverhütung:* Nur als Folgemassnahme bei Behandlung einer bestehenden Krankheit.

  RKUV 1985 299 ff.

- *Ästhetische Medizin:* Nur soweit ästhetische Massnahmen im Zusammenhang mit einer Krankheit stehen (Rekonstruktionsmassnahmen), zählen sie zu den Behandlungsmassnahmen. Ebenso gelten Folgeerkrankungen rein ästhetischer Behandlungen als Krankheit.

  9C_583/2017 v. 3.5.2018, E. 3.2.2 betr. Gesundheitsschaden mit Krankheitswert bei Silikonablagerungen infolge Brustprothese; 9C_465/2010 v. 6.12.2010, E. 6 betr. Laser-Therapie bei krankhaft starker Körperbehaarung bejaht; BGE 121 V 119, E. 3 betr. Hodenrekonstruktionsplastik nach Krebsoperation bejaht; BGE 111 V 229, E. 4 betr. eine Brustrekonstruktion; liegt aber ein rein ästhetischer Mangel ohne Zusammenhang mit einem pathologischen Geschehen vor, kann der einer gesetzlichen Leistung zugrunde liegende Krankheitsbegriff nicht bejaht werden (BGE 111 V 229, E. 1a; 104 V 95); RKUV 1983 529 betr. abstehende Ohren verneint.

- *Life-Style-Medizin:* Zur Gefahr der missbräuchlichen Inanspruchnahme der Krankenversicherung bei Aufnahme von Viagra in die Spezialitätenliste.

  BGE 129 V 32, E. 4-5 betr. Limitierungen von Viagra in der Spezialitätenliste.

- *Transsexualismus:* Kosten für Geschlechtsumwandlungen sind grundsätzlich zu übernehmen, da von einer Krankheit ausgegangen wird.

  BGE 120 V 463, E. 5 betr. Übernahme der Kosten für Wegnahme und Rekonstruktion von Geschlechtsmerkmalen; 9F_9/2009 v. 15.9.2010 betr. Urteil des EGMR, wonach die Zweijahresfrist aufgrund von Art. 8 EMRK i.V.m. Art. 6 EMRK unzulässig ist und der Nachweis der Notwendigkeit der Operation schon vor Fristablauf erbracht werden darf; SVR 2001 KV Nr. 33 betr. Osteoporose-Nachbehandlung verneint; K 46/05 v. 13.2.2006, E. 5.2 betr. Erektion bejaht.

- *Prävention:* Die KV übernimmt grundsätzlich keine Kosten von Präventionsmassnahmen. Vergütet werden einzig die Kosten diverser in der KLV abschliessend aufgezählter Massnahmen der Prävention (Art. 26 KVG i.V.m. Art. 12a–12e KLV), so u.a. die Untersuchung des Gesundheitszustandes und der normalen kindlichen Entwicklung bei Kindern im Vorschulalter, Untersuchungen auf bestimmte Syndrome oder Mangelerscheinungen sowie Screenings, Impfungen und Prophylaxe bei Neugeborenen, bestimmten Risikogruppen, Frauen und älteren Personen. Betr. Schwangerschaftskontrollen vgl. Art. 13 KLV und betr. Geburtsvorbereitung Art. 14 KLV.
- *Alter/Klimakterium:* Nur bei Pflegebedürftigkeit bzw. Behandlungsbedürftigkeit von damit verbundenen auftretenden Gesundheitsstörungen.
- *Organspende:* Leistungen bejaht auch für den Spender (vgl. Ziff. 1.2 Anhang 1 KLV).
- *Entwicklungsstörungen bei Kindern:* Nur bei schweren Störungen mit Erheblichkeit der Auswirkungen im Alltag.

  BGE 130 V 284, E. 5 betr. Leistungspflicht für Ergotherapie..

- *Lernschwächen/Diskalkulie/schwache Intelligenz ab einem Mindestintelligenzquotienten (IQ 70-75)* sind keine Krankheiten (= besonderer Bildungsbedarf → pädagogisch-therapeutische Massnahmen der Sonderpädagogik, welche seit der NFA nur noch in den Kompetenzbereich der Kantone fallen).

3. Krankheit in den verschiedenen Sozialversicherungszweigen

a) Krankenversicherung (24 ff. KVG, Art. 33 ff. KVV, KLV)

2.71 Das Risiko Krankheit wird in erster Linie durch die für alle Bevölkerungskreise obligatorische Krankenversicherung abgedeckt (vgl. hinten 3.24, 5.49 ff.).

Die Krankenversicherung ist für Gesundheitsschäden subsidiär immer dann zuständig, wenn *keine andere Versicherung* primär leistungspflichtig ist (vgl. hinten 5.371 ff.). Beispiele: Der Unfallbegriff ist nicht erfüllt, die Unfallversicherung kommt aufgrund von Art. 19 Abs. 1 UVG (Fallabschluss und Einsetzen einer Invalidenrente), jedoch unter Vorbehalt von Art. 21 UVG, für Pflegeleistungen und Kostenvergütungen nicht mehr auf oder die Invalidenversicherung ist im Falle medizinischer Massnahmen für Kinder/Jugendliche sachlich nicht (mehr) zuständig (vgl. nachfolgend 2.73 f.).

BGE 143 V 148, E. 5.3.2 betr. Fallabschluss und Weitergewährung von Hilfsmitteln, nicht aber Heilbehandlung und Taggelder.

b) *Militärversicherung (Art. 5 f. MVG)*

Soweit eine Krankheit während des Militärdienstes auftritt (Kontemporalitätsprinzip), also während Ausübung einer bestimmten Funktion im öffentlichen Dienst, besteht eine gesetzliche, aber *widerlegbare* Vermutung (Art. 5 MVG), dass zwischen Gesundheitsschaden und Militärdienst auch ein Ursachenzusammenhang besteht. Bei nachdienstlicher Meldung gilt das Kausalitätsprinzip (Art. 6 MVG). 2.72

c) *Invalidenversicherung (Art. 12 und Art. 13 IVG)*

Medizinische Massnahmen können seit der 5. IVG-Revision im Rahmen von Art. 12 IVG nur noch Versicherte bis vollendetem 20. Altersjahr und bei Erfüllung der weiteren gesetzlichen Voraussetzungen geltend machen. So kann ein (labiles) Leiden eines Kindes oder Jugendlichen zu Lasten der Invalidenversicherung nur behandelt werden, wenn die Behandlung nicht einzig der Heilung oder Linderung, sondern, auf bestimmte Zeit und mit guter Erfolgsaussicht, vielmehr *der Verhinderung eines künftigen bleibenden (stabilen) Defektzustandes* dient, d.h. ohne diese medizinische Vorkehren würde die spätere Berufsbildung oder Erwerbsfähigkeit erheblich behindert oder verunmöglicht. Die medizinische Massnahme erfolgt somit im Hinblick auf die dauerhafte Eingliederung in Beruf oder Aufgabenbereich und dient – präventiv – der Verhinderung von Invalidität (vgl. hinten 5.74 ff.). 2.73

9C_551/2018 v. 5.1.2019, E. 2-4 betr. Behandlung des Leidens an sich; 9C_677/2017 v. 8.6.2018, E. 2-4 betr. dauerhafter Eingliederungserfolg auch bei Tätigkeit in geschützter Werkstätte; 8C_632/2017 v. 6.3.2018, E. 5.3 betr. keine positive Prognose bei IQ 50; 9C_912/2014 v. 7.5.2015, E. 1.2 betr. Voraussetzungen speziell bei Psychotherapie.

Im Falle von Geburtsgebrechen, d.h. gewissen gesetzlich erfassten vorgeburtlichen Krankheiten von gewisser Schwere (abschliessende Liste der anerkannten Geburtsgebrechen im Anhang zur GgV), welche bei vollendeter Geburt bestehen (Art. 3 Abs. 2 ATSG i.V.m. Art. 1 Abs. 1 GgV; vgl. vorne 2.65), aber im Zeitpunkt der Geburt noch nicht unbedingt nach aussen erkennbar sein müssen (Beurteilung ex post und nicht prognostisch), erbringt die Invalidenversicherung im Rahmen von Art. 13 IVG medizinische Massnahmen nach den Regeln des IVG, bis die versicherte Person das 20. Altersjahr vollendet hat (vgl. zum Leistungsumfang vgl. hinten 5. 79 ff.). Keine Leistungspflicht der Invalidenversicherung besteht, wenn das Geburtsgebrechen nicht in der GgV-Liste aufgeführt ist, die Voraussetzungen i.S.v. Art. 6 Abs. 2 i.V.m. Art. 9 Abs. 2 und 3 IVG nicht erfüllt sind oder das 20. Altersjahr zurückgelegt wurde (betr. Zuständigkeit der Krankenversicherung vgl. hinten 5. 83). 2.74

Medizinische Massnahme zur Behandlung von Geburtsgebrechen am Fötus gehen zulasten der Krankenversicherung der Mutter (Art. 2 Abs. 1 GgV).

BGE 143 V 1, E. 5.2.4 (und BGE 142 V 538, E. 6) betr. keine diskriminierende Nichtunterstellung von invaliden Kindern von Grenzgängern mit Wohnsitz im Ausland unter die IV (Art. 9 Abs. 2 IVG); 9C_156/2008

v. 18.11.2008 betr. keine Leistungspflicht für medizinische Massnahmen nach Fehldiagnose über Geburtsgebrechen, retrospektive Beurteilung und Treu und Glauben.

d) Unfallversicherung (Art. 9 UVG, Anhang 1 UVV)

2.75 Krankheiten i.S.v. Art. 3 ATSG, welche vorwiegend oder ausschliesslich *berufsbedingt* auftreten, fallen wegen der haftpflichtähnlichen Funktion der Unfallversicherung in deren Zuständigkeitsbereich. Für die Beurteilung der beruflichen Exposition (oder Arbeitsdauer) ist die gesamte ausgeübte Berufstätigkeit zu berücksichtigen. Verlangt wird, dass der Versicherte für eine gewisse Dauer einem typischen Berufsrisiko ausgesetzt ist.

In Anhang 1 zur UVV wird je eine Liste geführt mit

- bestimmten schädigenden Stoffen, sog. *Listenstoffen*, und eine solche mit
- bestimmten Listenkrankheiten, die durch eine bestimmte Listenarbeit hervorgerufen worden sind.

2.76 Die Berufskrankheit muss ausschliesslich oder überwiegend, d.h. adäquat kausal *zu mind. 50%*, durch die in der Liste aufgeführten Stoffe oder Krankheiten verursacht worden sein. Alle übrigen beruflichen Tätigkeiten *ausserhalb der Liste*, die zu einer berufsbedingten Krankheit führen, müssen ausschliesslich oder stark überwiegend, d.h. *zu mind. 75%*, adäquat kausal für die in Erscheinung getretene Krankheit sein. Dies bedeutet, dass die Krankheit nicht in der allgemeinen Bevölkerung Verbreitung finden darf bzw. die eine bestimmte versicherte Berufstätigkeit ausübenden Personen zumindest vier Mal häufiger von einem Leiden betroffen sein müssen als die übrige Bevölkerung. Sodann darf die Krankheit nicht auch auf andere mitverantwortliche Teilursachen zurückgeführt werden können, d.h. die berufsbedingten Einflüsse überwiegen.

2.77 Bei der Frage der Kausalität handelt es sich, unter Berücksichtigung des Alters und der Konstitution der versicherten Person, um eine Beweisfrage, welche nach dem aktuellen Stand der medizinischen Wissenschaft zu beurteilen ist.

8C_695/2018 v. 18.3.2019, E. 6-7 betr. Verhältnis berufliche und ausserberufliche Strahlenexposition 8C_746/2012 v. 29.10.2012, E. 5 betr. Anforderungen Berufskrankheit (sowie Abgrenzung Krankheit – Unfall); BGE 133 V 421, E. 5 betr. Asbeststaubexposition und Zigarettenkonsum; BGE 126 V 183, E. 2.b betr. einmalige Schädigung als ungenügend; BGE 125 V 456, E. 5 betr. psychische Erkrankung; RKUV 1999 106 ff. betr. Musikerin.

2.78 Bestehende Gesundheitsschäden, welche durch die Berufskrankheit verschlimmert werden, bewirken eine Kürzung gewisser Geldleistungen der UV (Art. 36 UVG), wenn sie vorher schon zu einer Erwerbseinbusse geführt haben.

8C_452/2018 v. 5.9.2018, E. 4 betr. Kausalität bei vorbestehender Krankheit und psychischen Störungen.

e) *Arbeitslosenversicherung (Art. 28 Abs. 1 AVIG)*

Gemäss Art. 28 Abs. 1 AVIG werden die Arbeitslosenentschädigungen, obwohl die versicherte Person während dieser Zeit als vermittlungsunfähig gilt und die Kontrollvorschriften nicht erfüllen kann, längstens bis zum 30. (Kalender-)Tag nach Eintritt einer krankheitsbedingten Arbeitsunfähigkeit weiter voll ausbezahlt, danach entsprechend der effektiven Arbeitsfähigkeit. Nach Ablauf dieser Frist geht man davon aus, dass die arbeitslos gewordene Person in der Zwischenzeit eine Krankentaggeldversicherung abgeschlossen hat. Liegt eine Teilarbeitsunfähigkeit vor, werden die Taggelder der Arbeitslosen- und Krankenversicherung gemäss Art. 28 Abs. 4 i.V.m. Art. 73 KVG koordiniert. 2.79

VII. Mutterschaft

1. Begriff (Art. 5 ATSG)

Im Unterschied zu anderen Risiken ist Mutterschaft sowohl Ereignis als auch Zeitraum. Sie umfasst die Schwangerschaft sowie die Erholungszeit nach der Niederkunft. Sie beginnt im Zeitpunkt der Befruchtung der Eizelle und endet mit dem gesetzlich befristeten Mutterschaftsurlaub. Als Niederkunft gilt heute die Ausstossung bzw. Entnahme des lebensfähigen Kindes aus dem Mutterleib. Die Fehlgeburt, d.h. die Ausstossung bzw. Entnahme eines toten Fötus aus dem Mutterleib, gilt dann als Krankheit, wenn das Kind unter keinen Umständen lebensfähig wäre (bis 23. Schwangerschaftswoche). Beim Austritt des Fötus aus dem Mutterleib nach vollendeter 23. Schwangerschaftswoche spricht man im Falle von Lebensfähigkeit von Frühgeburt oder, falls das Kind trotz theoretischer Lebensfähigkeit nicht lebt, von Totgeburt (Art. 105 Abs. 2 KVV). 2.80

Vgl. BGE 143 III 21, E. 2 betr. Zeitpunkt der Konzeption.

2. Mutterschaft in den verschiedenen Sozialversicherungszweigen

a) *Krankenversicherung (Art. 29 f. KVG, Art. 13 KLV)*

Die Krankenversicherung erbringt die Pflegeleistungen im ambulanten und stationären Bereich wie bei Krankheit und darüber hinaus gemäss Art. 13 KLV spezifische Leistungen bei Mutterschaft während der Schwangerschaft (Kontrolluntersuchungen), Geburtsvorbereitung (Art. 14 KLV), Stillberatung (Art. 15 KLV), Pflege des gesunden Neugeborenen während des Spitalaufenthalts der Mutter (Art. 29 Abs. 2 lit. d KVG) sowie Leistungen der Hebamme vor und nach der Geburt (Art. 16 KLV). 2.81

Leistungen *wie* bei Krankheit werden gemäss Art. 30 KVG aus sozialpräventiven Gründen auch im Falle eines i.S.v. Art. 119 StGB legalen Schwangerschaftsabbruchs gewährt.

b) Erwerbsersatzordnung (Art. 16b ff. EOG, Art. 23 ff. EOV)

2.82 Der Erwerbsausfall nach der Niederkunft wird im Rahmen der EO in Form von Mutterschaftsentschädigungen abgegolten (vgl. hinten 5.223).

c) Unfallversicherung (Art. 23 Abs. 1, Art. 24 Abs. 1 UVV)

2.83 Mutterschaft wirkt sich bei der Festsetzung des versicherten Verdienstes aus.

d) Arbeitslosenversicherung (Art. 28 Abs. 1 AVIG; Art. 16b Abs. 3, 16g Abs. 1 lit. a und Abs. 2 lit. e EOG, Art. 29 EOV)

2.84 Grundsätzlich bewirkt die normal verlaufende Schwangerschaft (sowie die Zeit während des Mutterschutzes zwischen der 8.–16. Woche nach der Niederkunft, vgl. Art. 35b ArG) keine generelle Vermittlungsunfähigkeit i.S.v. Art. 15 AVIG. Kann die Versicherte aber während der Schwangerschaft wegen Arbeitsunfähigkeit die Kontrollpflicht nicht erfüllen, hat sie gemäss Art. 28 Abs. 1 AVIG Anspruch auf volle Entschädigungen längstens bis zum 30. (Kalender-)Tag nach Eintritt der Arbeitsunfähigkeit.

BGE 143 V 168, E. 5 betr. keine generelle Annahme der Vermittlungsunfähigkeit zwischen der 8.–16. Woche schon aus Gründen von Art. 3 GlG; BGE 136 V 239, E. 2.1 betr. Anspruch auf Mutterschaftsentschädigung bei Arbeitslosigkeit auch ohne formelle Anmeldung beim Arbeitsamt; ARV 1980 Nr. 45 betr. keine Vermittlungsunfähigkeit zufolge normaler Schwangerschaft.

VIII. Arbeitslosigkeit

1. Begriff (Art. 10 AVIG)

2.85 Der Begriff der Arbeitslosigkeit ist weder im ATSG noch im AVIG ausdrücklich geregelt. Es ist Art. 10 AVIG, der festhält, ab wann eine Person als arbeitslos gilt. Dabei handelt es sich nicht um ein blosses Fehlen an Arbeit aus konjunkturellen Gründen, sondern um ein tatsächliches persönliches Fehlen einer Arbeitsstelle. Vorausgesetzt wird daher ein:

- *völliges oder teilweises* Fehlen *eines Arbeitsverhältnisses* (objektive Voraussetzung), wobei für den Beginn der Arbeitslosigkeit die tatsächliche Arbeitsaufgabe (Wegfall von Arbeitspflicht und Lohnzahlung) massgebend ist. Der Arbeitnehmerbegriff entspricht dem des AHVG.

  8C_363/2014 v. 23.9.2014, E. 4.3 betr. Fehlen eines Arbeitsverhältnisses im arbeitsvertraglichen Sinn als Voraussetzung für Arbeitslosigkeit i.S.v. Art. 8 lit. a i.V.m. Art. 10 AVIG.

- *Suchen eines Arbeitsverhältnisses im Umfang von mind. 20%* (subjektive Voraussetzung). Bei Ganzarbeitslosigkeit wird eine Vollzeitbeschäftigung gesucht, sofern kein Arbeitsverhältnis vorliegt. Bei Teilarbeitslosigkeit sucht man eine Teilzeitstelle allein oder zusätzlich als Ergänzung zu einer bereits vorhandenen Teilzeitstelle.
- *Meldung beim Arbeitsamt des Wohnorts* zur Arbeitsvermittlung (Art. 10 Abs. 3 AVIG).

Berücksichtigt werden aber nur Beschäftigungen mit einem bestimmten Beschäf- 2.86
tigungsumfang (Mindestpensum) zu den normalen branchenüblichen (auch Schichtarbeit) wöchentlichen Arbeitszeiten, weshalb Nebenbeschäftigungen (zu Randzeiten oder am Wochenende) von der Arbeitslosenversicherung nicht erfasst werden (Art. 23 Abs. 3 AVIG).

ARV 2011 Nr. 9 betr. kein Arbeitsausfall bei Arbeit auf Abruf; BGE 129 V 105, E. 2 betr. Entschädigungen nur für die *normale* Arbeitszeit unter Ausschluss von Überzeit und Überstunden.

2. Arbeitslosigkeit in den verschiedenen Sozialversicherungszweigen

a) *Arbeitslosenversicherung (Art. 8 ff. AVIG)*

Um Leistungen der Arbeitslosenversicherung geltend machen zu können, müs- 2.87
sen neben der Arbeitslosigkeit als Begriff weitere Leistungsvoraussetzungen i.S.v. Art. 8 Abs. 1 lit. a-g AVIG erfüllt sein (vgl. 5.224).

b) *Berufliche Vorsorge (Art. 2, 8, 10 BVG, Art. 2 Abs. 1bis FZG; Art. 22a Abs. 3 AVIG)*

Damit arbeitslose Personen keine «Beitragslücken» in der beruflichen Vorsorge 2.88
erleiden müssen, sind sie während der Arbeitslosigkeit (Art. 8 AVIG) bei der Auffangeinrichtung für den obligatorischen Bereich die 2. Säule versichert. Stattdessen können sie gemäss Art. 2 Abs. 1bis FZG auch die Freizügigkeitsleistung fordern (vgl. entsprechende VO über die berufliche Vorsorge von arbeitslosen Personen: SR 837.174).

c) *Mutterschaftsversicherung (Art. 16b Abs. 3, 16g Abs. 2 lit. e EOG)*

Die Frau muss sich, um als arbeitslos zu gelten, in Abweichung von Art. 10 Abs. 3 2.89
AVIG nicht beim Arbeitsamt zur Arbeitsvermittlung gemeldet haben. Es genügt, wenn materiell Arbeitslosigkeit vorliegt (vgl. vorne 2.84). Bezüglich Koordination von Mutterschafts- und Arbeitslosenentschädigung vgl. hinten 5.376b.

d) *Unfallversicherung (Art. 1a Abs. 1 lit. b UVG, Art. 129 ff. UVV)*

2.90 Arbeitslose Personen sind während ihrer Arbeitslosigkeit, d.h. solange sie die Voraussetzungen gem. Art. 8 AVIG erfüllen oder Entschädigungen gem. Art. 29 AVIG beziehen, bei der Suva gegen NBU weiterversichert, sofern nicht ein Zwischenverdienst erzielt und somit die Unfallversicherung des unmittelbaren Arbeitgebers leistungspflichtig wird.

BGE 133 V 161, E. 5 betr. sachliche Zuständigkeit der UV des Arbeitgebers im Falle von Zwischenverdienst.

IX. Kurzarbeit, Schlechtwetter, Insolvenz

1. Kurzarbeit und Schlechtwetter (Art. 31, Art. 42 AVIG)

2.91 Bei der Kurzarbeit geht es um einen *wirtschaftlich (strukturell oder konjunkturell) bedingten* Arbeitsausfall, der nicht zum normalen wirtschaftlichen Betriebsrisiko gehören darf, und zwar in Form einer *vorübergehenden* teilweisen oder ganzen Reduktion der betrieblich üblichen oder vertraglichen Arbeitszeit (Arbeitszeitkontrollen als Voraussetzung) auf Anordnung des Arbeitgebers (mit Zustimmung der Arbeitnehmenden) hin, jedoch unter Aufrechterhaltung des Arbeitsverhältnisses. Die Reduktion der Arbeitszeit muss zugleich zu einer Lohneinbusse führen.

8C_579/2017 v. 20.12.2017, E. 3.2-4.2 betr. Begriff des wirtschaftlich bedingten Arbeitsausfalls; BGE 138 V 333, E. 4.2 betr. kein Anspruch auf Kurzarbeitsentschädigung (Art. 33 Abs. 1 lit. a AVIG): Der infolge des Todes der Identifikationsfigur einer Musikgruppe entstandene Arbeitsausfall gehört zum normalen Betriebsrisiko; BGE 137 V 405, E. 4 betr. Auslegung des Begriffs der Kurzarbeit in der Unfallversicherung entsprechend Art. 31 ff AVIG.

2.92 Eine besondere Form der Kurzarbeit stellt die Schlechtwetterentschädigung dar. Es handelt sich bei ihr um einen *ausschliesslich* und *unmittelbar witterungsbedingten* vorübergehenden Arbeitsausfall – wie z.B. auf Baustellen, jedoch nicht im Fall eines mittelbar witterungsbedingten Nachfragerückgangs – mit entsprechender Lohnreduktion bei bestimmten, durch Art. 65 AVIV abschliessend aufgeführten Erwerbszweigen.

8C_834/2017 v. 20.3.2018, E. 1. Betr. unmittelbar und mittelbar witterungsbedingter Arbeitsausfall; 8C_45/2007 v. 31.1.2008, E. 4 betr. abschliessende, nicht willkürliche Listung der Erwerbszweige.

2. Insolvenz (Art. 51 AVIG)

2.93 Die Insolvenzentschädigung setzt weder einen Arbeitsausfall noch das Fehlen eines Arbeitsverhältnisses voraus, sondern knüpft an die Tatsache an, dass der Arbeitnehmer für bereits geleistete Arbeit zufolge Zahlungsunfähigkeit des Arbeitgebers einen Lohnausfall erleidet. Diese Voraussetzung kann auch nach Beendigung des Arbeitsverhältnisses erfüllt sein.

X. Familienzulagen

Bei den Familienzulagen handelt es sich gemäss Art. 2 FamZG um periodische (Kinder- und Ausbildungszulagen) oder einmalige (Geburts- und Adoptionszulagen) Geldleistungen, die der Unterstützung der Familie in Folge der finanziellen Mehrbelastung durch Kinder dienen. 2.94

BGE 138 V 286, E. 4.3 ff. betr. Ausbildungszulage und Begriff der Ausbildung (ausführlicher hinten 5.293).

Die Familienzulagen sind als eine Form der Familienpolitik zu betrachten. Sie helfen die wirtschaftliche Situation der Familie zu sichern und sind grundsätzlich als Ergänzung des Erwerbseinkommens gedacht. Zudem ermöglichen sie, aus der Sicht der Rechtsgleichheit, auch einen Ausgleich beim Einkommen von Eltern mit und solchen ohne Familienpflichten. Seit dem 1.1.2013 sind auch Selbständigerwerbende dem FamZG unterstellt (Art. 11 Abs. 1 lit. c FamZG). 2.95

3. Teil: Die Unterstellung unter die einzelnen Sozialversicherungszweige

A. Allgemeine Bemerkungen

Die Unterstellung unter einen bestimmten Sozialversicherungszweig bedeutet nichts anderes als der Anschluss an eine Sozialversicherung. Dieser erfolgt entweder 3.01

- *von Gesetzes wegen automatisch*, d.h. ohne Dazutun der versicherten Person, und zwar kraft
  - Abschluss eines Arbeitsvertrages resp. Ausübung einer selbständigen Erwerbstätigkeit als Reflexwirkung (Erwerbsortprinzip) oder
  - Wohnsitznahme im betreffenden Hoheitsgebiet (Wohnsitzprinzip) oder
- *durch Beitritt*, und zwar für alle Personen im Hoheitsgebiet zu einer Krankenkasse ihrer Wahl (Art. 4 KVG) oder für Selbständigerwerbende durch ihre freiwillige Unterstellung unter die freiwillige AHV/IV (Art. 2 AHVG), die obl. Unfallversicherung (Art. 4 UVG) oder die berufliche Vorsorge (Art. 4 BVG).

Mit der Unterstellung nicht zwingend verbunden ist die Frage der Beitragspflicht (ohne Unterstellung jedoch keine Beitragspflicht) und der Leistungsberechtigung. Beide unterliegen eigenen Voraussetzungen, welche zusätzlich zu den Unterstellungskriterien erfüllt sein müssen. 3.02

Die Unterstellung einer Person wird *für jeden Sozialversicherungszweig gesondert* nach den einschlägigen gesetzlichen und, im Falle von internationalen Sachverhalten und dazu vorhandenen internationalen Sozialversicherungsabkommen (bilaterale Sozialversicherungsabkommen, VO (EG) 883/2004), vertraglichen Voraussetzungen geprüft. 3.03

Die Unterstellung in der schweizerischen (obligatorischen und freiwilligen) Sozialversicherungsgesetzgebung erfolgt grundsätzlich *für jede Person individuell*, ist somit persönlicher Natur und grundsätzlich nicht auf Familienangehörige übertragbar bzw. ausdehnbar. 3.04

BGE 143 V 52, E. 5.1 betr. Individualversicherung in der Krankenversicherung; BGE 142 V 538, E. 6.3.2.1 betr. keine IVG-Unterstellung der Kinder von Grenzgängern; BGE 136 V 161, E. 6.1 betr. keine Versicherungsunterstellung der Kinder von im Dienste der Eidgenossenschaft im Ausland tätigen Versicherten.

Da jedoch ausländische Sozialversicherungssysteme die Familienunterstellung kennen, ist dieses System durch die Annahme der bilateralen Verträge mit der EU und der darauf basierenden Koordination der sozialen Sicherheit durch die VO (EG) 883/2004 (ersetzt die VO [EWG] 1480/71) im Bereich der Anwendung dieser Abkommen in unsere Gesetzgebung teilweise eingeflossen. Soweit also eine erwerbstätige Person, ihr gleichgestellt sind Studierende, Flüchtlinge und Staatenlose, aus dem EU/EFTA-Raum der schweizerischen Sozialversicherung unterstellt ist, sind es gemäss Art. 2 Abs. 1 VO (EG) 883/2004 grundsätzlich auch ihre, sich im EU/EFTA-Raum aufhaltenden, *nichterwerbstätigen* Familienangehörigen. Als solche gelten im Bereich der Krankenversicherung gemäss Art. 1 lit. i Ziff. 1–3 VO (EG) 883/2004 alle Personen, die gemäss den Rechtsvorschriften, nach denen die Leistungen gewährt werden, als Familien- (oder Haushalts-) angehörige bestimmt oder anerkannt werden; im Falle von Sachleistungen bei Krankheit oder Mutter- resp. Vaterschaft sind die Rechtsvorschriften des Wohnsitzstaates massgebend.

BGE 143 V 52, E. 8 betr. Mitunterstellung der in Polen lebenden (nichterwerbstätigen bzw. arbeitslosen) Ehefrau und Kinder.

Unterscheiden die gemäss Ziff. 1 anzuwendenden Rechtsvorschriften eines Mitgliedstaats die Familienangehörigen nicht von anderen Personen, auf die diese Rechtsvorschriften anwendbar sind, so werden der Ehegatte, die minderjährigen Kinder und die unterhaltsberechtigten volljährigen Kinder als Familienangehörige angesehen (Ziff. 2). Ein allenfalls erforderliches Zusammenleben in «häuslicher Gemeinschaft» gilt als erfüllt, wenn der Unterhalt der betreffenden Person (Familienangehöriger) überwiegend vom Versicherten resp. Rentner bestritten wird (Ziff. 3).

Für die Unterstellung «als Beschäftigter» oder «als Selbständiger» genügt es sodann, dass man – dies gilt auch für dessen Familienangehörige – einer Versicherung aufgrund dieser Eigenschaft früher einmal obligatorisch unterstellt war (z.B. Arbeitslose, Invalide, Pensionierte), auch wenn man in der Zwischenzeit diesen Status verloren hat.

9C_171/2016 v. 13.6.2016, E. 4 betr. Möglichkeit des Rentners der Befreiung von der Unterstellung im Wohnsitzland aufgrund von Art. 16 Abs. 2 VO (EG) 883/2004.

3.05 Um Lücken in der Unterstellung einerseits und Doppelversicherungen andererseits auszuschliessen, erfolgt die Unterstellung bei internationalen Verhältnissen grundsätzlich *einheitlich nach nur einem Recht* und einem Unterstellungsprinzip (Grundsatz des Ausschliesslichkeitsprinzips, der mit VO [EG] 883/2004 i.V.m. VO [EG] 465/2012 vollumfänglich verwirklicht wird), vorbehalten bleiben staatsvertragliche Abweichungen.

B. Das Erwerbsortprinzip

I. Begriff

3.06 Aufgrund des Erwerbsortprinzips wird die Unterstellung an die *Erwerbsarbeit* (allenfalls in Verbindung mit dem Sitz des Unternehmens) angeknüpft. Dabei ist im Hinblick auf die Finanzierung und Tragung der Beitragslast ausschlaggebend, ob die Erwerbsarbeit in selbständiger oder unselbständiger Stellung erfolgt (vgl. zur Unterscheidung und Statusfrage hinten 4.28 ff.).

Da manche Sozialversicherungszweige in engem Zusammenhang mit der Erwerbsarbeit stehen (z.B. Berufsunfallversicherung, berufliche Vorsorge, Arbeitslosenversicherung) und der Arbeitgeber finanziell durch seine Beitragspflicht und verschiedene Mitwirkungspflichten organisatorisch bei der Durchführung der Sozialversicherung eingebunden wird, geniesst das Erwerbsortprinzip Vorrang gegenüber dem Wohnsitzprinzip.

Ist im internationalen Verhältnis eine Anknüpfung an mehrere Erwerbsorte möglich, d.h. an verschiedene Erwerbsorte in verschiedenen Ländern, stellt der Gesetzgeber Koordinationsregeln (EU- und EFTA-Abkommen, bilaterale Sozialversicherungsabkommen sowie auch Abkommen für Grenzbetriebe) auf, um entweder die einheitliche Anknüpfung zu garantieren (und zwar ausschliesslich und bezogen auf das ganze sozialversicherungsrechtliche Verhältnis [integral]) oder gegenteilig eine getrennte Unterstellung unter das jeweilige Landesrecht zu statuieren. Massgebend für die Anknüpfung ist das Territorium, d.h. das Land resp. die Länder, in welchem/n die erwerbstätige Person ihrer Beschäftigung bzw. Arbeit *effektiv* nachgeht: Anwendbar ist einzig das Recht jenes Landes, in dessen Gebiet eine Erwerbstätigkeit ausgeübt wird. Der Sitz der Unternehmung spielt nur bei gewissen Konkurrenzkonstellationen eine Rolle. Da die internationalen Abkommen die Unterstellung unter ein massgebendes Rechtssystem nur koordinieren, ist über die konkrete Unterstellung bzw. Leistungsansprüche noch nichts entschieden. Das anwendbare nationale Recht bestimmt letztlich, ob für die betreffende Person als unselbständig oder selbständigerwerbend zu geltend hat und die innerstaatlichen Unterstellungs-, Beitrags- und Leistungsvoraussetzungen (auch Wartezeiten) erfüllt sind.

9C_65/2018 v. 7.1.2019, E. 3 betr. Koordinationszweck der VO; BGE 143 V 1, E. 5.2.3 (und BGE 142 V 538, E. 6) betr. Unterstellung der Kinder von Grenzgängern unter die Invalidenversicherung; BGE 139 V 297, E. 2.3.1 betr. Auslegung des Begriffs des unselbständig resp. selbständig Erwerbstätigen nach dem jeweiligen Landesrecht.

II. Erwerbsortprinzip in den bilateralen Verträgen mit der EU/EFTA im Besonderen (Art. 11 Abs. 3 lit. a und lit. b, Art. 12 ff. VO [EG] 883/2004)

Die Freizügigkeitsabkommen *suspendieren* bestehende andere bilaterale Abkom- 3.07
men mit den Vertragsstaaten (Ausnahme: Günstigkeitsprinzip. Das Erwerbsortprinzip ist dem Grundsatz nach in Art. 11 Abs. 3 lit. a VO (EG) 883/2004 festgehalten und bedeutet, dass die Unterstellung in demjenigen Mitgliedstaat erfolgt, in dem die Beschäftigung (= unselbständige Erwerbstätigkeit) resp. selbständige Erwerbstätigkeit ausgeübt wird. Die VO (EG) 883/2004 mit ihren zwingend anzuwendenden Kollisionsnormen gilt gegenüber den EU-Mitgliedstaaten sowie seit dem

1. Januar 2016 auch gegenüber den EFTA-Staaten (innerhalb der EFTA gilt ebenfalls die VO [EG] 883/2004).

9C_313/2010 v. 5.11.2010 betr. Sachverhalt mit Bezug zur Schweiz, einem EU- und EFTA-Staat.

3.08 Hat die versicherte Person nicht nur zur Schweiz sondern auch zu einem EU-/EFTA-Staat einen Bezug und herrschen unklare tatsächliche Verhältnissen vor, haben die Ausgleichskassen beim Sozialversicherungsträger am Wohnsitz der betroffenen Personen (im Ausland) das in Art. 16 VO (EG) 987/2009 (DVO) vorgesehene Verfahren zur Feststellung des anzuwendenden Rechts einzuleiten.

9C_539/2018, E. 3-4 betr. Verständigungsverfahren bei auch in Deutschland tätigen Dolmetschern.

Die allgemeinen Bestimmungen zur Koordination der Systeme der sozialen Sicherheit lassen sich dem Titel II, den Art. 11 ff. VO (EG) 883/2004, entnehmen. Diese gelangen nur zur Anwendung, wenn nicht im Titel III bezüglich der einzelnen Leistungen besondere Bestimmungen anwendbar sind. Grundsätzlich gilt:

- Beschäftigung (= unselbständige Erwerbstätigkeit) in *einem* Mitgliedstaat und Wohnsitz in einem anderen Staat: Unterstellung im Staat, in dem die Beschäftigung ausgeübt wird (Art. 11 Abs. 3 lit. a VO [EG] 883/2004),
- Entsendung (Art. 12 VO [EG] 883/2004): Weiterführung der Unterstellung im bisherigen Staat längstens für 24 Monate (vgl. nachfolgend 3.10).
- Beschäftigung in *mehreren* Mitgliedstaaten für einen oder mehrere Arbeitgeber (Art. 13 Abs. 1 VO [EG] 883/2004 i.V.m. Art. 14 Abs. 5, 8):
  - Unterstellung im *Wohnsitzstaat*, wenn dort – aufgrund einer Gesamtwürdigung des Einzelfalls! – ein (quantitativ) wesentlicher Teil (mind. 25%, es muss aber nicht der grösste sein) der Erwerbstätigkeit ausgeübt wird (lit. a) oder wenn mehrere Arbeitgeber ihren Sitz in verschiedenen Mitgliedstaaten ausserhalb des Wohnsitzstaates haben (lit. b/iv) oder wenn im Wohnsitzstaat nur ein unwesentlicher Teil der Erwerbstätigkeit ausgeübt wird, aber mind. zwei von mehreren Arbeitgebern ihren Sitz in verschiedenen Mitgliedstaaten und ausserhalb des Wohnsitzstaates haben (lit. b/iv).

    BGE 139 V 216, E. 2.3 und 4.3 betr. zuständiger Staat bei Wohnsitz eines niederländischen Staatsangehörigen in der Schweiz und Tätigkeit für einen französischen Arbeitgeber in Bulgarien.

  - Unterstellung im *Sitzstaat* des Arbeitgebers, wenn im Wohnsitzstaat keine oder kein wesentlicher Teil der Erwerbstätigkeit stattfindet und es sich um nur *einen* Arbeitgeber mit nur einem Sitz handelt (lit. b/i) oder wenn mehrere Arbeitgeber ihre Sitze im gleichen Mitgliedstaat haben (lit. b/ii) oder wenn mehrere Arbeitgeber ihre Sitze in verschiedenen Mitgliedstaaten haben, wovon einer aber der Wohnmitgliedstaat ist (lit. b/iii).

    Wird durch die Ziff. 6 der VO (EG) 465/2012 vom 22. Mai 2012 (in Kraft getreten für die Schweiz per 1.1.2015) wie folgt geändert bzw. präzisiert: Unterstellung am Sitzstaat der Arbeitgeber, wenn die verschiedenen Arbeitgeber ihren Sitz in nur einem Mitgliedstaat haben. Haben die Arbeitgeber zwei verschiedene Sitzstaaten, wovon eines der Wohnsitzstaat des AN ist, erfolgt die Unterstellung im anderen, also ausserhalb des Wohnsitzstaates liegenden, Sitzstaat der Arbeitgeber, sofern keine wesentliche Tätigkeit (25%) im Wohnsitzstaat vorliegt. Unterstellung im Wohnsitzstaat des

AN, wenn mindestens zwei der Arbeitgeber ihren Sitz in verschiedenen Mitgliedstaaten ausserhalb des Wohnsitzstaates haben.

- Selbständige (gesonderte) Erwerbstätigkeiten (beurteilt nach dem Recht des jeweiligen Mitgliedstaates) in *mehreren* Staaten (Art. 13 Abs. 2 VO [EG] 883/2004 i.V.m. Art. 14 Abs. 6 VO [EG] 987/2009):
  - Unterstellung im *Wohnsitz*staat, wenn dort ein *wesentlicher* Teil (mind. 25%) der Tätigkeit ausgeübt wird.
  - Unterstellung im Staat der *Haupttätigkeit* («Mittelpunkt der Tätigkeiten»), wenn im Wohnsitzstaat kein wesentlicher Teil der Tätigkeit ausgeübt wird.

    BGE 144 V 210, E. 6.2.2 betr. Verständigungsverfahren unter den Mitgliedstaaten.
- Beschäftigung und selbständige Erwerbstätigkeit gleichzeitig in *mehreren* Staaten (Art. 13 Abs. 3 VO [EG] 883/2004): Unterstellung im Staat, in dem die Arbeitnehmertätigkeit ausgeübt wird. Wird die Arbeitnehmertätigkeit in zwei oder mehr Mitgliedstaaten ausgeübt, kommt Art. 13 Abs. 1 VO (EG) 883/2004 zur Anwendung.

Marginale Tätigkeiten (bis 5%) werden jedoch nicht berücksichtigt (Art. 14 Abs. 5b VO [EG] 987/2009), wobei z.B. leitende Funktionen (z.B. Organfunktion) nicht als marginal gelten.

III. Unterstellung in den verschiedenen Sozialversicherungszweigen

1. AHV/IV/EL/ALV (Art. 1a Abs. 1 lit. b und c AHVG; Art. 1b IVG; Art. 4 ELG; Art. 2 AVIG)

a) Grundsatz

Wer Erwerbsarbeit selbständig oder unselbständig, voll- oder teilzeitlich, haupt- oder nebenberuflich auf dem Territorium der Schweiz leistet und hier Erwerbseinkommen erzielt, untersteht der schweizerischen AHV-Gesetzgebung. Auf die Art des Erwerbseinkommens, seine rechtliche Qualifikation (z.B. Arbeits- oder Werkvertrag, Auftrag, gemischte Verträge), die Rechtmässigkeit (z.B. Prostitution, Schwarzarbeit, Drogenhandel), den Umfang oder den fremdenpolizeilichen Status kommt es nicht an, denn *jedes* der schweizerischen Gesetzgebung unterstellte Einkommen (z.B. international tätige Berater, Organe ausländischer Firmen mit Niederlassung in der Schweiz, Beteiligte an ausländischen Kommanditgesellschaften) ist für die Erfassung der versicherten Person massgebend. 3.09

Zudem unterstehen den Versicherungen auch: 3.10

- SchweizerInnen, die im Dienste der Eidgenossenschaft im Ausland tätig sind;

- SchweizerInnen, die für ein vom Bund anerkanntes Hilfswerk (abschliessende Liste des BSV) Entwicklungsarbeit und humanitäre Hilfe im Ausland leisten (z.B. Heilsarmee, Caritas, SRK, Terre des hommes, Solidarmed, HEKS);
- SchweizerInnen, die für internationale Organisationen mit Sitzabkommen im Ausland tätig sind;
- Personen, die von einem Arbeitgeber mit Sitz in der Schweiz aus der Schweiz in den EU/EFTA-Raum entsandt werden. Die maximale Entsendedauer beträgt 24 Monate. Diese Dauer gilt für Arbeitnehmende und auch für Selbständigerwerbende, wobei letztere eine «ähnliche Tätigkeit» ausüben müssen, damit sie den Rechtsvorschriften in der Schweiz unterstellt bleiben (Art. 12 VO [EG] 883/2004 i.V.m. Art. 14 Abs. 4 VO [EG] 987/2009).

  Auch bilaterale Sozialversicherungsabkommen enthalten Entsenderegelungen. Die Entsendedauer ist je nach Land unterschiedlich, kann auf Gesuch hin (beim BSV) aber bis auf max. sechs Jahre verlängert werden. Bei der Ausgleichskasse des entsendenden Arbeitgebers ist eine Entsendebescheinigung zu verlangen.

  Bezüglich der Unterstellung der begleitenden nicht erwerbstätigen Familienangehörigen vgl. hinten 3.51.

  9C_600/2017 v. 8.9.2018, E. 4.4 betr. anerkannte Hilfswerke; BGE 138 V 186, E. 2 betr. keine Unterstellung nach Art. 1a Abs. 1 lit. c AHVG im Fall einer deutschen Staatsangehörigen ohne Wohnsitz in der Schweiz, die für ein schweizerisches Missionswerk in Tansania arbeitet (kein Anspruch auf Gleichbehandlung mit Schweizer Bürgern, die im Ausland tätig sind).

3.11 Die Unterstellung erfolgt in den Fällen von Art. 1a Abs. 1 lit. a und b AHVG unabhängig von der eigenen Staatsangehörigkeit oder der «Staatsangehörigkeit» des Arbeitgebers zwingend und von Gesetzes wegen ohne Dazutun der versicherten Person auf Grund objektiver Gegebenheiten, unabhängig auch vom Willen und Wissen der beteiligten Personen oder einem möglichen Leistungsanspruch.

Bei Mehrfacherwerbstätigen wird die Unterstellung für jede der Erwerbstätigkeiten gesondert geprüft und vorgenommen, z.B. je für selbständige und unselbständige Erwerbstätigkeit oder Erwerbstätigkeit für mehrere Arbeitgeber.

b) Weiterführung der Unterstellung

aa) Mit Weiterführungserklärung (Art. 1a Abs. 3 lit. a AHVG, Art. 5–5c AHVV)

3.12 Trotz Erwerbstätigkeit *im Ausland* ist unter gewissen Bedingungen – dies zwecks Erhaltung des Besitzstandes in der Schweiz – eine Fortsetzung der Unterstellung in der Schweiz möglich. Diese erfolgt durch eine Weiterführungserklärung im Falle von:

- von Schweizer Arbeitgebern
- ins Ausland (Drittstaat) entsandte Arbeitnehmer, welche weiterhin

- vom Schweizer Arbeitgeber entlöhnt werden (wird die Entlöhnung zwischen Schweizer Arbeitgeber und ausländischem Einsatzbetrieb aufgeteilt, muss der Schweizer Arbeitgeber die Gesamtheit der Beiträge auf dem Gesamtlohn entrichten) und
- die Arbeitnehmer unmittelbar vor der Entsendung in der schweizerischen AHV ununterbrochen 5 Jahre (unter Anrechnung von Versicherungszeiten in der EU/EFTA oder einem Staat mit Sozialversicherungs- oder Sitzabkommen) versichert waren. Zudem ist innerhalb einer Frist von sechs Monaten seit Entsendung (Achtung: Verwirkungsfrist!) bei der Ausgleichskasse des Arbeitgebers die Weiterführungserklärung, welche gemeinsam vom Arbeitgeber und Arbeitnehmer zu unterzeichnen ist (Entsendeformular A1), einzureichen. Bei einem Arbeitgeberwechsel hat der neue (Schweizer) Arbeitgeber ein neues Gesuch zu stellen.

  BGE 136 V 161, E. 3 und 6.1 betr. keine Versicherungsunterstellung der Kinder von im Dienste der Eidgenossenschaft im Ausland tätigen Versicherten, sofern sie selbst die Voraussetzungen, insb. die Versicherungszeit von fünf Jahren, nicht erfüllen.

bb) *Mit Beitrittserklärung (Art. 1a Abs. 4 lit. a und b AHVG, Art. 5d–5f AHVV)*

Gewisse Personenkategorien können der AHV beitreten, sofern sie 3.13

- in der Schweiz wohnen und auf Grund des Abkommens mit der EU/EFTA oder eines Sozialversicherungsabkommens einer ausländischen Sozialversicherung unterstellt und in der Schweiz nicht versichert sind.
- als Schweizer Bürger und Angestellte eines institutionellen Begünstigten (z.B. WTO, EFTA, BIZ, ILO, WHO), die Vorrechte, Immunitäten und Erleichterungen gem. Art. 2 Abs. 1 GSG geniessen, als internationale Beamte nicht obligatorisch versichert sind.

  BGE 136 V 161, E. 5.2 und 6 betr. keine Anwendbarkeit von Art. 1a Abs. 4 AHVG auf deren nicht erwerbstätige Kinder und Studierende.

c) *Ausnahmen von der Unterstellung (Art. 1a Abs. 2 AHVG, Art. 1b–Art. 3 AHVV; Art. 1b IVG; Art. 2 AVIG)*

Trotz Erwerbstätigkeit in der Schweiz *entfällt* eine Unterstellung in den folgenden Situationen: 3.14

- *Privilegien und Immunitäten* ausländischer Staatsangehöriger (diplomatische Missionen ausländischer Staaten) kraft Völkerrecht. Die internationalen Organisationen haben ein eigenes Vorsorgesystem, das auch die nichterwerbstätigen Familienangehörigen erfasst. Schweizer Bürger können aber freiwillig der AHV beitreten.

BGE 140 V 385, E. 4 betr. keine Unterstellung der Familienangehörigen eines ausländischen Beamten der BIZ (Bank für Internationalen Zahlungsausgleich = internationale Organisation); BGE 133 V 235, E. 5 betr. keine Möglichkeit der freiwilligen Unterstellung eines ausl. Funktionärs der UNO unter die Arbeitslosenversicherung.

- *Unzumutbare Doppelbelastung* bei Beiträgen von mehr als 15% des Einkommens und gleichzeitiger Unterstellung unter eine ausländische staatliche, obligatorische Versicherung (kann auch private Versicherung sein, wenn das ausländische Gesetz die obligatorische AHV/IV ersetzt). Die versicherte Person hat gegenüber der zuständigen Ausgleichskasse ein Befreiungsgesuch zu stellen.

BGE 98 V 183, E. 1 betr. Freiwilligkeit des Gesuchs um Beitragsbefreiung.

- *Kurzzeitigkeit* von selbständiger oder unselbständiger, durch einen nicht AHV-beitragspflichtigen Arbeitgeber (*ausländischen* Arbeitgeber, z.B. Vermittler) entlöhnter Erwerbstätigkeit. Als verhältnismässig kurze Zeit gilt dabei eine Erwerbstätigkeit, die drei aufeinander folgende Monate im Kalenderjahr nicht überschreitet (Art. 2 AHVV). Vorbehalten bleiben anderslautende staatsvertragliche Regelungen (z.B. mit der EU/EFTA).

9C_43/2014 v. 21.05.2014, E. 3 betr. Anwendbarkeit von Art. 1a Abs. 2 lit. c AHVG i.V.m. Art. 2 AHVV («verhältnismässig kurze Zeit») nur im Fall einer Erwerbstätigkeit von weniger als drei aufeinanderfolgende Monaten pro Jahr und fehlendem Wohnsitz in der Schweiz.

d) Freiwillige Unterstellung (Art. 2 AHVG, VFV)

3.15 Auslandschweizer sowie Bürger von EU/EFTA-Staaten können den in der Schweiz erworbenen Versicherungsschutz im Ausland freiwillig aufrechterhalten und fortführen, wenn sie folgende Voraussetzungen erfüllen:

- 5 Jahre Unterstellung unter die schweizerische AHV unmittelbar vor dem Ausscheiden aus der AHV (AHI 2004 174),

BVGE 2009 Nr. 47 betr. keine Anrechnung von im EU/EFTA-Raum zurückgelegten Versicherungszeiten.

- Wohnsitznahme in einem Nichtvertrags- resp. Drittstaat (nicht EU- oder EFTA-Staat),
- Einhaltung der in Art. 8 VFV verlangten Frist von einem Jahr nach Ausscheiden aus der obligatorischen Versicherung (Verwirkungsfrist) und der Modalitäten (schriftliche Beitrittserklärung gegenüber der Ausgleichskasse oder zuständigen Auslandvertretung).

2. Berufliche Vorsorge

a) Obligatorische Unterstellung (Art. 2, 7 BVG)

aa) Allgemeine Bemerkungen

Die berufliche Vorsorge wird in einen obligatorischen Bereich, die sog. Säule 2a, und in einen überobligatorischen Bereich, die sog. Säule 2b, unterteilt. Davon zu unterscheiden ist die freiwillige berufliche Vorsorge i.S.v. Art. 4 BVG, welche nicht obligatorisch unterstellten erwerbstätigen Personen den Beitritt ermöglicht. 3.16

Im *Bereich des Obligatoriums* erfolgt die Unterstellung zwingend und von Gesetzes wegen als *Reflexwirkung des Arbeitsvertrages* mit dem Antritt des Arbeitsverhältnisses (Art. 10 Abs. 1 BVG), sofern die gesetzlichen Voraussetzungen erfüllt sind. Ebenso sind Bezüger von Taggeldern der Arbeitslosenversicherung ab dem Tag des erstmaligen Taggeldbezugs für dessen ganze Dauer dem BVG unterstellt und für die Risiken Tod und Invalidität versichert (Art. 2 Abs. 3, Art. 10 Abs. 1 BVG). Das Unterstellungsverhältnis wird vom BVG bestimmt und im Bereich des Obligatoriums als öffentlich-rechtliches anerkannt.

Im *überobligatorischen Bereich* ist das Rechtsverhältnis zur privatrechtlichen Vorsorgeeinrichtung privatrechtlicher und zur öffentlich-rechtlichen Vorsorgeeinrichtung öffentlich-rechtlicher Natur, wobei die Unterstellung gleich wie beim Obligatorium als Reflexwirkung des Arbeitsvertrages von Gesetzes wegen erfolgt. Das Vertragsverhältnis wird vom Vorsorgevertrag, einem typischen Innominatkontrakt, dem Allgemeinen Teil des Obligationenrechts sowie dem in Art. 49 Abs. 2 BVG (für umhüllende Kassen) bzw. in Art. 89a Abs. 6 ZGB (für nicht umhüllende Kassen) enthaltenen Katalog, welcher die auch im Überobligatorium zwingend anwendbaren Bestimmungen des BVG (nicht abschliessend) aufzählt, geprägt. 3.17

9C_881/2017 v. 11.9.2018, E. 2.1 betr. anwendbares Recht im Überobligatorium; BGE 129 III 305, E. 2.1 betr. Rechtsnatur im Obligatorium und E. 2.3 betr. Überobligatorium.

bb) Unterstellungsvoraussetzungen

- *Unterstellung unter die AHV (obl. oder freiw.),* weil die 2. Säule auf der 1. Säule aufbaut. Für entsandte Arbeitnehmer gelten die Art. 12 VO (EG) 883/2004 oder Art. 1a Abs. 3 AHVG betr. die Weiterführung der AHV. 3.18
- *Arbeitnehmereigenschaft* auf der Grundlage eines privat- oder öffentlich-rechtlichen Arbeitsverhältnisses nach den für die AHV geltenden Kriterien (vgl. unten 4.24, 4.28).

SZS 1997 29 ff. betr. Geltung auch für einen Alleinaktionären und den im Betrieb mitarbeitenden Ehe- oder Lebenspartner.

- *Mindestjahreslohn:* Fr. 21'330.–. Zur Bestimmung des Jahreslohns wird ein Teilzeitpensum nicht auf ein Vollzeitpensum aufgerechnet, jedoch ein Teil*jahres*pensum (auch bei auf mehr als 3 Monaten befristeten Verträgen) auf ein ganzes Jahr (Art. 2 Abs. 2 BVG). Der massgebende Jahreslohn bestimmt sich (im Obligatorium) nach Art. 7 AHVV. Im Rahmen von *Art. 3 BVV2* kann (im Obligatorium) reglementarisch vom AHV-massgebenden Lohn abgewichen werden (z.B. Ausschluss von nur gelegentlich anfallenden Lohnbestandteilen wie Prämien, unregelmässige Boni oder Gratifikationen und dgl., starke branchenbedingte Lohnschwankungen oder Vorjahreslohn). Für die Bestimmung des Lohnes ist immer der *effektiv* bezogene und nicht ein vertraglich vereinbarter fiktiver Lohn massgebend. Für Mehrfachbeschäftigte mit kleinen Löhnen, welche zusammen jedoch den Mindestjahreslohn erreichen, besteht die Möglichkeit der freiwilligen Unterstellung (Art. 46 Abs. 1 BVG; vgl. hinten 6.25).

  B 118/03 v. 3.6.2004, E. 6 betr. Schichtzulagen als Lohnbestandteil.

Ab dem 1. Januar nach Vollendung des *17. Altersjahres* sind die Unterstellten für die Risiken Tod und Invalidität und ab dem 1. Januar nach Vollendung des *24. Altersjahres* auch für das Risiko Alter versichert.

Eine Abweichung vom AHV-massgebenden Lohn sieht das Gesetz vor bei:

- Teilinvaliden (Art. 4 BVV2),
- Arbeitslosen: koordinierter Tageslohn (Art. 4 bV-Arbeitslosenverordnung [SR 837.174]),
- vorübergehender Unterschreitung des Jahreslohnes zu Folge Krankheit, Unfall, Mutterschaft, Arbeitslosigkeit und ähnlichen Gründen, sofern die versicherte Person dies wünscht oder die gesetzliche Lohnfortzahlungspflicht des Arbeitgebers (Art. 324a OR) resp. die Dauer des Mutterschaftsurlaubs (Art. 329f OR) erschöpft ist (Art. 8 Abs. 3 BVG). Bei allen andern Gründen wird die Unterstellung sistiert (SZS 2003 431).

cc) Ausnahmen von der Unterstellung (Art. 1j BVV2)

3.19 Aus verschiedenen Gründen sieht die BVV2 Ausnahmen von der Unterstellung vor, so wenn:

- der Arbeitgeber gemäss Art. 33 AHVV *nicht AHV-beitragspflichtig* ist.

  SZS 2001 369 betr. ausländische oder internationale Missionen.

- ein auf max. *3 Monate befristetes Arbeitsverhältnis* (inkl. Probezeit) eingegangen wird. Bei Verlängerung nach Fristablauf erfolgt die Unterstellung erst ab der Verlängerung (Art. 1k lit. a BVV2). Bei Aneinanderreihung befristeter Verträge beim gleichen Arbeitgeber, die insgesamt länger als drei Monate dauern und kein Unterbruch drei Monate übersteigt, erfolgt die Unterstellung ab dem vierten Monat (Art. 1k lit. b BVV2). Ist vor dem ersten Arbeitsantritt eine Einsatzdauer von insgesamt mehr als drei Monaten vorgesehen, beginnt die Unterstellung ab Stellenantritt. Im Falle von Leiharbeitsverhältnissen sind Arbeitnehmende gemäss Art. 2 Abs. 4 BVG der beruflichen Vorsorge unterstellt, wenn sie die Bedingungen von Art. 1k lit. b BVV2 erfüllen: mehrere aufeinanderfolgende Anstellungen beim gleichen Arbeitgeber oder Verleiher, Beschäftigungsdauer von insgesamt mind. 3 Monaten, kein Unterbruch von mehr als drei Monaten zwischen den Einsätzen. Die Unterstellung erfolgt ab dem vierten Monat oder ab Beginn des ersten Arbeitsverhältnisses, sofern eine Einsatzdauer von mehr als insgesamt 3 Monaten zum Voraus vereinbart wird.

SZS 2003 357 betr. Befristung durch die Fertigstellung einer bestimmten Arbeit.

- *ein Nebenerwerb* erzielt wird, d.h. bei einem in der Regel anderen Arbeitgeber gearbeitet wird, sofern man im Haupterwerb obligatorisch unterstellt ist oder dieser eine selbständige Erwerbstätigkeit darstellt. Das Verhältnis Haupt- und Nebenerwerb ist ein quantitatives bzgl. Zeit und wird im Einzelfall von der Pensionskasse bestimmt (Richtgrösse: maximal ein 25%-Pensum).

  BGE 129 V 132, E. 3.4.3 (vgl. auch BGE 136 V 390) betr. kein Nebenerwerb bei ungefährer zeitlicher Gleichwertigkeit der Teilzeitstellen.

- die beschäftigte Person zu mind. *70% invalid* ist. Die Resterwerbsfähigkeit von 30% kann freiwillig versichert werden.
- es sich um in der *Landwirtschaft mitarbeitende Familienmitglieder* i.S.v. Art. 1a Abs. 2 lit. a/b FLG oder den mitarbeitenden Ehegatten i.S.v. Art. 1 Abs. 2 FLV handelt.

b) Beginn und Ende der Unterstellung, Weiterführung (Art. 10, 47 BVG, Art. 6 BVV2)

Sowohl Beginn als auch Ende der Unterstellung sind der Parteidisposition entzo- 3.20
gen und richten sich nach den gesetzlichen Unterstellungsvoraussetzungen. Sie können vertraglich nicht vor- oder nachverschoben werden. Vorbehalten bleibt jedoch Art. 47 BVG, wonach ein aus der obligatorischen Versicherung ausscheidender Arbeitnehmer (also nicht freiwillig gewesene Versicherte) die Versicherung im bisherigen Umfang und grundsätzlich auf eigene Kosten weiterführen kann, wenn das Reglement der bisherigen Vorsorgeeinrichtung dies zulässt (ansonsten steht die Auffangeinrichtung zur Verfügung) und noch kein Vorsorgefall eingetreten ist. (Mit Inkrafttreten der ELG-Revision wird es gemäss Art. 47a BVG vom Arbeitgeber Entlassenen (sollte auch bei auf unter Druck abgeschlossenen Aufhebungsverträgen oder Arbeitnehmerkündigungen zufolge Unzumutbarkeit gelten) ab vollendetem 58. Altersjahr möglich sein, bei der bisherigen Pensionskasse die Versicherung weiterzuführen und auf eigene Kosten durch Beiträge weiter aufzubauen. Es besteht Anspruch auf Freizügigkeit.)

SZS 2003 56 betr. keine Verlängerung der Unterstellung und Beitragserbringung bei fristloser Entlassung.

3.21 Für den *Beginn* massgebend ist der Tag des Antritts des Arbeitsverhältnisses, in jedem Fall aber der Zeitpunkt, in dem sich der Arbeitnehmer auf den Weg zur Arbeit begibt, bzw. sein Wohn- resp. Schlafdomizil zum Zwecke der Zurücklegung des Arbeitsweges mit dem Ziel Arbeitsstelle verlässt. Für Bezüger von Taggeldern der Arbeitslosenversicherung ist es der Tag, an dem sie erstmals i.S.v. Art. 8 AVIG die Voraussetzungen für Arbeitslosenentschädigung erfüllen (aber nicht zwingend solche bereits beziehen, z.B. wegen Einstelltagen) oder Entschädigungen i.S.v. Art. 29 AVIG ausgerichtet werden.

BGE 97 V 205, E. 2 betr. Massgeblichkeit des normalen Arbeitsweges und nicht eines aus dem Ausland; SZS 1994 200 betr. Unterstellung bei Risikoeintritt zwischen Mitternacht und geplantem Arbeitsantritt.

3.22 Die Unterstellung *endet* gem. Art. 10 Abs. 2 lit. a–d BVG 30 Tage nach Ablauf der Auflösung des Vorsorgeverhältnisses (Nachdeckungsfrist i.S.v. Art. 10 Abs. 3 BVG), zufolge *rechtlichem Ende* des Arbeitsverhältnisses oder im Moment des Antritts einer neuen Stelle während der Nachdeckungsfrist, im Zeitpunkt des Erreichens des ordentlichen Rentenalters (Art. 13 Abs. 1 BVG), bei Unterschreitung des Mindestlohnes oder Eintritt der in Art. 1j BVV2 aufgeführten Gründe sowie nach Erschöpfung des Anspruchs auf Taggelder der Arbeitslosenversicherung (z.B. wegen Ablaufs der Rahmenfrist).

9C_361/2011 v. 11.11.2011, E. 5 betr. Dauer der Unterstellung bei Arbeitslosigkeit.

c) Freiwillige Unterstellung (Art. 4 BVG)

3.23 Die freiwillige Unterstellung setzt die gleichen Unterstellungsbedingungen wie das Obligatorium, d.h. AHV-Unterstellung, Mindestalter und Mindestjahreseinkommen) voraus und steht folgenden Kategorien von Erwerbstätigen offen:

- Selbständigerwerbende (Art. 44 BVG),
- vom Obligatorium ausgenommene Arbeitnehmende i.S.v. Art. 1j BVV2,
- Teilzeitbeschäftigte für das Gesamterwerbseinkommen (Art. 46 Abs. 1 BVG),
- Nebenerwerbserwerbstätige, sofern ein versicherter Haupterwerb vorliegt (Art. 46 Abs. 2 BVG),
- Arbeitnehmer nicht beitragspflichtiger Arbeitgeber.

SZS 2000 145 ff. betr. Arbeitnehmer eines Büros eines ausländischen Staates.

Keine freiwillige Unterstellung wird Nichterwerbstätigen oder den ohne Barlohn Beschäftigten geboten.

3. Krankenversicherung

a) Allgemeine Bemerkungen

3.24 Das Versicherungsverhältnis ist öffentlich-rechtlicher Natur und wird vom KVG abschliessend geregelt. Die Versicherungspflicht ist auf Grund des Solidaritätsgedankens obligatorisch, das Versicherungsverhältnis wird aber im Gegensatz zur 1. und 2. Säule durch den privatrechtlichen Beitritt, eine Willenserklärung der versicherten Person oder ihres gesetzlichen Vertreters, zur Krankenkasse begründet. Bei Erfüllen der gesetzlichen resp. statutarischen (Betriebskrankenkasse, örtlich eingeschränktes Tätigkeitsgebiet) Voraussetzungen hat jede gesuchstellende Person gemäss Art. 4 Abs. 2 KVG einen Aufnahme*anspruch*. Eine vom Kanton bezeichnete Behörde muss die Unterstellung kontrollieren und allenfalls einen Zwangsanschluss anordnen (Art. 6, 6a Abs. 3 KVG).

BGE 129 V 90, E. 3.1 betr. Versicherungsabschluss durch den einen Ehegatten für den anderen als Teil der laufenden Bedürfnisse des Haushalts.

b) Grundsatz und Ausnahmen (Art. 1 Abs. 2, Art. 3–5, Art. 95a KVG, Art. 1 Abs. 2 lit. a–g und Art. 2–6 KVV)

3.25 Das KVG wurde im Hinblick auf die FZA dahingehend ergänzt, dass für gewisse in der Schweiz unselbständig oder selbständig erwerbstätige Personen aus dem EU-/EFTA-Raum das Erwerbsortprinzip (auch bei Schwarzarbeit oder unsittlicher Tätigkeit) gilt, Bezüger schweizerischer Arbeitslosenentschädigungen, oder, gemäss den Regeln von Art. 23 ff. VO (EG) 883/2004, Rentenbezüger mit Wohnsitz im EU/EFTA-Raum (sowie deren nichterwerbstätige Familienangehörige mit Wohnsitz im EU/EFTA-Raum [Anhang XI der FZA Ziff. 3 lit. a/], sofern für sie nicht eine Sonderregelung gemäss Anhang XI zu den FZA vorliegt, in der Regel ein Wahlrecht, so Ziff. 3 lit. b: A/F/D/FI/I/P).

In Art. 1 Abs. 2 lit. a–g KVV werden Personenkategorien aufgezählt, die ebenfalls der Versicherungspflicht unterliegen, so z.B. erwerbstätige Personen mit oder ohne (Kurz-)Aufenthaltsbewilligung (ohne gleichwertigen Versicherungsschutz für Behandlungen in der Schweiz), in den EU-/EFTA-Raum Entsandte (vgl. Art. 12 VO [EG] 883/2004 [vgl. 3.10]) oder Asylsuchende i.S.v. Art. 18 AsylG. Gemäss Art. 3 KVV haben Grenzgänger aus dem EU/EFTA-Raum und ihre nichterwerbstätigen Familienangehörigen ein Wahlrecht zwischen Wohn- und Erwerbsland. Für Personen im öffentlichen Dienst und Aufenthalt im Ausland (Art. 5 KVV) sowie die von schweizerischen Arbeitgebern ins Ausland (Drittstaaten) entsandte Arbeitnehmer und ihre nichterwerbstätigen Familienangehörigen gilt gemäss Art. 4 KVV eine Weiterversicherung während 2 bis max. 6 Jahren.

BGE 138 V 206, E. 2.4 betr. Verneinung des Anspruchs auf Aufnahme in die obligatorische schweizerische Krankenversicherung (da i.c. die Leistungen bei Krankheit an deutsche Sozialhilfebezüger als Leistungen der sozialen Sicherheit eingestuft wurden; Art. 4 Abs. 4 und Art. 28 Abs. 1 VO (EWG) 1408/71);

9C_801/2014 v. 10.3.2015, E. 3.3 betr. kein konkludenter Verzicht auf das gesetzliche Optionsrecht; Erwerbsortsprinzip und nachträglicher Wechsel zur Unterstellung in der Schweiz eines deutschen Grenzgängers und BGE 136 V 295, E. 2.3.3 und 6.1 betr. Versicherungspflicht, Voraussetzungen und Modalitäten der Ausübung des Wahlrechts von Grenzgängern im Bereich der Krankenversicherung.

3.26 Von der Versicherungspflicht *ausgenommen* sind gemäss Art. 2 Abs. 1 lit. a–g KVV Personen wie z.B. solche, die dem MVG unterstehen, die sich ausschliesslich zur Behandlung oder Kur in der Schweiz aufhalten, Bezüger ausländischer Arbeitslosenentschädigungen oder Renten, solche ohne Anspruch auf eine schweizerische Rente aber einer solchen gem. FZA (Anhang XI) oder Familienangehörige auf Grund einer Mitversicherung in einer ausländischen Krankenversicherung. Ebenso sind gemäss Art. 3 Abs. 2 KVG ausgenommen Personen mit Vorrechten nach internationalem Recht i.S.v. Art. 2 Abs. 2 GSG (Art. 6 KVV).

9C_546/2017 v. 30.4.2018, E. 4 betr. Heilbehandlung in der Schweiz; BGE 144 V 127, E. 4-6 betr. keine KVG-Unterstellung für deutsche Rentenbezüger mit CH-Wohnsitz.

3.27 Sodann zählt Art. 2 Abs. 2–8 KVV Personenkategorien auf, die sich, zusammen mit ihren nichterwerbstätigen Familienangehörigen, *auf Gesuch hin* trotz Tätigkeit oder Aufenthalt in der Schweiz von der schweizerischen Krankenversicherung befreien können, so z.B. Personen aus einem Staat mit Versicherungspflicht und ohne «Koordinationsabkommen» mit der Schweiz bei unzumutbarer Doppelbelastung, Personen in Aus- oder Weiterbildung sowie Praktikanten/Stagiaires oder entsandte Arbeitnehmer, die durch zwischenstaatliche Vereinbarung von der AHV/IV-Beitragspflicht befreit sind. In gewissen Fällen wird dem Befreiungsgesuch nur entsprochen, wenn während der Befreiungsdauer im Herkunftsland eine gleichwertige Versicherungsdeckung (gesetzlich oder freiwillig) für Behandlungen in der Schweiz gewährleistet ist. Auf Gesuch hin von der Versicherungspflicht befreien können sich zudem Personen aus dem Ausland im Falle einer klaren Schlechterstellung in der KVG-Versicherung gegenüber dem bisherigen Versicherungsschutz ohne Möglichkeit der Zusatzversicherung zu tragbaren Bedingungen (wegen Alter oder Gesundheitszustand). Aufgrund des Solidaritätsgedankens ist die Ausnahmeregelung mit grosser Zurückhaltung anzuwenden.

9C_875/2017 v. 20.2.2018, E. 3 betr. Vergleich der ausländischen mit der schweizerischen Versicherungsdeckung; 9C_794/2017 v. 13.2.2018, E. 5.2 betr. keine Befreiung bei wegen Doppelbelastung bei zwischenstaatlichen Abkommen; BGE 134 V 34, E. 8 betr. Versicherungspflicht auch für ehemalige internationale Beamte im Ruhestand.

3.28 Auf Gesuch hin der schweizerischen Krankenversicherung unterstellen können sich gemäss Art. 6 Abs. 1 KVV Personen mit internationalen Vorrechten und Immunitäten i.S.v. Art. 2 Abs. 2 GSG und ihre nichterwerbstätigen Familienangehörigen mit Wohnsitz in der Schweiz.

c) Beginn und Ende (Art. 5 Abs. 1 und 3, 6 f. KVG, Art. 7 und 7a KVV)

3.29 Die Unterstellung erfolgt mit Beitrittserklärung zu einer Krankenkasse innert dreier Monate rückwirkend auf den Zeitpunkt, in welchem alle Unterstellungsvoraussetzungen (Geburt, Wohnsitz, Erwerbsaufnahme in der Schweiz) erfüllt sind. Bei einem verspäteten Beitritt nach Ablauf der Dreimonatsfrist wird der Beitritt auf den Zeitpunkt des Beitrittsgesuchs bezogen, was auch für einen behördlichen Zwangsanschluss gilt. Ein verspäteter Beitritt hat im Fall eines Verschuldens als Sanktion einen Prämienzuschlag zur Folge.

BGE 130 V 448, E. 4 betr. Unzulässigkeit der Doppelversicherung in der obligatorischen KV und Begründung des neuen Versicherungsverhältnisses beim Wechsel der Krankenkasse nur aufschiebend bedingt, d.h. erst nach Mitteilung des Neuanschlusses gegenüber der vorherigen Krankenkasse; BGE 129 V 267, E. 5 betr. Verhältnismässigkeit der Zuschlagshöhe.

Die Versicherungspflicht endet im Zeitpunkt des Wegfalls der Unterstellungsvoraussetzungen, spätestens mit dem effektiven Verlassen der Schweiz oder dem Tod der versicherten Person. Sie kann – bezogen auf das Unfallrisiko – sistiert werden, sofern eine volle Deckung (auch für NBU) in der obligatorischen Unfallversicherung vorliegt (Art. 8 KVG) oder während der Zeit der mindestens 60 (aufeinanderfolgende) Tage dauernden Unterstellung unter die Militärversicherung (Art. 3 Abs. 4 KVG). 3.30

Gemäss Art. 7a KVV besteht die Möglichkeit, auf privatrechtlicher Grundlage eine Abredeversicherung (Verlängerung des Versicherungsschutzes) abzuschliessen (z.B. für Personen, die vorübergehend ins Ausland gehen). Gemäss Art. 7b KVV haben die Versicherten Anspruch auf Information durch die Versicherer (Achtung: Haftung bei unterlassener Information). 3.31

d) Freiwillige Unterstellung (Art. 67 ff. KVG)

Erwerbstätige und nichterwerbstätige Personen im Alter zwischen 15 und 65 Jahren haben Anspruch auf Abschluss einer freiwilligen Taggeldversicherung bei einem Versicherer gem. Art. 2 Abs. 1 oder 3 KVAG nach ihrer Wahl. 3.32

4. Unfallversicherung

a) Allgemeine Bemerkungen

Die Unterstellung erfolgt von Gesetzes wegen als Reflexwirkung des (privat- oder öffentlich-rechtlichen) Arbeitsverhältnisses (auch Schwarzarbeit, widerrechtliche oder unsittliche Arbeitsverhältnisse). Davon erfasst sind auch gesetzliche oder faktische Arbeitsverhältnisse i.S.v. Art. 320 Abs. 2 und 3 OR. Aufgrund des Schutzzweckes der Unfallversicherung ist der Arbeitnehmerbegriff in der Unfallversicherung weiter gefasst als der arbeitsvertragliche (arbeitnehmerähnliche Personen). Es wird in erster Linie auf das Vorliegen eines Subordinationsverhältnisses abgestellt, während die Erwerbsabsicht nicht im Vordergrund steht (z.B. bei Ausbildungszweck). Nicht massgebend für die Unterstellungs*pflicht* ist die Dauer des Arbeitsverhältnisses, der Gesundheitszustand sowie das Alter (nach oben und unten) des Arbeitnehmenden. 3.33

3.33a Für den Unterstellungs*umfang* massgebend ist hingegen das Arbeitspensum. Soweit eine Person *weniger als 8 Stunden pro Woche und Arbeitgeber* beschäftigt ist, erstreckt sich die Unfalldeckung nur auf Arbeits- resp. Berufsunfälle und den Arbeitsweg. Beträgt die wöchentliche Arbeitszeit *bei einem Arbeitgeber mindestens 8 Stunden*, so ist der Arbeitnehmer auch gegen Nichtbetriebs- resp. Freizeitunfälle – darunter fällt auch eine nebenberufliche selbständige Erwerbstätigkeit – versichert (Art. 13 Abs. 1 und 2 UVV).

8C_473/2018 v. 5.3.2019, E. 5.5 sowie 8C_274/2017 v. 11.9.2017, E. 6 betr. UVG-Deckung für Skirennsport (als selbständige Nebenerwerbstätigkeit) im Rahmen der NBU.

b) Grundsatz und Ausnahmen (Art. 1a UVG, Art. 1a, 2 ff., 13 UVV)

3.34 Grundsätzlich sind sämtliche in der Schweiz als Arbeitnehmer Arbeit leistende Personen UVG-versichert, unabhängig von der territorialen Zugehörigkeit des Arbeitgebers oder der eigenen Staatsangehörigkeit resp. dem Wohnsitz. Massgebend ist die AHV-rechtliche Stellung. Der erwerbliche Charakter ist dann anzunehmen, wenn eine Erwerbsabsicht resp. ein (unentgeltlicher) Ersatz im Hinblick auf eine Festanstellung vorliegt. Den Arbeitnehmenden gleichgestellt sind die Heimarbeiter, aber auch, obwohl nicht der Erwerbszweck im Vordergrund steht, Lernende, Praktikanten, Volontäre, die in Lehr- und Invalidenwerkstätten tätigen Personen sowie Personen in einem Arbeitsversuch i.S.v. Art. 18a IVG. Sodann sind auch Arbeitslose gegen Nichtbetriebsunfall versichert (bei Suva), solange sie die Voraussetzungen von Art. 8 AVIG erfüllen oder Entschädigungen i.S.v. Art. 29 AVIG beziehen. Während eines Zwischenverdienstes, den arbeitslose Personen in einem Betrieb erzielen, sind sie beim Unfallversicherer des Betriebs unterstellt, im Fall eines Zwischenverdienstes als Selbständigerwerbende weiterhin bei der Suva.

BGE 144 V 411, E. 2.4 betr. Arbeitsversuch; BGE 141 V 313, E. 4.4 betr. unentgeltliches Praktikum einer Medizinstudentin in einer Arztpraxis; BGE 133 V 161, E. 5 betr. Schnuppereinsatz (ohne Lohn) im Hinblick auf einen Zwischenverdienst.

3.35 Sodann wird gemäss Art. 1a UVV die Unterstellungspflicht auch auf Tätigkeiten ohne (persönliche) Entlöhnung ausgedehnt, nämlich Sonderfälle wie bei Schnupperlehrlinge, Insassen von Straf-, Verwahrungs- oder Erziehungsanstalten (-heime) sowie Angehörige religiöser Gemeinschaften für ihre Tätigkeit bei einem Arbeitgeber *ausserhalb des Anstaltsbetriebs*, nicht jedoch für Tätigkeiten resp. die Zeit innerhalb der Anstalt.

3.36 Von der Unterstellung nicht erfasst werden reine Gefälligkeitsarbeiten, unentgeltliche ehrenamtliche Tätigkeiten sowie die in Art. 2–3 UVV aufgeführten Ausnahmen, wie z.B. Personen mit Vorrechten nach internationalem Recht, ohne Barlohn *und* ohne AHV-Beitragspflicht im Betrieb mitarbeitende Familienmitglieder (Art. 3 Abs. 2 lit. d und Abs. 3 lit. b AHVG) sowie mitarbeitende Familienmitglieder nach Art. 1a Abs. 2 lit. a und b FLG bzw. der mitarbeitende Ehegatte i.S.v.

Art. 1 Abs. 2 FLV, Verwaltungsräte für diese (strategische) Funktion, Parlamentarier oder Behörden- und Kommissionstätigkeit, immer sofern damit kein Arbeitsvertrag verbunden ist.

Ausnahmsweise trotz Erwerbstätigkeit im Ausland in der Schweiz weiter versichert sind gemäss Art. 4 UVV in einen Drittstaat entsandte Arbeitnehmer (für in die Schweiz entsandte Arbeitnehmer aus einem Drittstaat gilt Art. 6 UVV; betr. Entsendung in den EU/EFTA-Raum vgl. Art. 12 VO (EG) 883/2004 [vgl. vorne 3.10]) oder gemäss Art. 5 UVV Personen im Dienst öffentlicher Verkehrsbetriebe, Handels- und Verkehrsförderung, öffentlicher Verwaltung. 3.37

c) Beginn und Ende (Art. 3 UVG, Art. 7 UVV)

Für den *Beginn* massgebend ist der Tag, an dem das Arbeitsverhältnis anfängt (zwecks Vermeidung von Deckungslücken [Beginn an Feier- oder Sonntagen, während den Ferien oder bei eigentlicher Teilzeit mit Entschädigung im Monats- oder Wochenlohn] also nicht mehr unbedingt mit dem effektiven Arbeitsantritt) oder erstmals Lohnanspruch besteht, in jedem Fall aber im Zeitpunkt, in dem sich der Arbeitnehmer auf den Weg zur Arbeit begibt, bzw. sein Wohn- resp. Schlafdomizil zum Zwecke der Zurücklegung des Arbeitsweges mit dem Ziel Arbeitsstelle verlässt. Bei Bezügern von Taggeldern der Arbeitslosenversicherung ist es der Tag, an dem sie erstmals i.S.v. Art. 8 AVIG die Voraussetzungen für Arbeitslosenentschädigung erfüllen (aber nicht zwingend solche bereits beziehen, z.B. wegen Einstelltagen) oder Entschädigungen i.S.v. Art. 29 AVIG ausgerichtet werden. 3.38

8C_272/2010 v. 22.9.2010, E. 4.4, BGE 97 V 205, E. 2 betr. die Anreise von weit her resp. aus dem Ausland abgelehnt.

Bei unfallbedingter Verhinderung am Arbeitsantritt muss sich das Ereignis nach Mitternacht des Tages, an dem die Arbeit ohne den Unfall nach dem normalen Lauf der Dinge angetreten worden wäre, ereignet haben. 3.39

Aufgrund von Art. 3 Abs. 2 UVG endet der Versicherungsschutz am 31. (Kalender-)Tag nach dem Tag, an dem der Anspruch auf *mindestens den halben Lohn* aufhört, und für Arbeitslose mit dem 31. (Kalender-)Tag nach dem Tag, an dem letztmals die Anspruchsvoraussetzungen nach Artikel 8 AVIG erfüllt oder Entschädigungen nach Artikel 29 AVIG bezogen worden sind. 3.40

Die Nachdeckungsfrist für Nichtbetriebsunfälle, welche gemäss Art. 3 Abs. 3 UVG durch Abredeversicherung bis zu 6 Monate verlängert werden kann (auch etappenweise immer vor Ablauf der laufenden Nachdeckungsfrist), wird durch die Aufnahme einer andern Arbeitsstelle mit Deckung für Nichtberufsunfälle (Doppelversicherung) oder dem Einsetzen von Arbeitslosenentschädigungen zu Lasten der neu zuständigen Unfallversicherung abgebrochen. Der Arbeitgeber ist gem. Art. 72 UVV zur Information über die Möglichkeit einer Abredeversicherung verpflichtet (Aspekt der Fürsorgepflicht gem. Art. 328 OR; Achtung: Haftung 3.41

bei unterlassener Information). Bei der Abredeversicherung handelt es um einen öffentlich-rechtlichen Vertrag, welcher dem UVG untersteht.

8C_556/2018 v. 16.11.2018, E. 6 betr. Umfang der Informationspflichten des Arbeitgebers; BGE 137 V 90, E. 5 betr. kein Abbruch der UVG-Nachdeckung bei einer Person, die vor dem Unfall eine selbständige Erwerbstätigkeit aufgenommen hat; 8C_744/2010 v. 22.2.2011, E. 5 betr. Zustandekommen einer Abredeversicherung auf Grund von Treu und Glauben; BGE 107 V 106, E. 3 betr. Voraussetzungen für Umrechnung von Lohn auf Ferientage resp. Ferientage auf Lohn und Beginn der Nachdeckungsfrist, BGE 102 V 87, E. 3 betr. kein Lohncharakter von Arbeitszeitguthaben aus gleitender Arbeitszeit.

3.42 Keine Nachdeckungsfrist kann es für Teilzeitarbeitnehmer von weniger als 8 Stunden/Woche/Arbeitgeber geben, weil diese auf Grund von Art. 13 Abs. 1 UVV nur gegen Arbeits- resp. Berufs- und Arbeitswegunfälle versichert sind. Nur eine bereits bestehende Deckung für Nichtbetriebsunfälle kann verlängert werden.

d) Freiwillige Unterstellung (Art. 4 f. UVG, Art. 134 ff. UVV)

3.43 Durch schriftlichen Vertrag können der obligatorischen Unfallversicherung freiwillig beitreten die in der Schweiz ganz- oder teilzeitlich Selbständigerwerbenden sowie ihre gem. Art. 2 Abs. 1 lit. a UVV nicht obligatorisch versicherten Familienmitglieder (vgl. vorne 3.36).

3.44 Grundsätzlich besteht ein Anspruch auf Aufnahme, in begründeten Fällen sowie für Personen im AHV-Alter jedoch unter Vorbehalt von Art. 134 Abs. 2 und 3 UVV.

BGE 137 V 193, E. 5.4 betr. Unzulässigkeit unbegründeter Abweisung des Aufnahmegesuchs.

C. Das Wohnsitzprinzip

I. Begriff

3.45 Soweit nicht die Erwerbstätigkeit einer Person als Anknüpfung massgebend ist, wird an den Wohnsitz bzw. Aufenthalt angeknüpft. Der Wohnsitz- bzw. Aufenthaltsbegriff richtet sich nach Art. 13 ATSG. Im Zeitpunkt der Wohnsitz- bzw. Aufenthaltsbegründung entsteht die Unterstellungspflicht von Gesetzes wegen. Sie wird für jede Person, insb. auch verheiratete nichterwerbstätige Partner, selbständig und individuell bestimmt. Wie in Art. 23 Abs. 2 ZGB gilt Einheit des Wohnsitzes.

1. Wohnsitz (Art. 13 Abs. 1 ATSG)

3.46 Entsprechend Art. 23–26 ZGB begründet Wohnsitz, wer urteilsfähig ist und sich mit der Absicht dauernden Verbleibens an einem bestimmten Ort tatsächlich aufhält bzw. diesen zu seinem Lebensmittelpunkt (auch bei Heimaufenthalt oder mehreren Aufenthaltsorten) macht. Die Frage der Wohnsitzbegründung wird individuell und nach objektiven Kriterien geprüft.

9C_781/2018 v. 31.8.2018, E. 6 betr. Wohnsitz im Wohnwagen; BGE 141 V 530, E. 5.2 betr. Wohnsitzbegriff; BGE 140 V 563, E. 5.1 betr. Massgeblichkeit von Art. 13 ATSG bei Heimaufenthalten; 9C_657/2013 v. 9.1.2014, E. 4 betr. Lebensmittelpunkt in Serbien im Zusammenhang mit dem Anspruch auf eine ausserordentliche Invalidenrente (i.c. bei Ehefrau und Kindern in Serbien und nicht, wie vorgebracht, bei Familienangehörigen in der Schweiz).

Während Studierende am Studienort (Zweckaufenthalt), ein entgegenstehender Wille vorbehalten, grundsätzlich ebenso wenig wie andere Personen bei einem Zweckaufenthalt keinen Wohnsitz begründen (Art. 23 Abs. 1 ZGB), erfüllen grundsätzlich auch Asylbewerber oder Personen ohne fremdenpolizeiliche Niederlassungs- oder Aufenthaltsbewilligung (Sans Papiers) den Wohnsitzbegriff. Für innerhalb der Schweiz Flottante und Weltenbummler, die keinen neuen Wohnsitz anderswo begründen, gilt Art. 24 Abs. 1 ZGB unter Vorbehalt von einzelgesetzlichen Abweichungen. 3.47

9C_295/2019 v. 18.6.2019, E.3, 9C_546/2017 v. 30.4.2018, E. 4; 9C_600/2017 v. 9.8.2018, E. 4 betr. Wohnsitzbegründung und Zweckaufenthalt; BGE 138 V 23, E. 3 betr. Art. 21 ELG und Wechsel des abgeleiteten Wohnsitzes bei Heim- oder Anstaltsbewohnern in einen anderen Kanton; BGE 135 V 249, E. 2. und 4 betr. keine Anwendbarkeit des abgeleiteten Wohnsitzes bei a.o. Renten und Hilflosenentschädigung der IV; BGE 129 V 77, E. 5 betr. Personen ohne Aufenthaltsbewilligung.

2. Aufenthalt (Art. 13 Abs. 2 ATSG)

Unter Aufenthalt versteht man einen, eine längere Zeit andauernden, womöglich befristeten tatsächlichen Verbleib an einem bestimmten Ort. Der Aufenthalt sollte eine Art Selbstzweck und weder Ferien noch Behandlungscharakter haben. In diesem Sinne versteht sich aber Art. 1 lit. k VO (EG) 883/2004, wo der Aufenthalt ausschliesslich vorübergehenden Charakter hat, insb. im Zusammenhang mit dem Leistungsexport bei Krankheit/Unfall im EU-Raum. Für gewisse Sozialversicherungsleistungen ist zusätzlich zum Wohnsitz auch der tatsächliche Aufenthalt in der Schweiz erforderlich (z.B. Art. 42 Abs. 1 AHVG, Art. 42 Abs. 1 IVG, Art. 4 Abs. 1 ELG, Art. 8 Abs. 1 lit. c i.V.m. Art. 12 AVIG). 3.48

BGE 141 V 530, E. 5.3 betr. Begriff des gewöhnlichen Aufenthalts.

II. Unterstellung in den verschiedenen Sozialversicherungszweigen

1. AHV/IV/EL

a) *Grundsatz (Art. 1a Abs. 1 lit. a AHVG; Art. 1b IVG; Art. 4 ELG)*

Soweit eine Person, unabhängig von ihrer Staatsangehörigkeit, *keiner Erwerbstätigkeit* nachgeht, wird an den Wohnsitz in der Schweiz angeknüpft. Bei Ausländern mit einer fremdenpolizeilichen Aufenthalts- oder Niederlassungsbewilligung B oder C wird der Wohnsitz vermutet, während Kurzaufenthaltsbewilligungen oftmals mit einem Sonderzweck verbunden sind. 3.49

9C_600/2017 v. 9.8.2018, E. 2.2 und 4.3 betr. Wohnsitzbegriff und befristetem Auslandaufenthalt; 9C_171/2016 v. 15.6.2016, E. 4 betr. Unterstellung von Rentnern mit Wohnsitz in der Schweiz kraft Art. 16 Abs. 2 VO (EG) 883/2004, sofern sie rentenbildende Beiträge entrichten können (keine Doppelbelastung); BGE 140 V 385, E. 4 betr. keine wohnsitzbegründete Unterstellung nicht erwerbstätiger Familienangehöriger von AHV-befreiten erwerbstätigen Familienangehörigen.

3.50 Keinen Wohnsitz in der Schweiz hat z.B. der ins Ausland sich verheiratende CH-Student (begründet dort neuen Wohnsitz), ein vor Strafverfolgung Flüchtender oder wer in der Schweiz aus familiären/beruflichen Gründen zwar eine Wohnung (bzw. Eigenheim) besitzt, sich aber hauptsächlich im Ausland aufhält.

b) Weiterführung, Beitritt (Art. 1a Abs. Abs. 3 lit. b und Abs. 4 lit. a und c AHVG, Art. 5d–5k AHVV)

3.51 Trotz Wohnsitz im Ausland können der (obligatorischen) AHV beitreten und sich weiterversichern

- *nicht erwerbstätige Ehegatten*, wenn der erwerbstätige Ehepartner nach Art. 1a Abs. 1 lit. c oder Abs. 3 lit. a AHVG trotz Erwerbstätigkeit im Ausland in der Schweiz weiterversichert ist. Aufgrund bestehender Sozialversicherungsabkommen können aber nichterwerbstätige, den erwerbstätigen Ehegatten begleitende Familienangehörige dessen Status teilen und bleiben ebenfalls in der Schweiz weiterversichert, d.h. müssen keinen Beitritt erklären.
- *nicht erwerbstätige Studierende*, die zu Ausbildungszwecken ihren Wohnsitz ins Ausland verlegen. Sie können die Versicherung bis zum 31. Dezember nach vollendetem 30. Altersjahr weiterführen, sofern sie unmittelbar vor Aufnahme der Ausbildung im Ausland mindestens fünf aufeinanderfolgende Jahre AHV-versichert waren.

Trotz Wohnsitz in der Schweiz können Personen, die auf Grund einer zwischenstaatlichen Vereinbarung (EU/EFTA-Abkommen, Sozialversicherungs- oder Sitzabkommen) in der Schweiz nicht versichert sind, der obligatorischen AHV beitreten (vgl. vorne 3.10).

Beitritt und Weiterführung erfolgen *auf Gesuch* hin (vgl. nachfolgend 3.52).

c) Beginn und Ende (Art. 1a AHVG, Art. 5b, 5c, 5e, 5f, 5h–5k AHVV)

3.52 Die Unterstellung beginnt und endet im Moment, in dem die Tatbestandselemente erfüllt bzw. nicht mehr gegeben sind.

9C_98/2017 v. 9.6.2017, E. 2.4 und 3 betr. Aufgabe des Wohnsitzes bei Abmeldung als «Weltenbummler» und anschliessendem langjährigen Aufenthalt mit Firmengründung und (zuerst nur befristeter) Niederlassungsbewilligung in den USA.

Im Falle der Weiterführung oder des Beitritts läuft die Versicherung ununterbrochen weiter, sofern das Gesuch innerhalb von sechs Monaten seit Erfüllen der Voraussetzungen eingereicht wird (Verwirkungsfrist). Von der Versicherung kann unter Einhaltung einer 30-tägigen Frist auf Ende eines Kalendermonats zurückgetreten werden.

d) *Freiwillige Unterstellung (Art. 2 AHVG, VFV)*

Auslandschweizer sowie Bürger von EU/EFTA-Staaten können den in der Schweiz erworbenen Versicherungsschutz im Ausland freiwillig aufrechterhalten und fortführen, wenn sie folgende Voraussetzungen erfüllen: 3.53

- *5 Jahre Unterstellung* unter die schweizerische AHV unmittelbar vor dem Ausscheiden aus der AHV (AHI 2004 174),

  BVGE 2009 Nr. 47 betr. keine Anrechnung von im EU/EFTA-Raum zurückgelegten Versicherungszeiten.

- *Wohnsitznahme in einem Nichtvertrags- resp. Drittstaat* (nicht EU- oder EFTA-Staat),
- *Fristeinhaltung von einem Jahr* nach Ausscheiden aus der obligatorischen Versicherung (Art. 8 VFV: Verwirkungsfrist) und Einhaltung der Modalitäten (schriftliche Beitrittserklärung gegenüber der Ausgleichskasse oder zuständigen Auslandvertretung).

2. Krankenversicherung

a) *Grundsatz (Art. 3 Abs. 1 und 3 KVG, Art. 1 KVV)*

Die Unterstellungspflicht setzt von Gesetzes wegen mit Erfüllung der gesetzlichen Voraussetzungen ein. Darüber hinaus kann unter den gesetzlichen Voraussetzungen auch der Aufenthalt i.S.v. Art. 13 Abs. 2 ATSG die Unterstellungspflicht begründen, insbesondere für: 3.54

- Ausländer mit Aufenthaltsbewilligung von mind. 3 Monaten,
- Asylsuchende i.S.v. Art. 18 AsylG,
- Schweizer Rentner mit Wohnsitz im Ausland,
- Personen mit einer Kurzaufenthalts- oder Aufenthaltsbewilligung gemäss FZA-Abkommen.

  BGE 138 V 310, E. 4 betr. Unterstellung von abgewiesenen Asylsuchenden mit Wohnsitz in der Schweiz: sie bleiben bis zu ihrer Ausreise aus der Schweiz der obligatorischen Krankenversicherung unterstellt (Übernahme der anfallenden Krankenkassenprämien durch zuständige Sozialhilfebehörden; Art. 92d KVV).

b) *Ausnahmen (Art. 3 Abs. 2 und 4 KVG, Art. 2 ff. KVV)*

- Sistierung der Versicherung bei gleichzeitiger mind. 60-tägiger Unterstellung unter das MVG: gilt auch für volle Unfalldeckung (Berufs- und Nichtberufsunfalldeckung) bei der obligatorischen Unfallversicherung (Art. 8 ff. KVG), 3.55

- Aufenthalt zur ausschliesslichen Behandlung oder Kur in der Schweiz,
- bei Sozialversicherungsabkommen, auch bezogen auf Bezüger einer ausländischen Arbeitslosenentschädigung,
- Familienangehörige, welche in einer ausländischen Krankenversicherung mitversichert sind und Anspruch auf Leistungsaushilfe haben,
- bei Doppelbelastung infolge fehlendem «Koordinationsabkommen» mit der Schweiz und gleichwertigem ausländischem (gesetzlichem oder freiwilligem) Versicherungsschutz auf Gesuch hin,
- Studierende und Schüler sowie ihre nichterwerbstätigen Familienangehörigen bei gleichwertigem ausländischem Versicherungsschutz auf Gesuch hin,
- Personen mit Aufenthaltsbewilligung gemäss FZA und EFTA-Abkommen ohne Erwerbstätigkeit bei gleichwertigem ausländischem Versicherungsschutz (gesetzlicher oder privater) und Gesuchstellung innerhalb von drei Monaten seit Versicherungspflicht in der Schweiz,
- Personen mit internationalen Vorrechten und Immunitäten i.S.v. Art. 2 Abs. 2 GSG,
- Grenzgänger und ihre nichterwerbstätigen Familienangehörigen, die ihr Wahlrecht entsprechend ausgeübt haben.

9C_546/2017 v. 30.4.2018, E. 4 betr. Behandlungsaufenthalt und nachträgliche Wohnsitzbegründung; 9C_801/2014 v. 10.3.2015, E. 3.3 betr. Anspruch des Grenzgängers, der seine Krankenversicherung konkludent in Deutschland weitergeführt hat, auf Unterstellung nach Erwerbsortsprinzips in der Schweiz.

c) *Beginn und Ende*

aa) *Beginn (Art. 5 f. KVG, Art. 7 f. KVV)*

3.56 Im Zeitpunkt der Erfüllung der Unterstellungsvoraussetzung beginnt die Unterstellungspflicht, d.h. bei Geburt, Wohnsitznahme oder Einreise in die Schweiz, welche mit dem Beweisgrad der überwiegenden Wahrscheinlichkeit zu belegen ist. Die Person hat ab diesem Moment innerhalb der gesetzlichen Frist von drei bzw. sechs Monaten einer Krankenkasse beizutreten mit Rückwirkung auf den Unterstellungszeitpunkt bzw. Beginn der Versicherungspflicht. Ein verspäteter Beitritt hat keine Rückwirkung, dafür aber einen Prämienzuschlag gemäss Art. 8 KVV zur Folge. Die Kantone bezeichnen die Behörde, welche über die Versicherungspflicht informiert, sie kontrolliert und nimmt im Säumnisfall eine Zwangszuweisung vor (z.B. im Kanton Luzern oder Zürich: kantonale Ausgleichskasse).

9C_9C_217/2007 v. 8.4.2008, E. 5 betr. Wohnsitzbegründung nach Aufenthalt zu Behandlungszwecken; RKUV 2006 329 betr. Datum der Einreise in die Schweiz und Wohnsitznahme hier als Bedingung für den Beginn der Prämienpflicht.

bb) Ende (Art. 5 Abs. 3 KVG, Art 7 ff. KVV)

Im Zeitpunkt des Verlustes der Voraussetzungen für die Versicherungspflicht und bei Tod endet das Versicherungsverhältnis von Gesetzes wegen. 3.57

Der Versicherer kann unter Einhaltung einer Kündigungsfrist von drei Monaten auf das Ende des Kalenderjahres gewechselt werden (Art. 7 Abs. 1 KVG, Art. 9 KVV), im Zusammenhang mit Prämienveränderungen gilt eine Kündigungsfrist von einem Monat (Art. 7 Abs. 2 KVG). Der Wechsel des Versicherers führt nicht zu einem Ende der Unterstellung. Der Übergang muss nahtlos erfolgen, sodass Art. 7 Abs. 5 KVG bestimmt, dass das Versicherungsverhältnis beim bisherigen Versicherer erst endet, wenn der neue mitteilt, dass die betreffende Person ohne Unterbruch bei ihm versichert sei. Die Mitteilung muss unmittelbar erfolgen, ansonsten der neue Versicherer der Person für die Prämiendifferenz und dem bisherigen Versicherer für die erbrachten Leistungen schadenersatzpflichtig wird.

9C_870/2014 v. 21.4.2015, E. 3.2 betr. Anwendung von Art. 7 Abs. 5 KVG auch bei einem Wiedereintritt beim früheren Versicherer; vgl. auch BGE 129 V 394, E. 5.

Die Unterstellung kann bei Verlust der Unterstellung i.S.v. Art. 1 Abs. 1 und 2 lit. a und c sowie Art. 3–6 KVV gemäss Art. 7a KVV durch eine im Rahmen des VVG abzuschliessende «Abredeversicherung» freiwillig weitergeführt werden. Die Versicherten haben Anspruch auf Information gemäss Art. 7b KVV resp. Art. 6a KVG. 3.58

3. Freiwillige Unterstellung (Art. 67 ff. KVG)

Wer in der Schweiz wohnhaft oder erwerbstätig ist, kann gem. Art. 2 Abs. 1 oder 3 KVAG freiwillig bei einem Versicherer eine Taggeldversicherung abschliessen. Der Anspruch steht jeder Person zu, welche das 15. aber noch nicht das 65. Altersjahr zurückgelegt hat, also auch nichterwerbstätigen Wohnsitznehmern bzw. Aufenthaltern in der Schweiz. Ebenso in den Genuss kommen Personen aus dem EU/EFTA-Raum gemäss den Abkommen. 3.59

D. Unterstellung nach Funktion

I. Begriff

Wie bei der Anknüpfung an die Arbeitnehmerstellung erfolgt die Unterstellung unter das MVG und EOG, wenn man eine im Gesetz aufgeführte Stellung bzw. Funktion einnimmt. Es handelt sich um Tätigkeiten, welche im öffentlichen Interesse i.e.S. geleistet werden für den Bund oder Institutionen mit entsprechenden Aufgaben. Auch die blosse Teilnahme an Anlässen kann schon ausreichen. 3.60

Weil förderungsbedürftig, werden landwirtschaftlichen Arbeitnehmern und unter bestimmten Voraussetzungen auch selbständigen Landwirten und Kleinbauern

Familienzulagen ausgerichtet. Die Unterstellung erfolgt von Gesetzes wegen im Zeitpunkt der Erfüllung der Voraussetzungen.

II. Unterstellung in den verschiedenen Sozialversicherungszweigen

1. Militärversicherung (Art. 1a MVG, Art. 1 MVV)

3.61 Es ist an dieser Stelle auf die abschliessende Aufzählung in Art. 1a Abs. 1 lit. a–q MVG verwiesen, so unter anderen zum Beispiel:

- obligatorischen oder freiwilligen Militär-, Zivil- oder Zivilschutzdienstleistende,
- Ersatzdienst in Ersatzformen Leistende,
- im Bundesbedienst Stehende für militärische Aufgaben,
- Teilnehmer an Aktionen des Bundes im In- und Ausland,
- Teilnehmer an Einschreibung, Musterung, Informationskursen und dgl. auf Aufgebot hin,
- Teilnehmer an einer Orientierungsveranstaltung,
- Teilnehmer an Instruktionskursen, Übungen und dgl.,
- Arrest, militärische U-Haft.

2. Erwerbsersatz (Art. 1a, Art. 16b EOG)

3.62
- Militärdienstleistende,
- Ersatzdienstleistende,
- Teilnehmende an Kaderkursen von «Jugend und Sport», Jungschützenkurse,
- erwerbstätige Mütter.

3. Familienzulagen in der Landwirtschaft (Art. 1a, 5 FLG, Art. 1-3 FLV)

3.63
- landwirtschaftliche Arbeitnehmer,
- selbständigerwerbende Betriebsleiter und ihre Ehepartner,
- mitarbeitende Familienmitglieder (nur in Seitenlinie) des Betriebsleiters,
- Kleinbauern mit kleinem Einkommen, selbständige Älpler.

BGE 144 V 104, E. 4 betr. FLG-Unterstellung von als Arbeitnehmer mitarbeitenden Aktionären eines als AG konzipierten landwirtschaftlichen Betriebs.

III. Beginn und Ende (Art. 3 MVG, Art. 9 MVV)

In der MV und EO beginnt die Unterstellung im Moment, in dem man sich entsprechend dem Aufgebot auf den Hinweg zum Stellungsort begibt, soweit der Weg innert angemessener Frist zurückgelegt wird, also auf direktem Weg von zu Hause oder vom Arbeitsplatz oder anderswo her. Dasselbe gilt für das Dienstende und den Rückweg. 3.64

Wichtig ist die Dauer der Unterstellung, insb. für die Koordination bzw. Abgrenzung zur Kranken- und Unfallversicherung, die während der MV-Unterstellung sistiert sind bzw. ruhen (Art. 3 Abs. 2 MVG, Art. 9 MVV; Art. 3 Abs. 4 KVG, Art. 3 Abs. 4 UVG). Das Ruhen der Militärversicherung bezieht sich jedoch nur auf die nach UVG versicherten Berufsunfälle, wobei für die Hin- und Rückreise zur Arbeit der Schutz der Militärversicherung erhalten bleibt. 3.65

IV. Freiwillige Grundversicherung (Art. 2 MVG, Art. 8 MVV)

Beruflich Versicherte i.S.v. Art. 1a Abs. 1 lit. b MVG können bei der Militärversicherung gem. Art. 2 Abs. 1 MVG ab ihrer Pensionierung eine freiwillige Grundversicherung gegen krankheits- und unfallbedingte Gesundheitsschädigungen abschliessen, sofern sie in der Schweiz wohnhaft sind. Versicherte haben Anspruch auf Sachleistungen und Kostenvergütungen gemäss den Art. 16, 18a–21 MVG. Es gilt das Äquivalenzprinzip (vgl. 4.18). Der Beitritt erfolgt auf schriftliche Anmeldung hin während des letzten Jahres vor der Pensionierung oder bis zu zwei Monate danach, und zwar ohne Gesundheitsvorbehalt. Der Austritt ist jederzeit auf den der schriftlichen Austritterklärung folgenden Monat möglich und schliesst einen Wiedereintritt aus. 3.66

4. Teil: Das Beitragswesen

A. Die Finanzierung der Sozialversicherung

I. Statistische Angaben

Wer sich einen Überblick über die Gesamtrechnung der Sozialversicherung als Ganzes sowie die Rechnungen der einzelnen Sozialversicherungszweige verschaffen will, konsultiert die Publikation «Schweizerische Sozialversicherungsstatistik» (SVS). Ihr entnommen werden können, unter Beachtung auch der Entwicklung seit den letzten Jahren, die Daten zu Einnahmen, Ausgaben und Kapital sowie zur Zahl der Leistungsbezüger, Beitragssätze usw. 4.01

II. Die an der Finanzierung Beteiligten

1. Allgemeine Bemerkungen

Der Finanzierungsmodus hängt von den historischen Wurzeln des einzelnen Sozialversicherungszweiges ab. Die Verteilung der Finanzierungslast richtet sich nach dem Leistungsziel, dem Grad der Solidarität der Versichertengemeinschaft sowie der Tragbarkeit der Beitragslast für die einzelne Person, was sich unter anderem in gewissen Sozialversicherungszweigen in einem ausgeprägteren Solidaritätsprinzip niederschlägt. 4.02

Die Finanzierung wird von folgenden sie beeinflussenden Faktoren bestimmt:

- Schadensverursacher: z.B. UV, MV,
- Leistungsziele: z.B. 1. Säule, bV, KV,
- Wirtschafts- und Konjunkturlage: 1. Säule, bV, ALV,
- Lebens- und Arbeitsformen: 1. Säule, Familienzulagen,
- Demographie.

2. Die öffentliche Hand

Die öffentliche Hand beteiligt sich an der Finanzierung der Sozialversicherungen einerseits aus staatspolitischen Gründen zwecks Förderung der Chancen- und Rechtsgleichheit, des Solidaritätsgedankens (horizontale Solidarität) sowie andererseits aus haftpflichtrechtlichen Überlegungen wie in der MV. Sie finanziert ihre Beiträge aus verschiedenen Steuerquellen (z.B. Alkohol- und Tabaksteuer, Mehrwertsteuer, allgemeine Steuern). 4.03

Sie kennt verschiedene Formen der Beteiligung:

4.04 • Volle bzw. 100%ige Finanzierung der Leistungen (Art. 13 ELG [fünf Achtel durch Bund, drei Achtel durch Kanton], Art. 39 ff. ELV; Art. 82 MVG [Bundeshaftung]; Art. 102 Abs. 2 AHVG),

- Teilweise Finanzierung resp. Subventionierung von Leistungen (Art. 102 ff. AHVG; Art. 77 Abs. 1 lit. b und c IVG; Art. 90 lit. a AVIG),
- Subventionierung von Beiträgen (Art. 65 ff. KVG [7,5% der Bruttokosten der obl. Krankenpflegeversicherung durch den Bund, der Rest durch die Kantone]; VPVK),
- Steuerbefreiung der Beiträge und Trägerorganisationen (Art. 80 ATSG; Art. 80 f. BVG).
- Tresoreriedarlehen als jährlicher Rechnungsausgleich in der Arbeitslosenversicherung bei heftigen Arbeitsmarktschwankungen (Art. 90b AVIG).

3. Die versicherte Person

4.05 Als Ausfluss des Verursachergedankens und der Selbstverantwortung haben die versicherten Personen entweder ganz oder teilweise für die *Beitrags*last selber aufzukommen (Art. 3 AHVG; Art. 77 Abs. 1 lit. a IVG; Art. 66 BVG; Art. 61 KVG; Art. 91 Abs. 2 UVG; Art. 27 EOG; Art. 2 Abs. 1 lit. a AVIG).

4.06 Die Krankenversicherung kennt neben den eigentlichen Beiträgen (= Prämien) zur Stärkung der Selbstverantwortung weitere Kostenbeteiligungsformen wie

- *Selbstbehalt*: Art. 64 Abs. 2 lit. b KVG, Art. 103 Abs. 2 KVV (= 10% der die Jahresfranchise übersteigenden Kosten, max. Fr. 700.–/Jahr für Erwachsene und Fr. 350.– für Kinder), jedoch nicht für Leistungen bei Mutterschaft und Schwangerschaftskomplikationen ab der 13. Schwangerschaftswoche bis zum Ablauf von 8 Wochen nach der Niederkunft (Art. 64 Abs. 7 KVG, Art. 105 KVV).
- *Jahresfranchise*: Art. 64 Abs. 2 lit. a KVG, Art. 93 Abs. 1, 103 KVV als fester im Kalenderjahr geschuldeter Betrag von Fr. 300.– für Erwachsene und junge Erwachsene (oder als Wahlfranchise Fr. 500.–/1000.–/1500.–/2000.–/2500.–), der im Zeitpunkt des erstmaligen Leistungsbezugs (= Behandlungsdatum) im Kalenderjahr fällig wird. Bei Kindern wird – vorbehalten bei Wahlfranchise von Fr. 100.–/200.–/300.–/400.–/500.–/600.– (Art. 93 Abs. 1 KVV) – keine Franchise erhoben (Art. 64 Abs. 4 KVG). Betr. Begrenzung der Summe von Selbstbehalt und Jahresfranchise bei Familien mit Kindern vgl. Art. 64 Abs. 4 KVG i.V.m. Art. 93 Abs. 3 KVV. Keine Franchise erhoben wird zudem für Leistungen bei Mutterschaft und Schwangerschaftskomplikationen ab der 13. Schwangerschaftswoche bis zum Ablauf von 8 Wochen nach der Niederkunft (Art. 64 Abs. 4 und 7 KVG, Art. 105 KVV).

- *Pauschale*: Für Erwachsene, deren Versicherungsunterstellung auf weniger als ein Jahr angelegt ist, kann der Versicherer für in Anspruch genommene Leistungen eine den Selbstbehalt und die Franchise enthaltende Pauschale von Fr. 250.– für 90 Tage festlegen (Art. 103 Abs. 5 KVV).
- *Spitalaufenthaltskostenbeitrag:* Art. 64 Abs. 5 KVG, Art. 104 KVV (= Fr. 15.– pro Tag). Keinen Beitrag zu entrichten haben Kinder bis zum vollendeten 18. Altersjahr, sich in Ausbildung befindende junge Erwachsene sowie Frauen für Leistungen bei Mutterschaft und Schwangerschaftskomplikationen ab der 13. Schwangerschaftswoche bis zum Ablauf von 8 Wochen nach der Niederkunft (Art. 104 Abs. 2 lit. a–c, 105 KVV).

  9C_716/2018 v. 14.5.2019, E. 4.2.3. betr. Berücksichtigung vor Franchise und Selbstbehalt.

Eine andere Form des Selbstbehalts stellen Wartezeiten und die nur teilweise Deckung des Verdienstausfalls bei Taggeldern und Renten dar (vgl. hinten 5.197, 5.225 ff.5.324, 5.326, 5.334, 5.336). 4.07

4. Die Arbeitgeber

Die Einbindung der Arbeitgeber in die Finanzierung der Sozialversicherung (Art. 12 AHVG; Art. 77 Abs. 1 lit. a IVG; Art. 66 BVG; Art. 91 Abs. 1 UVG; Art. 27 EOG; Art. 2 Abs. 1 lit. b AVIG) hat folgende Gründe: 4.08

- Übernahme von Taggeldern durch die Sozialversicherung als Ersatz für die arbeitsvertragliche Lohnfortzahlungspflicht des Arbeitgebers (Art. 324a OR),
- Fürsorgepflicht des Arbeitgebers aus der Verantwortung für die Alters-, Invaliditäts- und Hinterlassenenvorsorge gegenüber seinen Arbeitnehmern (Art. 328 OR),
- Ersatz haftpflichtrechtlicher Ansprüche gegenüber dem Arbeitgeber durch die Sozialversicherung (für Grobfahrlässigkeit und Vorsatz), insbesondere in der obl. Unfallversicherung.

5. Die Haftpflichtigen

Einen weiteren Beitrag zur Finanzierung der Sozialversicherungen leisten die Regressansprüche der Sozialversicherungen gegenüber den schadensverursachenden Haftpflichtigen. Im Umfang des von den Sozialversicherungen erbrachten Leistungsumfangs haben die Sozialversicherungen gegenüber dem Haftpflichtigen einen direkten Anspruch auf dessen Schadenersatzleistungen. Im Umfang dieses Anspruchs verliert der Geschädigte seinen Schadenersatzanspruch gegenüber dem Geschädigten (Art. 72 f. ATSG; Art. 102 Abs. 1 lit. d AHVG; Art. 77 Abs. 1 lit. d IVG; Art. 34b BVG; vgl. hinten 5.385 ff.). 4.09

6. Kapitalerträge

4.10 Die Beiträge der Arbeitnehmer und Arbeitgeber fliessen bei der AHV (Art. 107 AHVG), IV (Art. 79 f. IVG), EO (Art. 28 EOG) und ALV (Art. 84 AVIG) je in einen eigenen Ausgleichsfonds (vgl. Art. 3 Abs. 4 Ausgleichsfondsgesetz sowie VO über die Verwaltung der Ausgleichsfonds der AHV, IV und EO; Art. 84 Abs. 4 AVIG). In der beruflichen Vorsorge, Kranken- und Unfallversicherung wird das Vermögen von den jeweiligen Trägern nach den Regeln einer sicheren und risikogerechten Verteilung angelegt, und zwar zu einem marktkonformen Ertrag (vgl. Art. 71 BVG, Art. 51 BVV2; Art. 34 Abs. 1 lit. d KVAG). Diese Erträge werden u.a. auch zur Finanzierung der Leistungen verwendet.

III. Die Finanzierungsverfahren

1. Das Umlageverfahren (Ausgabenumlageverfahren)

a) Begriff

4.11 Bezogen auf eine Rechnungsperiode, i.d.R. ein Kalenderjahr, haben sämtliche gesetzlichen Finanzierungsmittel wie Beiträge der Versicherten, der Arbeitgeber, der öffentlichen Hand und die Kapitalerträge der Ausgleichsfonds die anfallenden Leistungsansprüche laufend zu befriedigen. Eine Reservebildung bezogen auf den einzelnen Versicherten ist nicht vorgesehen. Um Schwankungen auf der Einnahmen- oder Ausgabenseite sowie die Folgen unterschiedlicher Bevölkerungsstrukturen ausgleichen zu können, sind auf nationaler Ebene Ausgleichsfonds notwendig (Art. 107 AHVG, Art. 79 IVG, Art. 28 EOG, Art. 84 AVIG), welche aus den Einnahmen (Art. 102 AHVG, Art. 77 IVG, Art. 27 EOG, Art. 84 AVIG) gespeist und mit den Leistungen, allfälligen Regressen (Art. 72–75 ATSG) und Zuschüssen belastet werden.

4.12 Das Umlageverfahren schafft Solidaritäten zwischen Jungen und Alten sowie Gesunden und Kranken (vertikale Solidarität, Generationenvertrag). Probleme ergeben sich, wenn das Gleichgewicht zwischen Beiträgen und Leistungen gestört ist, d.h. wenn das Leistungsvolumen bei gleich bleibendem bzw. sinkendem Beitragsvolumen steigt (die demographische Entwicklung lässt z.B. befürchten, dass immer weniger aktive Versicherte für immer mehr älter werdende passive Versicherte aufkommen müssen).

Für solche Situationen kennt die Krankenversicherung gem. Art. 16 ff. KVG i.V.m. der VORA 2020 das System des Risikoausgleichs unter den Versicherungsträgern, durchgeführt von der «gemeinsamen Einrichtung» (vgl. hinten 6.34). Der Risikoausgleich erfolgt gemäss Art. 1 VORA 2020 mittels Indikatoren resp. Einteilung in Risikogruppen (nach Alter [Entlastung für junge Erwachsene: Art. 16a KVG], Geschlecht, Morbidität [Aufenthalt von mehr als drei aufeinanderfolgenden

Nächten in einem Spital oder Pflegeheim im Vorjahr] oder Einteilung in eine pharmazeutische Kostengruppe (PCG; vgl. dazu im Einzelnen Art. 4 f. VORA 2020). Je nach Umfang der Indikatoren Alter, Geschlecht, Morbidität und Einteilung in PCG müssen Krankenkassen der «gemeinsamen Einrichtung» Risikoabgaben entrichten resp. erhalten unter den gesetzlichen Voraussetzungen von ihr Ausgleichsbeiträge.

In der 2. Säule übernimmt der Sicherheitsfonds Risikoausgleichsfunktion. Er gewährt Pensionskassen bei ungünstiger Altersstruktur Zuschüsse (Art. 56 Abs. 1 lit. a BVG, SFV).

b) In den verschiedenen Sozialversicherungszweigen

Dem Umlageverfahren folgen die Sozialversicherungszweige: 4.13

- 1. Säule mit AHV (Art. 102 AHVG) und IV (Art. 77 IVG),
- Krankenversicherung (Bedarfsdeckungsverfahren: Art. 12 KVAG),
- Unfallversicherung bezogen auf kurz- und langfristige Leistungen (mit Pflicht zur Bildung von Rückstellungen) sowie für Rentenleistungen bis zu ihrer Festsetzung (Bedarfsdeckungsverfahren: Art. 90 Abs. 1 UVG),
- Erwerbsersatzordnung (Art. 26 EOG),
- Familien- bzw. Kinderzulagen (Art. 16 FamZG, Art. 18 FLG),
- Arbeitslosenversicherung (Art. 90 AVIG).

BGE 144 V 388, E. 5.4 betr. abschliessende Finanzierungsquellen in der KV (Bedarfsdeckungsverfahren). Unzulässigkeit der indirekten Querfinanzierung durch Mittel des VVG-Bereichs.

2. Das Kapitaldeckungsverfahren

a) Begriff

Es handelt sich um ein versicherungsmässiges, planmässiges Vorfinanzieren bzw. Sparen im Hinblick auf die individuelle Vorsorge, d.h. individuell ausgestalteter künftiger Leistungen. Finanziert aus Beiträgen auf dem versicherten Verdienst und Kapitalerträgen wird jährlich das individuelle Vorsorgeguthaben aufgebaut und verzinst (Art. 15 f. BVG). 4.14

Eine modifizierte Form des Kapitaldeckungsverfahrens sieht vor, dass erst im Risikofall für den voraussichtlichen Umfang der Invaliden- und Hinterlassenenrenten sowie der Hilfllosenentschädigung ein individuelles Deckungskapital gebildet wird, und zwar aus Rückstellungen für Langfristleistungen für die eingetretenen Unfälle, ohne Teuerungszulagen, finanziert. Zusätzlich sind (Schwankungs-)Reserven zu bilden (Art. 48e BVV2, Art. 90 Abs. 3 UVG). 4.15

b) In den verschiedenen Sozialversicherungszweigen

4.16 Das reine Kapitaldeckungsverfahren ist nur in der 2. Säule verwirklicht (Art. 65 f. BVG).

(Aufgrund der längeren Lebenserwartung findet systemwidrig schon jetzt eine Umverteilung im Umfang von 6–7 Mrd. jährlich statt.)

4.17 In der Unfallversicherung wird nach der Festsetzung von Invaliden- und Hinterlassenenrenten sowie Hilflosenentschädigungen das modifiziertes Kapitaldeckungsverfahren angewendet (Art. 90 Abs. 2 UVG).

B. Die Bemessungsgrundlagen

I. Die Versicherungsprinzipien

1. Das Äquivalenzprinzip

a) Begriff

4.18 Das Äquivalenzprinzip besagt, dass die Prämien bzw. Beiträge *risikogerecht* in Bezug zur Leistungswahrscheinlichkeit bzw. zum Leistungsumfang festgesetzt werden. d.h. *zwischen den Beiträgen und Leistungen muss ein Gleichgewicht bestehen* bzw. die Beiträge haben die laufenden Kosten zu decken (Kostendeckungsverfahren). Man spricht auch von Vorzugslast (weil man sich mit den Beiträgen einen Sondernutzen kauft).

9C_870/2015 v. 4.2. 2016, E. 4 betr. Äquivalenzprinzip bei den Mahngebühren der Krankenkassen.

b) In den verschiedenen Sozialversicherungszweigen

4.19 Das Äquivalenzprinzip findet Beachtung in der:

- Unfallversicherung (Art. 61 Abs. 2 UVG)

  BGE 139 V 148, E. 7.2.2 betr. Äquivalenzprinzip bei Mehrfachbeschäftigung; BGE 136 V 182, E. 2.3 betr. Berücksichtigung nur der in der Schweiz versicherten Einkommen; BGE 127 V 169, E. 4 betr. keine Berücksichtigung von nach dem Unfall hinzugekommenen Kinderzulagen.

- Beruflichen Vorsorge (Art. 65 Abs. 2 BVG)

  BGE 140 V 154, E. 6 f. betr. Berechnung von Altersleistungen nur unter Einbezug von Altersgutschriften, für welche entsprechende Beitragszahlungen entrichtet wurden resp. noch entrichtet werden müssen; BGE 130 V 369, E. 6.3 betr. Äquivalenzprinzip und Ablösung einer Invaliden- durch eine Altersrente.

- 1. Säule (Art. 34 AHVG)

  Das Beitrags-Leistungs-Gleichgewicht ist einzig zwischen der Minimal- und Maximalrente zu finden, indem das während der Beitragszeit akkumulierte Einkommensvolumen sich auf das die Rentenhöhe beeinflussende, durchschnittliche Jahreseinkommen auswirkt und gegebenenfalls fehlende Beitragsjahre (Beitragslücken) zu Kürzungen führen (vgl. hinten 5.259).

AHV/IV (2019): Zwischen Fr. 14'220.– und Fr. 85'320.– durchschnittlichem Jahreseinkommen steigert sich die monatliche Vollrente von Fr. 1'185.– bis Fr. 2'370.–
(monatliche Vollrenten gemäss Skala 44).

- Exkurs: Privatversicherung, überobligatorische Vorsorge

  Die Berücksichtigung von Alter, Geschlecht, Gesundheitszustand im Hinblick auf die versprochene Leistung führt zu entsprechend abgestufter Beitrags- bzw. Prämienhöhe. Je höher also das Risiko, desto höher die Prämie.

2. Das Solidaritätsprinzip

a) Begriff

Das Solidaritätsprinzip durchbricht das Äquivalenzprinzip in der für die Sozialver- 4.20
sicherung typischen Eigenschaft durch Umverteilung von Beiträgen. So werden zum einen die Leistungen von in bescheidenen wirtschaftlichen Verhältnissen lebenden Versicherten nicht allein durch die eigenen Beiträge (und die der Arbeitgeber) finanziert, sondern darüber hinaus auch durch Beitragsanteile anderer Versicherter, nämlich solchen auf deren Einkommensteilen, welche nicht mehr leistungserhöhend resp. rentenbildend sind (sog. Sozialsteuer bzw. Umverteilung von «reich zu arm» [horizontale Solidarität]). Zum anderen zeigt sich die Solidarität in der Versichertengemeinschaft auch darin, dass die Prämien der Gesunden die Leistungen der Kranken finanzieren. Eine andere Art der Umverteilung schafft die öffentliche Hand in Form von aus Steuergeldern finanzierten Beiträgen an bestimmte Sozialversicherungszweige (vgl. vorne 4.03).

b) In den verschiedenen Sozialversicherungszweigen

Das Solidaritätsprinzip hat insbesondere seinen Niederschlag gefunden in der 4.21
1. Säule, Arbeitslosenversicherung, Erwerbsersatzordnung, Krankenversicherung und bei den Familienzulagen sowie den ausschliesslich aus Steuergeldern finanzierten Ergänzungsleistungen, Familienzulagen für selbständige Landwirte (und der Militärversicherung).

3. Das Kopfprämienprinzip, Leistungsfähigkeitsprinzip

4.22 Soweit keine risikobezogene Abstufung erlaubt ist und die Beiträge nicht von der wirtschaftlichen Leistungsfähigkeit abhängig sind, spricht man von *Kopfprämienprinzip*. Gewisse Besonderheiten vorbehalten verkörpert es das Gleichheitsprinzip am stärksten, erfordert aber einen Risikoausgleich (vgl. vorne 4.12). Einziges Beispiel ist die Krankenversicherung,

4.23 Im Gegensatz zum Kopfprämienprinzip steht das *Leistungsfähigkeitsprinzip,* das in der AHV, IV, EO, bV und ALV sowie bei Familienlasten und beschränkt auch der UV Anwendung findet. Danach werden die Beiträge nach der wirtschaftlichen Leistungsfähigkeit der Versicherten auf Grund ihres Einkommens oder Vermögens bemessen (vgl. im Folgenden unter II.).

II. Beiträge nach der wirtschaftlichen Leistungsfähigkeit

1. Massgeblichkeit des Erwerbseinkommens

a) Grundsatz

4.24 Bei erwerbstätigen Personen, sowohl selbständig als unselbständigerwerbend, ist einziges Beitragsobjekt das Erwerbseinkommen. Bei mehreren gleichzeitigen Einkommenszuflüssen aus verschiedenen Erwerbsquellen (Mehrfachbeschäftigung) wird jeder einzelne für sich gesondert qualifiziert.

Nicht zum Beitragsobjekt zählen Kapital- resp. Vermögenserträge, wie insb. Dividenden, Gewinnausschüttungen, Mietzinseinnahmen oder Kapitalgewinne, sofern sie *nicht in gewerbsmässiger Absicht* erzielt werden.

BGE 145 V 50, E. 4 betr. keine Rechtsprechungsänderung mit Bezug auf BGE 141 V 634, E. 2.2 betr. Missverhältnis bei überhöhter Dividende (> 10%) und unüblich tiefem branchenüblichen Lohn; 9C_444/2017 v. 14.5.2018, E. 3 betr. Qualifikation von Aktienbesitz als Geschäfts- und nicht als Privatvermögen; 9C_591/2016 v. 21.3.2017, E. 3 betr. Abgrenzung des gewerbsmässigen Liegenschaftenhandels von der blossen Vermögensverwaltung.

Erwerbseinkommen liegt vor, bei:

- einer mit Gewinnabsicht und Gewinnaussicht auf Erwerb ausgerichteten Tätigkeit der versicherten Person, welche in einem
- Kausalzusammenhang zum
- Zufluss geldwerter Leistungen steht.

4.25 Die Tätigkeit kann künstlerisch, sozial, religiös orientiert, widerrechtlich oder unsittlich sein und ohne besondere Anstrengungen erfolgen. Sie braucht nicht der Verbesserung der eigenen, persönlichen Leistungsfähigkeit zu dienen, sondern kann auch fremdnützig sein. Sie muss aber *systematisch, planmässig* und *persönlich* ausgeführt werden, sowie grundsätzlich in tatsächlicher und rechtlicher Hinsicht geeignet sein, die *wirtschaftliche Leistungsfähigkeit* zu erhöhen. Werden durch die Tätigkeit über längere Zeit jedoch keine Gewinne erzielt, kann aufgrund der gesamten Umstände allenfalls auf fehlende Gewinnabsicht geschlossen werden, d.h. dass die Tätigkeit letztlich aus Liebhaberei oder als Hobby betrieben wird (vgl. hinten 4.48).

BGE 143 V 177, E. 4.2 betr. Abgrenzung (selbständige) Erwerbstätigkeit und Liebhaberei; 9C_545/2007 v. 9.7.2008, E. 3.1 betr. Ehrenamt als keine oder nur teilweise Erwerbstätigkeit; BGE 133 V 73, E. 4 betr. Status der Erwerbstätigkeit bei unverschuldeter Arbeitsverhinderung; BGE 125 V 383, E. 2 betr. Einkommen aus planmässigem Kiesabbau auf einem Landwirtschaftsgrundstück als Ersatzeinkommen und nicht Ertrag; AHI 1994 134 betr. Lizenzen, sofern persönliche Einflussnahme und Mitbestimmung des Lizenzgebers.

Der Zufluss geldwerter Leistungen kann erfolgen z.B. in Form von:

- Bar- oder Naturallohn, zeitlich vor oder nach der massgebenden Tätigkeit geschuldet,
- Gewährung von Vergünstigungen (fringe benefits),
- Schulderlass,
- planmässiger Eigenleistung (Tausch; nicht nur als Gefälligkeit),

unabhängig davon, ob geschuldet oder freiwillig.

Grundsätzlich wird, vorbehältlich Art. 6ter AHVV, das *gesamte im In- und Ausland erzielte Einkommen* erfasst. Bei Auslandbezug können jedoch Sozialversicherungsabkommen sowie auch die FZA mit ihren Anhängen und Protokollen, welche dem Erwerbsortprinzip verpflichtet sind, den Grundsatz durchbrechen und entweder eine einheitliche und umfassende oder auch eine geteilte Veranlagung im In- und/oder Ausland vorsehen. 4.26

BGE 143 V 402, E. 6 betr. Slowene mit Wohnsitz in der Schweiz und inländischem unselbständigen und ausländischem selbständigem Erwerbseinkommen.

b) Ausnahmen (Art. 6 Abs. 2–Art. 6^{quater}, Art. 19, Art. 34d AHVV)

Nicht zum Einkommen zählen gemäss 4.27

- *Art. 6 Abs. 2 lit. a–h AHVV* Leistungen, welche im öffentlichen Interesse ohne Charakter einer Erwerbstätigkeit in Erfüllung einer Bürgerpflicht geleistet werden (Sold, soldähnliche Vergütungen [Jungschützenleiterkurse]), Familienzulagen, Geldleistungen der Sozialversicherungen für Krankheit, Unfall oder Invalidität (Taggelder, Renten), jedoch mit Ausnahme des Taggeldes i.S.v. Art. 25 IVG und Art. 29 MVG, sowie reglementarische Leistungen von Einrichtungen der beruflichen Vorsorge im Fall des Risikoeintritts. Sodann Zuwendungen für die Aus- und Weiterbildung; werden diese vom Arbeitgeber geleistet, muss die Aus- und Weiterbildung in engem Zusammenhang mit der beruflichen Tätigkeit der begünstigten Person stehen. Der Katalog gilt als *abschliessend*.

BGE 139 V 50, E. 4.9 betr. Aufrechnung der «Arbeitgeber»beiträge der MV auf das beitragspflichtige MV-Taggeld; AHI 2004 40 betr. Zulagen zu Feuerwehrsold.

- *Art. 6ter AHVV* erzielte Einkommen von Inhabern, Teilhabern oder Organen einer juristischen Person in einem Drittstaat (Nichtvertragsstaat), die Wohnsitz in der Schweiz haben, weil die Erzielung schwer nachkontrollierbar ist und aufgrund des in den Sozialversicherungsabkommen in der Regel massgebenden Erwerbsortprinzips im Ausland angeknüpft wird: Massgebend ist, dass das Einkommen einer im Ausland gelegenen Betriebsstätte zufliesst. Zudem zufliessendes Einkommen an (nichterwerbstätige) Person mit Wohnsitz in der Schweiz, die gemäss DBG der Pauschalbesteuerung unterliegen.

  9C_65/2018 v. 7.1.2019, E. 4.5 betr. Anwendbarkeit von Art. 6ter AHVG nur auf drittstaats-ausländische Sachverhalte; AHI 1994 134 betr. Zufluss des Einkommens im Ausland.

- *Art. 6quater AHVV* Erwerbseinkommen von Altersrentnern, und zwar (je Arbeitgeber) bis Fr. 16'800.–/Jahr oder Fr. 1'400.–/Monat und für Selbständigerwerbende Fr. 16'800.–/Jahr (Rentnerfreibetrag). Bei gleichzeitiger unselbständiger und selbständiger Erwerbstätigkeit erfolgt der Abzug für jedes Einkommen.

- *Art. 19 und 34d AHVV* ein geringfügiges Erwerbseinkommen von nebenberuflich Selbständigerwerbenden und haupt- oder nebenberuflich Unselbständigerwerbenden. Die Einkommenslimite liegt bei max. Fr. 2'300.–, bei Unselbständigen je Arbeitgeber, pro Kalenderjahr, sofern nicht vom Arbeitnehmer die Beitragserhebung auf diesem Einkommen verlangt wird. Keine Befreiung wegen Geringfügigkeit geniessen jedoch die in Privathaushalten Beschäftigten (sog. Hauspersonal: Art. 34d Abs. 2 lit. a AHVV) sowie Kunstschaffende (Orchester- und sonstige Musiker, Theater- oder Einzelschauspieler, Kabarettisten, TänzerInnen, Phono- und Audiovisionsproduzenten, Schulen im künstlerischen Bereich: Art. 34d Abs. 2 lit. b AHVV). Sie sind für jedes Erwerbseinkommen beitragspflichtig. Als Gegenausnahme sind im Privathaushalt beschäftigte Personen bis zum Ende des Jahres, in dem sie ihr 25. Altersjahr vollenden, von der Beitragspflicht dann befreit, wenn ihr Einkommen aus dieser Tätigkeit Fr. 750.– pro Jahr und Arbeitgeber nicht übersteigt («Sackgeldjobs») und keine Beitragserhebung verlangt wird (Art. 34d Abs. 2 lit. a Ziff. 1 und 2 AHVV).

2. Einkommen aus unselbständiger Erwerbstätigkeit

4.28 *a) Begriff (Art. 5 Abs. 2 AHVG)*

Das AHVG definiert unselbständige Erwerbstätigkeit (ebensowenig wie selbständige Erwerbstätigkeit und Nichterwerbstätigkeit) nicht. Abgestellt wird auf den wirtschaftlichen Vorgang, der seinen Grund im Arbeitsverhältnis zwischen Arbeitgeber und Arbeitnehmer hat, und zwar für die Zeit der Dauer des Arbeitsverhältnisses. Es handelt sich um eine *objekt-* und nicht um eine subjektbezogene Betrachtungsweise. Massgebend sind die *effektiven, nach aussen im Wirtschaftsleben sich zei-*

genden wirtschaftlichen Gegebenheiten. Dabei hat die Praxis Abgrenzungskriterien entwickelt, welche durch Abwägen der Gewichtigkeit der einzelnen Kriterien und unter Berücksichtigung der gesamten Umstände des Einzelfalls eine Zuordnung zu unselbständiger oder selbständiger Erwerbstätigkeit erlauben.

Das Beitragsstatut wird von den Ausgleichskassen selbständig und unabhängig 4.29

- von den zivilrechtlichen Verhältnissen (der Arbeitnehmerbegriff ist nicht deckungsgleich mit dem sozialversicherungsrechtlichen Begriff des Unselbständigerwerbenden),
- dem subjektiven Willen der Parteien, d.h. wie sie das Vertragsverhältnis nennen und qualifizieren (Auftrag, Werkvertrag oder Arbeitsvertrag [aufgrund des Schutzgedankens wird bei effektiv vollzogener Abwicklung als Arbeitsverhältnis die unselbständige Stellung in der Praxis kaum in Frage gestellt]),
- der Qualifikation als haupt- und nebenberufliche Tätigkeiten sowie Teilzeittätigkeiten, nämlich für jede Tätigkeit separat, auch wenn der gleiche Vertragspartner im Spiel ist,
- von der steuerrechtlichen Qualifikation (= Grundsatz: Soweit aber keine ernsthaften Zweifel an der Richtigkeit oder andere Gründe vorliegen, erfolgt keine Abweichung von der steuerrechtlichen Qualifikation),
- der vertraglichen (jedoch widerrechtlichen und daher nichtigen) Überbindung der Soziallasten auf den «Arbeitnehmer» (Vertragsklausel, dass der Arbeitnehmer die Beitragspflicht gegenüber den Sozialversicherungen zu 100% zu tragen hat)

abgeklärt und festgesetzt.

9C_270/2018 v. 20.9.2018, E. 5.2 betr. ausnahmsweise abweichende Qualifikation; 8C_473/2018 v. 5.3. 2019, E. 5.4.1 betr. Schutzgedanke des UVG und Arbeitnehmerbegriff (i.c. Skirennfahrer als selbständige Erwerbstätigkeit?); BGE 144 V 111, E. 4.2 betr. objektive Betrachtungsweise; BGE 141 V 634, E. 2.5 betr. Massgeblichkeit der bundessteuerlichen Betrachtungsweise für die AK; 9C_667/2014 v. 23. 10.2014, E. 3.1 betr. Steuer-Ruling; BGE 139 V 12, E. 6 betr. Beitragsstatus bei dreijährigem Vorruhestandsurlaub (i.c. Einstufung als Nichterwerbstätigkeit); 9C_1094/2009 v. 31.5.2010, E. 3.7 betr. Abwägen der einzelnen Elemente bei einem Bauberater, der interimistisch ein Gemeindedepartement leitet; BGE 134 V 250, E. 3.3 betr. harmonisierende Rechtsanwendung; BGE 122 V 169, E. 6.a.aa betr. Bezeichnung als Auftragsverhältnis und Beitragsabrechnung mit der Ausgleichskasse durch die Auftragnehmer.

aa) Arbeitsleistung auf Zeit

Die erwerbsorientierte Tätigkeit ist auf Dauer ausgerichtet und nicht ein einmaliger Abtausch von Leistung und Gegenleistung wie beim Kauf. Sie erfolgt: 4.30

- auf unbefristete Dauer oder
- zeitlich zum Voraus befristet (z.B. auf drei Monate, während den Semesterferien oder nach den Umständen bzw. der Art der Arbeitsleistung, wie z.B. Vollendung der Gartenanlage, eingebrachte Ernte),

- voll- oder teilzeitlich,
- regelmässig oder in zeitlichen Abständen (z.B. echte oder unechte Arbeit auf Abruf), nicht aber nur einmalig aus Gefälligkeit.

Abgegolten wird die Zeit, während derer die Person dem Arbeitgeber ihre Dienstleistung zur Verfügung stellt (so auch die Bereitschaftszeit bei Arbeit auf Abruf), und nicht ein Arbeitserfolg.

bb) Entgeltlichkeit (Art. 7–16 AHVV)

4.31 Damit von unselbständiger Erwerbstätigkeit gesprochen werden kann, muss die Gegenleistung der Arbeit in Form eines Entgelts oder einer andern im Zusammenhang mit dem Arbeitsverhältnis stehenden geldwerten Zuwendung des Arbeitgebers erfolgen. Es umfasst sämtliche kausal aus dem Vertragsverhältnis entspringenden effektiv geleisteten geldwerten Zuflüsse, die *nicht* Spesen (Ausnahme: überhöhte Spesenpauschale), Schadensersatz oder eine sanktionsweise Entschädigung i.S.v. Art. 336a Abs. 1 bzw. Art. 337c Abs. 3 OR darstellen oder ihren Grund einzig in der Betriebszugehörigkeit haben (z.B. Benützung der Kinderkrippe, betriebseigenes Fitnessangebot).

8C_507/2018 v. 26.3.2019, E. 5 betr. freiwillige Übernahme der paritätischen BVG-Arbeitneh-merbeiträge durch die Arbeitgeberin; 8C_473/2018 v. 5.3.2019, E. 5.4 betr. Skirennfahrer mit festem Lohn einer Beratungsfirma; 9C_641/2017 v. 19.10.2018, E. 8 betr. überhöhte Unkostenpauschalen und E. 9 betr. Beiträge an politische Parteien als keine Gewinnungskosten.

Mögliche Bestandteile des massgebenden Lohns werden in der *nicht abschliessenden* Liste von Art. 7 AHVV aufgeführt und enthalten unter anderm folgende Zuflüsse:

- Geldleistungen, unabhängig von ihrer Bemessungsart, also nach Zeit (Stunden-/Wochen- oder Monatslohn), Erfolg (Gewinn-, Umsatz- oder Abschlussbeteiligung; Boni/Tantiemen, Gratifikationen und dgl.) oder Leistung (Akkordlohn) bzw. Kombination Zeit/Leistung/Erfolg sowie Lohnfortzahlungen i.S.v. Art. 324a OR, Ferien- bzw. Feiertagsentschädigungen und Abgangsentschädigungen. Unerheblich ist, ob die Auszahlung an einen Dritten erfolgt (z.B. an eine Zahlstelle oder bei Zession) oder ob sie durch einen Dritten, also nicht den unmittelbaren Arbeitgeber, geleistet wird (z.B. Übernahme der Löhne für die Arbeitnehmer der Tochtergesellschaft durch die Muttergesellschaft),
- Zulagen und Vergütungen, welche ihren Grund im Arbeitsvertrag haben und nicht Gewinnungskosten für den Lohn darstellen resp. nicht unter die Ausnahmen (Art. 8–9 AHVV) fallen. Darunter fallen z.B. auch Sitzungsgelder von Organen, Schicht- und andere Zulagen, grössere Geschenke des Arbeitgebers (mehr als Fr. 500.–/Jahr), Zulagen als Entschädigung für Mobilität, Inkonvenienzentschädigungen, Schulgeld für im Ausland einzuschulende Kinder.

  BGE 115 V 1, E. 4.c betr. keine generelle Zuordnung von Schmiergeldern; AHI 2001 52 ff. betr. Krankenkassenprämien, die der Arbeitgeber nicht direkt der Versicherung entrichtet.

- Naturalleistungen (z.B. Verpflegung und Unterkunft oder Abgabe von Wohnraum zu Vorzugsmieten, Überlassen des Geschäftswagens für private Zwecke, [regelmässige] Abgabe von Dienstkleidern), Gutschriften, Vergünstigungen, soweit nicht eine Ausnahme gemäss Art. 8–9 AHVV vorliegt,

  9C_8/2016 v. 1.9.2016, E. 4 betr. Überlasen des Geschäftswagens für private Zwecke als Ausfluss des Arbeits- oder des Gesellschaftsverhältnisses.

- geldwerte Vorteile aus unentgeltlichen Mitarbeiterbeteiligungen (-optionen) oder solchen zu Vorzugspreisen, sofern diese Entschädigung für geleistete Arbeit darstellen und nicht ihren eindeutigen Grund im Gesellschaftsverhältnis haben (Art. 7 lit. c^{bis} AHVV). Massgebend ist grundsätzlich der Zeitpunkt der Abgabe, bei nicht börsenkotierten Optionen der Zeitpunkt der Realisierung.

  BGE 141 V 634, E. 2 betr. Abgrenzung Entgelt und Ertrag; 9C_669/2011 v. 25.10.2012, E. 4 betr. erhöhte Dividendenauszahlung zufolge Auflösung von Reserven bei angemessenem Lohn; BGE 138 V 463, E. 8.2 betr. Erfassung von Mitarbeiteraktien im IK im Zeitpunkt des Anspruchserwerbs während der Dauer des Arbeitsverhältnisses und nicht im Zeitpunkt der späteren Realisierung, welcher nur für den Beitragsbezug massgebend ist; BGE 133 V 346, E. 5 betr. Massgeblichkeit des Zeitpunkts der effektiven Ausübung des Optionsrechts für die Bestimmung als massgebenden Lohn und Vergleich zu Steuerrecht; BGE 133 V 498, E. 4-5 betr. Verwaltungsratshonorar an den Arbeitgeber des Verwaltungsrats.

Keine Entgeltlichkeit liegt z.B. vor bei

- ohne Barlohn mitarbeitenden Familienmitgliedern bzw. Ehegatten i.S.v. Art. 3 Abs. 2 lit. d und Abs. 3 lit. b AHVG (Kost und Logis gilt nicht als Naturallohn, betr. Konkubinatspartner vgl. hinten 4.49),
- Freiwilligenarbeit,
- kleineren Gelegenheitsgeschenken des Arbeitgebers, geringfügigen geldwerten Vorteilen beim Bezug von Waren oder Dienstleistungen des Arbeitgebers.

  AHI 2004 165 ff. betr. Schmuckstück im Wert von mehr als Fr. 500.–.

Vom massgebenden Lohn ausgenommen sind folgende Zuwendungen des Arbeitgebers gemäss:

- *Art. 8 lit. a–d AHVV:* Reglementarische, klar definierte und steuerbefreite Einlagen des Arbeitgebers in die Vorsorgeeinrichtung, Zuwendungen beim Tod von Angehörigen des Arbeitnehmers, Geschenke bei bestimmten Ereignissen, Kranken- und Unfallversicherungsprämien zu Gunsten der Arbeitnehmer sowie an Familienausgleichskassen oder Leistungen an medizinische Kosten ausserhalb des KVGs, sofern gegenüber allen Arbeitnehmern.

  9C_800/2017 v. 17.7.2018, E. 4 betr. Anforderungen an die Klarheit der reglementarischen Grundlage; 9C_605/2015 v. 31.3.2016, E. 5 betr. kein Abzug für vorgesehene Ausfinanzierung einer vorzeitigen Pensionierung zufolge Restrukturierungsmassnahmen des Arbeitgebers trotz reglementarischer Grundlage (vgl. auch BGE 133 V 556, E. 7.6 betr. Ermessen des Arbeitgebers bei vorzeitiger Pensionierung; BGE 137 V 321, E. 3.1 betr. Lohncharakter von *Ermessens*leistungen patronaler Wohlfahrtsfonds.

- *Art. 8bis AHVV:* Sozialleistungen des Arbeitgebers bei Beendigung eines mehrjährigen Arbeitsverhältnisses für Jahre fehlender BVG-Unterstellung im Umfang bis zur halben minimalen Altersrente.

- *Art. 8ter AHVV:* Entschädigung bei Entlassungen wegen Betriebsschliessung, -zusammenlegung oder Restrukturierung i.S.v. Art. 53b Abs. 1 lit. a und b BVG sowie bei durch Sozialplan geregelten kollektiven Entlassung bis zum viereinhalbfachen Betrag der maximalen AHV-Jahresrente (Fr. 127'980.–).
- *Art. 8^quater AHVV:* sog. Härtefallleistungen, d.h. ausserordentliche (nicht regelmässige) Leistungen des Arbeitgebers mit fürsorgerischem Charakter zur Linderung, Behebung oder Vorbeugung einer finanziellen Not des Arbeitnehmers (z.B. auch aus einem Wohlfahrtsfonds), d.h. wenn sein Existenzbedarf nicht gesichert ist (Abs. 2), infolge familiärer, gesundheitlicher, beruflicher oder anderweitiger schwieriger Umstände (Abs. 1), worüber beide Parteien gegenüber der Ausgleichskasse zwecks Nachprüfung auskunftspflichtig sind (Abs. 3). Nicht beitragsbefreit sind hingegen regelmässige, nicht härtefallbedingte Lohnnebenleistungen oder solche zur Erhaltung eines höheren Lebensstandards.

cc) Weisungsgebundenheit, Subordination

4.32 Zur Stellung als unselbständig erwerbstätige Person gehört insbesondere die hierarchische betriebliche Ein- und Unterordnung, d.h. die Vertragspartner stehen sich nicht auf gleicher Augenhöhe gegenüber. Dennoch wird von der Rechtsprechung anerkannt, dass sich Aktionäre bzw. Eigentümer einer (auch Einmann-)AG selber als Arbeitnehmer bei ihrer AG einstellen können.

Das Vorliegen der Subordination wird anhand folgender Kriterien geprüft:

- arbeitsorganisatorische bzw. (betriebs-)wirtschaftliche Abhängigkeit, d.h. Einordnung in ein Betriebsorganigramm, finanzielle Abhängigkeit durch Lohn,
- Mass und Inhalt der Weisungsgebundenheit gegenüber einer vorgesetzten Person (z.B. Arbeitsplanung, Ort und Zeit der Arbeitsleistung, Arbeitsausführung), welche jedoch je nach Branche oder Ausbildungsgrad grösser und kleiner ist,
- Rechenschafts- und Herausgabepflicht,
- persönliche Ausführung der Arbeit und Präsenzpflicht.

BGE 144 V 111, E. 6 betr. Psychotherapeutin in Gruppenpraxis; BGE 144 V 104, E. 2 betr. ALV-Pflicht von mitarbeitenden Aktionären eines Landwirtschaftsbetriebs; 9C_407/2016 v. 23.11.2016, E. 4.2.2 betr. Reisevertreter; 9C_ 727/2014 v. 23.3.2015, E. 4 betr. Geschäftsführer (Organ) einer Gesellschaft bejaht; 9C_930/2012 v. 6.6.2013, E. 6.4 betr. Geschäftsführer eines Vereins verneint; 9C_459/2011 v. 26.1.2012, E. 5.2 betr. Dazwischenschieben einer juristischen Person, Durchgriff; BGE 122 V 169, E. 6 betr. Weisungsgebundenheit der Telefonhostessen; BGE 122 V 281, E. 5 betr. Betriebseinordnung von Klinikchefärzten bzgl. ihrer privatärztlichen *stationären* Tätigkeit; AHI 2003 361 ff. betr. Lehrer; H 199/06 v. 24.10.2007, E. 3 betr. Gast- und Pflegefamilie; H 108/06 v. 26.4.2007, E. 6.5 betr. Verlagsautoren; H 24/03 v. 20.6.2003, E. 6 betr. Befolgungspflichten bei Franchisingverträgen trotz geringer Investitionen; AHI 2001 58 ff. betr. betriebswirtschaftliche Abhängigkeit eines EDV-Mitarbeiters.

dd) *Kein unternehmerisches Risiko*

Der unselbständig Erwerbstätige muss neben seiner Arbeitsleistung grundsätzlich keine weiteren Leistungen von *erheblichem* Umfang (dies schliesst das Einbringen von eigenem Arbeitsmaterial [z.B. das eigene Notebook] mit nicht sehr hohen Investitionskosten nicht aus) einbringen oder auf sich nehmen, insbesondere: 4.33

- tätigt er keine erheblichen Investitionen, z.B. durch Einbringen von Eigenmittel oder Anschaffungen für die Betriebsorganisation,
- trägt er kein Verlustrisiko,
- trägt er kein Inkasso- und Debitorenrisiko,
- handelt er nicht im eigenen Namen und nicht auf eigene Rechnung, sondern tritt nach aussen im Namen eines Dritten auf,
- ist er i.d.R. nicht für die Akquisition von Aufträgen zuständig,
- hat er keine Geschäftsräumlichkeiten zur Verfügung zu stellen,
- beschäftigt er grundsätzlich kein eigenes Personal.

BGE 144 V 111, E. 6.2 betr. Investitionen und E. 6.3.1 betr. Rechnungsstellung; 8C_571/2017 v. 9.11.2017, E. 4.1 und 8C_257/2014 v. 17.6.2014, E. 3 betr. Anschaffungskosten für eigenes Taxifahrzeug.

b) *Abwägung und Anwendung*

Vielfach weisen die Vertragsverhältnisse Merkmale für unselbständige und selbständige Erwerbsarbeit auf. Die Grenzziehung zwischen diesen beiden Erwerbsformen erfolgt einzelfallbezogen und unter Würdigung der gesamten Umstände. Die einzelnen Kriterien werden gegeneinander abgewogen, wobei die (betriebs) wirtschaftliche und arbeitsorganisatorische Abhängigkeit vielfach das Zünglein an der Waage spielt, so insbesondere wenn kleinere Investitionen durch den Arbeitnehmer getätigt werden. In Branchen mit grösserer Arbeitsautonomie resp. beschränkter Weisungsgebundenheit (z.B. Reisevertreter, Agenten/Vermittler, Fachpersonal) spricht das Fehlen einer eigenen Betriebsorganisation resp. von eigenem Personal sowie das fehlende unternehmerische Risiko für unselbständige Erwerbstätigkeit. 4.34

8C_571/2017 v. 9.11.2017, E. 3-4 betr. Stellung der einer Taxizentrale angeschlossenen Taxifahrer (vgl. dazu auch 8C_257/2014 v. 17.6.2014, E. 3); 9C_250/2017 v. 30.10.2017, E. 5 betr. Tätigkeit als Marketer; 9C_407/2016 v. 23.11.2016, E. 4 betr. Abwägen der einzelnen Kriterien bei einem Reisevertreter; 9C_377/2015 v. 22.10.2015, E. 4 betr. Abwägung der Kriterien im Falle von Verkaufs- und Beratungstätigkeit.

Nach diesen Kriterien wird auch festgestellt, ob eine sog. Scheinselbständigkeit vorliegt. Ausschlaggebend ist dabei letztlich, dass der Scheinselbständige nicht nur Weisungsempfänger sondern auch wirtschaftlich betrachtet vom «Auftraggeber» abhängig ist, weil er praktisch ausschliesslich für ihn arbeitet (in der Regel nach einem sog. Outsourcing) oder kein umfassendes Unternehmerrisiko trägt (z.B. gewissen Typen von Franchising).

4.35 Andere Sozialversicherungszweige (berufliche Vorsorge, Unfall- und Arbeitslosenversicherung) weichen grundsätzlich von der Festlegung des AHV-Status nicht ab, sofern der Entscheid nicht offensichtlich fragwürdig erscheint.

9C_27/2012 v. 13.12.2012, E. 3.2 betr. AHV-beitragsrechtliche Behandlung als blosses Indiz bei der Statusbestimmung in der IV; H 199/06 v. 24.10.2007, E. 4 betr. Landwirtschaftsbetrieb und Gastfamilie für Suchtkranke.

c) In den verschiedenen Sozialversicherungszweigen

aa) Berufliche Vorsorge (Art. 7 Abs. 2 BVG, Art. 3 BVV2)

4.36 Da 1. und 2. Säule eine Einheit zu bilden haben, entspricht der in der 2. Säule zu versichernde Lohn im Rahmen des *Obligatoriums* dem massgebenden Lohn gemäss Art. 5 AHVG i.V.m. Art. 7 ff. AHVV. Der Arbeitgeber meldet der Vorsorgeeinrichtung die Lohnliste des *laufenden* Jahres, allenfalls mit Änderungsvorbehalten. Abweichungen vom AHV-massgebenden Lohn im Obligatorium sind nur auf reglementarischer Grundlage und ausschliesslich im Rahmen von Art. 3 Abs. 1 lit. a–c und Abs. 2 BVV2 zulässig (Weglassen nur *gelegentlich* anfallender Lohnbestandteile [z.B. Sonderzulagen, unregelmässige Überstundenentschädigung], Abstellen auf den Vorjahreslohn, Durchschnittslohn bei starken branchenüblichen Lohnschwankungen sowie Abstellen anstatt auf koordinierten Jahreslohn auf eine bestimmte Zahlungsperiode). Im *überobligatorischen* Bereich (Löhne ab Fr. 85'320.–/ Jahr) kann das Reglement den Lohn resp. seine Bestandteile frei festlegen, z.B. nach oben begrenzen oder gewisse Lohnbestandteile, wie z.B. Boni oder Zulagen, ausnehmen.

9C_891/2017 v. 14.9.2018, E. 5 betr. Funktionszulagen, die gemäss Reglement nicht zum Lohnsystem gehören (vgl. vorne 1.58).

4.37 Falsch oder nicht deklarierte Löhne bzw. fiktive Löhne schaden der versicherten Person im Risikofall nicht, weil der Leistungsanspruch sich nach dem *effektiv* erzielten Einkommen richtet.

9C_618/2007 v. 28.1.2008, E. 3.2 betr. wiederkehrende Boni; B 11/01 v. 4.4.2002, E. 4.c betr. Abstellen auf den effektiv ausbezahlten Lohn sowie Anerkennung einer Ausnahme bei langdauerndem Arbeitsverhältnis und Zahlungsunfähigkeit des Arbeitgebers.

bb) Unfallversicherung (Art. 3 Abs. 2 UVG i.V.m. Art. 7 UVV, Art. 91 f. UVG, Art. 115 UVV)

4.38 Wird auf den Lohn bzw. den versicherten Verdienst Bezug genommen, ist grundsätzlich, dies im Sinne einer Harmonisierung des Sozialversicherungsrechts, der AHV-rechtliche Begriff bzw. massgebende Lohn gemeint. Abweichungen vom massgebenden AHV-rechtlichen Lohn sind in der Unfallversicherung zu beachten im Zusammenhang mit dem Ende der Versicherung bei Wegfall des Lohnes (vgl. dazu im Einzelnen Art. 7 UVV), der Bestimmung des für Taggelder und Renten massgebenden versicherten Verdienstes (vgl. dazu im Einzelnen Art. 22 Abs. 2 UVV; vgl. hinten 5.211, 5.266) und auch für die Prämienfestsetzung i.S.v. Art. 115 UVV (vgl. hinten 4.54).

cc) Arbeitslosenversicherung (Art. 3 Abs. 1 AVIG)

Die Beiträge werden auf dem AHV-massgebenden Lohn festgesetzt, ohne dass AVIG-spezifische Abweichungen zu beachten wären. 4.39

dd) Erwerbsersatzordnung (Art. 27 Abs. 2 EOG)

Keine Abweichungen zum AHV-rechtlich massgebenden Lohn. 4.40

3. Einkommen aus selbständiger Erwerbstätigkeit

a) Begriff (Art. 9 AHVG, Art. 17 AHVV)

Als selbständige Erwerbstätigkeit gilt jede die Erhöhung der wirtschaftlichen Leistungsfähigkeit grundsätzlich positiv beeinflussende Tätigkeit, welche *weder unselbständige Erwerbstätigkeit* (Art. 12 ATSG) noch *reine Vermögensverwaltung* oder *Liebhaberei* darstellt (vgl. 4.25, 4.49). Massgebend ist, dass die Tätigkeit sich objektiv betrachtet zur Gewinnerzielung eignet und planmässig, systematisch mit Gewinnabsicht ausgeübt wird. Tatsächliche Gewinnerzielung stellt dabei kein ausschlaggebendes Kriterium dar. Die Frage der Abgrenzung, ob selbständige Erwerbstätigkeit oder Nichterwerbstätigkeit (insb. Liebhaberei oder reine Vermögensverwaltung) vorliegt, muss im Einzelfall unter Berücksichtigung der gesamten Umstände geprüft werden, wobei langjährige Verlusterzielung das Fehlen einer Gewinnabsicht vermuten lässt. 4.41

BGE 143 V 177, E. 4.2.3 und 4.3.3 betr. Verneinung der Liebhaberei und Annahme einer Erwerbstätigkeit aufgrund der gesamten Umstände (Investitionen, Personal) trotz langjährigen Verlusten.

Der Selbständigerwerbstätige zeichnet sich aus durch:

- Einsatz von Arbeit im Sinne eines planmässigen, systematischen gewinnorientierten Handelns und Kapital (Investitionen in Form von Geld oder Anschaffung von Material, Räumlichkeiten),
- massgebender Einfluss auf Geschäftspolitik und -entwicklung aufgrund einer überwiegenden Beteiligung und der Leitung des Exekutivorgans,
- eigene Betriebsorganisation (z.B. eigene Räume, technische Anlagen)
- freibestimmte (zeitlich, örtlich) Selbst- resp. Arbeitsorganisation,

- gleichzeitiges Anbieten der Tätigkeit gegenüber unbestimmt vielen Auftraggebern,
- Arbeit im eigenen Namen, auf eigene Rechnung und eigenes Risiko,
- allenfalls Beschäftigung von Arbeitnehmern.

9C_65/2018 v. 7.1.2019, E. 4.1.1 betr. Begriff der Planmässigkeit; 8C_121/2017 v. 5.7.2018, E. 7.1 betr. Geschäftsführer und Hauptbeteiligter einer GmbH.

4.42 Nicht massgebend sind der Handelsregistereintrag, die Pflicht zur kaufmännischen Buchführung, die zivilrechtlichen Verhältnisse und eine nach aussen sichtbare Teilnahme am Wirtschaftsverkehr.

Selbständig erwerbstätig sind z.B. Nutzniesser, Pächter, Patentinhaber, Kollektivgesellschafter unabhängig des Anteils; Erbengemeinschaften, solange ihre Mitglieder Anordnungen treffen; bei Eheleuten liegt ein Gesellschaftsverhältnis nur bei gleichmässiger Verteilung der Funktionen, Lasten und Risiken vor (ansonsten mitarbeitendes Familienmitglied); bei Privatpersonen durch *planmässiges* Kaufen und Verkaufen von Immobilien oder Aktien (auch Kunstobjekte, Briefmarken und dgl.). Sodann werden die Erträge auf Einlagen in eine auf einen Erwerbszweck gerichtete Personengesellschaft ohne Rechtspersönlichkeit beim Gesellschafter als Einkommen aus selbständiger Erwerbstätigkeit erfasst, auch wenn keine persönliche Arbeitsleistung erbracht wird (Art. 20 Abs. 3 AHVV). Erträge und Kapitalgewinne aus dem Geschäftsvermögen fallen, ungeachtet einer Verwaltungs- oder sonstigen Tätigkeit resp. Erwerbsabsicht, wieder dem Geschäftsvermögen zu und unterliegen entsprechend der Beitragspflicht.

9C_65/2018 v. 7.1.2019, E. 4 betr. Erwerbszwecke einer ausländischen Fondsgesellschaft; BGE 141 V 234, E. 4.3.2 betr. AHV-pflichtiges Einkommen aus selbständiger Erwerbstätigkeit bei Personengesellschaften, auch wenn keine eigene Arbeitsleistung erbracht wird; E. 5.4 betr. keine analoge Anwendung von Art. 20 Abs. 3 AHVV auf in- und ausländische Gesellschaften, die kollektive Kapitalanlagen (ohne Erwerbszweck) anbieten; E. 6 betr. Bedingungen, unter denen die Investitionstätigkeit – gleich wie bei Wertschriften- und Immobilienhändlern – als selbständige Erwerbstätigkeit zu qualifizieren ist. 9C_443/2014 v. 13.11.2014, E. 3.2.3 betr. Financier einer einfachen Gesellschaft; BGE 139 V 297, E. 2.5 und 136 V 258, E. 3-4 betr. Einkommen eines Kommanditisten einer deutschen GmbH; 9C_417/2010 v. 21.10.2010, E. 4.2 betr. Massgeblichkeit des Aussenverhältnisses bei Treuhandverhältnissen: keine unbedingte Massgeblichkeit der steuerrechtlichen Sicht für die Bestimmung des AHV-Status; BGE 124 V 97, E. 6 betr. private Chefarzttätigkeit im spitalärztlichen *ambulanten* Bereich.

b) Abgrenzung Geschäfts- und Privatvermögen

4.43 Der Beitragspflicht unterliegt nur das *Geschäftsvermögen*. Die Ermittlung des Geschäftsvermögens obliegt den Steuerbehörden des Bundes, von deren Einschätzung die Ausgleichskasse grundsätzlich nur bei ernsthaften Gründen abweicht (zur Bindungswirkung vgl. vorne 4.29).

Abgestellt wird auf den *Vermögensstandsgewinn* (= Differenz zwischen Geschäftsvermögen zu Beginn und Ende der Betrachtungsperiode, korrigiert um Privatbezüge bzw. -einlagen, vgl. Art. 27–31 DBG). Zum Geschäftsvermögen gehören alle Werte, welche der selbständigen Berufstätigkeit *dienen*. Bei gemischt genutztem Vermögen, insbesondere bei Liegenschaften, Autos, Computern usw. gilt wie im Steuerrecht nicht die Wertzerlegungsmethode, sondern aus Praktikabilitätsgründen die *Präponderanzmethode*, wonach auf die *aktuelle überwiegende* wirtschaftlich-technische Zweckbestimmung des Gegenstands abgestellt und dieser *ungeteilt* dem Geschäfts- oder Privatvermögen zugewiesen wird. Bei Veräusserung von Geschäftsvermögen gilt der erzielte Kapitalgewinn als Einkommen aus Erwerbstätigkeit.

9C_444/2017 v. 14.5.2018, E. 3 betr. Beteiligungen am eigenen Geschäft und enge Beziehung zur geschäftlichen Tätigkeit; BGE 140 V 241, E. 4.2 betr. Beitragspflicht auf Mieterträgen von sich im Geschäftsvermögen befindenden (nicht ins Privatvermögen übertragenen) Liegenschaften, selbst wenn die Geschäftstätigkeit nicht fortgesetzt wird (BGE 134 V 250, E. 4-5 betr. Behandlung von Geschäftsvermögen im Erbfall).

c) *Umfang des Beitragsobjektes (Art. 9 Abs. 2–4 AHVG)*

Bei Wohnsitz in der Schweiz: Erfasst wird grundsätzlich das ganze im In- und Ausland erzielte selbständige Erwerbseinkommen. Vorbehalten bleiben abweichende Regelungen in den EU-/EFTA-Abkommen oder in bilateralen Sozialversicherungsabkommen. Sodann gelten die in Art. 6ter AHVV aufgeführten Ausnahmen bezüglich im Ausland (in einem Nichtvertragsstaat) erzielter Einkommen oder im Fall von Besteuerung nach Aufwand (vgl. vorne 4.27). 4.44

BGE 136 V 258, E. 4 betr. Anwendbarkeit von Art. 20 Abs. 3 AHVV auf Kommanditisten einer deutschen GmbH mit Erwerbszwecken, und zwar unabhängig von dessen Funktionen.

Bei Wohnsitz im Ausland: Erfasst wird grundsätzlich nur das in der Schweiz erzielte Einkommen, vorbehalten bleiben abweichende Sozialversicherungsabkommen, (z.B. Art. 11 Abs. 3 lit. a VO [EG] 883/2004). 4.45

Ausgehend von Art. 4 AHVG i.V.m. Art. 6 Abs. 2 AHVV und basierend auf dem Vermögensstandsgewinn wird das Beitragsobjekt in Anwendung von Art. 9 Abs. 2 AHVG bestimmt. Betragsmässig stellt die AHV gemäss Art. 9 Abs. 3 AHVG in Bezug auf Einkommen und Kapital auf die Meldung der kantonalen Steuerbehörde ab, welche der AHV-Ausgleichskasse das Nettoeinkommen (rohes Einkommen nach Abzug der gemäss Art. 9 Abs. 2 lit. a–f AHVG abschliessend zugelassenen Abzüge) meldet. Von den gemeldeten Steuerzahlen weicht die Ausgleichskasse nur bei offensichtlicher Unrichtigkeit oder einer AHV-mässig anderen Betrachtungsweise ab. 4.46

9C_256/2018 v. 19.7.2018, E. 4 betr. volle Erfassung des Liquidationsgewinns; 9C_441/2015 v. 19.2.2016, E. 8 betr. Verbindlichkeit der Steuermeldung und Möglichkeit der Einsprache gegen eine falsche Steuermeldung; 9C_502/2016 v. 18.10.2016, E. 3 betr. keine Verrechnung von Verlusten des einen Ehegatten mit Gewinnen des anderen bei selbständigerwerbenden Ehegatten, da die Beitragsveranlagung im Unterschied zum Steuerrecht in der AHV individuell erfolgt.

Zu den zugelassenen Abzügen zählen:

- Gewinnungskosten,
- Geschäftsverluste,

- der Entwertung entsprechende und geschäftsmässig begründete Abschreibungen und Rückstellungen,
- Einlagen in der Wohlfahrt dienende Einrichtungen zu Gunsten des Personals (Wohlfahrtsfonds),
- persönliche Einlagen in die bV, für laufende Beiträge aber nur im Umfang des Arbeitgeberanteils, voll jedoch bei Einkaufssummen oder Einlagen in die Säule 3a,

  BGE 142 V 169, E. 4 betr. Begrenzung der Einkaufssumme in die 2. Säule; BGE 136 V 16, E. 5.2 betr. persönliche Einlagen in die 2. Säule nur im Umfang von 50%. Keine Differenzierung zwischen Selbständigerwerbenden mit oder ohne Arbeitnehmende.

- Eigenkapitalzinsen.

Die Ausgleichskasse bereinigt das von der Steuerbehörde gemeldete Nettoeinkommen um einen allfällig zu berücksichtigenden Rentnerfreibeitrag und die nicht beitragsrelevanten Zinsen auf dem Eigenkapital und rechnet auf diesem Betrag die *steuerabzugsberechtigten Beiträge für AHV/IV/EO* nach Massgabe der geltenden Beitragssätze aufgrund einer festen Formel (jenseits der sinkenden Beitragsskala und Berücksichtigung des Faktors 9,65%) auf 100% (= Bruttoeinkommen) wieder auf (Art. 9 Abs. 4 AHVG).

9C_376/2016 vom 12.9.2016, E. 2.3 betr. (abstrakte) Aufrechnung der abgezogenen persönlichen Beiträge auf 100%; 9C_13/2015 v. 11.8.2015, E. 4 betr. Abzug der Eigenkapitalzinsen vor Aufrechnung der persönlichen Beiträge.

d) Festsetzung des Beitragsstatuts (Art. 63 Abs. 1 lit. a AHVG)

4.47 Das Beitragsstatut wird von Amtes wegen in Verfügungsform (Art. 49 Abs. 1 ATSG; vgl. 7.38) im Zeitpunkt der Aufnahme der selbständigen Erwerbstätigkeit bestimmt. Im Falle von Umwandlungen ist massgebend:

- der Handelsregistereintrag bei der Übernahme einer Personengesellschaft durch eine neu zu gründende juristische Person,
- der Zeitpunkt der Entstehung der neuen Gesellschaft bei der Überführung einer juristischen Person in eine Personengesellschaft,
- der Zeitpunkt der Übernahme von Aktiven und Passiven bei der Umwandlung einer Personengesellschaft in eine andere Personengesellschaft.

Das einmal rechtskräftig festgesetzte Beitragsstatut kann nachträglich im Rahmen eines Wiedererwägungsverfahrens (vgl. 7.52) geändert werden, wenn sich herausstellt, dass es den tatsächlichen Gegebenheiten nicht entspricht, d.h. sich die selbständige Erwerbstätigkeit als unselbständige entpuppt (oder umgekehrt). Der *rückwirkende* Wechsel ist jedoch mit Zurückhaltung und nur bei *zweifelloser* Unrichtigkeit des *rechtskräftig* verfügten Beitragsstatus vorzunehmen, und dies auch nur dann, wenn die Berichtigung im quantitativen Sinn (Vergleich des Beitragsvolumens zwischen selbständiger und unselbständiger Erwerbstätigkeit) von erheblicher Bedeutung ist (ca. 15–25%).

9C_295/2012 v. 6.8.2012, E. 2 betr. Eröffnung der Beitragsverfügung betr. Statuswechsel an Arbeitgeber und Arbeitnehmer; 9C_459/2011 v. 26.1.2012, E. 6 betr. Verjährung der Beitragsrückforderung; BGE 132 V 263, E. 2.4 betr. Feststellung des Beitragsstatuts als Gestaltungsverfügung.

4. Nichterwerbstätige

a) Begriff

Von Nichterwerbstätigkeit wird gesprochen, wenn keine auf Erzielung von Erwerbseinkommen gerichtete Tätigkeit und daher auch keine Erhöhung der wirtschaftlichen Leistungsfähigkeit vorliegen. Eine ausgeübte Tätigkeit gilt dann nicht als planmässig, systematisch und unternehmerisch (vgl. vorne 4.41), wenn die Gewinnabsicht fehlt und eher persönliche, ideelle oder soziale Interessen im Vordergrund stehen. Sodann gilt gemäss Art. 10 Abs. 1 AHVG auch als nichterwerbstätig, wer mit seiner Erwerbstätigkeit bloss den Mindestbeitrag erreicht. 4.48

BGE 143 V 177, E. 4.2 betr. Abgrenzung selbständige Erwerbstätigkeit und Liebhaberei.

Als Tätigkeiten von Nichterwerbstätigen kommen z.B. in Frage: Verwaltung des Privatvermögens, Liebhaberei, Ausbildung auf ein Berufsziel hin, Beschäftigung in geschützten Werkstätten oder bei Arbeit in behördlichen Beschäftigungsprogrammen (eine allfällige Entlöhnung muss aber unter einer bestimmten Mindestgrenze liegen), interne Arbeitsverrichtung bei Mitgliedern religiöser Gemeinschaften, Haushalt- und Betreuungsarbeit (auch bei Konkubinatspartnern [Kost, Logis und ein Taschengeld sind kein Naturallohn], sofern nicht ein effektiv vollzogenes Arbeitsverhältnisses nachgewiesen wird), Freiwilligenarbeit oder Mitarbeitarbeit (von Familienmitgliedern im [Familien-]Betrieb) ohne Barlohn (sofern nicht Naturallohn anzunehmen ist). 4.49

BGE 139 V 12, E. 6 betr. Vorruhestand als Nichterwerbstätigkeit; BGE 136 V 258, E. 2.2.2 betr. Vermögensverwaltung; BGE 125 V 205, E. 7 betr. im Haushalt tätige Konkubinatspartner; AHI 2003 416 betr. nicht Gewinn bringender Verlag; AHI 2000 139 betr. Studium einer Person im vorgerückten Alter.

Nichterwerbstätigkeit kann sich gemäss Art. 10 Abs. 3 AHVG i.V.m. Art. 28bis AHVV auch aus einer *Vergleichsrechnung* bei nicht dauernder (weniger als 9 Monate im Jahr) oder nicht voller (weniger als 50%) Erwerbstätigkeit ergeben. Verglichen wird der auf Grund des Vermögens als Beitragsobjekt (vgl. dazu 4.52) geschuldete Beitrag mit der aus der Erwerbstätigkeit (Arbeitgeber- und Arbeitnehmerbeiträge) resultierenden Beitragssumme. Dabei ist grundsätzlich auf die objektiven Kriterien Zeit und Pensum abzustellen, nicht auf das erzielte (im Vergleich zum Vermögen bzw. Renteneinkommen tiefe) Erwerbseinkommen. Nicht die gesamte zeitliche Inanspruchnahme ist zu berücksichtigen, sondern nur im Umfang ihrer Erwerbsorientierung, wenn die (tief entlöhnte) Tätigkeit auch als gemeinnütziges Ehrenamt oder aus persönlichem Interesse versehen wird. Für 4.50

eine Qualifikation als erwerbstätig muss eine Erwerbsabsicht von mindestens der halben üblichen Arbeitszeit – in Form eines angemessenen Verhältnisses zwischen Leistung und Entgelt – vorliegen.

9C_699/2018 v. 29.3.2019, E. 3.2 betr. Missverhältnis Lohn und Arbeitszeit; 9C_615/2018 v. 24.1.2019, E. 3 betr. 30% Erwerbstätigkeit und Taggeldbezug wegen Teilarbeitsunfähigkeit; 9C_168/2016 v. 1.7.2016, E. 4 betr. keine Vergleichsrechnung bei tiefen Einkommen aus 57% -Pensum; BGE 140 V 338, E. 2.3 betr. tief entlöhnte «ehrenamtliche» Tätigkeit: Berücksichtigung des Zeitaufwands nur im Umfang der Erwerbsorientierung.

Ist der aus dem Erwerbseinkommen geschuldete Beitrag mehr als die Hälfte kleiner als der auf der Basis des Vermögens errechnete Beitrag, gilt man als nichterwerbstätig. Zu leisten ist der volle Beitrag als Nichterwerbstätiger, jedoch unter Anrechnung der Beiträge aus Erwerbstätigkeit, mindestens der Mindestbeitrag.

b) Ausnahmen von der Beitragspflicht (Art. 3 Abs. 2 und 3 AHVG)

4.51 Von der persönlichen Beitragspflicht entbunden hat der Gesetzgeber:

- nichterwerbstätige Ehegatten, wenn der Ehepartner erwerbstätig und der AHV unterstellt ist sowie den doppelten Mindestbeitrag auf seinem Erwerbseinkommen (auch nach Erreichen des ordentlichen Pensionsalters) entrichtet,

  BGE 140 V 98, E. 9 betr. Anwendung von Art. 3 Abs. 3 lit. a AHVG nur bei AHV-Unterstellung und Beitragsentrichtung in der Schweiz; BGE 133 V 201, E. 4.1 betr. Befreiung des nichterwerbstätigen Ehegatten im Fall der Beitragsleistung des erwerbstätigen Altersrentners.

- ohne Barlohn im Betrieb des Ehepartners mitarbeitende Ehegatten, wenn der Erwerbstätige den doppelten Mindestbeitrag entrichtet,
- erwerbstätige Jugendliche (Kinder) bis 31. Dezember des Jahres, in dem das 17. Altersjahr zurückgelegt wird,
- ohne Barlohn mitarbeitende Familienmitglieder bis 31. Dezember des Jahres, in dem das 20. Altersjahr zurückgelegt wird,

c) Beitragsobjekt (Art. 28 AHVV)

4.52 Das Beitragsobjekt Nichterwerbstätiger bestimmt sich nach folgenden Bemessungsgrundlagen:

- ½ des Nettovermögens in seiner Gesamtheit (inkl. Vermögen des Ehepartners und der Kinder) gemäss DBG. Vom Vermögen (Mobilien, Immobilien, Rechte, Nutzniessungen usw.) in Abzug zu bringen sind dessen unmittelbare Gewinnungskosten. Das Nettovermögen wird nur halbiert, falls es sich um verheiratete Personen/eingetragene Partner handelt (Art. 28 Abs. 4 AHVV).

  9C_441/2015 v. 19.2.2016, E. 8 betr. Verbindlichkeit der Steuermeldung und Möglichkeit der Einsprache gegen eine falsche Steuermeldung; 9C_238/2015 v. 6.7.2015, E. 4 betr. keine Bindung an die Qualifikation durch die Steuerbehörde im Falle von Renteneinkommen; 9C_522/2010 v. 29.9.2010, E. 4.2 betr. Teilung des ehelichen Vermögens auch bei Gütertrennung.

Hinzuzurechnen ist

- 20 x Jahresrente. Darunter zu verstehen ist der Zufluss von Leistungen regelmässiger (wiederkehrend) oder sporadischer Art, welche nicht als Entgelt für eine Erwerbstätigkeit ausgerichtet werden und auch keinen Vermögensertrag darstellen, die aber die sozialen Verhältnisse des Bezügers verbessern (z.B. Renten, Taggelder, Vorsorgeleistungen in- oder ausländischer, sozialer oder privater Institutionen, *mit Ausnahme der schweizerischen IV*). Der Begriff des Renteneinkommens ist jedoch weit auszulegen. So zählen zum «Renteneinkommen» z.B. auch Alimente an den geschiedenen Ehegatten, regelmässige Unterstützungsleistungen Dritter (auch in natura wie unentgeltliches Wohnen) oder Zuwendungen für die Aus- und Weiterbildung i.S.v. Art. 6 Abs. 2 lit. g AHVV. Nicht darunter fallen z.B. Hilflosenentschädigungen, Sozialhilfeleistungen oder familienrechtliche Leistungen i.S.v. Art. 328 ZGB sowie Ergänzungsleistungen (vgl. WSN Rz 2089).

BGE 141 V 377, E. 4 betr. Aufwand als «Renteneinkommen» bei Pauschalbesteuerten; 9C_573/2015 v. 12.2.2016, E. 4.2 betr. die als Lohn zu qualifizierende freiwillige Arbeitgeberleistung an die Pensionskasse ist nachher nicht als Zuschlag zum Renteneinkommen nochmals als Renteneinkommen beitragspflichtig; 9C_117/2014 v. 28.7.2014, E.3.3 betr. Abgrenzung zwischen Unterhalts- und Unterstützungsbeiträgen und Renteneinkommen; BGE 141 V 186, E. 3 betr. Definition von «Renteneinkommen» (BVG-Überbrückungsrente und Barauszahlung freier Mittel); BGE 133 V 394, E. 3.6.2 betr. unterjährige Beitragspflicht und pro rata temporis Berechnung des Beitrags und nicht des Beitragsobjekts; BGE 125 V 230, E. 3 betr. Beitragsobjekt bei Nichtunterstellung des erwerbstätigen Ehegatten unter die AHV.

III. Risikobezogene Beiträge (Art. 92 UVG, Art. 115 UVV)

1. Allgemeine Bemerkungen

In der Unfallversicherung, dies gilt für Berufsunfälle (BU) genauso wie für Nichtberufsunfälle (NBU), spricht man von Prämien, die sich aus einem lohnorientierten Teil und einem risikobezogenen Teil zusammensetzen. Die Prämie wird entsprechend dem Bedarfsdeckungsverfahrens im Hinblick auf den nach Wahrscheinlichkeitsrechnung errechneten künftigen Bedarf festgelegt. 4.53

2. Beitragsobjekt (Art. 92 Abs. 1 UVG, Art. 115 UVV)

Sowohl für die BU als auch für die NBU bildet der versicherte Verdienst resp. der AHV-massgebende Lohn bzw. die versicherte Gesamtlohnsumme des Arbeitgebers i.S.v. Art. 92 UVG i.V.m. Art. 22 Abs. 2 und Art. 115 UVV Grundlage der Prämie. Dabei wird der AHV-rechtliche Lohn wie folgt korrigiert: 4.54

- Familienzulagen wie Kinder-, Ausbildungs- und Haushaltszulagen sind ausgenommen,
- Taggelder der IV, MV und EO sind ausgenommen,

- Für Praktikanten, Volontäre, Schnupperlehrlinge oder in Lehrwerkstätten tätige Personen gelten Pauschalansätze (20% resp. 10% von Fr. 406.–),
- in beruflichen Eingliederungsstätten oder Behindertenwerkstätten tätige Personen mindestens der zwölffache Betrag von Fr. 406.–,
- «Sackgeldjobs», welche von der AHV-Beitragspflicht nicht erfasst werden (vgl. 4.27). Wenn junge Leute bis 25 Jahre bei einem Arbeitgeber in einem Privathaushalt einen Lohn bis zu Fr. 750.–/Jahr verdienen, sind auch in der obligatorischen UV keine Unfallversicherungsprämien geschuldet. Ereignet sich ein versicherter Unfall, erbringt die Ersatzkasse UVG (6.64) die Leistungen und der Arbeitgeber schuldet Ersatzprämien nach Art. 95 UVG max. für fünf Jahre.

3. Prämienbemessung (Art. 92 Abs. 2–5 UVG, Art. 119 UVV)

4.55 Während die Bemessungsgrundlage lohnbezogen ist, ist der Prämientarif risikobezogen (Grundsatz der Gegenseitigkeit). Gleichartige Betriebe wie z.B. Chemie, Bau, Büro werden zu Gemeinschaften von Betrieben mit gleichartigem Unfallrisiko zusammengefasst (Branchen resp. Risikogemeinschaft). Die Risikogemeinschaften werden ihrerseits in Untergruppen (= Klassen) gegliedert, z.B. Produktion, Dienstleistung usw. Jede Untergruppe wird in Tarifklassen (Stufen) zerlegt. Die Zuteilung des einzelnen Betriebs in eine Tarifklasse erfolgt nach Massgabe der Unfallgefährlichkeit der Arbeit, dem Stand der Unfallverhütung im Betrieb und der Unfallhäufigkeit resp. Leistungsdauer nach Risikoeintritt. Basisgrössen sind Anzahl und Kosten der Risikofälle pro Betrieb über eine Zeitspanne von 2 bis «x» Jahren. Der Versicherer kann (vgl. vorne 1.56) je für die BU und NBU eine risikounabhängige Minimalprämie bis zu Fr. 100.– festsetzen.

4.56 Die Einreihung in die jeweilige Klasse erfolgt nach Massgabe der Betriebsverhältnisse, in Bezug auf Risikohäufigkeit bzw. -verhütung laufend neu, sei es auf Antrag des Arbeitgebers oder des Versicherers, stets auf Beginn des Rechnungsjahres. Rechtens ist auch ein Bonus/Malus-System. In der NBU erfolgt die Einteilung in die massgebenden Prämientarife nach Klassen.

RKUV 2003 396 betr. Zulässigkeit der Berücksichtigung nichtunfallkausaler Faktoren bei der Risikohäufigkeit.

IV. Kopfbeiträge

1. Grundsatz der Einheitsprämie (Art. 61 Abs. 1 KVG; Art. 66b MVG, Art. 28a MVV)

4.57 Von risikounabhängiger Kopfprämie spricht man, wenn alle Versicherten der nämlichen Kasse die gleich hohe Prämie bezahlen, und zwar unabhängig von Alter, Geschlecht und Gesundheitszustand. Die Prämie wird entsprechend dem

Bedarfsdeckungsverfahrens im Hinblick auf den nach Wahrscheinlichkeitsrechnung errechneten künftigen Bedarf festgelegt.

Die zueinander in marktwirtschaftlicher Konkurrenz stehenden Krankenkassen haben ihre Prämien vom BAG genehmigen zu lassen. Entsprechend ihrem Risiko sind im Sinne des KVAG versicherungstechnische Rückstellungen und Reserven zu bilden bzw. es muss entsprechendes gebundenes Vermögen vorliegen bzw. es ist eine Rückversicherung abzuschliessen.

Die Prämienverbilligung gemäss Art. 65 ff. KVG hingegen stellt einen Beitrag der öffentlichen Hand (Kanton/Bund) zu Gunsten von Versicherten in bescheidenen wirtschaftichen Verhältnissen dar und hat somit nichts mit dem Grundsatz der Einheitsprämie zu tun.

BGE 145 I 26, E. 3.1 betr. von den Kantonen zu beachtende bundesrechtliche Zweckbestimmung bei der Prämienverbilligung.

Die Prämie in der Militärversicherung wird für beruflich Versicherte und in der freiwilligen Grundversicherung für Pensionierte nach dem Kostendeckungsgrad von 80% bestimmt und beträgt derzeit Fr. 346.–. Die Prämie für Unfall der freiwillig Versicherten wird als Zuschlag von derzeit Fr. 30.– erhoben. Bei den beruflich Versicherten wird die Prämie je nach Lohnklasse um einen bestimmten Prozentsatz verbilligt.

2. Ausnahmen

a) Persönliche und regionale Unterschiede (Art. 61 Abs. 2 und 3 KVG, Art. 91 KVV, Art. 2 lit. a VORA)

Kinder bis vollendetem 18. Altersjahr und junge Erwachsene bis vollendetem 25. Altersjahr müssen zu niedrigeren Prämien versichert werden als Erwachsene. Dabei haben diejenigen für Kinder tiefer zu sein als diejenigen für junge Erwachsene. Zudem können die Prämien, bezogen auf kantonale Kaufkraftunterschiede und die regionale Risikohäufigkeit, bei der gleichen Krankenkasse regional unterschiedlich hoch ausfallen. 4.58

Aufgrund der individuellen Prämienpflicht muss für alle Mitglieder einer Familie eine Kopfprämie erhoben werden.

BGE 139 V 143, E. 3 betr. ausschliesslicher Kompetenz des BAG, die Regionen festzulegen. Recht zur Stellungnahme liegt nur bei den Kantonen.

b) Versicherungsmodelle (Art. 62 KVG, Art. 96 ff. KVV)

Prämienrabatte werden gewährt bei der Wahl 4.59

- der Bonus/Malus-Versicherung,

- des Modells mit eingeschränkter Wahl des Leistungserbringers (HMO, Managed Care),
- einer höheren Jahresfranchise: Fr. 500.–, 1'000.–, 1'500.–, 2'000.–, 2'500.–

9C_582/2016 v. 16.1.2017, E. 8 betr. Gesetzeswidrigkeit von Überschussbeteiligungen; 9C_8/2014 und 9C_9/2014 v. 14.10.2014, E. 4.4 betr. Gesetzeswidrigkeit von weiteren Versicherungsmodellen, i.c. Rückvergütung von Prämien an die Versicherten nach einem Punktesystem als Form der Erfolgsbeteiligung.

Nicht als Prämienrabatt, sondern als Prämienausgleich, zu verstehen ist die Rückvergütung von Prämien durch den Versicherer, wenn in einem bestimmten Jahr die Prämieneinnahmen eines Versicherers in einem Kanton die angefallenen Kosten in diesem Kanton deutlich übersteigen (Art. 17 Abs. 1 KVAG). Der Ausgleich muss von der Aufsichtsbehörde (BAG) auf seine Angemessenheit hin überprüft werden.

c) Personen mit Wohnsitz im EU-Raum (Art. 61 Abs. 4 KVG, Art. 92a KVV, Art. 25 KVAV)

4.60 Nichterwerbstätige Familienmitglieder oder Bezüger einer Rente der schweizerischen Sozialversicherung, welche kraft FZA bzw. EFTA-Abkommen in der Schweiz versichert sind, bezahlen Prämien nach dem in ihrem jeweiligen Wohnsitzstaat entsprechenden Kostenverhältnis.

d) Kollektivversicherung und Taggeldversicherung (Art. 76 f. KVG)

4.61 Die Prämien sind leistungsbezogen, müssen aber für gleiche Leistungen gleich hoch sein.

C. Die Beitragserhebung

I. Die Beitragshöhe

1. AHV/IV/EO/ALV (Art. 2, 5 Abs. 1, Art. 8, 10 und 13 AHVG, Art. 21, 28 AHVV, VFV; Art. 3 Abs. 1 IVG, Art. 1 IVV; Art. 27 Abs. 2 EOG, Art. 36 EOV; Art. 16 Abs. 2 FamZG; Art. 3 Abs. 2, Art. 90c Abs. 1 AVIG)

4.62 Die Beiträge werden abhängig von der wirtschaftlichen Leistungsfähigkeit festgesetzt. Im Falle der Erzielung von Erwerbseinkommen wird davon ein prozentualer Anteil erhoben.

- Bei *unselbständiger Erwerbstätigkeit* (Art. 5 Abs. 1 AHVG, Art. 3 Abs. 1 IVG, Art. 27 Abs. 2 EOG, Art. 3 Abs. 2 AVIG): AHV, IV, EO und ALV verlangen gesondert einen gesetzlich bestimmten Prozentsatz auf dem AHV-massgebenden Einkommen. Ab 2020 liegt das Total der Arbeitnehmer- und Arbeitgeberbeiträge bei 12,75% (8,7% für AHV + 1,4% für IV + 0,45% für EO + 2,2% [bis Fr. 148'200.–] resp. 3,2% [ab Fr. 148'200.–] für ALV), also zwingend je 6,375% für Arbeitgeber und Arbeitnehmer.

  Der Arbeitgeber hat der Ausgleichskasse die voraussichtliche Lohnsumme, ebenso wesentliche Änderungen (ab 10%), zu melden (Art. 35 AHVV). Darauf schuldet er Akontobeiträge. Bei Arbeitgebern, welche der Ausgleichskasse ihre Arbeitnehmer und deren Löhne nicht melden, wird ein Zuschlag von 50% und im Wiederholungsfall 100% auf die geschuldeten Beiträge erhoben, sofern der Arbeitgeber wegen der Meldepflichtverletzung strafrechtlich verurteilt wird (Art. 14bis AHVG).

- Bei *selbständiger Erwerbstätigkeit* (Art. 8 AHVG): Die Beitragssätze für AHV, IV und EO betragen (max.) 8,1% + 1,4% + 0,45% (total 9,95%) für Einkommen von Fr. 56'400.– und mehr. Bei Einkommen zwischen Fr. 9'400.– und Fr. 56'400.– vermindern sich die Beitragssätze: sog. sinkende Beitragsskala (ohne ALV) bis auf total 5,346% (AHV: 4,35%; IV: 0,754%; EO: 0,242%, ebenso für das nach Abzug des Rentnerfreibetrags verbleibende Einkommen von weniger als Fr. 9'400.–). Sofern jedoch das Erwerbseinkommen Fr. 9'300.– oder weniger beträgt, ist der Mindestbeitrag von insgesamt Fr. 492.– zu entrichten.

- Bei *Nichterwerbstätigkeit* (Art. 10 Abs. 1 AHVG; Art. 28 Abs. 1 AHVV; Art. 1bis Abs. 2 IVV; Art. 36 Abs. 2 EOV) werden die Beiträge für AHV/IV/EO je nach Vermögensumfang (Nettovermögen+kapitalisiertes Renteneinkommen (vgl. vorne 4.52) abgestuft zwischen insgesamt Fr. 492.– bis max. Fr. 24'600.–. Als nichterwerbstätig gilt auch eine erwerbstätige Person, deren Beiträge, unter Einschluss jener des Arbeitgebers, den Mindestbeitrag nicht erreichen.

Nur den Mindestbeitrag bezahlen (Art. 10 Abs. 2 AHVG):

- nichterwerbstätige Studierende unabhängig von ihrer wirtschaftlichen Leistungsfähigkeit bis zum 31. Dezember, indem sie das 25. Altersjahr vollenden,
- Nichterwerbstätige, die ein Mindesteinkommen oder andere Leistungen der öffentlichen Sozialhilfe erhalten,
- Nichterwerbstätige, die von Drittpersonen finanziell unterstützt werden.

Der Mindestbeitrag für AHV/IV/EO zusammen beträgt in jedem Fall Fr. 492.– pro 4.63
Jahr (AHV: Fr. 405.–, IV: Fr. 66.–, EO: Fr. 21.–). Zu den Beiträgen hinzugerechnet werden für Arbeitgeber, Selbständige, Nichterwerbstätige und Arbeitnehmende ohne beitragspflichtigen Arbeitgeber noch Verwaltungskostenbeiträge bis

max. 5% der geschuldeten Beiträge, wobei mit steigender Beitragssumme sinkend.

Der Mindestbeitrag der i.S.v. Art. 2 AHVG freiwillig angeschlossenen erwerbstätigen Auslandschweizer beträgt 8,7% des massgebenden Einkommens oder mind. Fr. 942.– (AHV: Fr. 810.–, IV: Fr. 132.–: Art. 13b Abs. 1 VFV). Der Beitrag der Nichterwerbstätigen beläuft sich vermögens- und renteneinkommensabhängig zwischen mind. Fr. 942.– und max. Fr. 23'550.–.

2. Berufliche Vorsorge

a) Autonomie der Vorsorgeeinrichtungen (Art. 66 Abs. 1 BVG; Art. 1 Abs. 2 BVV2; Art. 331 Abs. 3 OR)

4.64 Die Beiträge werden im Reglement festgelegt. Sie werden prozentual vom AHV-massgebenden (oder koordinierten) resp. reglementarisch definierten Lohn erhoben (vgl. vorne 4.36) und dürfen den AHV-beitragspflichtigen Lohn nicht übersteigen (Art. 1 Abs. 2 BVG). Sodann dürfen sie nicht mehr als 25% des AHV-versicherten Einkommens betragen (Art. 1 Abs. 2 lit. b BVV2). Aufgrund des Äquivalenzprinzips hat jede Vorsorgeeinrichtung entsprechend ihrer Grösse und Zusammensetzung der Risiken die Höhe der Beiträge selbst nach versicherungsmathematischen Grundsätzen zu bestimmen. Sie können nach Alterskategorien abgestuft sein: sog. Staffelfinanzierung, oder, soweit man dem Solidaritätsgedanken folgt, auch als Durchschnittsbeiträge erhoben werden. Eine Kombination beider Modelle ist auch möglich, indem der Arbeitnehmer eine Durchschnittsprämie leistet und der Arbeitgeber die altersbedingte Staffelung übernimmt. Im Obligatorium hat der Arbeitgeber mindestens die Hälfte der gesamten Beitragssumme seiner Arbeitnehmer zu tragen (also nicht die Hälfte der individuellen Beiträge).

4.65 Für den überobligatorischen Bereich dürfen die Beiträge, sowohl die lohnmässige Grundlage als auch die Aufteilung zwischen Arbeitgeber und Arbeitnehmer, jedoch unter Beachtung der mindestens hälftigen Übernahme durch den Arbeitgeber, abweichend vom Obligatorium festgesetzt werden.

b) Weiterversicherung für ältere Arbeitnehmende (Art. 33a f., 47a BVG)

4.66 Versicherte, deren Lohn sich nach dem 58. Altersjahr um höchstens die Hälfte reduziert, können die Vorsorge für den bisherigen versicherten Verdienst weiterführen, sofern die Vorsorgeeinrichtung diese Möglichkeit *reglementarisch* vorsieht (Art. 33a BVG). Es handelt sich hiebei um eine Ausnahme zu Art. 1 Abs. 2 BVG. Die Weiterversicherung des bisherigen versicherten Verdienstes ist jedoch nur bis zum ordentlichen Rentenalter möglich und die Beiträge zur Weiterversicherung sind grundsätzlich von der Beitragsparität ausgenommen (diese kann nur mit Zustimmung des Arbeitgebers weitergeführt werden). *ELG-Revision:* In den Genuss der Weiterversicherung kommen künftig auch nach vollendetem 58. Altersjahr Entlassene (Art. 47a BVG).

Die Vorsorgeeinrichtung kann in ihrem Reglement überdies vorsehen, dass auf Wunsch der versicherten Person deren Vorsorge bis zum Ende der Erwerbstätigkeit weitergeführt wird, höchstens jedoch bis zur Vollendung des 70. Altersjahres (Art. 33b BVG).

3. Krankenversicherung (Art. 7 Abs. 2, Art. 61 ff. KVG)

Das Versicherungsverhältnis wird durch Beitritt zur Krankenkasse begründet und 4.67
die Statuten bilden den eigentlichen Vertragsinhalt. Die Krankenkassen setzen autonom, unter Beachtung der Vorgaben des KVAG und unter Vorbehalt der Genehmigung des BAG, die Prämienhöhe und die weiteren Modalitäten fest. Prämienerhöhungen müssen rechtzeitig angekündigt werden, damit die versicherte Person innert der gesetzlichen Kündigungsfrist von einem Monat auf das Ende des der neuen Prämie vorangehenden Monats die Krankenkasse wechseln kann (Art. 7 Abs. 2 KVG).

BGE 142 V 87, E. 5 betr. Grundsatz der Teilbarkeit der Monatsprämie für den Beginn und das Ende der obligatorischen Krankenpflegeversicherung.

4. Unfallversicherung (Art. 91 ff. UVG, Art. 113 ff. UVV)

a) Nettoprämie (Art. 92 Abs. 1 UVG, Art. 113 UVV)

Mit der Nettoprämie müssen die Leistungen der BU und NBU beglichen werden 4.68
können (Bedarfsdeckungsverfahren). Sie variieren je nach Prämientarifstufe der jeweiligen Gefahrenklasse und belaufen sich in Prozenten oder Promillen des versicherten Verdienstes gemäss Art. 115 i.V.m. Art. 22 Abs. 1 und 2 UVV, also max. bis zum Höchstbetrag des versicherten Verdienstes von Fr. 148’200.–.

b) Zuschläge (Art. 90 Abs. 4, 92 Abs. 1 UVG, Art. 95a, 111, 114 UVV)

Neben den Nettoprämien sind Zuschläge zu entrichten für Verwaltungskosten, Be- 4.69
ratung, Begutachtung, Prävention, Reserven. Gemäss Art. 90 Abs. 4 UVG wird bei der Ersatzkasse ein Ausgleichsfonds für Grossrisiken errichtet, der durch einen von der Ersatzkasse festzulegenden Prämienzuschlag pro Versicherungszeig geäufnet und von den Versicherern erhoben wird. Aus dem Ausgleichsfonds werden die zufolge des Eintritts eines Grossereignisses eine bestimmte Schwelle übersteigenden Leistungen dem Versicherer von der Ersatzkasse vergütet (vgl. hinten 6.64).

II. Die Beitragspflicht in persönlicher und zeitlicher Hinsicht

1. Beitragspflicht in persönlicher Hinsicht

a) Beitragspflicht von Arbeitgeber und Arbeitnehmer; Beitragsschuldner (Art. 12 und 14 Abs. 1, Art. 51 Abs. 1 AHVG, Art. 34, 35 AHVV; Art. 3 Abs. 2 IVG; Art. 66 Abs. 2, 4 BVG; Art. 27 Abs. 3 EOG; Art. 5 AVIG)

4.70 Eine Aufteilung der Beiträge auf Grund eines besonderen Fürsorgegedankens kann selbstredend nur dort möglich sein, wo Arbeitgeber und Arbeitnehmer zusammenwirken, so ausschliesslich in der *AHV, IV, bV, EO, ALV.* Beitragspflichtig sind jedoch nur die Arbeitgeber mit Sitz, Wohnsitz oder einer Betriebsstätte in der Schweiz (nicht somit ausländische ohne Betriebsstätte in der Schweiz, soweit nicht eine zwischenstaatliche Vereinbarung oder völkerrechtliche Übung gilt). Als Betriebsstätte im Sinne des AHV-Rechtes gelten ständige Anlagen und Einrichtungen, wie Fabrikations-, Geschäfts- oder Büroräumlichkeiten (Home-Office), in denen Arbeitnehmende des Inhabers oder der Inhaberin der Betriebsstätte tätig sind.

Beitragsschuldner für die gesamten Beiträge ist nur der der AHV unterstellte *Arbeitgeber* (also nicht der ausländische *ohne* Betriebsstätte in der Schweiz), der den Beitragsanteil des Arbeitnehmers an der Quelle abzieht (Art. 51 Abs. 1 AHVG). Dabei entsteht die Beitragspflicht bzw. die Fälligkeit der Beitragsforderung nicht erst mit Rechnungsstellung durch die Ausgleichskasse, sondern ist von Gesetzes wegen bei Realisierung des Lohnanspruchs eines Arbeitnehmers geschuldet und die Beitragsforderungen werden zur Zahlung fällig, und zwar monatlich bei einer Fr. 200'000.– übersteigenden Lohnsumme. Die Ausgleichskasse kann in begründeten Fällen auch andere Zahlungsperioden zulassen. Betr. der strafrechtlichen Folgen nicht gesetzeskonformer Beitragsentrichtung durch die Arbeitgeber vgl. Art. 87 AHVG.

Gegenüber der Pensionskasse sind die gesamten Beiträge jährlich bis Ende Januar des Folgejahres geschuldet (Art. 66 Abs. 4 BVG).

9D_2/2015 v. 26.2.2016, E. 4.3 betr. Lohnmeldepflichten des Arbeitgebers; 9C_824/2008 v. 6.3.2009, E. 6 betr. pflichtiger Arbeitgeber bei mehreren möglichen Personen.

Gemäss dem auf den 1. Januar 2008 in Kraft getretenen Bundesgesetz über Massnahmen zur Bekämpfung von Schwarzarbeit vom 17. Juni 2005 können die Beiträge im vereinfachten Abrechnungsverfahren abgerechnet und nur jährlich entrichtet werden, sofern der Jahreslohn eines Arbeitnehmenden weniger als den unteren BVG-Grenzbetrag (derzeit Fr. 21'330.–) beträgt, die gesamte jährliche Lohnsumme des Betriebs den zweifachen maximalen AHV-Rentenbetrag (derzeit Fr. 56'880.–) nicht übersteigt und die Löhne sämtlicher Arbeitnehmenden im vereinfachten Verfahren abgerechnet werden (Art. 2 BGSA).

9C_577/2017 v. 25.9.2018, E. 5 betr. keine Mindestarbeitnehmerzahl und keine Beschränkung auf gewisse Branchen für die Anwendung des vereinfachten Abrechnungsverfahrens.

b) Arbeitgeber resp. Verursacher (Art. 91 Abs. 1–3 UVG; Art. 82 MVG; Art. 16 FamZG)

Da gewisse Sozialversicherungszweige einen stark haftpflichtrechtlichen Charakter aufweisen, sind die Beiträge vollständig dem Arbeitgeber resp. Verursacher überbunden, so bei der *UV für Berufsunfall, MV und FamZ* (vgl. auch Art. 18 Abs. 1 FLG). Die Prämien für die NBU jedoch gehen voll zu Lasten des Arbeitnehmers, abweichende Abreden zugunsten des Arbeitnehmers vorbehalten, werden aber vom Arbeitgeber geschuldet. 4.71

c) Selbständigerwerbstätige, Nichterwerbstätige, Arbeitnehmer von ausländischen Arbeitgebern ohne Betriebsstätte in der Schweiz (Art. 6, 14 Abs. 2 AHVG, Art. 16, 33 AHVV; Art. 2a, 3 Abs. 3 und 5 Abs. 2 AVIG)

Diese Kategorien von Versicherten haben ihre Beiträge in der ganzen Höhe selber zu tragen und sind gegenüber *AHV, IV, EO, (freiw. bV, freiw. UV) und ALV* Beitragsschuldner. Arbeitnehmer nicht beitragspflichtiger Arbeitgeber, sog. ANobAG (vgl. vorne 4.70), können *mit Zustimmung des Arbeitgebers* die Abrechnung nach Art. 14 AHVG verlangen (Art. 6 AHVG). Für Arbeitnehmer mit einem Arbeitgeber mit Sitz in einem EU-/EFTA-Staat vgl. Art. 21 Abs. 2 VO (EG) 987/2009. 4.72

d) Versicherte Personen (Art. 61 Abs. 1 KVG; Art. 91 Abs. 3 UVG)

Allein beitragspflichtig und auch Beitragsschuldner sind die versicherten Personen in der Krankenversicherung, wobei die Zahlungsmodalitäten in den Kassenstatuten geregelt sind. 4.73

Bei der *NBU* kommt zwar die versicherte Person allein für die Prämien auf (Art. 91 Abs. 2 UVG), aber der Arbeitgeber zieht sie von der Quelle ab und ist gegenüber der Versicherung Beitragsschuldner.

2. Beitragspflicht in zeitlicher Hinsicht: Beginn und Ende

Die Beitragspflicht *beginnt* je nach Sozialversicherungszweig mit: 4.74

- der Geburt: KV
- dem Erreichen eines bestimmten Alters: AHV, IV, bV, ALV
- der Wohnsitznahme in der Schweiz: AHV, IV, EO, KV
- der Aufnahme der Erwerbstätigkeit (unselbständig oder selbständig) in der Schweiz: AHV, IV, bV, ALV
- Betriebsunterstellung, Lohnzahlungen: UV, FamZ

4.75 Die Beitragspflicht *endet* je nach Sozialversicherungszweig mit:

- dem Erreichen des Rentenanspruchs: AHV, IV, bV (Ausnahme bei Fortsetzung der Erwerbstätigkeit unter Vorbehalt des Freibetrags)
- der Wohnsitzaufgabe und Wegzug aus der Schweiz: AHV, IV, EO, KV
- dem rechtlichen Ende des Arbeitsvertrags: bV
- der Betriebseinstellung, Lohnzahlungen: UV, FamZ
- dem Tod.

4.76 Beim Wechsel des Krankenversicherers geht die Beitragspflicht nicht unter, sondern es wechselt nur der Beitragsgläubiger in Form einer anderen Krankenversicherung. Auch beim Wechsel des Erwerbsstatus von unselbständig, selbständig bis zu nichterwerbstätig handelt es sich nicht um ein Erlöschen der Beitragspflicht, sondern nur um einen Wechsel der Methode der Beitragsbemessung (und des Beitragsbezugs).

III. Probleme beim Beitragsbezug

1. Verzug, Veranlagung (Art. 14 Abs. 4, Art. 51 AHVG, Art. 34, 34a, 38 AHVV, Art. 26 Abs. 1 ATSG, Art. 7 ATSV)

4.77 Der Beitragsschuldner ist zur Mitwirkung bei der Veranlagung der Beiträge durch Liefern der nötigen Angaben verpflichtet (Art. 28 Abs. 1 ATSG, Art. 51 Abs. 2 AHVG, Art. 36, 38 AHVV). Werden diese nicht rechtzeitig erbracht oder die Beiträge nicht innerhalb der gesetzlichen Frist beglichen (10/30 Tage), werden die Beitragsschuldner unverzüglich schriftlich gemahnt und mit einer Mahngebühr von Fr. 20–200.– belegt. Zudem setzt mit Fälligkeit eine Verzugszinspflicht (5%) ein, und zwar unabhängig von einem Schadensnachweis oder Verschulden. Nach Ablauf der gesetzten Mahnfrist muss der Versicherer die Betreibung und alsdann das Veranlagungsverfahren (ev. strafrechtliche Schritte) einleiten.

4.78 Die Veranlagung wird in folgenden Fällen vorgenommen:

- Nichtbezahlung der Akontobeiträge oder der tatsächlich geschuldeten Beiträge,
- Fehlen einer ordnungsgemäss geführten Lohnabrechnung,
- Nichterteilung der erforderlichen Auskünfte,
- Verdacht auf Entrichtung von zu wenig Beiträgen,
- Nichtmelden wesentlicher Änderungen während des laufenden Jahres.

4.79 Die Veranlagung ist auf die Beitragserhebung bzw. den Bezug für die Zukunft gerichtet, im Gegensatz zur Nachforderung für in der Vergangenheit zu wenig bezahlte Beiträge, was i.d.R. durch Arbeitgeberkontrollen aufgedeckt wird.

Die Veranlagung kann durch Schätzung erfolgen, gestützt auf Befragungen, Suva-Lohnsumme, Steuererklärung (Gewinnungskosten), Prüfung vor Ort, Sachverständigengutachten. Das Veranlagungs- und Betreibungsverfahren ist für den säumigen Arbeitgeber gebührenpflichtig. 4.80

2. Verjährung, Zahlungsverzug, Zahlungsaufschub, Herabsetzung, Erlass

a) AHV (Art. 11, 14 Abs. 4, 16 AHVG, Art. 31 f., 34b, 40 AHVV)

Werden Beiträge nicht innert fünf Jahren nach Ablauf des Kalenderjahres, für die sie geschuldet sind, rechtskräftig festgesetzt, «verjähren» sie (Festsetzungsverwirkungsfrist). Die gemäss Art. 16 Abs. 1 AHVG geltend gemachten Beiträge verwirken fünf Jahre nach Ablauf des Kalenderjahres, für welches sie geschuldet waren (Vollstreckungsverwirkungsfrist), Spezialfälle vorbehalten. Gemäss Art. 11 Abs. 1 und Abs. 2 AHVG können die Beiträge der *persönlich Beitragsschuldner* (Selbständige, Nichterwerbstätige und Arbeitnehmer ohne AHV-pflichtigen Arbeitgeber) bis zum Mindestbeitrag *herabgesetzt* werden, wenn die Beitragshöhe für sie unzumutbar hoch ist. Unzumutbarkeit liegt vor, wenn durch die Beiträge das betreibungsrechtliche Existenzminimum unterschritten wird. Bedeutet auch die Zahlung des Mindestbeitrags für diese Versicherten eine *grosse Härte,* kann ihnen nach Anhörung auf entsprechendes Gesuch hin sogar der Mindestbeitrag ganz oder teilweise *erlassen* werden (er wird dann von der zuständigen Wohnsitzgemeinde bzw. Sozialhilfebehörde bezahlt). Eine grosse Härte bezüglich der Bezahlung des Mindestbeitrags bedeutet, dass eine ganze oder teilweise Unterstützungsbedürftigkeit im Sinne der Sozialhilfe vorliegt. Als weniger weit gehende Massnahme muss aber zuerst geprüft werden, ob der *Zahlungsaufschub gemäss Art. 34b AHVV* (Verpflichtung zu regelmässigen Abschlagszahlungen) eine gangbare Lösung darstellt. Handelt es sich um die Nachzahlung von Beiträgen, so kann nach erfolglosem Versuch eines Zahlungsaufschubs ebenfalls das Erlassverfahren eingeleitet werden, sofern neben der grossen Härte auch guter Glaube bezüglich der Nichtschuld der Beiträge besteht und die Beitragsverpflichtung nicht verjährt ist. 4.81

b) Berufliche Vorsorge (Art. 41 Abs. 2, 52 BVG)

Die Forderungen auf periodische Beiträge verjähren nach fünf Jahren, alle übrigen entsprechend Art. 129–142 OR nach zehn Jahren. Im BVG sind weder Erlass noch Herabsetzung der Beiträge vorgesehen. Im Gegenteil muss jeder Beitragsausstand der Aufsichtsbehörde gemeldet werden. Nach Fälligkeit der Beitragsschuld (Art. 66 Abs. 4 BVG; vgl. vorne 4.70) setzt die Verzugszinspflicht ein, wobei sich die Höhe nach Reglement, ansonsten nach Art. 104 Abs. 1 OR richtet. 4.82

Die Modalitäten des Beitragsbezugs richten sich nach den Statuten der Vorsorgeeinrichtung. Ausstehende Beiträge werden nötigenfalls auf dem Weg der Zwangsvollstreckung eingefordert. Bei Unterlassung und eingetretenem Schaden für die Stiftung werden deren Organe (Stiftungsrat, Revisionsstelle) persönlich haftbar (Art. 52 BVG; vgl. 6.30).

BGE 145 V 18, E. 4.2 betr. Verzugszinspflicht; BGE 140 V 154, E. 6 betr. Fälligkeit und Verjährung rückwirkender Beitragsforderungen aus einem Vorsorgeverhältnis, das rückwirkend anerkannt wurde (Art. 41 Abs. 2 BVG); Anwendung der absoluten Verjährungsfrist von zehn Jahren; BGE 136 V 73, E. 4 betr. Zeitpunkt der Fälligkeit und Verjährung rückwirkender Beitragsforderungen eines nicht angemeldeten Arbeitsverhältnisses.

c) Krankenversicherung (Art. 64a KVG, Art. 9, 105a–105m KVV)

4.83 Bezahlt die versicherte Person die geschuldeten Prämien, verschiedenen Kostenbeteiligungen, Verzugszinse und Betreibungskosten nicht rechtzeitig, so hat dies Folgen hinsichtlich eines künftigen Leistungsbezugs und der Freizügigkeit. Gegenüber Personen, die nicht der schweizerischen Sozialhilfegesetzgebung unterstehen (und auch nicht unter die VO [EG] 883/2004 fallen) und bei denen auch kein Vollstreckungsverfahren durchgeführt werden kann, darf der Versicherer nach erfolgter schriftlicher Mahnung und unter Hinweis auf die Rechtsfolgen das Versicherungsverhältnis beenden (Art. 9 KVV).

4.84 Bei Prämienverzug hat die Krankenkasse nach spätestens drei Monaten in einem ersten Schritt mindestens eine schriftliche Mahnung (falls statutarisch vorgesehen mit Mahngebühren) mit einer 30-tägigen Nachfrist und Androhung der Folgen auszusprechen. Bezahlt die versicherte Person nicht innert der Frist, hat der Versicherer auf dem Weg der Zwangsvollstreckung die ausstehenden Beiträge, Kostenbeteiligungen und Verzugszinse (5%) zu betreiben (in der 2. Klasse privilegierte Forderung). Bereits in dieser Phase kann der Kanton verlangen, dass der zuständigen Behörde die betriebenen Personen bekannt gegeben werden, damit er über das weitere Vorgehen mitbestimmen kann. In einem zweiten Schritt gibt der Versicherer der zuständigen kantonalen Behörde und nach Konsultation einer Revisionsstelle die Personendaten sowie den ausstehenden Betrag (inkl. Betreibungskosten), der zu einem Verlustschein oder einem gleichwertigen Rechtstitel geführt hat, bekannt. In der Folge übernimmt der Kanton 85% der bekanntgegebenen Forderungen (Art. 64a Abs. 3 und 4 KVG). Wenn die versicherte Person die Ausstände nachträglich begleicht (Art. 64a Abs. 5 KVG), hat der Versicherer in einem dritten Schritt dem Kanton 50% der nachträglich doch noch eingegangenen Zahlung zurückzuerstatten. Die Kantone können versicherte Personen, die ihrer Prämienpflicht trotz Betreibung nicht nachkommen, auf einer Liste erfassen, welche nur den Leistungserbringern, der Gemeinde und dem Kanton zugänglich ist. Die Versicherer sind diesen Versicherten gegenüber nur noch für *Notfallbehandlungen* leistungspflichtig. Der zuständigen kantonalen Behörde erstatten die Versicherer Meldung über den Leistungsaufschub und dessen Aufhebung nach Begleichung der ausstehenden Forderungen (Art. 64a Abs. 7 KVG).

Im Falle ausstehender Forderungen zulässig ist, in Abweichung von Art. 7 KVG (vorbehalten bleiben die Abs. 3 und 4), eine Behinderung der Freizügigkeit beim Kassenwechsel, indem die Kasse erst nach vollständiger Bezahlung der geschuldeten Beiträge gewechselt werden kann (Art. 64a Abs. 6 KVG, Art. 105i KVV). Nicht zulässig ist hingegen die Verrechnung ausstehender Prämien mit geschuldeten Versicherungsleistungen (Art. 105c KVV). 4.85

BGE 144 V 380, E. 6 betr. Unzulässigkeit eines Kassenwechsels bis zur vollständigen Schuldentilgung.

d) Unfallversicherung (Art. 26 ATSG, Art. 7 ATSV; Art. 121 UVV)

Ausstehende Prämien verwirken nach fünf Jahren nach Ablauf des Kalenderjahres, für das sie geschuldet sind. Ein Erlass bzw. die Herabsetzung der Beiträge widerspricht dem Gegenseitigkeitsprinzip. Es gilt in erster Linie die Verzugszinspflicht gemäss Art. 26 ATSG i.V.m. Art. 7 ATSV. Art. 121 UVV bezieht sich nur noch auf die Ersatzprämie. 4.86

3. Rückerstattung von Beiträgen, Verrechnung (Art. 25 Abs. 3 ATSG; Art. 16 Abs. 3, Art. 20 Abs. 2 AHVG; Art. 39 Abs. 2 BVG; Art. 50 UVG)

Zu viel bezahlte Beiträge können von der versicherten Person zurückgefordert werden, wobei der Anspruch auf Rückerstattung mit dem Ablauf eines Jahres, nachdem der Beitragspflichtige von den zu hohen Beitragszahlungen Kenntnis erhalten hat, spätestens jedoch fünf Jahre nach Ablauf des Kalenderjahres, in dem sie bezahlt wurden, verwirkt ist. Bei Ausländern, mit deren Heimatland kein Sozialversicherungsabkommen besteht und die die Renten daher nicht exportieren können, richtet sich der Rückerstattungsanspruch für geleistete AHV-Beiträge nach den Bedingungen der RV-AHV (vgl. 5.257a). 4.87

BVGE 2016/6, E. 6.4.4 betr. keine Verrechnung von bezogenen IV-Renten mit der Rückerstattung von AHV-Beiträgen bei Wegzug ins Ausland; 9C_459/2011 v. 26.1.2012, E. 6 betr. Verjährung von Beitragsforderungen nach Statuswechsel.

Soweit gleichzeitig Leistungen fällig sind und sich fällige Forderungen gegenseitig gegenüberstehen, dürfen ausstehende nicht verjährte Beiträge (auch Schadenersatzforderung i.S.v. Art. 52 AHVG) bis zum betreibungsrechtlichen Existenzminimum mit geschuldeten Leistungen verrechnet werden. In der bV ist die Verrechnung nur für nicht vom Lohn abgezogene Arbeitnehmerbeiträge, Schadenersatzforderungen i.S.v. Art. 52 BVG oder Leistungsrückerstattungen zugelassen (Art. 39 Abs. 2 BVG). 4.88

BGE 141 V 139, E. 6.3.1 betr. Rangfolge bei der Verrechnung von IV-Leistungen mit intra- und intersystemischen Forderungen; BGE 138 V 2, E. 4.3.2 betr. Verrechnung einer Forderung von AHV-Beiträgen nichterwerbstätiger Ehegatten mit nachzuzahlenden Familienzulagen; BGE 138 V 74, E. 7 betr. längere strafrechtliche Verjährungsfrist und Unschuldsvermutung; BGE 138 V 402, E. 4.5 betr. keine Verrechnungsschranke, wenn eine Nachzahlung eine vorausgehende Rente ersetzt (keine Bedürftigkeit); BGE 137 V 175, E. 2 betr. Zulässigkeit der Verrechnung der Rückforderung einer Invalidenrente gegenüber einem Ehegatten mit Nachzahlungen einer Invalidenrente an den anderen (getrennt lebenden) Ehegatten; BGE 136 V 286, E. 4-5 betr. Verrechnung von Rentennachzahlungen der Invalidenversicherung mit Schadenersatzforderungen nach Art. 52 AHVG (zulässig, richtet sich nach Art. 50 Abs. 2 IVG i.V.m. Art. 20 Abs. 2 lit. a AHVG und nicht nach ATSG).

4. Schadenersatz des Arbeitgebers für den der Ausgleichskasse zugefügten Schaden (Art. 52 AHVG)

a) *Voraussetzungen*

4.89 Soweit der Arbeitgeber seine gesetzliche Beitragspflicht nicht erfüllt und der Ausgleichskasse dadurch ein Schaden erwächst, entsteht der Ausgleichskasse eine Schadenersatzforderung, welche ihrer Rechtsnatur nach jedoch keine Beitragsforderung darstellt. Sie umfasst auch die IV-, EO-, FAmZ- und ALV-Beiträge. Den säumigen Beitragsschuldner trifft unter den nachfolgenden Bedingungen eine spezialgesetzliche Schadenersatzpflicht:

- *Schaden* zufolge uneinbringlicher Beitragsforderungen auf Grund der:
  - Verwirkung der Beitragsforderung (Art. 16 Abs. 1 AHVG),
  - Zahlungsunfähigkeit des pflichtigen Arbeitgebers, die zu einem Schaden (Beiträge [samt Verzugszinse] + Mahngebühren + Verwaltungs- und Betreibungskosten) führt. Eingetreten bzw. uneinbringlich gemäss Art. 14 ff. AHVG im ordentlichen Verfahren ist der Schaden bzw. sind die Beiträge (→ massgeblicher Beginn der absoluten fünfjährigen Verjährungsfrist):
    - am Tag der Konkurseröffnung bzw. Auflage des Kollokationsplans,
    - bei Ausstellung eines definitiven Verlustscheines

      BGE 123 V 12, E. 5.c; 113 V 256, E. 3.c.

4.90 Kenntnis vom Schaden hat die Ausgleichskasse bei (→ massgeblicher Beginn für die relative zweijährige *Verjährungsf*rist gem. Art. 52 Abs. 3 AHVG (Festsetzungsverjährungsfrist):

- Auflage des Kollokationsplans und Inventars bzw. Teilnahme an der 1. Gläubigerversammlung (zumindest bei Kenntnisnahme des Protokolls),

  BGE 126 V 443, E. 4; 121 V 234, E. 5.b.
- Veröffentlichung im SHAB bei Einstellung des Konkurses mangels Aktiven BGE 128 V 10, E. 5.d
- Nachlassvertrag,
- Zustellung des *definitiven* Pfändungsverlustscheines: Art. 149 SchKG.

Im Zeitpunkt der effektiven Kenntnis des Schadens müssen die ersatzpflichtigen Personen und der Schaden (Kenntnis eines Teilschadens genügt) bekannt sein, z.B. Deren Verpassen schliesst die absolute fünfjährige aus.

Bezüglich der Vollstreckungsverjährungsfrist gilt eine zehnjährige i.S.v. Art. 137 Abs. 2 OR.

BGE 141 V 487, E. 2.3 und 4.3.2 betr. die Verjährung unterbrechende Handlungen; 9C_217/2009 v. 7.5.2010, E. 4 betr. Zeitpunkt der Schadenskenntnis (Zusammenfassung der Rechtsprechung); 9C_252/2009 v. 10.7.2009, E. 3.2 betr. Verjährungs- und nicht Verwirkungsfrist; BGE 131 V 4, E. 3.4 betr. 10-jährige Vollstreckungsverjährungsfrist; BGE 126 V 450, E. 3.a betr. Kenntnis eines Teilschadens.

- *Verschulden des Arbeitgebers* an der Schadenszufügung durch vorsätzliches oder grobfahrlässiges Verhalten, wobei ihn z.B. Delegation der Aufgabe an Dritte, unterlassene Aufsicht, mangelnde Kenntnis der gesetzlichen Pflichten, familienrechtliche Beziehungen oder Ehrenamtlichkeit nicht entlasten. Da es sich um eine öffentliche Aufgabe des Arbeitgebers handelt, ist der Verschuldensmassstab streng. Verlangt wird die Beachtung der Sorgfalt, wie sie von der pflichtigen Person erwartet werden darf und muss, wobei nur gewichtige Gründe für die Nichtbezahlung der Beiträge, wie z.B. ernsthaft möglicher Rettungsversuch einer zahlungsunfähigen Firma mit Aussicht auf spätere Beitragsbegleichung, als schuldmindernd anerkannt werden. 4.91

Subsidiär zum Arbeitgeber haften auch die *Organe* (statutarische und faktische) solidarisch für den *während ihrer effektiven Amtshandlungen* (keine Massgeblichkeit des Handelsregistereintrags) schuldhaft und kausal zugefügten Schaden. In diesem enthalten sind auch übernommene offene Beitragsschulden, sofern eine Einwirkungsmöglichkeit auf die Begleichung der Beitragsforderung bestand. Wegen fehlender Kausalität zwischen Verhalten und Schaden ist daher eine Haftung für bereits entstandenen, nicht mehr beeinflussbaren Schaden ausgeschlossen.

9C_722/2016 v. 31. Mai 2016, E. 3 betr. Haftung eines Strohmannes; 9C_920/2014 v. 19.5.2015, E. 3.2 betr. Haftungsvoraussetzungen bei einem Direktor; 9C_276/2013 v. 28.6.2013, E. 3.2.2 betr. Verschulden von Familienmitgliedern; 9C_876/2012 v. 22.4.2013, E. 4.2 betr. keine (faktische) Organstellung bei gelegentlichen Beitragszahlungen; 9C_369/2012 v. 2.11.2012, E. 7.3.3 betr. kein Verschulden des Verwaltungsrates bis zum Vorliegen des ordentlichen Revisionsberichtes bei komplexen internen Abläufen; 9C_330/2010 v. 18.1.2011, E. 4-5 betr. Entschuldbarkeit der Nichtbezahlung von Sozialversicherungsbeiträgen während Sanierungsmassnahmen BGE 136 V 268, E. 2.6 betr. Haftung des ausgeschiedenen Gesellschafters für Beitragsschulden der (ehemaligen) Kollektivgesellschaft; BGE 126 V 61, E. 4 betr. Dauer der Haftung und Nichtmassgeblichkeit des Handelsregistereintrags; AHI 2002 51 betr. ehrenamtlich tätige Organe eines Sportvereins.

- *Kausalität* zwischen Schaden und widerrechtlichem und schuldhaften Verhalten der Verantwortlichen. Daran gebricht es, wenn auch ein pflichtgemässes Verhalten des Verantwortlichen den Schaden mit hoher Wahrscheinlichkeit nicht verhindert hätte, so insb. bei einem groben Mitverschulden eines Dritten (z.B. im Fall von strafrechtlich relevanten Machenschaften, die das Organ hinters Licht führen und für den Schaden kausal sind). Haftungsbeschränkend wirkt ein Mitverschulden eines Dritten oder der Ausgleichskasse selbst, wenn sie elementare Vorschriften der Beitragsveranlagung oder des Beitragsbezugs verletzt. Das Mitverschulden ist bei der Schadensbemessung entsprechend Art. 44 Abs. 1 OR mitzuberücksichtigen.

9C_599/2017 v. 26.6.2018, E. 4.3 betr. kein Mitverschulden bei fehlender interner Information; 9C_66/2016 v. 10.8.2016, E. 5.4 betr. Mitverschulden Dritter als Haftungsbeschränkung nur bei exzeptioneller Sachlage; 9C_247/2016 v. 10.8.2016, E. 5.4 betr. Unterlassen der Meldung von wesentliche Lohnveränderungen durch den Arbeitgeber und Unterlassung der selbständigen Anpassung der Akontobeiträge durch die Ausgleichskasse als Mitverschulden; 9C_328/2012 v. 11.12.2012, E. 5 betr. keine Unterbrechung des Kausalzusammenhangs bei gleichzeitigem Fehlverhalten des Geschäftsführers; BGE 122 V 185, E. 3.c betr. Mitverschulden der Verwaltung.

b) Schadenersatzverfügung, Rechtsmittel (Art. 49, 52, 56 ff., 62 ATSG)

4.92 In Form der eingeschriebenen Verfügung i.S.v. Art. 49 ATSG wird allen in Frage kommenden Schuldnern – aufgrund der Solidarität auch nur gegenüber einem Schuldner möglich – von der zuständigen Ausgleichskasse (unter Beizug der Familienausgleichskasse) der öffentlich-rechtliche Anspruch eröffnet. Die Schadenshöhe (ohne Verzugszinsen: Art. 26 ATSG ist auf Schadenersatz nicht anwendbar) muss genau beziffert werden oder wenn dies nicht möglich ist, muss der ganze der Ausgleichskasse entgangene Betrag gegen Abtretung der Konkursdividende eingefordert werden. Betr. Verrechnung vgl. vorne 4.88.

4.93 Gegen die Verfügung kann innert 30 Tagen seit Zustellung Einsprache bei der Ausgleichskasse erhoben werden (Art. 52 ATSG). Dagegen ist entsprechend Art. 56 ff. ATSG Beschwerde ans kant. Sozialversicherungsgericht einzureichen. Zuständig ist der Kanton, in welchem der Arbeitgeber seine/n Sitz/Zweigniederlassung/Wohnsitz hat bzw. hatte. Gemäss Art. 62 ATSG gelangt man mit der Beschwerde in öffentlich-rechtlichen Angelegenheiten ans Bundesgericht in Luzern.

BGE 137 V 51, E. 4 betr. Streitwert bei Schadenersatzforderungen von mindestens Fr. 30'000.– (oder andernfalls müsste es eine grundsätzliche Rechtsfrage betreffen).

5. Teil: Das Leistungsrecht

A. Leistungsvoraussetzungen

I. Versicherungsmässige Voraussetzungen

1. Geltende gesetzliche Grundlage für Leistungsanspruch

Damit eine Leistungspflicht der Sozialversicherungen überhaupt entstehen kann, muss für die Leistungspflicht eine im Zeitpunkt des Risikoeintritts geltende gesetzliche Grundlage mit Bezug auf die formellen und materiellen Voraussetzungen für den konkreten Fall bestehen, anderslautende übergangsrechtliche Regelungen vorbehalten. Soweit eine gesetzliche Grundlage nachträglich aufgehoben wird, schadet dies laufenden Leistungen nichts und es können zudem auf der Grundlage des aufgehobenen Rechts allfällige Rückfälle oder Spätfolgen des damals versicherten Ereignisses nach wie vor geltend gemacht werden. 5.00

8C_86/2018 v. 9.5.2018, E. 3 betr. Spätfolgen; BGE 143 V 446, E. 3.3 betr. Massgeblichkeit der im Zeitpunkt des Ereignisses geltenden Rechtssätze.

2. Erfüllen von Beitragszeiten

a) In der 1. Säule (Art. 29 Abs. 1 AHVG i.V.m. Art. 50 AHVV; Art. 6 Abs. 1 und 2, Art. 36 Abs. 1 IVG; Art. 16b EOG)

In der AHV, IV und bei der Mutterschaftsentschädigung der EO wird die Leistung aufgrund des *Äquivalenzprinzips* und zwecks Verringerung von Missbrauch an die Voraussetzung einer minimalen Beitragszeit oder an eine minimale Wohnsitz- resp. Aufenthaltszeit in der Schweiz geknüpft. 5.01

Für einen Anspruch auf eine *ordentliche* Rente der *AHV* müssen gemäss Art. 29 Abs. 1 AHVG i.V.m. Art. 50 AHVV für mind. 11 Monate im Jahr Einkommen oder Erziehungs- oder Betreuungsgutschriften angerechnet werden können und entsprechend mindestens der Mindestbeitrag entrichtet worden sein. 5.02

In der *IV* wird für die *ordentliche* Rente im Zeitpunkt des Eintritts der Invalidität eine Beitragszeit von mindestens 3 Jahren vorausgesetzt (Art. 36 Abs. 1 IVG). Für Sachleistungen sind die allgemeinen Voraussetzungen i.S.v. Art. 6 Abs. 1 und 2 und für minderjährige Ausländer die Erleichterungen i.S.v. Art. 9 Abs. 2 und 3 IVG massgebend.

Der Anspruch auf *Mutterschaftsentschädigung der EO* verlangt unmittelbar vor der Niederkunft eine mindestens neunmonatige Unterstellungszeit und während dieser eine mindestens fünfmonatige Beitragszeit als Erwerbstätige (Art. 16b

EOG). Für die Erfüllung der Mindestbeitragszeit werden auch Taggelder bei Krankheit, Unfall oder Invalidität angerechnet (Art. 30 EOV).

5.03 In den EU/EFTA-Staaten zurückgelegte Beitrags- und Versicherungszeiten sind auf Grund der FZA an solche in der Schweiz anzurechnen (Art. 6 VO [EG] 883/2004).

BGE 143 V 1, E. 5.2.4 betr. keine diskriminierende Nichtunterstellung von invaliden Grenzgängerkindern mit Wohnsitz im Ausland; BGE 136 V 33, E. 4.3 betr. Beitragsrücküberweisung an türkische Sozialversicherung infolge Rückkehr ins Heimatland; keine Anrechnung der geleisteten Beiträge an die Mindestbeitragszeit gemäss Art. 36 Abs. 1 IVG nach erneuter Einreise in die Schweiz als nunmehr Invalider.

b) Arbeitslosenversicherung (Art. 9a f., Art. 13 f. AVIG, Art. 11 ff. AVIV)

5.04 Die ALV verlangt als Leistungsvoraussetzung, dass im Zeitpunkt der Erfüllung der Anspruchsvoraussetzungen für den Leistungsbezug die versicherte Person während mindestens 12 Monaten innerhalb der Rahmenfrist von zwei Jahren eine *beitragspflichtige* Beschäftigung ausgeübt hat (Art. 13 AVIG: zur Berechnung der Beitragszeit vgl. Art. 11 AVIV). Die Erfüllung der Beitragszeit wird erlassen bei *effektiver Verhinderung* an einer Erwerbstätigkeit zufolge vorgängiger Schul-, Ausbildungs- oder Weiterbildungszeit (inkl. Praktika), Krankheit, Unfall, Mutterschaft, Aufenthalt in einer Haft- oder ähnlichen Anstalt, Trennung/Scheidung, Pflege von Angehörigen im gleichen Haushalt, vorgängiger Invalidität oder Tod des Ehegatten sowie nach Rückkehr von einem erwerbsbedingten Auslandaufenthalt in einem Drittstaat von über einem Jahr (Art. 14 AVIG, Art. 13 AVIV). Diese Befreiungsgründe müssen aber *kausal* sein, d.h. während mindestens zwölf Monaten anhaltend die Beitragserbringung verunmöglichen. Die Befreiungsgründe sind kumulativ zum Teil mit einer Wohnsitzklausel verbunden (da eine Art Sozialleistung).

8C_472/2018 v. 22.1.2019, E. 5.1.2 betr. Beitragszeit und unbezahlter Urlaub; 8C_829/2016 v. 30.6.2017, E. 5 betr. Taggelder der IV als «Lohn»; 8C_127/2017 v. 13.6.2017, E. 2-4 betr. Beitragszeit von Temporär- bzw. Teilzeitbeschäftigten; 8C_418/2016 v. 15.11.2016, E. 3-5 betr. Anforderungen für die Beitragszeitbefreiung bei Doktoranden; BGE 141 V 625, E. 4 betr. Nichtverwertung der Restarbeitsfähigkeit und Berufsschutz; 8C_137/2015 v. 23.9.2015, E. 4.3 betr. keine Kumulation von Art. 13 und Art. 14 AVIG; BGE 138 V 434, E. 8 betr. keine Befreiung von der Erfüllung der Beitragszeit bei Aussteuerung des Ehepartners aus der ALV; 8C_415/2012 v. 21.2.2013, E. 4.3 betr. keine Befreiung wegen Inhaftierung im Ausland; BGE 137 V 133, E. 7 betr. keine Beitragsbefreiung bei Auflösung eines Konkubinats.

5.05 Die Rahmenfristen für die Beitragszeit können nach Aufnahme einer selbständigen Erwerbstätigkeit (ohne Förderung durch die ALV) oder der Kindererziehung um zwei Jahre verlängert werden (Art. 9a und 9b AVIG).

BGE 140 V 379, E. 3 betr. keine Verlängerung der Rahmenfrist für die Beitragszeit nach Art. 9b Abs. 2 AVIG, wenn eine Versicherte sich lediglich während des Zeitraums des Bezugs der Mutterschaftsentschädigung vom Arbeitsmarkt zurückgezogen hat (dieser Zeitraum gilt als Beitragszeit); BGE 139 V 482, E. 9 betr. Verlängerung i.S.v. Art. 9b AVIG nur, wenn die Mutter *wegen* der Erziehungsaufgaben nicht zur Stellenvermittlung zur Verfügung steht; 139 V 37, E. 5.3.2 betr. Kausalität und Befreiungsgründe; BGE 138 V 50, E. 4 betr. Verlängerung der Rahmenfrist bei selbständiger Erwerbstätigkeit (Art. 9a Abs. 2 AVIG); BGE 136 V 146, E. 3 betr. Rahmenfristen bei Erziehungszeiten (Art. 9b Abs. 2 AVIG).

Beitragszeiten, die in den EU/EFTA-Staaten zurückgelegt werden, müssen im Falle des Leistungsbezugs auf Grund der FZA in der Schweiz angerechnet werden (Art. 6 [allg. Bestimmung zur Zusammenrechnung der Zeiten] und Art. 45, 51, 56 f., 61 VO [EG] 883/2004 sowie Art. 12 f., 54 VO [EG] 987/2009). 5.06

BGE 132 V 196, E. 5.2 betr. Anrechnung von ausländischen Beitragszeiten in der ALV nur bei beitragspflichtiger Beschäftigung auch in der Schweiz; BGE 131 V 371, E. 7-9 betr. keine Anrechnung ausländischer Versicherungszeiten bei Wechsel von Invaliden- zur Altersrente.

3. Erfüllen von Wohnsitz- und Aufenthaltszeiten (Art. 6 Abs. 2 i.V.m. Art. 9 Abs. 3 IVG; Art. 5 ELG; Art. 14 Abs. 1 lit. a AVIG)

IV: Beim Anspruch auf Leistungsbezug (vorbehalten Renten: 3 Jahre) für ausländische Staatsangehörige ohne Sozialversicherungsabkommen kann anstatt der 11-monatigen Beitragszeit auch ein ununterbrochener zehnjähriger Aufenthalt in der Schweiz angerechnet werden (Art. 6 Abs. 2 IVG). Im Falle von invalid geborenen Kindern gelten erleichterte Bedingungen: Art. 9 Abs. 3 IVG. 5.07

BGE 143 V 114, E. 5 betr. Begriff des gewöhnlichen Aufenthalts. Berechnung der Aufenthaltsdauer bei im Ausland geborenen invaliden Kindern mit Wohnsitz in der Schweiz.

EL: Für Ausländer aus einem Drittstaat (ausserhalb EU/EFTA-Raum) und ohne Sozialversicherungsabkommen gilt eine Karenzzeit von 10 Jahren ununterbrochenem rechtmässigem Aufenthalt unmittelbar vor Leistungsbezug (Art. 5 Abs. 1 ELG). Für Staatenlose und Flüchtlinge beträgt die Karenzzeit fünf Jahre. Für andere Ausländer gelten die Art. 5 Abs. 3 und 4 ELG. (*ELG-Revision:* Art. 5 Abs. 3 ELG: auch fünfjährige Karenzfristen für Ausländer, die gestützt auf ein Sozialversicherungsabkommen Anspruch auf eine a.o. Rente haben; Abs. 5 und 6: Neubeginn der Karenzfrist nach Auslandaufenthalt von mehr als drei Monaten bzw. drei Monaten in Jahr).

9C_624/2018 v. 7.5.2019, E. 7.2 betr. keine Karenzfrist für eine mit einem EU-Bürger verheiratete Drittstaatangehörige.

ALV: Im Fall des Taggeldanspruchs aufgrund der Beitragsbefreiung i.S.v. Art. 14 Abs. 1 lit. a AVIG wird ein zehnjähriger Wohnsitz in der Schweiz vorausgesetzt. Die Beitragsbefreiung stellt einen sozialen Vorteil i.S.v. Art. 7 Abs. 2 VO (EWG) 1612/68 und keine Leistung i.S.v. Art. 3 VO (EG) 883/2004 dar.

Zum Begriff des Wohnsitzes und Aufenthalts vgl. vorne 3.45 ff.

4. Wohnsitz oder Aufenthalt in der Schweiz (Art. 18, 42, 43bis AHVG; Art. 6 Abs. 2, 9 Abs. 1, 29 Abs. 4, 39, 42 IVG; Art. 4 ELG; Art. 34 Abs. 2 KVG; Art. 4 Abs. 3 FamZG; Art. 8 Abs. 1 lit. c, 14 Abs. 1 lit. b AVIG)

a) Grundsatz

5.08 Aufgrund des *Territorialitätsprinzips* werden die Leistungen (medizinische und berufliche Massnahmen, Hilfsmittel, Geldleistungen) *grundsätzlich* nur im Inland gewährt, d.h. nur in der Schweiz bezogene Leistungen werden vergütet. Dies dient der Sicherung von Zweckmässigkeit und Qualität der Leistung und der im Zusammenhang mit gewissen Leistungen stehenden Notwendigkeit der personellen Verfügbarkeit.

5.09 Für gewisse Leistungen gegenüber einem bestimmten Kreis von Personen setzt das Gesetz Wohnsitz und Aufenthalt in der Schweiz voraus (z.B. Art. 18 Abs. 2 AHVG, Art. 6 Abs. 2, 29 Abs. 4 IVG, Art. 14 Abs. 1 lit. b AVIG), so für Ergänzungsleistungen, Hilflosenentschädigungen sowie Sachleistungen. Dies gilt grundsätzlich auch für ausserordentliche AHV/IV-Renten, Härtefallrenten sowie Arbeitslosenentschädigungen. Hingegen wird auf Grund des *Diskriminierungsverbots und des Leistungsexportprinzips der FZA* (Art. 7 VO [EG] 883/2004) für gewisse Leistungen, insbesondere Renten in den EU/EFTA-Raum, das Territorialitätsprinzip bzw. die Wohnsitzklausel durchbrochen (dies gilt jedoch nicht für ausserordentliche IV-Renten von nicht erwerbstätig gewesenen Versicherten [vgl. VO (EG) 883/2004 Anhang X Schweiz lit. d], bei Verlegung des Wohnsitzes in einen Drittstaat sowie für beitragsunabhängige Leistungen wie EL, HLE oder Mischleistungen bei Arbeitslosigkeit [vgl. VO (EG) 883/2004 Anhang X Schweiz lit. a–c] oder Arbeitslosenentschädigungen ab dem vierten Bezugsmonat [Art. 64 VO (EG) 883/2004). Ebenso sehen verschiedene bilaterale Sozialversicherungsabkommen den Export von Renten vor (darunter fallen auch EU-Staatsangehörige). Betr. Rückerstattung von Beiträgen bei fehlendem Leistungsexport ins Ausland vgl. 5.257a.

8C_660/2018 v. 7.5.2019, E. 10 betr. i.S.v. Art. 7 VO (EG) 883/ 2004 (i.c. Art. 10 VO [EWG] 1408/71) diskriminierende Wohnsitzklausel in Art. 6 Abs. 2 IVG; BGE 142 V 2, E. 6 betr. keine Exportierbarkeit von Hilflosenentschädigung; BGE 141 V 530, E. 7.3 betr. kein Leistungsexport in den EU-/EFTA-Raum von a.o. Invalidenrenten; BGE 133 V 367, E. 9.8 und 11.6 betr. Bejahung der Diskriminierung der EU/EFTA-Bürger wegen i.c. Unverhältnismässigkeit der Wohnsitzklausel in Art. 14 Abs. 1 lit. b AVIG und Vorrang der FZA; BGE 130 V 145, E. 4 betr. zulässiger Export einer a.o. AHV-Rente.

Zu den Voraussetzungen des Leistungsexports von Familienzulagen vgl. Art. 4 Abs. 3 FamZG i.V.m. Art. 7 FamZV (vgl. auch 5.351u). Die exportierende Kinder- und Ausbildungszulagen werden zudem nach den Grundsätzen von Art. 8 FamZV der Kaufkraft des jeweiligen Staates angepasst. Eingeteilt werden die Staaten in drei Gruppen, wobei auf die Daten der Weltbank abgestellt wird.

BGE 136 I 297, E. 4 betr. Leistungsexport nur bei entsprechendem Sozialversicherungsabkommen;

b) *Ausnahmen*

Medizinische sowie berufliche Massnahmen können unter folgenden eingeschränkten Bedingungen im Ausland vorgenommen werden:

- *Vorschrift des Gesetzes*, so z.B. bei minderjährigen Auslandschweizern i.S.v. Art. 9 Abs. 2 IVG oder Art. 23ter IVV, bei Entbindung im Ausland unter den Voraussetzungen von Art. 36 Abs. 3 KVV oder im Rahmen der in Art. 36a KVV bewilligten Pilotprojekte für Behandlungen im grenznahen Raum. 5.10
- *Notfall im Ausland* (Art. 23bis Abs. 2 IVV; Art. 34 Abs. 2 KVG, Art. 36 Abs. 2 KVV; Art. 17 UVV) unter folgenden Voraussetzungen: 5.11
  - nur vorübergehender Auslandaufenthalt,
  - kein Aufenthalt für ausschliessliche Behandlungszwecke,
  - eine Rückführung in die Schweiz ist nicht angemessen (zu lange oder zu teuer) und aus gesundheitlichen Gründen nicht zumutbar (Ausnahme im EU/EFTA-Raum, wo in der Regel heute keine Unzumutbarkeit des Rücktransports mehr verlangt wird).

  9C_325/2015 v. 25.6.2015, E. 2 betr. Leistungsverweigerung bei Notfall im Ausland wegen Verletzung der Obliegenheit der Konsultation der Telemedizin; 9C_408/2009 v. 3.9.2009, E. 8-9 betr. Begriff des Notfalls sowie Notfallgeburt am Ferienort.

- *Notwendigkeit einer Auslandbehandlung/Eingliederungsmassnahme* (Art. 9 Abs. 1 IVG, Art. 23bis Abs. 1 IVV, Art. 36 Abs. 1 KVV). Diese Voraussetzung ist erfüllt, wenn die Leistung in der Schweiz (im Rahmen der Grundversorgung) wegen *Fehlens des medizinischen Behandlungsangebots nicht* erbracht werden kann. Dem gleichgestellt ist die Situation, wenn die innerstaatlich praktizierte Behandlungsmöglichkeit wegen fehlender Erfahrung im Vergleich zu einer im Ausland angebotenen *wesentlich höhere bzw. erhebliche Risiken* in sich birgt (z.B. bei hochspezialisierter Medizin, seltenen Krankheiten) und somit unzumutbar bzw. unzweckmässig ist. Diese Voraussetzung ist aber nicht erfüllt, wenn die Leistung im Ausland besser erbracht werden kann, mehr Erfahrung (dank höheren Fallzahlen) vorhanden ist, der Patient eine bestimmte unter verschiedenen möglichen zweckmässigen und nur im Ausland angebotenen Behandlungsvarianten wählt oder es sich um eine bestmögliche Eingliederung handeln würde. Auf Notwendigkeit kann man sich auch nicht berufen, wenn eine Leistung in der KLV nicht aufgeführt ist, denn in einem solchen Fall muss über Lückenfüllung vorgegangen werden. 5.12

  9C_264/2018 v. 8.5.2019, E. 2 betr. Geschlechtsumwandlung im Ausland wegen niedrigen Fallzahlen in der Schweiz; 9C_739/2012 v. 7.2.2013, E. 2 und 4 betr. Protonentherapie bei Kehlkopfkrebs in Deutschland, weil gem. KLV keine Pflichtleistung; 9C_35/2010 v. 28.5.2010, E. 3-6 betr. Nierentransplantation im Ausland; BGE 134 V 330, E. 4.2 betr. enge Auslegung der «medizinischen Gründe»; BGE 131 V 78, E. 4 betr. normale in den USA durchgeführte Laboruntersuchungen sowie nicht in der Spezialitätenliste aufgeführte Medikamente, C 44/04 v. 8.6.2004, E. 4 oder I 760/01 v. 5.11.2004, E. 3 betr. Kurse im Ausland nur, wenn notwendig und in der Schweiz nicht angeboten.

5.13 Im Ausland anfallende Kosten sind nicht in jedem Fall voll gedeckt. In der Unfallversicherung werden gemäss Art. 17 UVV die Leistungen nur im doppelten Umfang wie die nach Tarmed übernommen, während die Krankenversicherung gemäss Art. 36 Abs. 4 KVV bei verschiedenen Personengruppen in unterschiedlichem Umfang für die Leistungen aufkommt (z.B. Notfälle, Grenzgänger und entsandte Arbeitnehmer nur der doppelte Betrag), vorbehalten bleibt die internationale Leistungsaushilfe (Art. 36 Abs. 5 KVV; vgl. 5.16). Volle Kostendeckung im Ausland ist nur im Fall von Art. 36 Abs. 1 KVV gewährleistet.

5.14 Die im Ausland erbrachten Leistungen müssen – dies gilt für berufliche und medizinische Massnahmen gleichermassen – die Voraussetzung der Wirksamkeit, Zweckmässigkeit und Wirtschaftlichkeit erfüllen.

5.15 Für volle Kostendeckung für Leistungen im Ausland zu empfehlen ist daher der Abschluss einer Zusatzversicherung für Krankheit oder Unfall. Diese gehört in den Bereich der Privatversicherung, sodass sich die Leistungsbedingungen nach VVG und den AVB des Versicherers richten.

5.16 • *Leistungsaushilfe* (Art. 17 ff. VO [EG] 883/2004 betr. Sachleistungen bei Krankheit sowie bei Mutter-/Vaterschaft, Art. 23 ff. VO [EG] 883/2004 betr. Sachleistungen für Rentner, Art. 36 ff. VO [EG] 883/2004 betr. Sachleistungen bei Arbeitsunfällen und Berufskrankheiten). Im Rahmen der FZA gilt das Prinzip der Leistungsaushilfe. Bei Wohnsitz oder vorübergehendem Aufenthalt im EU/EFTA-Raum kann die versicherte Person die medizinisch notwendigen Sachleistungen an ihrem Wohnsitz/Aufenthalt für Rechnung des zuständigen Versicherers in der Schweiz beziehen. Dieser hat für sämtliche Kosten nach Massgabe des vollen ausländischen Tarifs und des ausländischen Rechts (d.h. sämtlichen *dort* zugelassenen Leistungen) aufzukommen. Hat die versicherte Person die Kosten direkt übernommen, ist auch eine Rückerstattung dieser Auslagen durch den zuständigen Versicherer möglich. Keine Kostenübernahme erfolgt hingegen bei nicht notwendigen Auslandaufenthalten zum Zwecke der dortigen Behandlung.

9C_103/2016 v. 23.8.2016, E. 4 betr. Prinzip der Leistungsaushilfe und E. 5.3.3 betr. Umfang der Leistungshilfe, welche nicht auch die Rückforderung von Vergütungen beim Versicherten mitumfasst; 9C_209/2015 v. 14.10.2015, E. 7 betr. keine Vergütung von im Ausland anfallenden Kostenbeteiligungen (i.c. 20% Selbstbehalt) auf der Grundlage von schweizerischem Recht.

5.17 Für die Abwicklung der Leistungsaushilfe zuständig ist (grundsätzlich) für die Krankenversicherung die Gemeinsame Einrichtung KVG in Solothurn und für die Unfallversicherung die Suva, die insbesondere auch die Funktion des aushelfenden Trägers hat und sich für die Erbringung der Sachleistungen einsetzt.

II. Der Schaden

1. Begriff

Die Sozialversicherungen sind ein Teil des schweizerischen Schadenausgleichs- 5.18
systems (vgl. vorne 1.02). Ihre Aufgabe ist es, den Anspruchsberechtigten nach Eintritt eines gesetzlichen Risikos die daraus entstehenden finanziellen Nachteile ganz oder teilweise auszugleichen. Der Schaden besteht entweder in entstandenen Mehrausgaben wie Behandlungskosten, Ausgaben für Hilfsmittel resp. Hilfspersonen, kinderbedingte Familienlasten oder in risikobedingten Mindereinnahmen wie Verdienstausfall zu Folge Arbeits- oder Erwerbsunfähigkeit (vgl. vorne 2.22, 2.29). Wie der Schaden im Einzelfall ausgeglichen wird, ist nicht für alle Leistungen einheitlich geregelt.

Nicht immer muss bei jeder Versicherungsleistung ein effektiv entstandener 5.19
Schaden nachgewiesen werden. Insbesondere bei der AHV besteht die Vermutung, dass bei Eintritt des Risikos Alter oder Tod eine Erwerbseinbusse resp. ein Versorgerschaden entsteht. Des Weiteren wird insbesondere in der 1. Säule, bei den Hilflosenentschädigungen oder den Integritätsentschädigungen kein konkreter Schaden ersetzt, sondern die Leistungen sind (nach Tabellen) typisiert und schematisiert. Ebenfalls schadensunabhängig bzw. abstrakt ausgestaltet ist das Taggeld in der Unfallversicherung (vgl. vorne 2.04 und hinten 5.32, 5.217).

Nicht materieller, sondern ideeller Schaden liegt vor, wenn sich die Schädigung 5.20
auf die körperliche oder geistige *Integrität resp. den Verlust an Lebensqualität* bezieht (Art. 24 UVG; Art. 48 ff. MVG). In solchen Fällen wird eine Integritätsentschädigung ausgerichtet (vgl. hinten 5.344 ff.).

2. Schadenersatzformen

a) Sachleistungen (Art. 14 ATSG)

Der Schadenausgleich für Sachleistungen erfolgt entweder in Form des 5.21

- Naturalleistungsprinzips oder des
- Kostenvergütungsprinzips.

Diese Prinzipien sind zu unterscheiden von der Abgrenzung zwischen Sach- und Geldleistungen. Für Sachleistungen wie Heilbehandlung, Hilfsmittel, berufliche Eingliederungsmassnahmen, Prävention, Transportkosten und dgl. (Art. 14 ATSG) gilt entweder das Naturalleistungs- oder das Kostenvergütungsprinzip. Kostenvergütungen sind somit keine Geldleistungen i.S.v. Art. 15 ATSG (vgl. hinten 5.29 ff.).

Die Unterscheidung zwischen Sach- und Geldleistung spielt im Rahmen des 5.22
Rechts auf Leistungskürzung und bei der Bestimmung der Überentschädigung im Koordinationsrecht eine Rolle. Grundsätzlich sind Sach- und Geldleistungen nicht

gleicher Natur und daher kumulativ zu gewähren. Hingegen können sie gleicher «Art und Zweckbestimmung» sein, wie z.B. die Pflegekosten i.S.v. Art. 7 Abs. 2 KLV und die Hilflosenentschädigung resp. der Assistenzbeitrag, was eine Koordination zur Verhinderung von Überversicherung im Rahmen der Überschneidung von Dienstleistungen rechtfertigt. Sodann hat die Unterscheidung Auswirkungen auf die Kognition des Bundesgerichts (vgl. 7.110 f.).

8C_248/2015 v. 21.9.2015, E. 1.2 betr. keine Anwendbarkeit von Art. 105 Abs. 3 BGG auf Reisekostenvergütungen der UV; 9C_886/2010 v. 10.6.2010, E. 4.5 betr. Kumulation von Leistungen der KV und Hilfslosenentschädigung der IV.

aa) Naturalleistungsprinzip (Art. 42 Abs. 2 KVG)

5.23 Gemäss dem Naturalleistungsprinzip ist der *Versicherer direkter Schuldner des Leistungserbringers als Gläubiger*. Der Versicherer bezahlt die Rechnung des Leistungserbringers (Therapeut, Spital oder Kursanbieter bei beruflichen Eingliederungsmassnahmen [vgl. z.B. Art. 14a–18 IVG; Art. 59c^{bis} AVIG]), direkt und agiert somit als «Tiers payant». Der Versicherer kann die Leistung auch in Form einer Dienstleistung wie Berufsberatung, Arbeitsvermittlung oder Beratung/Unterstützung (z.B. Art. 8a Abs. 4 IVG, Art. 39j IVV), durch Betreiben eigener Kliniken (Rehakliniken der Suva in Bellikon oder Sion), Eingliederungsstätten oder durch leihweise Abgabe von Hilfsmitteln selber erbringen oder, wie bei beruflichen Eingliederungsmassnahmen üblich, an Dritte übertragen und diese für ihre Dienstleistungen entschädigen. Das Naturalleistungsprinzip, verbreitet in der IV, UV, MV und KV im Bereich der stationären Behandlung, ermöglicht eine direkte Einflussnahme des Versicherers auf den Ablauf und die Entwicklung der getroffenen Massnahmen, was einer Beschleunigung und besseren Kontrolle dienlich sein kann.

bb) Kostenvergütungsprinzip (Art. 42 Abs. 1 KVG)

5.24 Beim Kostenvergütungsprinzip ist die *versicherte Person Schuldnerin des Leistungserbringers* und steht mit ihm in *direkter in rechtlicher Beziehung*, sog. «Tiers garant». Der Versicherungsträger hat der versicherten Person nachträglich die Kosten zu vergüten, d.h. diese hat einen Ersatzanspruch gegenüber der Versicherung auf die von ihr erbrachten Vorleistungen. Vergütet werden Kosten für Sach- oder Dienstleistungen wie z.B. Anschaffung eines Hilfsmittels (Art. 8 HVI; Art. 3 Abs. 2 HVUV), ärztliche Behandlung (Art. 42 Abs. 1 KVG;), Assistenzbeitrag (Art. 39i IVV betr. Assistenzperson), andere Dienstleistungen (Art. 18 Abs. 2 UVV betr. Hauspflege).

9C_517/2013 v. 4.2.2014, E. 4.1 betr. Erlöschen des Rückforderungsanspruches im System des «tiers garant»: Die einjährige Verwirkungsfrist i.S.v. Art. 25 Abs. 2 Satz 1 ATSG beginnt mit Einreichung der Rechnung an den rückerstattungspflichtigen Versicherer durch die versicherte Person.

In der Krankenversicherung kann, in Abweichung vom Grundsatz des «Tiers garant», durch Vereinbarung zwischen Versicherer und Leistungserbringer (z.B. Apotheken, Therapeuten) zum «Tiers payant» gewechselt werden. Von Gesetzes wegen vorgesehen ist er für die stationäre Behandlung (Art. 42 Abs. 2 KVG). 5.25

Gemäss Art. 42 Abs. 1 KVG darf in Abweichung von Art. 22 Abs. 1 ATSG der Vergütungsanspruch der versicherten Person (Tiers garant) an den Leistungserbringer abgetreten werden. 5.26

9C_65/2015 v. 29.9.2015, E. 8.3 betr. Leistungspflicht des Versicherers gegenüber dem Leistungserbringer im tiers payant unabhängig von der Obliegenheitsverletzung des Versicherten.

Wenn die versicherte Person auf die als Naturalleistung erbrachte Sachleistung verzichtet und stattdessen diese durch eine andere, gesetzlich nicht vorgesehene, gleichartige Leistung ersetzt (vgl. Art. 21bis Abs. 2 IVG betr. Hilfsmittel; hinten 5.100), wird das Naturalleistungs- zum Kostenvergütungsprinzip. Für diesen im Rahmen der *Austauschbefugnis* vorgenommenen Ersatz kann die versicherte Person eine Geldleistung (nicht i.S.v. Art. 15 ATSG) beanspruchen. 5.27

Das Kostenvergütungsprinzip in der Krankenversicherung hätte vom Zweck her der besseren Transparenz für die Versicherten und einem gesteigerten Kostenbewusstsein dienen sollen. In der Praxis zeigt sich jedoch, dass die Patienten oftmals die Arztrechnungen nicht begleichen und gegenüber dem Versicherer mit der Rechnungskopie die Kostenvergütung geltend machen. 5.28

b) Geldleistungen (Art. 15 ATSG)

Als Geldleistungen bezeichnet werden alle den Erwerbsausfall ausgleichende Leistungen, wie insb. Taggelder und Renten, Hilflosenentschädigungen, Integritätsentschädigungen sowie Zulagen, Erwerbsersatz- und Mutterschaftsentschädigungen. Die Aufzählung der Geldleistungen ist *nicht abschliessend*. 5.29

Bei den Geldleistungen wie Taggelder, Renten oder Hilflosenentschädigungen ist grundsätzlich die versicherte Person Gläubigerin der Leistung. Leistet der Arbeitgeber Lohnfortzahlung i.S.v. Art. 324a OR, kann die Auszahlung der Taggelder als Drittauszahlung an diesen erfolgen (Art. 19 Abs. 2 ATSG). 5.30

Taggelder gelten auch dann als Geldleistungen, wenn sie akzessorisch zu Sachleistungen wie Eingliederungsmassnahmen (Art. 22 Abs. 1 i.V.m. Art. 8 Abs. 3 IVG) oder Unfallverhütungsmassnahmen (Art. 83 ff. VUV) ausgerichtet werden. 5.31

8C_777/2011 v. 1.5.2012, E. 2.2 betr. Übergangsentschädigung als Geldleistung.

3. Anwendung

- ***AHV:*** Eine Erwerbseinbusse wird zwar auf Grund der Lebenserfahrung angenommen, ist aber nicht Voraussetzung für die Leistungen der AHV. Ebenso schadensunabhängig sind die Hilflosenentschädigungen. 5.32

- ***IV*:** Taggelder und Renten setzen einen Erwerbsausfall voraus, wobei bei Einbussen im Aufgabenbereich der wirtschaftliche Wert der Arbeit «entgolten» wird. Schadensunabhängig ist die Hilflosenentschädigung, nicht aber der Assistenzbeitrag.
- ***EL*:** Sie ist bedarfsabhängig und setzt einen Schaden im Ausmass der für die Deckung der notwendigen Lebenshaltungskosten fehlenden Mittel voraus.
- ***bV*:** Die Renten setzen den Wegfall des bisher versicherten Einkommens voraus, was nicht ausschliesst, dass weiteres Einkommen aus einer andern Quelle erzielt werden darf, soweit es sich nicht um IV-Renten handelt, die der Revision zugänglich sind.
- ***KV*:** Der Krankheitsbegriff gemäss Art. 3 ATSG selbst setzt einen Schaden in Form einer notwendigen medizinischen Behandlung oder Untersuchung voraus oder aber eine zu einem Erwerbsausfall führende Arbeitsunfähigkeit. Die Schadensrelevanz im Zusammenhang mit Sachleistungen und Taggeldern ergibt sich auch aus Art. 122 KVV.
- ***UV*:** Das Unfallereignis setzt eine bestimmte Folge, nämlich die Beeinträchtigung der körperlichen oder geistigen Gesundheit und Aufwendungen für notwendige medizinische Betreuung oder Erwerbsausfall voraus. Das Taggeld ist jedoch als abstrakte Leistung konzipiert und wird daher auch schadensunabhängig ausgerichtet (z.B. nach Auflösung des Arbeitsverhältnisses).

  8C_243/2017 v. 31.8.2017, E. 3 betr. Abstraktheit des UVG-Taggeldanspruchs (i.c. bei Abredeversicherung).
- ***MV*:** Der besonderen Natur der MV als Haftpflichtsystem folgend wird gemäss Art. 4 und 9 Abs. 1 MVG für die Leistungspflicht ein Schaden vorausgesetzt.
- ***EO*:** Soweit die Entschädigung Nichterwerbstätigen ausgerichtet wird, ist sie schadensunabhängig.
- ***ALV*:** Der Anspruch auf Arbeitslosenentschädigung setzt gemäss Art. 11 f. AVIG einen anrechenbaren *Verdienstausfall* von mindestens zwei vollen Arbeitstagen voraus. Nicht anrechenbar ist ein Arbeitsausfall, sofern dem Arbeitnehmenden vertragliche oder freiwillige Leistungen oder Entschädigungsansprüche gegenüber dem Arbeitgeber zustehen, eine selbständige Erwerbstätigkeit versucht wird oder eine nicht als Zwischenverdienst zu qualifizierende Arbeit auf Abruf vorliegt.

  BGE 139 V 259, E. 5.3 betr. kein anrechenbarer Verdienst- und Arbeitsausfall bei Arbeit auf Abruf; 8C_672/2012 v. 5.12.2012, E. 3 betr. kein anrechenbarer Verdienstausfall bei Versuch in die Selbständigkeit.

III. Kausalzusammenhang

1. Im Allgemeinen

Bei der Kausalität geht es um die Beziehung zwischen dem Risikoeintritt und dessen Folgen, insb. dem Gesundheitsschaden, oder anders ausgedrückt zwischen Ursache und Wirkung. Der Kausalzusammenhang ist immer auch bei Spätfolgen und Rückfällen zu prüfen. Die Ursachenbezogenheit der Haftung ist in der Sozialversicherung auch wegen des Nebeneinanders verschiedener Sozialversicherungszweige von grosser Bedeutung. Sie spielt nämlich bei der Bestimmung des für die Schadensabwicklung und -begleichung zuständigen Versicherungszweigs eine Rolle (kausale Versicherungen bei Krankheit, Unfall, Arbeitslosigkeit, Militär). 5.33

Auf Grund von Kausalitätsüberlegungen sollen aber, m.E. eher fraglich, *versicherungsfremde* Faktoren wie z.B. soziale, familiäre oder arbeitsplatzbedingte Faktoren (vgl. Art. 7 Abs. 2 ATSG), die die Erwerbsmöglichkeiten erschweren, ausgeklammert werden, da die Sozialversicherung grundsätzlich nur gesundheits- oder arbeitsmarktlich bedingte Schäden versichert (vgl. vorne 2.63).

Der Kausalzusammenhang bestimmt nicht nur das *«ob»* einer Leistung, sondern auch das *«wie viel»* und das *«wie lange»* (status quo sine, status quo ante bzw. Wegfall durch Zeitablauf). Letzteres stellt sich bei der Frage nach der voraussichtlichen Dauer von Eingliederungsmassnahmen, Taggeldleistungen oder Renten, d.h. der Dauer, bis der «status quo sine» bzw. «status quo ante» wieder erreicht ist. Führen mehrere Ursachen (Teilursachen) gleichzeitig zum eingetretenen Schaden bzw. verschlimmern einen bereits krankhaften Vorzustand, kann dies, kausalitätsbedingt, Auswirkungen auf Entstehung (Art. 4 ATSG, Art. 23 BVG, Art. 6 Abs. 2 UVG), Dauer oder Umfang des Leistungsanspruchs (Art. 36 Abs. 2 UVG) haben. Auch die versicherte Person kann einen Einfluss auf die Entstehung, die Dauer bzw. den Verlauf der Risikofolgen ausüben, indem sie durch ihr Verhalten den Schadensumfang beeinflussen kann. Sie ist nämlich im Rahmen des Zumutbaren zur Schadenminderung verpflichtet (Art. 21 Abs. 4 ATSG; vgl. vorne 1.65. f., hinten 5.314. f.). 5.34

8C_244/2010 v. 18.2.2011, E. 3.3 betr. Dauer der natürlichen Kausalität bei vorbestandenem Gesundheitsschaden (status quo sine vel ante); BGE 135 V 269, E. 5 betr. konkurrierende Kausalitäten.

Der Begriff des Kausalzusammenhangs wird im Sozialversicherungsrecht einheitlich verwendet und muss *für jede Leistungskategorie selbständig geprüft werden.* Demgegenüber ist im Haftpflichtrecht der Kausalitätsbegriff offener. Im Gegensatz zu den Sozialversicherungsleistungen besteht kein gesetzlicher Leistungsumfang, sondern der Schadenersatzumfang wird unter Berücksichtigung des Selbstverschuldens und weiterer, die Kausalität reduzierender Umstände (Art. 44 Abs. 1 OR; z.B. konstitutionelle Prädisposition) festgesetzt. 5.35

BGE 123 III 110, E. 3 betr. unterschiedlicher Kausalitätsbegriff im Haftpflichtrecht.

2. Natürlicher und adäquater Kausalzusammenhang

a) Natürlicher Kausalzusammenhang

5.36 Jede mögliche Ursache, die die eingetretene Wirkung erzeugen kann und nicht als Zufalls- oder Gelegenheitsursache (sog. Auslöser) zu qualifizieren ist, wird vom natürlichen Kausalzusammenhang erfasst. Ohne das Vorhandensein einer oder mehrerer möglicher Ursachen hätte sich somit der eingetretene Erfolg nicht in seiner Form oder Intensität oder nicht zu gegebener Zeit verwirklicht. Der natürliche Kausalzusammenhang zeigt sich somit darin, dass der Zustand *nach dem Risikoeintritt ein anderer ist als vor dem Risikoeintritt.* Dieser muss für Art und Umfang des eingetretenen Erfolgs «conditio sine qua non» sein, er darf nicht weggedacht werden können, ohne dass der Erfolg ein anderer wäre. Dies bedeutet auch, dass die Verschlimmerung eines bestehenden Vorzustandes ebenfalls erfasst wird (Teilursache; bezüglich Auswirkung auf die Leistungspflicht der Unfallversicherung vgl. 5.335). Hingegen kann eine konkurrierende Teilursache die andere Teilursache mit der Zeit überholen und somit deren natürlicher Kausalzusammenhang unterbrechen. Als unterbrochen erachtet wird der natürliche Kausalzusammenhang vielfach auch bei Wiedererlangung der vollen Arbeitsfähigkeit während längerer Zeit.

8C_834/2014 v. 26.2.2015, E. 2.3 betr. Kausalität zwischen Unfall und dessen Behandlung als Voraussetzung für Haftung bei Behandlungsfehlern (Art. 6 Abs. 3 UVG); 9C_242/2010 v. 29.11.2010, E. 3.1 betr. Zahnschaden bei bereits angegriffenen Zähnen; BGE 135 V 269, E. 5 betr. konkurrierende Teilursachen bei einer Invalidität und (i.c. keine) überholende Kausalität (vgl. auch 8C_630/2007 v. 10.3.2008, E. 5.2 betr. überholende Kausalität).

5.37 Die Ursache kann in einem positiven Akt oder auch in einer Unterlassung bestehen. Letztere wird nur dann als Ursache anerkannt, wenn eine vertragliche oder gesetzliche Pflicht zum Handeln besteht, z.B. eine Unfallverhütungsmassnahme, eine Aufklärungs- oder Informationspflicht.

8C_207/2018 v. 18.4.2018, E. 5 betr. Leistungskürzung wegen Beteiligung an Rauferei und natürliche (und adäquate) Kausalität zwischen Unfall und Verhalten des Geschädigten.

5.38 Der natürliche Kausalzusammenhang beruht auf bestimmten Abläufen, z.B. chemischer, biologischer, technischer oder ähnlicher Natur, welche den festgestellten Gesundheitsschaden hervorgerufen haben und von Experten (Ärzte, Ingenieure, Physiker, Arbeitsspezialisten) in Form von Gutachten oder mit andern Beweismitteln festgestellt werden. Für den Nachweis des natürlichen Kausalzusammenhangs genügt der *Beweisgrad der überwiegenden Wahrscheinlichkeit.* Die *blosse Wahrscheinlichkeit oder Möglichkeit* für den Ursachenzusammenhang reichen nicht aus. Nicht beachtlich ist auch das Argument «post hoc ergo propter hoc» oder die Feststellung, dass eine andere mögliche Ursache ausgeschlossen werden kann oder das nach einem Unfall zufällig gleichzeitige Auftreten voneinander unabhängiger Beschwerden. Bei zunehmendem zeitlichem Abstand zwischen Eintritt des Ereignisses und Manifestation des Schadens sind an den Wahrscheinlichkeitsbeweis strenge Anforderungen zu stellen, d.h. dass sich ein langer Zeitabstand beweismässig erschwerend auf den Nachweis des natürlichen Kausalzusammenhangs auswirkt.

Der Nachweis des natürlichen Kausalzusammenhangs ist eine Tatfrage, was zu einer eingeschränkten Kognition des Bundesgerichts führt (vgl. hinten 7.110).

Beispiele: 5.39

8C_41/2018 v. 27.3.2018, E. 3 betr. Beweisgrad der überwiegenden Wahrscheinlichkeit bei jeder für den Gesundheitsschaden in Betracht fallenden Ursache.

8C_167/2018 v. 28.2.3019, E. 5 betr. Massgeblichkeit der Eignung und Art der Einwirkung auf die festgestellte Verletzung (i.c. eine Ruptur);

BGE 142 V 435, E. 3 betr. Tod auf Bergwanderung zufolge kardiovaskulärem Schwächeanfall;

8C_682/2015 v. 1.3..2016, E. 2.2 betr. vorbestandene Diskushernie und das Argument «post hoc ergo propter hoc»;

8C_571/2015 v. 14.10.2015, E. 2.2.2 betr. medizinische Erfahrungstatsache bei Diskushernie als Folge degenerativer Bandscheibenveränderungen;

8C_139/2014 v. 10.6.2014, E. 4.2.3 betr. Ende der natürlichen Unfallkausalität und Abbruch der Leistungspflicht bei vorbestehender Osteoporose;

8C_537/2009 v. 3.3.2010, E. 7 betr. Vorhandensein gleicher Symptome schon vor dem Unfall;

RKUV 1996 287 f.: Verschlimmerung einer vorbestehenden psychischen Störung durch Kontaktekzem; Verneinung des Kausalzusammenhangs wegen vorbestandenem überwiegend unfallfremdem psychischen Leiden.

b) Adäquater Kausalzusammenhang

Da der natürliche Kausalzusammenhang alle möglichen Ursachen zulässt und 5.40 somit auch eine entfernte Beziehung zwischen Ursache und Erfolg anerkannt wird, muss eine Korrektur in dem Sinn erfolgen, als nicht alle möglichen Ursachen, sondern nur die naheliegenden für die Zurechnung zum Schaden relevant sein dürfen. Es geht mit andern Worten um eine Haftungsbegrenzung. Nur wenn in einem ersten Schritt der natürliche Kausalzusammenhang bejaht wird, muss auch geprüft werden, ob im Einzelfall die betreffende Ursache geeignet ist, einen *solchen* Schaden hervorzurufen. Für die Eignung einer Ursache wird in einem zweiten Schritt danach gefragt, ob das dem natürlichen Kausalzusammenhang zugrunde liegende Ereignis zusätzlich auch als *rechtlich relevant* zu betrachten ist. Dies ist eine Wertungsfrage. Rechtliche Relevanz liegt nach ständiger bundesgerichtlicher Rechtsprechung vor, wenn das eingetretene Ereignis *nach dem gewöhnlichen Lauf der Dinge und der allgemeinen Lebenserfahrung* geeignet ist, den eingetretenen Erfolg bezüglich Art, Schwere und Zeit herbeizuführen. Dabei darf die konstitutionelle Prädisposition, soweit deren Schwere nicht zu einer Unterbrechung des natürlichen Kausalzusammenhangs führt, grundsätzlich keine Rolle spielen, da Gesunde und Kranke in der Sozialversicherung (anders jedoch im Haftpflichtrecht und u.U. in der Privatversicherung) die gleiche Beurteilung verdienen. Auch bei psychischen Prädispositionen darf grundsätzlich kein strenger Massstab angelegt werden, sondern es ist von einer weiten Bandbreite der

Versicherten auszugehen. Die Adäquanz darf auch nicht deshalb verneint werden, weil es sich um seltene und schwerwiegende Folgen handelt.

8C_847/2017 v. 27.9.2018, E. 2 betr. «weite Bandbreite» und E. 4 betr. Adäquanz (häusliche Gewalt); RKUV 2003 358 f. betr. Massgeblichkeit unfallanalytischer und biomechanischer Gutachten bei der Adäquanzbeurteilung; BGE 118 V 291, E. 3.a betr. seltene Unfallkomplikationen.

5.41 Im Falle von somatischen Beschwerden ist in der Regel bei der Bejahung des natürlichen Kausalzusammenhangs auch der adäquate gegeben.

BGE 134 V 109, E. 2.1 betr. Adäquanzprüfung bei organisch nachweisbaren Beschwerden.

5.42 Die Adäquanzbeurteilung bei *psychischen Folgeschäden* nach Unfällen (mit physischen Schäden) erfolgt nach besonderen Kriterien, um die Vielzahl solcher Erscheinungsbilder einer praktikablen und rechtsgleichen Beurteilung zuzuführen. Das Bundesgericht hat daher in seiner Rechtsprechung drei Methoden entwickelt: Gemäss der sog. *Psycho-Praxis* wird das (augenfällige) Unfall*geschehen*, nicht dessen Auswirkungen, in drei Stufen (*leicht, mittelschwer, schwer*) eingeteilt. *Leichte Unfälle* führen grundsätzlich nicht zu länger dauernden psychischen Folgestörungen. In diesen Fällen ist der Unfall in der Regel nur eine Gelegenheitsursache. Treten die psychischen Störungen jedoch unmittelbar nach dem Unfall auf und sind auch erschwerende Begleiterscheinungen zu verzeichnen, so kann auch bei leichten Unfällen die Adäquanz gegeben sein. *Bei schweren Unfällen* wird der adäquate Kausalzusammenhang in aller Regel bejaht. Bei den *mittelschweren Unfällen* müssen hingegen *zusätzliche* erschwerende adäquanzrelevante Kriterien hinzutreten, wovon kumulativ drei der folgenden sieben oder eines in besonders ausgeprägter Weise erfüllt sein müssen, um die Adäquanz herbeizuführen: besonders dramatische Begleitumstände oder besondere Eindrücklichkeit des Unfalls, die Schwere oder besondere Art der erlittenen Verletzungen, ungewöhnlich lange Dauer der Behandlung oder physisch bedingte Arbeitsunfähigkeit, ärztliche Fehlbehandlung, Dauerbeschwerden, erhebliche Komplikationen und schwieriger Heilungsverlauf, Grad der Arbeitsunfähigkeit.

8C_803/2017, 14.6.2018, E. 3 betr. Adäquanzkriterien; 8C_174/2016 v. 10.6.2016, E. 2.3.1 und 4.2.2.1 betr. Adäquanzbeurteilung bei mehreren Unfällen für jeden Unfall gesondert; BGE 140 V 356, E. 5 betr. Adäquanzbeurteilung bei psychischen Beschwerden nach HIV-kontaminiertem Nadelstich; BGE 115 V 135, E. 4-7 betr. Entwicklung der Psycho-Praxis.

Gemäss der sog. *Schleudertrauma-Praxis* mit den typischen Beschwerden *ohne* objektiv nachweisbare organische Funktionsstörungen resp. –ausfälle (z.B. diffuse Kopfschmerzen, Schwindel, Ermüdbarkeit, Konzentrations- und Gedächtnisschwäche, Reizbarkeit oder Depressionen resp. Wesensveränderungen etc.) wird analog nach den Grundsätzen der Psycho-Praxis (leicht, mittel, schwer) verfahren, jedoch die Adäquanzbeurteilung in den Einzelheiten differenziert angewendet. So ist das Kriterium der Dauer der ärztlichen Behandlung modifiziert in fortgesetzt spezifische, belastende ärztliche Behandlung, die Dauerbeschwerden müssen als erhebliche Beschwerden ausgewiesen werden und die Arbeitsunfähigkeit muss nur noch erheblich und nicht mehr auch langdauernd sein.

Sowohl bei Schleudertrauma und Schädel-Hirntrauma muss der Unfallhergang genau dokumentiert sein, das Unfallopfer sofort einer ärztlichen Erstabklärung und Diagnosestellung zugeführt und in der ersten Phase ein polydisziplinäres Gutachten erstellt werden.

BGE 134 V 109, E. 9.4 und 10.3 betr. Präzisierung der in BGE 117 V 359 ff. begründeten Schleudertrauma-Praxis und Zusatzanforderungen an die Abklärung.

Von den psychischen Störungen nach Unfall zu unterscheiden sind psychische Dekompensationen aufgrund einer Krankheit. In diesem Fall wird die normale Adäquanzformel verwendet, weil die Störung unmittelbare Folge der Krankheit ist und daher zu ihr adäquat kausal sein muss. Dasselbe gilt für Berufskrankheiten sowie Schreck- bzw. Schockereignisse (vgl. 2.48). 5.43

Beispiele: 5.44

8C_847/2017 v.27.9.2018, E. 2.2 betr. Adäquanzbeurteilung bei Schreckereignissen nach der gewöhnlichen Formel.

BGE 125 V 456, E. 5.d betr. keine analoge Anwendung der Psycho-Praxis auf Berufskrankheiten;

K 85/99 v. 25.9.2000: psychisches Leiden nicht geeignet als Folge einer Mammahypertrophie, auch wenn nach Operation der Leidensdruck kleiner geworden ist.

Die Adäquanzbeurteilung ist eine Rechtsfrage (vgl. hinten 7.111). Die Beantwortung der Adäquanzfrage ist den rechtsanwendenden Stellen vorbehalten, darf also nicht vom Arzt beurteilt werden. Über Rechtsfragen urteilt letztinstanzlich das Bundesgericht frei. 5.45

B. Die verschiedenen Leistungsarten

I. Sachleistungen (Art. 14 ATSG)

1. Heilbehandlung (Art. 14 IVG, Art. 2 ff. IVV; Art. 14 ELG, Art. 19b ELV; Art. 25 f. KVG, Art. 7 ff., 12 f. KLV; Art. 10 UVG, Art. 18 UVV; Art. 16 Abs. 1, Art. 20 MVG)

Medizinische Massnahmen werden in verschiedenen Sozialversicherungszweigen angeboten. Massgebend für die Anwendung des jeweiligen Gesetzes und den Leistungsanspruch sind die Ursache (Risiko) des Gesundheitsschadens, die Erfüllung der Unterstellungs- sowie der versicherungsmässigen Voraussetzungen. Der Anspruch auf Heilbehandlung besteht so lange, unter Berücksichtigung der «WZW-Kriterien» (vgl. vorne 5.52 ff.), als die medizinische Notwendigkeit und der Kausalzusammenhang zur Ursache gegeben sind.

a) *Begriff*

5.46 Die Heilbehandlung umfasst alle medizinischen Massnahmen, mit deren Hilfe eine Gesundheitsschädigung *diagnostiziert* und *behandelt* wird. Die Heilbehandlung hat zum Zweck, den Gesundheitsschaden zu verbessern, zu beheben oder zumindest zu stabilisieren und vor Verschlimmerung zu bewahren sowie die Arbeitsfähigkeit wiederherzustellen resp. zu erhalten.

Zur Heilbehandlung zählen auch Pflegemassnahmen, d.h. Leistungen bzw. Beiträge für die medizinische Behandlungs- und die nichtmedizinische Grundpflege ambulant, bei Hausbesuchen oder im Pflegeheim (Art. 25 Abs. 2 lit. a KVG, Art. 7 KLV, Art. 10 Abs. 3 UVG, Art. 18 UVV, Art. 20 MVG). Im Rahmen der Pflegefinanzierung werden der versicherten Person nach ihrem Spitalaufenthalt bei ausgewiesenem weiterem und im Spital ärztlich angeordnetem Pflegebedarf während längstens zwei Wochen Leistungen der Akut- und Übergangspflege (ambulant, in Tages- oder Nachtstrukturen, im Pflegeheim) nach den Regeln der Spitalfinanzierung (Aufteilung der Pauschale zwischen dem Versicherer und dem Wohnkanton [mind. 55%] der versicherten Person [vgl. Art. 49a KVG i.V.m. Art. 7b KLV]) gewährt (Art. 25a Abs. 2 KVG). Im Anschluss daran werden von der Krankenversicherung Pflegeleistungen, abgestuft nach Pflegebedarf, auf der Basis der in Art. 7a KLV aufgeführten Stunden- und Tagesansätze erbracht, wobei der versicherten Person max. 20% des höchsten Pflegetarifs (Fr. 21.60) als «Selbstbehalt» überbunden werden darf (Art. 25a Abs. 5 KVG). Die verbleibenden ungedeckten Pflegekosten gehen, ebenfalls gemäss Art. 25a Abs. 5 KVG zu Lasten des Wohnsitzkantons der versicherten Person, der auch eine Delegation an die Gemeinden vornehmen kann (Restfinanzierung). Bei ausserkantonaler ambulanter Pflege ist der Standortkanton des Leistungserbringers zuständig und bei einem ausserkantonalen Heimeintritt der Herkunftswohnsitzkanton, und zwar nach seinen Tarifen (allfällige Tarifunterschiede gehen zu Lasten der versicherten Person oder, falls der Wohnsitzkanton keinen Heimplatz anbieten kann, zu seinen Lasten).

9C_209/2019 v. 22.7.2019, E. 5 betr. innerkantonale Geltung von Art. 25a Abs. 5 KVG; BGE 144 V 280, E. 7.4.3.1 betr. volle Kostentragung durch die Kantone auch bei kantonalen Höchstansätzen; BGE 141 V 44, E. 5-7 betr. Übernahmepflicht der Kantone für wochenbettbedingte ungedeckte Restkosten.

Nicht von anderen Sozialversicherungen gedeckte Krankheits- und Behinderungskosten werden unter den Voraussetzungen von Art. 4 f. ELG und bis zu einem jährlichen gesetzlich festgelegten minimalen Höchstbetrag von den Ergänzungsleistungen übernommen (Art. 14 Abs. 1 lit. a–g ELG [abschliessender Katalog] i.Vm. Art. 19b ELV [*ELG-Revision:* Art. 14 lit. b^{bis} ELG: Heim- und Spitalaufenthalt von max. 3 Monaten]. Betr. minimale Höchstbeträge Art. 14 Abs. 3 und 4 ELG).

BGE 130 V 185, E. 4.1 betr. abschliessender Katalog von Art. 14 ELG.

5.47 Als diagnostische Massnahme gilt auch eine Behandlung, die auf subjektivem Krankheitsempfinden beruhend zum ersten Gang zum Arzt führt resp. die auf Grund eines Verdachts vorgenommen wird, auch wenn am Schluss kein positiver

Befund resultiert. Nicht diagnostischer Natur sind jedoch die Abklärung der Arbeitstauglichkeit bei Eintrittsuntersuchungen (beim Arbeitgeber, Militär), die Feststellung der eigenen Blutgruppe oder Blutentnahme zwecks Messung des Blutalkoholgehalts, HIV-Test ohne konkreten Verdacht, Gesundheitsabklärung zu behördlichen Zwecken, Vaterschaftsabklärungen, Feststellung des Todes durch den Arzt und ähnliches.

Die Behandlung ist auf die Behebung oder Verbesserung eines akuten oder *akut drohenden* (im Unterschied zur Prävention) Gesundheitsschadens sowie auf die berufliche und soziale Reintegration gerichtet. Die Krankheit braucht somit nicht immer bereits ausgebrochen zu sein, wenn man mit der Behandlung ein Akutwerden verhindern kann. Nicht zur Behandlung gehört jedoch die eigentliche Prävention (dazu gehört auch die präventivmedizinische Unterstützung und Stabilisierung einer Gesamtsituation des zu behandelnden Patienten), d.h. wenn ein Gesundheitsschaden nur theoretisch möglich ist resp. mit dem befürchteten Ereignis nicht ernsthaft in Bälde zu rechnen ist. Als Ausnahme davon (gesundheitspolitische Gründe) lässt Art. 26 KVG gewisse in Art. 12 f. KLV abschliessend aufgeführte Pflichtleistungen für die medizinische Prävention zu. Eine präventive Massnahme als Nichtpflichtleistung kann jedoch zum Behandlungskomplex einer Erkrankung gehören, sofern ansonsten mit einer ernsthaften Verschlimmerung zu rechnen wäre, d.h. die blosse Möglichkeit genügt nicht. 5.48

8C_523/2016 v. 27.10.2016, E. 5.2 betr. Prävention und off-label-use eines Medikaments; 9C_108/2014 v. 29.9.2014, E. 3.5.4 betr. keine Leistungspflicht bei bloss unterstützender Mikronährstofftherapie; BGE 124 V 118, E. 6 betr. HIV^{+} als Krankheit bereits während Latenzzeit.

b) Pflichtleistungen (Art. 14 IVG i.V.m. Art. 2 Abs. 1–5 IVV; Art. 3 Abs. 1 lit. b i.V.m. Art. 14 ELG; Art. 25–31 KVG, KLV; Art. 10 UVG; Art. 16 Abs. 2 MVG)

Die Versicherer haben für die während der Zeit der Unterstellung und bei Vorliegen der versicherungsmässigen Leistungsvoraussetzungen eingetretenen Gesundheitsstörungen, vorbehalten bleibt Art. 21 UVG (vgl. hinten 2.217), aufgrund des Legalitätsprinzips die Pflichtleistungen, d.h. die gesetzlichen Leistungen, zu erbringen, nicht mehr (Mehrleistungen werden durch die privatrechtlichen Zusatzversicherungen gedeckt), aber auch nicht weniger. 5.49

Soweit Pflichtleistungen und Nichtpflichtleistungen zusammen verwendet werden müssen, einen einheitlichen Behandlungskomplex bilden und die Pflichtleistungen überwiegen, werden auch die Nichtpflichtleistungen vergütet (z.B. bei off-label-use zur Unterstützung einer Behandlung: vgl. Art. 71a Abs. 1 KVV). Sodann besteht auch eine Leistungspflicht, wenn eine therapeutische Massnahme den angestrebten Erfolg (zunächst) nicht erreicht oder eine Komplikation auftritt und deswegen weitere Massnahmen erforderlich werden.

BGE 140 V 130, E. 2.7 betr. Anspruch auf Heilbehandlung der UV auch bei Wegfall der UV-Komplementärrente; 9C_108/2014 v. 29.9.2014, E. 3.1 betr. Notwendigkeit eines engen Konnexes beim Zusammentreffen von Pflichtleistungen und Nichtpflichtleistungen; 9C_703/2010 v. 31.1.2011, E. 3.6 betr. erneute Operation wegen fehlendem Behandlungserfolg.

5.50 Die Umschreibung des Pflichtleistungskatalogs erfolgt in allen massgeblichen Gesetzen ungefähr gleich. Es geht um

- Diagnose,
- Behandlung,
- Pflege ambulant, teilstationär oder stationär,
- Arzneimittel,
- Analysen,
- der Untersuchung und Behandlung dienende Mittel und Gegenstände,
- Badekuren,
- Transport- und Rettungskosten.

5.51 Allgemeine Bedingung zur Erbringung der Pflichtleistungen in allen Versicherungszweigen ist jedoch, dass die Leistung wirksam, zweckmässig und wirtschaftlich ist (vgl. vorne 1.63). Die Frage nach der Wirksamkeit und Zweckmässigkeit der Massnahme beurteilt sich primär nach medizinischen Gesichtspunkten, während soziale (persönliche, familiäre, erwerbliche, ausbildungsbedingte etc.) jedoch mit zu berücksichtigen sind. In der KV sind die Pflichtleistungen darüber hinaus in Listen spezifiziert und sogar deren Anwendungsvoraussetzungen im Einzelfall vorgeschrieben. Im IVG, UVG und MVG sind die Leistungen nur an die Voraussetzung der Wirksamkeit, Zweckmässigkeit und Wirtschaftlichkeit gebunden (vgl. Art. 2 Abs. 1 IVV, Art. 54 UVG, Art. 25 MVG). Grund dieses Unterschiedes ist, dass im KVG das Kostenvergütungsprinzip herrscht, und in den andern Versicherungen das Naturalleistungsprinzip, bei dem sie als Leistungserbringer die erforderlichen Leistungen selber bestimmen und kontrollieren können. Im Unterschied zur KV dürfen die andern Versicherungen theoretisch auch Leistungen erbringen, die nicht in der KLV aufgelistet sind. Dennoch orientieren sich auch diese Versicherungen an der Praxis zur KLV, da auch sie die Wirksamkeit der Heilbehandlung voraussetzen. Ist somit eine Heilbehandlung wegen fehlender wissenschaftlich belegter Wirksamkeit oder Wissenschaftlichkeit durch die KV nicht als Pflichtleistung anerkannt, so kann sie auch nicht zu Lasten einer andern Versicherung gehen.

BGE 142 V 58, E. 4.2 betr. Voraussetzung der Wissenschaftlichkeit einer med. Massnahme; 9C_881/2015 v. 22.4.2016, E. 3 betr. Wissenschaftlichkeit bei «Ultra Orphan Disease»; BGE 123 V 53, E. 2.b.cc betr. Leistungen bei Amalgamunverträglichkeit durch die MV.

aa) *Wirksamkeit der Massnahme (Art. 32 Abs. 1 KVG, KLV)*

Gesetzliche Grundlage für die Wirksamkeit ist Art. 32 KVG und die darauf basierende Leistungsverordnung KLV. Der Begriff besagt, dass bezüglich einer eingesetzten therapeutischen oder diagnostischen Massnahme der Nachweis erbracht sein muss, dass sie objektiv geeignet ist, zumindest die Gesundheit günstig zu beeinflussen bzw. bei einem bestimmten Leiden den erhofften medizinischen Erfolg herbeizuführen, ohne dass dieser dann im konkreten Fall einzutreten hätte. Nicht unbedingt erforderlich ist ein besonderer Grad oder eine bestimmte Dauer des Erfolges. Es genügt, dass sich irgendeine Veränderung gegenüber dem vorhergehenden Zustand in positiver Richtung zeigt. Unwirksam ist daher eine Anwendung, wenn der angestrebte Erfolg ganz ausbleibt oder eine Verschlimmerung eintritt oder durch eine andere erfolgsversprechendere Methode erreicht werden kann. Um reine Placebowirkungsweisen auszuschliessen, muss gemäss Gesetz die Wirksamkeit *wissenschaftlich* (durch Forscher und Praktiker der Schulmedizin) nachweisbar sein. Eine nur im Einzelfall feststellbare Besserung genügt nicht (Argument «post hoc ergo propter hoc»). Dies kann durch den naturwissenschaftlichen, experimentellen oder sonst wie objektiven Nachweis der Wirkungsmechanismen erfolgen oder durch die statistisch nachweisebare Erfolgshäufigkeit. Es handelt sich dabei um eine retrospektive, vom Einzelfall losgelöste Bewertung der einzusetzenden Massnahme. Bei sog. «seltenen Krankheiten» ([ultra] orphan disease) kann jedoch an den Beweis der Wissenschaftlichkeit nicht ein gleich strenger Massstab angelegt werden. 5.52

Diese Voraussetzungen werden in allen Versicherungszweigen gleichermassen verlangt. Art. 32 KVG und die entsprechende Verordnung wird daher analog auch auf die IV, UV und MV angewandt.

Beispiele: 5.53

BGE 145 V 97, E. 7.1 betr. Begriff der Wissenschaftlichkeit in der IV gleich wie in der KV sowie E. 8 betr. Massstab der Anforderungen bei seltenen Krankheiten;

BGE 142 V 325, E. 2-4 betr. Wirksamkeit von Medikamenten im off-label-use;

9C_748/2014 v. 14.4.2015, E. 4 betr. fragliche Wirksamkeit einer Analyse;

9C_413/2012 v. 14.2.2013, E. 4.1 betr. fehlende Wirksamkeit und daher keine Reha bei fehlender Verbesserung des Funktionsvermögens (i.c. bei an Multiple Sklerose erkrankter Person);

9C_287/2010 v. 11.6.2010, E. 5.3 betr. fehlende Wissenschaftlichkeit der Visualtherapie zur Behandlung des «versteckten» Schielens;

BGE 129 V 167, E. 5 betr. fehlende Wissenschaftlichkeit von Lasertherapie zur Aknebehandlung.

BGE 128 V 159, E. 5.c betr. Dauerhaftigkeit eines Abmagerungspräparats;

BGE 125 V 21, E. 5 betr. Verneinung der Wirksamkeit bei In-Vitro-Fertilisation;

BGE 123 V 53, E. 2 betr. Übersicht zur Voraussetzung des Wirkungsnachweises;

AHI 2000 225 ff. betr. fehlende Wissenschaftlichkeit des POL-Trainings.

bb) *Zweckmässigkeit der Massnahme (Art. 32 Abs. 1 KVG; Art. 48 UVG)*

5.54 Bei der Prüfung der Zweckmässigkeit geht es um den Vergleich des Erfolgs der eingesetzten geeigneten Massnahme mit den anderen möglichen geeigneten Massnahmen. Gemessen wird der diagnostische oder therapeutische Nutzen einer Massnahme in Gegenüberstellung zu deren Risiken und der Angemessenheit oder dem Nutzen von ebenfalls wirksamen Alternativmassnahmen. Massstab bildet der angestrebte Heilerfolg der möglichst vollständigen Beseitigung körperlicher oder psychischer Beeinträchtigungen unter Berücksichtigung möglicher Komplikationen oder Misserfolge.

5.55 Beispiele:

9C_878/2015 v. 11.7.2016, E. 3-4 betr. Zweckmässigkeit einer Sterilitätsbehandlung;

9C_413/2012 v. 14.2.2013, E. 5.2 betr. ambulante statt stationäre Rehabilitation;

BGE 130 V 299, E. 6 betr. keine Zweckmässigkeit einer Mammareduktionsplastik, da die Rückenbeschwerden auch durch Degeneration entstanden sein und durch Physiotherapie behoben werden können;

BGE 127 V 138, E. 5 betr. Zweckmässigkeitskriterium bei der Wahl unter verschiedenen Operationsmethoden;

BGE 125 V 95, E. 3-5 betr. Abwägen zwischen Herzoperation und Operationsrisiko (hohes Alter, andere Krankheiten);

BGE 126 V 334, E. 3 betr. Spitex-Pflege zu Hause anstatt im Pflegeheim;

RKUV 2004 394 betr. Laserepilation bei Transsexualismus während der Diagnosephase.

cc) *Wirtschaftlichkeit der Massnahme (Art. 32 Abs. 1, 56 KVG; Art. 54 f. UVG)*

5.56 Der Wirtschaftlichkeitsprüfung einer Massnahme liegt eine Kosten-Nutzen-Vergleichsrechnung zu Grunde, d.h. dass nicht nur finanzielle Aspekte sondern auch Überlegungen zu den Vorteilen und Risiken einer Massnahme und grundrechtliche Aspekt miteinzubeziehen sind. Die Prüfung der Wirtschaftlichkeit hat nur dann zu erfolgen, wenn andere geeignete und zweckmässige Massnahmen als Alternative zur Diskussion stehen. Nur unter verschiedenen möglichen *gleichwertig* zweckmässigen Massnahmen muss die kostengünstigste gewählt werden, d.h. dass eine zweckmässigere auch eine teurere sein kann.

5.57 Beispiele:

BGE 145 V 117, E. 3.2.3 betr. Begriff der Wirtschaftlichkeit allgemein und E. 6 betr. keine Anwendung der QALY-Methode und der Wirtschaftlichkeitsprüfung einer konkreten einzelnen Behandlungsmassnahme auf die Kumulation notfallmässiger Spitalbehandlungen:

9C_637/2018 v. 28.3.2019, E. 4 betr. Modellgussprothese anstatt teures Implantat bei gleicher Wirksamkeit und Zweckmässigkeit;

9C_912/2017 v. 6.12.2018, E. 5 betr. Wirtschaftlichkeit der Spitex gegenüber dem Pflegeheim bei leicht wirksamerer und zweckmässigerem Aufenthalt zu Hause (Zusammenfassung der Rechtsprechung), zulässiger Kostenfaktor bei Spitex-Pflege im Verhältnis zur Heimpflege;

BGE 142 V 26, E. 5.2.1 betr. Massgeblichkeit auch des Kosten-Nutzen- Verhältnisses (komparative Methode) und nicht allein Massgeblichkeit des Preisvergleichs;

BGE 129 V 80, E. 6.2.3 betr. Kostenvergleich zwischen zwei Behandlungsmethoden;

RKUV 2004 394: Rasur und Kosmetik anstelle von Laser-Epilation.

Das Gebot des wirtschaftlichen Handelns findet sich auch in Art. 56 KVG, lex specialis zu Art. 32 KVG. Adressaten dieser Norm sind die *Leistungserbringer*, welche im konkreten Fall, ohne den Behandlungserfolg dadurch zu gefährden, das Leistungsmass auf das medizinisch Notwendige zu beschränken haben, wobei ihnen dabei ein gewisser Ermessensspielraum zukommt. Es geht dabei um das Verbot der sog. Überarztung. Trotz der dem Arzt grundsätzlich zustehenden freien Methodenwahl resp. Behandlungsfreiheit ist daher die vollständige Abrechenbarkeit zu Lasten der Versicherung nicht in jedem Fall gegeben. Das Gebot der Wirtschaftlichkeit einer Leistung ist immer dann erfüllt, wenn sie das Ziel der Beseitigung des Gesundheitsschadens mit dem geringsten Kostenmass erreicht. Das bedeutet nichts anderes, als dass zuerst die Zweckmässigkeit einer Behandlung zu prüfen ist. Nur unter verschiedenen bzgl. der Zweckmässigkeit gleichwertigen Methoden kann die Wirtschaftlichkeit den Ausschlag für die eine oder andere Methode geben. Ob das Wirtschaftlichkeitsgebot verletzt ist, wird mittels Vergleichsrechnung ermittelt. Als Kontrollinstrumente und Beweisgrundlage zur Verfügung stehen die Einzelfallprüfung, die Stichprobenkontrolle oder die Durchschnittskostenvergleichsprüfung. Mit letzterer werden die durchschnittlichen Fallkosten einer ähnlichen Gruppe von Leistungserbringern in der gleichen Region verglichen mit den Patientenkosten des einzelnen in Frage stehenden Leistungserbringers (pro Behandlungsfall und in einer definierten Leistungsperiode). Dies setzt aber voraus, dass das Patientengut bei allen Leistungserbringern gleichmässig durchmischt ist und alle Leistungserbringer nur notwendig und wirksam sowie in guter Qualität behandeln. Die Durchschnittskostenvergleichsprüfung basiert auf einer Gesamtrechnung, d.h. dass alle von einem Arzt selbst durchgeführten und abgerechneten Kosten sowie die durch seine Anordnung veranlassten Kosten (z.B. Apotheker, Labor, Physiotherapie) in einer Gesamtbetrachtung zu berücksichtigen sind. Der Arzt kann daher überdurchschnittliche Betreuungskosten mit unterdurchschnittlichen Medikamenten- oder Therapiekosten kompensieren. Da ein übermässiges Abweichen (> 30%) vom Durchschnittswert bei einem Arzt sich auf ein bestimmtes Patientensegment, wie z.B. Suchtabhängige oder Alte, zurückführen lässt und das Morbiditätsrisiko zu wenig Beachtung fand, verpflichtet Art. 56 Abs. 6 KVG die Leistungserbringer und die Versicherer, sich auf eine Methode der Wirtschaftlichkeitskontrolle zu einigen (ANOVA-Methode, Varianzanalysenmodell), was zu einem differenzierten und transparenterem Vorgehen seitens der Versicherer, die nach wie vor die Kompetenz zur Wirtschaftlichkeitskontrolle innehaben, zwingt. Die zu viel erbrachten Vergütungen sind gem. Art. 59 Abs. 1 lit. b KVG vom Versicherer unabhängig eines Verschuldens von jedem der in Frage kommenden Leistungserbringer zurückzufordern, auch im System des «tiers garant». Der Leistungserbringer haftet für alle Massnahmen (Arzneimitteln, Analysen, Therapien), die er in Missachtung von Art. 56 KVG angeordnet hat. 5.58

BGE 144 V 79, E. 5 betr. Gesetzeskonformität der ANOVA-Methode; BGE 141 V 25, E. 8.4 betr. kein Verschulden des Leistungserbringers, da Rückerstattungspflicht keine Sanktion sondern eine nicht geschuldete

Leistung darstellt; BGE 137 V 43, E. 2.5 betr. Rückerstattungspflicht gemäss 56 Abs. 2 KVG nur für die direkten Arztkosten auf der Grundlage der Gesamtbetrachtung.

dd) Listenleistungen

aaa) Krankenversicherung (Art. 33 KVG, Art. 33 KVV, KLV)

5.59 Art. 33 KVG delegiert die Kompetenz zur Bezeichnung der zu Lasten der obligatorischen Krankenversicherungen zu erbringenden Leistungen an den Bundesrat, welcher die Führung der Listen dem EDI übertragen hat (vgl. vorne 1.57). Diese werden in Zusammenarbeit mit den Fachkommissionen laufend aktualisiert. Zu unterscheiden sind dabei zwei verschiedene Listentypen:

5.60 • *Negativliste (Art. 33 Abs. 1 KVG, Art. 33 lit. a und c KVV, KLV Anhang 1)*

Grundsätzlich figurieren auf der Liste im Anhang 1 zur KLV die *Nicht*pflichtleistungen (abschliessend) und die Leistungen, die nur unter bestimmten Bedingungen (bedingte Übernahme) erbracht werden oder noch in Evaluation begriffen sind. Der Katalog enthält aber auch bereits erprobte Leistungen, die vom Versicherer übernommen werden müssen. Diese Leistungen sind, im Unterschied zu den mit «nein» verzeichneten Nichtpflichtleistungen, nicht als abschliessend aufgeführt zu verstehen (bedingt «offen»), d.h. es gilt die Vermutung, dass alle ärztlich verordneten Leistungen zu vergüten sind, soweit sie nicht mit «nein» von der Liste ausgeschlossen resp. mit Bedingungen verknüpft sind oder die WZW-Voraussetzungen i.S.v. Art. 32 KVG nicht erfüllen. Der Arzt ist aufgrund seines Behandlungsvertrags (Treu und Glauben) verpflichtet, den Patienten über die Anwendung einer Nichtpflichtleistung und seine Zahlungspflicht (oder diejenige einer Zusatzversicherung) aufzuklären, ansonsten er selber aus Vertragsverletzung schadenersatzpflichtig wird.

BGE 129 V 167, E. 4 betr. Charakter der Negativliste.

5.61 • *Positivlisten (Art. 25, Art. 33 Abs. 2 KVG, Art. 33 lit. b KVV, KLV, MiGeL)*

Die Positivliste enthält abschliessend die in der KV zulässigen und anerkannten Behandlungen und Leistungserbringer. Es geht insb. um die Leistungen, die ihre gesetzliche Grundlage in Art. 25 Abs. 2 lit. a–h bis Art. 31 KVG haben.

Die Positivliste gibt somit die eigentlichen Pflichtleistungen der medizinischen Leistungserbringer wieder. Was nicht listenkonform ist, darf von der Krankenkasse auf Grund des Legalitätsprinzips nicht übernommen werden. Eine Austauschbefugnis ist nur innerhalb der Positivliste erlaubt, da in der Krankenversicherung keine Nichtlistenleistungen erbracht werden dürfen.

5.62 Neben den abschliessenden, auf Internet abrufbaren Listen der Mittel und Gegenstände (MiGeL) und der Analysen (AL) muss insb. auf die Arzneimittel- resp. Spezialitätenliste (SL) hingewiesen werden. Auf ihr figurieren alle von Swissmedic zugelassenen und unter Beachtung von Indikation und Dosierung (Limitierung) auf ihre Wirksamkeit, Zweckmässigkeit und Wirtschaftlichkeit hin überprüften Medikamente, was eine nochmalige Wirtschaftlichkeitskontrolle bei Einhaltung der Limitierung im Einzelfall ausschliesst. Eine Aufnahme in Evaluation ist nicht vorgesehen. Die SL ist abschliessend und wird jährlich resp. alle drei Jahre überprüft.

BGE 142 V 478, E. 6.4 betr. keine nochmalige Wirtschaftlichkeitsprüfung im Einzelfall.

Die Kosten eines Medikaments werden nur vergütet, wenn es sich auf der SL 5.63
befindet und für die Behandlung der dort vorgesehenen Diagnosen und im Umfang der dort aufgeführten Dosierung eingesetzt wird, sog. Limitierung. Keine Vergütung jedoch erfolgt grundsätzlich bei Verschreibung eines nicht in der SL aufgeführten Arzneimittels oder eines in der SL aufgeführten Präparats mit *anderer Indikation oder Dosierung* (off-label-use). Dennoch werden nach Konsultation des Vertrauensarztes und Kostengutsprache durch den Krankenversicherer unter strengen Voraussetzungen Arzneimittel im off-label-use ganz oder teilweise vergütet. Bei Listenpräparaten im off-label-use (Art. 71a KVV) besteht eine Kostenübernahmepflicht, wenn das Arzneimittel der unerlässlichen Voraussetzung und Vorbereitung für eine andere Behandlung dient oder wenn vom Arzneimittel ein grosser therapeutischer Nutzen für die Krankheit, die sonst tödlich verlaufen oder zu schweren chronischen gesundheitlichen Beeinträchtigungen führen würde, erwartet werden kann und keine andern wirksamen und zugelassenen therapeutischen Methoden verfügbar sind. Soweit es um den Einsatz eines zwar vom Institut zugelassenen Nichtlistenpräparats geht, müssen die Voraussetzungen gem. Art. 71a KVV erfüllt sein (Art. 71b KVV). Bei importierten, vom Institut nicht zugelassenen Nichtlistenpräparaten muss darüber hinaus das Arzneimittel von einem Land mit vergleichbarem Zulassungssystem zugelassen sein (Art. 71c KVV).

BGE 144 V 333, E. 10 betr. Voraussetzungen für nicht zugelassene Präparate (i.c. Magistralrezeptur); BGE 139 V 375, E. 4.4 betr. Orphan drug; BGE 136 V 84, E. 2.2 betr. Nichtvergütung der sog. «Michiganschiene» (abschliessende MiGeL-Positivliste); BGE 134 V 83, E. 3.2. und 4 betr. abschliessende Positivliste: keine Vergütung für das Produkt «New Fill.

bbb) Invaliden-, Unfall- und Militärversicherung, Ergänzungsleistungen

Keine eigentlichen Positivlisten bzgl. der zugelassenen Leistungen kennen das 5.64
IVG, ELG, UVG und das MVG. Die Behandlungsmassnahmen werden hinsichtlich der Wirksamkeit, Zweckmässigkeit und Wirtschaftlichkeit beurteilt. Dabei orientiert man sich an der KV, denn was dort nicht als wissenschaftlich und wirksam anerkannt ist, wird auch nicht in den anderen Versicherungen zugelassen. Also werden sie wegen fehlender Wirksamkeit die Negativliste beachten, wohl aber bei seltenen Krankheiten an die Wissenschaftlichkeit einen weniger strengen Massstab anlegen (was sich letztlich auch in der Krankenversicherung rechtfertigen würde). Die SL sowie die Liste der Mittel und Gegenstände und Analysen sind gemäss Art. 69 und Art. 71 Abs. 2 UVV integral auch für die UV und MV verbindlich.

BGE 145 V 97, E. 8.3-8.5 betr. Orphan disease in der IV.

Bei den Ergänzungsleistungen besteht hinsichtlich der Vergütung von Krankheits- und Behinderungskosten jedoch eine quantitative Einschränkung insofern, als die Vergütung auf einen gesetzlich festgelegten Jahreshöchstbetrag limitiert ist (die Kantone können höhere Beiträge vorsehen) und sich nur bei zu Hause lebenden Bezügern einer Hilflosenentschädigung der Invaliden- oder Unfallversicherung bei schwerer Hilflosigkeit auf Fr. 90'000 und bei mittelschwerer auf Fr. 60'000 erhöht (Art. 14 Abs. 3 und 4 ELG, Art. 19b ELV). (*ELG-Revision:* Art. 14 Abs. 1 lit. b^{bis} ELG: Übernahme der Kosten für vorübergehende Heim- oder Spitalaufenthalte als Krankheits- und Behinderungskosten, längstens für 3 Monate im Jahr.)

9C_523/2016 v. 27.10.2016, E. 4.2 betr. Bedingung des grosser therapeutischen Nutzens auch in der Invalidenversicherung; I 19/03 v. 29.1.2004, E. 5 betr. Anwendung der Spezialitätenliste in der IV.

c) Leistungserbringer (Art. 26, 26bis IVG; Art. 35–40 KVG, Art. 38–58 KVV; Art. 53 UVG, Art. 68 f. UVV; Art. 22 MVG, Art. 12 MVV)

aa) Im Allgemeinen

5.65 Im Interesse der Qualitätssicherung herrscht in manchen Sozialversicherungszweigen, nicht aber in allen, bezüglich der zugelassenen Leistungserbringer ein abschliessendes Listenprinzip. Art. 35 Abs. 2 lit. a–n KVG i.V.m. Art. 38–58 KVV stellt einen abschliessenden Katalog der Leistungserbringer auf, an den, durch Gesetzesverweisung, auch die UV und MV gebunden sind, soweit nicht durch Anordnung des EDI weitere medizinische Hilfspersonen zugelassen werden. Auch hier ist aufgrund des Listenprinzips in der KV die Austauschbefugnis ausgeschlossen. Ohne übergeordnete Anordnung tätig werden dürfen die Ärzte und Chiropraktoren. Bei allen anderen Leistungserbringern, z.B. Physiotherapeuten, Pflegefachleuten, Logopäden, Apotheker oder auch Psychologen, wird die Versicherung nur leistungspflichtig, wenn die Behandlung auf Anordnung des Arztes resp. unter seiner Überwachung stattfindet. Um zur Ausübung zugelassen zu sein, müssen die betreffenden Leistungserbringer einen anerkannten Fachausweis und entsprechende Praktika vorweisen oder zumindest im Anstellungsverhältnis zu einer zugelassenen Fachperson stehen. Bei Institutionen müssen eine den Anforderungen entsprechende Grundausstattung und das Erbringen eines geforderten Leistungsausweises nachgewiesen sein. In der obligatorischen Versicherung nicht zugelassene Leistungserbringer können jedoch im Rahmen von Zusatzversicherungen als zugelassen anerkannt werden.

9C_88/2016 v. 12.5.2016, E. 2 betr. keine Kostenvergütung an Sohn als nicht zugelassener Leistungserbringer (vgl. BGE 126 V 330, E. 1); BGE 138 V 154, E. 4 betr. keine Zulassung von Zahnärzten ohne Hochschulabschluss im Unfallversicherungsbereich (Art. 53 Abs. 1 UVG); BGE 133 V 416, E. 3 betr. keine Kostenvergütung bei Selbstbehandlung, im Gegensatz zur Behandlung von Familienangehörigen; BGE 125 V 288, E. 4 betr. delegierte Psychotherapie; 9C_597/2007 v. 19.12.2007, E. 5 betr. Kostenvergütung der Mitarbeit des pflegenden Ehemannes in Spitex-Organisation.

bb) *Ambulante, stationäre und teilstationäre Behandlung (Art. 25 Abs. 2, 39 Abs. 1 KVG; Art. 35ter IVV; Art. 25a ELV; Art. 68 UVV; Art. 11 MVV)*

Ambulant ist jede Behandlung, die nicht in Form der Hospitalisation geschieht. Es handelt sich um die Inanspruchnahme von medizinischen Anwendungen in der Arztpraxis, in Therapieräumen oder zu Hause, indem man sich dorthin begibt und wieder an den Wohn (Aufenthalts)- oder Arbeitsort zurückkehrt. Als ambulant gilt auch der Aufenthalt in einem Pflegeheim (Art. 50 KVG; keine medizinische Einrichtung), aber auch die Behandlung im Spital, sofern keine Verpflegung und Unterkunft gewährt wird und man sich weniger als 24 Stunden dort aufhält. Betr. die Definition «Heim» im Zusammenhang mit den Ergänzungsleistungen vgl. Art. 25a ELV und zum Heimbegriff im Sinne der IV vgl. Art. 35ter IVV. 5.66

BGE 141 V 255, E. 3.1 und 4.2 betr. Heimbegriff im Sinne des ELG; BGE 126 V 484, E. 5.e.

Stationär ist eine Behandlung, wenn eine Einweisung ins Spital erfolgt mit der Absicht, mehr als 24 Stunden dort zu verbringen. Als Spital gilt eine Anstalt, die ausreichende ärztliche Betreuung gewährleistet, über das erforderliche Fachpersonal verfügt (Belegarztsystem genügt), zweckentsprechende medizinische Einrichtungen aufweist und die pharmazeutische Versorgung gewährleistet (Art. 39 Abs. 1 lit. a–c KVG). Als Spital zu betrachten ist auch die medizinische Rehabilitation. Übernommen von der Versicherung werden immer nur die Kosten der allgemeinen Abteilung. Massgebend ist, dass medizinische Massnahmen nur in der Heilanstalt vorgenommen werden können (Spitalbedürftigkeit), ein intensiver und komplexer Pflegebedarf besteht und es sich nicht ausschliesslich um einen Erholungs- oder sozial bedingten Aufenthalt handelt. 5.67

9C_67/2014 v. 5.2.2015, E. 2 und 6 betr. Umschreibung von Akutspitalbedürftigkeit, Pflegebedürftigkeit sowie Palliativ-Care und Spitalbedürftigkeit bei Vorliegen persönlicher Lebensumstände; BGE 137 V 36, E. 4.1-2 betr. Bejahung des stationären Charakters einer Behandlung, wenn der frei praktizierende Arzt telefonisch Fragen des Spitalarztes, der seinen Patienten stationär betreut, beantwortet.

Teilstationär ist ein Aufenthalt von weniger als 24 Stunden in einer Anstalt, die entsprechend einem Spital ausgestattet ist. Es handelt sich um Tages- oder Nachtkliniken (-strukturen), z.B. für Kleinchirurgie oder Psychotherapie. Die teilstationären Behandlungen werden bzgl. der Tarifierung den stationären gleichgesetzt. 5.68

cc) *Kostenübernahme und freie Wahl des Leistungserbringers (Art. 26 IVG; Art. 41 KVG; Art. 10 Abs. 2 UVG, Art. 15, 68 Abs. 3 UVV; Art. 17 MVG, Art. 13 ff. MVV)*

Die Kostenübernahme erfolgt nach Tarifen (zur Tariffestsetzung vgl. Art. 43 Abs. 4 und 5bis, Art. 46 und 47 KVG; Art. 27 IVG; Art. 56 UVG; Art. 26 MVG). Die Tarife werden zwischen den Leistungserbringern (resp. ihren Verbänden) und den Versicherern (resp. ihren Verbänden) vertraglich bestimmt. 5.69

Die Kostenverteilung richtet sich nach Art. 41 KVG wie folgt bei:

- *ambulanter Behandlung:* Anspruch auf Kostenübernahme nach dem Tarif des gewählten und für die Krankheit geeigneten Leistungserbringers (Art. 41 Abs. 1 KVG),
- *stationärer und teilstationärer Behandlung:* Anspruch auf die im Listen- oder Vertragsspital (öffentliches oder privates) mit entsprechendem Leistungsauftrag des Wohn- resp. Standortkantons geltende Fallpauschale gemäss SwissDRG (leistungsbezogene Fallpauschale, deren Höhe sich nach Haupt- und Nebendiagnosen sowie deren Schweregrad richtet: Art. 41 Abs. 1bis i.V.m. Art. 49 KVG). An den Fallpauschalen beteiligt sich der Kanton zu mind. 55% (Art. 49a KVG) und der Versicherer zu max. 45% (*ATSG-Revision:* gemäss Art. 14bis IVG trägt die IV 80% und der Wohnkanton 20% der Kosten einer stationären Behandlung). Im Falle einer Behandlung ausserhalb des Kantons übernimmt der Versicherer (max. 45%) die Kosten im Umfang des Tarifs des Wohnsitzkantons, jedoch den Tarif des ausserkantonalen Spitals nur, wenn eine *Notfallbehandlung* erforderlich ist (vgl. vorne 5.11) oder im eigenen Kanton *keine geeignete Behandlung* resp. zu wenig geeignete Behandlungsplätze angeboten werden können (vgl. vorne 5.12).

  BGE 145 V 57, E. 9.6 betr. Kostenübernahmepflicht nur für Listenspitäler *mit* entsprechendem Leistungsauftrag; BGE 140 V 277, E. 4.2 betr. örtlicher Geltungsbereich von Art. 41 Abs. 3 (i.V.m. Art. 49a) KVG: Anwendbarkeit nur auf stationäre Behandlungen in der Schweiz, für Auslandsbehandlungen ist Art. 34 Abs. 2 KVG massgebend (siehe dazu auch 5.11); 9C_408/2009 v. 3.9.2009, E. 8 betr. Begriff des Notfalls und Übernahme der ausserkantonalen Geburt während den Ferien.

5.70 Invaliden-, Unfall- und Militärversicherung schliessen mit den Leistungserbringern resp. ihren Berufsorganisationen Zusammenarbeits- und Tarifverträge ab. Die versicherte Person ist gehalten, nur solche Leistungserbringer aufzusuchen, wenn sie vollen Tarifschutz geniessen will, Notfälle und medizinische Gründe vorbehalten. Wird ein ausserhalb der Tarifverträge vorgesehener Leistungserbringer gewählt, trägt die versicherte Person die Mehrkosten selber.

5.71 Die versicherte Person ist in der *Krankenversicherung* grundsätzlich frei in der Wahl der zugelassenen Leistungserbringer: freie Arzt- und Spitalwahl schweizweit. Dennoch ist die Wahl bei stationärer Behandlung insofern eingeschränkt, als Kanton und Versicherer nur die Kosten der Behandlung in einem *Listenspital (Geburtshaus) mit entsprechendem Leistungsauftrag* im Wohnkanton nach dem Tarif des Wohnkantons der versicherten Person voll übernehmen (Art. 41 Abs. 1bis KVG). Wählt die versicherte Person ein ausserkantonales Spital und lässt sich *ohne zwingende medizinische Gründe* (vgl. vorne 5.12) oder ohne Vorliegen eines *Notfalls* (vgl. vorne 5.11) in einem Listenspital mit entsprechendem Leistungsauftrag ausserhalb ihres Wohnkantons nach ihrer freien Wahl behandeln, hat sie für die vom Tarif ihres Wohnkantons nicht abgedeckten höheren ausserkantonalen Tarife selber aufzukommen. Der Wohnkanton hat auf jeden Fall bei ausserkantonaler Behandlung für die tariflichen Kosten (Anteil an der Fallpauschale), die die Behandlung in seinem Kanton auslösen würde, aufzukommen. Begibt sich die versicherte

Person in ein Nichtlistenspital bzw. ein Listenspital mit keinem der Behandlung entsprechenden Leistungsauftrag oder lässt sich von einem nicht anerkannten Leistungserbringer behandeln, muss sie (oder ihre Zusatzversicherung) für die Behandlungskosten selber aufkommen.

BGE 145 V 57, E. 6-9 betr. IV-Kostenvergütung nur in einem Listenspital mit Leistungsauftrag; BGE 141 V 206, E. 3 betr. Spitaltarif des Wohnkantons, der bei ausserkantonaler Hospitalisation ohne medizinische Gründe vom Versicherer zu übernehmen ist; BGE 131 V 59, E. 6 betr. Begriff des Wohnkantons.

Auch in der *Unfallversicherung* besteht freie Arzt- und Spitalwahl, soweit dem nicht Anordnungen des Versicherers für zweckmässige Behandlung oder eine fehlende Eignung des Leistungserbringers entgegenstehen. Die *Militärversicherung* schränkt die freie Spitalwahl, nicht aber die Arztwahl, auf die nächstgelegene geeignete Anstalt ein und vergütet bei freiwilliger Wahl ausserhalb des gesetzlich zugelassenen Radius nur die Kosten, die bei ihrem nächstgelegenen Vertragsleistungserbringer angefallen wären (Kostenvergütungsprinzip). Auch bei nicht Vertragsleistungserbringern hat die Behandlung wirksam, zweckmässig und wirtschaftlich zu sein. In der *Invalidenversicherung* ist die freie Arztwahl unter den Voraussetzungen von Art. 26 Abs. 1−3 IVG gewährleistet, ebenso diejenige der medizinischen Hilfspersonen und Anstalten i.S.v. Art. 26bis IVG.

Auf die freie Wahl des Leistungserbringers kann in der Krankenversicherung im 5.72
Gegenzug zu tieferen Prämien (oder Verzicht auf Selbstbehalt und Franchise) durch Wahl eines bestimmten Versicherungsmodells verzichtet werden. Die versicherte Person verpflichtet sich, nur den von der Versicherung bezeichneten Leistungserbringer zu konsultieren oder nur eine Gruppenpraxis aufzusuchen: Managed Care, HMO-System oder Gatekeeper-System (Art. 62 Abs. 1 KVG; Art. 99–101 KVV; vgl. vorne 4.59).

d) Abgrenzung des Anspruchs auf Heilbehandlung gemäss KVG, UVG, MVG gegenüber der IV

aa) Grundsatz

Die IV übernimmt medizinischen Massnahmen nur unter ganz bestimmten ge- 5.73
setzlichen Voraussetzungen. Art. 12 IVG bezweckt als Koordinationsnorm die Abgrenzung der Zuständigkeit zur Kranken-, Unfall- oder Militärversicherung. Sind die Voraussetzungen gemäss Art. 12 IVG nicht erfüllt, kommt subsidiär in aller Regel die Krankenversicherung zum Zuge (oder je nach Ursache des Gesundheitsschadens die UV oder MV). Während die IV in erster Linie eine finale, auf die *Erlangung der Erwerbsfähigkeit resp. Wiedereingliederung* ausgerichtete Versicherung ist und die Wiederherstellung der Gesundheit dem Wiedereingliederungszweck zu dienen hat, geht es bei der Krankenversicherung um die Behandlung des Leidens als solchem.

bb) Leistungsvoraussetzungen gemäss Art. 12 IVG

aaa) Kinder bis vollendetem 20. Altersjahr

5.74 Art. 12 IVG erfasst – gleich wie die KV – ebenfalls labile pathologische Geschehen. Als labil gilt dabei ein Zustand, der nur mit Hilfe medizinischer Massnahmen geheilt oder stabil gehalten resp. stabilisiert werden kann, ansonsten ein Fortschreiten des Leidens die Folge wäre. Nicht labil, sondern stabil ist ein pathologischer Zustand, wenn das pathologische Geschehen als abgeschlossen gilt und sich ein relativ stabiler Zustand eingestellt hat (z.B. bei Gelenk- oder Skelettanomalien, Taubheit, Keratokonus, Lähmungen i.S.v. Art. 2 Abs. 2 IVV). Die medizinische Massnahme darf jedoch nicht der Heilung an sich dienen, sondern hat im Hinblick auf den Eingliederungszweck zu erfolgen (vgl. vorne 2.73). Keine medizinischen Massnahmen werden gewährt bei Verletzungen, Infektionen, inneren und parasitären Krankheiten (Art. 2 Abs. 4 IVV).

5.75 Art. 12 IVG wurde im Rahmen der parlamentarischen Beratungen auf die Personengruppe der Kinder resp. Jugendlichen bis vollendetem 20. Altersjahr beschränkt. Bei ihnen steht nämlich die Ermöglichung der Berufsbildung oder die ihr folgende Erwerbstätigkeit als Eingliederungsziel im Vordergrund. Insofern werden medizinische Massnahmen, grundsätzlich auch Psychotherapien, trotz labilem Geschehen gewährt, wenn damit mit hinreichender prognostisch zu beurteilender Wahrscheinlichkeit

- in absehbarer Zeit eine Heilung mit Defekt verhindert werden resp. ein labiles Leiden stabilisiert werden kann (eine blosse Unterdrückung von Symptomen hingegen genügt nicht), das sonst
- die Ausbildung und spätere Berufsausübung erheblich erschweren oder verunmöglichen würde. Wenn hingegen *keine dauerhafte Besserung* des Leidens nach medizinischer Erfahrung erwartet werden kann – dies ist immer dann anzunehmen, wenn eine Therapie von unbeschränkter Dauer und ungewissem Ausgang ansteht – gehen die medizinischen Massnahmen zu Lasten der Krankenversicherung. Das heisst nicht, dass nicht auch eine langdauernde Behandlung durch die IV gewährt wird, sofern der Erfolg aufgrund der Erfahrung als gesichert gilt.
- Die medizinische Massnahme muss zudem geeignet sein, die Körperbewegung, Sinneswahrnehmung oder Kontaktfähigkeit zu beheben oder zu mildern.

9C_354/2016 v. 18.7.2016, E. 4 betr. Voraussetzungen bei Übernahme von Psychotherapie; 9C_729/2008 v. 17.4.2009, E. 4 betr. Dauerhaftigkeit bei Anorexia nervosa; I 62/03 v. 4.11.2003, E. 3.2 betr. fehlende erwerbliche Einschränkung bei Sichelfuss.

bbb) Wesentlicher Eingliederungserfolg

Jede der verordneten medizinischen Massnahmen muss dazu dienen, die Erwerbsfähigkeit resp. die Fähigkeit, im Aufgabenbereich tätig zu sein, wesentlich zu verbessern resp. zu erhalten. Ein prognostischer Eingliederungserfolg erfordert lediglich, dass mit der zukünftigen beruflichen Tätigkeit (auch in einer Werkstätte) voraussichtlich ein Einkommen von einigen hundert Franken zu erzielen ist. Der Gesundheitsschaden muss daher geeignet sein, unbehandelt die künftige Eingliederung ins Erwerbsleben (oder den Aufgabenbereich) zu erschweren. Die Wesentlichkeit wird nach Massgabe der Besonderheiten im Einzelfall beurteilt. Es darf sich nicht um die Erhaltung einer nur geringen Erwerbsfähigkeit (weniger als 10%) handeln. Zudem muss der Eingliederungserfolg dauerhaft sein, d.h. während eines bedeutenden Teils der konkreten Aktivitätserwartung erhalten bleiben. 5.76

9C_677/2017 v. 8.6.2018, E. 4 betr. minimaler Eingliederungserfolg; 9C_725/2011 v. 23.5.2012, E. 3.4 betr. fehlendem Eingliederungscharakter bei Behandlung mit Ritalin im Rahmen einer von der IV bezahlten Psychotherapie.

ccc) Art und Umfang der Massnahmen (Art. 2–4bis IVV)

Bei den durch die IV zu erbringenden medizinischen Massnahmen muss es sich um einmalige oder zumindest auf eine bestimmte (auch längere) Zeitdauer begrenzbare medizinische Vorkehren handeln. Der Eingliederungserfolg muss in einem bestimmten Zeitraum eintreten. Über die Frage der möglichen Stabilisierung des Gesundheitszustandes, den Zeitraum und den Eingliederungserfolg entscheidet letztlich *prognostisch* eine medizinische Fachperson. 5.77

Medizinische, wie chirurgische, physiotherapeutische und psychotherapeutische Massnahmen sind nur Beispiele möglicher Massnahmen. Nicht mehr erbracht werden im Rahmen der IV jedoch pädagogisch-therapeutische Massnahmen (Überführung in die Kompetenz der Kantone durch den NFA; vgl. Art. 14 Abs. 1 lit. a IVG betr. Ausschluss von Logopädie und Psychomotorik-Therapien).

Bei Lähmungen und andern motorischen Funktionsausfällen nimmt die Verordnung eine zeitliche Koordination zur KV und UV vor. Die IV setzt dann ein, wenn die Behandlung des ursächlichen Gesundheitsschadens abgeschlossen ist, was bei Querschnitt- und Kinderlähmung nach Ablauf von 4 Wochen seit Beginn der Lähmung als eingetreten gilt.

Soweit ein Aufenthalt in einer Heilanstalt notwendig ist, d.h. Spitalbedürftigkeit besteht, werden die Kosten des Heilanstaltsaufenthalts ebenfalls übernommen. Es gilt der Heilanstaltsbegriff gemäss Art. 39 KVG. Massgebend ist, dass medizinische Massnahmen in der Heilanstalt vorgenommen werden müssen und es sich nicht ausschliesslich um einen Erholungs- oder sozial bedingten Aufenthalt handelt. 5.78

cc) *Leistungen bei Geburtsgebrechen (Art. 13 IVG, GgV)*

5.79 Anspruch auf medizinische Massnahmen bis Vollendung des 20. Altersjahres haben Kinder, die an einem Geburtsgebrechen leiden. Dieses definiert sich als Krankheit, die im Zeitpunkt der vollendeten Geburt besteht (Art. 3 Abs. 2 ATSG; vgl. vorne 2.74). Diese muss als solche bei der Geburt noch nicht erkannt werden, bei zeitlich unlimitierten Geburtsgebrechen aber spätestens bis zum 20. Altersjahr. Daneben gibt es sog. *limitierte* Geburtsgebrechen, die entweder innerhalb einer bestimmten Zeit diagnostiziert *und* (mit einer anerkannten medizinischen Massnahme) behandelt werden müssen (z.B. POS: GgV 404) oder die eine bestimmte Schwere des Gesundheitsschadens oder, z.B. bei Missbildung der Extremitäten, eine Operation voraussetzen (z.B. bei Visusverminderung, Kieferanomalien, Geburtsgewicht bei Neugeborenen: GgV 205, 416, 494, 170 oder 178). Kein Geburtsgebrechen ist die Veranlagung zu einer Krankheit. Nicht jedes Geburtsgebrechen fällt unter Art. 13 IVG resp. die Liste der Geburtsgebrechen, die insbesondere die geringfügigen nicht berücksichtigt. Soweit ein Gebrechen keinen Eingang in die Liste gefunden hat oder die Limitierung nicht erfüllt ist, ist die Krankenversicherung leistungspflichtig. Dort werden jedoch nur die Listenleistungen gemäss KLV gewährt und ein Selbstbehalt erhoben (vgl. vorne 4.06).

8C_788/2017 v. 14.3.2018, E. 5.3.3 betr. Zeitpunkt des Leistungsbeginns der IV bei diagnostiziertem POS; 9C_418/2016 v. 4.11.2016, E. 6.3 betr. Begründung der kumulativ zu erfüllenden Voraussetzungen der Diagnose und Behandlung vor dem vollendenten 9. Altersjahr beim Geburtsgebrechen 404; BGE 142 V 58, E. 3 betr. Operationsnotwendigkeit bei GgV 178.

5.80 Im Gegensatz zu Art. 12 IVG werden bei Geburtsgebrechen alle medizinischen Massnahmen (nicht aber sonderpädagogische, vgl. 5.77) und benötigten Behandlungsapparate, die auf das Leiden an sich gerichtet sind und das Kind unmittelbar betreffen, *unabhängig eines Eingliederungszwecks* erbracht. Die Invalidenversicherung übernimmt somit die Funktion einer Krankenversicherung. Von der Invalidenversicherung übernommen werden auch Leistungen für sekundäre Krankheitssymptome, die nicht zum Symptomkreis des Geburtsgebrechens gehören, aber zu diesem in adäquatkausalem Zusammenhang stehen. Dies ist der Fall, wenn eine Behandlung eines nicht GgV-Leidens nötig ist, um ein bestehendes Geburtsgebrechen erfolgreich zu korrigieren, wie z.B. ein Sprachgebrechen im Zusammenhang mit einer Kieferdeformation. Nicht als Geburtsgebrechen im Sinne der GgV gelten nicht behandelbare Gendefekte. Die Liste der Geburtsgebrechen wird derzeit im Rahmen der IVG-Revision überarbeitet und der Gendefekt Trisomie einem Geburtsgebrechen gleichgestellt.

5.81 8C_203/2018 v. 10.9.2018, E. 5.2 betr. sekundäre Gesundheitsschäden.

Die medizinische Massnahme (oder der Behandlungsapparat) muss zudem geeignet, zweckmässig und einfach sein und den aktuellen Erkenntnissen der medizinischen Wissenschaft entsprechen.

BGE 145 V 97, E. 8 betr. Wissenschaftlichkeit einer Stammzellenbehandlung; 8C_664/2014 v. 21.5.2015, E. 4.2 betr. Übernahmepflicht der Operationskosten für Beinverlängerung zur Behebung des Kleinwuchses als Folge des Turner-Syndroms bejaht.

Der Anspruch beginnt frühestens nach vollendeter Geburt resp. wenn erstmals eine Behandlungs- oder Kontrollbedürftigkeit diagnostiziert wird bzw. eintritt und sich die Invalidität bemerkbar macht. Er endet absolut bei Vollendung des 20. Altersjahres, auch wenn die Behandlung noch nicht abgeschlossen ist oder erst ab diesem Zeitpunkt einsetzen könnte. 5.82

9C_16/2014 v. 25. 6.2014, E. 3 betr. Ziff. 404 GgV-Anhang (ADS bzw. ADHS): Erstmalige Abklärungen sind nicht ausschliesslich durch die IV anzuordnen oder vorzunehmen (Rz. 404.6 KSME): bis zur sicheren Diagnosestellung vorleistungspflichtig ist die KV (Art. 70 ATSG); 9C_156/2008 v. 18.11.2008, E. 3.3 betr. nachträglicher Wegfall der Diagnose eines Geburtsgebrechens und Beurteilung ex post, ob ein Geburtsgebrechen vorliegt. Kein Vertrauensschutz; BGE 100 V 41, E. 1 betr. sekundäre Krankheitssymptome.

dd) Krankenversicherungsleistungen bei Geburtsgebrechen (Art. 27 i.V.m. Art. 52 Abs. 2 KVG, Art. 35 KVV; Art. 31 KVG i.V.m. Art. 19a KLV)

Soweit ein Geburtsgebrechen nicht auf der abschliessenden Liste der GgV verzeichnet ist, es um die Fortsetzung der medizinischen Behandlung nach dem 20. Altersjahr geht, ein Kind die Versicherteneigenschaft der Invalidenversicherung i.S.v. Art. 6 Abs. 2 oder Art. 9 Abs. 3 IVG nicht erfüllt oder die Leistungen der IV die anfallenden Behandlungs- und Grundpflegekosten nicht voll decken, übernimmt die Krankenversicherung die Behandlungskosten (Art. 27 KVG). Handelt es sich um die *Fortsetzung* der therapeutischen Massnahmen der IV nach dem 20. Altersjahr für ein in der GgV aufgeführtes Leiden, werden die Leistungen in gleichem Umfang wie bei der Invalidenversicherung erbracht (Art. 27 i.V.m. Art. 52 Abs. 2 KVG und Art. 35 KVV). Erst nach dem 20. Altersjahr auftretende Folgen eines Geburtsgebrechens werden von der Invalidenversicherung nicht mehr erfasst und daher durch Art. 52 Abs. 2 KVG nicht abgedeckt. Handelt es sich um die Fortsetzung einer durch die Invalidenversicherung begonnenen *Zahnbehandlung*, stützt sich deren Fortsetzung jedoch auf Art. 31 KVG i.V.m. Art. 19a KLV (abschliessende Aufzählung). Der Anspruch auf medizinische Massnahmen besteht bedingungslos und setzt keine Dauerhaftigkeit, Heilung oder Eingliederungsfähigkeit voraus. Eingesetzt werden sämtliche medizinischen Massnahmen, sofern sie wirksam, wissenschaftlich, zweckmässig sowie wirtschaftlich sind. 5.83

BGE 142 V 425, E. 5.2.2 und 8 betr. Lücke in der GGML und Lückenfüllung. Übernahme aller therapeutischen Massnahmen durch die KV; 9C_312/2012 v. 20.12.2012, E. 5.2 betr. keine Kostenübernahme der KV für Zöliakie-Diät; 9C_886/2010 v. 10.6.2011, E. 4.5 betr. Übernahme ungedeckter Behandlungskosten durch die KV.

2. Hauspflege

a) Allgemeine Voraussetzungen (Art. 51 KVV; Art. 69 UVV; Art. 12 MVV)

Bei der Hauspflege geht es um die Erbringung *medizinischer Massnahmen* im Sinne der Behandlungs- und Grundpflege zu Hause anstatt in der Heilanstalt, 5.84

grundsätzlich nicht um die Hilfe bei alltäglichen Lebensverrichtungen resp. Haushaltführung. Die Hauspflege erfolgt auf ärztliche Anordnung hin und durch anerkannte Leistungserbringer (vgl. vorne 5.65), wie insb. anerkanntes medizinische Hilfspersonen resp. eine anerkannte Organisation. Mit Ausnahme in der Krankenversicherung kann in gewissem Rahmen von der Austauschbefugnis, d.h. von der «Laienpflege», Gebrauch gemacht werden, soweit die Funktionalität und Wirtschaftlichkeit gewahrt bleibt.

9C_200/2018 v. 17.12.2018, E. 3.2.1 betr. Begriff der verschiedenen Arten von Hauspflege; 9C_88/2016 v. 12.5.2016, E. 2 betr. keine Kostenvergütung an Sohn als nicht zugelassener Leistungserbringer, hingegen 9C_597/2007 v. 19.12.2007, E. 5 betr. Krankenpflege durch den Ehemann als Angestellter des Vereins Spitex-Dienste; BGE 136 V 209, E. 7 und 10 betr. Abgrenzung von medizinischen Massnahmen durch medizinisches Fachpersonal und übriger Pflege.

5.85 Der Anspruch auf Hauspflege kann nur entstehen, wenn durch sie der Gesundheitsschaden eine Linderung erfährt (Kausalität zwischen Risiko und Notwendigkeit). Keinen Anspruch begründen somit rein soziale Gründe.

I 776/05 v. 21.4.2006, E. 2.3 betr. Voraussetzung der *gesundheitsbedingten* Hilfe durch Hauspflege.

b) In den verschiedenen Sozialversicherungszweigen

aa) Invalidenversicherung (Art. 42–42ter IVG, Art. 39 IVV)

5.86 Mit der 4. IVG-Revision wollte man die Hauspflege i.S.v. aArt. 4 IVV in die neue Assistenzentschädigung integrieren. Es hätte sich um eine Hilflosenentschädigung für alle Versicherten ab vollendeter Geburt gehandelt und Leistungen umfasst, die unter anderen auch die medizinische Hilfeleistung beinhaltet hätte. In der Folge realisiert wurden der Intensivpflegezuschlag für Minderjährige und der seit 1. Januar 2012 definitiv eingeführte Assistenzbeitrag gemäss Art. 42^quater ff. IVG.

5.87 Bei invaliden Minderjährigen wird zwischen *Hauspflege mit medizinischer Berufsqualifikation*, welche allein für die Erbringung medizinischer Massnahmen berechtigt ist (vgl. IV-Richtlinie Nr. 362 betr. Katalog von Kinderspitex-Leistungen), und *solcher ohne medizinische Berufsqualifikation* unterschieden. Sofern letztere normale Behandlungs- und Grundpflege (nicht deckungsgleich mit Art. 7 Abs. Abs. 2 lit. c Ziff. 2 KLV) sowie Betreuung vornehmen, sind auch Laien zugelassen. Ihre Leistungen werden aber im Rahmen der Hilflosenentschädigung und des Intensivpflegezuschlags abgegolten. Ferner ist bei dieser Altersgruppe zu beachten, dass die Pflege- und Überwachungsbedürftigkeit nur dann zu bejahen ist, wenn der *Mehraufwand* an Behandlungs- und Grundpflege und Betreuung über 4 Stunden des sonst üblichen Pflege- und Betreuungsaufwandes bei einem gleichaltrigen nicht behinderten Kind hinausgeht (Art. 39 Abs. 2 IVV; vgl. Richtlinien des BSV im Anhang III zur KSIH).

9C_270/2016 und 9C_299/2016 v. 13.2.2017, E. 4.4 betr. Zeitaufwand gem. IV-Rundschreiben Nr. 308 nicht massgebend; 9C_666/2013 v. 25.2.2014, E. 8 betr. Abgrenzung Behandlungs- und Grundpflege als medizinische Massnahmen von intensiver Betreuung resp. Überwachung; BGE 136 V 209, E. 7-10 betr. Abgrenzung medizinische Massnahme und Hauspflege.

bb) Ergänzungsleistungen (Art. 14 Abs. 1 lit. b, Abs. 3-5 ELG, Art. 19b ELV)

Vergütet werden Kosten für Pflege zu Hause, in Tageseinrichtungen oder Ambulatorien. Die Pflegeleistungen können von einer öffentlichen oder privaten gemeinnützigen Trägerschaft oder einer Spitexorganisation i.S.v. Art. 51 KVV erbracht werden, aber auch von Privatpersonen (z.B. Nachbarn) oder Familienangehörigen. Bei letzteren erfolgt eine Entschädigung nur dann, wenn wegen der Pflege auf Erwerbseinkommen verzichtet wird. Die EL erstatten jedoch nur die von anderen Sozialversicherungszweigen nicht übernommenen Kosten. 5.88

Für Krankheitskosten sieht das Gesetz jährliche Höchstbeträge vor (Art. 14 Abs. 3 und 4 ELG).

9C_596/2017 v. 9.5.2018, E. 2.5 betr. keine Pflicht zur die EL entlastenden Beantragung eines Assistenzbeitrags der IV; 9C_482/2012 v. 17.12.2012 betr. Voraussetzungen der Übernahme der Kosten bei Pflege durch Verwandte.

cc) Krankenversicherung (Art. 25 Abs. 2 lit. a KVG, Art. 51 KVV, Art. 7 f. KLV)

Die Krankenpflege zu Hause darf nur von zugelassenen Leistungserbringern und nur auf ärztliche Anordnung hin ausgeführt werden. Sie umfasst nach Listenprinzip die in Art. 7 Abs. 2 lit. a–c KLV zugelassenen Verrichtungen. Nebst Massnahmen der Beratung, Abklärung und Koordination in lit. a und den Untersuchungs- und Behandlungsmassnahmen in lit. b sind in lit. c auch Massnahmen der Grundpflege erfasst. Diese Leistungen stehen auch einer Wöchnerin im Rahmen von Art. 29 KVG zu. Der Hauspflege gleichgestellt ist die Pflege in einem Pflegeheim. Die Beiträge sind jedoch nach Pflegestufen resp. Zeitaufwand für jede einzelne Pflegeverrichtung zu Hause oder im Pflegeheim unterschiedlich festgelegt (Art. 7a KLV). Betr. Wirtschaftlichkeit der Hauspflege- gegenüber den Pflegeheimkosten vgl. vorne die Beispiele unter 5.57. 5.89

BGE 136 V 172, E. 2-7 betr. Definition der Leistungen für Behandlungen und Pflegemassnahmen, die von Organisationen der Krankenpflege und Hilfe zu Hause erbracht werden; BGE 127 V 94, E. 5 betr. Koordination mit Hilflosenentschädigung der IV.

dd) Unfallversicherung (Art. 10 Abs. 3 UVG, Art. 18 UVV)

Der Anspruch auf Hauspflege setzt Pflegebedürftigkeit der versicherten Person voraus und richtet sich auf eine nach der Aktenlage *medizinisch indizierte*, nicht zwingend eine formell ärztlich angeordnete, medizinische Pflege resp. Heilbehand- 5.90

lung oder dauernde Pflege, welche durch eine KVG-rechtlich anerkannte medizinische Hilfsperson zu Hause verrichtet wird. Vergütet wird der Spitextarif, also auch Grundpflege am Betroffenen selber.

8C_200/2018 v. 17.12.2018, E. 3.3 betr. Abgrenzung med. Behandlungspflege und Grundpflege und Haushaltführung; 8C_1037/2012 v. 12.7.2013, E. 5 und 7.2 betr. Abgrenzung Hilflosenentschädigung und Hauspflegebedarf, analoge Anwendung von Art. 7 Abs. 2 KLV auf UV.

5.91 Sofern Angehörige oder sonstige Dritte die Pflege übernehmen, leistet die UV einen *Beitrag* an ärztlich angeordnete medizinische Pflege, die durch eine nicht zugelassene Person fachgerecht ausgeführt wird (lit. a) sowie einen Beitrag an *nichtmedizinische* Hilfe zu Hause, soweit diese nicht durch die Hilflosenentschädigung i.S.v. Art. 26 UVG abgegolten wird (lit. b). Der Pflegeaufwand hat einen Verdienstausfall bei der pflegenden Person zu bewirken und muss über die familienrechtliche Beistandspflicht hinausgehen.

ee) Militärversicherung (Art. 20 MVG)

5.92 Die Militärversicherung entschädigt in Form von Zulagen die Mehrkosten (Grundsatz der Schadensdeckung), die sich aus der auf ärztliche Anordnung (auch in der MV gilt wie in der UV keine streng formelle Anordnung, medizinische Indikation und Bewilligung durch MV genügen) hin gewährten medizinischen Pflege (entsprechend den Tarifverträgen bei medizinischem Hilfspersonal), den Hilfsmitteln, zusätzlicher Wäsche etc., bemessen nach Zeitaufwand, ergeben. Die Pflege sowie Grundpflege, die im Unterschied zur UV und KV auf Grund der Praxis der Militärversicherung nicht ausschliesslich durch anerkanntes medizinisches Hilfspersonal ausgeführt werden muss, hat den Wirtschaftlichkeitsanforderungen zu genügen.

BGE 132 V 32, E. 5.2 und 6.5 betr. Wirtschaftlichkeit im Vergleich zum Pflegeheimaufenthalt.

3. Hilfsmittel

a) Voraussetzung und Funktion (Art. 43^quater^ AHVG, HVA; Art. 21 IVG, Art. 14 ff. IVV, HVI; Art. 14 Abs. 1 lit. f ELG; Art. 25 Abs. 2 lit. b KVG, Art. 20 KLV, MiGeL; Art. 11 UVG, HVUV; Art. 21 MVG)

5.93 Hilfsmittel sind dazu bestimmt, körperliche Schädigungen und Funktionsausfälle auszugleichen. Sie dienen *nicht* der Heilung, dies im Gegensatz zu den der Behandlung oder Untersuchung dienenden Mitteln und Gegenständen in der Krankenversicherung. Der Einsatz eines Hilfsmittels setzt einen voraussichtlich *bleibenden* Schaden voraus. Das Hilfsmittel ist ein Ersatzteil für abhanden gekommene körperliche Fähigkeiten und Funktionen, weshalb als Hilfsmittel eigentlich nur Sachen in Frage kommen. Hilfsmittel sind vom Körper unabhängige Gegenstände, d.h. sie werden nicht operativ mit dem Körper verbunden resp. im Körper eingesetzt. Ist letzteres der Fall, handelt es sich um eine medizinische Massnahme (z.B. Herzschrittmacher, innerer Teil des Cochlea Implantats). Einem Hilfsmittel gleichgestellt ist in der IV die Dienstleistung Dritter (Art. 9 HVI), welche an die Stelle eines Hilfsmittels treten kann, so z.B. Taxi anstelle des selbständigen Führens eines Fahrzeugs oder Vorlesen anstelle einer Leselupe oder bei Taubheit Dolmetschen anstelle eines Hörgeräts. Der Dritte darf niemals die persönliche Arbeitsleistung der versicherten Person ersetzen. Die monatliche Vergütung für die erbrachte Dienstleistung darf weder das monatliche Erwerbseinkommen der versicherten Person noch den anderthalbfachen Betrag der ordentlichen minimalen Altersrente übersteigen (Art. 9 Abs. 2 HVI).

9C_647/2019 v. 1.2.2019, E. 6.3 betr. kein Anspruch bei wieder behebbarer Dekonditionierung der Muskulatur; 9C_493/2009 v. 18.9.2009, E. 5.2.2.1 betr. kein Hilfsmittelcharakter von in Blindenschrift abgegebenen Gesetzestexten.

Kein Anspruch auf ein Hilfsmittel besteht, wenn die *Eingliederungswirksamkeit* nicht 5.94
gegeben ist, d.h. die Eingliederungsfunktion aufgrund des Gesundheitszustandes gar nicht mehr erreicht werden kann. Wenn z.B. aus gesundheitlichen Gründen keine Tätigkeit im Aufgabenbereich mehr möglich ist, kann dem Anspruch auf Beseitigung baulicher Hindernisse im Haus nicht stattgegeben werden. Ebendies gilt auch bei angeborener Taubheit, deren Auswirkungen in der Regel auch nicht durch ein Cochlea Implantat verbessert werden können. Der Anspruch wird auch verneint, wenn die versicherte Person in zumutbarer Weise in der Lage ist, den Mangel mit gehörigem Willen oder durch Angewöhnung zu überwinden.

8C_818/2016 v. 3.8.2017, E. 4 betr. Überwindbarkeit des Mangels; BGE 129 V 67, E. 2.2 betr. Mass der Eingliederungswirksamkeit von 10% als Richtschnur und nicht absolute Mindestgrösse; BGE 115 V 202, E. 6.a betr. Cochlea-Implantat als geeignete medizinische Massnahme.

Der Anspruch auf Hilfsmittel setzt voraus, dass dadurch die 5.95

- *Fortbewegung,*
- *Kontaktnahme* mit der Umwelt,
- *Selbstsorge,*
- *Ausübung einer Erwerbstätigkeit* im Umfang von mindestens des jährlichen AHV-Mindestbeitrages von Fr. 482.– (was einem Bruttojahreseinkommen von Fr. 4'702.– entspricht oder im Fall der Voraussetzung einer existenzsichernden Erwerbstätigkeit (Ziff. 10 HVI) im Umfang von mindestens Fr. 1'778.– pro Monat (vgl. KHMI Anhang 1 Ziff. 6) oder
- *Tätigkeit im Aufgabenbereich* bzw. Schulung resp. Aus- und Weiterbildung

ermöglicht oder verbessert wird.

BGE 141 V 30, E. 3.2 betr. Anspruch auf C-Leg-Prothese auch ohne nennenswerte Erwerbstätigkeit; 9C_80/2012 v. 23.7.2012, E. 4 betr. keine verbesserte Eingliederung durch Habilitation; 9C_940/2010 v. 24.3.2011, E. 4 betr. kein Anspruch auf Schiebe- und Bremshilfe für einen Rollstuhl bei fehlender selbständiger Fortbewegungsfähigkeit; 9C_463/2008 v. 30.4.2009, E. 7 betr. Voraussetzungen für zweiten Elektrorollstuhl für Kontaktpflege nebst dem vorhandenen für Fortbewegung; BGE 130 V 362, E. 3.3 betr. Bejahung des Anspruchs auf Hilfsmittel für Freiwilligenarbeit.

Der Anspruch auf ein Hilfsmittel setzt nicht Invalidität i.S.v. Art. 8 ATSG voraus (vgl. vorne 2.18), sondern eine Gesundheitsbeeinträchtigung, wobei zwischen dieser und dem Bedarf nach einem (auch zusätzlichen) Hilfsmittel ein Kausalzusammenhang bestehen muss. Dieser fehlt jeweils, wenn ein Gesunder den Gegenstand für seine Bedürfnisse auch benötigen würde (kein Ersatz von sog. «Ohnehinkosten» wie z.B. bei Fahrzeugen, PC, Ausstattung eines Neubaus). Es darf sich auch nicht bloss um ein Gerät zur Erleichterung der Arbeit, zur Ertragssteigerung oder sonstigen Betriebsrationalisierung handeln.

9C_80/2012 v. 23.7.2012, E. 1.2 betr. Ausstattung mit einem PC als Ohnehinkosten; 9C_114/2012 v. 12.3.2012, E. 3 betr. keine Mehrkosten für bauliche Massnahmen bei einem Neubau; 8C_262/2010 v. 12.1.2011, E. 4 betr. Anforderungen an die Erkennbarkeit des bleibenden Gesundheitsschadens und zeitlich begrenzte Nachzahlung der Leistungen für Hilfsmittel (Art. 48 IVG).

b) Listenprinzip (HVA; HVI; MiGeL; HVUV)

5.96 Welche Hilfsmittel abgegeben werden, entscheidet sich aufgrund von Listen, die auf Verordnungsebene den AHV-, IV-, und der UV-Gesetzen resp. auf Delegationsbasis bei der KV angegliedert sind. Die MV hat auf eine Liste verzichtet, um neuartige Hilfsmittel rascher nutzbar machen und auch gewisse indizierte medizinische Behandlungsgeräte abgeben zu können, lehnt sich jedoch im Übrigen an die Listen der IV, KV und UV an (Art. 21 Abs. 1 lit. a MVG). Die Abgeschlossenheit der Listen der IV, KV und UV bezieht sich auf die aufgeführten Kategorien von Hilfsmitteln. Innerhalb einer Kategorie hat der Gesetzgeber einen breiten Ermessensspielraum und es ist daher eine Auslegungsfrage, ob diese als abschliessend zu gelten hat oder nicht (vgl. vorne 1.57).

BGE 144 V 319, E. 4.4.2 betr. kein Hilfsmittel zur Überwindung der Geschossdifferenz; 9C_216/2012 v. 18.12.2012, E. 4 betr. Abgeschlossenheit der Liste und Leistungspflicht für i-Limb-Handprothesen im Umfang eines Höchstvergütungsbetrages; 9C_197/2010 v. 14.12.2010, E. 1.2 betr. grundsätzlich abschliessender Charakter der Hilfsmittelliste der HVI; BGE 117 V 181, E. 4 betr. Ergänzung der HVA wegen willkürlicher Nichtaufnahme von Armprothesen; BGE 114 V 309, E. 5 betr. keine Ergänzung mit Fingerprothesen.

5.97 Die Abgabe eines Hilfsmittels setzt voraus, dass die allgemeinen Leistungsvoraussetzungen des jeweiligen Gesetzes erfüllt sind. Muss im Fall der kausal bedingten Zuständigkeit der UV ein durch die HVUV nicht angebotenes Hilfsmittel durch die IV abgegeben werden, hat die versicherte Person die persönlichen Leistungsvoraussetzungen der IV zu erfüllen. In der Schweiz wohnhafte Altersrentner, welche vor Eintritt ins Rentenalter ein Hilfsmittel der IV bezogen haben, bleibt der Anspruch auf das Hilfsmittel in Art und Umfang erhalten, solange die IV-massgebenden Leistungsvoraussetzungen erfüllt sind, auch wenn die HVA das benötigte Hilfsmittel nicht aufführt (Art. 4 HVA). Die Hilfsmittelliste darf nicht zusätzliche einschränkende Leistungsvoraussetzungen aufstellen wie z.B. einen besonderen Grad an Eingliederungswirksamkeit, Alter, Funktion, Kosten.

9C_598/2016 v. 11.4.2017, E. 3 betr. Voraussetzungen für Besitzstandwahrung bei Hilfsmitteln.

5.98 Bei gleichzeitigem Anspruch auf mehrere Hilfsmittel muss jedes einzelne die Anspruchsvoraussetzungen erfüllen. Sofern Eignung und Zweck gegeben sind, ist bei Hilfsmitteln die *Austauschbefugnis* zulässig. Diese bezieht sich jedoch immer auf einen konkreten Gegenstand und kann nicht durch einen Gesamtbetrag abgegolten werden. Für die IV ist der Grundsatz der Austauschbefugnis in Art. 21bis IVG geregelt: Wird ein anderes als das auf der Liste konkret aufgeführte Hilfsmittel, das dieselben Funktionen erfüllt, gewählt, übernimmt die IV die Kosten für das gewählte Hilfsmittel, jedoch höchstens bis zu dem Betrag, den sie für das Hilfsmittel aus der Liste aufgewendet hätte. Ein darüber hinaus bestehender Finanzierungsbedarf geht zu Lasten der versicherten Person. Begnügt sich eine versicherte Person, die Anspruch auf ein in der Liste des Anhangs aufgeführtes Hilfsmittel hat, mit einem anderen, kostengünstigeren Hilfsmittel, das dem gleichen Zweck wie das ihr zustehende dient, so ist ihr dieses selbst dann abzugeben, wenn es in der Liste nicht aufgeführt ist (Art. 2 Abs. 5 HVI). Eine *Einschränkung* der Austauschbefugnis besteht, wenn das Hilfsmittel mittels Vergabeverfahren beschafft worden ist (Art. 21bis Abs. 3 IVG i.V.m. Art. 14ter IVV; zur Beschaffung und Vergütung von Hilfsmitteln siehe Art. 21^{quater} Abs. 1 lit. a–d IVG).

9C_594/2017 v. 7.9.2018, E. 7.2 betr. Voraussetzungen für Austauschbefugnis; 8C_643/2012 v. 5.12.2012, E. 3 betr. zweite Brille.

c) Art und Umfang der Abgabe

aa) Einfachheit und Zweckmässigkeit (Art. 2 Abs. 4 HVI; Art. 24 KLV i.V.m. MiGeL; Art. 1 Abs. 2 HVUV; Art. 21 Abs. 2 MVG)

Die Hilfsmittelversorgung ist nicht umfassend und nicht auf die die bestmögliche 5.99
Versorgung gerichtet, sondern beschränkt sich auf einfache und zweckmässige die Eingliederungsbedürfnisse abdeckende Hilfsmittel. Die Zweckmässigkeit bezieht sich auch auf das Verhältnis der Benützung eines Hilfsmittels bei sich zu Hause oder auswärts. Der Hilfsmittelanspruch wird zudem von der Schadenminderungspflicht der versicherten Person beschränkt, indem diese gewisse Nachteile, z.B. mit Bezug auf die Bewegungsfreiheit oder das Familienleben, hinzunehmen hat.

BGE 144 V 319, E. 4.2 betr. Voraussetzungen für Treppenlift; 9C_640/2015 v. 6.7.2016, E. 4 betr. kein Anspruch auf bauliche Anpassungen bei nur sporadischer Benützung einer Wohnung, hingegen BGE 134 I 105, E. 4-8 bei regelmässigem Aufenthalt; 8C_52/2016 v. 8.4.2016, E. 5 betr. keine Notwendigkeit und Wirtschaftlichkeit einer Genium-Beinprothese im Vergleich zur C-Leg; 8C_68/2015 v. 1.7.2015, E. 3 betr. kein Anspruch auf Blindenhund für den Arbeitsweg wegen ohnehin hoher Arbeitsbelastung; 8C_803/2013 v. 30.7.2014, E. 3.1 und 4.3.2 betr. Treppenlift und Umbau im Erdgeschoss sowie Zumutbarkeit getrennter Schlafzimmer; BGE 139 V 115, E. 5 betr. Notwendigkeit eines ProxTalkers gegenüber dem blossen Zeigen auf Gegenstände; 9C_80/2012 v. 23.7.2012, E. 4.4 betr. kein Anspruch auf Notebook mit maximaler Rechnerleistung und einem maximal grossen Bildschirm; I 265/01 v. 31.3.2004, E. 4.3 betr. kein Anspruch auf privates Trainingsgerät.

Soweit eine versicherte Person eine andere oder bessere Ausführung wünscht 5.100
(Austauschbefugnis), muss sie die zusätzlichen Kosten selber übernehmen und es findet ein Wechsel vom Naturalleistungs- zum Kostenvergütungsprinzip statt (vgl. 5.24). Die durch die Versicherung zu übernehmenden Kosten richten sich

nach Tarifverträgen und den vom BSV im Anhang 1 des KHMI zur HVI festgelegten Preislimiten und Kostenbeteiligungen, welche jedoch den bundesrechtlichen Anspruch auf das im konkreten Fall zweckmässige Hilfsmittel nicht einschränken dürfen. Es gilt in der Regel das Kostenvergütungsprinzip. Zur Beschaffung und Vergütung von Hilfsmitteln: siehe Art. 2 HVA; Art. 21^{quater} Abs. 1 lit. a–d IVG; der Pauschalbetrag nach Art. 21^{quater} Abs. 1 lit. a IVG wird der versicherten Person ungeachtet der tatsächlich entstandenen Kosten direkt ausgerichtet (Art. 14^{quater} IVV).

BGE 130 V 171, E. 4. betr. Anspruch auf ein die Preislimite überschreitendes Hörgerät.

5.101 Der Anspruch erstreckt sich auch auf das erforderliche Zubehör, nicht selbstverschuldete Reparaturkosten und allfällige Anpassungen resp. eine notwendige Erneuerung. Für Betrieb und Unterhalt werden je nach Versicherungszweig keine oder feste Beiträge gewährt (vgl. Anhang zur HVI).

bb) Eigentum oder Leihe (Art. 3 und 8 HVI; Art. 24 Abs. 3 KLV; Art. 4 HVUV; Art. 21 Abs. 2 MVG)

5.102 Schafft die versicherte Person das Hilfsmittel selber an, vergütet die Versicherung die Kosten (Amortisationsbeiträge) im Umfang eines einfachen und zweckmässigen Hilfsmittels, doch stellen die IV und KV Preislimiten (vgl. 5.100) auf (Ersatzleistung). Voller Ersatz wird gewährt, wenn das Ersatzprodukt günstiger ist als das Listenprodukt. Bei Motorfahrzeugen vergüten die IV und MV nur Amortisationsbeiträge.

5.103 Zu Eigentum abgegeben werden alle nicht kostspieligen Hilfsmittel und solche kostspieligen, die ihrer Art nach für andere Personen nicht mehr verwendet werden können.

5.104 Leihweise abgegeben werden kostspielige Hilfsmittel und solche, die nur während max. zwei Jahren voraussichtlich benötigt werden.

5.105 Würde der Gegenstand auch ohne Invalidität angeschafft wie z.B. ein Auto oder PC, so werden Anpassungen für eine invaliditätsgerechte Benützung vorgenommen und die *invaliditätsbedingten Mehrkosten* entschädigt.

4. Transport- und Reisekosten, Bergungs- und Rettungskosten

a) Funktion (Art. 45 ATSG; Art. 51 IVG, Art. 5, 90 IVV; Art. 14 Abs. 1 lit. e ELG; Art. 25 Abs. 2 lit. g KVG, Art. 33 lit. g KVV, Art. 26, 27 KLV; Art. 13 UVG, Art. 20 UVV; Art. 19 MVG, Art. 59c^{bis} Abs. 3 AVIG, Art. 85 Abs. 2 AVIV)

5.106 Bei den Reise- und Transportkosten geht es um Fahrkosten, die zur Überwindung einer räumlichen Distanz zwischen Aufenthaltsort und Durchführungsstelle (bzw. Abklärungsstelle) entstehen. Sie stehen akzessorisch im Zusammenhang mit der Abklärung des Sachverhalts oder der Durchführung von medizinischen oder beruflichen Eingliederungsmassnahmen.

Bei den (Kranken)*Transportkosten* geht es um die aufgrund einer *medizinischen Notwendigkeit* hervorgerufene Beförderung von reise*un*fähigen Versicherten zu einer ambulanten oder stationären Einrichtung durch einen anerkannten Leistungserbringer. Der Transport im Zusammenhang mit einer aus medizinischen Gründen notwendigen Spitalverlegung bildet jedoch Teil der medizinischen Behandlung. Bei den *Reisekosten* handelt es sich um Auslagen, die dem reisefähigen Versicherten oder einer ihn begleitenden resp. besuchenden Angehörigen zum Zwecke der Durchführung der von der Versicherung angeordneten medizinischen oder beruflichen Massnahmen *notwendigerweise* anfallen (keine Wunschverlegung, Repatriierung). Im Rahmen des *Abklärungsverfahrens* anfallende Reisekosten gehen gemäss Art. 45 ATSG zu Lasten des Versicherers.

Transportkosten vergüten die EL, KV, UV und MV, Reisekosten die EL, IV, UV, MV und ALV.

9C_623/2016 v. 21.3.2017, E. 2 betr. keine Übernahme von Reisekosten für private Wochenendtransporte von der Institution zu den Eltern.

Bergungskosten entstehen im Zusammenhang mit der Suche und Bergung einer verunglückten resp. verstorbenen Person nach Eintritt des Risikofalles am Unglücksort, während es bei den *Rettungskosten* um die Befreiung resp. Evakuierung einer möglicherweise durch eine äussere Einwirkung gesundheitlich akut gefährdeten oder beeinträchtigten Person aus einer Notsituation geht. Bergungs- und Rettungskosten vergüten die KV, UV (bei Unfallursache) und MV. 5.107

BGE 135 V 88, E. 3.2 betr. keine Kostenübernahme bei Rettung einer unverletzten Person ohne unfallmässige Einwirkung sondern wegen Verlustes der Orientierung.

b) Umfang

aa) Notwendigkeit (Art. 51 Abs. 1 IVG i.V.m. Art. 5, 90 f. IVV; Art. 26 KLV; Art. 20 UVV; Art. 85 Abs. 2 AVIV)

Bei den (Kranken)Transport- und Reisekosten werden nur die *medizinisch* resp. *gesundheitsbedingt notwendigen* Hin- und Rückreisekosten und nur bis zur nächst gelegenen geeigneten Medizinalperson, Heilanstalt oder Durchführungsstelle vergütet. Die Eignung der Durchführungsstelle resp. des Leistungserbringers bezieht sich auf die fachliche Kompetenz und zeitliche Verfügbarkeit. Zusätzlich können vergütet werden bei Anstaltsaufenthalt der versicherten Person auch Fahrten am Wochenende, in die Ferien, zu Urlaubszwecken oder für Besuche Angehöriger. Soweit die versicherte Person während der Reise gesundheitsbedingt auf Hilfe und Betreuung angewiesen ist, wird eine zusätzliche Vergütung für eine Begleitperson gewährt. 5.108

9C_166/2018 v. 11.12.2018, E. 6.3 betr. Repatriierung ohne medizinische Notwendigkeit (IV); 9C_408/2018 v. 10.9.2018, E. 2 betr. medizinische Notwendigkeit (KV); 9C_352/2015 v. 14.8.2015, E. 2 betr. keine Pflicht zur Kostenübernahme bei den EL für Begleitperson; BGE 121 V 8, E. 6 betr. Reiseentschädigung für Besuch einer Minderjährigen durch Mutter im Spital an jedem 3. Tag; RKUV 2004 398 ff. betr. ärztliche Begleitung nicht als Transport- bzw. Rettungskosten, sondern als Heilungskosten.

5.109 Bei den Reisekosten werden die Kosten des öffentlichen Verkehrs in der *2. Klasse* für die *direkte* Fahrt zwischen Wohnung/Arbeitsort und nächst möglicher geeigneter Durchführungsstelle (Arzt, Heilanstalt, Therapie, Hilfsmittelausgabestelle, Bildungs- und Beschäftigungsmassnahme) übernommen. Im Falle der Krankentransportkosten wird vorausgesetzt, dass ein Transport in einem öffentlichen oder privaten Transportmittel aus gesundheitlichen Gründen nicht zumutbar ist. Bei Unzumutbarkeit wird im Einzelfall das geeignete Transportmittel bestimmt. Die Mehrkosten zur Durchführungsstelle nach Wahl des Versicherten hat er selber zu übernehmen. Ebenso ist die versicherte Person zur Schadenminderung verpflichtet.

RKUV 2004 277 betr. Mitfahrgelegenheit anstatt Taxi.

bb) Begrenzung (Art. 5, 90 f. IVV; Art. 26 und 27 KLV; Art. 20 Abs. 2 UVV; Art. 85 Abs. 2 AVIV)

5.110 Nicht jede Versicherung übernimmt die anfallenden Kosten vollumfänglich. Die *Krankenversicherung* vergütet in erster Linie nur in der Schweiz anfallende Kosten und diese begrenzt auf die Hälfte der notwendigen Kosten, welche bezüglich der Transportkosten auf jährlich Fr. 500.– und der Rettungskosten auf jährlich Fr. 5'000.– beschränkt sind. Die *Invalidenversicherung* vergütet nur Reisekosten im Inland (im Ausland nur durch Einzelanordnung des BSV), im Ortskreis jedoch erst ab Fr. 10.– pro Monat. In der Regel werden Gutscheine für Fahrscheine des öffentlichen Verkehrs abgegeben (vgl. das Kreisschreiben über die Vergütung der Reisekosten) oder sie vergütet bei behinderungsbedingtem Bedarf die tatsächlichen Auslagen resp. bei Privatautos nur die Kilometerentschädigungen (KSVR Anhang 3: 45 Rp./km). Die *Unfallversicherung* vergütet ebenfalls die tatsächlichen Kosten, im Ausland jedoch begrenzt auf einen Fünftel des Betrages des versicherten Höchstverdienstes. Die *Militärversicherung* übernimmt sämtliche Kosten, die *EL* gemäss kantonalem Recht. In der *Arbeitslosenversicherung* bewilligt die zuständige Amtsstelle die notwendigen Auslagen für Reisekosten.

Für eine volle Kostendeckung in der KV und UV, insbesondere für Rücktransporte aus dem Ausland, ist der Abschluss einer Zusatzversicherung nötig.

RKUV 2006 348 ff. betr. keine Pflichtleistung, wenn aus dem Ausland.

5. Berufliche Eingliederungsmassnahmen

5.110a Die beruflichen Massnahmen sind direkt auf die berufliche Eingliederung gerichtet, während die medizinischen einen nur mittelbar wirkenden positiven Einfluss auf die Eingliederung haben (zur Frage der subjektiven Eingliederungsfähigkeit vgl. vorne 1.65). Die Palette der beruflichen Eingliederungsmassnahmen der Invalidenversicherung – sie gilt als die eigentliche Eingliederungsversicherung – wird laufend ausgebaut. Neben den im Folgenden beschriebenen Massnahmen beruflicher Art, die eine unterschiedliche Intensität aufweisen, soll mit der laufenden IVG-Revision weiter auch die Begleitung und Beratung von Versicherten und Arbeitgebern als eigene Massnahme ins Angebot aufgenommen werden.

a) Früherfassung und Frühintervention

Die berufliche Eingliederung dient der Vermeidung einer Berentung. Durch den 5.111
enormen Anstieg der Zahl der eine Invalidenrente der IV beziehenden Personen (Zunahme vor allem der psychischen Erkrankungen und der Jungrentner) und der u.a. damit verbundenen Verschuldung der Invalidenversicherung seit den 90er-Jahren wurde mit der 5. IVG-Revision das Schwergewicht der Bemühungen der IV dahin verschoben, dem Grundsatz «Eingliederung vor Rente» und «Eingliederung aus Rente» vermehrt Nachachtung zu schenken. Arbeitsunfähige Personen sollen soweit und schnellstmöglich in den Arbeitsprozess zurückgeholt werden, um auch einer Chronifizierung des Leidens vorzubeugen und die Entwöhnung von der Arbeit zu verhindern. Vorbildcharakter hatte dabei das von der Suva, in Zusammenarbeit mit andern Versicherungen und den Arbeitgebern, entwickelte Modell des «New Case Management», wonach sich die Versicherung während der Arbeitsunfähigkeit bereits um eine rasche Reintegration der Verunfallten in die Arbeitswelt mit leidensangepassten Massnahmen kümmert und diesen Prozess begleitet.

Für Massnahmen der Früherfassung und Frühintervention ist daher nicht eine Invalidität i.S.v. Art. 8 ATSG, sondern bloss ein Gesundheitsschaden mit einer Einschränkung der Arbeitsfähigkeit von gewisser Dauer vorausgesetzt.

aa) Früherfassung (Art. 3a–3c IVG; Art. 1ter ff. IVV)

Die Früherfassung bildet ein *freiwilliges Vorstadium* zu den eigentlichen Eglie- 5.112
derungsmassnahmen der IV. Sie stellt *keine Eingliederungsmassnahme* i.S.v. Art. 14 ff. IVG dar, weshalb in diesem Verfahrensstadium auch der Anspruch auf Taggeld entfällt. Sie dient der möglichst frühzeitigen Einleitung von Eingliederungsmassnahmen (Teilintervention) der von Invalidität bedrohten Versicherten, der Koordination mit anderen Massnahmen und der Verhinderung einer Berentung. Zuständig für die Früherfassung sind die IV-Stellen. Auf *schriftliche Meldung* der in Art. 3b Abs. 2 lit. a–l IVG (abschliessend) berechtigten Personen und Stellen hin – zu den Meldevoraussetzungen vgl. Art. 3b Abs. 4 IVG i.V.m. Art. 1ter IVV (*IVG-Revision*: Streichung von Abs. 4) – lädt die zuständige IV-Stelle die arbeitsunfähige Person innerhalb von 30 Tagen seit Eingang der Meldung zu einem

Gespräch ein. Bei diesem geht es um die Abklärung der Ursachen und Auswirkungen der Arbeitsunfähigkeit und Situation, um die Information und Bestimmung der massgebenden Akteure und die Anordnung von geeigneten Frühinterventionsmassnahmen i.S.v. Art. 7d IVG. Im Anschluss an die Abklärung wird die betroffene Person allenfalls zur formellen Anmeldung bei der IV (vgl. hinten 7.16 ff.) für den Leistungsbezug aufgefordert. Im Stadium der Früherfassung ist die versicherte Person gesetzlich zur Mitwirkung verpflichtet, wie z.B. Auskunftserteilung oder Ermächtigung zur Einholung von Auskünften, wobei ungeachtet dessen Art. 3c Abs. 4 IVG eine gesetzliche Aufhebung der Schweigepflicht der verschiedenen Akteure statuiert. (IVG-Revision: Ausdehnung der Kompetenzen der Früherfassung auf die von Invalidität bedrohten Jugendlichen unter Einbezug ihrer Bildungsmöglichkeiten.)

Verletzt die versicherte Person ihre Mitwirkungspflichten (i.S.v. Art. 28, 31, 43 ATSG) resp. meldet sich nach Aufforderung durch die IV-Stelle nicht bei der IV an (Art. 3c Abs. 6 IVG), riskiert sie sanktionsweise eine Kürzung oder Verweigerung künftiger Leistungen (Art. 7b Abs. 2 lit. a–d IVG). In Abweichung von Art. 21 Abs. 4 ATSG werden die Leistungen ohne Mahn- und Bedenkzeitverfahren gekürzt oder eingestellt.

bb) Massnahmen der Frühintervention (Art. 7d IVG, Art. 1^{sexies}–Art. 1^{octies} IVV)

5.113 Ziel der Frühintervention ist die Einleitung geeigneter einfacher und kurzfristig angelegter Massnahmen zum Zweck der Erhaltung des alten oder der Vorbereitung eines neuen Arbeitsplatzes (niederschwellige Massnahmen). Die Massnahmen, auf die *kein* Rechtsanspruch besteht, setzen eine IV-Anmeldung voraus (vgl. 7.16 ff.). Sie sind zeitlich und quantitativ begrenzt. Es handelt sich gemäss Art. 7d Abs. 2 IVG insbesondere um die Anpassung des Arbeitsplatzes, Ausbildungskurse, Arbeitsvermittlung, Berufsberatung, sozialberufliche Rehabilitation (insb. für psychisch Geschädigte), andere Beschäftigungsmassnahmen oder ev. ein Arbeitsversuch (*IVG-Revision*: Unterstützung durch Beratung und Begleitung von Jugendlichen auch beim Zugang zur erstmaligen beruflichen Ausbildung bzw. Eintritt in den Arbeitsmarkt). Die Frühinterventionsphase endet mit der verfügungsweisen Anordnung von ordentlichen Eingliederungsmassnahmen (Art. 15 ff. IVG), der Prüfung des Rentenanspruchs oder der Ablehnung von Leistungen der IV.

b) Integrationsmassnahmen

aa) Zur Vorbereitung auf die berufliche Eingliederung durch die IV(Art. 14a IVG, Art. 4quater ff. IVV)

Als Eingliederungsmassnahme (und Wiedereingliederungsmassnahme für Rentenbezüger) gelten die Integrationsmassnahmen, die frühestens nach 6 Monaten mindestens 50%iger Arbeitsunfähigkeit (i.S.v. Art. 6 Satz 2 ATSG; *IVG-Revision*: auch nicht erwerbstätige und von Invalidität Bedrohte bis Vollendung des 25. Altersjahres), und unabhängig von der Art des Gesundheitsschadens eingeleitet werden können. Sie dienen der Vorbereitung beruflicher Eingliederungsmassnahmen i.S.v. Art. 16 ff. IVG oder direkt der Eingliederung und dauern bis zu einem Jahr (mit Verlängerung auf 2 Jahre). Es handelt sich einerseits um *Massnahmen der sozialberuflichen Rehabilitation*, die auf die soziale Integration gerichtet sind, wie insb. Belastbarkeits- oder Aufbautraining (z.B. Angewöhnung an den Arbeitsprozess, Förderung der Arbeitsmotivation, Festigung der Persönlichkeit) oder Unterstützung am Arbeitsplatz (Coaching) und andererseits um eigentliche *Beschäftigungsmassnahmen* zwecks Erhaltung einer Tagesstruktur (vgl. dazu KSIM Anhang 1). Die Integrationsmassnahme hat geeignet zu sein und das Eingliederungsziel mit angemessenem Aufwand zu erreichen. Die versicherte Person muss in der Lage sein, während mindestens vier Tagen in der Woche täglich mindestens zwei Stunden präsent zu sein. Fehlende subjektive Eingliederungsfähigkeit oder -willigkeit (z.B. durch Renitenz oder ausdrücklichen Verzicht auf Massnahmen) oder die blosse Erhöhung eines bereits bestehenden Arbeitspensums schliessen Integrationsmassnahmen in der Regel aus. Während der Dauer der Massnahme besteht Anspruch auf das «grosse Taggeld» (vgl. hinten 5.236). 5.114

BGE 145 V 2, E. 4.3.3.3 betr. Pflicht zur Mitwirkung; BGE 137 V 1, E. 5 betr. keine unterschiedliche Behandlung von körperlich und psychisch in ihrer Arbeitsfähigkeit eingeschränkten Versicherten in Bezug auf die Durchführung von Integrationsmassnahmen; 9C_801/2011 v. 10.10.2012, E. 1 betr. Arbeitstraining als Integrations- und nicht als berufliche Massnahme und E. 3 betr. Eingliederungswilligkeit; 9C_892/2011 v. 21.9.2012, E. 3.4 betr. Abgrenzung zwischen Praktikum und Integrationsmassnahme resp. beruflichen Massnahmen.

Die Integrationsmassnahmen werden von der IV-Stelle aktiv begleitet und die Arbeitgeber unterstützt. So werden seine Aufwendungen durch Beiträge der IV abgegolten.

Je nach Erfolg ist die versicherte Person im positivsten Fall wieder eingegliedert oder es werden weitere Schritte, so insbesondere berufliche Eingliederungsmassnahmen oder – bei Aussichtslosigkeit – die Rentenprüfung eingeleitet. Zeigt sich schon während der Durchführung, dass die Ziele nicht erreicht werden können, ist die Massnahme abzubrechen.

bb) *Beschäftigungsmassnahmen der ALV (Art. 64a AVIG, Art. 97 f. AVIV)*

5.114a Um arbeitslosen Personen den Bezug zur Arbeitswelt zu erhalten, ihnen eine Tagesstruktur zu bieten oder Sozialkompetenzen zu trainieren sowie auch ihre berufliche Eignung zu testen oder den beruflichen Einstieg zu erleichtern, kann vom RAV die Teilnahme an befristeten Arbeitsprogrammen, auf die ein Rechtsanspruch besteht, angeordnet werden. Es handelt sich dabei um Beschäftigungsmassnahmen (vgl. für über 50-Jährige: Art. 59 Abs. 3bis AVIG) in Form einer, zum Teil auch mit einem Bildungsanteil verbundenen, Teilnahme an Programmen zur vorübergehenden Beschäftigung ausserhalb der Privatwirtschaft und im öffentlichen Interesse (z.B. Waldarbeiten, Sozialdienst in Heimen, Bewachung öffentlicher Anlagen), Berufspraktika in einem privaten Unternehmen bzw. der öffentlichen Verwaltung oder Motivationssemester in einem Einsatzbetrieb für Schulabgänger. Die Teilnehmer an Beschäftigungsprogrammen und Berufspraktika beziehen während der Massnahme keinen Lohn i.S.v. Art. 319 OR (kein Arbeitsverhältnis), sondern Taggelder, Beitragsbefreite i.S.v. Art. 14 AVIG und Teilnehmer an Motivationssemestern lediglich einen pauschalen Unterstützungsbeitrag (betr. keine UVG-Taggeldberechtigung vgl. Art. 129 Abs. 3 UVV). Personen, die die versicherungsmässigen Voraussetzungen nicht erfüllen, haben während 260 Tagen Anspruch auf Teilnahme an Beschäftigungsmassnahmen und Auslagenersatz, jedoch nicht auf Taggelder (Art. 59d Abs. 1AVIG).

8C_128/2016 v. 13.4.2016, E. 2 betr. Zumutbarkeit gem. Art. 16 Abs. 2 lit. c AVIG und Einstellung in der Anspruchsberechtigung bei schuldhafter Verletzung der Befolgungspflicht.

c) Berufsberatung (Art. 15 IVG; Art. 35 MVG, Art. 22 MVV; Art. 85 Abs. 1 lit. a AVIG)

5.115 Die Berufsberatung wird in der Invalidenversicherung schon im Rahmen der Früherfassung und, wie auch in der Militärversicherung, als berufliche Eingliederungsmassnahme eingesetzt. Sie evaluiert aufgrund des Gesundheitszustands einerseits und der Neigungen und Fähigkeiten der versicherten Person andererseits, welche Ausbildungen bzw. welche anderen Tätigkeiten der versicherten Person möglich sind. In der Arbeitslosenversicherung, bei der sie jedoch nicht als eigentliche arbeitsmarktliche Massnahme aufgeführt wird, dient sie als Teil der Arbeitsvermittlung der Abklärung der Vermittlungsfähigkeit.

5.116 Damit ein sozialversicherungsrechtlicher Anspruch auf Berufsberatung entsteht, muss die versicherte Person primär eingliederungsfähig und durch einen invalidisierenden Gesundheitsschaden in der Berufswahl eingeschränkt sein. Der Kreis der für sie entsprechend ihren Neigungen und Fähigkeiten in Frage kommenden Berufe muss somit durch den Gesundheitsschaden eingeengt worden resp. die Ausübung der bisherigen Tätigkeit unzumutbar sein.

Die Massnahme muss zur Erhaltung oder Verbesserung der Eingliederung *notwendig* sein, was bedeutet, dass noch keine geeignete Berufswahl getroffen worden ist. 5.117

Die Berufsberatung umfasst Berufswahlgespräche, Neigungs- und Begabungstests, Abklärungen in spezialisierten Institutionen (z.B. BEFAS) oder im ersten Arbeitsmarkt sowie Schnupperwochen. 5.118

d) Arbeitsvermittlung (Art. 18 IVG; Art. 85 Abs. 1 lit. a AVIG)

aa) Begriff

Als Arbeitsvermittlung gelten alle Bemühungen der zuständigen Stellen oder einer von ihr beauftragten externen Institution, mit denen eine invalide oder von Invalidität bedrohte resp. arbeitslose oder von Arbeitslosigkeit bedrohte Person bei der Stellensuche oder zwecks Erhaltung des Arbeitsplatzes unterstützt wird. Der Anspruch besteht unabhängig von einer vorausgegangenen Ausbildung oder andern beruflichen Eingliederungsmassnahme. Zur Arbeitsvermittlung gehört sowohl die aktive Suche eines (dem Leiden) angepassten Arbeitsplatzes als auch die Vorbereitung dazu, wie etwa das Aufstellen von Bewerbungsdossiers, Formulieren von Inseraten, Vorbereitung auf Bewerbungsgespräche etc. Da es sich nur um eine Unterstützung handelt, hat auch die versicherte Person selber bei der Stellensuche aktiv mitzuwirken, ansonsten die Leistungen aufgrund von Art. 21 Abs. 4 ATSG resp. Art. 30 AVIG eingestellt werden können. 5.119

bb) Voraussetzungen

aaa) Arbeitsunfähigkeit (Art. 6 ATSG)

Die versicherte Person muss in der bisherigen Tätigkeit i.S.v. Art. 6 ATSG ganz oder teilweise arbeitsunfähig und *wegen ihres Gesundheitsschadens* bei der Suche einer geeigneten Arbeitsstelle *erheblich* eingeschränkt sein. Der Gesundheitsschaden (nicht invaliditätsfremde Gründe, wie z.B. Alter, Fremdsprachigkeit, erwerbliche Desintegration) muss *kausal* die Stellensuche erschweren resp. verunmöglichen (z.B. bei Sprach- oder Sehbehinderten, Personen mit psychischen Problemen). Ist die Arbeitsfähigkeit einzig insoweit eingeschränkt, als dem Versicherten leichte Tätigkeiten voll zumutbar sind, bedarf es zur Begründung des Anspruchs auf Arbeitsvermittlung zusätzlich einer spezifischen gesundheitlichen Einschränkung. 5.120

9C_207/2018 v. 16.4.2018, E. 3.2.5 betr. keine invaliditätsfremden Gründe; 9C_594/2016 v. 18.11.2016, E. 3.2 betr. allgemeine Voraussetzungen für Anspruch auf Arbeitsvermittlung; 8C_516/2014 v. 6.1.2015, E. 2 und 9.2 betr. Anspruch bei nur leichter leidensangepasster Tätigkeit und Beurteilung der Arbeitsunfähigkeit nur durch Arztpersonen; 9C_236/2012 v. 15.2.2013, E. 3.7 betr. volle Arbeitsfähigkeit in einer Verweisungstätigkeit.

5.121 Trotz der gesundheitsbedingten Schwierigkeiten muss die versicherte Person in der Lage sein, eine Arbeitsstelle zu versehen, d.h. vermittlungsfähig und subjektiv eingliederungswillig sein. Soweit eine versicherte Person den Vermittlungserfolg gefährdet, die Mitwirkungspflichten verletzt (d.h. sich nicht selber aktiv um die Stellensuche kümmert) oder ohne achtenswerten Grund eine bestehende Stelle aufgibt, entfällt der Anspruch auf Leistungen. Ebenso besteht kein Anspruch auf Arbeitsvermittlung, wenn eine versicherte Person i.S.v. Art. 6 Satz 2 ATSG in Bezug auf eine ihr angepasste, andere Arbeit voll arbeitsfähig ist.

bbb) Arbeitslosigkeit (Art. 10 Abs. 3 AVIG)

5.122 Vorausgesetzt ist die Erfüllung der Rahmenfristen und Beitragszeiten sowie die Suche einer Vollzeit- oder Teilzeitstelle (Art. 10 AVIG). Die Arbeitsvermittlung erfolgt durch die RAV (vgl. 6.72), welche die Aufgabe auch an eine aussenstehende Institution übertragen können.

cc) Leistungen

aaa) Invalidenversicherung (Art. 18, 18b f. IVG, Art. 6ter f., 41 IVV)

5.123 Die Arbeitsvermittlung ist primär eine Naturalleistung im Sinne der persönlichen Unterstützung. Wie jede Leistung hat sie geeignet und bzgl. des Kosten-Nutzenverhältnisses, auch in zeitlicher Hinsicht, angemessen zu sein. Nicht vergütet werden «Ohnehinkosten», die im Zusammenhang mit jeder Stellensuche anfallen (Inserate, Reisekosten, auswärtige Unterkunft und Verpflegung); betr. Taggelder vgl. Art. 19 IVV.

5.124 Als Leistungen von der IV angeboten werden nebst der aktiven Unterstützung bei der Stellensuche auch Massnahmen zur Erhaltung des bisherigen Arbeitsplatzes sowie die Beratung und Unterstützung von Arbeitgebenden zwecks Arbeitsplatzerhaltung. Im Rahmen der Arbeitsvermittlung werden auch Arbeitsversuche angeboten (eingehend dazu hinten 5.125a).

Soweit eine versicherte Person im Rahmen der Arbeitsvermittlung einen neuen Arbeitsplatz gefunden hat, aber noch nicht die der Stelle entsprechende Leistungsfähigkeit aufbringt und den üblichen Lohn erhält, werden während der erforderlichen Einarbeitungszeit, jedoch maximal 180 Tagen, Taggelder bis max. den üblichen Bruttolohn (bzw. nicht höher als der UV-Taggeld-Höchstbetrag) als sog. *Einarbeitungszuschüsse* ausgerichtet (Art. 18b IVG). Diese werden von der Zentralen Ausgleichsstelle (ZAS) an den Arbeitgeber ausbezahlt (Art. 6ter IVV). Wenn die versicherte Person nach erfolgter Arbeitsvermittlung innert drei Jahren aus gesundheitlichen Gründen erneut arbeitsunfähig wird und das Arbeitsverhältnis in diesem Zeitpunkt länger als drei Monate gedauert hat (Art. 18c IVG i.V.m.

Art. 6^{quater} IVV), übernimmt die Invalidenversicherung die den Arbeitgeber treffenden Beitragserhöhungen in der bV und der Krankentaggeldversicherung. Einarbeitungszuschüsse der IV schliessen solche der ALV nicht aus.

9C_50/2011 v. 25.5.2011, E. 4.3 betr. Voraussetzungen für Zusprechung von Einarbeitungszuschüssen gem. aArt. 18a IVG [neu Art. 18b IVG].

bbb) Arbeitslosenversicherung (Art. 17 Abs. 3 lit. b, 65 f., 85 AVIG, Art. 21 ff., 90 AVIV)

In den Regionalen Arbeitsvermittlungszentren (RAV) wird nebst der Stempelkontrolle auch aktive Arbeits- und Stellenvermittlung betrieben, und zwar in Form von Eignungsabklärung, Unterstützung beim Erstellen der Bewerbungsunterlagen, Vermittlung von zumutbaren Arbeitsplätzen oder Schnuppereinsätzen und Gewährung von Einarbeitungszuschüssen (Art. 65 f. AVIG). Diese dienen der besseren Vermittelbarkeit von schwer vermittelbaren Personen (z.B. wegen höherem Alter, gesundheitlichen Einschränkungen, ungenügender Ausbildung). Der Arbeitgeber muss daher danach eine Anstellung zu den orts- und branchenüblichen Bedingungen anbieten. Sie werden während sechs, maximal zwölf Monaten dem Arbeitgeber ausgerichtet und entsprechen der Differenz zwischen dem wegen erschwerter Vermittelbarkeit ausgerichteten verminderten Lohn und dem normalen Lohn (höchstens aber 60% davon). 5.125

8C_363/2014 v. 23.9.2014, E. 5 betr. keine erschwerte Vermittelbarkeit bei nahtlosem Stellenwechsel.

e) Arbeitsversuch (Art. 18a IVG, Art. 6bis IVV)

aa) Begriff

Der Arbeitsversuch wurde im Rahmen der IV-Revision 6a als weitere Eingliederungsmassnahme beruflicher Art eingeführt. Im Wesentlichen geht es darum, die tatsächliche Leistungsfähigkeit einer versicherten Person in einem geeigneten Tätigkeitsgebiet im ersten Arbeitsmarkt während maximal sechs Monaten zu erproben und damit letztlich auch die Eingliederungschancen zu erhöhen. Eine versicherte Person mit entsprechendem Eingliederungspotential wird dabei in einem Einsatzbetrieb (oder in einer anderen Funktion im bisherigen Betrieb) platziert, ohne dass dadurch ein fest verpflichtendes Arbeitsverhältnis entsteht. Die Massnahme richtet sich sowohl an Versicherte mit einer (Teil-)Rente, als auch an solche ohne Rente. Längerfristig stellt der Arbeitsversuch *einen* Baustein im gesamten Wiedereingliederungsprozess in den ersten Arbeitsmarkt dar: Wird die versicherte Person zunächst z.B. mittels Integrationsmassnahme an den Arbeitsalltag herangeführt und findet sich in der Folge ein Einsatzbetrieb, können die (neu) erlangten Fähigkeiten in einem Arbeitsversuch realitätsnah getestet werden. Verläuft der Arbeitsversuch erfolgreich, kann dem Einsatzbetrieb schliesslich ein Ein- 5.125a arbeitungszuschuss i.S.v. Art. 18b IVG gewährt werden, sofern es zu einer Anstellung kommt. Es können auch verschiedene Arbeitsversuche aneinandergereiht werden.

bb) Voraussetzungen

5.125b Für einen Arbeitsversuch hat die versicherte Person eingliederungsfähig und eingliederungswillig zu sein und eine gesundheitsbedingte Beeinträchtigung in ihrem Leistungsvermögen aufzuweisen. Im konkreten Fall wird von allen Beteiligten (Einsatzbetrieb, versicherte Person, Eingliederungsperson der IV-Stelle) eine Vereinbarung unterzeichnet (vgl. KSBE Anhang 1), welche die Rahmenbedingungen sowie Ziel, Zweck und Dauer (zwischen 30 bis max. 180 Tagen) festhält. Als erfolgreich gilt ein Arbeitsversuch grundsätzlich dann, wenn nach spätestens 180 Tagen feststeht, in welchem Umfang eine Erwerbstätigkeit im ersten Arbeitsmarkt realisierbar ist; massgebend ist zudem das im konkreten Fall vereinbarte Ziel.

5.125c Wie jede Eingliederungsmassnahme wird auch der Arbeitsversuch öffentlich-rechtlich geregelt, d.h. mit Verfügung angeordnet. Ein vorzeitiger (sofortiger) Abbruch des Arbeitsversuchs wird von der IV verfügt, wenn das vereinbarte Ziel erreicht wurde, sich eine geeignetere Eingliederungsmassnahme aufdrängt oder wenn der Arbeitsversuch aus medizinischen Gründen nicht zumutbar oder aus anderen beachtlichen Gründen nicht zielführend ist (Art. 6bis IVV). Beachtliche Gründe (z.B. Einsatzbetrieb hält sich nicht an die vereinbarten Vorgaben) können dabei ausschliesslich von der versicherten Person selbst geltend gemacht werden. Nach Durchführung des Mahn- und Bedenkzeitverfahrens (Art. 21 Abs. 4 ATSG) kann die Massnahme abgebrochen werden, wenn es an der Eingliederungswilligkeit der versicherten Person (z.B. bei nicht gesundheitsbedingtem Fernbleiben) fehlt.

9C_50/2011 v. 25.5.2011, E. 4.3 betr. im Rahmen einer Arbeitsvermittlung (berufliche Abklärung) gefundene Arbeitsstelle als «Praktikant» mit anschliessender Festanstellung.

cc) Leistungen

5.125d Während der Durchführung des Arbeitsversuchs wird kein Lohn ausgerichtet. Vielmehr hat die versicherte Person, wie bei anderen Eingliederungsmassnahmen auch, Anspruch auf ein «grosses Taggeld» (vgl. hinten 5.236) resp. bei Rentnern auf die Weiterentrichtung der Rente (Art. 18a Abs. 2 IVG). Zwischen der versicherten Person und dem Einsatzbetrieb entsteht kein Arbeitsverhältnis im Sinne des Obligationenrechts, was für den Einsatzbetrieb den Vorteil hat, dass ihm keine Kosten (Lohnzahlungspflicht, Versicherungskosten) erwachsen; eine Reihe von arbeitsvertragsrechtlichen Bestimmungen erklärt Art. 18a Abs. 3 lit. a–k IVG dennoch als sinngemäss anwendbar. Der Arbeitsversuch wird laufend durch die zuständige Fachperson der IV-Stelle begleitet und evaluiert.

Hinsichtlich des Versicherungsschutzes übernimmt die IV sämtliche Kosten und Pflichten, welche üblicherweise dem Arbeitgeber belastet werden. So sind versicherte Personen während der Durchführung des Arbeitsversuchs beim jeweiligen Unfallversicherer des Einsatzbetriebs obligatorisch unfallversichert. Die IV übernimmt die Prämien sowohl für die Berufs- als auch für die Nichtberufsunfallversicherung. Aufgrund des fehlenden Arbeitsverhältnisses ist die versicherte Person während des Arbeitsversuchs jedoch nicht dem BVG unterstellt. War die versicherte Person vor dem Arbeitsversuch Arbeitnehmerin, gilt der Bezug des IV-Taggeldes als Beitragszeit i.S.v. Art. 13 AVIG. 5.125e

BGE 144 V 411, E. 4 betr. Subordination und UVG Unterstellung.

Überdies haftet die IV für den Schaden, welche die versicherte Person während eines Arbeitsversuchs dem Einsatzbetrieb zufügt, wenn die Voraussetzungen von Art. 321e OR (Haftung des Arbeitnehmers) erfüllt sind. Schädigt die versicherte Person jedoch einen Dritten, hat der Arbeitgeber dafür einzustehen und kann unter den Voraussetzungen von Art. 321e OR auf die IV Rückgriff nehmen. Unter den gleichen Bedingungen kann die IV bei vorsätzlicher oder grobfahrlässiger Verursachung des Schadens Rückgriff auf die versicherte Person nehmen (Art. 68^quinquies IVG). 5.125f

f) Erstmalige berufliche Ausbildung (Art. 16 IVG; Art. 36 MVG)

aa) Begriff

Die erstmalige berufliche Ausbildung (vgl. Art. 5 Abs. 1 IVV) setzt im Sinne einer beruflichen Grundbildung nach BGG nach absolvierter obligatorischer Schulzeit ein. Sie ist auf die gezielte und planmässige Vermittlung beruflicher Kenntnisse und Fertigkeiten gerichtet, welche nach Abschluss der Ausbildung ausreichend wirtschaftlich verwertbar sind. Dem gleichgestellt ist der Besuch einer Mittel-, Fachhoch- oder Hochschule, die Vorbereitung auf eine Hilfsarbeit (2-jährige Anlehre) oder eine Tätigkeit in einer geschützten Werkstätte. Darunter fällt auch die berufliche Neuausbildung und, als Ausfluss der Chancengleichheit, die berufliche (nicht unbedingt invaliditätsbedingte) Weiterbildung (bisheriges oder anderen Berufsfeld) zwecks Erhaltung oder Verbesserung der Erwerbsfähigkeit. Die erstmalige berufliche Ausbildung setzt immer eine bereits getroffene Berufswahl voraus. 5.126

BGE 142 V 523, E. 5.5 und 6.5 betr. Anspruch auf zweites Jahr im Falle einer Anlehre, soweit die Anspruchsvoraussetzungen (WZW) erfüllt sind.

Nicht unter die erstmalige berufliche Ausbildung fallen sog. Brückenangebote, wie die Einschaltung eines 10. Schuljahres, eines Berufswahljahres, eines Zwischenjahres zwecks Auf- oder Nachholen von Schulstoff, Förderung des Arbeitsverhaltens oder der persönlichen Reifung, sowie Erlernen weiterer Fertigkeiten. Dasselbe gilt für Massnahmen, die der sozialberuflichen Rehabilitation dienen (vgl. Art. 14a IVG) oder kein eigentliches Berufsziel verfolgen. Demgegenüber werden (gesetzlich und wohl auch als vertragliche Bedingung für den Abschluss 5.127

eines Lehrvertrags) vorgeschriebene Vorbereitungen auf eine erstmalige berufliche Ausbildung hin, wie z.B. ein Praktikum, dieser gleichgestellt.

AHI 2002 174 betr. Einschalten eines Haushaltlehrjahres ohne Berufsziel; AHI 2001 109 betr. Erlernen einer Fremdsprache.

bb) Voraussetzungen

aaa) Invaliden- und Militärversicherung

5.128 Der Anspruch auf Leistungen für erstmalige berufliche Ausbildung setzt voraus, dass *wegen* eines bleibenden oder längere Zeit andauernden Gesundheitsschadens i.S.v. Art. 8 ATSG i.V.m. Art. 4 Abs. 2 IVG (zum Beweisgrad vgl. hinten 7.32), nicht aus invaliditätsfremden Gründen, bei der beruflichen Ausbildung wesentliche Mehrkosten entstehen oder eine Einschränkung bei der Ausbildung (nicht allein der künftigen Erwerbstätigkeit) vorliegt, auf Grund derer

- die erstmalige berufliche Ausbildung gesundheitsbedingt nicht aufgenommen werden kann,
- eine begonnene Ausbildung gesundheitsbedingt abgebrochen werden muss,
- eine für den eingetretenen Gesundheitsschaden ungeeignete Ausbildung absolviert resp. eine unzumutbare Erwerbstätigkeit aufgenommen wird: sog. Neuausbildung,
- eine berufliche Weiterbildung im bisherigen oder einem neuen Berufsfeld, die aber *nicht invaliditätsbedingt* notwendig ist, von der versicherten Person gewünscht wird, um sich auch als invalide Person beruflich weiterbilden zu können (Art. 8 Abs. 4 BV).

9C_590/2016 v. 19.9.2017, E. 2.2 betr. Verzögerung im Studium aus invaliditätsfremden und nicht gesundheitlichen Gründen; 8C_200/2014 v. 26.6.2014, E.3 betr. Aufnahme eines Universitätsstudiums nach kaufm. Lehre und Berufsmatur als Weiterbildung und nicht als erstmalige berufliche Ausbildung; I 956/06 v. 30.1.2007, E. 4.2 betr. fehlende *Einschränkung* in der erstmaligen beruflichen Ausbildung bei Vorliegen einer Nierenkrankheit; I 285/05 v. 23.12.2005, E. 3 betr. Weiterbildung zur Ärztin FMH.

5.129 Die versicherte Person darf nicht bereits über eine abgeschlossene genügende und zumutbare Berufsausbildung verfügen. Kein Anspruch auf die Eingliederungsmassnahme besteht zudem, wenn bloss eine Einschränkung in der Berufswahl resp. in Bezug auf gewisse Berufe vorliegt.

8C_200/2014 v. 26.6.2014, E.3 betr. genügende Eingliederung mit kaufm. Lehre und Berufsmatur.

5.130 Die Eingliederungsmassnahme muss zu einer wirtschaftlich ausreichend verwertbaren Arbeitsleistung führen (Mindeststundenlohn von Fr. 2.60).

5.131 Die Ausbildung muss geeignet, d.h. dem Gesundheitsschaden angepasst sein und den Fähigkeiten der versicherten Person entsprechen. Es besteht nur Anspruch auf eine einfache und zweckmässige, nicht auf die bestmögliche Ausbildung. Letzteres bezieht sich auf die Art der Verwirklichung der Ausbildung und *nicht* auf das Ausbildungsniveau, d.h. dass unter den gegebenen subjektiven und objektiven Voraussetzungen auch Anspruch auf eine Hochschulausbildung besteht. Seitens der versicherten Person muss Eingliederungswilligkeit bestehen resp. sie darf den Eingliederungserfolg nicht durch ihr Verhalten vereiteln.

8C_50/2017 v. 19.4.2017, E. 4-5 betr. Unzuverlässigkeit und Cannabiskonsum während der Massnahme; 9C_292/2016 v. 20.9.2016, E. 3 betr. fehlende Eignung bei Gehörlosigkeit für Weiterbildung zum Staplerfahrer; 9C_590/2016 v. 19.9.2017, E. 2.2 betr. fragliche Eignung fürs Jus-Studium (ungenügende Leistungen, lange Dauer); I 529/01 v. 19.3.2002, E. 2 betr. Informatikerausbildung anstelle einer gymnasialen Ausbildung als geeignete und zweckmässige Massnahme.

Die versicherte Person darf vor Eintritt der Invalidität *kein ökonomisch relevantes Erwerbseinkommen* erzielt haben, d.h. dass ein bereits erzieltes Einkommen kleiner als ¾ der minimalen ordentlichen Invalidenrente (derzeit Fr. 889.-) sein müsste. Tätigkeiten, die nicht auf Dauer (mehr als sechs Monate) angelegt sind, wie «Jobben» bzw. reine Hilfstätigkeiten, die nicht auf eine Integration ins Berufsleben schliessen lassen, sind nicht zu berücksichtigen. 5.132

8C_716/2016 v. 1.2.2017, E. 4.1.4 betr. Begriff des ökonomisch relevanten Einkommens.

bbb) Arbeitslosenversicherung (Art. 66a AVIG, Art. 90a Abs. 1 und 2 AVIV)

Grundsätzlich erbringt die ALV keine Leistungen für die Erlangung einer Grundausbildung. Ausnahmsweise gewährt sie Ausbildungszuschüsse als spezielle berufliche Massnahme für schwer vermittelbare Personen, die noch über keine Grundausbildung verfügen. Sie bietet im Gegensatz zu den übrigen arbeitsmarktlichen, nicht auf Grundausbildungen ausgerichteten Massnahmen den betroffenen Personen die Möglichkeit, eine Grundausbildung nachzuholen. Vorausgesetzt wird, dass man 5.133

- grundsätzlich älter als 30 Jahre ist,
- über keine abgeschlossene oder eine hierzulande kaum verwertbare oder hierzulande nicht anerkannte Ausbildung verfügt und
- eine ordentliche Berufslehre (BBG) mit eidgenössisch anerkanntem Fähigkeitsausweis oder, dem gleichgestellt, eine andere Ausbildung mit einem eidgenössischen oder ebenbürtigen Fähigkeitsausweis oder Verbesserungsmassnahmen zur Anpassung an den Arbeitsmarkt absolvieren will. Von Ausbildungszuschüssen ausgeschlossen sind jedoch Personen, die bereits über einen in der Schweiz anerkannten Hoch- oder Fachhochschulabschluss (oder eine dortige dreijährige Ausbildung ohne Abschluss) verfügen oder eine eidgenössische Berufs- oder Fachprüfung bestanden haben (Art. 66a Abs. 3 AVIG, Art. 90a Abs. 1 AVIV).

BGE 127 V 57, E. 1.a betr. Bejahung des Anspruchs bei nicht anerkanntem ausländischem Hochschulabschluss als Ökonom; ARV 1999 Nr. 37 betr. Anspruch nach Abbruch einer Schlosserlehre mit eidg. Fachausweis.

cc) Leistungen

aaa) Invaliden- und Militärversicherung (Art. 22 Abs. 1bis, 23 Abs. 2 und 2bis IVG, Art. 5, 22 IVV; Art. 36 MVG)

5.134 In der Invalidenversicherung werden nur die *invaliditäts*bedingten *Mehr*kosten der Ausbildung übernommen, und auch dies nur, soweit sie durchschnittlich Fr. 400.–/Jahr übersteigen (wesentliche Zusatzkosten). Die Mehrkosten werden durch einen Vergleich der mutmasslichen Kosten mit und ohne Gesundheitsschaden ermittelt. Anrechenbar sind dabei die Ausbildungs- und Transportkosten, die Arbeitsgeräte und Berufskleider. Zu den Ausbildungskosten zählen Schul-, Praktikums-und Exkursionsgelder sowie Prüfungsgebühren und Lehrmittel, allenfalls auch Logopädie, Stützunterricht, Dolmetscher, Hilfspersonen oder nicht durch die HVI abgedeckte Hilfsmittel. Nicht anrechenbar sind ausbildungsbedingte Mehrkosten für Gesundheitspflege oder entgangene Lehrlings- bzw. Praktikumslöhne oder Nebenverdienstmöglichkeiten sowie, wegen fehlender gesundheitsbedingter Kausalität, die «Ohnehinkosten» (z.B. Grundausstattung eines PC), die auch bei nicht invaliden Personen anfallen.

9C_590/2016 v. 19.9.2017, E. 2.3 betr. keine Mehrkosten bei Jus-Studium und gesundheitsbedingtem Wegfall einer Nebenverdienstmöglichkeit; 9C_252/2007 v. 8.10.2008, E. 6 betr. Hilfsperson für Nachtwachen einer Assistenzärztin im Spital.

5.135 Bei *invaliditätsbedingter* auswärtiger Unterkunft werden auch die Kosten der Unterkunft und Verpflegung übernommen, sofern nicht ohnehin eine Ausbildung hätte auswärts abgelegt werden müssen. Bei der Vergleichsrechnung sind auf beiden Seiten die Kosten der gesamten Ausbildung einzusetzen. Falls dies nicht absehbar oder möglich ist, die einer überblickbaren Periode.

5.136 Versicherte in erstmaliger beruflicher Ausbildung gemäss Art. 16 Abs. 2 lit. a und b IVG (also nicht bei Weiterbildung gemäss lit. c), die das 20. Altersjahr noch nicht vollendet haben, noch nicht erwerbstätig gewesen sind und invaliditätsbedingt ganz oder teilweise eine Erwerbseinbusse erleiden, haben Anspruch auf ein sog. «kleines Taggeld» von max. 30% des Höchstbetrages des UV-Taggeldes, welches aber gem. Art. 22 Abs. 1 IVV auf nur 10% festgesetzt ist (Art. 22 Abs. 1bis i.V.m. Art. 23 Abs. 2bis und 24 Abs. 1 IVG; Art. 22 Abs. 1 IVV). Versicherte nach vollendetem 20. Altersjahr haben Anspruch auf 30% des Höchstbetrages (Art. 23 Abs. 2 IVG). Danach besteht der Anspruch auf Taggeld während einer Arbeitsvermittlung noch längstens 60 Tage weiter (Art. 19 Abs. 1 IVV). Bei invaliditätsbedingtem Abbruch einer erstmaligen beruflichen Ausbildung und Aufnahme einer Neuausbildung i.S.v. Art. 16 Abs. 2 lit. b IVG entsprechen die Leistungen denjenigen bei Umschulung, wenn das zuletzt erzielte Einkommen während der abgebrochenen Ausbildung höher war als 30% des Höchstbetrags des Taggeldes (Art. 6 Abs. 2 IVV i.V. Art. 23 Abs. 2 IVG). (*IVG-Revision*: Neuregelung des Anspruchs auf Taggeld und dessen Modalitäten bei erstmaliger beruflicher Ausbildung.)

bbb) Arbeitslosenversicherung (Art. 66c AVIG, Art. 90a Abs. 3 und 4 AVIV)

Die Ausbildungszuschüsse entsprechen der Differenz des üblichen Lehrlingslohns und einem (Höchst-)Betrag von Fr. 3'500.– monatlich (mittlerer Lohn einer ungelernten Person) und werden dem Lehrling unter Anrechnung allfälliger Stipendien direkt ausbezahlt. Zudem entrichtet die ALV den auf sie entfallenden hälftigen Anteil der Sozialversicherungsbeiträge. 5.137

BGE 127 V 57, E. 4 betr. Gesetzeswidrigkeit der Anrechnung von ehelichem Unterhalt.

g) Umschulung

aa) Gesundheitsbedingte Umschulung (Art. 17 IVG; Art. 37 MVG)

aaa) Begriff

Umschulung umfasst die Gesamtheit berufsbildender Eingliederungsmassnahmen, die dem *bereits erwerbstätig gewesenen Versicherten* gewährt werden. Der Anspruch kommt auch denjenigen Personen zu, die noch keine erstmalige berufliche Ausbildung erfahren haben, eine solche wegen Invalidität abbrechen mussten oder vorher im Aufgabenbereich tätig waren. Bei der Umschulung geht es um eine gezielte und planmässige berufliche Förderung zwecks Erhaltung oder wesentlicher Verbesserung der Erwerbsfähigkeit auf dem gesamten in Frage kommenden ausgeglichenen Arbeitsmarkt. Der akut drohende oder bereits eingetretene Gesundheitsschaden muss dafür kausal sein, dass die versicherte Person ihre bisherige Erwerbstätigkeit bzw. den erlernten Beruf oder die Tätigkeit im Aufgabenbereich nicht mehr ausüben kann. Anerkannt werden jedoch auch strukturell (nicht aber konjunkturell) bedingte Teilursachen. Nicht erfasst werden Massnahmen der Sozialrehabilitation, der Berufsabklärung oder medizinisch-therapeutische Massnahmen. 5.138

bbb) Voraussetzungen

Massgebendes Abgrenzungskriterium gegenüber der erstmaligen beruflichen Ausbildung ist die *gesundheitsbedingt* aufgegebene Erwerbstätigkeit sowie dass die versicherte Person vor Beginn der Eingliederungsmassnahme *während mehr als sechs Monaten ein ökonomisch relevantes Erwerbseinkommen* erzielt hat (mehr als ¾ der vollen Minimalrente: Fr. 889.-). Musste gesundheitsbedingt eine erstmalige berufliche Ausbildung abgebrochen werden und wurde ein Einkommen von mehr als Fr. 122.10/Tag erzielt, entsteht ebenfalls Anspruch auf Umschulung (Art. 6 Abs. 2 IVV). 5.139

8C_716/2016 v. 1.2.2017, E. 4 betr. Bemessung des ökonomisch relevanten Einkommens bei verschiedenen temporären Arbeitseinsätzen; 9C_90/2012 v. 23.5.2012, E. 3 betr. Neuausbildung mit Anspruch auf kleines Taggeld nach freiwillig aufgenommener Erwerbstätigkeit.

Die invaliditätsbedingte Erwerbseinbusse resp. Einbusse im Aufgabenbereich muss in den ohne Umschulung und gesundheitsbedingt zumutbaren in Frage 5.140

kommenden Tätigkeiten mind. 20% betragen (= Richtwert; Abweichungen bei noch langer Aktivitätsdauer möglich). Sie berechnet sich entsprechend der Einkommensvergleichsmethode gemäss Art. 16 ATSG. Nicht massgebend ist ein vorübergehendes Hilfsarbeitereinkommen. Eine vorübergehende interimsweise Berufsumstellung mit Aussicht auf Rückkehr in die bisherige Tätigkeit gibt keinen Anspruch auf Umschulung. Keine eigentliche Erwerbseinbusse liegt hingegen vor, wenn es für die versicherte Person auch ohne berufliche Massnahmen ein genügend breites Spektrum an Tätigkeiten gibt, die ihrem medizinischen Anforderungs- und Belastungsprofil entsprechen, ihr von der Ausbildung und beruflichen Erfahrung her zumutbar sind und im Durchschnitt nicht schlechter entlöhnt werden als die zuletzt ausgeübte (Schadenminderung, Selbsteingliederungspflicht).

8C_808/2017 v. 11.1.2018, E. 3-4 betr. Abweichung von der Erheblichkeitsschwelle von 20% bei jüngeren Personen sowie Begriff der annähernden Gleichwertigkeit; 9C_511/2015 v. 15.10.2015, E. 3 betr. allgemeine Voraussetzungen für Anspruch auf Umschulung; BGE 130 V 488, E. 4 betr. analoge Anwendung in der Militärversicherung; BGE 124 V 108 ff. betr. Berücksichtigung von Lohnentwicklung und Aktivitätsdauer.

5.141 Die neue Erwerbstätigkeit hat der bisherigen annähernd gleichwertig zu sein. Gleichwertigkeit bezieht sich nicht auf das Ausbildungsniveau sondern auf die künftigen Verdienstmöglichkeiten und bildet nur eine Grenze «nach oben». Ein Umschulungsanspruch auf eine höherwertige Ausbildung (Aufqualifizierung) bzw. auf Schulung einer beruflich nicht qualifizierten Person besteht nur dann, wenn dies die einzige Möglichkeit ist, das Ziel einer (Wieder-)Eingliederung zu erreichen und wenn der voraussichtliche Erfolg der Eingliederungsmassnahme in einem vernünftigen Verhältnis zu ihren Kosten steht (Art. 6 Abs. 1bis IVV).

9C_14/2016 v. 15.9.2016, E. 3.1 betr. keine Gleichwertigkeit von Einkommen einer Coiffeuse mit dem einer Sozialpädagogin; 9C_122/2012 v. 5.6.2013, E. 5 betr. Gleichwertigkeit bei 11,7% Differenz; I 616/03 v. 23.3.2005, E. 4 betr. Massgeblichkeit der vorherigen Erwerbstätigkeit und nicht des erlernten Berufs.

5.142 Die Umschulung hat mit Bezug auf das Eingliederungsziel, nämlich eine auf dem Arbeitsmarkt verwertbare berufliche Tätigkeit, auf den Gesundheitszustand, die Fähigkeiten und Neigungen für die versicherte Person geeignet, zumutbar, wirtschaftlich und eingliederungswirksam zu sein. Daran gebricht es auch, wenn die versicherte Person kurz vor dem Pensionierungsalter steht. Der Anspruch besteht zudem nur bei vorhandener Eingliederungswilligkeit seitens der versicherten Person.

9C_340/2017 v. 9.2.2018, E. 4.1 betr. aus medizinischen Gründen ungeeignete Umschulung; 9C_468/2014 v. 13.11.2014, E. 4 betr. fehlendem eigenen Antrieb zufolge depressiver Störungen und Möglichkeit, sich Computerkenntnisse für einen Büroassistenten auch «on the job» oder berufsbegleitend anzueignen (Schadenminderungspflicht).

ccc) Leistungen (Art. 22 Abs. 1 und 2, 23 Abs. 1 und 2 IVG, Art. 6 Abs. 3, $17–21^{novies}$ IVV)

5.143 Im Gegensatz zu den Leistungen nach Art. 16 IVG werden die vollen Kosten übernommen (vgl. vorne 5.23). Angerechnet werden die Ausbildungskosten wie Schul-, Praktikums- und Lehrgelder, Prüfungsgebühren, Lehrmittel, notwendige

Arbeitsgeräte und Berufskleider, Transportkosten sowie Kosten für auswärtige Unterkunft und Verpflegung. Alle Kosten müssen *invaliditätsbedingt* anfallen. Bezüglich des Umfangs werden nur einfache und zweckmässige Massnahmen, nicht aber die bestmöglichen gewährt. Soweit z.B. ein höheres zweckmässiges Berufsziel angestrebt wird, kommt die Austauschbefugnis zum Zug und die versicherte Person hat die Differenz zu den Kosten für eine einfachere resp. gleichwertige Massnahme zu tragen.

Versicherte in Umschulung haben Anspruch auf ein «grosses Taggeld» in der Höhe von 80% des versicherten Verdienstes, jedoch maximal vom Höchstbetrag des UV-Taggeldes. Bei Versicherten, die das 20. Altersjahr vollendet, eine berufliche Ausbildung eben abgeschlossen haben und ohne Invalidität eine Erwerbstätigkeit aufgenommen hätten, beträgt das Taggeld 30% des Höchstbetrages (Art. 23 Abs. 1 und 2 IVG; Art. 17–21^{novies} IVV). 5.144

bb) Arbeitsmarktlich bedingte Umschulung bzw. Weiterbildung (Art. 60 AVIG, Art. 81–88 AVIV)

aaa) Begriff

Zu den individuellen arbeitsmarktlichen Massnahmen (AMM) der Arbeitslosenversicherung gehören die Umschulung wie auch die Weiterbildung. Sie dienen der *notwendigen* Verbesserung der Vermittelbarkeit auf dem Arbeitsmarkt. Mit ihrer Hilfe muss den Schwierigkeiten des arbeitslosen Versicherten oder des von Arbeitslosigkeit bedrohten Versicherten, eine zumutbare Stelle zu finden, begegnet werden. Arbeitsmarktfremde (gesundheitliche) Gründe dürfen nicht für die Arbeitslosigkeit verantwortlich sein. 5.145

Die AMM dienen nicht der wirtschaftlichen, bildungsmässigen oder sozialen Verbesserung und dürfen auch nicht an die Stelle einer Grund- oder Erstausbildung oder üblichen Weiterbildung treten. Dazu zählen Schul- und Allgemeinbildung sowie Berufs- und Studiengänge nach BBG, FHSG oder UFG unter Einschluss der dafür notwendigen Praktika und Auslandaufenthalte sowie Weiterbildungen, die in der betreffenden Branche auch sonst üblicherweise vorzunehmen sind. Die Umschulung, gerichtet auf ein *neues* Berufsziel, und die Weiterbildung, gerichtet auf die *Vervollständigung eines bestehenden Berufes*, müssen im Hinblick auf die *Anpassung an den technischen oder sonstigen Fortschritt* in der Arbeitswelt erfolgen und dürfen grundsätzlich nicht länger als ein Jahr dauern. 5.146

ARV 2005 Nr. 26 betr. Fremdsprachenunterricht für einen Primarlehrer als übliche Weiterbildung; ARV 1993/94 Nr. 6 betr. übliche Weiterbildung vom Bankangestellten zum Diplomkaufmann; ARV 1993/94 Nr. 23 betr. Englischkurs für ein bestimmtes Berufsziel; ARV 1993/94 Nr. 22 betr. Grundausbildung vom Juristen zum Anwalt.

bbb) Voraussetzungen (Art. 8–17 AVIG, Art. 3–27a AVIV)

5.147 Voraussetzung für den Anspruch auf AMM ist eine arbeitsmarktliche Indikation, welche aus einer objektiven und subjektiven Komponente besteht. Objektiv muss der Arbeitsmarkt nach Arbeitskräften nachfragen und subjektiv muss die versicherte Person an diese Nachfrage angepasst werden, was laufend mit Hilfe amtlicher und privater Statistiken abgeklärt wird. Der Anspruch setzt somit voraus, dass der Arbeitsmarkt für Personen mit den Qualifikationen der versicherten Person keine Stellen bereithält. Nicht massgebend ist, ob die versicherte Person aus persönlichen Gründen im Wettbewerb um Stellen benachteiligt ist. Soweit sie mit ihrer Qualifikation ein breites Spektrum an Arbeitsmöglichkeiten hat, fehlt es an einer arbeitsmarktlichen Indikation bzw. der Notwendigkeit.

8C_67/2018 v. 16.4.2018, E. 4 betr. keine arbeitsmarktliche Indikation einer Lageristin für Führerausweis und 8C_222/2016 v. 30.6.2016, E. 2-5 betr. keine bei Techniker für Sprachkurs.

5.148 Persönlich muss die versicherte Person grundsätzlich die geforderte Beitragszeit erfüllen oder einen gesetzlichen Grund für die Befreiung von der Beitragszeit (Art. 14 AVIG) aufweisen sowie den Anspruch auf Taggelder noch nicht ausgeschöpft haben (vgl. vorne 5.04 ff.).

BGE 131 V 286, E. 4-6 betr. Verlust des Anspruchs auf Eingliederungsmassnahmen nach Erschöpfung des Taggeldanspruchs.

Zudem muss die versicherte Person die Arbeitnehmerstellung verloren haben oder verlieren und sich beim Arbeitsamt zur Arbeitsvermittlung melden, einen Erwerbsausfall erleiden, in der Schweiz oder im EU/EFTA-Raum wohnhaft sowie gewillt und in der Lage sein, eine zugewiesene zumutbare Arbeit anzunehmen und die Kontrollvorschriften zu erfüllen. Sie darf noch keine (vorgezogene) Altersrente beziehen (vgl. hinten 5.224).

5.149 Personen, die keine dieser Voraussetzungen erfüllen, können dennoch Bildungsmassnahmen beanspruchen, wenn sie durch solche zur Aufnahme einer Erwerbstätigkeit befähigt werden, wie z.B. Sprachkurse (Art. 59d AVIG).

ccc) Leistungen (Art. 59b, 59c^{bis}, 59d AVIG, Art. 81–88 AVIV)

5.150 Die Leistungen setzen sich zusammen aus Kursauslagenersatz und Taggeldern (auch für Teilnehmer an Beschäftigungsmassnahmen mit Bildungsanteil). Der Kursauslagenersatz kann entweder direkt an die Kursveranstalter von kollektiven Kursen ausbezahlt werden oder als Kostenvergütung dem Kursteilnehmer. Im ersteren Fall dürfen dem Teilnehmer keine zusätzlichen Kursbeiträge auferlegt werden.

5.151 Zum Kursauslagenersatz zählen die Schul- und Kurskostenbeiträge. Diese können nur beansprucht werden, wenn der Kurs nach einem im Voraus festgelegten Programm zweckmässig und von sachkundigen Personen durchgeführt wird. Damit wird eine Qualitätskontrolle eingeführt, die zudem durch eine Erfolgskontrolle ergänzt wird. Ersetzt werden auch die Kosten für notwendige Lehrmittel, Reisekosten und Beiträge für Unterkunft und Verpflegung im Falle auswärtiger Massnahmen. Die beiden letzteren bedürfen einer Bewilligung durch die kant. Amtsstelle.

Erleidet die versicherte Person durch die Beteiligung an der AMM einen anrechenbaren Arbeitsausfall und erfüllt sie die Beitragszeit i.S.v. Art. 13/14 AVIG, so hat sie zudem Anspruch auf Taggelder für die Anzahl Tage effektiver Teilnahme an AMM. Vom Taggeldanspruch ausgeschlossen sind jedoch Massnahmen gem. Art. 59d AVIG. 5.152

h) Kapitalhilfe

aa) Begriff

Die Kapitalhilfe ist eine geldwerte berufliche Eingliederungsmassnahme, die es der versicherten Person erlaubt, das nötige Startkapital für die Aufnahme, Wiederaufnahme oder den Ausbau einer *selbständigen* Erwerbstätigkeit im Sinne des AHV-rechtlichen Beitragsstatuts resp. die Umstellung des bereits vorhandenen Betriebes zu erhalten. 5.153

Die Kapitalhilfe kann eingesetzt werden z.B. für bauliche Massnahmen, Arbeitsgeräte, Maschinen oder auch zur Anschaffung von Waren. 5.154

Soweit es um die Finanzierung von Arbeitsgeräten geht, die eine Körperfunktion ersetzen resp. die durch Zusatzeinrichtungen der Körperbehinderung angepasst werden müssen, handelt es sich um die Abgabe eines Hilfsmittels, welches dem Anspruch auf Kapitalhilfe vorgeht. 5.155

bb) Anspruchsvoraussetzungen (Art. 18d IVG, Art. 7 IVV; Art. 38 MVG)

Die Anspruchsvoraussetzungen sind objektiver und subjektiver Natur. Da sie nur schwer zu erfüllen sind und auch der Eingliederungserfolg langfristig eher unsicher ist, hat die Kapitalhilfe in der Praxis keine grosse Bedeutung. Daher im Folgenden nur ein Überblick: 5.156

- Aufnahme oder Weiterführung einer selbständigen Erwerbstätigkeit,
- Notwendigkeit eines Kapitalbeitrags aus Gründen der gesundheitsbedingten resp. invaliditätsbedingten Einschränkung (ohne untere Grenze) oder Unmöglichkeit, eine *unselbständige* Erwerbstätigkeit aufzunehmen oder fortzuführen. Keine Berücksichtigung finden betriebswirtschaftliche Gründe (Sanierung, Rationalisierung, Betriebserweiterung).

  AHI 2002 180 betr. Chauffeur oder Franchisenehmer: Zumutbarkeit der Stellensuche auch ausserhalb des Engadins; I 501/01 v. 20.6.2002 betr. Mechaniker, der einen geschützten Computerarbeitsplatz einrichten will.

- Wohnsitz in der Schweiz,

- länger dauernde und existenzsichernde Eingliederung, Sicherung eines Mindesteinkommens in der Höhe einer mittleren ordentlichen Altersrente,

  I 123/02 v.13.3.2003 betr. Bildhauerin; I 154/00 v. 18.12.2001 betr. Hundesalon.

- Gewähr für eine nachhaltige Finanzierung der selbständigen Erwerbstätigkeit,
- persönliche und charakterliche Eignung für die Führung einer selbständigen Erwerbstätigkeit,
- fachliche Qualifikation für eine selbständige Erwerbstätigkeit,
- gesundheitlich gute Prognose und Eingliederungsfähigkeit für eine länger dauernde Erwerbsphase.

  I 144/01 v. 16.5.2002 betr. Depression wegen finanziellen Engpässen.

cc) Leistungen

Kapitalhilfe wird geboten in Form von:

5.157
- nicht rückzahlbarer Geldleistung, wenn sich die versicherte Person zu einer Mindestdauer der selbständigen Erwerbstätigkeit oder der Einhaltung anderer Bedingungen verpflichtet, in der IV bis zu einem Betrag von Fr. 15'000.– (KSBE Rz. 6020) und nur ausnahmsweise höher, in der MV bis zum doppelten Höchstjahresverdienst. Wird die Tätigkeit vorzeitig aufgegeben, kann die Kapitalhilfe zurückgefordert werden.
- rückzahlbarer verzinslicher oder/und unverzinslicher sog. Amortisationsdarlehen in der IV bis Fr. 100'000.– (KSBE Rz. 6021), wobei der Zinssatz 2% beträgt (KSBE Rz. 6013).
- Garantieleistungen,
- leihweiser Abgabe von wieder verwertbaren Betriebseinrichtungen, wenn eine Geldleistung ohne Rückzahlungspflicht nicht in Betracht fällt und die Verzinsung und die Amortisation eines Darlehens für die versicherte Person nicht zumutbar sind. Zudem wird vorausgesetzt, dass die Einrichtung durch die IV verwertet werden kann, wenn die versicherte Person die Bedingungen für deren Benützung nicht mehr erfüllt.

5.158 Die Kapitalhilfe wird mit Auflagen versehen, insb. was Buchführung und Einsicht in die Geschäftsführung betrifft. Bei Wegfall der Voraussetzungen für die Kapitalhilfe resp. bei Verletzung von Auflagen wird nach einem Mahnverfahren die Kapitalhilfe zurückgefordert. Die Versicherung hat auch das Recht, bei Zumutbarkeit Amortisationen zu verlangen oder eine Sicherheit wie z.B. ein Pfandrecht resp. Grundpfandrecht zu beanspruchen.

II. Geldleistungen (Art. 15 ATSG)

Einführende Bemerkungen

Während die Sachleistungen auf die Wiederherstellung eines gesundheitlichen oder beruflichen Defizits gerichtet sind und, einschliesslich ausgerichteter Taggelder, daher i.d.R. vorübergehenden Charakter haben, kommt den Geldleistungen grundsätzlich eine andere Funktion zu. Geldleistungen haben primär die Funktion des Ausgleichs entgangenen Erwerbseinkommens. Sie dienen der Existenzsicherung und helfen, Armut und Sozialhilfebedürftigkeit zu verhindern. Darüber hinaus helfen Geldleistungen, besonders nachhaltig anfallende zusätzliche Kosten für Pflege, Betreuung, Diät und dgl. zu finanzieren. Nicht als Ersatzleistung, sondern als Ausgleich für seelische Unbill versteht sich die Integritätsentschädigung (vgl. 5.344 ff.). 5.159

8C_248/2015 v. 21.9.2015, E. 1.2 betr. keine Anwendbarkeit von Art. 105 Abs. 3 BGG auf Reisekostenvergütungen der UV; BGE 133 V 57, E. 6.6 und 6.7 betr. Heilbehandlung und Taggelder als vorübergehende Leistungen.

Wenn man von Geldleistungen spricht, sind nur die Leistungen der Versicherer gegenüber den versicherten Personen gemeint, nicht hingegen Beiträge der Versicherten an die Versicherung. Art. 15 ATSG fasst exemplarisch zusammen, welche Versicherungsleistungen zu den Geldleistungen zählen: Taggelder, Renten, Hilflosenentschädigungen, Integritätsentschädigungen, Zulagen. Demgegenüber sind Kostenvergütungen für Sachleistungen letzteren zuzurechnen. 5.160

Die systematische Abgrenzung zwischen Geld- und Sachleistung wird jedoch in den Gesetzen nicht konsequent vorgenommen, nicht einmal im ATSG selber (Art. 17 ATSG ist auch auf Sachleistungen anwendbar). Ausschliesslich auf Geldleistungen anwendbar sind aber die Art. 16, 18–20, 21 Abs. 1–3 und 5, 66 und 68 ATSG. 5.161

Die Unterscheidung zwischen Geld- und Sachleistungen einerseits und zwischen den verschiedenen Funktionen der Geldleistungen andererseits spielt bei der Rechtsanwendung, im Zusammenhang mit dem Koordinationsrecht und der Kognition des Bundesgerichts eine Rolle (vgl. hinten 5.368 und 7.110). 5.162

1. Hilflosenentschädigung

a) *Begriff (Art. 9 ATSG), Auszahlung (Art. 42 ff. IVG, Art. 35 ff. IVV; , Art. 19 Abs. 3, 67 Abs. 2 ATSG)*

Die Hilflosenentschädigung bezweckt, *gesundheitsbedingt* zusätzlich durch Pflege, Transport, Hilfsmittel, Diät und dgl. anfallende Mehrkosten abzudecken. Effektiv entstandene Kosten müssen aber nicht konkret nachgewiesen werden (abstrakte Leistung). Die Hilflosenentschädigung wird beinahe in allen Sozialversicherungszweigen (AHV, IV, UV, MV) angeboten. Der Begriff der Hilflosigkeit ist 5.163

in Art. 9 ATSG definiert als *Beeinträchtigung der körperlichen, geistigen oder seelischen Gesundheit, deretwegen die versicherte Person für die alltäglichen Lebensverrichtungen dauernd (d.h. täglich, regelmässig, nicht nur sporadisch) die Hilfe Dritter benötigt oder wegen Selbst- oder Fremdgefährdung der Überwachung bedarf.*

5.164 Die Hilflosentschädigung setzt eine *gesundheitsbedingte* Hilfsbedürftigkeit voraus, also einen für die Einschränkungen in den Lebensverrichtungen kausalen Gesundheitsschaden, aber keine Invalidität im Sinn der dauernden Erwerbsunfähigkeit. Hilflosenentschädigungen sind daher grundsätzlich unabhängig vom Anspruch auf andere Geldleistungen, insb. von einer Invalidenrente, zu leisten.

BGE 133 V 42, E. 3 betr. Begriff der Hilflosigkeit und Beginn des Anspruchs auf Hilflosenentschädigung in der UV.

5.165 Hilflosenentschädigungen werden für den ganzen Monat im Voraus ausbezahlt (Art. 19 Abs. 3 ATSG). Sie gehören zu den nicht exportierbaren Geldleistungen (weil nicht durch Beiträge finanziert), auch nicht in den EU/EFTA-Raum, werden somit dem Territorialitätsprinzip folgend nur an Bezüger mit Wohnsitz und gewöhnlichem Aufenthalt in der Schweiz ausgerichtet (vgl. vorne 5.09).

5.166 Während eines stationären (d.h. mehr als 24-stündigen), der (kurativen) Wiedereingliederung dienenden *Aufenthalts in einer Heilanstalt* (d.h. im Spital, nicht Pflegeheim) werden Hilflosenentschädigungen sistiert. Der Hilfsbedürftigkeit wird insofern Rechnung getragen, als für die Betreuung in der Heilanstalt Pflegepersonal und die gesamte für den Heilanstaltscharakter notwendige Infrastruktur (vgl. Art 39 KVG: medizinische Einrichtungen, Arzt, anderes Fachpersonal) verfügbar und die Pflegeaufwendungen durch die Kranken-, Unfall- oder Militärversicherung abgedeckt sind. Die Sistierung bezieht sich immer nur auf ganze Kalendermonate (z.B. bei sechs Wochen Heilanstaltsaufenthalt entfällt eine Monatszahlung: Art. 67 Abs. 2 ATSG; vgl. hinten 5.374).

5.167 Der Anspruch auf Hilflosenentschädigung entfällt zudem für volljährige Versicherte im betreffenden ganzen Kalendermonat, vorbehalten bleiben schwere Fälle, wenn sich die versicherte Person zwecks *Vollzugs von durch die IV finanzierten Eingliederungsmassnahmen i.S.v. Art. 8 Abs. 3 IVG* während mindestens 24 Tagen im Kalendermonat in einer Institution aufhält, da dort für die Betreuung und Begleitung gesorgt ist (Art. 42 Abs. 5 IVG i.V.m. Art. 35bis Abs. 1 IVV; KSIH Rz 8006). Minderjährige, die sich zwecks *Vollzugs von durch die IV finanzierten Eingliederungsmassnahmen i.S.v. Art. 8 Abs. 3 IVG* in einer Institution aufhalten, haben für *diese Tage* keinen Anspruch auf Hilflosenentschädigung. Für sie entfällt der Anspruch auch für die Tage, während denen sie sich in einem *Heim* (z.B. bei Sonderschulung, heilpädagogische Grossfamilie; zum IV-rechtlichen Heimbegriff vgl. Art. 35ter IVV sowie KSIH Rz 8005) oder einer Heilanstalt zu Lasten der Sozialversicherung aufhalten (Art. 42bis Abs. 4 IVG i.V.m. Art. 35bis Abs. 2 IVV).

Volljährige Versicherte, die pro Kalendermonat mehr als 15 Nächte in einem *Heim (= kollektives, organisiertes, betreutes, unselbständiges Wohnen)* verbringen (vgl. Art. 35ter IVV sowie KSIH Rz 8005), haben Anspruch auf nur *einen Viertel* der Hilflosenentschädigung, während der Anspruch auf die *volle* Leistung nur beim Wohnen zu Hause (ausserhalb einer Einrichtung) während mindestens 15 Nächten im Monat besteht (Art. 42ter Abs. 2 IVG; Förderung des zu Hause Lebens). 5.168

BGE 132 V 321, E. 6.3 sowie I 459/05 v. 24.7.2006, E. 3.4 betr. Abgrenzung zwischen Wohnen im Heim und Wohnen zu Hause.

b) Die einzelgesetzlichen Leistungsvoraussetzungen (Art. 43bis Abs. 2 AHVG; Art. 42bis IVG; Art. 26 UVG, Art. 37 UVV; Art. 20 MVG)

In der ***AHV*** wird einzig auf die Voraussetzungen gemäss Art. 9 ATSG abgestellt und zusätzlich eine Wartezeit von einem Jahr bereits bestehender schwerer, mittlerer oder leichter (bei Pflege zu Hause) ununterbrochener Hilflosigkeit vorausgesetzt (Art. 43bis Abs. 2 AHVG). Der Anspruch beginnt im Moment, in dem auch der AHV-Rentenanspruch (auch bei vorgezogener Rente) beginnt, so dass die Wartezeit schon zeitlich davor zurückgelegt werden kann. 5.169

BGE 133 V 569, E. 5.5 betr. kein Anspruch auf lebenspraktische Begleitung eines Altersrentners (hingegen Besitzstand bei vormaligem IV-Rentner); BGE 137 V 162 ff. betr. kein Wiederaufleben des früheren Anspruchs auf Hilflosenentschädigung der AHV mangels ausdrücklicher gesetzlicher Grundlage.

In der ***IV*** entsteht der Anspruch auf Hilflosenentschädigung nach Ablauf der einjährigen Wartezeit (Art. 42 Abs. 4 i.V.m. Art. 28 Abs. 1 lit. b IVG, nicht auch Art. 29 Abs. 1 IVG) am ersten Tag des Monats, in dem sämtliche Anspruchsvoraussetzungen erfüllt sind. Er endet am Ende des Monats, in dem die Voraussetzungen wegen Änderung des Hilflosigkeitsgrades wegfallen, mit Beginn des Altersrentenanspruchs (Wechsel zu einer Hilflosenentschädigung der AHV mit Anspruch auf Besitzstandswahrung) oder mit dem Tod. Bei Kleinkindern im ersten Lebensjahr entsteht der Anspruch in dem Zeitpunkt, in dem die Hilflosigkeit das erforderliche Mass erreicht hat und voraussichtlich 12 Monate dauern wird (Art. 42bis Abs. 3 IVG). 5.170

BGE 144 V 361, E. 6.2 betr. analoge Anwendung von Art. 28 Abs. 1 lit. b IVG auf Beginn des Anspruchs auf Hilflosenentschädigung.

In der IV gilt jemand auch als hilflos, wenn er aus physischen oder psychischen Gründen auf regelmässige *lebenspraktische Begleitung* angewiesen ist (Art. 42 IVG i.V.m. Art. 38 IVV). Diese kann beansprucht werden, wenn man zu Hause lebt und dafür auf Begleitung im Haus und ausserhalb des Hauses zwecks Verrichtung alltäglicher Geschäfte oder zwecks Kontaktpflege angewiesen ist oder wenn man ernsthaft gefährdet ist, sich von der Aussenwelt zu isolieren. Bei psychisch bedingter lebenspraktischer Begleitung muss aber zusätzlich ein Anspruch auf eine Viertelrente der IV vorliegen. Minderjährige haben jedoch keinen Anspruch auf Hilflosenentschädigung, wenn sie lediglich auf lebenspraktische Begleitung angewiesen sind (Art. 42bis Abs. 5 IVG). 5.171

5.172 Durch die Aufhebung von Pflege- und Hauspflegebeiträgen gemäss aArt. 14 IVG für Minderjährige wurden die Anspruchsvoraussetzungen auf Hilflosenentschädigung für Minderjährige in Art. 42bis IVG überführt. Gelockert sind die Bedingungen bzgl. der versicherungsmässigen Voraussetzungen für minderjährige Schweizerbürger ohne Wohnsitz in der Schweiz sowie für ausländische Minderjährige entsprechend den Bedingungen von Art. 9 Abs. 3 IVG. Minderjährige mit erhöhtem Betreuungsaufwand haben zusätzlich einen Anspruch auf einen *Intensivpflegezuschlag* zur Hilflosenentschädigung (Art. 42ter Abs. 3 IVG, Art. 39 IVV; vgl. hinten 5.183).

5.173 In der ***UV*** wird zwar Dauerhaftigkeit der Hilflosigkeit vorausgesetzt, doch sieht das Gesetz kein Wartejahr vor.

8C_745/2012 v. 4.3.2013, E. 6.4/5 betr. kein Anspruch bei Eintritt des Todes nach zwei Monaten; BGE 133 V 42, E. 3 betr. keine Anknüpfung des Anspruchs an Invalidenrentenbeginn.

5.174 Die ***MV*** richtet keine eigentliche Hilflosenentschädigung, sondern eine Zulage aus (Art. 20 MVG).

c) Die Leistungsvoraussetzungen bzgl. der Hilflosigkeit

aa) Hilfe Dritter

5.175 Zur Überwindung der gesundheitsbedingten Einschränkungen in den alltäglichen Lebensverrichtungen müssen grundsätzlich Drittpersonen beigezogen werden. Diese brauchen nicht speziell ausgebildet zu sein und können auch zur Familie zählen. Die Dritthilfe muss durch eine *persönliche Teilnahme oder Überwachung* (eine allgemeine oder kollektive Aufsicht in einer Institution genügt nicht) der Lebensverrichtungen oder notwendiger Vor- resp. Nachbereitungshandlungen erfolgen. Die Hilfe besteht konkret im:

- *Handanlegen* (z.B. Waschen, Anziehen, Verabreichung von Nahrung, Diätkochen, Stützen): direkte Hilfeleistung oder
- *Auffordern* der versicherten Person, eine bestimmte Handlung vorzunehmen (z.B. Einnahme von Medikamenten oder Nahrungsaufnahme, Vornahme der Körperpflege etc.): indirekte Hilfeleistung oder
- *Überwachen* der hilflosen Person oder der von ihr selbst durchgeführten Verrichtungen (z.B. bei Sturz- oder Erstickungsgefahr): indirekte Hilfeleistung.

5.176 Hilflosigkeit wird aber auch bejaht, wenn die Verrichtung zwar ohne Dritthilfe aber in unnatürlicher (unwürdiger, unzumutbarer) Art vorgenommen werden muss.

8C_728/2010 v. 28.1.2011, E. 2.4 betr. Unzumutbarkeit, nur zerkleinerte Esswaren einzukaufen, vgl. auch BGE 106 V 153, E. 2 (Essen mit den Fingern); 8C_674/2007 v. 6.3.2008, E. 6 betr. Unzumutbarkeit des eigenhändigen Katheterisierens.

Die Hilfe Dritter ist jedoch nicht angezeigt, wenn durch *Abgabe eines Hilfsmittels* die nötige Selbständigkeit ebenfalls erzielt werden kann. Verwendet die versicherte Person ein von der IV nicht finanziertes Hilfsmittel, darf dieses bei der Bemessung der Hilflosigkeit jedoch nicht mitberücksichtigt werden. Ebenfalls aus Gründen der Schadenminderungspflicht können von der betroffenen Person gewisse zumutbare Eigenanstrengungen, eine Angewöhnung oder die Anpassung von Kleidern oder Geräten erwartet werden. Auch führt die verlangsamte oder erschwerte Vornahme der alltäglichen Lebensverrichtungen noch nicht zur Hilflosigkeit, sondern muss von der versicherten Person akzeptiert werden, sofern die Vornahme nicht menschenunwürdig und unzumutbar wird.

9C_560/2017 v. 17.10.2017, E. 3 betr. Verwendung eines Closomaten zur Analreinigung (i.c. verneint); 8C_112/2008 v. 8.4.2008, E. 3.1 betr. Zumutbarkeit der Überwindung der Bettlägerigkeit trotz geltend gemachter psychischer Verschlimmerung des Gesundheitszustandes; BGE 117 V 146, E. 3.a betr. Hilfsmittel, die von der IV nicht finanziert werden.

bb) Alltägliche Lebensverrichtungen

Nicht ausschlaggebend ist, ob die hilflose Person einen Nutzen von den Lebens- 5.177
verrichtungen hat (abstrakter Schaden) resp. eine Vornahme überhaupt noch möglich ist. So kommen auch total verwirrte Personen, gelähmte oder Koma-Patienten in den Genuss der Hilflosenentschädigung.

Die Gerichtspraxis hat folgende sechs Lebensverrichtungen als alltäglich not- 5.178
wendig erklärt (BGE 127 V 97):

- *Ankleiden, Auskleiden,*
- *Aufstehen, Absitzen, Abliegen,*
- *Essen/Trinken,*
- *Körperpflege,*
- *Verrichten der Notdurft,*
- *Soziale Kontaktnahme und Fortbewegung im oder ausser Haus.*

Da sich diese Funktionen auch aus Teilfunktionen zusammensetzen, wie z.B. das Arrangieren der Kleider bei Verrichtung der Notdurft, das Zerkleinern der Nahrung beim Essen, das Ein- und Aussteigen aus der Badewanne oder Waschen gewisser Körperteile, gilt bei der Einschränkung einer Teilfunktion die ganze Körperfunktion als eingeschränkt. Eine Funktion oder Teilfunktion darf immer nur einmal berücksichtigt werden

C_491/2018 v. 8.1.2019, E. 5.2 betr. keine Doppelberücksichtigung von Teilfunktion bei Notdurft und Fortbewegung; BGE 117 V 146, E.3.b betr. Nutzlosigkeit der Teilfunktion «Aufstehen», ohne sich weiterbewegen zu können.

d) *Bemessung der Hilflosigkeit (Art. 37 IVV; Art. 38 UVV)*

5.179 Der Grad der Hilflosigkeit ist unabhängig vom Aufenthaltsort (Heim, zu Hause) oder der Lebensform (Familienverhältnisse) objektiv nach dem Zustand der versicherten Person zu beurteilen. Unter dem Aspekt der Schadenminderungspflicht ist zu klären, ob durch das Verhalten der versicherten Person, organisatorische Massnahmen oder zumutbare Mithilfe von Angehörigen, also ohne unverhältnismässigen Mehraufwand, der Hilflosigkeitsgrad reduziert werden kann.

8C_91/2016 v. 13.6.2016, E. 5.2.3.1 betr. schadenmindernde Mithilfe von Familienangehörigen.

Die Gesetze unterscheiden übereinstimmend drei Grade der Hilflosigkeit, wobei in der IV zudem die lebenspraktische Begleitung integriert ist. Aufgrund der ärztlichen Stellungnahme wird bestimmt, wie viele der Lebensverrichtungen nicht mehr selbständig ausführbar sind resp. in welchem Umfang eine ständige Überwachung notwendig ist.

5.180 *Schwere Hilflosigkeit (Art. 37 Abs. 1 IVV; Art. 38 Abs. 2 UVV):* Alle sechs von der Praxis anerkannten Lebensverrichtungen sind nicht mehr möglich. Des Weiteren muss eine dauernde Pflege nötig sein oder zumindest eine persönliche Überwachung.

5.181 *Mittlere Hilflosigkeit* (Art. 37 Abs. 2 IVV; Art. 38 Abs. 3 UVV): Einschränkung in den meisten (d.h. mindestens vier [KSIH, Rz. 8009]) Lebensverrichtungen (lit. a); oder mindestens Einschränkung in zwei Lebensverrichtungen und kumulativ dauernde persönliche Überwachung (lit. b) (in der IV: oder dauernde lebenspraktische Begleitung [lit c; Art. 38 IVV]).

5.182 *Leichte Hilflosigkeit (Art. 37 Abs. 3 IVV; Art. 38 Abs. 4 UVV):* Mindestens Einschränkung in zwei Lebensverrichtungen oder dauernde persönliche Überwachung oder dauernde aufwendige Pflege oder Hilfe Dritter zwecks Kontaktnahme bei schwerer Sinnes- oder Körperschädigung (in der IV: oder dauernde lebenspraktische Begleitung [Art. 38 IVV]).

9C_691/2014 v. 11.12.2014, E. 5 betr. Abgrenzung von lebenspraktischer Begleitung und Auffordern zur Vornahme einer Lebensverrichtung; 8C_920/2013 v. 17.7.2014; E. 2 betr. besonders aufwendige Pflege; 9C_715/2014 v. 23.6.2015, E. 4.3.2 betr. Ausmass der zumutbaren Mithilfe von Familienangehörigen; 9C_543/2007 v. 28.4.2008, E. 5.2.2 betr. Voraussetzung der sich bereits *effektiv manifestiert* habenden Isolation bei lebenspraktischer Begleitung.

5.183 Einen *Intensivpflegezuschlag als Zusatzleistung für eine Hilflosenentschädigung der IV (Art. 39 IVV)* erhalten Minderjährige, wenn sie gesundheitsbedingt mindestens 4 Stunden täglich einen *Mehr*aufwand (im Vergleich zu einem Kind im gleichen Alter) an medizinischer oder pflegerischer Hilfeleistung benötigen, sich die Pflege und Betreuung als mühsam erweist bzw. zur Unzeit (in der Nacht) erfolgen muss oder wenn zusätzlich zur Pflege eine dauernde Überwachung notwendig ist (= Anrechnung von 2 Stunden Betreuung und bei intensiver Überwachung Anrechnung von 4 Stunden Betreuung). Es handelt sich somit um Hilfeleistungen, die über die alltäglichen Lebensverrichtungen hinausgehen und nicht von der Hilflosenentschädigung abgedeckt sind.

8C_663/2016 v. 17.1.2017, E. 2.2.2 betr. Begriff der aufwändigen Pflege.

e) Höhe der Hilflosenentschädigung (Art. 43bis Abs. 3 AHVG, Art. 66bis AHVV; Art. 42ter IVG; Art. 27 UVG, Art. 38 Abs. 1 UVV; Art. 20 MVG)

Die Entschädigung, die nicht an den Nachweis von Mehrkosten geknüpft ist, wird ausschliesslich nach dem Grad der Hilflosigkeit bemessen. Bezüglich der Anspruchsberechtigung und des Umfangs der Leistung wird in der ersten Säule unterschieden, ob die Person zu Hause oder im Heim wohnt, und ob sie voll- oder minderjährig ist. 5.184

Die Hilflosenentschädigung ist eine monatliche Leistung in Form einer Rente. Sie ist unabhängig vom Einkommen und entspricht folgenden Beträgen:

AHV: 80%, 50% resp. 20% des Mindestbetrags der einfachen Altersrente; Leistungen für leichte Hilflosigkeit (20%) entfallen jedoch beim Aufenthalt in einem Heim (= von Kanton als Heim anerkannte Institution mit Betriebsbewilligung); sie bilden Teil der neuen Pflegefinanzierung. 5.185

IV: 80%, 50% resp. 20% des Höchstbetrags der Altersrente. Bei Heimaufenthalt oder beim Wohnen in Wohngemeinschaften mit Heimstatus (vgl. zur Abgrenzung zum autonomen Wohnen: KSIH Rz 8005) ist der Ansatz auf einen Viertel reduziert. Der Intensivpflegebeitrag für *Minderjährige* bei Betreuung zu Hause abgestuft nach 8, 6 resp. 4 Stunden Mehrbetreuungs- resp. Überwachungsmehraufwand pro Tag entspricht 100%, 70% resp. 40% des Höchstbetrags der Altersrente. Minderjährige in Pflegefamilien (nicht jedoch in [heilpädagogischen] Grossfamilien, die wegen ihrer Struktur, Organisation und Infrastruktur einem Heim gleichgestellt sind), erhalten dieselben Leistungen, wie wenn sie bei den Eltern wohnen würden, d.h. sie haben im selben Umfang und zu den gleichen Bedingungen Anspruch auf eine Hilflosenentschädigung und einen Intensivpflegezuschlag (KSIH, Rz 8005.5). Die Entschädigung für Minderjährige berechnet sich pro Tag (Art. 42ter Abs. 1 IVG). 5.186

UV: Ausgehend vom Höchstbetrag des versicherten Taggeldes von Fr. 406.– entspricht die Hilflosenentschädigung je nach Hilflosigkeitsgrad dessen 6, 4 oder 2fachen Wert. 5.187

MV: Zulage im Umfang der anfallenden zusätzlichen Kosten für Pflege, Betreuung etc. 5.188

2. Assistenzbeitrag

a) Allgemeines

5.188a Der Assistenzbeitrag wurde mit der IV-Revision 6a eingeführt. Er will den eine Hilflosenentschädigung der Invalidenversicherung beziehenden Personen die Möglichkeit eröffnen, mittels zusätzlicher Dritthilfe, anstatt im Heim, zu Hause ein selbstbestimmtes Leben führen zu können.

b) Voraussetzungen (Art. 42^quater IVG, Art. 39a f. IVV)

5.188b Die in Art. 42^quater Abs. 1 IVG aufgeführten Voraussetzungen müssen kumulativ erfüllt sein. Anspruch auf einen Assistenzbeitrag haben Versicherte, die

- *eine Hilflosenentschädigung der IV* nach Art. 42 Abs. 1–4 IVG beziehen (also kein Anspruch bei Ausrichtung einer Hilflosenentschädigung durch die UV, MV oder AHV [Ausnahme: Besitzstand nach Art. 43ter AHVG]).

  BGE 140 V 113, E. 5-7 betr. kein Anspruch auf Assistenzbeitrag bei HLE der UV.

- *zu Hause* leben. Das Wohnen in einer eigenen selbst bewirtschafteten Privatwohnung mit eigener Haushaltführung (nicht bei den Eltern wohnende Erwachsene, vgl. KS über den Assistenzbeitrag Rz 2007 i.V.m. Rz 2019), auch im Sinne des Wohnens in einer Wohngemeinschaft mit eigenem Zimmer, ist zentraler Bestandteil einer selbstbestimmten Lebensführung (zur Unterscheidung zwischen Wohnen zu Hause oder im Heim vgl. KSIH Rz 8003.1 und 8005).

- *handlungsfähig* sind. Mit dem Assistenzbeitrag gehen für die Bezüger/innen verschiedene Verantwortlichkeiten und Pflichten einher: Sie sind Arbeitgebende der Assistenzperson, definieren und organisieren die benötigte Hilfe und kontrollieren deren Qualität. Bei volljährigen Personen wird grundsätzlich angenommen, dass sie die notwendigen Eigenschaften und Fähigkeiten zur Wahrnehmung dieser Pflichten aufweisen. Personen mit *eingeschränkter Handlungsfähigkeit* haben Anspruch auf einen Assistenzbeitrag, wenn sie zusätzlich *eine* der in Art. 39b IVV genannten Voraussetzungen erfüllen (wie das Führen eines eigenen Haushaltes [auch: WG mit eigenem Zimmer]; Absolvieren einer regulären beruflichen oder allgemeinen Ausbildung mind. auf Sekundarstufe II; oder das Ausüben einer gewissen minimalen Erwerbstätigkeit auf dem regulären Arbeitsmarkt).

  9C_753/2016 v. 3.4.2017, E. 6 betr. Besitzstand aufgrund von Art. 39b lit. d IVV.

5.188c Eine ähnliche Ausnahmeregelung gilt für *minderjährige Versicherte*. Sie haben Anspruch auf einen Assistenzbetrag, wenn sie nebst den Voraussetzungen nach Art. 42^quater Abs. 1 lit. a und b IVG auch die Bedingungen nach Art. 39a IVV erfüllen, d.h. (alternativ):

- Besuch der obligatorischen Schule in einer Regelklasse oder eine Ausbildung auf Sekundarstufe II (inkl. Berufsausbildung);
- Erwerbstätigkeit im Umfang von wöchentlich mind. 10 Stunden auf dem regulären (ersten) Arbeitsmarkt (nicht: Tätigkeit in geschützter Werkstätte);
- Intensivpflegezuschlag für einen Pflege- und Überwachungsbedarf von mind. 6 Stunden pro Tag (Art. 42ter Abs. 3 IVG). Hier ist der Assistenzbeitrag als zusätzliche Entlastung für Eltern von Kindern mit einem hohen Pflege- und Überwachungsbedarf gedacht (z.B. für Kinderspitex); es soll ermöglicht werden, dass ihre Kinder zuhause wohnen können.

c) *Umfang und Höhe (Art. 42^{quinquies} ff. IVG, Art. 39c ff. IVV)*

Durch den Assistenzbeitrag werden gem. Art. 42^{quinquies} IVG Hilfeleistungen gedeckt, die von der versicherten Person benötigt und *regelmässig* (nicht unbedingt täglich, aber immer wiederkehrend) von einer *natürlichen* Person (Assistenzperson) erbracht werden. Letztere muss durch einen Arbeitsvertrag (Art. 319 ff. OR) angestellt sein (von der versicherten Person selbst oder im Falle fehlender Handlungsfähigkeit von ihrer gesetzlichen Vertretung) und darf weder mit der versicherten Person verheiratet oder in gerader Linie verwandt sein noch mit ihr im Konkubinat oder in eingetragener Partnerschaft leben. Als Assistenzpersonen ausgeschlossen sind also jene Personen, von denen, im Sinne der Schadenminderungspflicht, ein gewisses Mass an nicht finanziell entschädigter Hilfeleistung erwartet werden darf (Abgrenzung folgt der Unterstützungspflicht gem. Art. 328 ZGB resp. Unterhaltspflicht gem. Art. 163 und 276 ff. ZGB). 5.188d

BGE 141 V 642, E. 4 betr. Zumutbarkeit der Unterstützung durch betagte Eltern.

Der *zeitliche Umfang*, für den ein Assistenzbeitrag ausgerichtet wird, entspricht höchstens dem zeitlichen Umfang der regelmässig benötigten Hilfeleistungen, abzüglich des zeitlichen Umfangs, der bereits durch andere Leistungen gedeckt ist (Art. 42^{sexies} Abs. 1 lit. a–c IVG): durch die Hilflosenentschädigung nach Art. 42 ff. IVG, aber mit Ausnahme des Intensivpflegezuschlags; Dienstleistungen Dritter anstelle eines Hilfsmittels nach Art. 21ter Abs. 2 IVG; sowie abzüglich des Teils des Beitrags nach Art. 25a KVG, der für Massnahmen der Grundpflege (Art. 7 Abs. 2 lit. c KLV) ausgerichtet wird (koordinationsrechtlich ein Abweichen von Art. 64 Abs. 1 und 2 ATSG). Der Assistenzbeitrag wird erst im Nachgang zu diesen Leistungen ausgerichtet. 5.188e

Bereiche, für die ein Hilfebedarf anerkannt und ein Assistenzbeitrag ausgerichtet wird, sind gemäss Art. 39c IVV: 5.188f

- alltägliche Lebensverrichtungen (Art. 9 ATSG, wie bei Hilflosenentschädigung);
- Haushaltsführung, d.h. Haushaltsarbeiten, administrative Aufgaben, Mahlzeitenzubereitung, Wohnungspflege, Einkauf und Besorgungen, Wäsche-

und Kleiderpflege (wird nicht anerkannt bei Minderjährigen, die bei den Eltern zuhause wohnen);

- gesellschaftliche Teilhabe und Freizeitgestaltung, d.h. einem Hobby nachgehen können, Betreuung von Pflanzen und Haustieren, lesen, Radio hören, fernsehen, Sport treiben, Teilnahme an gesellschaftlichen und kulturellen Anlässen;
- Erziehung und Kinderbetreuung (nur: eigene Kinder);
- gemeinnützige oder ehrenamtliche Tätigkeit, die unentgeltlich geleistet wird (allenfalls gegen Auslagenersatz). Die Hilfe darf aber nicht eingesetzt werden, um die Tätigkeit anstelle der versicherten Person zu erbringen;
- berufliche (für Minderjährige wohl auch Grundschule) Aus- und Weiterbildung im Zusammenhang mit der aktuellen oder künftigen beruflichen Tätigkeit (aufgrund anderweitiger Finanzierung ausgeschlossen sind Ausbildungen in Eingliederungsstätten und Weiterbildungen der Behindertenorganisationen). Anerkannt sind Hilfeleistungen, welche für den Besuch behinderungsbedingt notwendig sind, nicht hingegen die Aus- und Weiterbildung selbst oder die Fahrkosten dorthin;
- Erwerbstätigkeit auf dem regulären Arbeitsmarkt (nicht: Beschäftigungsmassnahmen in spezialisierten Institutionen); Hilfe in diesem Bereich kann Handreichungen, Anleitung und Erlernen neuer Aufgabenfelder, Fortbewegung und Kommunikation umfassen;
- Überwachung während des Tages, wenn aufgrund des Gesundheitszustandes notwendig und soweit nicht durch andere Bereiche abgedeckt;
- Nachtdienst, wenn gesundheitsbedingt erforderlich, dass die Person umgelagert werden muss (z.B. bei künstlicher Beatmung); beschränkt auf max. 8 Stunden (von 22 Uhr bis 6 Uhr).

Damit die erbrachten Hilfeleistungen im Rahmen des Assistenzbeitrages anerkannt werden können, muss die versicherte Person mit einer oder mehreren Assistenzpersonen einen *Arbeitsvertrag von mehr als drei Monaten* abschliessen (Art. 39d IVV; zu den Folgen bei einer Verhinderung an der Erbringung der Arbeitsleistung: siehe Art. 39h IVV).

5.188g Die zuständige IV-Stelle bestimmt im Einzelfall den anerkannten Hilfebedarf, wobei sie die *monatlichen Höchstsätze* nach Art. 39e Abs. 2 IVV zu berücksichtigen hat (Abstufung dreier Kategorien, in welche die Bereiche gemäss Art. 39c IVV eingeteilt sind, sowie nach Anzahl alltäglicher Lebensverrichtungen und Grad der Hilflosigkeit; die Höchstsätze für die drei Kategorien können kumuliert werden). Gemäss Art. 39e Abs. 4 IVV erfolgen Kürzungen der Höchstsätze im Falle regelmässiger Aufenthalte in einer Institution (gemäss Art. 3 IFEG sowie Heime [Art. 35ter IVV], Spitäler, psychiatrische Kliniken, Sonderschulen und berufliche

Eingliederungsstätten). Der Assistenzbeitrag unterliegt überdies der Revision (Hilfebedarf ist ein Revisionsgrund nach Art. 87 IVV).

BGE 140 V 543, E. 3.5 betr. Kürzung des Höchstansatzes wegen Aufenthalt in einer Institution.

Die *Höhe des Assistenzbeitrages* beträgt Fr. 33.20 pro Stunde (Art. 39f IVV). 5.188h
Sind besondere Qualifikationen der Assistenzperson notwendig, erhöht sich der Beitrag auf Fr. 49.80 pro Stunde. Für den Nachtdienst legt die IV-Stelle den Assistenzbetrag nach Intensität der zu erbringenden Hilfeleistung fest (max. Fr. 88.55 pro Nacht). Die IV-Stelle berechnet die Höhe des Assistenzbeitrages pro Monat und Jahr (Art. 39g IVV), wobei in Familiengemeinschaft lebenden Personen nur elf Monate pro Jahr ausbezahlt werden.

8C_225/2014 v. 21.11.2014, E. 8 betr. Schadenminderungspflicht durch Familie; BGE 141 V 642, E. 4 betr. Unzumutbarkeit der Schadenminderungspflicht bei Hilfe durch betagte Eltern.

Beginn des Anspruchs auf einen Assistenzbeitrag ist gemäss Art. 42^{septies} Abs. 1 5.188i
IVG frühestens der Zeitpunkt der Geltendmachung i.S.v. Art. 29 ATSG (Abweichung von Art. 24 Abs. 1 ATSG), d.h. ohne zusätzliche Wartefrist, bzw. der Wechsel vom Heim in den eigenen Haushalt. Vergütet werden auch Hilfeleistungen für maximal 12 Monate, die zwischen Anmeldung und Verfügung erbracht wurden. Die versicherte Person hat der IV-Stelle monatlich eine Rechnung einzureichen (Art. 39i IVV; Art. 82 Abs. 3 IVV: Auszahlung monatlich durch die ZAS). Der Anspruch *erlischt* bei Wegfall der Voraussetzungen nach Art. 42^{quater} IVG (z.B. Wegfallen der Hilflosenentschädigung [auch bei Wegzug/Aufenthalt im Ausland], Heimeintritt; Weiterausrichtung jedoch bei nur vorübergehender Änderung der Voraussetzungen während max. 3 Monaten), bei Erreichen des Rentenalters bzw. bei Rentenvorbezug (Art. 40 Abs. 1 AHVG) oder mit dem Tod der versicherten Person(Art. 42^{septies} Abs. 3 IVG). Gemäss Art. 43ter AHVG wird jedoch Personen, die bis zum Erreichen des Rentenalters resp. bis zum Rentenvorbezug einen Assistenzbeitrag der IV bezogen haben, mit dem Übergang zur AHV-Altersrente der Assistenzbeitrag im bisherigen Umfang von der AHV weitergewährt (Art. 42^{quater} ff. IVG gelten sinngemäss). Eine vorübergehende oder dauernde *Kürzung oder Verweigerung* des Assistenzbetrages ist nach durchgeführtem Mahnverfahren möglich (Art. 42^{octies} IVG i.V.m. Art. 21 ATSG), wenn die versicherte Person ihren arbeits- und sozialversicherungsrechtlichen Pflichten als Arbeitgeberin oder den Pflichten gegenüber der Versicherung nicht nachkommt.

Die IV-Stelle berät die versicherte Person bzgl. organisatorischer und administ- 5.188j
rativer Fragen zum Assistenzbeitrag (Art. 39j IVV). Sie kann für die Beratung Drittpersonen beauftragen (zu einem Stundenansatz von max. Fr. 75.– [insgesamt max. Fr. 1'500.–]) und während längstens 24 Monaten [6 Monate ab Anmeldung für den Assistenzbeitrag und max. 18 Monate ab Zusprechung des Assistenzbeitrages]).

3. Taggelder

a) Übersicht

5.189 Versicherungen, die medizinische und berufliche Massnahmen anbieten, richten auch Taggelder aus. Diese dienen der Überbrückung eines gesundheits-, eingliederungs- oder arbeitsmarktbedingten unfreiwilligen Erwerbsausfalls bzw. der Existenzsicherung während Eingliederungsmassnahmen. Zudem wird auch Lohnausfall zufolge Militärdienst und Mutterschaft durch Taggelder (Entschädigungen) ausgeglichen.

5.190 Taggelder sind vorübergehende Geldleistungen i.S.v. Art. 15 ATSG und werden von der IV, UV, MV, EO/MuV und ALV angeboten. Die freiwillig ausgestaltete Taggeldversicherung nach KVG (Art. 67 ff. KVG) ist wegen der in der Regel von den Versicherern wenig grosszügigen Taggeldangebote wenig attraktiv und hat keine grosse Bedeutung erlangt. Es darf zudem, im Sinne einer echten «Kann-Vorschrift», für vorbestehende Gesundheitsschäden ein Gesundheitsvorbehalt für max. fünf Jahre angebracht werden (Art. 69 KVG).

b) In der KV, UV und MV

aa) Voraussetzungen bei gesundheitsbedingtem Arbeitsausfall

aaa) Arbeitsunfähigkeit (Art. 6 ATSG; Art. 28 Abs. 3 MVG)

5.191 Gemäss Art. 6 ATSG, welcher für alle Sozialversicherungszweige gleichermassen gilt, bedeutet Arbeitsunfähigkeit *«die durch eine Beeinträchtigung der körperlichen, geistigen oder psychischen Gesundheit bedingte, volle oder teilweise Unfähigkeit, im bisherigen Beruf oder Aufgabenbereich zumutbare Arbeit zu leisten. Bei langer Dauer wird auch die zumutbare Tätigkeit in einem anderen Beruf oder Aufgabenbereich berücksichtigt».*

5.192 Arbeitsunfähigkeit ist als eine Einschränkung der Leistungsfähigkeit im Sinn einer *funktionellen Leistungseinbusse* (relativer Begriff) *mit Bezug auf die bisherige, d.h. unmittelbar vor Eintritt des Risikofalls ausgeübte Tätigkeit*, zu verstehen. Mit Tätigkeit gemeint ist die einen wirtschaftlichen Nutzen hervorbringende erwerbliche (am bisherigen Arbeitsplatz) oder nichterwerbliche Tätigkeit (im Aufgabenbereich), also nicht Liebhaberei. Beim sozialversicherungsrechtlichen Begriff der Arbeitsunfähigkeit handelt es sich somit nicht um die medizinisch-theoretische Funktionseinbusse (als absolute Einschränkung). Die gleiche Art eines Gesundheitsschadens führt daher je nach bisheriger Tätigkeit bei der einen Person zur Arbeitsunfähigkeit (z.B. der Handgelenkbruch einer Sekretärin oder eines Handwerkers) und bei einer andern Person nicht (z.B. der Handgelenkbruch einer Psychotherapeutin). Die bisherige Tätigkeit muss in dem Sinn unzumutbar geworden sein, als sie bei ihrer

Weiterführung den Gesundheitsschaden verschlimmern oder zu weiteren gesundheitlichen Schäden führen würde. Aufgrund der Relativität des Begriffs ist jeweils zu prüfen, ob am bisherigen Arbeitsplatz aus gesundheitlichen Gründen vorübergehend eine andere Tätigkeit zumutbar wäre (Schadenminderungspflicht).

BGE 135 V 287, E. 4 Bezugsgrösse für den Grad der Einschränkung bildet das zeitliche Pensum vor Risikoeintritt.

Die Funktionseinbusse hat *gesundheitsbedingt* zu sein. Dafür kausale Ursache muss ein Gesundheitsschaden *mit Krankheitswert* (erhobene Befunde) mit einer darauf beruhenden Diagnose (Beurteilung nur durch den Arzt) sein. Äussere Faktoren wie soziales, familiäres, bildungsmässiges, berufliches Umfeld und dgl. dürfen für sich alleine nicht Ursache der Einbusse sein (vgl. vorne 2.63 ff.). Bei der Unfall- oder Militärversicherung muss der Gesundheitsschaden zudem *natürlich und adäquat kausal* zum Risikoeintritt sein, d.h. mit dem Beweisgrad der überwiegenden Wahrscheinlichkeit (vgl. hinten 7.32) auf das Unfallereignis (oder den Diensteinsatz bei der MV) zurückgeführt werden können. 5.193

8C_609/2017 v. 27.3.2018, E. 4.2 betr. Kausalität von Unfallfolgen; BGE 141 V 281, E. 4.3.3 betr. Massgeblichkeit des bio-psychischen und nicht des bio-psycho-sozialen Krankheitsbegriffs bei der Beurteilung der Arbeitsfähigkeit.

Einzig in der *MV* wird die Arbeitsunfähigkeit wirtschaftlich definiert, d.h. als Verhältnis zwischen dem hypothetischen Verdienst ohne Gesundheitsschädigung und dem zumutbarerweise, unter Berücksichtigung auch der Wirtschafts- und Arbeitsmarktlage, zu erzielenden Verdienst mit der Gesundheitsschädigung (Art. 28 Abs. 3 MVG). 5.194

Die Arbeitsunfähigkeit setzt ein *labiles* gesundheitliches Geschehen voraus und ist daher grundsätzlich vorübergehender Natur. Dennoch kann auch ein solcher Zustand sich über längere Zeit hinweg erstrecken, weshalb in Satz 2 von Art. 6 ATSG der Grundsatz der Schadenminderungspflicht verankert ist. Die versicherte Person wird verpflichtet, bei langer Dauer der Arbeitsunfähigkeit – man geht von einer Richtgrösse von 6 Monaten aus – eine zumutbare Tätigkeit in einem anderen Beruf oder Aufgabenbereich zu suchen, wenn, nach allenfalls erfolgten Eingliederungsmassnahmen, eine Rückkehr in die bisherige Tätigkeit überhaupt nicht mehr möglich ist. Ist eine Rückkehr aber prognostisch betrachtet schon vorher oder von Anfang an aus gesundheitlichen Gründen aussichtslos, muss ein Tätigkeitswechsel schon früher, je nach den konkreten Umständen mit einer Übergangszeit von 3–5 Monaten, ins Auge gefasst werden. Die künftige Tätigkeit muss subjektiv zumutbar sein, und zwar nicht nur bzgl. der gesundheitlichen Gegebenheiten, sondern auch bzgl. Alter, Geschlecht, intellektueller Fähigkeiten oder örtlicher Gebundenheit (vgl. vorne 1.65). Ebenfalls aus dem Grundsatz der Schadenminderung heraus verpflichtet ist die versicherte Person, Massnahmen zu treffen, die die Arbeitsunfähigkeit verringern oder ausschliessen. 5.195

8C_714/2018 v. 5.3.2019, E. 4.4 betr. Voraussetzungen für Berufswechsel sowie Übergangsfrist; 8C_128/2015 v. 25.6.2015, E. 3 betr. schadenmindernde Operation am Daumengrundgelenk; 8C_545/2012 v. 25.1.2013, E. 3.2.1 betr. Ausschöpfen der Restarbeitsfähigkeit und Ermittlung resp. konkretes Prüfen möglicher leidensangepasster Tätigkeiten.

5.196 Während die UV und MV keinen Mindestgrad an Arbeitsunfähigkeit als Leistungsvoraussetzung statuieren, kann der Taggeldanspruch in der sozialen KV erst ab einem Arbeitsunfähigkeitsgrad von 50% entstehen (Art. 72 Abs. 2 KVG).

bbb) Wartezeiten, Koordination mit Lohnfortzahlung des Arbeitgebers

5.197 Um den Administrativaufwand bei Bagatellfällen in Grenzen zu halten sowie aus Koordinationsgründen mit der Lohnfortzahlungspflicht des Arbeitgebers, werden Taggelder nicht immer schon am ersten Tag der Arbeitsunfähigkeit ausbezahlt. Liegt eine *obligatorische* Taggeldversicherung vor (z.B. UVG), hat der Arbeitgeber gemäss Art. 324b OR den Lohn während der Wartezeit sowie für nicht versicherte Lohnbestandteile (z.B. Löhne von mehr als Fr. 148'200) zu 80% zu entrichten. Besteht hingegen eine *private,* Art. 324a Abs. 1–3 OR ersetzende VVG-Einzel- oder Kollektivtaggeldversicherung auf der Grundlage von Art. 324a Abs. 4 OR (Formerfordernis Schriftlichkeit), so ist bei Direktanspruch des Arbeitnehmers gegenüber der Einzel- oder Kollektivtaggeldversicherung und gesamthafter Gleichwertigkeit der Leistungen (70/80% des Lohnes während 720 Tagen, max. halbe Prämienlast) eine angemessene (nicht entlöhnte) Wartezeit von maximal 3 Tagen zulässig. Bei einer sog. aufgeschobenen Krankentaggeldversicherung (z.B. Taggelder erst nach 30, 60, 90 Tagen) ist der Lohn bis zum Einsetzen der Taggeldleistungen voll zu entrichten.

5.198 Hinsichtlich Wartezeiten ist die Regelung in *Art. 72 Abs. 2 KVG* dispositiver Natur. Danach beträgt die Wartezeit, wenn nicht eine kürzere oder auch eine längere Dauer (mit entsprechender Prämienreduktion) vereinbart ist, drei Tage, d.h. dass das Taggeld mit dem dritten Tag nach dem ärztlich bescheinigten Erkrankungstag zur Auszahlung gelangt. Bei mehreren aufeinander folgenden Erkrankungen darf nur eine Wartezeit angerechnet werden. Die Wartezeit gilt vorbehältlich anderslautender Vertragsbestimmung auch für Taggelder bei Mutterschaft.

5.199 Hinsichtlich Wartezeiten zwingender Natur ist hingegen *Art. 16 Abs. 2 UVG*, wonach der Taggeldanspruch am dritten, dem Unfalltag folgenden Tag einsetzt.

5.200 In der *Militärversicherung* wird auf eine Wartezeit verzichtet. Der Anspruch beginnt somit am Tag der ärztlich bescheinigten Arbeitsunfähigkeit. Der Anspruch wird jedoch aufgeschoben, soweit der Berechtigte Anspruch auf Leistungen der EO hat.

ccc) Schaden

5.201 Da das Taggeld grundsätzlich eine Erwerbsausfallentschädigung darstellt, wird eine entsprechende durch Arbeitsunfähigkeit bedingte Erwerbseinbusse erwartet. Der Anspruch setzt voraus, dass die versicherte Person, wäre sie nicht arbeitsunfähig geworden, einem Erwerb resp. einer sonstigen Tätigkeit (Aufgabenbereich) nachgehen würde. Die Einbusse kann auch in einem Restschaden bestehen, so insbesondere bei einer Verdiensteinbusse nach gesundheitsbedingt erfolgtem Stellen- oder Berufswechsel (vgl. Art. 6 Satz 2 ATSG, vgl. vorne 5.195).

Soweit die versicherte Person nicht mit dem Beweisgrad der überwiegenden Wahrscheinlichkeit nachweisen kann, ohne Arbeitsunfähigkeit einer Erwerbstätigkeit (Aufgabenbereich) nachzugehen, erleidet sie keinen Erwerbsausfall und somit keinen Schaden. In der *Unfallversicherung* ist aber im Hinblick auf die Möglichkeit der Abredeversicherung ein Schadensnachweis nicht erforderlich. Der Taggeldanspruch knüpft, wie sich aus dem Wortlaut von Art. 16 Abs. 1 UVG ergibt, an das während der Versicherungsunterstellung eingetretene Risiko (Unfall, unfallähnliche Körperschädigung, Berufskrankheit; Art. 6 Abs. 1 und 2 UVG) sowie die daraus entstehende Arbeitsunfähigkeit an und ist, was die Bemessung der Höhe des Taggeldes betrifft, abstrakt und vergangenheitsorientiert.

8C_243/2017 v. 31.8.2017, E. 3 betr. Taggeldanspruch auch über das Rentenalter hinaus.

Da in der *Krankenversicherung* das Taggeld an einen Schadenseintritt anknüpft, 5.202
wurde eine altersmässige Beitrittseinschränkung vorgenommen. Die Versicherungen haben das Recht, ab Vollendung des 65. Altersjahres den Beitritt zur Versicherung auszuschliessen oder die Leistungen einzuschränken resp. sogar aufzuheben.

BGE 124 V 203, E. 4 betr. Zulässigkeit der Reduktion der Taggeldhöhe nach Eintritt ins Pensionsalter.

In der Krankenversicherung, die auch Nichterwerbstätigen offen steht, werden im 5.203
Rahmen der Taggeldversicherung als Schaden zudem alle von der Pflegeversicherung nachweislich nicht gedeckten krankheitsbedingten Kosten anerkannt (Art. 69 Abs. 2 ATSG). Erst wenn diese vom Taggeld voll gedeckt sind, darf wegen Überversicherung gekürzt werden.

bb) Bemessungsgrundlage

Grundlage für die Bemessung des Taggeldes bildet in der *UV und MV, nicht aber* 5.204
unbedingt in der KV, der *effektiv erzielte*, versicherte Verdienst.

8C_250/2011 v. 3.6.2011, E. 3.2 betr. fiktiven Lohn eines im Betrieb arbeitenden Familienmitgliedes.

aaa) Unfallversicherung (Art. 15 UVG, Art. 22 ff. UVV)

Der Taggeldberechnung wird der versicherte Verdienst, der als letzter normaler 5.205
Lohn eines Voll- oder Teilzeitarbeitsverhältnisses *vor dem versicherten Ereignis* bezogen wurde, zu Grunde gelegt (keine Berücksichtigung künftiger Lohnentwicklungen aufgrund des Äquivalenzprinzips [vgl. vorne 4.18 ff.]!). Massgebend ist der dem effektiven Arbeitspensum entsprechende AHV-rechtliche Lohn i.S.v. Art. 7 AHVV, bereinigt um die in Art. 22 Abs. 2 lit. a–d UVV aufgeführten Abweichungen. Berücksichtigt werden alle sich aus dem Arbeitsverhältnis ableitenden Lohn*ansprüche* (13. Monatslohn, Zulagen, Ferienlohn etc.), nicht aber Spesenpauschalen (sofern nicht verdeckter Verdienst vorliegt), Freizeitansprüche zufolge Arbeitszeitkompensation oder freiwillige Leistungen (echte Gratifikation).

8C_361/2013 v. 21.1.2014, E. 5 betr. Berücksichtigung von Spesen bei Taggeld- und Überentschädigungsberechnung; BGE 139 V 464, E. 4 und 138 V 106, E. 5-7 betr. Bestimmung des versicherten Verdienstes eines Temporärarbeitnehmers (Art. 15 UVG; Art. 22 Abs. 4 UVV); U 94/06 v. 10.11.2006, E. 3 betr. Lohnreduktion wegen Reduktion des Arbeitspensums.

5.206 *Ausnahmen* vom Grundsatz des zuletzt vor dem Risikoeintritt versicherten Verdiensts als Bemessungsgrundlage finden sich in Art. 23 UVV. Bei diesen abschliessend aufgeführten Fällen handelt es sich um den nicht unter normalen Umständen erzielten Lohn. Massgebender versicherter Verdienst ist bei:

- *unverschuldet Arbeitsunfähigen* (Art. 23 Abs. 1 UVV) der mutmassliche Lohn, der ohne das in Art. 23 Abs. 1 UVV aufgeführte Ereignis verdient worden wäre;

  8C_914/2017 v. 3.5.2018, E. 6 betr. keine Anwendung von Art. 23 Abs. 1 UVV bei Invalidität.

- *Personen mit unregelmässiger Erwerbstätigkeit* ein Durchschnittslohn pro Tag (Art. 23 Abs. 3 UVV), der sich ebenfalls gestützt auf Art. 22 Abs. 3 UVV berechnet und eine Zeitspanne von mindestens drei Monaten (bei starken Schwankungen ev. zwölf Monaten) berücksichtigt oder, falls dies nicht möglich ist, entsprechend der Branchenlöhne. Erfasst werden Personen in einem Arbeitsverhältnis mit unregelmässigen Arbeitseinsätzen wie z.B. Arbeit auf Abruf, sporadischen oder kurz befristeten Arbeitsverhältnissen, saison- und witterungsabhängigen Arbeitseinsätzen, unbezahltem Urlaub oder Lohnschwankungen durch umsatz-, beteiligungs- oder leistungsabhängige Lohnstruktur (z.B. Taxi, Sport, Kunst, Akkord). Keine Anwendung findet diese Ausnahme auf die Innehabung mehrerer Jobs mit unterschiedlichem Lohnniveau oder zwischenzeitlich begehrten Arbeitszeitreduktionen.

  8C_296/2013 v. 14.1.2014, E. 5 betr. Anwendbarkeit von Art. 23 Abs. 3 UVV bei Unfall am ersten Tag einer Anstellung; BGE 139 V 457, E. 7 betr. Durchschnittslohn bei unregelmässiger Teilzeitarbeit; 8C_648/2007 v. 2.7.2008, E. 3.3 betr. Anwendung von Art 23 Abs. 3 UVV auf unbezahlten Urlaub im Vormonat bzw. eine einzige Lohnschwankung; BGE 128 V 298, E. 3 betr. Lohnschwankungen eines Skilehrers; U 152/04 v. 20.9.2005, E. 2.4 betr. Begriff der unregelmässigen Erwerbstätigkeit; RKUV 2001 201 ff. betr. umsatzbeteiligte Taxifahrer.

- *temporär angestellten Personen* (Art. 23 Abs. 3bis UVV), die auf der Grundlage eines Rahmen- und eines Einsatzvertrages in einem Einsatzbetrieb regelmässig arbeiten, der im Einsatzvertrag vereinbarte Lohn;

  BGE 139 V 464, E. 4 betr. Taggeldberechnung bei Personalverleih.

- *Saisonarbeitnehmern* (Art. 23 Abs. 4 UVV) der normale letzte Lohn, welcher bei einem Risikoeintritt während der Saison herangezogen wird, während bei einem Unfall in der «toten Zeit» der durch 365 Tage geteilte Lohn des letzten Jahres massgebend ist;

  BGE 128 V 298, E. 2.c betr. Saisontätigkeit mit unregelmässigem Verdienst.

- *Mehrfachbeschäftigten* (Art. 23 Abs. 5 UVV) der Gesamtlohn aller Teilzeitstellen, und zwar unabhängig davon, ob Deckung für Nichtberufsunfall oder nur Berufsunfall besteht, da der Schutzgedanke dem Äquivalenzprinzip vorgeht;

BGE 139 V 148, E. 7.3.2 betr. Massgeblichkeit aller Löhne, auch nicht versicherter NBU-Löhne bei Arbeitswegunfällen von Mehrfachbeschäftigten.

- *Volontären, Praktikanten, Schnupperlehrlingen* (Art. 23 Abs. 6 UVV) eine Taggeldpauschale in der Höhe von 20% (für Personen ab vollendetem 20. Altersjahr) und 10% (für Personen vor vollendetem 20. Altersjahr) von Fr. 406.–, sofern sie nicht ein höheres Einkommen erzielen;
- *Langzeitpatienten* (Art. 23 Abs. 7 UVV): Bei einer Heilbehandlung von mehr als 3 Monaten wird ausnahmsweise eine in dieser Zeit anfallende Lohnerhöhung von mind. 10% berücksichtigt;
- *Rückfall- und Spätfolgepatienten* (Art. 23 Abs. 8 UVV) der unmittelbar zuvor bezogene Lohn, mindestens aber 10% von Fr. 406.–, ausgenommen bleiben Rentner;
- *Lehrlingen oder in Ausbildung begriffenen Personen* (Art. 23 Abs. 9 UVV) die Differenz zwischen dem Ausbildungslohn und dem Minimallohn einer angelernten Person der entsprechenden Berufsgattung, sofern sich wegen der Folgen des versicherten Ereignisses der Berufsabschluss um mindestens sechs Monate verzögert. In Ausbildung befindet sich eine Person, wenn sie *ausbildungsbedingt* einen tieferen Lohn als den üblichen der Branche verdient (Kausalität zwischen tiefer Lohnhöhe und Ausbildung), also nicht im Fall von Werkstudenten.

Betreffend Taggeldbemessung und Taggeldhöhe für Arbeitslose vgl. 5.212.

bbb) Militärversicherung (Art. 28 MVG, Art. 16 MVV)

Der Taggeldberechnung wird, im Unterschied zur Unfallversicherung, prospektiv der hypothetische Verdienst zu Grunde gelegt, den die versicherte Person während der Dauer der Arbeitsunfähigkeit ohne Gesundheitsschädigung erzielt hätte. Somit werden auch künftige Lohnveränderungen berücksichtigt. Der Verdienst entspricht, entsprechend Art. 7 AHVV, der Summe der als Arbeitsentgelt (samt regelmässiger Nebenbezüge) erstatteten Geld- und Naturalleistungen aus Haupt- und Nebenerwerb. 5.207

Bei Selbständigerwerbenden wird auf das Nettoeinkommen (Roheinkommen abzüglich Gewinnungskosten, Abschreibungen, Rückstellungen und Verluste) abgestellt. Bei sehr geringem Einkommen in der Aufbauphase einer Tätigkeit kann auf den Wert der eingesetzten Arbeitsleistung abgestellt werden. 5.208

Bei verschiedenen anderen Personenkategorien ist die Bestimmung des versicherten Verdienstes schwierig und muss gesondert erfolgen: 5.209

- *Aus- und Weiterbildung Volljähriger:* Anspruch auf 20% des Höchstbetrags des versicherten Verdienstes. Bei gesundheitsbedingter Verzögerung der üblichen Ausbildungszeit wird das Taggeld nach den Verdienstverhältnissen nach Ausbildungsabschluss bemessen (Art. 28 Abs. 7 MVG);

- *Im Haushalt oder Familienbetrieb tätige Personen* ohne Normallohn: Bei Hausfrauen, Hausmännern, Söhnen, Töchtern, Geschwistern etc. wird der Verdienst, der eine fremde Arbeitskraft für die entsprechende Tätigkeit in der betreffenden Familie beziehen würde, zu Grunde gelegt (vgl. auch Lidlohnansätze nach Art. 334 ZGB) (Art. 16 Abs. 5 MVV);
- *Arbeitslose*: Das Taggeld entspricht der Höhe der Arbeitslosenentschädigung oder, hätte mit überwiegender Wahrscheinlichkeit eine Stelle angetreten werden können, dem in Aussicht gestandenen Verdienst. Ist die Arbeitslosigkeit militärdienstbedingt, ist der Lohn des letzten Arbeitsplatzes Grundlage des Taggeldes (Art. 28 Abs. 6 MVG);
- *Selbständige Landwirte:* Grundlage des Taggelds sind Erfahrungswerte aufgrund Nutzfläche, Viehbestand, Berg- resp. Tallage (Art. 16 Abs. 6 MVV; vgl. auch die Richtlinien des Schweiz. Bauernsekretariats).

ccc) Krankenversicherung

5.210 Die KVG-Taggeldversicherung ist dem Grundsatz nach eine Erwerbsausfallversicherung, doch versichert sie nicht einen bestimmten effektiv erzielten Verdienst. Die Krankenkassen sind unter dem Vorbehalt des Überversicherungsverbots frei zu bestimmen, welche Taggeldhöhe sie versichern wollen. Aufgrund der Möglichkeit einer Versicherung nach VVG, die risikobezogen ausgestaltet werden kann und im Gegensatz zum KVG auch eine Aufnahme schlechter Risiken verweigern darf, versichern die KVG-Versicherer eher bescheidene Taggelder.

cc) Taggeldberechnung und Taggeldhöhe

aaa) Unfallversicherung (Art. 17 UVG, Art. 22 Abs. 2, 25 UVV, Anhang 2 UVV)

5.211 In der UV ist der versicherte Verdienst nach oben auf Fr. 148'200.– pro Jahr resp. Fr. 406.– pro Tag limitiert (massgebend ist die gesetzliche Höchstgrenze zur Zeit des Risikoeintritts). Soweit ein darüberhinausgehender Lohn geschuldet ist, hat der Arbeitgeber gemäss Art. 324b Abs. 2 OR für eine angemessene Zeit (Art. 324a Abs. 1 OR) für die Differenz zwischen 80% des vollen Lohnes und 80% des höchstversicherten Taggeldes aufzukommen resp. er kann diese Lohnbestandteile durch eine private Zusatzversicherung versichern.

5.212 Der versicherte Verdienst des *letzten Monats vor dem Unfall* (gleichgültig ob auf Monats-, Wochen- oder Stundenlohnbasis berechnet) wird bei ganz- wie auch unterjährigen Arbeitsverhältnissen auf ein Jahr (12 Monate) umgerechnet (monatlicher Grundlohn + *vertraglich* zugesicherte Gratifikationen/Bonus/13. Monatslohn + Familien- und andere Zulagen) und durch 365 dividiert. Bei befristeten

Verträgen erfolgt eine Umrechnung auf die Dauer der Befristung. Bei 100% Arbeitsunfähigkeit hat man Anspruch auf 80% des Tagesverdienstes, bei Teilarbeitsunfähigkeit entsprechend weniger. Die Taggelder werden auch für Werktage, Sonn- und Feiertage ausbezahlt:

$$\frac{\textbf{versicherter Jahresverdienst x 80\%}}{\textbf{365}}$$

Beispiel:		
Monatslohn	Fr. 5'000.–	Fr. 60'000.–
13. Monatslohn	Fr. 5'000.–	Fr. 5'000.–
FamZ	Fr. 200.–	Fr. 2'400.–
		Fr. 67'400.–
Fr. 67'400 x 80% / 365		Fr. 146.65

Ausnahmen:

- Abzüge bei Heilanstaltsaufenthalt von 10% resp. 20% (Art. 27 UVV),
- Besitzstand bei vorgängigem Bezug eines Taggeldes der IV, jedoch max. 80% des versicherten Verdienstes (Art. 22 Abs. 3bis UVV),
- Arbeitslose erhalten das Unfalltaggeld (samt Zuschläge in der Höhe der gesetzlichen Kinder- und Ausbildungszulagen nach Art. 22 Abs. 1 AVIG), sofern sie die Anspruchsvoraussetzungen auf ein Taggeld der ALV (Art. 8 bzw. 29 AVIG) erfüllen, in der Höhe der Nettoentschädigung der ALV umgerechnet auf 7 und nicht 5 Tage (Art. 17 Abs. 2 UVG; zu den Einzelheiten vgl. Art. 129 UVV). Bei einer Arbeitsunfähigkeit von 50% und mehr wird von der Unfallversicherung das volle Taggeld ausgerichtet, bei einer zwischen 25–50% das halbe Taggeld und bei weniger als 25% kein Taggeld (Art. 25 Abs. 3 UVV).

In der freiwilligen Unfallversicherung für Selbständigerwerbende und deren mitarbeitende Familienmitglieder wird der versicherte Verdienst vertraglich festgelegt und kann auf Beginn jedes Kalenderjahres angepasst werden. Der versicherte Verdienst darf für Selbständigerwerbende nicht weniger als Fr. 66'690.– resp. Fr. 44'460.– für Familienmitglieder betragen (Art. 138 UVV). Ein über den versicherbaren Höchstbetrag von Fr. 148'200 hinausgehendes Einkommen kann nur durch eine VVG-Versicherung abgedeckt werden. 5.213

bbb) Militärversicherung (Art. 28 Abs. 4 MVG, Art. 15 f. MVV)

Der Höchstbetrag des versicherten Jahresverdienstes beträgt in der Militärversicherung Fr. 154'256.–. 5.214

Der mutmasslich versicherte Verdienst während der Dauer der Arbeitsunfähigkeit wird auf ein Jahr umgerechnet und durch 365 Tage dividiert. Bei 100% Arbeitsunfähigkeit entspricht das Taggeld 80% des Verdienstes, der ohne die versicherte Gesundheitsschädigung während der Arbeitsunfähigkeit erzielt worden wäre. Bei Teilarbeitsunfähigkeit reduziert sich der Anspruch entsprechend. Die Taggelder werden auch für Werk-, Sonn- und Feiertage ausbezahlt. Bei Unselbständigerwerbenden und entsprechend auch bei Selbständigerwerbenden sowie Nichterwerbstätigen werden die Arbeitgeberbeiträge an die AHV/IV/EO und ALV (Art. 19, 20 MVV) von der Militärversicherung übernommen.

$$\frac{\textbf{mutmasslicher Jahresverdienst x 80\%}}{\textbf{365}}$$

ccc) Krankenversicherung (Art. 72 Abs. 1 KVG)

5.215 Die Höhe des versicherten Taggeldes wird vertraglich festgelegt. Es gibt keine gesetzliche Mindest- oder Maximalgrenze. Es gilt nur im Einzelfall der Grundsatz des Überversicherungsverbots gemäss Art. 69 Abs. 2 ATSG i.V.m. Art. 122 Abs. 2 KVV. Kann eine versicherte Person jedoch von ihrem Recht auf Freizügigkeit Gebrauch machen und wechselt aus den in Art. 70 Abs. 1 KVG genannten Gründen, so muss der neue Versicherer das Taggeld im selben Umfang weiter versichern (Art. 70 Abs. 4 KVG), auch wenn dieser den Maximalbetrag in seinen Versicherungsbedingungen übersteigt (BGE 126 V 490 ff.). Die Taggelder werden auch für Sonn- und Feiertage ausgerichtet, sofern die Versicherungsbedingungen nichts anderes bestimmen, wobei die gesetzliche Bezugsdauer dadurch nicht geschmälert werden darf.

dd) Dauer der Taggeldberechtigung

5.216 Auch beim Taggeldanspruch gilt die allgemeine Voraussetzung, dass zwischen Risiko und Schaden mit dem Beweisgrad der überwiegenden Wahrscheinlichkeit (vgl. hinten 7.32) der *natürliche und adäquate Kausalzusammenhang* (vgl. vorne 5.34 ff.) erwiesen sein muss.

aaa) Unfall- und Militärversicherung (Art. 16 Abs. 2 UVG; Art. 9 Abs. 1, 28, 40 Abs. 1 MVG, Art. 10 Abs. 4 MVV)

5.217 Zur Frage, ob, wie lange und in welchem Umfang eine Arbeitsunfähigkeit vorliegt, nimmt der behandelnde Arzt oder der medizinische Gutachter Stellung, die abschliessende Entscheidkompetenz liegt hingegen bei der rechtsanwendenen Stelle (vgl. vorne 2.31 und hinten 7.111). Der Anspruch beginnt in der *Militärversicherung* am Tag der ärztlich festgestellten Gesundheitsschädigung und Erwerbseinbusse und in der *Unfallversicherung* nach Ablauf der dreitägigen Wartezeit. Er endet entweder mit der Wiedererlangung der vollen Arbeitsfähigkeit (in der bisherigen Tätigkeit oder einer Verweistätigkeit, vorbehalten bleibt ein dort erzieltes tieferes Einkommen) – diese kann auch gestaffelt reduziert werden, was letztlich der Wiedereingliederung dient – oder, soweit sich der Gesundheitszustand stabilisiert hat und keine Besserung mehr erwartet werden kann, mit der Prüfung der Rentenfrage (damit verbunden endet grundsätzlich auch der Anspruch auf Heilbehandlung: vgl. Art. 21 Abs. 1 UVG und lit. a–d bzgl. der Ausnahmen, bei denen auch *nach Festsetzung der Rente* Pflegeleistungen und Hilfsmittel weitergewährt werden). Letzter Erlöschungsgrund ist der Tod der versicherten Person. Die Unfallversicherung bezahlt dabei das Taggeld bis zum Tage des Beginns des Hinterlassenenrentenanspruchs aus (Art. 26 UVV).

8C_206/2018 v. 26.6.2018, E. 2 betr. Wiedererlangung der Arbeitsfähigkeit bei Berufskrankheit; 8C_609/2017 v. 27.3.2018, E. 3.1 und 4.1 a.E. betr. Wiedererlangung der Arbeitsfähigkeit; BGE 141 V 281, E. 5.2.2 betr. Kompetenzabgrenzung zwischen Arzt und Rechtsanwender; 8C_841/2014 v. 28.7.2015, E. 5 betr. Sistierung von UV-Taggeld während Freiheitsentzugs (Art. 21 Abs. 5 ATSG; Art. 16 UVG); BGE 134 V 109, E. 3-5 betr. Zeitpunkt der Rentenprüfung (= arbeitsorientiert).

An arbeitslose Personen wird das Taggeld auch während Wartezeiten (Art. 18 AVIG) oder Einstelltagen (Art. 30 AVIG) ausgerichtet (Art. 16 Abs. 4 UVG), bei anhaltender Arbeitsunfähigkeit auch über den ALV-Entschädigungsanspruch hinaus.

bbb) Krankenversicherung (Art. 72 Abs. 2–4, Art. 74 Abs. 2 KVG)

Der Anspruch entsteht am dritten Tag nach Eintritt der Krankheit (zur aufgeschobener Wartezeit vgl. vorne 5.197) und einer Arbeitsunfähigkeit von mindestens 50%. Er erlischt bei Wiedererlangung der vollen Arbeitsfähigkeit. Die Bezugsdauer ist beschränkt auf 720 volle oder teilweise Taggelder innerhalb einer Rahmenfrist von 900 Tagen. Mehrere Arbeitsunfähigkeiten innerhalb dieser Rahmenfrist werden zusammengezählt, gleichgültig ob sie auf Krankheit oder Unfall zurückzuführen sind, während Taggeldbezüge wegen (komplikationsloser) Mutterschaft nicht angerechnet werden dürfen (Art. 74 Abs. 2 KVG). Die Restarbeitsfähigkeit bleibt weiter versichert. Die Bezugs- und Berechnungsperioden dürfen verlängert, aber nicht verkürzt werden. Soweit die Taggeldversicherung erst nach einer aufgeschobenen Wartezeit einsetzt, können die Versicherungsbedingungen festlegen, dass diese Wartezeit an die Bezugsdauer angerechnet wird, damit sich dadurch die Gesamtbezugsdauer von Lohnfortzahlung und Taggeldern nicht über die 720 Tage hinaus verlängert. 5.218

Die Bezugsdauer von 720 Tagen, welche bei deren Erschöpfung automatisch endet, verlängert sich jedoch proportional im Verhältnis zur Kürzung, wenn die Taggelder *wegen Überversicherung* gekürzt werden und der summenmässige Anspruch auf 720 volle Taggelder nicht erschöpft ist. Dies ergibt sich aus dem Gegenseitigkeitsprinzip. 5.219

Der Anspruch auf Taggelder erlischt im Falle einer KVG-Taggeldversicherung am Tag, an dem die versicherte Person während des Leistungsbezugs aus dem 5.220

Kreis der Versicherung ausscheidet resp. das Arbeitsverhältnis erlischt und *nicht* von der Kollektiv- in die Einzelversicherung wechselt. Der bisherige Versicherer muss selber die versicherte Person schriftlich auf das Recht zum Übertritt aufmerksam machen oder zumindest dafür besorgt sein resp. die Informationspflicht an den Arbeitgeber delegieren, ansonsten er weiterhaftet (Art. 70 Abs. 3 KVG). Die versicherte Person muss den Übertritt innerhalb von drei Monaten geltend machen, will sie von den Vorteilen der Freizügigkeit (kein neuer Vorbehalt, gleiches Versicherungsniveau) profitieren. Im Gegensatz dazu erbringen die VVG-Taggeldversicherungen die Taggeldleistungen, vorbehältlich anderslautender AVB, auch über das Ende des Arbeitsverhältnisses hinaus.

BGE 125 V 112, E. 3 betr. Erlöschen des Taggeldanspruchs bei Ausscheiden aus der Versicherung, sofern die AVB keine darüber hinausgehende Leistungspflicht kennen.

c) In der IV, EO und ALV

aa) Voraussetzungen bei nicht gesundheitsbedingtem Arbeitsausfall

aaa) Invalidenversicherung (Art. 22 IVG, Art. 17 ff. IVV)

5.221 Die Taggelder der Invalidenversichung sind akzessorische Leistungen zu den beruflichen Eingliederungsmassnahmen. Sie werden unter bestimmten Bedingungen auch während der Dauer von Abklärungs- und Wartezeiten ausgerichtet. Kein Taggeldanspruch besteht jedoch, wenn eine Kapitalhilfe nach Art. 18d IVG gewährt wird, bei Massnahmen der Frühintervention sowie während einer beruflichen Weiterausbildung i.S.v. Art. 16 Abs. 2 lit. c i.V.m. Art. 22 Abs. 5 IVG. Nebst den allgemeinen Voraussetzungen, wie Unterstellung und Beitragszeiten, muss die versicherte Person das 18. Altersjahr vollendet haben und alternativ

- sich einer Eingliederungsmassnahme der IV i.S.v. Art. 14a–18a IVG unterziehen,
- *wegen* der Eingliederungsmassnahme mindestens 3 volle (ganztags) aufeinander folgende Tage verhindert sein, einer Arbeit nachzugehen, vorbehalten bleibt der Arbeitsversuch,

  BGE 139 V 399, E.7 betr. kein Taggeldanspruch bei beruflichen Massnahmen ausserhalb der normalen Arbeitszeit (Abendkurse); BGE 112 V 16, E. 3.c betr. Hausaufgaben während eingliederungsfreier Tage als anrechenbarer Kursaufwand.

  oder

- eine mindestens 3 aufeinander folgende Tage bestehende und mit der Eingliederungsmassnahme in Zusammenhang stehende gesundheitsbedingte *Arbeitsunfähigkeit von mindestens 50%* aufweisen, und zwar bezogen auf die gewohnte, vor Eintritt der gesundheitlichen Beeinträchtigung ausgeübte Tätigkeit,

- eine invaliditätsbedingte Erwerbseinbusse erleiden, wenn sie in *erstmaliger beruflicher Ausbildung* steht (bei Werkstudenten begrenzt auf das mutmasslich entgangene Einkommen) oder das 20. Altersjahr noch nicht vollendet hat oder eine Vorbereitung für eine Hilfs- oder Werkstattarbeit besucht (Vermutung einer invaliditätsbedingten Erwerbseinbusse) *(IVG-Revision*: Neuregelung der Voraussetzungen),
- sich in Abklärung befinden oder auf eine Eingliederungsmassnahme warten.

Bezieht eine versicherte Person hingegen bereits eine Rente, so wird diese während der Durchführung von Integrationsmassnahmen nach Art. 14a IVG sowie von Massnahmen zur Wiedereingliederung nach Art. 8a IVG anstelle eines Taggeldes weiter ausgerichtet (Art. 22 Abs. 5bis IVG). Erleidet die versicherte Person infolge der Durchführung einer Massnahme einen Erwerbsausfall oder verliert sie das Taggeld einer anderen Versicherung, so richtet die IV zusätzlich zur Rente ein Taggeld aus (Art. 22 Abs. 5ter IVG; zur Besitzstandsgarantie betr. Taggeld eines anderen Versicherers: Art. 21^{novies} IVV).

bbb) Erwerbsersatzordnung (Art. 1a, 16b EOG, Art. 25 ff. EOV)

Der Entschädigungsanspruch der EO steht einerseits erwerbstätigen und nichterwerbstätigen Personen zu, die in der schweizerischen Armee, im Rotkreuzdienst, im Zivilschutz oder als Teilnehmer von Kaderkursen bei «Jugend+Sport» Dienst leisten. 5.222

BGE 138 V 324, E. 5.2 betr. Anspruch auf Erwerbsausfallentschädigung nur bei Soldberechtigung (Art. 1a Abs. 3 EOG); BGE 136 V 231, E. 6 betr. Auslegung des Begriffs der Erwerbstätigkeit von längerer Dauer (diese hat mindestens ein Jahr zu betragen oder sie muss unbefristet sein).

Erwerbstätige Mütter kommen in den Genuss von Entschädigungen, wenn sie: 5.223

- unmittelbar vor der Niederkunft während 9 Monaten obligatorisch AHV-versichert waren, wobei im EU/EFTA-Raum zurückgelegte Versicherungszeiten angerechnet werden (vgl. vorne 5.06),
- während der letzten 9 Monate mindestens 5 Monate erwerbstätig waren, wobei eine im EU/EFTA-Raum ausgeübte Erwerbstätigkeit angerechnet wird,
- im Zeitpunkt der Niederkunft in einem Arbeitsverhältnis stehen, als selbständig erwerbstätig AHV-rechtlich gemeldet sind, gegen Barlohn im Betrieb des Ehemannes mitarbeiten oder arbeitslos resp. arbeitsunfähig sind. Massgebend ist das effektiv bezogene Erwerbseinkommen und nicht ein fiktives.

  9C_795/2016 v. 12.4.2017, E. 4.3.3 betr. fiktiver Lohn einer im Betrieb des Ehemannes mitarbeitenden Frau; BGE 142 V 502, E. 4.3 betr. Erstreckung der Rahmenfrist bei zwischenzeitlicher selbständiger Erwerbstätigkeit; BGE 140 V 368, E. 3-5 betr. Begriff der Arbeitnehmerin im Fall einer kantonalberuflichen Integrationsmassnahme für ausgesteuerte Arbeitslose. Massgebend ist Lohn gegen Arbeitsleistung; BGE 133 V 73, E. 4 betr. Status der Erwerbstätigkeit einer Selbständigerwerbstätigen auch bei Arbeitsunfähigkeit ohne Erwerbsersatz.

ccc) Arbeitslosenversicherung (Art. 8 ff., 17 AVIG)

5.224 Die in Art. 8 AVIG aufgeführten Voraussetzungen müssen für den Beginn des Leistungsanspruchs kumulativ erfüllt sein. Die versicherte Person muss:

1. *ganz arbeitslos* sein, d.h. wenn sie in keinem Arbeitsverhältnis steht und eine Vollzeitstelle sucht (nach branchenüblicher Wochenarbeitszeit) oder *teilweise arbeitslos* sein, wenn sie keine Teilzeitstelle versieht, eine solche aber sucht oder wenn sie eine Teilzeitstelle innehat und eine zusätzliche zur Ergänzung sucht (Art. 10 AVIG). Um arbeitslos zu gelten, muss sich die versicherte Person beim Arbeitsamt zur Vermittlung melden (vgl. vorne 2.85);
2. einen *anrechenbaren Arbeitsausfall* erleiden, d.h. für Ganzarbeitslose einen Verdienstausfall nachweisen von mindestens dem Stundenwert zweier voller aufeinander folgender Arbeitstage (= 1/5 der effektiv ausgeübten Wochenarbeitszeit) resp. für Teilarbeitslose von mind. dem Stundenwert zweier voller Arbeitstage innerhalb von zwei aufeinander folgenden Wochen (Art. 4 f. AVIV). Nicht anrechenbar ist der Arbeitsausfall, wenn die versicherte Person für die ausgefallene Zeit Lohn- oder Entschädigungsansprüche (Schadenersatzleistungen) gegenüber dem Arbeitgeber hat oder dieser freiwillige Leistungen wegen Auflösung des Arbeitsverhältnisses erbringt (Art. 11 f. AVIG);
3. in der Schweiz resp. dem EU/EFTA-Raum *wohnen und sich aufhalten*;
4. die *obligatorische in der Schweiz geltende Schulzeit* (offenes Mindestalter) zurückgelegt haben und noch keine Altersrente der AHV beziehen resp. das gesetzliche Rentenalter noch nicht erreicht haben;
5. die *Beitragszeit* durch Vorliegen eines effektiven AHV-beitragspflichtigen Arbeitsverhältnisses oder einer diesem gleichgestellten Situation i.S.v. Art. 13 Abs. 2 lit. a–d AVIG erfüllt haben (vgl. vorne 5.04) oder von der Erfüllung der Beitragszeit befreit sein (Art. 14 AVIG). Von der Beitragszeit befreit sind nur Personen, die *wegen* einem der in Art. 14 Abs. 1–3 AVIG abschliessend aufgeführten Gründe (Kausalität!) innerhalb der Rahmenfrist während mindestens (insgesamt) 12 Monaten *in keinem (auch nicht Teilzeit-)Arbeitsverhältnis* stehen konnten und daher keine Beiträge entrichteten (vgl. vorne 5.04), also keine Befreiung für Selbständigerwerbende oder mitarbeitende Familienmitglieder. Betr. gleichzeitiger Erfüllung der Beitragszeit und Vorliegens eines Befreiungsgrundes vgl. Art. 40c AVIV.

   BGE 145 V 84, E. 6.2 betr. Arbeit von Gefangenen; 8C_751/2017 v. 5.2.2018, E. 5.1.2 betr. Erfordernis Arbeit gegen Lohn (nicht Lohnfortzahlung nach Kündigung); BGE 139 V 212, E. 4 betr. keine Beitragszeit bei Beschäftigungsprogrammen der ALV; 8C_266/2009 v. 12.6.2009, E. 4.2 betr. keine Beitragsbefreiung bei Teilarbeitsunfähigkeit.

6. *vermittlungsfähig* sein, d.h. kumulativ *gewillt* (subjektive Bereitschaft, aktive Bemühungen bei Stellensuche), *berechtigt* (passende Arbeitsbewilligung, kein gesetzliches Arbeitsverbot) und *in der Lage* sein (objektive Bereitschaft i.S.v. Verwertung der Restarbeitsmöglichkeit *auf Dauer* und in verwertbaren

Zeitblöcken, Verfügbarkeit, Arbeitsfähigkeit [betr. Neubehinderte vgl. Art. 15 Abs. 2 und 3 AVIG]), eine *zumutbare* Arbeit (im Umfang von mind. 20%) anzunehmen. Die Vermittlungsfähigkeit lässt sich nicht graduell abstufen. Zumutbar ist grundsätzlich jede Arbeit, es sei denn, eine der in Art. 16 Abs. 2 AVIG genannten Gründe lassen eine Arbeit als unzumutbar erscheinen (z.B. Gesundheit). Jedoch sind Personen bis zum zurückgelegten 30. Altersjahr von Art. 16 Abs. 2 lit. b AVIG ausgenommen (Art. 16 Abs. 3bis AVIG); für sie gilt auch eine ihren Fähigkeiten nicht angemessene Arbeit als zumutbar (keine Berücksichtigung der bisherigen beruflichen Tätigkeit),

8C_472/2018 v. 22.1.2019, E. 5.3.2 betr. Vermittlungsfähigkeit trotz unbezahltem Elternurlaub; BGE 143 V 168, E. 2 betr. keine graduelle Abstufung der Vermittlungsfähigkeit sowie E. 5 betr. keine generelle Vermittlungsunfähigkeit nach dem Mutterschaftsurlaub i.S.v. Art. 35b ArG; 8C_922/2014 v. 20.5.2015, E. 3 betr. Vermittlungsfähigkeit bei berufsbegleitenden Weiterbildungen sowie 8C_674/2014 v. 5.5.2015, E. 4.2.3 betr. Fernstudium; 8C_904/2014 v. 3.3.2015, E. 2.2 betr. Abgrenzung zu Art. 15 Abs. 2 AVIG (offensichtliche Arbeitsunfähigkeit) und E. 3 betr. Abgrenzung zwischen Vermittlungsbereitschaft und Vermittlungsunfähigkeit bei psychischen Einschränkungen; 8C_937/2012 v. 22.2.2013, E. 4 betr. wiederholt angenommene Saisonarbeit resp. befristete Arbeitsverhältnisse; 8C_137/2012 v. 6.9.2012, E. 3.2.2 betr. Vermittlungsunfähigkeit, wenn man sich nur auf gesundheitlich unzumutbare Stellen bewirbt.

7. die *Kontrollvorschriften* und *sonstige Weisungen* befolgen, insb. der zuständigen Stelle (RAV) fristgerecht regelmässig den Nachweis genügender Arbeitsbemühungen erbringen sowie auch kurzfristig verfügbar sein, um arbeitsmarktliche Massnahmen und Beratungs- und Vorstellungsgespräche wahrnehmen, an Informationsveranstaltungen teilnehmen und sonstige seine Vermittlungsfähigkeit fördernde Massnahmen befolgen zu können (Art. 17 AVIG, Art. 21 ff. AVIV).

   BGE 145 V 90, E. 2-6 betr. formelle Erfordernisse des Nachweises von Arbeitsbemühungen bei E-Mailverkehr; 8C_322/2017 v. 8.8.2017, E. 7 betr. mehrtägige Unabkömmlichkeit.

bb) Wartezeiten

aaa) Invalidenversicherung (Art. 22 Abs. 1 IVG, Art. 17 ff. IVV)

Der Anspruch auf Taggelder beginnt unter den Voraussetzungen des Anspruchs auf Eingliederungsmassnahmen im Zeitpunkt, d.h. mit dem Tag 5.225

- der Abklärung bei zwei aufeinander folgenden von der IV-Stelle angeordneten Untersuchungen;
- der Durchführung von Eingliederungsmassnahmen (auch: Massnahmen zur Wiedereingliederung nach Art. 8a IVG);
- der Anordnung einer bevorstehenden Eingliederungsmassnahme, vorbehältlich der Arbeitsvermittlung, durch die IV-Stelle für die Dauer der Wartezeit.

bbb) Erwerbsersatzordnung (Art. 1a, 16c EOG)

5.226 Die Entschädigung für Dienstleistende in Armee, Zivildienst und Zivilschutz wird für jeden gemeldeten Tag ausgerichtet.

5.227 Der Anspruch auf Mutterschaftsentschädigung beginnt am Tag der Niederkunft.

ccc) Arbeitslosenversicherung (Art. 18 AVIG, Art. 6 ff. AVIV)

5.228 Mit der allgemeinen Wartezeit soll sich die versicherte Person am Schaden beteiligen, weshalb als Wartezeit nur Tage angerechnet werden, an denen man die Anspruchsvoraussetzungen für den Leistungsbezug (Art. 8 AVIG) erfüllt. Die allgemeine Wartezeit beträgt 5 Tage (resp. längere allgemeine Wartezeiten von 10, 15 oder 20 Tagen für Personen *ohne* Unterhaltspflichten gegenüber Kindern mit Jahreseinkommen ab Fr. 60'001.– [Abstufung nach Verdienst; vgl. Art. 18 Abs. 1 lit. a–c AVIG]), welche innerhalb der Rahmenfrist für den Leistungsbezug als einmalige absolute Wartezeit gilt.

BGE 144 V 202, E. 4.3 betr. Anpassung der Wartezeit bei nachträglicher Reduktion des versicherten Verdienstes zufolge Erwerbsunfähigkeit.

5.229 Sie ist zu unterscheiden von den besonderen Wartezeiten für:

- von der Beitragszeit befreite Schul- oder Weiterbildungsabgänger mit 10 Jahren Wohnsitz in der Schweiz resp. im EU/EFTA-Raum: 120 Tage, zusätzlich zur allgemeinen Wartezeit (Art. 6 Abs. 1 und 6 AVIV). Unter den Voraussetzungen von Art. 6 Abs. 1bis (Pflicht zur Arbeitsvermittlung) und Abs. 1ter AVIV (durchschnittliche Arbeitslosenquote der letzten sechs Monate > 3,3%) können sie während der Wartezeit an einem Motivationssemester resp. Berufspraktikum teilnehmen. Die übrigen beitragsbefreiten Versicherten haben eine zusätzliche besondere Wartezeit von fünf Tagen zu bestehen,
- Saisontätigkeiten oder einer Tätigkeit mit häufig wechselnden oder befristeten Anstellungen (vgl. Art. 7 und 8 AVIV): 1 Tag innerhalb einer Kontrollperiode (entfällt in den Fällen von Art. 6 Abs. 5 lit. a–d AVIV) zusätzlich zur allgemeinen Wartezeit,
- Personen mit einem versicherten Verdienst für eine Vollzeitstelle bis und mit Fr. 36'000.– im Jahr (bei Teilzeit entsprechende Reduktion) resp. bis und mit Fr. 60'000.– für Personen mit Unterhaltspflichten gegenüber Kindern unter 25 Jahren: keine allgemeine Wartezeit (Art. 6a Abs. 2 und 3 AVIV).
- Beitragsbefreiten, welche jedoch innerhalb der Rahmenfrist während mindestens 12 Monaten Beiträge entrichtet haben, werden keine besonderen Wartezeiten auferlegt.

cc) Taggeldberechnung und Taggeldhöhe

aaa) Invalidenversicherung (Art. 22 Abs. 2 , 23 f. IVG, Art. 21 ff. IVV)

Das Taggeld der IV setzt sich zusammen aus: 5.230

- einer Grundentschädigung von 80% des ohne Gesundheitsschaden erzielten Erwerbseinkommens und
- einem Kindergeld (auch für Pflegekinder) in der Höhe von 2% des Höchstbetrages des Taggeldes gemäss Art. 24 Abs. 1 IVG, sofern kein Anspruch auf eine andere gesetzliche Kinder- oder Ausbildungszulage besteht. Betr. Dauer des Anspruchs vgl. hinten 5.292 f.).
- Kommt die IV bei der Eingliederungsmassnahme für Verpflegung und Unterkunft auf, wird vom Taggeld ein bestimmter Prozentsatz resp. Betrag von 20% bzw.max. Fr. 20.– und bei Personen mit Unterhaltspflichten von 10% bzw. max. 10.– im Tag in Abzug gebracht (Art. 21^{octies} IVV).

In der IV ist der versicherte Verdienst nach oben auf Fr. 148'200.– begrenzt, d.h. der Höchstbetrag des Taggeldes beträgt 80% von Fr. 407.– (aufgerundet durch IV). Der Anspruch besteht für alle Eingliederungstage sowie Sonn-, Feier- und schulfreie Samstage, bei Unterbrechung wegen Krankheit oder Unfall, soweit keine andere obligatorische oder freiwillige Versicherung die Deckung voll übernimmt, im ersten Jahr der Eingliederungsmassnahme während max. 30 Tagen, im zweiten Jahr max. 60 Tage und ab dem dritten Jahr max. 90 Tage (Art. 20^{quater} IVV), bei Ferien oder kurzfristigen Urlauben (Todesfall, Festtage und dgl.) von üblicher Dauer, bei Rekonvaleszenz von mind. 50% Arbeitsunfähigkeit. Bei Mutterschaft werden die Bezügerinnen eines IV-Taggeldes erwerbstätigen Müttern gleichgestellt. Sie haben somit nach der Niederkunft Anspruch auf eine Mutterschaftsentschädigung gemäss EOG (vgl. hinten 5.376b). 5.231

Bei *Erwerbstätigen* bildet das AHV-rechtlich massgebende Einkommen, auf dem Beiträge erhoben wurden, die Bemessungsgrundlage des Taggeldes. 5.232

Als erwerbstätig gilt, wer

- in den letzten 12 Monaten vor Beginn des Taggeldanspruchs während mindestens vier Wochen einen AHV-pflichtigen Lohn (Erwerbseinkommen) erzielt hat,
- glaubhaft (objektive Anhaltspunkte) macht, dass er während der Eingliederungszeit eine Erwerbstätigkeit von längerer Dauer aufgenommen hätte (massgebend ist ein hyp. Einkommen),
- die Erwerbstätigkeit einzig aus gesundheitlichen Gründen aufgeben musste.

Das Taggeld berechnet sich wie folgt: 5.233

- *Unselbständigerwerbstätige mit **regelmässigem** Einkommen (Art. 21bis IVV)* (keine starken Lohnschwankungen, unbefristetes oder auf mind. 1 Jahr befristetes Arbeitsverhältnis): letzter ohne gesundheitliche Einschränkung erzielter Monatslohn (gleichgültig ob Stunden-, Wochen- oder Monatslohn), aufgerechnet auf ein Jahr, plus allfälliger 13. Monatslohn oder andere regelmässig anfallende Lohnbestandteile, dividiert durch 365:

$$\frac{\textbf{Jahreslohn x 80\%}}{\textbf{365}}$$

- *Unselbständigerwerbstätige mit **unregelmässigem** Einkommen (Art. 21ter IVV)* (starke Lohnschwankungen, unterjähriges befristetes Arbeitsverhältnis):

$$\frac{\textbf{Σ Erwerbseinkommen der letzten 3 (max. 12) Monate x 80\%}}{\textbf{92 (max. 365)}}$$

9C_170/2019 v. 1.7.2019, E. 4 betr. Nichtberücksichtigung gesundheitsbedingter unregelmässiger Arbeitseinsätze.

- *Selbständigerwerbstätige (Art. 21^{quater} IVV)*
  nach dem zuletzt ohne gesundheitliche Beeinträchtigung erzielten AHV-rechtlichen Erwerbseinkommen:

$$\frac{\textbf{Jahreseinkommen x 80\%}}{\textbf{365}}$$

- *gleichzeitig unselbständig und selbständig Erwerbstätige (Art. 21^{quinquies} IVV)*
  Die Taggelder werden getrennt für jeden Status berechnet und bis zur maximal versicherten Höchstgrenze zusammengezählt.

5.234 Tage, während denen die versicherte Person wegen Krankheit, Unfall, Arbeitslosigkeit, Mutterschaft oder Dienstleistung ein vermindertes Einkommen hatte, werden nicht mitgezählt.

5.235 Soweit jemand während der Eingliederung eine Erwerbstätigkeit ausübt (Soziallohn vorbehalten) und dadurch das massgebende Einkommen überschritten wird, muss das Taggeld bis zu diesem gekürzt werden (Art. 21^{septies} IVV).

5.236
- *Versicherte **nach** vollendetem 20. Altersjahr, die ohne Invalidität nach abgeschlossener (nicht IV finanzierter) Ausbildung eine Erwerbstätigkeit aufgenommen hätten (Art. 23 Abs. 2 IVG) (IVG-Revision:* keine Pauschale mehr)

30% des Höchstbetrages des UV-Taggeldes

- *Personen in erstmaliger beruflicher Ausbildung und andere Nichterwerbstätige **vor** vollendetem 20. Altersjahr, sofern sie noch nicht erwerbstätig waren und eine Erwerbseinbusse erleiden (kleines Taggeld: Art. 23 Abs. 2bis IVG, Art. 22 Abs. 1 IVV) (IVG-Revision:* keine Pauschale mehr).

(max. 30%) 10% des Höchstbetrages des UV-Taggeldes

- *Personen, die Massnahmen der Wiedereingliederung nach Art. 8a IVG absolvieren* (Art. 23 Abs. 1bis IVG) 5.236a

$$\frac{\textbf{Erwerbseinkommen (unmittelbar vor Beginn der Massnahme) x 80\%}}{\textbf{365}}$$

- *nach Bezug eines UV-Taggeldes* (Art. 21novies IVV) 5.237

Höhe des UV-Taggeldes

bbb) Erwerbsersatzordnung (Art. 4 ff., 9 ff. EOG, Art. 1 ff. EOV; Art. 16a, 16e und 16f EOG, Art. 30 ff. EOV)

Die Entschädigung setzt sich zusammen aus einer: 5.238

- Grundentschädigung,
- Kinderzulage, ev. ergänzt durch eine Betreuungszulage (bei dienstbedingt zusätzlichen Kinderbetreuungskosten),
- Betriebszulage bei selbständiger Erwerbstätigkeit.

Bei *Erwerbstätigen* bildet Bemessungsgrundlage des Taggeldes das zuletzt vor dem Einrücken erzielte AHV-rechtlich massgebende Erwerbseinkommen oder ein aufgrund objektiver Anhaltspunkte glaubhaft gemachtes höheres. 5.239

9C_686/2017 v. 17.8.2018, E. 5 betr. Anforderungen an die Glaubhaftmachung eines höheren Verdienstes.

Als erwerbstätig gilt, wer: 5.240

- in den letzten 12 Monaten vor Beginn des Taggeldanspruchs während mindestens vier Wochen ein AHV-pflichtiges Erwerbseinkommen erzielt hat;
- glaubhaft (überwiegende Wahrscheinlichkeit) macht, dass er während des Einrückens eine Erwerbstätigkeit von längerer Dauer aufgenommen hätte;
- arbeitslos ist;
- unmittelbar vor dem Einrücken die Ausbildung abgeschlossen hat oder während des Dienstes beendet hätte.

Das Taggeld wird in Entschädigungstabellen festgehalten und berechnet sich, vorbehältlich der Personen mit blossem Anspruch auf 25% der Gesamtentschädigung (Art. 9 EOG: Rekruten, Zivildienst, Zivilschutz) und vorbehältlich der Mindest- und Höchstbeträge gemäss Art. 16 Abs. 1–3 EOG bei: 5.241

- *Unselbständigerwerbstätigen mit* ***regelmässigem*** *Einkommen* 5.242
  (keine starken Lohnschwankungen, unbefristeter oder auf mind. 1 Jahr befristetes Arbeitsverhältnis, keine Unterbrechung wegen Krankheit, Unfall, Arbeitslosigkeit, Dienst oder Ähnlichem):
  Das vor Diensteintritt erzielte Durchschnittseinkommen wird auf einen Tag umgerechnet, und zwar für Stundenlöhne, Monatslöhne und andere Löhne unterschiedlich je mit dem Faktor 7, 30 oder 28 dividiert:

<u>**Stdlohn x Std/W x 80%**</u>	<u>**Monatslohn* x 80%**</u>	<u>**andere Löhne* x 80%**</u>
7	**30**	**28**
	*letzter Kalendermonat	*Lohn der letzten 4 Wochen

- *Unselbständigerwerbstätigen mit **unregelmässigem** Einkommen* (starke Lohnschwankungen, unterjähriges befristetes Arbeitsverhältnis):

  <u>**Σ Erwerbseinkommen der letzten 3 (ev. länger) Monate x 80%**</u>
  90 (ev. länger)

9C_890/2017 v. 22.10.2018, E. 4 betr. Durchschnittseinkommen bei Lehrervertretungen; 9C_686/2017 v. 17.8.2018, E. 4 betr. Werkstudenten.

- *Selbständigerwerbstätigen*
  Das für den letzten vor dem Einrücken AHV-beitragspflichtige Erwerbseinkommen, umgerechnet auf einen Tag, wobei eine Anpassung an glaubhaft gemachte veränderte Verhältnisse möglich ist:

  <u>**Jahreseinkommen x 80%**</u>
  360

- *Gleichzeitig unselbständig und selbständig Erwerbstätigen*
  Die Taggelder werden für Dienstleistende getrennt für jeden Status berechnet und, bis zur maximal versicherten Höchstgrenze, zusammengezählt. Die Mutterschaftsentschädigung hingegen berechnet sich nach dem Durchschnitt der Einkommen aus selbständiger und unselbständiger Erwerbstätigkeit.

  Tage, während denen die versicherte Person wegen Krankheit, Unfall, Arbeitslosigkeit, Mutterschaft oder Dienstleistung ein vermindertes Einkommen hatte, werden nicht mitgezählt.

5.243
- Bei *Nichterwerbstätigen* fehlt es an einer Bemessungsgrundlage, daher die

  Grundentschädigung i.V.m. Art. 16 Abs. 1–3 EOG

5.244 Die Erwerbsausfallentschädigung wird als

- Grundentschädigung in der Höhe 25% des Höchstbetrages der Gesamtentschädigung oder 80% des AHV-massgebenden Erwerbseinkommens, vorbehältlich der Mindest- und Höchstbeträge für die Gesamtentschädigung gem. Art. 16 Abs. 1–3 EOG, sowie als
- Kinderzulage in der Höhe von 8% des Höchstbetrages der Gesamtentschädigung ausbezahlt, ergänzt durch die Betreuungszulage von max. 27% des Höchstbetrages der Gesamtentschädigung bei Fr. 20.–/ Tag übersteigenden Betreuungskosten,
- Betriebszulage von 27% des Höchstbetrages der Gesamtentschädigung,

- Die Gesamtentschädigung ist auf max. Fr. 196.– (ohne Kinder) bzw. Fr. 245.– pro Tag (Art. 16a Abs. 1 EOG) limitiert (Kürzung der Gesamtentschädigung wegen Überentschädigung). Dazu werden unabhängig von einer Kürzung noch Betreuungszulagen und Betriebszulagen ausgerichtet.

Die Mutterschaftsentschädigung wird in Entschädigungstabellen festgehalten und nur als **Grundentschädigung** ausgerichtet. Sie beträgt 80% des durchschnittlichen *vorgeburtlichen* AHV-pflichtigen Erwerbseinkommens i.S.v. Art. 11 EOG i.V.m. Art. 31 ff. EOV und ist auf einen Höchstbetrag von Fr. 196.– pro Tag (= Fr. 88'200) begrenzt (Art. 16e und 16f EOG: Kürzung der Gesamtentschädigung wegen Überentschädigung). 5.245

$$\frac{\textbf{Monatseinkommen x 80\%}}{\textbf{30}} \qquad \frac{\textbf{Jahreseinkommen x 80\%}}{\textbf{360}}$$

9C_527/2018 v. 25.1.2019, E. 2.2 betr. Berechnungsmodus im Allgemeinen und bei Selbständigerwerbenden im Besonderen.

ccc) Arbeitslosenversicherung (Art. 22 ff. AVIG, Art. 33, 37, 40 f. AVIV)

Die Entschädigung setzt sich zusammen aus 5.246

- Taggeldern (Grundentschädigung) und
- Kinder- resp. Ausbildungszulagen.

Grundlage für das Taggeld ist der AHV-rechtlich massgebende Lohn (inkl. allfälliger Zwischenverdienst, Ferien- und Feiertagsentschädigungen). Berücksichtigt wird der gemäss Art. 37 AVIV innerhalb eines Bemessungszeitraums von sechs resp. zwölf Monaten vor Beginn der Rahmenfrist (rückwärts berechnet vom Tag des ersten anrechenbaren Verdienstausfalls) *normalerweise* erzielte Durchschnittslohn aus einem oder mehreren Arbeitsverhältnissen, mit Ausnahme eines *Nebenerwerbs* (Art. 23 Abs. 3 AVIG). Als (Ersatz-)Einkommen gelten auch die AHV-beitragspflichtigen Taggeldleistungen der Invaliden- und Militärversicherung (vgl. vorne 4.27). Der Durchschnittslohn wird auf den Tagesverdienst umgerechnet, wobei das Taggeld nur fünf Mal pro Woche ausbezahlt wird.

8C_829/2016 v. 30.6.2017, E. 4 betr. Bezug von IV-Taggeldern und Massgeblichkeit von Art. 40b AVIV bei Invalidität von 32%; BGE 142 V 380, E. 5 betr. Zeitpunkt der Anpassung des versicherten Verdienstes bei Behinderten; BGE 140 V 89, E. 5 betr. Begriff der Erwerbsunfähigkeit in Art. 40b AVIV und Erwerbsunfähigkeit unter 10 %; 8C_654/2015 v. 14.12.2015, E. 5.2 betr. Begriff des Nebenerwerbs und der normalen Arbeitszeit; 8C_379/2012 v. 20.3.2012, E. 4.2 betr. keine Berücksichtigung von Überstundenentschädigungen auch bei Teilzeitbeschäftigten.

Versichert ist nur ein monatlicher Durchschnittsverdienst von mind. Fr. 500.–. Die Obergrenze des versicherten Verdientes liegt bei Fr. 148'200.–/Jahr, wobei immer mehrere Arbeitsverhältnisse zusammengezählt werden (Art. 40 AVIV). Ein volles Taggeld beträgt 80% des versicherten Verdienstes. 70% davon erhalten Personen, die keine Unterhaltspflichten i.S.v. Art. 277 ZGB gegenüber Kindern unter 25 Jahren haben (Art. 33 AVIV) oder ein Taggeld von mehr als Fr. 140.– 5.247

beanspruchen können oder die keine Invalidenrente beziehen, die einem IV-Grad von mind. 40% entspricht (Art. 22 Abs. 2 AVIG).

5.248 • bei *Erfüllen der Beitragszeit*

$$\frac{\textbf{monatlicher Durchschnittslohn x 80\% (70\%)}}{\textbf{21,7}}$$

• bei *Befreiung von der Beitragszeit (Art. 14 AVIG)*

Pauschalansätze abgestuft nach Bildungsgrad (Art. 41 AVIV)

• bei *gleichzeitigem Erfüllen der Beitragszeit und Befreiung von deren Erfüllung (Art. 23 Abs. 2bis AVIG)*

versicherter Lohn + umgerechneter Pauschalansatz (Art. 40c AVIV)

dd) Dauer der Taggeldberechtigung

aaa) Invalidenversicherung (Art. 22 Abs. 4 IVG)

5.249 Der Anspruch beginnt frühestens im Folgemonat nach Vollendung des 18. Altersjahrs und besteht nur für Tage, an denen sich die versicherte Person in Eingliederung befindet, solange diese dauert bis zum definitiven (auch unverschuldeten) Abbruch resp. Ende der Massnahme (vgl. aber die Ausnahme in Art. 19 IVV). Das Taggeld wird auch während normalen Ferien, kurzfristigen Urlauben und begrenzt während Krankheit, Unfall oder Mutterschaft (vor der Niederkunft) ausbezahlt. Der Anspruch endet spätestens am Ende des Monats, in dem vom AHV-Rentenvorbezug Gebrauch gemacht oder das gesetzliche Rentenalter erreicht wird.

bbb) Erwerbsersatzordnung (Art. 1a, 16c f. EOG, Art. 23 ff. EOV)

5.250 Die *Erwerbsausfallentschädigung* wird für jeden besoldeten Diensttag geleistet. Der Anspruch endet mit dem Bezug einer AHV-Altersrente bzw. spätestens mit Erreichen des ordentlichen AHV-Rentenalters.

5.251 Die *Mutterschaftsentschädigung* setzt mit dem Tag der Niederkunft ein und wird während 98 Tagen hintereinander ausgerichtet. Nimmt die Mutter in dieser Zeit eine Erwerbstätigkeit auch nur teilweise (wieder) auf, erlischt der Anspruch definitiv. Der Beginn des Entschädigungsanspruchs kann auf Antrag der Mutter aufgeschoben werden, solange das Neugeborene mindestens für drei Wochen in der Heilanstalt verbleiben muss.

BGE 139 V 250, E. 4.6 betr. keine Arbeitsaufnahme i.S.v. Art. 25 EOV bei nur geringfügigem Verdienst i.S.v. Art. 34d AHVV.

ccc) Arbeitslosenversicherung (Art. 27 AVIG, Art. 41b ff. AVIV)

Die Dauer des Anspruchs ist dem Äquivalenzprinzip folgend abhängig von der Anzahl geleisteter Beitragsmonate (vgl. Art. 11 Abs. 1 AVIV) einerseits und von der Schwere der Vermittelbarkeit zufolge Alters oder Invalidität anderseits. 5.252

Die Höchstzahl ist grundsätzlich begrenzt auf:

- 260 Tage bei 12-monatiger Beitragszeit,
- 400 Tage bei 18-monatiger Beitragszeit,
- 520 Tage bei 22-monatiger Beitragszeit für ältere (über 55 J.) oder behinderte Versicherte (IV-Grad mind. 40%),
- 90 Tage für beitragsbefreite Versicherte,
- 200 Tage für unter 25-jährige Versicherte ohne Unterhaltspflichten gegenüber Kindern.

BGE 144 V 202, E. 4 betr. Berechnung der massgebenden Beitragsmonate.

Der Bundesrat kann für Versicherte, die in den vier Jahren vor Erreichen des AHV-Rentenalters arbeitslos werden und deren Vermittelbarkeit allgemein oder aus Gründen des Arbeitsmarktes erschwert sind, den Anspruch auf Taggelder um längstens 120 Tage und die Rahmenfrist für den Leistungsbezug um längstens zwei Jahre verlängern. 5.253

Während Krankheit, Unfall oder Schwangerschaft wird bei Arbeits- resp. Vermittlungsunfähigkeit das volle Taggeld längstens bis zum 30. (Kalender-)Tag nach Beginn der Arbeitsunfähigkeit weiter ausgerichtet und ist innerhalb der Rahmenfrist auf max. 44 Taggelder beschränkt (Art. 28 Abs. 1 AVIG). Danach besteht der Anspruch in Koordination mit der Kranken- oder Unfallversicherung bei Teilarbeitsunfähigkeit in gekürzter Form (Art. 28 Abs. 4 AVIG i.V.m. Art. 73 KVG oder Art. 25 Abs. 3 UVV). 5.254

BGE 142 V 448, E. 4.2 betr. Anwendbarkeit von Art. 28 Abs. 2 und 4 AVIG, nicht aber von Art. 69 ATSG, auch bei einer VVG-Krankentaggeldversicherung.

4. Renten

a) Grundlagen der Rentenberechnung

aa) Umlage- und Kapitaldeckungsverfahren

Das *Umlageverfahren* zeichnet sich dadurch aus, dass die laufenden Einnahmen der Sozialversicherungen aus Beiträgen, Subventionen der öffentlichen Hand, Kapitalerträgen und Regressen (vgl. vorne 4.03 ff.) bezogen auf eine Jahresperiode zeitgleich in Form von Renten, andern Geldleistungen oder Sachleistungen der versicherten Personen zugutekommen (vgl. im Einzelnen vorne 4.11 ff.). Nur im Rahmen von Reserven bleibt im Ausgleichsfonds Kapital liegen (vgl. hinten 5.255

z.B. 6.06, 6.16, 6.70). Die Renten berechnen sich – grundsätzlich kapitalunabhängig – entweder nach einer bestimmten Formel oder bezogen auf den versicherten Verdienst. Demgegenüber wird im *Kapitaldeckungsverfahren*, das in seiner reinsten Form in der beruflichen Vorsorge Anwendung findet, jeder versicherten Person ein individuelles Alterskonto (Art. 11 BVV2) eröffnet, ein Altersguthaben aufgebaut und dieses im Risikofall entsprechend dem gesetzlichen oder reglementarischen Umwandlungssatz in eine Rente umgewandelt (vgl. hinten 5.262). Auch die Unfallversicherung wendet für die Langfristleistungen wie Invaliden- und Hinterlassenenrenten sowie die Hilflosenentschädigung ab deren Festsetzung ein modifiziertes Kapitaldeckungsverfahren an (Art. 90 Abs. 2 UVG; vorne 4.15, 4.17).

5.256 Die Rentenhöhe ist in der 1. und 2. Säule abhängig von der:

- *Einkommenshöhe* (vgl. hinten 5.260) während der Aktivitätszeit und
- *Dauer der Beitrags- resp. Aktivitätszeit.* Fehlende Beitragsjahre führen grundsätzlich zu Rentenkürzungen (vgl. vorne 1.73 und hinten 5.260 f.).

5.257 Ziel jeder Rente ist die Existenzsicherung. Während die 1. Säule ein Existenzminimum garantiert (Art. 111, 112 Abs. 2 lit. b BV), will die 2. Säule den Betagten, Hinterlassenen und Invaliden die Fortsetzung der gewohnten Lebenshaltung in angemessener Weise ermöglichen (Art. 113 Abs. 2 lit. a BV, Art. 1 BVG). Dieses Ziel gilt *im BVG-Obligatorium* als erreicht, wenn bei voller Beitragsdauer, d.h. 40 Beitragsjahren, zusammen mit der Rente der 1. Säule ca. 60% des Bruttoverdienstes (Art. 1 Abs. 1 lit. a BVV2: max. 70%) als Renteneinkommen erzielt werden (1. Säule: ca. 20%, 2. Säule ca. 40%).

Demgegenüber sind die UV- und MV-Renten verdienstorientiert. Sie garantieren wegen ihres haftpflichtrechtlichen Ursprungs in jedem Fall einen Erwerbsausfallschadenersatz und richten sich nach dem zuletzt vor dem Risikoeintritt erreichten resp. dem mutmasslich versicherten Verdienst.

Während in der 1. Säule bei Erfüllen der versicherungsmässigen und leistungsbezogenen Anspruchsvoraussetzungen Anspruch auf eine *ordentliche Rente* entsteht, kommt man dem Anspruch auf Existenzsicherung bei Personen, die die versicherungsmässigen Anspruchsvoraussetzungen des AHVG/IVG nicht erfüllen, wie insb. bei fehlender einjähriger (Art. 29 Abs.1 AHVG) bzw. in der IV dreijähriger (Art. 36 Abs. 1 IVG) Beitragsdauer, dadurch nach, dass unter der Voraussetzung des Wohnsitzes und Aufenthalts in der Schweiz (oder im EU/EFTA-Raum) eines Schweizer (oder EU/EFTA-)Bürgers eine *ausserordentliche Rente* ausbezahlt wird (Art. 42 AHVG, vgl. vorne 5.08 ff.).

BGE 140 V 246, E. 7 betr. Anspruch auf ausserordentliche IV-Rente von ausländischen Staatsangehörigen und Staatenlosen (i.c. Anwendungsfall von Art. 39 Abs. 3 i.V.m. Art. 9 Abs. 3 IVG).

5.257a Ausländer (im Sinne von Drittstaatsangehörigen) und ihre ausländischen Hinterlassenen sind nur rentenberechtigt, solange sie Wohnsitz in der Schweiz haben, den Status eines Flüchtlings oder Staatenlosen besitzen oder ein Sozialversicherungsabkommen mit ihrem Heimatstaat den Rentenexport zulässt (Art. 18 Abs. 2 AHVG). Ist ein Export der Renten ins Ausland wegen eines fehlenden Sozialversicherungsabkommens nicht möglich, werden die Beiträge zurückvergütet. Der Rückforderungsanspruch verwirkt innerhalb von fünf Jahren seit Eintritt des Versicherungsfalls (Art. 7 RV-AHV).

BGE 139 V 393, E. 5 betr. zulässiger Export einer AHV-Rente eines Peruaners, der mit seiner britischen Ehegattin als Familienangehöriger in Grossbritannien lebt.

Grundlage für die Ermittlung der Rentenberechnung bildet der Zeitpunkt des Eintritts des Risikos. Dieser Zeitpunkt ist auch intertemporalrechtlich für die Anwendung des in diesem Zeitpunkt gültigen Gesetzes massgebend. 5.258

bb) Die Abhängigkeit von Einkommenshöhe und Beitragsdauer

aaa) In der 1. Säule (Art. 29 ff. AHVG, Art. 50 ff. AHVV)

Die AHV- und IV-Renten beruhen auf den gleichen Grundlagen (Art. 30 ff. AHVG). Die Rente wird grundsätzlich nach Massgabe des durchschnittlichen Jahreseinkommens während der ganzen Beitragsdauer (1. Januar nach vollendetem 20. Altersjahr bis zum 31. Dezember vor Eintritt des Versicherungsfalls) ermittelt. Das Jahreseinkommen setzt sich zusammen aus (Art. 29^{quater} AHVG): 5.259

- dem *Erwerbseinkommen*, auf dem Beiträge entrichtet oder geschuldet wurden (Art. 29^{quinquies} Abs. 1 AHVG; Art. 30ter Abs. 2 AHVG: Beiträge abgezogen, aber durch Arbeitgeber nicht weitergeleitet) resp. bei Nichterwerbstätigen auf dem nach Art. 29^{quinquies} Abs. 2 AHVG errechneten Betrag und
- den *Erziehungsgutschriften* (Art. 29^{sexies} AHVG), welche den/m *Inhaber/n der elterlichen Sorge* oder, falls letztere diesem behördlich entzogen wurde, *dem Inhaber der elterlichen Obhut* (Art. 52e AHVV) gewährt werden, nicht jedoch Pflegeeltern. Sie sind fest auf die dreifache minimale Jahresrente (2019: Fr. 42'660.–; ohne Aufwertungsfaktor) begrenzt (Art. 29^{sexies} Abs. 2 AHVG). Bei Geschiedenen oder Unverheirateten mit gemeinsamer elterlicher Sorge befindet gemäss Art. 52f^{bis} AHVV das Gericht oder die Kindes- und Erwachsenenschutzbehörde (KESB) bei der Regelung der Elternrechte resp. der elterlichen Sorge, Obhut und Betreuungsanteile gleichzeitig über die Anrechnung der Erziehungsgutschriften. Dabei wird demjenigen Elternteil die ganze Erziehungsgutschrift angerechnet, der das gemeinsame Kind voraussichtlich zum überwiegenden Teil betreuen wird. Betreuen beide Eltern ihr Kind im gleichen Umfang, so wird die Erziehungsgutschrift hälftig aufgeteilt (Art. 29^{sexies} Abs. 3 Satz 2 AHVG gilt sinngemäss). Kommt die gemeinsame elterliche Sorge aufgrund einer gemeinsamen Erklärung der Eltern vor dem Zivilstandsamt oder vor der KESB zustande, so müssen die Eltern gleichzeitig eine Vereinbarung

über die Anrechnung der Erziehungsgutschriften treffen oder innert drei Monaten der zuständigen KESB nachreichen (im Unterlassungsfall: Regelung durch die KESB von Amtes wegen). Die Eltern können jederzeit *schriftlich* vereinbaren, dass die ganze Erziehungsgutschrift künftig einem Elternteil anzurechnen ist oder dass sie künftig hälftig aufzuteilen ist (vorbehältlich Art. 52f Abs. 4 AHVV). Dies gilt auch, wenn das Gericht oder die KESB die Anrechnung der Erziehungsgutschriften bereits geregelt hat. Unterbleibt eine formell korrekte Regelung durch die Eltern, wird die ganze Erziehungsgutschrift der Mutter angerechnet Art. 52f^{bis} Abs. 6 AHVV).

9C_325/2018 v. 29.6.2018, E. 3 betr. keine Massgeblichkeit der faktischen Obhutsinnehabung; BGE 132 V 265, E. 2 betr. Eintritt des Versicherungsfalls Alter; BGE 126 V 1, E. 4 betr. Anspruch des die Obhut innehabenden Vormunds.

- Den *Betreuungsgutschriften* (Art. 29^{septies} AHVG). Was die Betreuungsgutschriften angeht, wird ein im Gesetz abschliessend aufgeführtes *Verwandtschaftsverhältnis* (Verwandte in auf- und absteigender Linie, Geschwister) vorausgesetzt. Sodann muss die betreute Person eine *Anspruchs*berechtigung auf *Hilflosenentschädigung* der AHV, IV, UV oder MV für mind. mittlere Hilflosigkeit haben, überwiegend resp. während *mind. 180 Tagen im Kalenderjahr* betreut werden und für die Betreuung *leicht erreichbar* sein. Das Erfordernis der leichten Erreichbarkeit ist insbesondere dann erfüllt, wenn die Betreuungsperson nicht mehr als 30 km von der betreuten Person entfernt wohnt oder diese innert einer Stunde erreichen kann (Art. 52g AHVV).

  Die *gleiche* Person kann nicht gleichzeitig eine Erziehungs- und eine Betreuungsgutschrift (für ein minderjähriges invalides Kind) beziehen. Für mehrere zu betreuende Personen kann nur eine Gutschrift beansprucht werden.

  BGE 144 V 159, E. 3-4 betr. kein Anspruch, wenn die betreute Person im Pflegeheim wohnt; BGE 129 V 352, E. 2.1.1 betr. Dauer der effektiven Betreuung von mind. 180 Tagen im Jahr; BGE 126 V 435, E. 4 betr. blosses Erfordernis des Anspruchs, nicht des effektiven Bezugs.

5.260 Das *durchschnittliche Jahreseinkommen* ist *bis* zu einem gewissen und *ab* einem gewissen Betrag nicht rentenbildend (vgl. vorne 4.19) nämlich zwischen Fr. 14'220.– und Fr. 85'320.–, und zwar im Bereich zwischen dem Anspruch auf eine Minimal- und Maximalrente.

Bei *Erwerbstätigen* wird das durchschnittliche Jahreseinkommen ermittelt, indem die Summe der während der ganzen Beitragszeit (= Kalenderjahr) erwirtschafteten Einkommen, von denen die versicherte Person Beiträge bezahlt hat resp. geschuldet sind (vgl. Art. 30ter Abs. 2 AHVG), durch Addition gebildet, mit einem *Aufwertungsfaktor* (nur die Einkommen und nicht auch die Erziehungs- und Betreuungsgutschriften) aufgewertet (Art. 30 i.V.m. Art. 33ter AHVG; Aufwertung als Ausgleich für Kaufkraftverlust) und durch die Anzahl Beitragsjahre geteilt wird. Die maximale Beitragsdauer beträgt 44 Jahre, was zur Anwendung der Rentenskala 44 und entsprechend einer *Vollrente* führt. Bei weniger Beitragsjahren (Beitragslücken) kommen die Rentenskalen 1 – 43 zur Anwendung, welche eine *Teilrente* gewähren, d.h. es kommt zu Rentenkürzungen, für jedes Jahr mind. 1/44 oder ca. 2,3% (vgl. die Tabelle der Rentenkürzungen in Art. 52 AHVV).

Bei *Nichterwerbstätigen* wird das «jährliche Einkommen» ermittelt, indem deren auf dem Vermögen und Renteneinkommen basierende Beiträge (Art. 10 AHVG i.V.m. Art. 28 ff. AHVV) mit 100 multipliziert und durch den doppelten Beitragssatz dividiert werden (Art. 29quinquies Abs. 2 AHVG).

Als Beitragsjahre berücksichtigt werden grundsätzlich diejenigen ab 1. Januar nach dem vollendeten 20. Altersjahr bis zum 31. Dezember vor Eintritt des Versicherungsfalls (Alter, Tod, Invalidität). Als Beitragsjahre gezählt werden Jahre der AHV-Unterstellung und Beitragszahlung, auch «beitragsbefreite» Ehejahre von nichterwerbstätigen Ehegatten (vgl. vorne 4.51) und Jahre mit Erziehungs- oder Betreuungsgutschriften (Art. 29ter Abs. 2 AHVG). Bei der Berechnung des durchschnittlichen Jahreseinkommens hingegen *nicht* berücksichtigt werden grundsätzlich Beitragszeiten und Einkommen aus der Zeit vor Vollendung des 20. Altersjahres sowie die Monate des angebrochenen Jahres des Risikoeintritts (31. Dezember und Monat des Risikoeintritts). Sog. Jugendjahre und Beitragszeiten im Jahr der Entstehung des Rentenanspruchs können aber zur Auffüllung von Beitragslücken herangezogen werden (Art. 52b und 52c AHVV). Sie dienen ebenso der Schliessung von Lücken, wenn die Beiträge auf dem Einkommen wegen Erlass, Verjährung (Art. 16 Abs. 1 AHVG: Nachzahlung von Beiträgen zwecks Schliessung von Beitragslücken nur innerhalb der fünfjährigen Verwirkungsfrist) oder Herabsetzung nicht entrichtet oder wegen Ausreise ins Ausland (vgl. vorne 5.257a) rückerstattet wurden. Soweit der Versicherungsfall vor dem 21. Altersjahr eintritt, gilt die Spezialregel von Art. 52a AHVV. 5.261

Aus dem IK geht hervor, ob die Beitragsdauer vollständig ist oder nicht.

9C_769/2008 v. 21.8.2009, E. 3 betr. Verjährung der Beiträge gem. Art. 30ter Abs. 2 AHVG.

bbb) In der 2. Säule (Art. 15/16 BVG)

Obligatorium (d.h. versicherter Verdienst zwischen Fr. 21'330.– und Fr. 85'320.–): Im Kapitaldeckungsverfahren werden der versicherten Person auf dem jeweiligen jährlichen *koordinierten Lohn* (= effektiver AHV-rechtlich massgebender Lohn [oder Lohnfestsetzung gemäss Art. 3 BVV2] – Koordinationsabzug [derzeit Fr. 24'885.–]: Art. 8 BVG, d.h. max. koordinierter Lohn [Fr. 60'435.–] = max. versicherter Verdienst = Fr. 84'600.– minus Fr. 24'675.– sowie minimaler koordinierter Lohn = Fr. 3'555.– [Art. 3a BVV2]) altersabhängige prozentuale Altersgutschriften (Art. 16 BVG: 7%, 10%, 15% und 18% je ab 25, 35, 45 resp. 55 Jahren) gutgeschrieben und laufend mit dem *Mindestzins* (Art. 12 BVV2: 1% ab 1.1.2019) verzinst. Die Summe aller Altersgutschriften und deren Verzinsung sowie die während der Beitragszeit geleisteten Einkäufe (in die alters- und Lohn- 5.262

abhängigen vollen Leistungen) und eingebrachten Altersguthaben bzw. Freizügigkeitsleistungen samt Zins (Art. 3 FZG, vgl. hinten 6.33b) ergeben das Total des Altersguthabens (Art. 15 BVG), welches im Zeitpunkt des Risikoeintritts mittels des *Umwandlungssatzes* (Art. 14 Abs. 2 BVG: 6,8% im Obligatorium, wobei derzeit eine Senkung zur Debatte steht, in eine (Jahres-)Rente umgewandelt wird (z.B. Altersguthaben Fr. 420'000.– x 6,8% = Fr. 28'560.–). Zum Altersguthaben gehören auch Rückzahlungen von Vorbezügen für Wohneigentum, die im Rahmen des Vorsorgeausgleichs i.S.v. Art. 22c Abs. 2 FZG gutgeschriebenen Beträge sowie Wiedereinkäufe i.S.v. Art. 22d FZG. Im Fall der Scheidung erfolgt entsprechend der 1. Säule eine hälftige Teilung (Splitting) der Austrittsleistung (Art. 123 ZGB), wenn beim Ehegatten entweder noch kein Versicherungsfall (Alter, Invalidität) oder eine Invalidität *vor Eintritt des reglementarischen Rentenalters* eingetreten ist (Art. 124 Abs. 1 ZGB; Abweichungen gemäss Art. 124b–124e ZGB vorbehalten). Erfolgt die Scheidung *nach Erreichen des reglementarischen Rentenalters* und bezieht ein Ehegatte eine Alters- bzw. Invalidenrente, entscheidet das Gericht nach Ermessen über die Teilung der Rente (Art. 124a ZGB).

BGE 140 V 154, E. 6-7 betr. Berechnung von Altersleistungen (Art. 14–16 BVG nur unter Einbezug von Altersgutschriften, für welche entsprechende Beitragszahlungen entrichtet wurden resp. noch entrichtet werden müssen).

5.263 Im Falle des Eintritts einer Invalidität oder des Todes werden gemäss Art. 24 Abs. 3 BVG i.V.m. Art. 18 BVV2 für die Berechnung der Renten fiktive künftige Altersgutschriften bis zum Zeitpunkt des ordentlichen (oder reglementarischen) Rentenalters aufgerechnet, jedoch basierend auf dem Lohn des letzten vollen *Kalender*jahres und *ohne* Verzinsung (Einfrierung des Lohnes). Das so gewonnene Altersguthaben wird dann in eine Rente umgewandelt.

SZS 2009 411 betr. keine Umrechnung des Lohnes bei Teiljahrespensum auf ein volles Jahr.

5.264 Fehlende Beitragsjahre wirken sich rentenkürzend aus, weil das Altersguthaben entsprechend niedriger ausfällt. Will man dem vorbeugen, kann der Arbeitnehmer entsprechend dem Vorsorgeplan der Vorsorgeeinrichtung die für sein Einkommen und Alter nötigen Einkäufe nach Massgabe seines AHV-pflichtigen Lohns tätigen. Darüberhinausgehende Einkäufe sind nicht zugelassen (Art. 1 Abs. 2 BVG).

5.265 *Über- resp. Unterobligatorium* (versicherter Verdienst unter Fr. 21'330.– resp. über Fr. 85'320.–): Die Zusammensetzung des koordinierten Lohns, die Höhe der Verzinsung, die Höhe der Altersgutschriften sowie die des Umwandlungssatzes können im Über- resp. Unterobligatorium abweichend vom Obligatorium bestimmt werden.

9C_891/2017 v. 14.9.2018, E. 5 betr. Zusammensetzung des versicherten Verdienstes gemäss Lohndekret; BGE 140 V 145, E. 6 betr. Bestimmung des versicherten Lohnes gemäss Vorsorgereglement (Art. 7, 49 Abs. 1 BVG) im Falle einer Pränumerando-Festsetzung und ungenauer Umschreibung der Ausnahme von regelmässig ausgerichteten Lohnbestandteilen.

ccc) In der UV und MV (Art. 18 UVG, Art. 22 Abs. 2 und 4, 24 UVV; Art. 40 Abs. 3 MVG, Art. 17 MVV)

Massstab für die Rente ist der versicherte Verdienst. i.S.v. Art. 22 Abs. 2 UVV. 5.266
Die Rente wird nicht nach Beitragsjahren und Tabellen festgelegt, sondern versteht sich direkt als Bruchteil des versicherten Verdienstes.

In der *Unfallversicherung* massgebend ist im Normalfall das AHV massgebende 5.267
Einkommen während der *letzten* 12 Monate vor dem Unfall resp. Eintritt der Berufskrankheit. Ein angebrochenes Jahr wird auf ein volles umgerechnet, nicht jedoch bei einem zum Voraus befristeten Arbeitsverhältnis, d.h. ohne dass der Arbeitnehmer eine Fortsetzung seiner Arbeitnehmereigenschaft in Betracht zieht (z.B. Arbeit nur während den Semesterferien oder nur als befristetes Praktikum). Die Rentengrundlage, nämlich der versicherte Verdienst im Zeitpunkt des Risikoeintritts, bleibt grundsätzlich unabhängig von künftigen Lohnentwicklungen und Revisionen unverändert erhalten. Vorbehalten bleiben Sonderregelungen für Spezialfälle, bei denen die Grundregel zu unbilligen Ergebnissen führen würde, sodass u.a. auch künftige Entwicklungen Berücksichtigung finden (z.B. bei vorübergehenden Erwerbseinbussen im Jahr vor dem Risikoeintritt, bei mehr als fünf Jahre zurückliegendem Unfall, bei in Ausbildung stehenden Personen und bei wiederholtem Unfall), abschliessend aufgeführt in *Art. 24 UVV*.

8C_172/2017 v. 27.4.2018, E. 4 betr. Berücksichtigung von Familienzulagen nach Risikoeintritt; 8C_443/2013 v. 24.6.2014, E. 3.3, 8C_134/2014 v. 17.6.2014, E. 5 sowie 8C_689/2013 v. 24.1.2014, E. 4 betr. Bestimmung des versicherten Verdienstes für Hinterlassenenrente bei Berufskrankheit mit langer Latenzzeit (Asbesterkrankungen); BGE 140 V 41, E. 6.3 f. betr. Massgeblichkeit des Höchstbetrags des versicherten Verdiensts nach den im Zeitpunkt der Rentenfestsetzung geltenden Regeln; 8C_1038/2012 v. 18.7.2013, E. 4 betr. keine Anwendung von Art. 24 Abs. 1 UVV bei Invalidenrentenbezug und reduziertem Arbeitspensum; BGE 139 V 28, E. 4.3.4 betr. mutmasslich durchlaufene Berufsentwicklung im Fall von Art. 24 Abs. 4 UVV; BGE 138 V 106, E. 7.2 betr. keine Anwendbarkeit von Art. 22 Abs. 4 Satz 3 UVV bei aneinandergereihten befristeten Tätigkeiten.

In der *Militärversicherung* hingegen ist der versicherte Verdienst während der 5.268
Dauer der Invalidität massgebend. Dies bedeutet, dass auf den *mutmasslich künftigen Verdienst* abgestellt wird.

b) Die Altersrente sowie Kinderrente

aa) Beginn und Ende des Anspruchs

aaa) AHV (Art. 21, 22ter AHVG, Art. 49 ff. AHVV)

Der Anspruch auf eine *Altersrente* beginnt, sofern die übrigen Leistungsvoraus- 5.269
setzungen erfüllt sind (vgl. vorne 5.01 ff.), mit Eintritt des gesetzlichen Rentenalters, und zwar auf Antrag der berechtigten Person auf den ersten dem Geburtstag folgenden Monat. Das gesetzliche Rentenalter liegt derzeit für Männer bei 65 Jahren und für Frauen bei 64 Jahren.

Hat die eine Altersrente beziehende Person noch unmündige Kinder oder mündige Kinder (oder Pflegekinder, für die sie überwiegend [mind. zu 75%] aufkommen) in Ausbildung, steht ihr als akzessorische Zulage zur Altersrente zudem für jedes dieser Kinder eine *Kinderrente* im Umfang von 40% der Altersrente zu. Der Anspruch besteht bis zur Mündigkeit oder längstens bis zur Vollendung des 25. Altersjahres des in Ausbildung sich befindenden Kindes (Art. 49 ff. AHVV; zum Begriff der Ausbildung vgl. hinten 5.292 f.). Betr. Drittauszahlung von Renten vgl. hinten 5.352.

5.270 *Rentenvorbezug:* Unter Inkaufnahme einer lebenslangen Rentenkürzung (von 6,8% und bei Frauen der Übergangsgeneration von 3,4% jährlich) – die Rente wird nämlich um den Gegenwert der vorbezogenen Rente gekürzt – kann die Rente bereits mit 63 resp. 62 Jahren vorbezogen werden (Art. 40 AHVG i.V.m. Art. 56 AHVV), auch wenn dem eine Invalidenrente vorausgeht. Bei Vorbezug werden zwar Ergänzungsleistungen (Art. 15a ELV: auch im Umfang der Rentenkürzung), nicht aber Kinderrenten ausgerichtet. Der Rentenvorbezug, der sich auch auf eine spätere Hinterlassenenrente auswirkt und nicht für einzelne Monate beantragt werden kann, muss zum Voraus geltend gemacht werden. Wer die Rente vorbezieht, muss dennoch bis zum Erreichen des ordentlichen Rentenalters AHV-Beiträge als Nichterwerbstätiger bezahlen (Art. 3 Abs. 1 AHVG; vgl. vorne 4.52).

5.271 *Rentenaufschub:* Ebenso steht der versicherten Person das Recht zu, nach Wunsch und jederzeitigem Abrufrecht die Altersrente um 1–5 Jahre hinauszuschieben und damit eine entsprechend höhere Rente zu erwirtschaften (vgl. die Berechnung der aufgeschobenen Renten in Art. 55ter AHVV). Ein Rentenaufschub ist ausgeschlossen beim gleichzeitigen Anspruch auf Hilflosenentschädigung, Ablösung einer Invalidenrente und weiteren Spezialfällen (Art. 55bis AHVV). Er muss innerhalb eines Jahres seit Entstehung des Rentenanspruchs und vor dem Erlass einer rechtskräftigen Verfügung resp. erfolgten Rentenzahlungen geltend gemacht werden, ansonsten er verwirkt ist (Art. 55^{quater} AHVV). Während des Rentenaufschubs werden keine Kinderrenten ausgerichtet. Auf einem Erwerbseinkommen während der Aufschubzeit sind nach Abzug des Freibetrags (Art. 6^{quater} AHVV; vgl. vorne 4.27) Beiträge zu bezahlen.

5.272 Der Anspruch auf Altersrente erlischt mit dem Tod. Die Auszahlung wird ab dem dem Todestag folgenden Monat eingestellt (vgl. hinten 7.27).

bbb) Berufliche Vorsorge (Art. 13, 17 BVG)

5.273 Der Anspruch auf eine *Altersrente* beginnt mit dem Erreichen des ordentlichen AHV-Rentenalters oder dem reglementarischen Rentenalter, das unter Inkaufnahme entsprechender Rentenkürzungen (auf Grund der längeren Rentendauer und der entgangenen Beiträge, jedoch nicht zwingend) durch Reglement bis maximal auf 58 Jahre *vorverlegt* werden darf (Rentenvorbezug: Art. 1i BVV2). Eine

Kündigung des Arbeitgebers oder Arbeitnehmers im Zeitpunkt der reglementarisch möglichen Pensionierung gilt dann als Freizügigkeits- und nicht als Risikofall, wenn die versicherte Person die Erwerbstätigkeit (mind. 20%) fortsetzen wird resp. sich als arbeitslos meldet (Art. 2 Abs. 1bis FZG). Gewisse Vorsorgeeinrichtungen gewähren als überobligatorische Leistung bei Frühpensionierung eine (z.T. auch rückzahlbare) Überbrückungsrente als Ersatz für die noch ausstehende AHV-Rente. Ein *Aufschub des Rentenalters* ist bis maximal 70 Jahre und nur auf reglementarischer Grundlage bei Weiterführung der Erwerbstätigkeit mit entsprechender Leistungserhöhung möglich (Art. 33b BVG).

Zusammen mit dem Anspruch auf die Altersrente steht der versicherten Person unter den gleichen Bedingungen wie in der 1. Säule ebenfalls eine *Kinderrente* im Umfang von 20% der Altersrente, möglicherweise reglementarisch auf das Obligatorium begrenzt, zu. Bei umhüllenden VE dürfen Kinderrenten zusammen mit der Hauptrente als Einheitsrente ausgerichtet werden (Anrechnungsprinzip).

9C_793/208 v. 14.3.2019, E. 3-4 betr. Anrechnungsprinzip; BGE 138 V 227, E. 3-5 betr. vorzeitiger Eintritt des Vorsorgefalles «Alter»: Dieser schliesst den Eintritt des Versicherungsfalles «Invalidität» aus (Art. 10 Abs. 2 und Art. 13 Abs. 2 BVG); BGE 133 V 575, E. 3-6 betr. Anspruch auf Kinderrente im Obligatorium bei Rentenvorbezug.

Der Anspruch endet mit dem Tod des Berechtigten. 5.274

ccc) Militärversicherung (Art. 47 MVG)

Eine Invalidenrente wird mit Erreichen des AHV-Rentenalters in eine Altersrente 5.275
umgewandelt. Kinderrenten werden nicht ausgerichtet. Der Rentenanspruch endet mit dem Tod des Berechtigten.

bb) Festsetzung der Altersrente

aaa) AHV (Art. 29^{quater} AHVG, Art. 50 ff. AHVV)

Jede versicherte Person besitzt ein eigenes *individuelles Konto* (IK), das bei der 5.276
Zentralen Ausgleichsstelle in Genf geführt wird und bei dem im Rentenfall sämtliche Einträge bei den verschiedenen AK, denen man im Lauf der Beitragszeit angeschlossen war, zusammengezogen werden (das IK kann jederzeit eingesehen werden: www.ahv-iv.ch, «Merkblätter & Formulare», Bestellung Kontoauszug). Sowohl sämtliche während der Beitragsdauer erzielten Einkommen (vgl. vorne 5.259) sowie die Erziehungs- oder Betreuungsgutschriften werden addiert und durch die Anzahl aller Beitragsjahre dividiert. Bei Eheleuten werden die während der Ehe gutgeschriebenen Erziehungsgutschriften geteilt und die Hälfte dem Konto jedes Ehepartners zugeteilt (vgl. vorne 5.259). Erziehungs- und Betreuungsgutschriften werden nur für das ganze Jahr angerechnet (Art. 52f AHVV), und zwar nicht für das Geburtsjahr, dafür voll im Jahr der Vollendung des

16. Altersjahres (Art. 52f Abs. 1 AHVV). Die Gutschrift entfällt, wenn ein die elterliche Sorge innehabender Elternteil während des betreffenden Jahres überhaupt nicht der AHV unterstellt war.

5.277 Bei *Eheleuten* (Art. 13a ATSG: eingetragene Partner) erfolgt die Zuweisung des Durchschnittseinkommens (Splitting) an jeden Ehegatten erst beim Eintritt des 2. Rentenfalls, während bei der ersten Rentenberechnung des zuerst einen Risikofall (Alter, Invalidität) erlebenden Ehegatten (1. Rentenfall) noch kein Einkommenssplitting stattfindet und dessen Rente auf der Basis der eigenen *nicht geteilten* vorehelichen und während der Ehe erzielten Einkommen und (geteilten) Erziehungs- oder Betreuungsgutschriften berechnet wird. Bei

- Eintritt des Rentenfalls (Alter, Invalidität) auch beim anderen Ehepartner (2. Rentenfall: Art. $29^{quinquies}$ Abs. 3 AHVG),
- Scheidung oder
- Ablösung einer Witwenrente (IK des Ehepartners) durch eine Altersrente (eigenes IK)

bestimmt sich die Höhe der massgebenden Einkommen *von Ehegatten* während den Ehejahren:

- nach Massgabe des Durchschnitts der Ehegatteneinkommen (Splitting), die bis 31. Dezember vor dem 1. Rentenfall berücksichtigt werden (betr. Neufestsetzung der Rente vgl. Art. 31 AHVG), sowie den
- je hälftig gutgeschriebenen Erziehungs- resp. Betreuungsgutschriften während der Dauer der Ehe resp. der Dauer der Erziehungs- bzw. Betreuungsphase.

BGE 136 V 24, E. 7 betr. Tatbestände des Einkommenssplittings (Katalog von Art. $29^{quinquies}$ Abs. 3 AHVG ist abschliessend).

Bei der Durchführung des Splittings werden nur volle Kalenderjahre berücksichtigt ($29^{quinquies}$ Abs. 5 AHVG). Im Jahr der Heirat resp. Eheauflösung erfolgt keine Teilung, sondern eine individuelle Zuordnung der Einkommen (Art. 50b Abs. 3 AHVV). Nicht geteilt werden die Einkommen der Jahre vor und nach der Ehe (Art. 50h AHVV: Dazu zählen auch geteilte aus einer früheren Ehe):

$$\textbf{durchschnittliches Jahreseinkommen} = \frac{\boldsymbol{\Sigma}\ \textbf{Erwerbseinkommen x Aufwertungsfaktor*}}{\textbf{Beitragsjahre}} + \frac{\boldsymbol{\Sigma}\ \textbf{Erziehungs- / Betreuungsgutschriften}}{\textbf{Beitragsjahre}}$$

* Die Summe der Erwerbseinkommen wird mit einem Faktor (1,1 der durchschnittlichen Lohnindizes aller Kalenderjahre [Art. 51bis AHVV]) aufgewertet.

Die Summe der beiden Renten der Eheleute wird, dies im Sinne einer intrasystemischen Koordination, auf 150% des Höchstbetrags der Altersrente begrenzt (Plafonierung: Art. 35 AHVG). Geht der Altersrente *unmittelbar* eine Invalidenrente voraus, so findet eine Vergleichsrechnung statt und die für die berechtigte Person vorteilhaftere Rente (Besitzstandswahrung) kommt zur Auszahlung (Art. 33bis Abs. 1 AHVG). Für die AHV-Rente kommen die gleichen Berechnungsgrundlagen (Beitragsjahre, Durchschnittseinkommen, Aufwertungsfaktor) zur Anwendung wie bei der abzulösenden IV-Rente (vgl. hinten 5.358). 5.278

Geht der Altersrente eine Hinterlassenenrente voraus, so wird ein Zuschlag von 20% gewährt, jedoch nur bis zum Maximalbetrag der Altersrente (Art. 35bis AHVG). Stirbt bei einem rentenberechtigten Ehepaar ein Gatte, so wird die Rente deplafoniert und der Witwenzuschlag hinzugefügt. 5.279

BGE 132 V 265, E. 3 betr. Massgeblichkeit des Höchstbetrags der jeweils anwendbaren Rentenskala.

Bei Vorversterben des nichtrentenberechtigten Ehegatten, wird die Altersrente des andern neu festgesetzt und für den Überlebenden eine Vergleichsrechnung mit und ohne Einbezug der geteilten Einkommen vorgenommen. 5.280

bbb) Berufliche Vorsorge (Art. 14, 37, 37a BVG)

Die Festsetzung der Altersrente richtet sich nach dem im Zeitpunkt des Risikoeintritts (Rentenvorbezug/Rentenaufschub) gültigen Reglement. Massgebend sind als Grössen somit das in diesem Zeitpunkt vorhandene Altersguthaben und der gesetzlich (derzeit noch 6,8%) oder reglementarisch geltende Umwandlungssatz, der im Über- resp. Unterobligatorium auch tiefer/höher als im Obligatorium liegen kann (vgl. vorne 5.262). Auf dem Gedanken des Vorsorgeschutzes aufbauend werden die Leistungen in der bV grundsätzlich als Renten monatlich ausbezahlt (Art. 37 Abs. 1, Art. 38 BVG). Für den überobligatorischen Bereich kann das Reglement auch eine Pflicht zum Kapitalbezug vorsehen. 5.281

Gemäss Art. 37 Abs. 2 BVG kann die versicherte Person spätestens im Zeitpunkt der Fälligkeit, also bevor die *Altersrente* zur Auszahlung gelangt, verlangen, dass ihr, bezogen auf das Obligatorium, ein Viertel des für die *Altersrente* massgebenden Altersguthabens in Form einer einmaligen und unabänderlichen Kapitalabfindung ausgerichtet wird. Diese einseitige Willenserklärung gegenüber der Vorsorgeeinrichtung ist grundsätzlich bedingungsfeindlich und unwiderruflich, ein Entgegenkommen der VE vorbehalten. 5.282

BGE 141 V 355, E. 3.3-3.4 betr. kein Anspruch auf Kapitalleistung bei Eintritt des Rentenalters für Bezüger einer BVG-Invalidenrente; B 29/04 v. 31.1.2005, E. 5.5 betr. Unwiderruflichlichkeit des Gestaltungsrechts.

Auf *reglementarischer* Basis kann den Anspruchsberechtigten die Möglichkeit geboten werden, an Stelle der Rente eine über die 25% hinausgehende Kapitalauszahlung zu wählen (z.B. 50%, 100%), wobei diese Möglichkeit für jedes Risiko gesondert eingeräumt werden muss (Art. 37 Abs. 4 BVG). Ebenso wie für die «kleine Kapitalauszahlung» ist für die «grosse» die *schriftliche (vorbehalts-* 5.283

und bedingungslose) Zustimmung des Ehegatten resp. eingetragenen Partners beizubringen, die notfalls durch den Richter (Sozialversicherungsrichter) erwirkt werden kann (Art. 37a BVG). Die VE ist gehalten, die Echtheit der Unterschrift zu prüfen, ansonsten sie schadenersatzpflichtig werden kann.

9C_205/2015 v. 20.10.2015, E. 4 betr. Urteilsfähigkeit im Zeitpunkt der Wahlerklärung; 9C_862/2012 v. 11.7.2013, E. 3.2 betr. unmissverständliche Zustimmung und Nachfragepflicht der VE; 9C_137/2012 v. 5.4.2012, E. 5 betr. Sorgfaltspflichten der VE bei der Prüfung der Echtheit der Unterschrift; BGE 134 V 182, E. 4.3 betr. kein Zustimmungserfordernis bei Auszahlung des FZG-Alterskapitals und auch nicht zwingend im Überobligatorium.

5.284 Die VE kann zudem reglementarisch die Modalitäten bzw. eine bestimmte Frist für die Geltendmachung einer Kapitalabfindung vorschreiben. Diese Frist darf aber nicht übermässig lang sein, denn bis jetzt war sie gesetzlich auf maximal 3 Jahre bis zum erstmöglichen Vorbezug angesetzt.

9C_86/2017 v. 18.7.2017, E. 3.3 betr. reglementarische Frist zur Geltendmachung gem. Art. 37 Abs. 4 BVG gilt auch im Obligatorium.

5.285 Darüber hinaus kann ohne Dazutun der versicherten Person und ohne schriftliche Zustimmung des Ehegatten resp. eingetragenen Partners die VE eine Kapitalabfindung ausrichten, wenn es sich um Bagatellrenten i.S.v. Art. 37 Abs. 3 BVG handelt.

ccc) Militärversicherung (Art. 47 MVG)

5.286 Die Altersrente wird von Amtes wegen und unabhängig vom Anspruch auf eine AHV-Altersrente (z.B. bei Aufschub) umgewandelt und neu nur auf der Hälfte des der Invalidenrente zu Grunde liegenden Jahreseinkommens unter Beibehaltung der Berechnungsgrundlagen berechnet, d.h. halbiert.

c) Die Hinterlassenenrente

aa) Allgemeines

5.287 Die Hinterlassenenleistungen bieten ihrem Wesen nach einen (teilweisen) Ersatz für die durch den eingetretenen Todesfall (auch bei Verschollenerklärung) untergegangenen familienrechtlichen Unterhaltsleistungen gegenüber dem Ehegatten und den Kindern (Versorgerschaden). Es handelt sich dabei um

- Witwen-/Witwerrenten,
- Waisenrenten,
- Todesfallleistungen an sog. Begünstigte in der überobligatorischen beruflichen Vorsorge (vgl. hinten 5.296).

Hinterlassenenleistungen werden von verschiedenen Sozialversicherungszweigen angeboten. Die Leistungspflicht eines Versicherungszweigs ergibt sich zum einen aus der Massgeblichkeit der Todesursache (finaler/kausaler Charakter) und zum andern aus den versicherungsmässigen und einzelgesetzlichen Leistungsvoraussetzungen.

Der Nachweis eines Schadens wird nicht gefordert, sondern dieser wird vermutet. Einzig die Leistungen an geschiedene Partner können schadensabhängig, d.h. in Abhängigkeit zu einer bestehenden scheidungsrechtlichen Unterhaltsrente, ausgestaltet sein. Der Kreis der berechtigten Personen ist grundsätzlich auf die zivilrechtlich verbundenen Familienangehörigen begrenzt. Hervorgegangen aus der autonomen Gestaltung des überobligatorischen Bereichs der beruflichen Vorsorge, können in der 2. Säule auch andere Personen begünstigt werden (Art. 20a BVG). Sodann sind durch das Partnerschaftsgesetz gleichgeschlechtliche Paare auch in Bezug auf die Hinterlassenenleistungen den Ehepaaren gleichgestellt (Art. 13a ATSG), wobei im Todesfall des einen der andere die Leistungsvoraussetzungen eines «Witwers» zu erfüllen hat.

bb) Anspruchsberechtigte Personen

aaa) AHV (Art. 23–25 AHVG, Art. 46 f., 49 ff. AHVV)

Damit ein Anspruch auf Hinterlassenenleistungen entstehen kann, muss die ver- 5.288
storbene Person im Zeitpunkt ihres Todes der AHV unterstanden und, um eine ordentliche Rente auszulösen, die erforderliche Beitragszeit von mindestens 11 Monaten erfüllt haben (Art. 50 AHVV). Für Frauen und Männer gelten unterschiedliche Leistungsvoraussetzungen (vgl. auch hinten 5.310).

Als *verwitwet* gilt eine Person, deren (bestehende) Ehe/Partnerschaft durch Tod 5.289
des Ehepartners aufgelöst wird. Anspruchsberechtigt sind daher:

- *Frauen und Männer* mit Kindern (zum Zwecke der Adoption im gemeinsamen Haushalt lebende Pflegekinder oder Stiefkinder sind leiblichen Kindern gleichgestellt: Art. 46 AHVV; verstorbene Kinder bleiben unberücksichtigt).
- *kinderlose Frauen (auch ohne Pflegekinder),* wenn sie bereits das 45. Altersjahr zurückgelegt haben *und* insgesamt während fünf Jahren (auch mit verschiedenen Partnern) verheiratet waren.

  9C_413/2015 v. 2.5.2016, E. 4 betr. keine Anrechnung von Konkubinatszeit an die Ehedauer.

- *Geschiedene Personen,* wenn sie *alternativ* (Art. 24a Abs. 1 lit. a-c AHVG): 5.290
  - Kinder haben und die geschiedene Ehe mind. 10 Jahre dauerte oder
  - die geschiedene Ehe mind. 10 Jahre dauerte und die Scheidung nach Vollendung des 45. Altersjahres erfolgt;
  - das jüngste Kind sein 18. Altersjahr vollendet hat, nachdem die geschiedene Person das 45. Altersjahr zurückgelegt hat.

  Bei Fehlen der genannten Bedingungen: solange die geschiedene Person Kinder unter 18 Jahren hat (Art. 24a Abs. 2 AHVG).

Hinterlässt eine verstorbene Person mehrere geschiedene Ehegatten, so hat jeder, der die Voraussetzungen erfüllt, Anspruch auf eine ungekürzte Rente.

BGE 127 V 75, E. 3.d betr. Massgeblichkeit der Bedingungen beim Tod des *zuletzt* geschiedenen Partners bei mehrfach Geschiedenen.

5.291 Als *Waisenkinder* gelten Kinder, die

- zur verstorbenen Person in einem *Kindesverhältnis* stehen oder
- als *Pflegekind resp. Stiefkind* bei den Pflegeeltern überwiegend unentgeltlich (Unterhaltsbestreitung durch die Pflegeeltern zu mind. 75%) zur dauernden Pflege, Betreuung und Erziehung (nicht Arbeit, Ausbildung) in Wohngemeinschaft untergebracht sind.

9C_603/2016 v. 30.3.2017, E. 3 betr. Rückforderung der Kinderrente zufolge Aufhebung des Kindesverhältnisses und Nichtvorliegens eines Pflegeverhältnisses zum Kind; BGE 122 V 125, E. 4.b betr. Tragung von mind. 75% des Unterhalts durch die Pflegeeltern.

Sind beide Elternteile gestorben, werden zwei Waisenrenten ausbezahlt.

5.292 Der Anspruch auf Waisenrente erlischt:

- mit Vollendung des 18. Altersjahres oder
- mit Ausbildungsende/-abbruch, spätestens mit vollendetem 25. Altersjahr.

5.293 In Ausbildung ist ein Kind, wenn es sich auf der Grundlage eines ordnungsgemässen, rechtlich oder zumindest faktisch anerkannten Bildungsganges systematisch und zeitlich überwiegend (d.h. mind. 20 Stunden/Woche) entweder auf einen Berufsabschluss vor- bzw. nachbereitet oder eine Allgemeinausbildung erwirbt, die Grundlage für den Erwerb verschiedener Berufe bildet (Art. 25 Abs. 5 AHVG i.V.m. Art. 49bis Abs. 1 AHVV). Als in Ausbildung gilt ein Kind auch dann, wenn es Brückenangebote wahrnimmt wie Motivationssemester und Vorlehren sowie Au-pair- und Sprachaufenthalte, sofern diese einen Anteil Schulunterricht enthalten (Art. 49bis Abs. 2 AHVV), ebenso bei einer erstmaligen beruflichen Ausbildung der IV. Auch im Hinblick auf einen Lehrgang oder eine Berufstätigkeit erforderliche Vorbereitungskurse oder Praktika zählen zur Ausbildung, nicht hingegen solche, die keinen Zusammenhang mit dem angestrebten Beruf und der späteren Einkommenserzielung (z.B. die Erhöhung der Chancen auf dem Lehrstellenmarkt oder Berufsabklärungen genügen nicht) haben, deren Ausbildungscharakter hinter dem Beschäftigungscharakter zurücktritt oder die lediglich der allgemeinen Weiterbildung oder Liebhaberei dienen.

9C_879/2017 v. 16.4.2018, E. 4-5 betr. zeitlicher Mindestaufwand für die Ausbildung; 8C_177/2015 v. 14.10.2015, E. 5.1.2 betr. Anforderungen an ein Praktikum als Ausbildung; BGE 108 V 54, E. 2 betr. Keramikkurse als Vorbereitung für ein Berufsziel als Heimerzieherin.

Die Ausbildung wird mit einem Berufs- oder Schulabschluss beendigt (Art. 49ter Abs. 1 AHVV). Der Anspruch erlischt nach Abschluss der Erst- oder auch Zweitausbildung resp. Weiterbildung (massgebend für das Ende sind die letzten Ausbildungsaktivitäten, nicht die Diplomübergabe), und zwar im Zeitpunkt, in dem diese ordnungsgemäss innert nützlicher Frist entsprechend dem Lehrplan aufgrund eines objektiv zumutbaren Einsatzes abgeschlossen werden kann. Als Beendigung der Ausbildung gilt auch deren Abbruch, Unterbruch oder die Entstehung eines Anspruchs auf Invalidenrente (Art. 49ter Abs. 2 AHVV). Nicht als Unterbrechung gelten hingegen die üblichen unterrichtsfreien Zeiten und Ferien von max. 4 Monaten, Militär- oder Zivildienst von max. 5 Monaten sowie gesundheits- oder schwangerschaftsbedingte Unterbrüche von max. einem Jahr, sofern die Ausbildung unmittelbar danach fortgesetzt wird (Art. 49ter Abs. 3 lit. a–c AHVV).

9C_733/2018 v. 4.12.2018, E. 3-4 betr. Einstellungsgründe für Waisenrente (Zeitpunkt Studienabschluss, relevantes Einkommen, Fernstudium); BGE 141 V 473, E. 8 betr. keine Kumulation der in Art. 49ter Abs. 3 AHVV aufgeführten Gründe. Pflegepraktikum im Hinblick auf Medizinstudium als Ausbildung; BGE 138 V 286, E. 4.3 betr. Abbruch der Ausbildung und nicht Unterbruch, wenn es nicht um eine kontinuierliche Ausbildung geht.

Der Anspruch ist in Frage gestellt, wenn die Ausbildung nicht ausschliesslich, also neben einer Erwerbstätigkeit, betrieben wird. So gilt ein Kind resp. Jugendlicher dann nicht mehr als in Ausbildung begriffen, wenn sein durchschnittliches monatlich erzieltes effektives *Erwerbs*einkommen (oder Ersatzeinkommen) im Kalenderjahr höher ist als die maximale volle AHV-Altersrente (Art. 49bis Abs. 3 AHVV).

BGE 142 V 226, E. 7 betr. Gesetzeskonformität von Art. 49bis Abs. 3 AHVV; BGE 142 V 442, E. 6 betr. Massgeblichkeit des wirklich erzielten Erwerbseinkommens und nicht eines hypothetischen; BGE 140 V 314, E. 3.2 betr. *keinen* abschliessenden Charakter von Art. 49bis Abs. 1 AHVV sowie Begriff der Ausbildung (i.c. in Zusammenhang mit dem Anspruch auf Ausbildungszulagen, Art. 3 Abs. 1 lit. b FamZG) im Falle eines als Praktikum betitelten Anstellungsvertrags.

bbb) Berufliche Vorsorge (Art. 18 ff. BVG, Art. 20 BVV2)

Damit ein Anspruch auf Hinterlassenenleistungen entstehen kann, muss die ver- 5.294
storbene Person im Zeitpunkt des Todes oder bei Eintritt *der zum Tod führenden gesundheitsbedingten Arbeitsunfähigkeit* der leistungspflichtigen VE unterstellt gewesen sein (Art. 10 BVG: Ende des Vorsorgeverhältnisses + 30 Tage Nachdeckungsfrist) oder bereits eine Alters- oder Invalidenrente bezogen haben. Zudem sind Junginvalide, die wegen eines Geburtsgebrechens oder während der Adoleszenz invalid geworden sind und bei Aufnahme der Erwerbstätigkeit mind. 20% und weniger als 40% arbeitsunfähig sind, auch im Umfang dieser beschränkten Arbeitsunfähigkeit versichert, so dass im Fall eines invaliditätsbedingten Todes Hinterlassenenleistungen ausgerichtet werden.

BGE 134 V 28, E. 3.5 betr. Kausalität zwischen Arbeitsunfähigkeit und Tod.

Die Voraussetzungen, welche die Anspruchsberechtigten *alternativ* zu erfüllen 5.295
haben, decken sich nicht ganz mit denjenigen der AHV. Anspruch haben:

- *Frauen und Männer,* die im Zeitpunkt des Todes
    - Kinder haben, für deren *Unterhalt* sie kraft Gesetzes (Art. 276/277 ZGB) oder Vertrages aufkommen müssen, oder

- keine Kinder haben und älter als 45 Jahre sind *und mit dem verstorbenen Gatten* mindestens 5 Jahre verheiratet waren.

  9C_345/2014 v. 11.7.2014, E. 3.3.3 betr. Anrechnung von Konkubinatszeiten an die eingetragene Partnerschaft; SZS 2003 544 f. betr. Stiefkinder, Pflegekinder; SZS 2000 536 betr. im Zeitpunkt des Todes noch bestehender Unterhaltsverpflichtung; B 9/04 v. 28.12.2005, E. 2.4.2 betr. keine Zusammenrechnung von früheren Ehejahren mit ihm/ihr.

- *Geschiedene Personen* müssen hingegen folgende (anderen) Bedingungen erfüllen (Art. 20 BVV2):

  - die Ehe mit dem Verstorbenen muss mindestens 10 Jahre gedauert haben;

  - im Zeitpunkt des Todes muss die geschiedene Person Anspruch entweder auf eine noch laufende Scheidungsrente oder eine Kapitalabfindung im Umfang einer lebenslänglichen Rente haben;

    BGE 137 V 373, E. 6.5 betr. befristete Unterhaltsrente. Hinterlassenenrentenanspruch bis zum Ablauf der Unterhaltsberechtigung.

  - die Hinterlassenenleistung darf die Unterhaltsrente nicht übersteigen und wird auf deren Betrag gekürzt (und würde im Zeitpunkt des Erlöschens des Unterhaltsanspruchs aufhören; Versorgerschaden). Leistungen anderer Sozialversicherungen werden angerechnet, sofern es sich um kongruente Leistungen handelt, d.h. ebenfalls einen Versorgerschaden ausgleichende Hinterlassenenleistungen. Die Leistung an den geschiedenen Gatten kann auch auf die obligatorische Mindestleistung begrenzt werden (fehlende Vorfinanzierung bei mehreren Anspruchsberechtigten).

    9C_238/2012 v. 8.10.2012, E. 4 betr. Aufteilung des Todesfallkapitals zwischen Ehegattin und geschiedener Ehegattin; SZS 2003 52 betr. keine Anrechnung einer Altersrente der verwitweten Person.

5.296
- *Andere begünstigte Personen* (Art. 20a Abs. 1 BVG) neben den Anspruchsberechtigten nach Art. 19 und 20 BVG, falls das Reglement eine Begünstigtenordnung vorsieht (überobligatorische berufliche Vorsorge). Die Gestaltungsfreiheit ist insofern beschränkt, als die Einhaltung der Reihenfolge von lit. a–c samt der darin zusammengefassten Personengruppen (keine Vermischung von Kaskaden) und der zugelassene Begünstigtenkreis zwingend vorgeschrieben sind. Zulässig ist einzig eine Einschränkung, nicht aber eine Ausdehnung, bzgl. der Anzahl der angebotenen Kaskaden (nur lit. a oder lit. a und b) oder eine Einschränkung auf bestimmte Personen innerhalb einer Kaskade oder das Aufstellen von reglementarischen (Zusatz-) Erfordernissen bzw. das Knüpfen des Anspruchs an bestimmte Formen und Fristen. Bzgl. der Kaskaden gilt:

  - lit. a: Berechtigt sind natürliche Personen, die von der verstorbenen Person *erheblich* unterstützt worden sind. Erheblich heisst wohl mehr als die Hälfte des Lebensunterhalts, ist also niemals bei Teilung der Lebenshaltungskosten gegeben. Eigene finanzielle Mittel der hinterlassenen Person schliessen eine Unterstützung ebenso aus wie fehlende finanzielle Mittel des Verstorbenen, d.h. dass eine effektive wirtschaftliche Abhängigkeit vom Verstorbenen bestanden haben muss (Versorgerschaden). Weiter berechtigt sind Personen, *die in den letzten fünf Jahren vor dem Tod ununterbrochen mit der verstorbenen Person eine Lebensgemeinschaft* mit Ausschliesslichkeitscharakter geführt haben (Konkubinat). Sodann kann es auch der Partner sein, mit dem zusammen die verstorbene Person *für den Unterhalt von gemeinsamen Kindern* aufkommen musste.

9C_196/2018 v. 20.7.2018, E. 2.2 betr. Form der Begünstigtenerklärung (Zusammenfassung der Rechtsprechung); BGE 144 V 327, E. 4 betr. fünfjährige ununterbrochene Dauer als Mindestvorgabe; 9C_193/2017 v. 27.10.2017, E. 7.1 betr. Beispiel sehr restriktiver Anspruchsvoraussetzungen bei Lebenspartnerbegünstigung; BGE 142 V 233, E. 2.3 betr. Anforderungen im Falle einer testamentarischen Anordnung ; BGE 140 V 50, E. 3.4 betr. Dauer der Unterstützung von mindestens zwei Jahren für die Qualifizierung als erheblich (Erfordernis in zeitlicher Hinsicht); BGE 138 V 86, E. 4.2 betr. zulässige kumulative Leistungsvoraussetzungen für Begünstigung (Unterstützung *und* häusliche Lebensgemeinschaft); BGE 137 V 383, E. 3.3 betr. Zulässigkeit der Einschränkung «gemeinsamer Haushalt» gegenüber blosser Lebensgemeinschaft; BGE 136 V 49, E. 3.2 betr. zulässige Besserstellung der Begünstigten im Vergleich zu den gesetzlichen Hinterbliebenen; BGE 134 V 369, E. 7.1 betr. Definition der Lebensgemeinschaft als Zusicherung von Beistand und (nicht finanzieller) Unterstützung ohne zwingenden gemeinsamen Wohnsitz; SZS 2007 497 betr. beweisrechtliche Anforderungen an das Mass der Unterstützung; SZS 2007 564 betr. fehlende Leistungsfähigkeit des Verstorbenen für erhebliche Unterstützung.

Die nach lit. a begünstigte Person darf aber selber nicht bereits eine (laufende) Witwen-/Witwerrente beziehen, da der Gesetzgeber keine Kumulation von Renten wollte.

- lit. b: Beim Fehlen von Begünstigten gemäss lit. a können die nicht rentenberechtigten Kinder, die Eltern oder die Geschwister eingesetzt werden. Ohne anderslautende Erklärung des Versicherten teilen sich die Begünstigten das Todesfallkapital zu gleichen Teilen.
- lit. c: Eingesetzt werden können die übrigen gesetzlichen Erben unter Ausschluss des Gemeinwesens, jedoch umfangmässig begrenzt auf die von der versicherten Person einbezahlten Beiträge oder 50% des Vorsorgekapitals.

Sofern die Voraussetzungen von Art. 19 BVG nicht erfüllt werden, steht der hin- 5.297
terlassenen Person im Obligatorium eine *Abfindung in der Höhe dreier Jahresrenten* zu. In den Genuss einer solchen kommt auch der geschiedene Gatte unter den Voraussetzungen von Art. 20 BVV2.

9C_792/2012 v. 14.12.2012, E. 3.2 betr. keine Ungleichbehandlung der Witwe, die eine Abfindung erhält, gegenüber den Begünstigten i.S.v. Art. 20a BVG, die unter den gleichen Bedingungen das ganze Todesfallkapital erhalten.

Die Hinterlassenenleistungen können auf reglementarischer Grundlage gemäss 5.298
Art. 37 Abs. 4 BVG ganz oder teilweise als Kapital ausgerichtet werden, so dass alle künftigen Ansprüche damit endgültig abgegolten sind. Die Renten hingegen unterliegen im Obligatorium der periodischen Teuerungsanpassung, welche jedoch im Überobligatorium auch anders geregelt oder sogar ausgeschlossen werden kann (Art. 36 BVG).

5.299 • *Waisenkinder* (vgl. vorne 5.291 ff.): Im Bereich des Obligatoriums werden Kindern, zum Schutze des Unterhaltsanspruchs, nur Renten ausgerichtet.

ccc) Unfallversicherung (Art. 29 f. UVG)

5.300 Hinterlassenenleistungen der Unfallversicherung setzen voraus, dass zum einen die verstorbene Person im Zeitpunkt des Unfalls/der Berufskrankheit der UV unterstellt war und zum anderen der Tod *adäquatkausal* auf den Unfall/die Berufskrankheit zurückzuführen ist oder dieser bei bereits vorbestandenem Gesundheitsschaden den Todeseintritt beschleunigt hat.

5.301 Ist die Todesursache *auf mehrere, nicht nur unfallbedingte Ursachen* zurückzuführen und hat die vorbestandene Gesundheitsschädigung bereits zu einer bleibenden Erwerbsunfähigkeit geführt, so kann der Unfallversicherer aus Gründen der Kausalität gemäss Art. 36 Abs. 2 UVG die Rente angemessen kürzen.

5.302 Um Hinterlassenenleistungen geltend machen zu können, müssen alternativ folgende Voraussetzungen erfüllt werden:

- *Frauen oder Männer* müssen im Zeitpunkt
  - des Unfalls mit dem Verstorbenen verheiratet gewesen sein und

    RKUV 2004 578 betr. keine UV-Rente für Konkubinatspartner.
  - bei der Verwitwung eigene rentenberechtigte Kinder haben oder mit rentenberechtigten Pflege- oder Stiefkindern im gemeinsamen Haushalt leben (Art. 40 UVV) oder
  - zu mindestens zwei Drittel invalid sein oder es innerhalb der nächsten zwei Jahre seit dem Tod werden.
- *Frauen* haben zudem einen Rentenanspruch, wenn sie im Zeitpunkt der Verwitwung:
  - keine rentenberechtigten Kinder mehr haben oder
  - keine Kinder und das 45. Altersjahr zurückgelegt haben.

  Erfüllen sie die angeführten Voraussetzungen nicht, haben sie je nach Ehedauer Anspruch auf eine *Abfindung* in der Höhe von einer Jahresrente im ersten Ehejahr, 3 Jahresrenten ab dem vollendeten 1. bis zum 5. Ehejahr und 5 Jahresrenten bei mehr als 5 Ehejahren (Art. 32 UVG).
- *Geschiedene Personen* müssen *zusätzlich* zu den obgenannten Voraussetzungen im Zeitpunkt des Todes Anspruch auf eine befristete oder unbefristete scheidungsrechtliche Unterhaltsrente haben (Art. 39 UVV). Freiwillige Zahlungen genügen dieser Voraussetzung nicht, wobei unerheblich ist, ob der Pflichtige zu Lebzeiten seiner Zahlungsverpflichtung nachgekommen ist. Aufgrund des Gesetzeswortlauts erlischt die Hinterlassenenrente im Gegensatz zum

BVG und MVG nicht mit Ablauf der Scheidungsrente. Nicht vorausgesetzt wird eine Mindestehedauer.

- *Waisenkinder:* vgl. vorne 5.291 ff.

ddd) Militärversicherung (Art. 52 ff. MVG)

5.303 Die Militärversicherung gewährt unter grosszügigen Bedingungen folgenden Personen HInterlassenenleistungen:

- *Frauen und Männer* haben Anspruch einzig aufgrund ihres Zivilstandes.
- *Geschiedene Personen* haben den Nachweis eines Versorgerschadens, d.h. eines scheidungsrechtlichen Unterhaltsanspruchs im Zeitpunkt des Todes, zu erbringen. Die Dauer des Anspruchs ist an die Dauer des scheidungsrechtlichen Unterhaltsanspruchs geknüpft.
- *Waisenkinder:* vgl. vorne 5.291 ff.
- *Elternrenten*, wenn kein rentenberechtiger Ehepartner oder Kinder vorhanden sind, soweit ein Bedürfnis vorliegt.

cc) Höhe der Hinterlassenenleistungen (Art. 36 f. AHVG; Art. 21 BVG; Art. 31 UVG; Art. 52 f., 55 MVG)

5.304

	AHV	**BV**	**UV**	**MV**
Witwe/ Witwer	80% Altersrente	60% IV-Rente	40% vers. Verd.	40% vers. Verd.
Waise	40/60% Altersrente	20% IV-Rente	15/25% vers. Verdienst	15/25% vers. Verdienst
geschiedene Ehegatten	80% Altersrente	Kürzung	max. 20% vers. Verdienst	max. 20% vers. Verdienst
Eltern				max. 20% vers. Verdienst

5.305 Bei *geschiedenen Personen* ist aufgrund des Versorgerschadensprinzips die Hinterlassenenrente immer auf die Höhe des scheidungsrechtlichen Unterhaltsanspruchs und in der UV und MV zudem betragsmässig bezogen auf den versicherten Verdienst begrenzt. Gemäss Art. 20 Abs. 2 BVV2 werden zudem an die auszurichtende Hinterlassenenrente andere aus dem nämlichen Risikofall ausgerichtete Leistungen anderer Sozialversicherer angerechnet.

SZS 2003 52 betr. Kongruenz der anderen anzurechnenden Sozialversicherungsleistungen.

5.306 In der *Unfallversicherung* ist der Gesamtbetrag aller ausgerichteten Hinterlassenenleistungen auf 70% des versicherten Verdienstes, und wenn noch geschiedene Personen dazustossen, auf 90% des versicherten Verdienstes limitiert. Darüberhinausgehende Leistungen werden anteilsmässig gekürzt (Art. 31 Abs. 3 UVG).

8C_443/2013 v. 24.6.2014, E. 3.3 betr. versicherter Verdienst für Hinterlassenenleistungen bei langer Latenzzeit (Asbestopfer).

5.307 Die Hinterlassenenleistungen unterliegen der periodischen Teuerungsanpassung (Art 33ter AHVG, Art. 36 Abs. 1 BVG, Art. 34 UVG, Art. 44 UVV, Art. 43 MVG).

dd) Beginn und Ende des Anspruchs (Art. 23 f. AHVG, Art. 46 AHVV; Art. 22 BVG; Art. 29 Abs. 6, 33 UVG; Art. 52 MVG)

5.308 Die Rentenleistungen werden stets für den ganzen Kalendermonat im Voraus ausbezahlt (Art. 19 Abs. 3 ATSG).

5.309 Die Rentenleistungen setzen mit dem dem Todesfall folgenden Monat, in der bV jedoch frühestens mit Beendigung des Lohnnachgenusses durch den Arbeitgeber (Art. 22 Abs. 1 BVG i.V.m. Art. 338 OR), ein.

5.310 Sie erlöschen:

- im Zeitpunkt des Todes der berechtigten Person,
- bei Wiederverheiratung der berechtigten Person, wobei in der *AHV* und *UV* die Rente bei Auflösung der Folgeehe durch Scheidung bei weniger als 10 Ehejahren wiederauflebt (Art. 23 Abs. 5 AHVG i.V.m. Art. 46 Abs. 3 AHVV; Art. 33 UVG), während in der *MV* keine Bedingung an die Dauer der Folgeehe gestellt wird. In der *bV* erlischt der Anspruch endgültig.
- bei Waisenrenten: im Zeitpunkt der Mündigkeit oder des Abschlusses der Ausbildung bis zum vollendeten 25. Altersjahr (vgl. 5.291–5.293). In der bV auch bis zur Erlangung der Erwerbsfähigkeit bei mindestens 70%iger Invalidität.
- für den Witwer (nur in der AHV: Art. 24 Abs. 2 AHVG): bei Vollendung des 18. Altersjahres des jüngsten Kindes.

d) Die Invalidenrente sowie Kinderrente

aa) Allgemeines

5.311 Invalidenrenten sind Geldleistungen, die auf Dauer angelegt sind. Sie setzen einen *gesundheitsbedingten* Erwerbsausfall voraus und werden von verschiedenen Zweigen der Sozialversicherung angeboten. Die jeweilige Leistungspflicht einer Versicherung ergibt sich zum einen aus ihrem finalen oder kausalen Charakter und zum andern aus den versicherungsmässigen und einzelgesetzlichen Leistungsvoraussetzungen.

5.312 Neben der Invalidenrente als Hauptrente wird als Zulage eine akzessorische Kinderrente ausgerichtet, sofern die versicherte Person minderjährige Kinder hat, die im Todesfall eine Waisenrente beanspruchen könnten (vgl. vorne 5.291 ff.).

Den Kindern gleichgestellt sind Pflegekinder, die vor Eintritt der Invalidität zur Pflege und Betreuung aufgenommen wurden und von der versicherten Person zu mind. 75% unterhalten werden.

bb) Voraussetzungen im Einzelnen

aaa) Invalidität (Art. 8 ATSG, Art. 4 IVG)

Invalidität entsteht erst nach Durchführung von nicht oder nur teilweise erfolgrei- 5.313
chen medizinischen oder beruflichen Eingliederungsmassnahmen, wobei gemäss Art. 7a IVG jede Massnahme als zumutbar gilt, die der Eingliederung dient und nicht dem Gesundheitszustand der versicherten Person unangemessen ist (vgl. vorne 2.22 ff.). Ob eine dauernde Erwerbsunfähigkeit vorliegt, wird gemäss Art. 7 Abs. 2 ATSG auf Grund der durch die *gesundheitsbedingte* (ICD-10 oder DSM-5 kodierte Störung) *Einbusse an funktionellem Leistungsvermögen* beurteilt. Invaliditätsfremde Faktoren, wie z.B. sprachliche, berufliche, familiäre, kulturelle oder soziale Situationen können als eigenständige und ausschliessliche Ursachen der Einbusse an funktionellem Leistungsvermögen keine Invalidität begründen (Art. 59 Abs. 6 IVG verleiht keinen Anspruch auf Berücksichtigung invaliditätsfremder Faktoren bei Leistungen, sondern soll einzig der besseren interkulturellen Verständigung im Rahmen der Abklärung und einem besseren falladäquaten Ergebnis dienen; vgl. auch Art. 68bis Abs. 1 lit. e^{bis} IVG betr. IIZ), soweit nicht eine diagnostizierte eigenständige Erkrankung vorliegt (das Bundesgericht hält am bio-psychischen Krankheitsbegriff fest: BGE 142 V 106, E. 4.2). Die Gesundheitsstörung hat zudem in dem Sinne objektivierbar zu sein, als nicht das Empfinden der versicherten Person allein, sondern ein objektiver, jederzeit nachvollziehbarer Massstab gelten soll. Für die Feststellung einer Invalidität müssen die Auswirkungen der gesundheitlichen Störung auf das funktionelle Leistungsvermögen, d.h. auf die Arbeitsfähigkeit, mit dem Beweisgrad der überwiegenden Wahrscheinlichkeit anhand einer Plausibilitätsprüfung nachgewiesen werden, d.h. auch, dass der versicherten Person aus gesundheitlichen Gründen eine (ganze oder teilweise) Arbeitsleistung nicht mehr zumutbar ist. Dabei sollen hinsichtlich der Auswirkungen auf die Arbeitsfähigkeit somatische und psychische Krankheitsbilder gleichbehandelt werden. Für Beschwerdebilder, welche objektiv nicht nachweisbar sind bzw. deren Ursache nicht mit diagnostischen Verfahren ermittelt werden können (z.B. somatoforme Schmerzstörung, Fibromyalgie, Neurasthenie, Chronic Fatigue Syndrom, nichtorganische Hypersomnie, Tinnitus und ähnliche), hat das Bundesgericht mit seinem wegweisenden Urteil BGE 141 V 281 ff. ein neues Anforderungsprofil an die Abklärung der Arbeitsfähigkeit entwickelt. Diese hat anhand eines strukturierten Beweisverfahrens, mit Hilfe dessen das tatsächliche Leistungsvermögen betroffener Personen ergebnisoffen und

einzelfallgerecht eingeschätzt wird, zu erfolgen. Bei der Abklärung des massgeblichen Sachverhalts für die Rentenberechtigung ist nach Standardindikatoren (Beweisthemen) wie folgt vorzugehen:

5.313a Kategorie «funktioneller Schweregrad»:

Indikatorenkomplex 1 (Gesundheitsschädigung):

1. Diagnosestellung und überzeugende Begründung, also Feststellung der Gesundheitsbeeinträchtigung (E. 2.1);
2. Hinweise auf Ausschlussgründe wie Aggravation oder Simulation (E. 2.2; BGE 131 V 49), kann auch im Zusammenhang mit der Konsistenzprüfung festgestellt werden;
3. Feststellung der Ausprägung der diagnoserelevanten Befunde und Symptome, insb. die Schwere und das Ausmass des Krankheitsgeschehens (E. 4.3.1.1);
4. Ermittlung des Behandlungs- und Eingliederungserfolgs oder der -resistenz angesichts der Schwere des Gesundheitsschadens (E. 4.3.1.2.);
5. Prüfung des Vorliegens von somatischen oder/und psychischen Begleiterkrankungen (Komorbiditäten) (E. 4.3.1.3).

Indikatorenkomplex 2 (Persönlichkeit):

1. Persönlichkeitsdiagnostik, insb. Persönlichkeitsstruktur, Persönlichkeitsentwicklung und -störungen (E. 4.3.2);
2. Persönliche Ressourcen (E. 4.3.2, E. 3.6, E. 3.4.2.1).

Indikatorenkomplex 3 (sozialer Kontext)

1. Eruierung der Ressourcen anhand des soziales Umfelds (E. 4.3.3).

A. Kategorie «Konsistenz»:

1. Gleichmässige Einschränkung des Aktivitätsniveaus in allen vergleichbaren Lebensbereichen (E. 4.4.1);
2. Inanspruchnahme therapeutischer Optionen, welche Rückschlüsse auf den vorhandenen Leidensdruck zulassen (E. 4.4.2).

Die Übertragbarkeit des strukturierten indikatorenorientierten Abklärungsverfahrens auf psychische und somatische Gesundheitsstörungen ist unter dem Aspekt der rechtsgleichen Beurteilung ihrer Auswirkungen, aber unter Berücksichtigung der jeweiligen Diagnose und entsprechender Zurückstellung des jeweiligen Indikators, zu bejahen.

BGE 143 V 409, E. 4 betr. indikatorenorientiertes Abklärungsverfahren auch bei leichten bis mittelgradigen Depressionen; BGE 142 V 342, E. 5.2 betr. posttraumatische Belastungsstörung; BGE 142 V 106, E. 4 betr. Plausibilitätsprüfung bei chronischem Schmerz; 8C_590/2015 v. 24.11.2015, E. 5.2 betr. keine Neuanmeldung resp. Voraussetzungen für Anpassung rechtskräftiger Verfügungen an eine Praxisänderung;

8C_280/2015 v. 28.8.2015, E. 1.2 betr. keine Anwendung der neuen Rechtsprechung bei Überwiegen somatischer Befunde gegenüber psychiatrischen; 9C_366/2015 v. 22.9.2015, E. 2 betr. keine Anwendung der neuen Rechtsprechung bei blosser psychischer Schmerzüberlagerung; 8C_10/2015 v. 5.9.2015, E. 6.4 betr. Anwendung der Rechtsprechungsänderung auch auf die Unfallversicherung; 9C_899/2014 v. 9.6.2015, E. 4.2 betr. Ausschlussgrund der Aggravation; 8C_209/2015 v. 17.8.2015, E. 6.3.4 betr. Ausschlussgrund der Simulation; 8C_582/2015 v. 8.10.2015, E. 2.2 und 4.

bbb) Bemessungsmethoden

Der Invaliditätsgrad ist eine wirtschaftliche Grösse und nicht eine medizinisch-theoretisch zu verstehende Funktionseinschränkung. Er bestimmt sich, *nach Durchführung zumutbarer medizinischer oder/und beruflicher Eingliederungsmassnahmen oder einer zumutbaren Selbsteingliederung resp. Verwertung der Restarbeitsfähigkeit* (vgl. vorne 1.65), je nach Status «erwerbstätig» «teilerwerbstätig» oder «nichterwerbstätig» anders. In einem ersten Schritt muss daher geprüft werden, welcher Status zum Tragen kommen soll. Gefragt wird dabei nach der *hypothetisch ohne Gesundheitsschaden ausgeübten Tätigkeit*, welche nach Massgabe der hypothetischen Willensentscheidung und äusserer Indizien (gesundheitliche, bildungsmässige, wirtschaftliche, familiäre Situation) bestimmt wird. Die Frage nach der anwendbaren Bemessungsmethode ist eine Rechtsfrage, die Festsetzung der hypothetischen Einkommen eine Tatfrage (vgl. hinten 7.111). 5.314

BGE 143 I 50, E. 4 betr. diskriminatorische Aspekte bei Statusfrage (gemischte Methode) sowie demgegenüber 8C_762/2016 v. 18.1.2017, E. 5 betr. Kriterien für Statusfrage (i.c. Familiensituation und Kinderwunsch); 9C_277/2016 v. 15.3.2017, E. 4.3 betr. Unzumutbarkeit der Ausschöpfung der (realitätsfremden) Restarbeitsfähigkeit bei Behinderung; 8C_42/2014 v. 29.5.2015, E. 5.2 betr. hypothetische Aktivitätsdauer eines Berufssportlers; 9C_734/2013 v. 13.3.2014, E. 3 betr. Selbsteingliederungspflicht und Unzumutbarkeit der Ausschöpfung der (realitätsfremden) Restarbeitsfähigkeit bei fortgeschrittenem Alter (61) und weiteren gesundheitlichen und sozialen Faktoren.

Ist die Statusfrage beantwortet, wird in einem zweiten Schritt für die Bestimmung des Invaliditätsgrades die passende Methode beigezogen:

- Bei ***Erwerbstätigen*** *die Einkommensvergleichsmethode (Art. 16 ATSG, Art. 28a Abs. 1 IVG, Art. 25 ff. IVV; Art. 22 Abs. 4 UVV; Art. 40 Abs. 1 MVG):* Für die Ermittlung der Einkommen massgebend sind der *ausgeglichene Arbeitsmarkt* und die Verhältnisse im Zeitpunkt des Beginns des Rentenanspruchs. Das *hyp. Valideneinkommen (VE) und das hyp. Invalideneinkommen (IVE)* bestimmen sich, wenn möglich, *so konkret als möglich* auf zeitidentischer Grundlage unter beidseitiger Berücksichtigung oder Nichtberücksichtigung invaliditätsfremder Faktoren. 5.315

  Beim ***Valideneinkommen*** stellt sich die Frage, wie hoch das Einkommen (massgebend ist jedes Einkommen aus Haupt- und Nebentätigkeit, selbständig/unselbständig [bei Arbeitnehmerversicherungen aber nur dasjenige aus unselbständiger Erwerbstätigkeit: Art. 28 Abs. 2 UVV], Zulagen etc.) *ohne Gesundheitsschaden* aufgrund objektiver Umstände (z.B. Ausbildung, Alter, familiäre Situation) sowie unter Berücksichtigung möglicher Einkommensentwicklungen (Teuerung, Reallohnerhöhung) und des Arbeitspensums (auch im

Falle von mehr als 100%) nach dem Beweisgrad der überwiegenden Wahrscheinlichkeit ausgefallen wäre. Begründete Abweichungen, so z.B. bei Karriereaussichten oder Pensumserhöhung resp. -reduktion, finden nur Berücksichtigung, wenn *ganz konkrete* resp. bereits getroffene Schritte im Hinblick auf eine künftige Veränderung mit dem Beweisgrad der überwiegenden Wahrscheinlichkeit nachgewiesen werden können. Verzichtet die versicherte Person *freiwillig und nicht gesundheitsbedingt* auf Einkommen (z.B. durch Pensumsreduktion oder begnügt sich freiwillig mit einem bescheideneren als dem ihr möglichen Einkommen), so kann sie sich nicht auf ein durchschnittliches Valideneinkommen berufen. Abzustellen ist jeweils auf das effektive Einkommen, auch nicht auf ein vertraglich vereinbartes fiktives (Ausnahme: Einkommensverzicht zwecks Sanierung des Arbeitgebers und Erhalt der Arbeitsstelle). Massgebend sind daher:

- die *vor Eintritt des Gesundheitsschadens zuletzt erzielten effektiven Einkommen* beim letzten Arbeitgeber, unter Berücksichtigung der Teuerung und Reallohnentwicklung, sofern dieses noch ermittelbar ist.

  Bei Selbständigerwerbenden ist in der Regel auf das *Betriebsergebnis* (unter Ausschluss nicht erwerbsbedingter Erträge und Zuflüsse, der Mitarbeit von Familienmitgliedern, spezieller konjunktureller Situationen etc.) abzustellen, wie es sich aus dem IK (ev. auch Buchhaltung, Abklärungsbericht) ergibt. Bei grösseren Schwankungen wird auf ein Durchschnittseinkommen der letzten Jahre abgestellt.

  9C_229/2018 v. 30.8.2018, E. 2 betr. Ermittlung des Valideneinkommens eines Selbständigerwerbenden; BGE 141 V 1, E. 5 betr. Berücksichtigung invaliditätsfremder Gründe bei der Einkommensermittlung; 8C_196/2013 v. 21.8.2013, E. 3.3 betr. Diskrepanz zwischen IK und geltend gemachtem Einkommen bei Selbständigerwerbenden; I 400/05 v. 27.4.2006, E. 4.2 betr. Massgeblichkeit zu gering deklarierter Einkommen einer Selbständigerwerbenden als Valideneinkommen; I 433/06 v. 23.7.2007; E. 4.1.2 betr. Pensen von über 100%.

- *Tabellenlöhne,* sofern der letzte Lohn ziffernmässig nicht konkret festgestellt werden kann, z.B. weil er lange zurückliegt, der Arbeitgeber nicht mehr erreichbar ist resp. nicht mehr existiert, oder es sich um Soziallohn (Lohn ist höher als Wert der Arbeitsleistung) handelte etc.

Beim ***Invalideneinkommen*** massgebend sind *nach Abzug der invaliditätsbedingten Gewinnungskosten* (nicht gedeckte Mehrkosten z.B. für Transport, Hilfsmittel) die mit Gesundheitsschaden zumutbarerweise bei ausgeglichenem Arbeitsmarkt hypothetischen Erwerbsmöglichkeiten, wie:

- Das *aktuelle effektive Einkommen*, sofern das Arbeitsverhältnis stabil, die Arbeit gesundheitsbedingt voll ausgeschöpft und zumutbar ist und kein Soziallohn (= Lohn entspricht nicht erbrachten Arbeitsleistung) ausgerichtet wird,

  8C_131/2019 v. 26.6.2019, E. 4.2.2 betr. ausgeglichener Arbeitsmarkt und nicht fehlende Stellenangebote; 8C_724/2011 v. 24.7.2012, E. 3.3 betr. Massgeblichkeit des tatsächlich, wenn auch in Missachtung der ärztlich festgelegten Arbeitsunfähigkeitsgrenze, erzielten Einkommens.

Bei Selbständigerwerbenden ist in der Regel das *Betriebsergebnis* (unter Ausschluss nicht erwerbsbedingter Erträge und Zuflüsse, der Mitarbeit von Familienmitgliedern, spezieller konjunktureller Situationen etc.) abzustellen, wie es sich aus dem IK (ev. auch Buchhaltung, Abklärungsbericht) ergibt, sofern die verbliebene Erwerbsfähigkeit bei Aufrechterhaltung der bisherigen Tätigkeit voll ausgeschöpft wird (Schadenminderungspflicht, vgl. vorne 2.24).

- *Tabellenlöhne,* wenn das effektive Einkommen ziffernmässig nicht konkret festgestellt werden kann, wie insbesondere bei Soziallöhnen, häufigem Stellenwechsel, grossen Einkommensschwankungen, schon lange dauernder Arbeitsunfähigkeit, Nichterreichbarkeit des früheren Arbeitgebers oder Aufgabe der selbständigen Erwerbstätigkeit bzw. Zumutbarkeit des Wechsels in eine Verweistätigkeit. Soweit eine Person aufgrund der Invalidität oder zusätzlich wegen *invaliditätsfremden* Gründen (z.B. Alter, Sprache) nur noch eine leichte Hilfstätigkeit ausüben kann, dürfen diese Umstände durch eine Reduktion des Tabellenlohns zwischen 10%–25% (leidensbedingter Abzug) berücksichtigt werden. Die Tabellenlöhne sind der *Lohnstrukturerhebung (LSE)* oder der durch die Suva entwickelten *Dokumentation von Arbeitsplätzen (DAP)* zu entnehmen.

BGE 143 V 295, E. 2 betr. Anwendung von LSE- oder DAP-Löhnen und Massgeblichkeit der aktuellsten Ausgabe; 8C_145/2008 v. 20.8.2008, E. 3.3 betr. Berücksichtigung des effektiven Lohns bei freiwilligem unterbezahltem Lohn. Anforderung an Karriereaussichten; 9C_189/2008 v. 19.8.2008, E. 4.2 betr. Massgeblichkeit des ohne Gesundheitsschaden erzielbaren Einkommens und nicht des aus wirtschaftlichen Gründen beim letzten Arbeitgeber effektiv tiefer ausgerichteten.

Soweit eine Person aufgrund *gleich gebliebener invaliditätsfremder Gründe resp. persönlicher Eigenschaften,* wie insb. Alter, Sprache, Ausbildung, Saisonnierstatut oder Beschäftigungsgrad (also nicht alle invaliditätsfremden Gründe werden berücksichtigt) ein im Vergleich zu den gemäss LSE branchenüblichen Löhnen unterdurchschnittliches VE aufweist (d.h. Abweichung von mehr als 5%), ist gemäss dem Grundsatz der Parallelisierung auch ein entsprechend unterdurchschnittliches hyp. IVE anzunehmen, und zwar durch Heraufsetzung des effektiv erzielten Valideneinkommens auf den branchenüblichen Tabellenlohn oder durch Herabsetzung des Tabellenlohns beim hyp. Invalideneinkommen.

BGE 141 V 1, E. 5.4-5.6 betr. Unterdurchschnittlichkeit des VE bezogen auf die übliche Arbeitszeit; 8C_566/2014 v. 12.12.2014, E. 3.3 betr. Vorlegen von mind. 5 DAP-Blättern mit zumutbaren Arbeitsplatzbeschrieben; BGE 139 V 28, E. 4.3.4 betr. Berechnung des Invaliditätsgrades aufgrund der Entwicklung des Valideneinkommens wegen bester Qualifikationen sowie Festsetzung des versicherten Verdienstes (Parallelisierung); 8C_671/2010 v. 25.2.2011, E. 4.5 betr. keine systematische Reduktion überdurchschnittlicher Einkommen (i.c. durch überdurchschnittliche Mehrarbeit); BGE 135 V 58, E. 3.4.3 betr. *keine* Parallelisierung bei wirtschaftlich bedingtem unterdurchschnittlichen VE; BGE 129 V 222, E. 4.4 betr. Saisonnierstatut.

$$\textbf{Invaliditätsgrad} \quad = \quad \frac{\textbf{(hyp. VE – hyp. IVE) x 100}}{\textbf{hyp. VE}}$$

BGE 130 V 121, E. 3. betr. Auf- bzw. Abrundung ab 39,5% auf 40% und 19,49% auf 19%.

Kann eine verbliebene Resterwerbsfähigkeit, z.B. wegen fortgeschrittenem Alter, auf den Einzelfall bezogen auf dem ausgeglichenen Arbeitsmarkt realistischerweise nicht mehr verwertet werden, weil sie nicht mehr nachgefragt ist, und ist eine Selbsteingliederung auch nicht mehr zumutbar, liegt eine vollständiger Erwerbsunfähigkeit vor.

8C_133/2018 v. 26.6.2018, E. 2.2.2 betr. Verwertbarkeit der Resterwerbsfähigkeit eines 59-Jährigen.

5.316 • *Bei **Nichterwerbstätigen** nach der «spezifischen Methode» des Betätigungsvergleichs (Art. 28a Abs. 2 IVG, Art. 27 Abs. 1 IVV):*

Im Aufgabenbereich tätige Personen werden nach ihrer gesundheitsbedingten Einschränkung (0%–100%) in ihren regelmässigen häuslichen Verrichtungen beurteilt. Zu den Tätigkeiten einer im Haushalt aktiven Person gehören Haushaltführung, Ernährung, Putzen, Einkaufen, Waschen sowie die Betreuung von Angehörigen (ebenso Lebenspartner), nicht jedoch künstlerische oder caritative Tätigkeiten. Alle Tätigkeiten zusammen ergeben ein Pensum von 100%, wobei die verschiedenen Tätigkeiten unter sich prozentual gewichtet werden. Bei jeder gewichteten Tätigkeit wird die Einschränkung in Prozenten bestimmt, was zusammen zur Gesamteinschränkung resp. dem Invaliditätsgrad führt.

Funktion	**Gewichtung total 100%**	**Einschränkung in %**	**IV-Grad (Gewichtung x Einschränkung)**
Organisation, Planung	5%	0%	0%
Waschen	10%	50%	5%
Kochen	20%	30%	6%
Einkaufen	10%	30%	3%
Putzen	30%	100%	30%
Betreuung	25%	0%	0%
Totale Behinderung			**44%**

9C_925/2013 v. 1.4.2014, E. 5 betr. kein Ersatz der Haushaltabklärung durch Angaben aus der Schweizerischen Arbeitskräfteerhebung (SAKE) des BFS (weist u.a. die durchschnittlich für den Haushalt aufgewendete Zeit aus); 8C_828/2011 v. 27.7.2012, E. 4 betr. Schadenminderungspflicht durch Mitarbeit Angehöriger im Haushalt.

5.317 • *Bei Teilerwerbstätigen nach der «gemischten Methode» von Einkommens- und Betätigungsvergleich (Art. 28a Abs. 3 IVG, Art. 27bis IVV):*

Bei Teilerwerbstätigen wird, jedoch nur in der Invalidenversicherung, der Invaliditätsgrad für den erwerblichen Bereich und den Aufgabenbereich getrennt bestimmt. In beiden Bereichen wird, dies im Gegensatz zur bisherigen zeitlichen Komplementarität, von einer vollzeitlichen Beschäftigung ausgegangen. Der erwerbliche Anteil wird nach der Methode des Einkommensvergleichs i.S.v. Art. 16 ATSG und der nicht erwerbliche Anteil nach der des Betätigungsvergleichs bestimmt (IgA). Beim Einkommensvergleich wird als hyp. Valideneinkommen dasjenige auf der Grundlage einer 100%-Anstellung eingesetzt, was zu einem höheren Invaliditätsgrad führt (IgE). Letzterer sowie derjenige im Aufgabenbereich werden in der Folge mit den beiden Pensen im Erwerbs- und Aufgabenbereich (= Differenz zur Vollerwerbstätigkeit) multipliziert. Wurde jedoch das Arbeitspensum gesundheits*unabhängig* reduziert (z.B. zwecks Freizeitgewinnung) und werden keine Familien- und Betreuungsaufgaben (Tätigkeit im Aufgabenbereich) wahrgenommen, kommt nicht die gemischte Methode sondern ausschliesslich die Einkommensvergleichsmethode i.S.v. Art. 27bis Abs. 3 IVV zur Anwendung.

BGE 144 V 63, E. 6.2, 6.3.2 betr. Bestimmung des Valideneinkommens bei Teilzeittätigkeit in der beruflichen Vorsorge; BGE 142 V 290, E. 7 i.V.m. BGE 131 V 51 betr. keine gemischte Methode bei reduziertem Pensum ohne Aufgabenbereich (Einpersonenhaushalt), IV-Grad entsprechend dem Erwerbspensum.

(tAZ x IgE) + (tAZ x IgA)

Legende zur Formel: tAZ: tatsächliches Arbeitspensum in Prozent der Tätigkeit; IgE: Invaliditätsgrad in der Erwerbstätigkeit auf der Grundlage einer Vollzeiterwerbstätigkeit; IgA: Invaliditätsgrad im Aufgabenbereich.

Beispiel: Teilpensum ohne Gesundheitsschaden: 60%, hyp. VE: Fr. 72'000.–; hyp. IVE: Fr. 30'000.–: IgE: Fr. 120'000.– – Fr. 30'000 ./. Fr. 120'000 = 75%; Aufgabenbereich: IgA 40%;

(0,6 x 75%) + (0.4 x 40%) = 61%

- *Bei **nicht zuverlässig bestimmbaren Einkommenssituationen** nach der «ausserordentlichen Methode»:* 5.318

  Soweit bei Erwerbstätigen die Methode des Einkommensvergleichs nicht zu einer zuverlässigen Feststellung des Invaliditätsgrades führt, wird auf die ausserordentliche Methode zurückgegriffen. An Zuverlässigkeit fehlt es, wenn insb. bei Selbständigen sich keine genauen Einkommenszahlen eruieren lassen, wenn zu grosse Einkommensschwankungen verzeichnet sind, wenn kein der Arbeitsleistung entsprechendes Einkommen erzielt wird (z.B. im Familienbetrieb), wenn grosse konjunkturelle Schwankungen das Betriebsergebnis bestimmen oder, z.B. bei handwerklichen oder landwirtschaftlichen Betrieben, nach gesundheitsbedingter Reorganisation. Die ausserordentliche Methode zeichnet sich dadurch aus, dass zuerst die gesundheitsbedingte Leistungseinbusse, entsprechend der Betätigungsvergleichsmethode, bezogen auf jede verrichtete Tätigkeit im Betrieb (vgl. vorne 5.316), aufs Ganze bezogen mit 100% gewichtet, prozentual festgestellt und in einem weiteren Schritt aufgrund des für jede Tätigkeit beigezogenen branchenüblichen Lohnansatzes bewertet wird. Auf diese Weise erhält man ein Validen- und ein Invalideneinkommen und kann den Invaliditätsgrad nach der Methode des Einkommensvergleichs bestimmen.

ccc) Sonderregelungen in den einzelnen Sozialversicherungszweigen

IV: Die Bestimmung des Valideneinkommens resp. die ausschliessliche Berücksichtigung des Betätigungsvergleichs kann auch zu unangemessenen Resultaten führen, weshalb in Sonderfällen abweichende Lösungen gelten: 5.319

- *Versicherte ohne Ausbildung (Geburts-/Frühinvalide):* Konnte *wegen* vorbestehender Invalidität überhaupt keine Ausbildung absolviert (vgl. zum Beweisgrad hinten 7.32) oder keine genügenden beruflichen Kenntnisse erworben werden (d.h. kein Abschluss einer Berufsbildung oder Anlehre) oder kann eine erworbene genügende Ausbildung gesundheitsbedingt nicht auf dem ersten Arbeitsmarkt genügend verwertet werden, so entspricht das Valideneinkommen dem Medianwert der LSE, nach Alter prozentual abgestuft (Art. 26 Abs. 1 IVV). Diese Sondernorm schliesst aber nicht aus, dass auch auf das Einkommen aus einem bestimmten Beruf abgestellt wird, wenn eindeutige Anhaltspunkte bestehen, dass dieser ohne Gesundheitsschaden gewählt worden wäre.

  9C_644/2018 v. 27.2.2019, E. 2.2 betr. Begriff der genügenden beruflichen Kenntnisse; 8C_335/2017 v. 6.10.2017, E. 6 betr. gesundheitsbedingt nicht genügende Verwertbarkeit einer abgeschlossenen Ausbildung; 9C_723/2016 v. 14.12.2016, E. 3 betr. Anforderungen an die eindeutigen Anhaltspunkte.

- *Versicherte mit invaliditätsbedingt abgebrochener Ausbildung:* Das Valideneinkommen entspricht dem Durchschnittseinkommen im Beruf, für den die Ausbildung begonnen wurde (Art. 26 Abs. 2 IVV).

- *Versicherte während der Ausbildung:* Sofern nicht die Aufnahme einer Erwerbstätigkeit zugemutet werden kann, erfolgt die Invaliditätsbemessung nach dem Betätigungsvergleich (Art. 26bis IVV i.V.m. Art. 28a Abs. 2 IVG).

5.320 ***bV:*** Als Arbeitnehmerversicherung kommt nur die Einkommensvergleichsmethode zur Anwendung. Die VE ist aber an den von der IV festgelegten Status (dieser auch im Überobligatorium) und Invaliditätsgrad gebunden, soweit dieser nicht offensichtlich falsch ist oder der VE der Vorbescheid nicht eröffnet wurde (vgl. hinten 7.48 ff.). Eine auf Grund der gemischten Methode erfolgte Invaliditätsbemessung durch die IV muss in der 2. Säule in den erwerblichen und nichterwerblichen Teil aufgeschlüsselt werden. Art. 27bis Abs. 3 IVV finden hingegen keine Beachtung, d.h. es gilt für die bV das (von der IV festgestellte) Valideneinkommen im Umfang des Teilzeitpensums.

BGE 144 V 63, E. 6.3.2 betr. Bestimmung des Valideneinkommens bei Teilzeitpensum.

Im *Überobligatorium* sind die Vorsorgeeinrichtungen frei, den Invaliditätsbegriff und die Invaliditätsbemessung in Abweichung zur IV zu regeln. Insb. können die relevanten Einkommensbestandteile (z.B. Berücksichtigung nur des Grundlohns, vgl. vorne 5.266) sowie die Invalidität (auch bei bleibender Arbeitsunfähigkeit im bisher ausgeführten Beruf: Berufsunfähigkeit, vgl. vorne 2.27) durch Reglement autonom bestimmt werden.

BGE 141 V 127, E. 5.1 und 405, E. 3.6 betr. Bindungswirkung gegenüber der IV und revisionsweise Anpassung an veränderte Verhältnisse; BGE 136 V 65, E. 3.2 betr. von Art. 23 BVG abweichende Definition des Invaliditätsbegriffs durch Vorsorgeeinrichtung im Überobligatorium.

5.321 ***UV:*** Als Arbeitnehmerversicherung kommt nur die Methode des Einkommensvergleichs (Art. 16 ATSG; vgl. vorne 5.315) zum Zuge (gilt auch für die Bestimmung einer Übergangsrente i.S.v. Art. 30 UVV). Dabei wird bzgl. des hyp. Valideneinkommens ein nicht gesundheitsbedingt reduziertes Pensum wie ein auf ein 100%-Pensum umgerechnet.

BGE 119 V 475, E. 2 betr. Berechnung des Invaliditätsgrads von Teilerwerbstätigen.

Für die Invaliditätsgradbemessung gelten in Art. 28 UVV abschliessend aufgeführte Abweichungen für bestimmte Arbeitnehmergruppen:

- *Versicherte vor/in Ausbildung:* Das Validen- und Invalideneinkommen wird auf der Basis der Einkommen im angestrebten Beruf, der aufgrund der nicht mehr möglichen Ausbildung ergriffen worden wäre, ermittelt (Art. 28 Abs. 1 UVV). Ist ein künftiger Beruf noch nicht mit Sicherheit bestimmt, kann auf Art. 26 Abs. 1 IVV zurückgegriffen werden.
- *Versicherte mit mehreren Arbeitgebern:* Die UVG-versicherten Validen- und Invalideneinkommen (nicht solche aus selbständiger Erwerbstätigkeit) werden zusammengezählt, wenn die Behinderung in sämtlichen Tätigkeiten auftritt (Art. 28 Abs. 2 UVV).

  8C_121/2017 v. 5.7.2018, E. 7.4 betr. Berücksichtigung des Invalideneinkommens aus selbständiger Erwerbstätigkeit.
- *Versicherte mit vorbestehendem Gesundheitsschaden:* Das Valideneinkommen bestimmt sich nach dem Lohn, der aufgrund des vorbestehenden, mit dem aktuellen Unfallereignis nicht zusammenhängenden Gesundheitsschaden zu erzielen gewesen wäre (Art. 28 Abs. 3 UVV). Bei Verschlimmerung einer vorbestandenen Invalidität ist die Sonderregel nicht anwendbar.

  8C_876/2015 v. 29.1.2016, E. 5.2 betr. Anwendbarkeit bei getrennten Gesundheitsschäden.
- *Versicherte ab einem bestimmten Alter (ca. 60 J.):* Das Validen- und Invalideneinkommen bestimmt sich nach dem durchschnittlichen Einkommen eines Versicherten im mittleren Alter (ca. 45 J.) mit entsprechender Gesundheitsschädigung (Art. 28 Abs. 4 UVV).

MV: Für Erwerbstätige gilt Art. 16 ATSG und bei nicht zuverlässiger Bestimmbar- 5.322
keit der Vergleichseinkommen die ausserordentliche Bemessungsmethode (vgl. vorne 5.318) oder für Nichterwerbstätige der Betätigungsvergleich (vgl. vorne 5.316). Für die Ermittlung des mutmasslich entgehenden Jahresverdienstes vgl. Art. 40 Abs. 3 und 5 MVG i.V.m. Art. 16 und 17 MVV).

cc) Rentenberechnung und Rentenhöhe

aaa) Invalidenversicherung (Art. 28 ff. IVG)

Die Rente berechnet sich gleich wie die Altersrente, nämlich aufgrund der Tabel- 5.323
len 1 bis 44 bezogen auf das durchschnittliche Jahreseinkommen (ev. mit Splitting) und die Vollständigkeit der Beitragsjahre (vgl. vorne 5.259 ff.; Skala 44 bei

Vollständigkeit der Beitragsjahre). Zur Wartezeit bis zum Beginn des Rentenanspruchs vgl. vorne 2.21.

8C_571/2018 v. 18.12.2018, E. 5 betr. Massgeblichkeit der ersten Ehe für bezüglich Durchführung des Splittings, auch wenn der zweite Rentenfall während der Zweitehe eintritt.

5.324 Je nach Höhe des Invaliditätsgrades, der Mindestinvaliditätsgrad beträgt 40%, von 40%, 50%, 60% oder 70% hat man Anspruch auf eine Viertelrente, halbe Rente, Dreiviertelrente oder ganze Rente. Im Falle des zusätzlichen Anspruchs auf Kinderrenten entsprechen diese 40% der Hauptrente (Art. 38 IVG). (*IVG-Revision:* Wechsel zu einem [partiell] stufenlosen System zwischen 25–100%iger Rente bei einem Invaliditätsgrad von 40–70%.)

5.325 Die Minimalrente beträgt derzeit Fr. 1'185.– und die Maximalrente Fr. 2'370.–. Junginvaliden bis 25 Jahre mit einer vollständigen Beitragsdauer wird die Rente auf 133,3% der Mindestansätze der zutreffenden Vollrente aufgewertet (Art. 37 Abs. 2 IVG).

bbb) Berufliche Vorsorge (Art. 23 f. BVG)

aaaa) Obligatorium

5.326 Die Invalidenrente ist eine lebenslange Rente und berechnet sich gleich wie die Altersrente durch Umwandlung des Altersguthabens mit dem Umwandlungssatz. Das Altersguthaben wird auf der Basis des Lohnes im Zeitpunkt des Risikoeintritts mit Altersgutschriften (aber *ohne* Verzinsung) *aufgerechnet* bis zum gesetzlichen resp. reglementarischen Rentenalter (Art. 24 Abs. 2 und 3 BVG). Entsprechend der Regelung in der IV hat man je nach Höhe des Invaliditätsgrades von 40%, 50%, 60% oder 70% Anspruch auf eine Viertelrente, halbe Rente, Dreiviertelrente oder ganze Rente (zur Wartezeit vgl. vorne 2.21). Die Rente darf nicht höher ausfallen als der effektive Lohn. (*IVG-Revision:* Wechsel zu einem [partiell] stufenlosen System zwischen 25–100%iger Rente bei einem Invaliditätsgrad von 40–70%.).

5.327 Leistungspflichtig ist diejenige Vorsorgeeinrichtung, bei der die versicherte Person im Zeitpunkt des Eintritts der *Arbeitsunfähigkeit, d.h. die objektiv nach aussen in Erscheinung tretende Verminderung der Leistungsfähigkeit am betreffenden Arbeitsplatz um mind. 20%,* versichert war und die folgende Invalidität mit dieser Arbeitsunfähigkeit in zeitlich und sachlich kausalem Zusammenhang steht. Hat die versicherte Person in der Zwischenzeit die Stelle gewechselt und die Freizügigkeitsleistung bereits in die neue VE oder in eine Freizügigkeitsstiftung eingebracht (vgl. hinten 6.33b), so muss die nicht leistungspflichtige VE (oder die versicherte Person selber oder eine Drittperson) im Invaliditätsfall das Kapital in dem Umfang, als es für die Rente benötigt wird, der vorgängigen VE zurückerstatten (Art. 3 Abs. 2 FZG). Die neue VE wird aber dann leistungspflichtig, wenn der *zeitliche* oder *sachliche Kausalzusammenhang* (Konnex) zur bestehenden Arbeitsunfähigkeit nach Massgabe der konkreten Umstände des Einzelfalls (Gesundheitsschaden, Prognose, Beweggründe) unterbrochen wird (Art. 23 BVG).

Davon ist u.a. auszugehen, wenn die versicherte Person während mindestens drei Monaten (analog Art. 88a Abs. 1 IVV) mehr als 80%, bezogen auf die neue zumutbare Tätigkeit (vgl. analog Art. 6 ATSG), arbeitsfähig war und es sich nicht um eigentliche Arbeitsversuche (mit wechselnden Stellen und erfolgloser Eingliederung) gehandelt hat, oder wenn die Invalidität auf eine *andere* inzwischen aufgetretene zusätzliche Gesundheitsbeeinträchtigung zurückzuführen ist (z.B. Depressionen wegen Stellenverlust zu Folge orthopädisch bedingter Arbeitsunfähigkeit).

BGE 144 V 58, E. 4.3 betr. zeitliche Konnexität; BGE 141 V 197, E. 5.3 betr. Legitimation für Rückforderungsanspruch; 9C_679/2013 v. 16.4.2014, E. 6 betr. Erkennbarkeit der Leistungseinbusse durch den Arbeitgeber; 9C_569/2013 v. 18.2.2014, E. 6 betr. zeitlicher Zusammenhang bei einer an einer schizoaffektiven Störung leidenden Beschwerdeführerin; 9C_703/2013 v. 23.1.2014, E. 2.2.3 betr. keine Leistungspflicht der Vorsorgeeinrichtung bei bereits vor Begründung des Versicherungsverhältnisses bestehender psychisch bedingter Arbeitsunfähigkeit; BGE 138 V 409, E. 6 betr. Begriff des sachlichen Zusammenhangs bei Vorliegen verschiedener zur Invalidität führenden Gesundheitsschäden.

Wird im Rahmen einer Rentenrevision der Invalidenversicherung (gemäss Art. 8a IVG) eine IV-Rente überprüft und nimmt die versicherte Person an Massnahmen der Wiedereingliederung i.S.v. Art. 8a IVG teil oder vermindert sich der Invaliditätsgrad wegen Wiederaufnahme einer Erwerbstätigkeit oder Erhöhung des Beschäftigungsgrades oder wird ihr nach erneuter Arbeitsunfähigkeit eine Übergangsleistung i.S.v. Art. 32 IVG ausgerichtet, bleibt sie, ungeachtet des zeitlichen Konnexes, bei der rentenausrichtenden Vorsorgeeinrichtung im bisherigen Leistungsumfang (Besitzstandsgarantie) während maximal drei Jahren provisorisch weiterversichert (Art. 26a BVG, vgl. 5.339h). Rentenrevisionen der IV i.S.v. Art. 17 Abs. 1 ATSG (vgl. hinten 5.337) führen auch zu Anpassungen in der 2. Säule, wobei nicht die Statusfrage als solche, sondern nur die gesundheitsbedingt erwerblichen Auswirkungen einer Veränderung für die VE massgebend sind.

BGE 141 V 127, E. 5.3.2 betr. Auswirkungen des Statuswechsels in der 2. Säule.

Durch Reglement kann die Invalidenrente im Überobligatorium anders berechnet oder als Recht zur Kapitalauszahlung (mit Zustimmung des Ehe- resp. eingetragenen Partners; Art. 37 Abs. 4 lit. a BVG) oder Pflicht zum Kapitalbezug angeboten werden. Eine solche ist bei Bagatellfällen von Gesetzes wegen (ohne Zustimmung des Ehegatten) auszurichten (Art. 37 Abs. 3 BVG). 5.328

Es werden zudem Kinderrenten in Höhe der Waisenrente von 20% ausgerichtet für minderjährige Kinder resp. Pflegekinder und solche in Ausbildung bis längstens zum 25. Altersjahr (Art. 25 BVG; vgl. vorne 5. 291 f.). 5.329

9C_793/2018 v. 14.3.2019, E. 3-4 betr. Anrechnungsprinzip mit Bezug auf Kinderrenten bei umhüllenden VE (vgl. Bestätigung von BGE 136 V 313, E. 5.3.7).

bbbb) Überobligatorium

Das Reglement der VE kann die Ausrichtung einer Invalidenrente im überobligatorischen Bereich z.B. bereits bei einem Invaliditätsgrad von weniger als 40% vorsehen oder auch bis zum ordentlichen Rentenalter befristen. 5.330

Die Invalidenrente kann bei freiwillig versicherten Selbständigerwerbenden für die Dauer von maximal 3 Jahren und bei den obligatorisch Versicherten im überobligatorischen Bereich für die Dauer von maximal 5 Jahren durch Anbringung eines Gesundheitsvorbehalts verweigert werden (Art. 45 BVG, Art. 331c OR). Nach Ablauf der Vorbehaltsdauer setzen die Leistungen ungeschmälert ein. Beging die versicherte Person bei Aufnahme ins Versicherungsverhältnis eine Anzeigepflichtverletzung, indem sie auf schriftlich gestellte *konkrete* und unzweideutige Fragen hin eine bestehende oder wiederkehrende Krankheit nach ihrem subjektiven Kenntnisstand (kennen oder kennen musste) verschuldet oder unverschuldet verschwieg (Art. 4 VVG), so kann die Vorsorgeeinrichtung den Vorsorgevertrag bei Verwirklichung *dieses* Risikos (Kausalität: Art. 6 Abs. 3 VVG) kündigen und die Leistungen verweigern (Art. 6 VVG: Eine rückwirkende Vorbehaltsanbringung lehnt das Bundesgericht für die bV ab). Voraussetzung ist aber, dass sie die Kündigung innert vier Wochen (Verwirkungsfrist) seit sicherer Kenntnis der Anzeigepflichtverletzung (keine Vermutung der Anzeigepflichtverletzung) ausdrücklich ausspricht. Das Wissen eines Rückversicherers, der die Fälle für die Vorsorgeeinrichtung bearbeitet und vom Gesundheitsschaden der antragstellenden Person aus einem andern Zusammenhang heraus bereits Kenntnis hat, wird der Vorsorgeeinrichtung angerechnet.

BGE 144 V 376, E. 4 betr. Besitzstandsgarantie auf eingebrachtem Austrittskapital bei Rücktritt vom überobligatorischer Vorsorgevertrag wegen Anzeigepflichtverletzung; 9C_333/2017 v. 25.1.2018, E. 5 betr. Vertragskündigung als einzig zulässige Folge der Anzeigepflichtverletzung; 9C_308/2016 v. 17.8.2016, E. 3-4 betr. Zulässigkeit von Gesundheitsvorbehalten von 10 Jahren bei öffentlich-rechtlichen Vorsorgeeinrichtungen.

cccc) Weiterführung des Alterskontos, Beitragsbefreiung (Art. 14 BVV2)

5.331 Da davon ausgegangen werden darf, dass eine Invalidität nicht lebenslänglich zu sein braucht und der Wiedereinstieg ins Erwerbsleben sogar das Ziel sein muss, wird im Invaliditätsfall das Alterssparkonto bei der VE, die die Invalidenrente ausrichtet, fortgesetzt. Bei Teilinvalidität werden beim aktiven Teil entsprechend Art. 16 BVG die Altersgutschriften normal auf dem laufenden Lohn weitergeführt, während im Umfang der Invalidität das Alterskonto entsprechend Art. 14 BVV2 still weitergeführt wird. Den Altersgutschriften zu Grunde gelegt wird der Lohn, der im letzten Kalenderjahr vor Eintritt der Invalidität verdient wurde, und zwar bis zum Rentenalter unverändert (Art. 18 Abs. 1 BVV2). Dieses angesparte Altersguthaben wird wie eine Freizügigkeitsleistung behandelt, wenn die invalide Person wieder einer Erwerbstätigkeit nachgehen kann, das heisst, dass sie diese in entsprechendem Umfang zu ihrer Invalidität als Einlage in die neue VE einbringen kann (Art. 9 FZG).

Im Umfang der Invalidität erfolgt mit Renten*anspruchs*beginn (als Ende der Versicherungspflicht) auch eine Beitragsbefreiung.

B 100/04 v.19.8.2005, E. 3.c betr. Beginn des Beitragsbefreiungsanspruchs.

dddd) Freizügigkeits- resp. Austrittsleistung, Barauszahlung (FZG, FZV)

Keinen Rentenanspruch, sondern *Anspruch auf das nach den Art. 15–17 FZG errechnete Kapital* (Freizügigkeits- bzw. Austrittsleistung) hat der Arbeitnehmer, der *vor Eintritt des Risikofalls* Alter, Tod oder Invalidität wegen Auflösung des Arbeitsverhältnisses aus der Vorsorgeeinrichtung ausscheidet (Art. 2 FZG betr. Fälligkeit des Anspruchs). Muss anlässlich der Scheidung der Ehe die Hälfte (oder eine andere scheidungsrechtlich bestimmte Quote) der Austrittsleistung des Arbeitnehmers dem Ehepartner überlassen werden, hat letzterer Anspruch auf die ihm zugesprochene Austrittsleistung (zu den Voraussetzungen vgl. Art. 122–124e ZGB, zur Teilung vgl. Art. 22–22f FZG und vorne 5.262). Verfügen beide Ehepartner über zu teilende Austrittsleistungen, werden sie miteinander verrechnet. 5.332

Entweder wird das Kapital direkt auf die der ehemaligen Pensionskasse folgende Pensionskasse (Art. 3 FZG; bei Arbeitslosigkeit die Auffangeinrichtung) oder im Falle von Nichterwerbstätigkeit oder selbständiger Erwerbstätigkeit auf ein (max. zwei) Freizügigkeitskonto resp. eine Freizügigkeitspolice überwiesen (Art. 4 FZG).

Die Barauszahlung der Freizügigkeitsleistung, nur mit schriftlicher Zustimmung des Ehegatten/Partners (vgl. vorne 5.283), kann bis zum Eintritt eines Risikofalls verlangt werden, wenn sich die versicherte Person nachweislich selbständig machen will oder die Schweiz dauernd verlässt und Wohnsitz in einem ausserhalb der EU/EFTA liegenden Land nimmt (Art. 5, Art. 25f FZG gilt nur für das Obligatorium, für das Überobligatorium die Richtlinie 98/49) oder es sich um einen minimalen Betrag handelt. Die Auszahlung der Freizügigkeitsleistung (oder eines Teils davon) als Mittel zur Wohneigentumsförderung resp. zur Finanzierung eines Eigenheims ist ebenfalls nur bis zum Zeitpunkt eines Risikoeintritts unter den gesetzlich vorgegebenen Bedingungen möglich (zu den Voraussetzungen und Modalitäten im Einzelnen vgl. Art. 30c–30g BVG, WEFV; Art. 331e OR [Überobligatorium] und zur Sicherung des Vorsorgezwecks vgl. Art. 30d und 30e BVG, Art. 331e Abs. 8 OR). Anstatt vorbezogen kann das Freizügigkeitsguthaben auch verpfändet werden (zu den Voraussetzungen im Einzelnen vgl. Art. 30b BVG, WEFV, Art. 331d OR [Überobligatorium]).

BGE 142 V 358, E. 5.4 betr. Gläubigerstellung des Versicherten bzgl. Freizügigkeitsleistung sowie BGE 141 V 197, E. 5.3 betr. Rückforderungs*recht*, nicht –pflicht der bisherigen VE; BGE 141 V 597, E. 3.2 betr. Umfang und Fälligkeit der Freizügigkeitsleistung; BGE 137 V 181, E. 6.2.3 betr. keine Barauszahlung der Austrittsleistung (Obligatorium) an einen Grenzgänger, der eine selbständige Erwerbstätigkeit in Italien aufnimmt; BGE 135 V 13, E. 2 betr. Risikoeintritt Invalidität ist erst bei Entstehung des Leistungsanspruchs der IV; BGE 134 V 182, E. 4.4 betr. kein Zustimmungserfordernis des Ehepartners bei risikobedingter Kapitalauszahlung i.S.v. Art. 16 Abs. 3 FZV.

ccc) Unfallversicherung (Art. 18 ff. UVG, Art. 22 Abs. 4, 24 UVV)

Die Invalidenrente wird auf bestimmte oder unbestimmte Zeit festgesetzt (zum Beginn des Anspruchs vgl. vorne 2.21). Grundlage der Rente bildet der retrospektiv nach dem *im letzten Jahr vor dem Unfall* versicherten effektiv bezogene Verdienst, wobei der versicherte Verdienst auf Fr. 148'200.– begrenzt ist. Bei 5.333

Aufnahme der Arbeit im Laufe des Jahres wird der letzte Monatslohn auf ein ganzes Jahr aufgerechnet, wohingegen bei einem befristeten Arbeitsverhältnis, das zum Voraus als nur einmaliger Arbeitseinsatz ohne Fortsetzung durch weitere Arbeitseinsätze so gewollt ist, nur die vorgesehene Vertragsdauer berücksichtigt wird, nicht aber so, wenn aufgrund der Erwerbsbiographie bei mehreren aneinandergereihten befristeten Arbeitsverhältnissen auf eine auf Dauer ausgerichtete Erwerbstätigkeit geschlossen werden kann (Art. 22 Abs. 4 UVV). Der versicherte Verdienst richtet sich nach Art. 7 AHVV i.V.m. den in Art. 22 Abs. 2 lit. a–d UVV aufgeführten Abweichungen. Nicht berücksichtigt werden grundsätzlich aufgrund des Äquivalenzprinzips künftige Lohnentwicklungen und künftige Zulagen. Von dieser Regel wird hingegen in begründeten Fällen abgewichen, so

- bei vermindertem Lohn wegen Militär- oder Zivildienst, Krankheit, Unfall, Mutterschaft sowie Arbeitslosigkeit oder Kurzarbeit (Art. 24 Abs. 1 UVV),
- bei Rentenbeginn mehr als fünf Jahre nach dem Unfall (Art. 24 Abs. 2 UVV),
- bei beruflicher Ausbildung, die in Zusammenhang mit dem künftigen Beruf steht (Art. 24 Abs. 3 UVV) oder
- bei erneutem Unfall (Art. 24 Abs. 4 UVV).

In all diesen Fällen gilt der Lohn, den man ohne diese besonderen Umstände erzielt hätte.

8C_914/2017 v. 3.5.2018, E. 6 betr. keine Anwendung von Art. 24 Abs. 1 bei Invalidität und reduziertem Arbeitspensum; 8C_172/2017 v. 27.4.2018, E. 5 betr. Nichtberücksichtigung von nach dem Unfall einsetzenden Kinderzulagen im Rahmen von Art. 24 Abs. 2 UVV (vgl. auch 127 V 165, E. 4); BGE 139 V 28, E. 4.3 betr. Art. 24 Abs. 4 UVV als besonderer Revisionstatbestand mit Neufestsetzung des versicherten Verdienstes unter Berücksichtigung beruflicher Weiterentwicklung; 8C_480/2010 v. 20.3.2012, E. 4.3 betr. Bestimmung des versicherten Verdienstes bei Temporäreinsätzen; RKUV 2005 123 ff. betr. Massgeblichkeit eines «Anfängerlohns»; RKUV 2000 381 betr. Berücksichtigung von Überstunden. U 421/05 v. 25.10.2006, E. 3 betr. Aneinanderreihung mehrerer befristeter Arbeitsverträge während eines Jahres: Anwendung von Art. 22 Abs. 4 Satz 1 UVV (die Einkommen werden zusammengezählt und auf ein Jahr umgerechnet), nicht von Satz 2.

5.334 Die Invalidenrente der UV setzt einen Invaliditätsgrad von mind. 10% voraus. Sie beträgt 80% des letzten versicherten Verdienstes bei einem Invaliditätsgrad von 100%. Bei Teilinvalidität wird mit *stufenloser* Kürzung eine dem Invaliditätsgrad entsprechende Teilrente ausgerichtet. Ein Anspruch auf Invalidenrente besteht nur, sofern sich der Unfall vor Erreichen des ordentlichen AHV-Rentenalters ereignet hat (Art. 18 Abs. 1 UVG).

5.335 Ist die Invalidität *auf mehrere, nicht nur unfallbedingte Ursachen* zurückzuführen, d.h. die vorbestehende Gesundheitsschädigung wurde durch den Unfall/die Berufskrankheit verschlimmert (Gesamtschaden), und hat die vorbestandene Gesundheitsschädigung bereits zu einer bleibenden Verminderung der Erwerbsfähigkeit geführt, so kann der Unfallversicherer die Invalidenrente (aber auch Hinterlassenenrenten und Integritätsentschädigungen) aus Gründen fehlender Kausalität gemäss Art. 36 Abs. 2 UVG angemessen kürzen. Ansonsten jedoch muss der Unfallversicherer auch für die Verschlimmerung vorbestandener Gesundheitsschäden aufkommen, da für die Leistungsbegründung eine Teilkausalität des Risikos am Gesamtschaden genügt (vgl. vorne 5.36). Dies gilt auf jeden Fall für Sachleistungen sowie Hilflosenentschädigungen (Art. 36 Abs. 1 UVG) oder wenn keine bleibende Verminderung der Erwerbsunfähigkeit aufgrund des vorbestandenen Gesundheitsschadens vorliegt.

8C_172/2018 v. 4.6.2018, E. 4.4.2 betr. Voraussetzungen zur Anwendung von Art. 36 Abs. 2 UVG.

ddd) Militärversicherung (Art. 40 MVG, Art. 17 MVV)

Die Invalidenrente wird als Dauerrente oder als eine auf bestimmte Zeit begrenzte Rente festgesetzt. Der Anspruch auf Invalidenrente der Militärversicherung setzt *keinen Mindestinvaliditätsgrad* voraus. Grundlage der Rente ist nicht der vor dem Risikoeintritt im letzten Jahr versicherte Lohn, sondern der ohne die versicherte Gesundheitsschädigung *mutmasslich ohne Gesundheitsschaden erzielte Jahresverdienst,* womit auch künftige Lohnentwicklungen laufend berücksichtigt werden. Bei einem Invaliditätsgrad von 100% entspricht die Invalidenrente 80% des mutmasslich entgangenen versicherten Verdienstes (versicherter Jahreshöchstverdienst: Fr. 154'256.–). Bei Teilinvalidität erfolgt eine stufenlose Kürzung der Rente. Bei gewissen Berufs- und Personengruppen wird der Lohn nach Erfahrungswerten oder Branchenüblichkeit bestimmt (Art. 16 Abs. 5 und 6 MVV). 5.336

BGE 120 V 368, E. 6.a betr. Bagatellpraxis bei Invaliditätsgrad zwischen 5–9%.

dd) Beginn und Ende des Anspruchs (Art. 29 ff. IVG; Art. 26 BVG; 19 UVG; Art. 40 Abs. 1, 47 MVG)

***IV*:** Der Rentenanspruch entsteht frühestens in dem der Vollendung des 18. Altersjahres folgenden Monat und im Übrigen frühestens nach Durchlaufen des Wartejahres und sechs Monate nach erfolgter Anmeldung des Leistungsanspruchs i.S.v. Art. 29 Abs. 1 ATSG (vgl. vorne 2.21). Die Rentenauszahlung erfolgt bereits im Monat der Entstehung des Rentenanspruchs. Während des Bezugs von Taggeldern kann der Rentenanspruch nicht entstehen (Art. 29 Abs. 1–3 IVG). Der Rentenanspruch endet mit der revisionsweisen Aufhebung (Art. 17 ATSG), dem geltend gemachten Anspruch auf eine Altersrente, spätestens mit Erreichen der AHV-Altersgrenze, oder mit dem Tod (Art. 30 IVG). 5.336a

BGE 140 V 2, E. 5 betr. Neuanmeldung nach Aufhebung einer befristeten Rente (keine Anwendbarkeit von Art. 88bis Abs. 1 lit. a IVV).

***bV*:** Der Rentenanspruch entsteht im gleichen Zeitpunkt wie bei der IV, ein reglementarischer Rentenaufschub während der Zeit der Lohnfortzahlung oder von Taggeldleistungen i.S.v. Art. 26 Abs. 2 BVG/Art. 26 BVV2 oder ein begründetes Abweichen von der IV (Dahinfallen der Bindungswirkung) bleiben vorbehalten. Möglich ist im Überobligatorium auch ein Verzicht auf die Wartezeit (vgl. vorne 2.21). Die Invalidenrente besteht lebenslänglich und endet mit der Wiedererlangung der Arbeitsfähigkeit (vorbehalten bleibt Art. 26a BVG), oder mit dem Tod. Sie kann durch Reglement im Überobligatorium zeitlich bis zum Erreichen des

Rentenalters begrenzt und in eine Altersrente (mit Neuberechnung, neuer Risikofall) umgewandelt werden.

BGE 142 V 466, E. 3.4 betr. Rentenaufschub bei nachträglich zugesprochener Rente der IV; BGE 140 V 470, E. 3.3 betr. Massgeblichkeit von Art. 29 IVG.

***UV*:** Der Rentenanspruch beginnt im Zeitpunkt, in dem von der Fortsetzung der Heilbehandlung keine wesentliche (namhafte, ins Gewicht fallende) Besserung mehr zu erwarten ist (vgl. vorne 2.21). Die Invalidenrente wird lebenslänglich ausgerichtet und endet mit der Ausrichtung einer Abfindung, dem Auskauf, der revisionsweisen Aufhebung (Art. 17 ATSG) oder dem Tod (Art. 19 UVG).

8C_362/2014 v. 25.6.2014, E. 2.2 betr. Voraussetzungen für Fallabschluss.

***MV*:** Der Rentenanspruch beginnt im Zeitpunkt, in dem von der Fortsetzung der Heilbehandlung keine wesentliche (namhafte, ins Gewicht fallende) Besserung mehr zu erwarten ist (vgl. vorne 2.21). Er endet mit dem Auskauf der Rente (Art. 46 MVG), der revisionsweisen Aufhebung (Art. 17 ATSG) oder sobald die invalide Person das AHV-Rentenalter erreicht hat (Art. 47 MVG).

ee) Revision der Rente oder anderer Geld- oder Sachleistungen (Art. 17 ATSG)

5.337 Verändern sich nach Vorliegen einer *rechtskräftigen* Verfügung die *tatsächlichen* Verhältnisse *nachträglich* – die Veränderung der rechtlichen Verhältnisse ist eine Frage übergangsrechtlicher Regelung unter Beachtung der Rechtsgleichheit und des Besitzstandes – muss die Rente resp. eine andere auf Dauer erbrachte Leistung im Sinne einer Gesamtbetrachtung an die neuen Gegebenheiten angepasst werden (bei *ursprünglicher* Unrichtigkeit: Wiedererwägung, vgl. hinten 7.52). Die Veränderung muss auf Dauer ausgerichtet und grundsätzlich renten- resp. resultatbezogen (z.B. Über- oder Unterschreiten von Schwellenwerten) erheblich sein (mind. 5%; vgl. 7.27). In der Invalidenversicherung muss die Rentenveränderung mehr als Fr. 1'500.– im Kalenderjahr betragen (Art. 31 IVG). Bei der Revision handelt es sich um einen Situationsvergleich zwischen dem Zeitpunkt der letzten rechtskräftigen Verfügung, die sich materiell mit dem Sachverhalt auseinandergesetzt hat, und der Gegenwart.

BGE 141 V 585, E. 5 betr. kein Revisionsgrund bei Änderung der Rechtsprechung; BGE 141 V 9, E. 6.2-3 betr. Zweck der Revision sowie Neubeurteilung der gesundheitlichen Gesamtsituation.

Der Revision sind im Falle erheblicher tatsächlicher Veränderungen aber auch auf Dauer ausgerichtete Sachleistungen zugänglich (Art. 17 Abs. 2 ATSG), so z.B. Eingliederungsmassnahmen, Heilbehandlung oder Taggelder. Auch wenn sie nicht verfügungsweise festgelegt sondern faktisch ausgerichtet werden, können sie jederzeit bei Vorliegen veränderter tatsächlicher Verhältnisse i.S.v. Art. 17 ATSG, also nicht voraussetzungslos, angepasst werden.

BGE 144 V 418, E. 3.4 betr. Einstellung der Heilbehandlung; 9C_321/2017 v. 20.11.2017, E. 3.4 betr. Revision von Invalidenrenten in der bV; BGE 133 V 57, E. 6.6.2 betr. Taggelder der Unfallversicherung.

Im Falle von Renten geht es um Veränderungen in der Höhe des Invaliditätsgrades, sei es durch Veränderung

- des Gesundheitszustandes (auch durch Hinzutreten eines neuen Gesundheitsschadens) und demzufolge der Erwerbsmöglichkeiten oder der Betätigungsmöglichkeiten im Aufgabenbereich,
- zunehmender Angewöhnung (Selbsteingliederung) trotz gleichbleibendem Gesundheitszustand und demzufolge Verbesserung der Arbeitsfähigkeit,
- der Höhe des hypothetischen Validen- resp. Invalideneinkommens oder
- der Bemessungsmethode.

BGE 143 I 50, E. 4 und 143 V 77, E. 3 betr. Diskriminierung im Falle von Statuswechsel als alleiniger Grund für Revision; BGE 141 V 9, E. 6.3 betr. Massgeblichkeit des gesamten Gesundheitszustandes im Revisionszeitpunkt; BGE 140 V 85, E. 4.4 betr. Geltung der «5%-Regel» (Erheblichkeit) in Analogie zur Revision auch für Wiedererwägungen einer Invalidenrente (ausführlicher unter 7.51 f.); 9C_273/2014 v. 16.6.2014, E. 3.3 betr. Erfordernis der anspruchsrelevanten Veränderung (i.c. bejaht; Entwicklung des ursprünglich hobbymässig betriebenen Nebenerwerbs zum wichtigen Ertragspfeiler); 8C_716/2012 v. 3.5.2013, E. 4.2 betr. Konkurs als Revisionsgrund; BGE 133 V 545, E. 7 betr. keine Rentenwirksamkeit bei Veränderung statistischer Daten und dadurch Erhöhung des Invaliditätsgrades von 59,45% auf 59,7%; BGE 130 V 71, E. 3.2 betr. Verhältnis Revision und Neuanmeldung.

Folge der Revision ist die Erhöhung, Herabsetzung oder Aufhebung der Rente 5.338
ab Revisionsverfügung für die Zukunft (möglich auch bei befristeten Renten). Hingegen können gemäss Art. 88bis Abs. 2 lit. b IVV Leistungen der IV (Renten, HLE, Assistenzbeitrag), aber auch solche anderer Versicherungszweige, rückwirkend ab Eintritt der für den Anspruch erheblichen Änderung herabgesetzt bzw. aufgehoben werden, wenn sie der Bezüger *zu Unrecht* erwirkt hat oder seiner *Meldepflicht* nicht nachgekommen ist. Die Rückforderung ist auch für Leistungen möglich, die während der Dauer der Abklärungen ausgerichtet wurden.

BGE 145 V 141, E. 7 betr. rückwirkende Revision bei Meldepflichtverletzung in der UV; BGE 140 V 70, E. 4.2 betr. massgebender Zeitpunkt für die Revisionsvoraussetzungen; BGE 140 V 65, E. 4.2 betr. Abstellen auf den Zeitpunkt des Abschlusses der Heilbehandlung für die revisionsweise Erhöhung der UV-Rente bei Rückfällen und Spätfolgen (Art. 21 Abs. 3 UVG) (keine analoge Anwendung von Art. 88a Abs. 2 und Art. 88bis Abs. 1 IVV); BGE 136 V 45, E. 6 betr. Rentenrevision grundsätzlich nur pro futuro (analoge Anwendbarkeit von Art. 88bis Abs. 2 IVV), hingegen nicht bei erstmaliger Zusprechung.

Die Revision erfolgt von Amtes wegen (in bestimmten Kadenzen, bei Meldung 5.339
veränderter Verhältnisse oder auf Anzeige hin bzw. bei Verdacht) oder auf Gesuch der versicherten Person. Die versicherte Person ist gemäss Art. 31 ATSG daher gehalten, alle Änderungen in den tatsächlichen Verhältnissen unverzüglich zu melden (Mitwirkungspflicht), worauf sie gemäss Art. 27 ATSG hinzuweisen ist (vgl. hinten 7.27). Die Revision der Leistungen durch eine Versicherung hat Auswirkungen auch auf andere gleichzeitig geschuldete Leistungen, insb. Komplementärrenten, anderer Versicherungen. Auf Grund der engen Verknüpfung von 1. und 2. Säule hat letztere zumindest im Obligatorium ebenfalls eine Anpassung vorzunehmen. Bei Anpassungen bei Komplementärrenten i.S.v. Art. 24 Abs. 5 BVV2 gilt eine Erheblichkeitsgrenze von 10%.

BGE 143 V 91, E. 4.2 betr. Zulässigkeit der Prüfung *aller* Faktoren der Rentenberechnung, nicht nur der veränderten, im Falle von Art. 24 Abs. 5 BVV2; 9C_1022/2012 v. 16.5.2013, E. 3 betr. rückwirkende Anpassung auf den Zeitpunkt der Erwerbsaufnahme bei Meldepflichtverletzung.

ff) Wiedereingliederung von Rentenbezügerinnen und -bezügern nach Art. 8a IVG (im Revisionsverfahren der IV)

5.339a Die IV-Revision 6a will insbesondere die Chancen für eine Wiedereingliederung ins Erwerbsleben von Rentenbezügern mit Eingliederungspotential erhöhen. Bei Personen, bei denen die Voraussetzungen einer Revision i.S.v. Art. 17 ATSG zwar nicht erfüllt sind, prüft die IV-Stelle im Hinblick auf eine Rentenrevision, ob eine voraussichtliche Verbesserung der Erwerbsfähigkeit mittels geeigneter Massnahmen erreicht werden kann. Nach Art. 8a Abs. 1 IVG besteht jedoch nur dann ein Anspruch auf Massnahmen zur Wiedereingliederung, wenn Aussicht auf Erfolg besteht, die Erwerbstätigkeit *effektiv* zu verbessern, d.h. der Einzelfall hinsichtlich der Verhältnismässigkeit und Zumutbarkeit zu prüfen ist. Zu beachten ist überdies, dass Massnahmen eingesetzt werden (nach Festlegung in Assessments mit der versicherten Person), die der tatsächlichen individuellen Situation der versicherten Person angepasst und deren Kosten im Vergleich zum Nutzen *verhältnismässig* sind. Aufgrund des Zwecks der «Wiedereingliederung aus Rente» ist zu folgern, dass die rentenbeziehende Person auch eine Pflicht zur Mitwirkung an zumutbaren Wiedereingliederungsmassnahmen trifft, auch wenn sie subjektiv vom Erfolg nicht überzeugt ist.

BGE 145 V 2, E. 4.3.3 betr. subjektive Eingliederungsfähigkeit einer 57-Jährigen.

5.339b Für die Wiedereingliederung stehen die bereits bestehenden Eingliederungsmassnahmen zur Verfügung (Art. 8a Abs. 2 lit. a–c IVG):

- Integrationsmassnahmen zur Vorbereitung auf die berufliche Eingliederung (siehe vorne 5.114). Um gezielt auf die *individuelle* Situation der betroffenen Person eingehen zu können, sind die Integrationsmassnahmen für die Wiedereingliederung flexibilisiert: Die Einschränkung von Art. 14a Abs. 1 IVG (Arbeitsunfähigkeit von mind. 6 Monaten zu mind. 50%) gilt hier nicht und die Integrationsmassnahmen können länger als ein Jahr dauern (Art. 8a Abs. 3 IVG). Zudem sollen auch hinsichtlich minimaler Präsenzzeit weniger strenge Anforderungen gelten (als in Art. 4^{quater} IVV).
- Massnahmen beruflicher Art (Berufsberatung, erstmalige berufliche Ausbildung, Umschulung, Arbeitsvermittlung und Kapitalhilfe; siehe vorne 5.115 ff.);
- Abgabe von Hilfsmitteln (siehe 5.93 ff.).

Keine Massnahmen zur Wiedereingliederung sind hingegen medizinische Massnahmen gemäss Art. 12–14 IVG (werden ohnehin lediglich bis zum 20. Altersjahr gewährt). Ebenso sind Massnahmen therapeutischer Art ausgeschlossen – sie fallen in den Zuständigkeitsbereich der Krankenversicherung.

Versicherte Personen, deren Rente nach Abschluss oben genannter Massnahmen aufgehoben wird, sowie deren Arbeitgeber haben gemäss Art. 8a Abs. 4 IVG noch während max. drei Jahren Anspruch auf *Beratung und Begleitung* durch die IV-Stelle (aktive Begleitung des Wiedereingliederungsprozesses mittels Koordination und Einleitung der notwendigen Schritte oder auch inhaltliche Beratung, z.B. durch ein Job-Coaching). 5.339c

gg) Übergangsleistung der Invalidenversicherung bei Arbeitsunfähigkeit (Art. 32 ff. IVG, Art. 30 f. IVV)

Die mit der IV-Revision 6a eingeführten Art. 32–34 IVG sollen sicherstellen, dass im Falle einer erneuten gesundheitsbedingten Leistungseinbusse während der drei Jahre nach einer Wiedereingliederung und damit einhergehender Herabsetzung oder Aufhebung der Rente rasch und unkompliziert eine Übergangsleistung in Form einer Rente ausgerichtet wird. Die versicherte Person hat dadurch die Sicherheit, dass sie während drei Jahren weitgehend finanziell gleichgestellt ist, wie wenn sie den Schritt der Wiedereingliederung nicht gewagt hätte. 5.339d

Voraussetzung für den Anspruch auf die Übergangsleistung nach Art. 32 Abs. 1 IVG ist (kumulativ), dass 5.339e

- die versicherte Person zu mindestens 50% arbeitsunfähig wird (erhebliche Einbusse). Dabei bezieht sich die Leistungseinbusse auf die entsprechende Tätigkeit und die vereinbarte Arbeitszeit. Im Falle eines Teilzeitpensums von 50%, das aus gesundheitlichen Gründen nur noch zu 25% ausgeführt werden kann, sind die Voraussetzungen somit ebenfalls erfüllt. Nicht erforderlich ist hingegen, dass die Arbeitsunfähigkeit auf das bisherige Leiden zurückzuführen ist.
- die Arbeitsunfähigkeit mindestens 30 Tage gedauert hat und weiter andauert. Damit soll vermieden werden, dass die Leistung in Bagatellfällen oder bei nur vorübergehender Arbeitsunfähigkeit ausgelöst wird. Für die Beurteilung des Anspruchs durch die IV-Stelle muss ein entsprechendes ärztliches Attest vorliegen, das eine medizinische Prognose über die Dauer der Arbeitsunfähigkeit enthält (Art. 30 Abs. 1 lit. b IVV). Weitere medizinische Abklärungen durch die IV sind nicht vorgesehen. Dadurch soll gewährleistet werden, dass die Übergangsleistung ohne Verzögerung ausgelöst wird.
- die versicherte Person vor Herabsetzung oder Aufhebung der Rente an Massnahmen zur Wiedereingliederung nach Art. 8a IVG teilgenommen hat oder die Rente wegen der Wiederaufnahme einer Erwerbstätigkeit oder der Erhöhung des Beschäftigungsgrades herabgesetzt oder aufgehoben wurde.

Anspruchsbeginn ist (rückwirkend) der Anfang des Monates, in welchem diese Voraussetzungen gegeben sind (Art. 32 Abs. 2 IVG). Sind sie hingegen nicht 5.339f mehr erfüllt (z.B. Wegfall der Arbeitsunfähigkeit), erlischt der Anspruch auf Übergangsleistung am Ende des Monats, in dem die IV-Stelle die Aufhebung der Übergangsleistung verfügt (Art. 30 Abs. 2 IVV). Überdies entfällt der Anspruch spätestens am Ende des Monats, in dem die IV-Stelle über den Invaliditätsgrad entschieden hat (Art. 32 Abs. 3 IVG).

5.339g Die Höhe der Übergangsleistung entspricht der Höhe der Rente und allfälliger Kinderrenten, welche die versicherte Person erhalten würde, wenn die Rente nicht herabgesetzt oder aufgehoben worden wäre. Allfällige Mutationen (Ehescheidung, Heirat, für Kinderrente relevante Veränderungen bei den Kindern, etc.) werden dabei berücksichtigt. Im Falle einer Herabsetzung der Rente setzt sich die Leistung aus der Übergangsleistung und der Teilrente, welche die versicherte Person nach wie vor erhält, zusammen (Art. 33 IVG).

5.339h Die Übergangsleistung ist einer IV-Rente in folgenden Punkten gleichgestellt: Berechnung der Rente, Höhe, Ausrichtung, Aufhebung, Kinderrenten, Überversicherung und Koordination mit anderen Leistungen (Art. 31 Abs. 1 IVV). Gleichzeitig mit der Gewährung einer Übergangsleistung, leitet die IV-Stelle eine Überprüfung des Invaliditätsgrades ein (Art. 34 IVG). Da die Übergangsleistung einer IV-Rente gleichgesetzt wird, berechtigt sie auch zu Ergänzungsleistungen oder Weiterführung der Leistungen der beruflichen Vorsorge (Art. 26a Abs. 2 BVG).

hh) Leistungsverweigerung, Leistungskürzung (Art. 21 ATSG; Art. 8 ELG; Art. 35 BVG; Art. 37 Abs. 2 und 3, 39 UVG, Art. 49 f. UVV; Art. 30 AVIG, Art. 44 f. AVIV)

5.340 Nur in drei Situationen darf die Sozialversicherung ihre Leistungen verweigern. Der eine Fall ist verschuldensunabhängig und bezieht sich auf die Situation, bei der der Risikofall bei der versicherten Person bereits *vor dem Zeitpunkt ihrer Unterstellung* unter die Sozialversicherung eingetreten ist (Ausnahme: Art. 9 Abs. 3 IVG, Art. 23 lit. b und c BVG, Art. 3 Abs. 1 KVG): grundsätzliches Verbot der Rückwärtsversicherung. Der zweite Fall beschlägt die absichtliche bzw. vorsätzliche (auch eventualvorsätzliche) Herbeiführung des Gesundheitsschadens oder Todes, wo in der Unfallversicherung sämtliche Versicherungsleistungen verweigert werden, weil es an der Voraussetzung des nicht absichtlich herbeigeführten Unfalls fehlt (Art. 37 Abs. 1 UVG; betr. Urteilsfähigkeit vgl. vorne 2.52). Der dritte Fall gilt Unfällen wegen Eingehung gewisser aussergewöhnlicher Gefahren, wie ausländischem Militärdienst oder Teilnahme an kriegerischen Handlungen, Terrorakten oder bandenmässigen Verbrechen (Art. 49 Abs. 1 UVV).

8C_111/2019 v. 14.6.2019, E. 5.2 betr. keine vor Einreise in die Schweiz bestandene Invalidität i.S.v. Art. 28 Abs. 1 lit. b IVG; BGE 143 V 285, E. 4 betr. eventualvorsätzliche Herbeiführung einer UKS.

5.341 Gekürzt oder bei sehr schwerem Verschulden verweigert werden in den anderen Sozialversicherungszweigen nur die Geldleistungen bei *vorsätzlicher* Herbeiführung des Risikofalls (Ausnahme Selbstmord) oder dessen Herbeiführung bei

Ausübung eines *vorsätzlich begangenen Verbrechens oder Vergehens* (Art. 21 Abs. 1 ATSG). In der *Unfallversicherung* gilt dies zudem auch bei einem, kausal und zeitlich konnex, im Zusammenhang mit einem nicht vorsätzlich begangenen Verbrechen oder Vergehen stehenden Unfall oder, ebenfalls kausal und zeitlich konnex, bei Eingehung einer grossen Gefahr, wie insb. Beteiligung an Raufereien und Schlägereien (tätliche Auseinandersetzungen), Risikoerhöhung durch starke Provokation (z.B. Beschimpfungen), Teilnahme an Unruhen und bei Eingehung eines *Wagnisses* (Art. 49 Abs. 2 und 50 UVV). Wagnisse werden unterteilt in absolute Wagnisse, bei denen sich das Risiko auch unter günstigsten Umständen auf kein vernünftiges Mass reduzieren lässt (z.B. gewisse Rennsportarten) oder die Handlung als solche als sinnlos und nicht schützenswert betrachtet wird. Von einem relativen Wagnis ist die Rede, wenn die versicherte Person die objektiv vorhandenen Risiken und Gefahren nicht durch geeignete Massnahmen auf ein vertretbares Mass herabgesetzt hat, obwohl dies möglich gewesen wäre (z.B. beim Klettern, Bergsteigen oder Schneesport abseits markierter Routen, Kopfsprünge in niedrige Gewässer oder allgemein das Ignorieren ungünstiger Wetterbedingungen und dgl.).

Im Falle von Taggeldern der *Unfallversicherung* können gemäss Art. 37 Abs. 2 UVG jedoch Kürzungen auch bei Grobfahrlässigkeit, aber nur auf zwei Jahre beschränkt, vorgenommen werden. Hat die versicherte Person für Angehörige zu sorgen, denen bei deren Tod Hinterlassenenleistungen zustehen, ist die Kürzung auf 50% beschränkt (Art. 37 Abs. 2 und 3 UVG). In der *Arbeitslosenversicherung* werden die Entschädigungen aus den in Art. 30 Abs. 1 lit. a–g AVIG aufgeführten Gründen (z.B. selbstverschuldete Arbeitslosigkeit, Verletzung der Arbeitsbemühungen oder Kontrollvorschriften) je nach Grad des Verschuldens im Umfang von 1– max. 60 Tagen vorübergehend eingestellt (Art. 45 Abs. 3 AVIV).

8C_19/2019 v. 1.4.2019, E. 2-4 betr. Begriff des Selbstverschuldens in der ALV; 8C_223/2017 v. 10.5.2017, E. 2.2 betr. Voraussetzungen bei Teilnahme an einer Schlägerei; 8C_420/2016 v. 27.10.2016, E. 4.2 betr. Beschimpfung als «Schlampe»; BGE 141 V 216, E. 5.3 betr. Reise in ein Terrorismusgebiet als Wagnis; BGE 141 V 37, E. 2.3, 4 und 5 betr. Begriff des absoluten und relativen Wagnisses, i.c. «Dirt-Biken»; 8C_987/2012 v. 21.2.2013, E. 3 betr. Schneeschuhwandern ausserhalb markierter Pisten i.c. als relatives Wagnis (offengelassen, ob auch ein absolutes Wagnis); 8C_640/2012 v. 11.1.2013, E. 3.2 betr. Fassadenkletterei und Leistungskürzung zufolge relativem Wagnis gemäss Art. 39 UVG.

Entzieht oder widersetzt sich eine versicherte (urteilsfähige) Person in Verletzung ihrer Schadenminderungspflicht zur Verbesserung ihrer Gesundheit und/oder Erwerbsfähigkeit schuldhaft, d.h. vorsätzlich oder fahrlässig, zumutbaren medizinischen oder beruflichen Eingliederungsmassnahmen oder verletzt sie ihre Selbsteingliederungspflicht, so können Sach- wie auch Geldleistungen vorübergehend oder dauernd gekürzt oder eingestellt werden (Art. 21 Abs. 4 ATSG). Zu beachten ist, vorbehältlich Art. 7b Abs. 2 IVG als lex specialis, das Verhältnismässigkeitsprinzip und das vorgängige (schriftliche) Aussprechen einer Mahnung und Bedenkzeit (vgl. hinten 7.35 betr. Form).

Befindet sich eine Person im *stationären* Straf- oder (auch stationärem therapeutischen) Massnahmevollzug bzw. in Untersuchungshaft von mehr als drei Monaten, werden Rentenleistungen mit Erwerbsersatzcharakter, vorbehälltlich solcher für Angehörige, ab dem Zeitpunkt des Antritts der Massnahme oder ab dem die Massnahme hätte angetreten werden sollen, ganz oder teilweise eingestellt (Art. 21 Abs. 5 ATSG).

BGE 141 V 365, E. 4.5 betr. rechtzeitige Arbeitsbemühungen bei befristeten Arbeitsverhältnissen; 9C_819/2013 v. 20.3.2014, E. 4 betr. Verletzung der Schadenminderungspflicht wegen verweigerter Durchführung eines zumutbaren chirurgischen Eingriffs; BGE 136 V 362, E. 3.1 betr. Kürzung einer Invalidenrente gestützt auf Art. 21 Abs. 1 ATSG wegen Fahrens in angetrunkenem Zustand (i.c. zulässig, auch wenn die Kürzung weder Gegenstand der Verwaltungsverfügung noch des vorinstanzlichen Entscheides war).

5. Ergänzungsleistungen zur AHV/IV (Art. 4 f., 9 ff. ELG, ELV)

a) Allgemeine Voraussetzungen

5.342 Die Ergänzungsleistungen gehören zur 1. Säule und haben ihre verfassungsmässige Grundlage in Art. 112a BV. Es handelt sich um eine auf Monate umgerechnete Jahresleistung, welche im Gegensatz zu allen übrigen Sozialversicherungsleistungen *bedarfsabhängig* ausgestaltet ist. Sie dient der Garantie des Existenzminimums, soweit nicht die Leistungen der Alters-, Hinterlassenen und Invalidenversicherung, der 2. Säule und der privaten Vorsorge (Säule 3) dazu ausreichen.

Versicherungsmässige Voraussetzung für den Anspruch auf EL ist Wohnsitz und Aufenthalt in der Schweiz (betr. keine neue Zuständigkeit bei Verlegung des Wohnsitzes in ausserkantonales Heim oder eine andere ausserkantonale Anstalt und dgl. vgl. Art. 21 Abs. $1^{bis\text{-}quater}$ ELG: Auseinanderfallen von Wohnsitz und EL-Zuständigkeit) und für Ausländer das Zurücklegen vorgesehener Aufenthaltszeiten (vgl. vorne 5.07). Als Leistungsvoraussetzung muss eine Rente der AHV oder eine Invalidenrente (auch: Übergangsleistung i.S.v. Art. 32 IVG), Hilflosenentschädigung oder Taggelder (mind. 6 Monate) der IV bezogen werden. Unter gewissen Umständen besteht auch Anspruch auf EL, wenn auf Grund fehlender Beitragszeiten kein Anspruch auf eine Rente der 1. Säule besteht.

9C_52/2015 v. 3.7.2015, E. 2.2.2 betr. Neuberechnung der EL bei Wohnsitzwechsel während des Jahres; BGE 141 V 396, E. 7 betr. kein EL-Anspruch beim Bezug einer rumänischen Invalidenrente; BGE 138 V 23, E. 3 betr. Änderung der örtlichen Zuständigkeit der EL-Behörden durch Verlegung des nach Art. 25 Abs. 1 oder 2 ZGB *abgeleiteten* zivilrechtlichen Wohnsitzes bei Heim- oder Anstaltsbewohnern in einen anderen Kanton.

b) Grundzüge der Berechnung (Art. 9 ff. ELG, Art. 11 ff. ELV)

5.343 Die Berechnung der jährlichen Ergänzungsleistung – sie kann jährlich neu berechnet werden – ist von sehr vielen verschiedenen Faktoren abhängig und nimmt auf die konkrete individuelle Lebenssituation der versicherten Person Rücksicht. So wird einerseits die familiäre Situation (Zivilstand, gemeinsamer oder getrennter Haushalt von Ehepaaren, mit oder ohne Kinder, innerkantonale und ausserkantonale Wohnverhältnisse) und anderseits die Wohnsituation im Zusammenhang mit Spital- und Heimaufenthalten differenziert behandelt. Bei im gemeinsamen Haushalt lebenden Familienangehörigen (nicht jedoch bei Konkubinatspaaren) werden die Einnahmen und Ausgaben, sofern nicht Sonderbestimmungen gemäss Art. 7 f. ELV zur Anwendung gelangen, zusammengezählt, d.h. es wird effektives oder hypothetisches Einkommen und auch das Vermögen des Ehegatten mitberücksichtigt. Auf der Ausgabenseite werden ein pauschaler Betrag für die allgemeinen Lebenshaltungskosten sowie in effektiver Höhe (bzw. nach oben begrenzt) diverse weitere anfallende existenziell bedingte Kosten (z.B. Miete [bei Wohngemeinschaften nach Köpfen aufgeteilt], Krankenkassenprämie) eingesetzt. Auf der Einnahmenseite finden diverse Einkünfte in Geld oder Natura (zum Teil nicht voll) sowie auch ein Anteil des einen bestimmten Freibetrag übersteigenden Reinvermögens sowie aus Gründen der Schadenminderungspflicht auch Verzichtseinkünfte und -vermögen Berücksichtigung. All diese Faktoren berücksichtigend berechnet sich die Ergänzungsleistung wie folgt:

jährliche EL = anerkannte Ausgaben – anrechenbare Einnahmen

Welche Einnahmen angerechnet werden dürfen (Art. 11 ELG, Art. 11 ff. ELV) und welche Ausgaben für Lebensbedarf und weitere Aufwendungen anerkannt sind (Art. 10 ELG, Art. 16 ff. ELV), regeln Gesetz und Verordnung abschliessend. Im Rahmen der Pflegefinanzierung wurde mit Einführung der NFA die Begrenzung der maximalen EL pro Jahr aufgehoben, so dass fortan die in Art. 10 Abs. 2 lit. a ELG anerkannten Ausgaben für den Aufenthalt im Heim oder Spital im Umfang der vom Kanton festgelegten Tagestaxen von den EL voll übernommen werden. Damit wird eine Sozialhilfebedürftigkeit verhindert resp. nur auf die besonderen, von der EL nicht erfassten notwendigen Leistungen begrenzt.

9C_596/2017 v. 9.5.2018, E. 2.5 betr. keine Pflicht, zur Abwendung von EL einen Assistenzbeitrag der IV zu beanspruchen; 9C_52/2015 v. 3.7.2015, E. 2.2.2 betr. Voraussetzungen für eine unterjährige Revision der EL, i.c. Wohnsitzverlegung und neue EL-Zuständigkeit; 9C_265/2015 v. 12.10.2015, E. 3.2-3 betr. Anrechnung des zumutbaren hyp. Einkommens der bereits 54-jährigen Ehegattin; BGE 141 V 343, E. 5 betr. Anrechnung von Verzichtseinkommen einer teilinvaliden Person; BGE 140 V 201, E. 4 betr. Berücksichtigung eines auf einem Freizügigkeitskonto stehen gelassenen Freizügigkeitsguthabens; BGE 140 V 267, E. 5 betr. Anrechnung von hyp. Einkommen im Fall der Verweigerung einer ber. Eingliederungsmassnahme der IV; 9C_210/2014 v. 6.5.2014, E. 1.2 betr. Mietzinsaufteilung (Art. 16c Abs. 2 ELV) zu gleichen Teilen nach Köpfen; BGE 138 V 169, E. 3 betr. Berücksichtigung eines in natura geleisteten Kindesunterhalts (Betreuung) in der EL-Berechnung des nicht sorgeberechtigten Konkubinatspartners (Art. 9 ELG; Art. 14a Abs. 2 ELV); 9C_390/2012 v. 20.7.2012 betr. volle Anrechnung nach Art. 11 Abs. 1 lit. d ELG von Taggeldleistungen.

Mit der *ELG-Revision* wird neu in Art. 9a ELG als zusätzliche Leistungsvoraussetzung das Unterschreiten der Reinvermögensschwelle von Fr. 100'000.– für Einzelpersonen bzw. Fr. 200'000.– für Eheleute und Fr. 50'000.– für Waisen bzw. Kinderrenten begründende Kinder eingeführt. Darüber hinaus sind u.a. bei den anrechenbaren Ausgaben i.S.v. Art. 10 ELG der Lebensbedarf für diese Kinder 5.343a nach Alter differenziert und die Höchstbeträge für Mietzinse heraufgesetzt worden sowie die Übernahme der Krankenkassenprämien und allfälliger notwendiger ausserfamiliärer Kinderbetreuungskosten anerkannt. Auf der Einnahmenseite sind neu 80% der Ehegatteneinkommen anzurechnen. Überdies werden im Zusammenhang mit dem anrechenbaren Vermögensverzehr die Reinvermögensfreibeträge auf Fr. 30'000.– für Einzelpersonen bzw. Fr. 50'000.– für Ehepaare und Fr. 15'000.– für Waisen gesenkt. In Art. 11a ELG wird neu der Vermögens- und Einkommensverzicht speziell geregelt sowie für Bezüger einer AHV- oder IV-Rente eine Anrechnung von Vermögensverzehr von 10% ab Beginn des Rentenanspruchs vorgesehen, sofern keine wichtigen Gründe ein Überschreiten rechtfertigen, bei Altersrentnern sogar bezogen auf die letzten zehn Jahren vor Anspruchsbeginn. Neu im Rahmen der Ergänzungsleistungen ist die mit Art. 16a ELG eingeführte Rückerstattung bezüglich rechtmässig bezogener Leistungen durch die Erben eines EL-Bezügers. Sie ist aus dem den Betrag von Fr. 40'000.– übersteigenden Teil des Nachlasses zu erbringen und unterliegt einer relativen ein- bzw. absoluten zehnjährigen Verwirkungsfrist (Art. 16b ELG).

6. Integritätsentschädigung

a) Wesen

5.344 Die Integritätsentschädigung hat den Charakter einer Genugtuungsleistung. Sie will – dies im Gegensatz zum Erwerbsersatz einer Rente – «immaterielle Unbill» ausgleichen, nämlich einen Schaden an der körperlichen, geistigen oder psychischen Integrität, d.h. erlittene *ideelle Einschränkungen* wie verminderte Lebensfreude, Einschränkungen in den zwischenmenschlichen Beziehungsfähigkeiten oder sonstige bleibende Nachteile.

5.345 In der *Unfallversicherung* handelt es sich um eine einmalige Zahlung, die grundsätzlich unabhängig vom Anspruch auf eine Rente oder Hilflosenentschädigung entstehen kann, während in der *Militärversicherung* von einer Integritätsschadensrente die Rede ist, die jedoch i.d.R. ausgekauft wird (Art. 27 MVV).

b) Voraussetzungen (Art. 24 Abs. 1 UVG, Art. 36 UVV; Art. 48 Abs. 1 MVG, Art. 25 Abs. 1 MVV)

5.346 Nebst dem Erfüllen der versicherungsmässigen Unterstellungsvoraussetzungen muss der durch Unfall, Krankheit oder Berufskrankheit *kausal* erlittene Nachteil:

- körperlicher, seelischer oder geistiger Natur sein, was durch einen Mediziner im Sinne einer Tatsachenfeststellung (vgl. hinten 7.110) zu ermitteln ist,
- eine Erheblichkeit, d.h. mind. 5% der Skala (wobei es nicht um eine Gleichsetzung mit der medizinisch-theoretischen Invalidität geht) aufweisen, ausge-

prägt sein und äusserlich in Erscheinung treten, wobei der unkorrigierte Zustand massgebend ist. Es darf sich somit nicht um objektiv (nicht massgebend ist das subjektive Empfinden) geringfügige kosmetische Defekte handeln.

- dauernd resp. dauerhaftig sein, d.h. gemäss Art. 36 Abs. 1 UVV mit dem Beweisgrad der überwiegenden Wahrscheinlichkeit prognostisch bleibend und lebenslänglich in mindestens gleichem Umfang anhaltend. Bei *psychischen* Fehlentwicklungen (ebenso bei Schleudertraumata und vergleichbaren Beschwerdebildern) nach Unfall ist diese Bedingung nur ausnahmsweise erfüllt. Ausgehend von den in BGE 115 V 133 ff. entwickelten Kriterien der Adäquanzbeurteilung bei mittelschweren und schweren Unfällen (vgl. vorne 5.42) ist von fachärztlicher Seite nach einer mehrjährigen Behandlung und Beobachtung zu prüfen und begründen, ob der psychische Schaden irreversibel und erheblich ist. Bei psychischen Folgen von Berufskrankheiten wird die Adäquanz jedoch nach der allgemeinen Formel beurteilt (vgl. vorne 5.40).

  BGE 133 V 224, E. 5.4 betr. keine Dauerhaftigkeit bei kurzer Lebenserwartung; BGE 124 V 29, E. 4.b.cc betr. Dauerhaftigkeit der Einschränkung in der psychischen Integrität.

c) Bemessung

aa) Unfallversicherung (Art. 36 Abs. 2 UVV, Anhang 3 UVV)

Die Integritätsentschädigung wird abstrakt bemessen, und zwar nach dem Grad der Beeinträchtigung. Dieser wird durch den Arzt rein objektiv festgestellt, ohne Einbezug subjektiver Umstände (z.B. Alter, Beruf, Prädisposition) oder Empfindungen. Die Bemessung hat im Einzelfall *egalitär und rein nach äusserlichen Kriterien* zu erfolgen. 5.347

Anhaltspunkt für die möglichen Beeinträchtigungen gibt die im Anhang 3 abgegebene Liste, die jedoch keinen abschliessenden Charakter hat. Diese wird in der Praxis durch eine zusätzliche, von der Suva erstellte interne, ohne Gesetzeskraft ausgestattete erweiterte und verfeinerte Liste ergänzt. Bei der Festlegung des Grades der Integritätseinbusse müssen vorhersehbare Verschlimmerungen oder Verbesserungen mitberücksichtigt werden, denn auf eine Stabilisierung, die grundsätzlich für die Beurteilung der Dauerhaftigkeit und somit für den Entstehungszeitpunkt des Anspruchs vorausgesetzt wäre, kann oftmals nicht gewartet werden. Auf diese Weise kann die Festsetzung – in jedem Fall immer nach Abschluss der Heilbehandlung (Fallabschluss) – zusammen mit einer allfälligen Rentenfestsetzung erfolgen, wie es der Wortlaut des Gesetzes verlangt (Art. 24 Abs. 2 UVG). Ist die Veränderung jedoch nicht vorhersehbar, so ist heute auch die Revision i.S.v. Art. 17 ATSG möglich.

Bemessungsgrundlage bildet der im Zeitpunkt des Risikoeintritts massgebende höchstversicherte Verdienst von derzeit Fr. 148'200.–. Bezogen auf diesen wer- 5.348

den Entschädigungen zwischen 5% und 100% ausgerichtet. Mehrere auf dasselbe Ereignis zurückzuführende versicherte Beeinträchtigungen (auch von weniger als 5%) werden addiert und anschliessend nochmals gesamthaft gewürdigt. Bei Konkurrenz zu nicht versicherten Beeinträchtigungen erfolgt eine Kürzung gemäss Art. 36 Abs. 2 UVG.

BGE 127 V 456, E. 4.b betr. Massgeblichkeit des im Zeitpunkt des Risikoeintritts geltenden höchstversicherten Verdienstes.

bb) Militärversicherung (Art. 49 MVG, Art. 25 Abs. 2 und 3, Art. 26 MVV)

5.349 Anders als bei der Unfallversicherung wird bei der Militärversicherung die Bemessung der Integritätseinbusse auf Grund der Würdigung der gesamten Umstände nach billigem Ermessen vollzogen. Damit finden auch subjektive Kriterien in die Beurteilung Eingang, wie insbesondere das Alter, berufliches, familiäres und soziales Umfeld sowie auch die Persönlichkeitsstruktur des Betroffenen. Diese werden jedoch nach objektiviertem Massstab gewertet, also nicht nach subjektivem Empfinden.

5.350 Grundlage der Bemessung bildet nicht die medizinische Funktionseinbusse, sondern die beschränkten Lebensfunktionen und die Einbusse an Lebensgenuss, also die Auswirkungen der Schädigung.

5.351 Bemessungsgrundlage bildet der Jahresrentenansatz von derzeit Fr. 20’940.–. In Stufen von jeweils 2,5% wird die Integritätsschadensrente je nach Schwere der nach billigem und pflichtgemässem Ermessen festgelegten Beeinträchtigung zwischen 2,5 bis 50% ausbezahlt. Bei mehreren Integritätsursachen erfolgt eine Kumulation bis 100%.

7. Familienzulagen

a) Wesen

5.351a Familienzulagen verfolgen den Zweck, die Kosten, welche den Eltern durch den Unterhalt und die Ausbildung ihrer Kinder erwachsen (Familienlasten), teilweise auszugleichen (Art. 2 FamZG).

5.351b Familienzulagen umfassen primär Kinder- und Ausbildungszulagen (periodische Geldleistungen). Daneben werden von einzelnen Kantonen Geburts- und Adoptionszulagen (einmalige Geldleistungen) gewährt (Art. 3 Abs. 2 FamZG).

b) Kinderzulage (Art. 3 Abs. 1 lit. a FamZG)

5.351c Kinderzulagen werden ab dem Geburtsmonat des Kindes bis zum Ende des Monats ausgerichtet, in dem das Kind das 16. Altersjahr vollendet (im Falle der Erwerbsunfähigkeit des Kindes, bis zum vollendeten 20. Altersjahr).

Für den Geburtsmonat und den Monat, in welchem das Kind das 16. bzw. 20. Altersjahr vollendet, wird eine volle Zulage ausgerichtet. 5.351d

c) *Ausbildungszulage (Art. 3 Abs. 1 lit. b FamZG, Art. 1 FamZV)*

Ausbildungszulagen werden ab Ende des Monats, in welchem das Kind das 16. Altersjahr vollendet, bis zum Ausbildungsabschluss, längstens bis zum Ende des Monats, in dem es das 25. Altersjahr vollendet, ausgerichtet. 5.351e

Für erwerbsunfähige, sich in Ausbildung (dazu zählen auch Brückenangebote, berufliche Eingliederungsmassnahmen der IV, Berufsabklärungen, Motivationssemester) befindende Kinder zwischen dem vollendeten 16. und 20. Altersjahr besteht unabhängig davon, ob das Kind ein Taggeld oder eine Rente der IV bezieht, Anspruch auf eine Ausbildungszulage. 5.351f

Zum Bezug von Ausbildungszulagen berechtigen Erst- und Zweitausbildungen i.S.v. Art. 25 Abs. 5 AHVG i.V.m. Art. 49bis f. AHVV, wie der Besuch von Schulen oder Kursen, welche mindestens einen Monat dauern und der Allgemeinbildung oder der Berufsbildung dienen, die berufliche Ausbildung im Rahmen eines Lehrverhältnisses, aber auch sonst jede Tätigkeit, welche die planmässige und systematische Vorbereitung auf eine zukünftige Erwerbstätigkeit bezweckt (vgl. vorne 5.291 f.). Es gilt ein weit gefasster Ausbildungsbegriff. 5.351g

BGE 142 V 576, E. 4.2 betr. professioneller Sport nicht als Berufsausbildung; BGE 140 V 314, E. 3.2 und 4.3 betr. Begriff der Ausbildung i.S.v. Art. 49bis Abs. 1 AHVV (i.c. bejaht im Falle eines Praktikums im Anschluss an das Nichtbestehen der Lehrabschlussprüfung in der gleichen Branche); BGE 138 V 286, E. 4.2.3 betr. zum Bezug von Ausbildungszulagen berechtigende Ausbildungen (Art. 3 Abs. 1 lit. b FamZG; Art. 1 Abs. 1 FamZV; Art. 25 Abs. 5 AHVG.

Der Anspruch entfällt, wenn die Ausbildung i.S.v. Art. 49ter Abs. 2 oder Abs. 3 lit. a–c AHVV abgebrochen bzw. unterbrochen wird oder das jährliche tatsächlich erzielte Bruttoeinkommen des sich in Ausbildung befindenden Kindes (aus Erwerbstätigkeit oder Ersatzeinkommen wie Taggelder; nicht hingegen aus Renten, familienrechtlichen Unterhaltsbeiträgen oder Stipendien) höher ist als die maximale volle AHV-Altersrente (Fr. 28'440.–/Jahr bzw. durchschnittlich 2'370.–/Monat). 5.351h

BGE 142 V 442, E. 5-6 betr. kein hypothetisch erzielbares Einkommen; BGE 141 V 473, E. 8 betr. keine Kumulation von Art. 49ter Abs. 3 lit. a und b AHVV.

d) *Geburts- und Adoptionszulage (Art. 3 Abs. 2 und 3 FamZG, Art. 2 f. FamZV)*

Die Kantone können zusätzlich Geburts- und Adoptionszulagen ausrichten. 5.351i

Eine *Geburtszulage* wird für jedes lebend oder nach mindestens 23 Schwangerschaftswochen geborene Kind ausgerichtet, wenn 5.351j

- ein Anspruch auf Familienzulagen nach dem FamZG besteht und

- die Mutter während der neun (bzw. bei vorzeitiger Geburt acht, sieben oder sechs, vgl. Art. 27 EOV) Monate unmittelbar vor der Geburt des Kindes Wohnsitz oder gewöhnlichen Aufenthalt in der Schweiz gehabt hat (Art. 2 FamZV = Karenzfrist). Diese Einschränkung gilt auch gegenüber EU/EFTA-Staaten.

5.351k Die *Adoptionszulage* wird für jedes minderjährige Kind ausgerichtet, welches zur späteren Adoption aufgenommen wird, wenn

- ein Anspruch auf Familienzulagen nach dem FamZG besteht;
- die Bewilligung zur Aufnahme des Kindes zur Adoption endgültig erteilt ist (vgl. Art. 5 ff. AdoV [SR 211.221.36]); und
- das Kind tatsächlich von den künftigen Adoptiveltern in der Schweiz aufgenommen worden ist (Art. 3 FamZV).

5.351l Kein Anspruch besteht für die Adoption des Kindes des Ehepartners.

e) Höhe der Familienzulagen (Art. 3 Abs. 2, 5 FamZG, FLG)

5.351m Die Höhe der Zulagen wird durch die kantonalen Familienzulageordnungen festgelegt, wobei die bundesrechtlichen Minimalansätze zu beachten sind:

- Die *Kinderzulage* beträgt mindestens Fr. 200.–/Monat.
- Die *Ausbildungszulage* beträgt mindestens Fr. 250.–/Monat.

Die landwirtschaftlichen Kinderzulagen wurden mit Inkrafttreten des FamZG den Mindestansätzen angepasst. Sie betragen nun Fr. 200.– bzw. im Berggebiet Fr. 220.–. Ferner wurden im FLG neu Ausbildungszulagen eingeführt und dem Mindestansatz von Fr. 250.– bzw. im Berggebiet Fr. 270.– des FamZG entsprechend angepasst (vgl. Art. 2 Abs. 3 FLG).

Nur soweit ein Sozialversicherungsabkommen besteht, können Familienzulagen für im Ausland wohnhafte Kinder auch ins Ausland exportiert werden. In diesem Fall dürfen sie der Kaufkraft des betreffenden ausländischen Staates angepasst werden (Art. 4 Abs. 3 FamZG i.V.m. Art. 7 und 8 FamZV).

5.351n Zur Ausrichtung gelangen nur ganze Zulagen (namentlich findet im Rahmen einer Teilzeiterwerbstätigkeit keine Anpassung an das jeweilige Pensum statt).

f) Anspruchsberechtigung (Art. 4 FamZG, Art. 4–8 FamZV)

5.351p Zum Anspruch auf Zulagen berechtigen:

- *Kinder*, zu denen ein *Kindesverhältnis* i.S. des ZGB besteht (Kinder verheirateter bzw. unverheirateter Eltern sowie Adoptivkinder);

- *Stiefkinder* bzw. Kinder der *eingetragenen Partner/innen* (nicht jedoch des Konkubinatspartners), sofern sie zeitlich überwiegend im Haushalt des Stiefelternteils bzw. des/der eingetragenen Partners/in leben oder bis zu ihrer Mündigkeit gelebt haben;
- *Pflegekinder,* sofern sie i.S.v. Art. 49 Abs. 1 AHVV unentgeltlich – die von dritter Seite erbrachten Leistungen an die Pflegeeltern decken weniger als 25% der tatsächlichen Unterhaltskosten – zu dauernder Pflege und Erziehung aufgenommen worden sind (vgl. vorne 5.291);
- *Geschwister und Enkelkinder* der bezugsberechtigten Person, sofern diese für deren Unterhalt überwiegend aufkommt (vgl. hierzu Art. 6 FamZV).

Arbeitnehmer sind anspruchsberechtigt, sofern sie auf einem jährlichen Erwerbseinkommen, das mindestens dem halben jährlichen Betrag der minimalen vollen Altersrente der AHV entspricht (zurzeit Fr. 7'110.–/Jahr bzw. Fr. 592.–/ Monat), AHV-Beiträge entrichten (Art. 13 Abs. 3 FamZG). In diesem Rahmen besteht folglich auch bei Teilzeitarbeit Anspruch auf die vollen Familienzulagen. Beschäftigungen bei unterschiedlichen Arbeitgebenden werden zusammengezählt. Für die Zulagen ist derjenige Arbeitgeber zuständig, welcher den höchsten Lohn ausrichtet. Können sowohl Vater und Mutter Anspruch auf Zulagen erheben, richtet sich der Anspruch zwingend nach der in Art. 7 FamZG aufgestellten Kaskadenordnung. Es besteht kein Anspruch auf Doppelbezug (Art. 6 FamZG), jedoch auf Differenzzahlung (Art. 7 Abs. 2 FamZG). 5.351q

BGE 144 V 229, E. 5 betr. Kaskadenordnung bei Erwerbstätigkeit beider Elternteile und gemeinsamer alternierender Obhut (Anwendung von Art. 7 Abs. 1 lit. e FamZG); BGE 142 V 583, E. 4 betr. keine Umstossung der Kaskadenordnung von Art. 7 FamZG durch Verzicht auf Kinderzulage; BGE 140 V 227, E. 3.3 betr. Verbot des Doppelbezugs bei erwerbstätigen Ehepartnern, jedoch nur in Bezug auf gleichartige bundes- oder kantonalrechtliche Zulagen; BGE 139 V 429, E. 4.2 betr. Anwendung der Kaskadenordnung im Zeitpunkt des Beginns des Lohnanspruchs und nicht der Einreichung des Gesuchs.

Nichterwerbstätige (statusbezogene, nicht beitragsbezogene i.S.v. Art. 28bis AHVV) haben Anspruch auf Familienzulagen, wenn das steuerbare Einkommen den anderthalbfachen Betrag einer maximalen vollen Altersrente der AHV (Fr. 42'660.–/Jahr bzw. Fr. 3'555.–/Monat) nicht übersteigt und keine Ergänzungsleistungen zur AHV/IV bezogen werden (Art. 19 Abs. 2 FamZG i.V.m. Art. 17 FamZV). Den Nichterwerbstätigen gleichgestellt sind in der AHV obligatorisch versicherte Erwerbstätige, die das Mindesteinkommen i.S.v. Art. 13 Abs. 3 FamZG nicht erreichen. Ausgeschlossen vom Anspruch als Nichterwerbstätige sind gem. Art. 16 FamZV aber Personen, welche eine ordentliche Altersrente beziehen, deren Ehegatte eine ordentliche Altersrente bezieht oder von der Beitragspflicht i.S.v. Art. 3 Abs. 3 AHVG befreit ist sowie Asylsuchende, deren Beiträge noch nicht festgesetzt sind. 5.351r

8C_729/2017 v. 26.3.2018, E. 3 betr. Verhältnis der Familienbesteuerung auf den Anspruch Nichterwerbstätiger im Vergleich zu Konkubinatspaaren; BGE 140 V 433, E. 4 betr. kein Anspruch auf Familienzulagen für Bezüger von jährlichen Ergänzungsleistungen i.S.v. Art. 3 Abs. 1 lit. a ELG.

5.351s *Selbständigerwerbende*, die in der AHV obligatorisch versichert sind (Art. 11, Abs. 1 lit. c, 13 Abs. 2bis FamZG). Sie sind bis zu einem Einkommen von Fr. 148'200.– im Jahr beitragspflichtig (Art. 16 Abs. 4 FamZG), wobei die Kantone den Beitragssatz bestimmen (Art. 16 Abs. 3 FamZG).

g) Dauer der Bezugsberechtigung (Art. 13 Abs. 1–2bis FamZG, Art. 10 und 10a FamZV)

5.351t Grundsätzlich entsteht und erlischt der Anspruch auf Familienzulagen bei Arbeitnehmenden mit dem *Lohnanspruch*. Bei Selbständigerwerbenden beginnt der Anspruch am ersten Tag mit der Aufnahme der selbständigen Erwerbstätigkeit und endet bei Aufgabe der Erwerbstätigkeit am letzten Tag des Monats (Art. 13 Abs. 1 und 2 resp. 2bis FamZG i.V.m. Art. 10a FamZV).

5.351u Ausnahmen:

- Ist eine arbeitnehmende Person aus einem der in Art. 324a Abs. 1 und 3 OR genannten Gründe (Krankheit, Unfall, Schwangerschaft, Erfüllung gesetzlicher Pflichten) an der Arbeitsleistung verhindert, so werden die Zulagen nach Eintritt der Arbeitsverhinderung noch während des laufenden Monats und der drei darauf folgenden Monate ausgerichtet, auch wenn der gesetzliche Lohnanspruch erloschen ist (Art. 10 Abs. 1 FamZV). Dasselbe gilt beim Tod der arbeitnehmenden Person (Art. 10 Abs. 3 FamZV).

  BGE 140 V 233, E. 3.4 betr. Rückerstattung wegen einer Meldepflichtverletzung zu Unrecht bezogener Leistungen durch die versicherte Person, und nicht den Arbeitgeber.

- Während eines Mutterschaftsurlaubs von höchstens 16 Wochen sowie während eines Jugendurlaubs i.S.v. Art. 329e Abs. 1 OR bleibt der Anspruch auch ohne gesetzlichen Lohnanspruch bestehen (Art. 10 Abs. 2 FamZV).
- Während eines unbezahlten Urlaubs werden die Zulagen nach Antritt des Urlaubs noch während des laufenden Monats und danach während der drei darauf folgenden Monate ausgerichtet (Art. 10 Abs. 1bis FamZV).
- Mit der Begründung des Wohnsitzes des Kindes im Ausland erlischt der Anspruch, es sei denn, es liegt ein zwischenstaatliches Abkommen vor, das den Leistungsexport erlaubt. Begibt sich hingegen ein Kind zu Ausbildungszwecken ins Ausland, wird *vermutet*, dass sich sein Wohnsitz noch während höchstens fünf Jahren in der Schweiz befindet (Art. 7 Abs. 1bis FamZV). Vorbehalten bleiben die Fälle, bei denen Arbeitnehmende auf Grund von Art. 1a Abs. 1 lit. c oder Abs. 3 lit. a AHVG weiterhin der AHV obligatorisch unterstellt bleiben (Art. 7 Abs. 2 FamZV).

  BGE 138 V 392, E. 4 betr. Export von Familienzulagen in ein EU-Land und Anwendung von Art. 7 Abs. 1 lit. b FamZV; BGE 136 I 297, E. 6-8 betr. Gesetzeskonformität (Rechtsgleichheit) von Art. 7 Abs. 1 FamZV bejaht.

III. Leistungsbezug (Art. 19–26 ATSG, Art. 2–7 ATSV)

Die Geldleistungen (der 1. Säule) werden in der Schweiz in der Landeswährung ausgerichtet (Art. 16 Abs. 2 VFV analog), während ins Ausland exportierte in der Währung des Wohnsitzstaates (Art. 20 VFV). Der Leistungsbezug richtet sich nach der im Einzelgesetz entsprechend der beantragten Leistungen vorgesehenen Fälligkeit. Diese tritt von Gesetzes wegen im Moment ein, in dem sämtliche Leistungsvoraussetzungen erfüllt sind. Der Auszahlungsmodus (monatliche Auszahlung, Auszahlung an den Arbeitgeber bei voller Lohnfortzahlung, Vorauszahlung) wird für die verschiedenen Leistungsarten durch Art. 19 ATSG festgelegt. Eine *Drittauszahlung* an Personen, die rechtlich oder sittlich gegenüber der berechtigten Person unterstützungspflichtig sind, ist i.S.v. Art. 20 ATSG angezeigt bei Gefährdung zweckmässiger Verwendung für den eigenen Unterhalt oder denjenigen von Angehörigen *und* entsprechender Fürsorgebedürftigkeit. Einzelgesetze sehen darüber hinaus spezielle Drittauszahlungssituationen vor, so insb. bei zivilrechtlicher Anordnung der Drittauszahlung (z.B. Kinderrenten von getrenntlebenden Eltern, vgl. Art. 71ter Abs. 1 AHVV), Inkassovollmacht oder im Fall des Begehrens eines volljährigen Kindes um Auszahlung von Kinderrenten an sich persönlich (Art. 71ter Abs. 3 AHVV). Sodann sind die Leistungen der Sozialversicherungen gemäss Art. 22 Abs. 1 ATSG weder abtretbar noch verpfändbar. Abtretbar sind einzig Leistungs*nachzahlungen* an einen vorschussleistenden Arbeitgeber, eine Fürsorgestelle oder eine vorleistungspflichtige Versicherung (Art. 22 Abs. 2 ATSG). Demgegenüber ist die Verrechnung, z.B. Leistungen mit ausstehenden Beiträgen (Art. 71 Abs. 2 AHVV) unter einschränkenden Bedingungen zulässig (vgl. vorne 4.88 und hinten 5.357). 5.352

8C_796/2018 v. 2.5.2019, E. 4 betr. Drittauszahlung bei fehlender Unterhaltsregelung; 8C_90/2018 v.13.8.2018, E. 4 betr. Pflicht des Versicherers, bei vorhandenen Anhaltspunkten auf die Möglichkeit der Drittauszahlung hinzuweisen; 8C_464/2017 v. 20.12.2017, E. 5.3 betr. Drittauszahlung von Kinderzulagen ohne Vorprüfung des Verwendungszwecks; BGE 141 V 246, E. 6.2 betr. Wechselkurs; BGE 135 V 2, E. 6 betr. Abtretung an die Sozialhilfe.

Sofern die versicherte Person ihren Mitwirkungspflichten nachgekommen ist (Antrag auf Leistungen, Meldepflichten: vgl. hinten 7.16 ff.), wird der Versicherer für die fälligen Sozialversicherungsleistungen nach Ablauf von 24 Monaten (in Rücksichtnahme auf die länger dauernden IV-Verfahren) nach Entstehung des Renten- bzw. Leistungsanspruchs (nicht der einzelnen Monatsleistung), frühestens aber 12 Monate nach dessen Anmeldung i.S.v. Art. 29 ATSG, zu 5% *verzugszinspflichtig* (Art. 26 Abs. 2 ATSG i.V.m. Art. 7 ATSV). Betr. Ausnahmen von der Verzugszinspflicht vgl. Art. 26 Abs. 3 und 4 ATSG. 5.353

BGE 139 V 82, E. 3 betr. Verneinung der Verzugszinspflicht: im Verhältnis zwischen sozialer Krankenversicherung und Leistungserbringer; BGE 137 V 273, E. 4-5 betr. Verzugszinspflicht auch im Revisionsverfahren; BGE 133 V 9, E. 3.6 betr. Beginn der Verzugszinspflicht.

Der Anspruch auf Leistungen, damit gemeint sind die Monatsbetreffnisse und nicht das Stammrecht, erlischt aufgrund der von Amtes wegen zu beachtenden *Verwirkungsfrist* gemäss Art. 24 Abs. 1 ATSG fünf Jahre nach dem Ende des 5.354

Monats, für welchen die Leistung geschuldet war, wobei in Abweichungen von Art. 24 Abs. 1 ATSG einzelgesetzliche Sonderbestimmungen zur Verjährung zu beachten sind (z.B. Art. 16 AHVG, Art. 20 EOG). Im Bereich der beruflichen Vorsorge richtet sich die *Verjährung* nach Art. 41 BVG und wird *nicht* von Amtes wegen beachtet. Danach ist das Rentenstammrecht nicht verjährbar, solange die versicherte Person im Zeitpunkt des Versicherungsfalls noch der Vorsorgeeinrichtung unterstellt ist. Ansonsten beträgt die Verjährungsfrist für das Rentenstammrecht 10 Jahre und für die einzelnen wiederkehrenden Leistungen 5 Jahre. Besondere Verjährungsfristen gelten auch für Schadenersatzansprüche gegenüber Arbeitgebern (z.B. Art. 52 AHVG [vgl. vorne 4.90], Art. 88 AVIG).

BGE 140 V 213, E. 4.4.2 betr. Versicherungsfall i.S.v. Art. 41 Abs. 1 BVG meint in Bezug auf Invalidenleistungen den Eintritt der Arbeitsunfähigkeit, deren Ursache zur Invalidität geführt hat (Art. 23 BVG); BGE 139 V 244, E. 3.3 betr. Beginn der Verjährungsfrist mit Eingang der Arztrechnung bei der versicherten Person; 8C_888/2012 v. 20.2.2013, E. 4-5 betr. Verjährung bei Übersehen oder Verschleppen durch Versicherungsträger auch bei rechtzeitiger Anmeldung.

5.355 Auf Leistungen der Sozialversicherungen kann man auch durch Nichtbeantragen der Leistungen und Verstreichenlassen der Verjährungsfristen formlos verzichten. Ein eigentlicher, grundsätzlich widerrufsfähiger *Leistungsverzicht* muss jedoch schriftlich erfolgen und ist nichtig, wenn er Interessen Dritter (z.B. Sozialversicherungen, Sozialhilfe, Unterhaltsberechtigte) verletzt (Art. 23 ATSG).

5.356 Leistungen müssen gemäss Art. 25 Abs. 1 ATSG aufgrund des Legalitätsprinzips, basierend auf einem Rückkommenstitel (Art. 53 ATSG; vgl. hinten 7.51 ff.), grundsätzlich immer zurückerstattet werden, wenn die Leistungsvoraussetzungen nicht oder nicht mehr erfüllt sind. Vielfach ist die *Rückerstattungspflicht* Folge einer Meldepflichtverletzung oder falscher Angaben seitens des Versicherten, doch kann durchaus auch ein Fehler des Durchführungsorgans dazu gerechtigten. Unrechtmässig, effektiv (d.h. nicht erst nachträglich zugesprochene) bezogene Leistungen müssen dann nicht zurückerstattet werden, wenn sich die betroffene Person *in gutem Glauben* befunden hat *und* die Rückerstattung für sie *eine grosse Härte* bedeuten würde (betr. die Wirkung der Änderung der Anspruchsgrundlagen in der IV im Normalfall vgl. Art. 88bis Abs. 2 lit. a IVV ex nunc). Ob eine grosse Härte vorliegt, bestimmt sich nach Art. 5 ATSV bezugnehmend auf den Ausgabenüberschuss im Sinne des ELG. Der Kreis der rückerstattungspflichtigen Personen ist in Art. 2 ATSV abschliessend geregelt, sodass insb. blosse Inkassostellen nicht rückerstattungspflichtig sind. Der Rückerstattungsanspruch verwirkt gemäss Art. 25 Abs. 2 ATSG nach Ablauf eines Jahres (*ATSG-Revision*: drei Jahre) und spätestens mit Ablauf von fünf Jahren nach der Entrichtung der einzelnen Leistung, vorbehalten bleiben längere strafrechtliche Fristen. Fristauslösend ist nicht das erstmalige unrichtige Handeln des Durchführungsorgans bzw. die daran anknüpfende unrechtmässige Leistungsausrichtung, sondern es wird auf den Tag abgestellt, an dem die Verwaltung bei Beachtung der gebotenen und ihr zumutbaren Aufmerksamkeit den Fehler hätte erkennen können, eine Haftung des Versicherers nach Treu und Glauben vorbehalten (vgl.

vorne 1.67 ff.). In der bV gilt Art. 35a BVG mit einer Verjährungsfrist von einem Jahr (*ATSG-Revision*: drei Jahre) seit Kenntnisnahme und fünf Jahren seit Leistungsauszahlung. Handelt es sich um die Leistungsrückerstattung zwischen Sozialversicherungsträgern, vgl. hinten 5.364.

8C_353/2018 v. 26.7.2018, E. 3 betr. Begriff des guten Glaubens; 9C_511/2017, v. 6.9.2017, E. 3 betr. Beginn der Verwirkungsfrist bei falschem Rückerstattungsadressaten; BGE 143 V 241, E. 4-5 betr. Frage der Rückerstattungspflicht des geschiedenen Ehegatten bei Drittauszahlung eines Rentenanteils und der Kinderrente; 9C_371/2017 v. 27..9.2017, E. 5 betr. keine Rückerstattung von Ergänzungsleistungen bei erst nachträglich zugesprochener voller IV-Rente; 8C_79/2017 v. 30.6.2017, E. 5.5 betr. fehlender guter Glaube bei Auszahlung von Kinderzulagen für im Ausland wohnende Kinder und unterbliebener Ab- und Aufklärung durch die Verwaltung; BGE 142 V 43, E. 3 betr. Arbeitgeber für Leistungen der EO; BGE 142 V 259, E. 3.2 betr. Rückerstattung von Leistungen der Unfallversicherung ex tunc; 9C_328/2015 v. 23.9.2015, E. 2 betr. zumutbare Kenntnisnahme als Auslöser der Verwirkungsfrist; BGE 140 V 521, E. 7 betr. Beginn der Verwirkungsfrist bei ausserdienstlicher Kenntnisnahme; BGE 139 V 1, E. 4 betr. keine Rückerstattungspflicht seitens der die Erbschaft ausschlagenden Erben; BGE 139 V 6, E. 5.2 betr. Beginn der Verjährungsfrist bei Kenntnis der für Beiträge und Leistungen zuständigen Ausgleichkasse; BGE 138 V 218, E. 8 betr. Erlassvoraussetzung des guten Glaubens; BGE 138 V 74, E. 7-9 betr. längere Verjährungsfrist bei unrechtmässig bezogener Sozialversicherungsleistungen zufolge strafrechtlicher Handlung; BGE 129 V 110, E. 1 betr. Rückkommenstitel bei Rückforderung im Falle formlos resp. faktisch ausgerichteter Taggeldleistungen.

Anstatt Leistungen zurückzuerstatten, können sie gemäss einzelgesetzlicher Vorschrift (Art. 20 Abs. 2 AHVG, Art. 50 IVG, Art. 39 BVG, Art. 50 UVG, Art. 11 Abs. 3 MVG, Art. 20 Abs. 2 EOG, Art. 94 AVIG) auch mit laufenden verrechnet werden. Die Verrechnung ist gemäss einem allgemeinen Rechtsgrundsatz im Sozialversicherungsrecht jedoch nur bis zum Existenzminimum zulässig. 5.357

BGE 138 V 402, E. 4.5 betr. Wahrung des Existenzminimums: Diese ist als Schranke der Verrechnung bei Nachzahlungen von Renten früherer Perioden dann nicht zu beachten, wenn die nachzuzahlende Rente lediglich eine in der früheren Periode geleistete Rente ersetzt und sich beide gegenseitig ausschliessen.

C. Koordinationsrecht

I. Anwendbares Recht

1. Zweck und Begriffliches

Das Koordinationsrecht hat die Aufgabe, gleichzeitig gegenüber mehreren Sozialversicherungen von einer Person beanspruchte Leistungen soweit zu begrenzen, dass keine Überversicherung, d.h. eine den erlittenen Schaden übersteigende Versicherungsdeckung, resultiert. 5.358

Die Leistungskoordination vollzieht sich auf drei Ebenen. Man spricht von:

- *intrasystemischer Koordination* beim Zusammentreffen von verschiedenen Leistungen *innerhalb* des gleichen Sozialversicherungszweigs (Art. 63 Abs. 3 ATSG), wobei AHV und IV zusammen einen Sozialversicherungszweig bilden (Art. 63 Abs. 2 ATSG). Die intrasystemische Koordination wird durch das betreffende Sozialversicherungsgesetz selber geregelt, z.B. betr. die Anspruchsberechtigung zum Bezug von Familienzulagen für das gleiche Kind

(Art. 4, 6 und 7 FamZG, Art. 4–8 FamZV), das Zusammenfallen von zwei Renten eines Ehepaares (Art. 35 AHVG), von Waisen- und Kinderrenten (Art. 37bis AHVG), von Witwen- und Waisenrenten (Art. 41 AHVG), von Witwen- und Alters- resp. Invalidenrenten (Art. 24b, 35bis AHVG; Art. 43 IVG). Vgl. auch vorne 5.278–5.280.

9C_602/2010 v. 21.9.2010, E. 3 betr. keine Kumulation von AHV-Alters- und Witwenrente, auch nicht bei Vorbezug oder Aufschiebung der Altersrente.

- *intersystemischer Koordination*, wenn gleichzeitig Leistungen von *verschiedenen Bundessozialversicherungszweigen* zusammenfallen.
- *extrasystemischer Koordination,* wenn Leistungen der Sozialversicherungen mit gleichartigen Leistungen *anderer Schadenausgleichssysteme* zusammenfallen, wie etwa mit Privatversicherungs- oder Haftpflichtansprüchen.

5.359 Da das Koordinationsrecht alle Sozialversicherungszweige berührt und daher eine Harmonisierung sehr dringlich war, findet sich das Koordinationsrecht, vorbehältlich der *Koordination der Taggelder unter sich,* die in den Einzelgesetzen geregelt ist (vgl. hinten 5.375 ff.), in den *Art. 63–75 ATSG.* Da jedoch die bV vom ATSG nicht erfasst wird, die Koordination mit BVG-Leistungen aber unumgänglich ist, finden sich in Art. 66 und Art. 70 ATSG Bestimmungen zur Koordination mit dem BVG. Anlässlich der 1. BVG-Revision wurde zudem mit Art. 34a BVG eine Verweisung auf das ATSG eingefügt.

BGE 130 V 79, E. 1.2 betr. Nichtanwendbarkeit von Art. 69 ATSG auf die berufliche Vorsorge.

2. Koordination der Zuständigkeiten

a) Frage der sachlichen Zuständigkeit: Vorleistungspflicht (Art. 70 ATSG)

5.360 Nicht nur die Leistungen bedürfen einer Koordination, um Überversicherung zu verhindern, sondern auch die *sachliche Zuständigkeit,* d.h. welcher Versicherer letztlich leistungspflicht wird, muss gesetzlich geregelt sein. Aufgrund des kausalen Charakters bestimmter Sozialversicherungszweige, der Tatsache von gleichzeitiger Teilzeitbeschäftigung bei mehreren Arbeitgebern oder nachfolgender Beschäftigung bei einem neuen Arbeitgeber kann auch strittig sein, welcher Sozialversicherungsträger die Leistungen zu erbringen hat.

Tritt ein Versicherungsfall ein, besteht oftmals Unklarheit über die Schadensursache. Dieses Problem ergibt sich aus der schwierigen Abgrenzung zwischen Unfall und Krankheit, Rentenberechtigung gegenüber Unfall- oder Militärversicherung und 2. Säule oder gesundheits- oder arbeitsmarktbedingter Erwerbslosigkeit. Im Bereich der medizinischen Behandlung von unter 20-Jährigen kann die Zuständigkeit zwischen Kranken- und Invalidenversicherung strittig sein (vgl. vorne 5.73 ff.). Zuständigkeitsstreitigkeiten sind nicht zuletzt durch das unterschiedliche Leistungsniveau der verschiedenen in Frage kommenden Sozialversicherungszweige bedingt. Bestehen somit Zweifel über die sachliche Zuständigkeit, ist die versicherte Person verpflichtet, ihre Ansprüche gegenüber allen in Frage kommenden Versicherungszweigen geltend zu machen (Verhinderung des Rechtsverlusts des Vorleistungspflichtigen). Art. 70 ATSG bezweckt, während der Dauer des *Schwebezustandes* mit Bezug auf die Zuständigkeitsfrage (und den Leistungsanspruch) im Sinne einer *Vorleistungspflicht* bzw. als nicht auf lange Dauer angelegte Übergangslösung die Kostendeckung zu garantieren. Er kommt immer dann zur Anwendung, wenn *bereits im Zeitpunkt der Bestimmung des zuständigen Leistungserbringers* (also nicht bei nachträglich aufgekommenen) Zweifel über dessen sachliche Zuständigkeit vorliegen und die Frage des im konkreten Fall wirklich pflichtigen Sozialversicherungsträgers vorerst einmal abgeklärt werden muss. Unerheblich ist jedoch, wer die Zweifel vorbringt und wie sie begründet sind. Der Schwebezustand endet, wenn über die Leistungspflicht bzw. fehlende Leistungspflicht Klarheit besteht.

8C_166/2018 v. 18.2.2019, E. 6.4 betr. Charakter und Dauer der Vorleitungspflicht der ALV; BGE 142 V 380, E. 5 betr. Vorleistungspflicht nur während der Dauer des Schwebezustandes; 8C_403/2015 v. 21.9.2015, E. 3.4 betr. Begrenzung der Vorleistungsdauer in der ALV bis das durch die IV festgestellte Ausmass der Erwerbsunfähigkeit feststeht; 9C_16/2014 v. 25.6.2014, E. 3.3 betr. Vorleistungspflicht der KV gegenüber der IV bis zur sicheren Diagnosestellung eines ADS bzw. ADHS; 9C_921/2013 v. 24.2.2014, E. 5 betr. Verhältnis zwischen Kranken- und Invalidenversicherung bei Anmeldung von Geburtsgebrechen; 8C_512/2008 v. 14.1.2009, E. 3.1 betr. Zeitpunkt, in dem die Zweifel über die Zuständigkeit bestehen müssen; BGE 136 V 95, E. 5-7 betr. Umfang der Vorleistung der Arbeitslosen- gegenüber der Invalidenversicherung.

Art. 70 ATSG, der kraft Verweisung in Art. 34a Abs. 3 BVG auch für die 2. Säule 5.361
massgebend ist, setzt voraus, dass die in Frage stehende Sozialversicherung grundsätzlich leistungspflichtig sein kann, indem die versicherte Person ihr einerseits unterstellt ist (z.B. nicht bei Selbständigen und ALV) und es sich andererseits sachlich, zeitlich und persönlich um eine intersystemische Koordination zwischen Sozialversicherungen (also nicht einer VVG-Versicherung) handelt, nicht unbedingt um ereignisbezogene kongruente Leistungen. In der Regel läuft während der Vorleistungspflicht ein Gerichtsverfahren über die Frage der sachlichen Zuständigkeit, welche vom angerufenen Sozialversicherungszweig verfügungsweise abgelehnt und den andern Versicherungszweigen eröffnet worden ist (Art. 49 Abs. 4 ATSG; vgl. hinten 7.49). Keine Vorleistungspflicht besteht jedoch, wenn der Leistungsanspruch des anderen Versicherers nicht (mehr) umstritten ist oder eine andere gesetzliche Koordinationsregel besteht.

8C_481/2018 v. 6.3.2019, E. 4.2-3 betr. keine ALV-Vorleistungspflicht bei UV-Taggeldern; BGE 142 V 448, E. 4.3 betr. keine Anwendung von Art. 70 ATSG bei VVG-Versicherungen.

Welche Versicherung vorleistungspflichtig ist, ergibt sich aus der Rangfolge in Art. 70 Abs. 2 ATSG zwingend. Vorleistungen beanspruchen können die versicherte Person und deren anspruchsberechtigte Angehörige sowie auch ein anderer Sozialversicherungsträger. Der vorleistungspflichtige Träger erbringt diejenigen Leistungen, zu denen er nach dem von ihm anzuwendenden Sozialversicherungsgesetz gesetzlich oder vertraglich (vgl. zur Vorleistungspflicht des Krankenversicherers Art. 112 ff. KVV) verpflichtet ist. Auch alle übrigen sich mit der Leistungserbringung stellenden Fragen richten sich nach dem vorleistungspflichtigen Zweig.

Aufgrund der Rückerstattungspflicht durch den letztlich zuständigen Versicherungszweig ist diejenige Sozialversicherung i.d.R. vorleistungspflichtig, die die niedrigeren Leistungen erbringt. Steht der zuständige Zweig fest, so hat dieser die Leistungen zurückzuerstatten, die kongruent sind und zu denen er nach seinen Regeln leistungspflichtig ist. Die Rückerstattung an den vorleistungspflichtigen Träger erfolgt gemäss Art. 71 ATSG von Gesetzes wegen ohne Abtretung durch die versicherte Person. Es handelt sich um einen Fall der direkten *Drittauszahlung*. Hat der vorleistungspflichtige Träger mehr an kongruenten Leistungen oder noch andere Leistungen erbracht als der nachzahlungspflichtige aufgrund seiner Regeln erbringen muss, so trägt der Vorleistungspflichtige den Schaden. Art. 25 ATSG betr. der Rückerstattungspflicht kommt im Zusammenhang mit der Vorleistung nicht zur Anwendung, da die Leistungen nicht unrechtmässig bezogen wurden. Der Rückerstattungsanspruch kann jedoch durch zweigübergreifende Verrechnung getilgt werden. Er unterliegt nicht der Verzugszinspflicht (Art. 26 Abs. 4 lit. c ATSG).

BGE 143 V 312, E. 6 betr. analoge Anwendung von Art. 48 Abs. 2 IVG (Fristverlängerung) auch auf die vorleistungspflichtige Krankenversicherung; BGE 141 V 139, E. 6.3.2 betr. kein Vorrang der Vorleistungspflichtigen im Fall der Verrechnung; BGE 137 V 362, E. 4 betr. Subrogation der Arbeitslosenkasse in die Ansprüche des Versicherten auf Leistungen gegenüber dem ehemaligen Arbeitgeber; BGE 136 V 195, E. 7 betr. Vorleistungspflicht der ALV nach Art. 70 Abs. 2 lit. b ATSG bzw. Rückerstattung bezogener Leistungen nach Art. 95 Abs. 1bis AVIG (Abweichung von Art. 25 ATSG); BGE 131 V 78, E. 4 betr. keine Vorleistungspflicht für nicht auf der Positivliste sich befindende Leistungen resp. Leistungen ins Ausland, wenn kein Notfall vorliegt.

b) Zuständiger Versicherer

5.362 Eine andere Art der Koordination ist die Frage des für die Leistung zuständigen *Versicherers,* wenn in Folge Wohnsitz- oder Stellenwechsels oder bei mehreren gleichzeitigen Teilzeitstellen oder eines Leiharbeitsverhältnisses mehrere mögliche Versicherer für die Leistungserbringung in Frage kommen.

IV: In der IV richtet sich die Zuständigkeit gemäss Art. 40 IVV nach dem Wohnsitz zur Zeit der Anmeldung und bleibt unter Vorbehalt von Art. 40 Abs. 2bis–2^{quater} IVV (Wechsel der Zuständigkeit bei Verlassen der Schweiz oder Rückkehr in die Schweiz; Zuständigkeit bei Wohnsitz im Ausland, aber gewöhnlichem Aufenthalt in der Schweiz) während der ganzen Verfahrensdauer erhalten (vgl. hinten 6.13).

bV: Zuständig ist die VE des Arbeitgebers, bei dem sich eine mind. 20% gesundheitsbedingte Einbusse des funktionalen Leistungsvermögens manifestiert hat (Art. 23 BVG; vgl. vorne 5.327). Befindet sich der Arbeitnehmer nicht mehr in der zuständigen VE, so trifft diejenige VE eine Vorleistungspflicht, welcher er zuletzt angehört hat (Art. 26 Abs. 4 BVG). Der Regressanspruch besteht von Gesetzes wegen im Umfang der geleisteten Zahlungen.

BGE 139 V 42, E. 2 betr. Rechtsnatur des Vorleistungsentscheids der VE und nicht wieder gutzumachender Nachteil; BGE 136 V 131, E. 3.6 betr. Regressanspruch der vorleistungspflichtigen Vorsorgeeinrichtung gegenüber der leistungspflichtigen.

UV: Bei Versicherten mit mehreren Arbeitgebern herrscht bei Berufsunfällen gemäss Art. 77 UVG i.V.m. Art. 99 Abs. 1 UVV der Grundsatz, dass der Versicherer desjenigen Arbeitgebers leistungspflichtig wird, bei dem die versicherte Person im Zeitpunkt des Unfalles gearbeitet hat, resp. bei Berufskrankheit *zuletzt* dem/r schädigenden Stoff/Arbeit ausgesetzt war. Auf Grund des Gegenseitigkeitsprinzips soll diejenige Versicherung bezahlen, die auch die Prämien eingenommen hat, und zwar unabhängig davon, ob der Betrieb zu Recht oder Unrecht der Versicherung angeschlossen war (betr. interner Rückerstattungspflicht der anderen Versicherer mit NBU-Deckung vgl. Art. 99 Abs. 2 UVV). Art. 100 UVV regelt die Leistungspflicht bei erneutem Unfall, der während oder nach der Leistungspflicht eines anderen Unfallversicherers für einen früheren Unfall eintritt.

BGE 135 V 333, E. 4 betr. Rückfall und erneuter Unfall.

Bei Nichtbetriebsunfällen (NBU), d.h. Freizeitunfällen und Arbeitswegunfällen (Ausnahme: Art. 13 Abs. 2 UVV für Teilzeitstellen unter 8 Wochenstunden: Arbeitswegunfall ist Berufsunfall), ist gem. Art. 99 Abs. 2 UVV derjenige Versicherer zuständig, bei welchem der Arbeitnehmer zuletzt gearbeitet hat und auch gegen NBU versichert ist. Mit andern Worten tritt eine Perpetuierung der Unterstellung ein bis zum letzten Arbeitgeber mit NBU-Deckung. Liegt ein BU-Arbeitgeber dazwischen, wird dieser übergangen und die letzte NBU-Deckung wirkt weiter. Der leistungspflichtige Versicherer, meist der mit der höchsten Lohnsumme, kann Rückgriff auf die andern Versicherer nehmen. 5.363

BGE 144 V 29, E. 4.3.1 betr. Bindungswirkung des fallführenden Versicherers; BGE 126 V 353, E. 3 betr. Berechnung des Wochenpensums bei unregelmässiger Arbeitszeit.

Kommt es zu Kompetenzkonflikten, so kommt Art. 35 ATSG zur Anwendung. Gegenüber dem Versicherten sowie anderer von der Verfügung Berührter (Art. 49 Abs. 4 ATSG) muss eine Unzuständigkeitsverfügung erlassen werden, die mittels Einsprache (Art. 52 ATSG) weitergezogen werden kann (vgl. hinten 7.48 ff. und 7.58). Liegen aber die Versicherer untereinander wegen Geldleistungen resp. Rückerstattungsforderungen im Streit, kann keine Verfügung erlassen werden, weil unter den Versicherern keine Subordination besteht. Stattdessen hat das BAG zu verfügen (Art. 78a UVG). Auch Art. 25 Abs. 1 ATSG kommt nicht zur Anwendung, weil in der KV und UV das ATSG auf Streitigkeiten von Versicherern unter sich nicht anwendbar ist. 5.364

BGE 144 V 29, E. 4.3.2 betr. Einsprachelegitimation des rückerstattungspflichtigen Versicherers; BGE 138 V 426, E. 5 betr. Rückerstattung von Leistungen im Verhältnis zwischen zwei Krankenkassen gestützt auf Art. 62 ff. OR; BVGE 2008 Nr. 64 betr. gleichzeitige Zuständigkeit und Leistungspflicht zweier Unfallversicherer; 8C_606/2007 v. 27.8.2008, E. 9.2 betr. Einsprachelegitimation.

II. Koordinationssysteme

1. Zweck des Koordinationsrechts

5.365 Das im ATSG geregelte Koordinationsrecht bezieht sich in erster Linie auf die Koordination der Leistungen der *Bundes*sozialversicherungen. Dadurch, dass verschiedene Sozialversicherungszweige (neben einander bestehende finale und kausale) dieselben Leistungsarten anbieten und bei Eintritt des Risikofalles die Leistungsvoraussetzungen von mehreren Sozialversicherungszweigen gleichzeitig erfüllt sein können, würde eine Kumulation aller Leistungen zu einem Versicherungsgewinn führen. Die versicherte Person wäre nach dem Risikoeintritt finanziell bessergestellt als vor dem Risikoeintritt. Dies widerspricht sowohl dem Zweck des Schadenausgleichs als auch der Idee der Schadensprävention. Zudem würden von der Versicherung falsche Anreize gesetzt (moral hazard), da es sich nicht lohnen darf, einen Schaden herbeizuführen. Durch die Koordination von Leistungen wird bezweckt, einen Versicherungsgewinn und die Überversicherung auszuschliessen. Um dieses Ergebnis zu erreichen, haben sich verschiedene Koordinationssysteme entwickelt.

5.366 Während bis vor Inkrafttreten des ATSG jedes Sozialversicherungsgesetz seine eigenen Koordinationsregeln kannte, die ihrerseits nicht immer koordiniert waren, hat man diese Regeln im ATSG zusammengeführt. Dabei geht es um ein System der *Zuordnung* zum zuständigen Versicherungszweig sowie einer *Rangfolge* in der Leistungspflicht und nicht um den Umfang der Leistungen selbst, der nach wie vor durch die Einzelgesetze bestimmt wird. Berücksichtigt werden muss bei der Rechtsanwendung zudem, dass gerade das Koordinationsrecht wichtige Abweichungen resp. Vorbehalte zu Gunsten der Einzelgesetze kennt. Neben dem ATSG muss man daher stets auch das Einzelgesetz konsultieren, um sich zu vergewissern, ob es einen Vorbehalt zu Gunsten des Einzelgesetzes vorsieht oder nicht (vgl. Art. 20 Abs. 2 und Art. 31 Abs. 4 UVG, Art. 75–80 MVG; vorne 1.76).

2. Grundsatz des Überversicherungsverbots (Art. 69 ATSG)

a) Begriff der Überentschädigung(-versicherung) , Kongruenzgrundsatz (Art. 74 ATSG)

5.367 Überversicherung ist eine Vergleichsgrösse. Die Leistungszuflüsse aus den verschiedenen Sozialversicherungen werden dem mutmasslich entgangenen Einkommen ohne Eintritt des Risikos gegenübergestellt. Art. 69 ATSG gilt zwar nur für die intersystemische Koordination, ist m.E. aber als allgemeiner Grundsatz auch dort anwendbar, wo keine andere spezifische Koordinationsnorm zu finden ist.

BGE 142 V 448, E. 4.3 betr. intersystemische Koordination; BGE 135 V 29, E. 4.3 betr. kein allgemeines resp. generelles Überentschädigungsverbot und kein einheitlicher Überentschädigungsbegriff in der Sozialversicherung, da die Einzelgesetze sich vielfach der Leistungskoordination annehmen.

Nur *kongruente Leistungen* dürfen – dem Grundsatz nach – zueinander in Beziehung gebracht werden. Der Kongruenzgrundsatz besagt, dass sich die Leistungen auf 5.368

- das selbe Ereignis (Kausalität),

  8C_512/2012 v. 7.6.2013, E. 6 betr. ereignisbezogene Festsetzung des mutmasslich entgangenen Verdienstes und keine Berücksichtigung des bei voller Gesundheit mutmasslich entgangenen Verdienstes.

- die gleiche anspruchsberechtigte Person,
- die gleiche Zeitperiode nur dem Grundsatze nach, da hier in Bezug auf Koordination mit Taggeldern und Renten eine Globalrechnung durchgeführt wird, d.h. der gesamte Zeitraum des Leistungsbezugs berücksichtigt wird.

  BGE 117 V 394, E. 3 betr. Globalrechnung.

- die gleiche Leistungsart (Art. 74 ATSG: Sach- und Pflegeleistungen, Renten, Taggelder, Integritätsentschädigung, Bestattungskosten, [*ATSG-Revision:* lit. h: Schadensermittlungskosten wie z.B. Abklärungen, Gutachten]).

beziehen müssen. Dabei gilt es zu beachten, dass es dazu bedeutende gesetzliche Ausnahmen, wie insbesondere Art. 24 Abs. 2bis BVV2, Art. 20 Abs. 2 und Art. 31 Abs. 4 UVG, gibt, bei denen in Abweichung vom Kongruenzgrundsatz die Anrechnung auch nicht kongruenter Leistungen vorgesehen ist. In der Unfallversicherung wurden jedoch für die Berechnung der Komplementärrenten in Art. 32 und 43 UVV die sachliche Kongruenz besser berücksichtigende Sondernormen eingeführt.

BGE 139 V 331, E. 4 betr. keine analoge Anwendung von Art. 32 UVV auf Hinterlassenenleistungen.

Aus diesem Grund ist für jede Leistungskategorie grundsätzlich eine *eigenständige Überentschädigungsberechnung* vorzunehmen, also keine Globalberechnung. Theoretisch müssen bei verschiedenen Leistungsarten auch mehrere Überentschädigungsberechnungen durchgeführt werden.

Die Überentschädigung berechnet sich gemäss Art. 69 Abs. 2 ATSG, welcher selbst 5.369
mangels Kongruenz der einzelnen Schadensposten doch von dem in Abs. 1 festgelegten Kongruenzgrundsatz abweicht (!), durch *Gegenüberstellung* der

- *Einnahmen* nach dem Risikoeintritt. Dazu zählt die Summe der gesetzlichen Ansprüche aus den betroffenen in- und ausländischen Sozialversicherungen sowie, m.E. aufgrund der Schadenminderungspflicht, das objektiv und subjektiv ohne Gesundheitsschaden zumutbarerweise mutmasslich erzielbare Resterwerbseinkommen bei Teilinvaliden resp. der Wert der ausgefallenen Arbeitsleistung bei Nichterwerbstätigen und der
- *Aufwendungen* nach Risikoeintritt. Dazu zählen u.a. die von den Versicherungen nicht gedeckten Mehrkosten (z.B. Selbstbehalte, Diät, Pflege, Haushalthilfe, Medikamente, Anwaltskosten), die *wegen* der Pflege Angehöriger in Kauf genommene Einkommenseinbusse von pflegenden Angehörigen (entgangener Verdienst) sowie der so konkret als möglich festzustellende im Zeitpunkt

der Überentschädigungsberechnung mutmasslich ohne Eintritt des Gesundheitsschadens entgangene Verdienst. Dieser kann mit dem hypothetischen Valideneinkommen übereinstimmen, muss aber nicht, da der mutmasslich entgangene Verdienst aufgrund der individuellen objektiven und subjektiven Situation der versicherten Person auf dem Arbeitsmarkt bestimmt wird, während das hypothetische Valideneinkommen auf der Grundlage eines ausgeglichenen Arbeitsmarktes. Eine Höchstgrenze davon sieht das Gesetz nicht vor.

8C_361/2013 v. 21.1.2014, E. 2.3 betr. Verhältnis zwischen mutmasslich entgangenem Verdienst und hyp. Valideneinkommen; BGE 139 V 519, E. 5 betr. Arbeitslosentaggelder als Resterwerbsersatz; BGE 139 V 108, E. 5 und 6 betr. Anwaltskosten.

5.370 Soweit die Einnahmen die Aufwendungen übersteigen, werden die Leistungen gekürzt, wobei die Renten der AHV/IV sowie Hilflosen- und Integritätsentschädigungen nicht gekürzt werden dürfen (Art. 69 Abs. 3 ATSG). Die Bedeutung des in Art. 69 ATSG gesetzlich verankerten Überentschädigungsverbots beschränkt sich zur Hauptsache auf Konstellationen der Leistungskumulation von Taggeldern der Invaliden-, Unfall- oder Arbeitslosenversicherung mit Invalidenrenten.

b) Exklusivitätsprinzip (Art. 64–66 ATSG)

5.371 Bieten zwei oder mehr Versicherer, gegen die der Versicherte einen Leistungsanspruch geltend machen kann, artgleiche Leistungen an, so kann die Koordination der Leistungen auch dadurch erreicht werden, dass nur *ein* Versicherer unter *definitivem Ausschluss* der anderen leistungspflichtig werden. Der Gesetzgeber stellt dabei eine Rangfolge auf, wonach derjenige Versicherer, der der Sache nach der nächstliegende ist, die gesamte Leistung übernehmen muss und die andern dadurch von ihrer Leistungspflicht, zumindest im externen Verhältnis, befreit. Das Exklusivitätsprinzip gilt bei:

5.372
- *medizinischen Massnahmen (Art. 64 ATSG, Art. 110 KVV):* Es gilt eine zwingende, dem kausalen Charakter der Sozialversicherungszweige entsprechende Prioritätenfolge. Gemeint sind Naturalleistungen, die aufgrund des Legalitätsprinzips von der jeweiligen Sozialversicherung erbracht werden. Weil der Leistungsumfang nicht einheitlich ist, kann sich dies durchaus zum Nachteil der versicherten Person auswirken, denn die KV ist bekanntlich gegenüber der IV, UV oder MV quantitativ (Selbstbehalt) und qualitativ (strenges Listenprinzip) gebundener. Nur wenn die Unterstellungsvoraussetzungen der primär zuständigen Versicherung nicht erfüllt sind, ist der nachrangige Sozialversicherungszweig zuständig.

  Aus Praktikabilitätsgründen (pauschale Abrechnung) werden gemäss Art. 64 Abs. 3 ATSG im *stationären Bereich* entgegen dem Kausalitätsprinzip im Falle eines *Gesamtschadens* (z.B. degeneratives Rückenleiden, das durch einen Unfall verschlimmert wird), nicht aber bei (aus medizinischen [z.B. gleiche

Narkose] oder aus Kostengründen) gleichzeitig behandelten *voneinander unabhängigen und abgrenzbaren Gesundheitsschäden*, auch Heilbehandlungsleistungen für Teilursachen, die in den Bereich einer andern Versicherung fallen würden, von der primär leistungspflichtigen erbracht. Sind hingegen mehrere verschiedene Gesundheitsschäden in der Art im Spiel, dass während eines *stationären Aufenthalts* ein neuer Gesundheitsschaden (interkurrent) auftritt (z.B. Sturz aus dem Bett) und nur zusammen mit dem ursprünglichen Gesundheitsschaden behandelt werden kann, kommt Art. 64 Abs. 4 ATSG zur Anwendung: sog. Eingliederungsrisiko (gilt auch für Fälle des Eingliederungsrisikos der IV). Dies bedeutet, dass die Leistungspflicht in dem Moment entfällt, in welchem die Heilbehandlung des «eigenen» Schadens abgeschlossen werden kann.

BGE 134 V 1, E. 8 betr. Aufteilung der Kosten zu Lasten von IV und KV bei Behandlung eines Geburtsgebrechens am Knie und einer unfallbedingten Bänderläsion am Knie.

- *Hilfsmitteln, beruflichen Eingliederungsmassnahmen (Art. 65 ATSG)*: Das Exklusivitätsprinzip ist hier in dem Sinn relativiert, als Hilfsmittel oder berufliche Eingliederungsmassnahmen, die im erstrangigen Leistungskreis gesetzlich *nicht angeboten* werden, vom nachrangigen bezogen werden können, sofern die versicherte Person der nachrangigen Versicherung unterstellt ist und die Leistungsvoraussetzungen erfüllt sind. 5.373

  9C_710/2009 v. 10.5.2010, E. 2.3.3 betr. Ausschliesslichkeit der AHV/IV für Hörgeräte und keine Übernahme eines Mehrbetrags fürs Hörgerät durch die Krankenversicherung auf Grund der MiGeL.

- *Hilflosenentschädigungen (Art. 66 Abs. 3 ATSG)*: Hier findet sich eine beschränkte Rangordnung aufgrund der Unterscheidung von kausaler und finaler Versicherung. Leistungspflichtig im externen Verhältnis ist ausschliesslich nur eine Versicherung. Die erstrangige kann bei Verschlimmerung durch Hinzutreten eines kausalen Risikos auf die nachrangige im Umfang der Verschlimmerung intern zurückgreifen (vgl. Art. 38 Abs. 5 UVV, Art. 76 MVG; Art. 66^{quater} AHVV; Art. 39k IVV). Untersteht die versicherte Person nicht der erstrangigen, hat ausschliesslich die nachrangige Versicherung in vollem Umfang zu leisten. 5.374

  Eine besondere Form der Leistungskoordination, nämlich zeitweise Sistierung der Leistung, findet bei Heilanstaltsaufenthalt von Bezügern einer Hilflosenentschädigung statt (vgl. Art. 67 Abs. 2 ATSG sowie vorne 5.166).

  9C_281/2014 v. 1.7.2014, E. 5 betr. Vorrang des Anspruchs auf Hilflosenentschädigung der UV vor jenem der IV; 9C_886/2010 v. 10.6.2011, E. 4.4 betr. Abgrenzung zwischen Hilflosenentschädigung der IV und Krankenpflegeleistungen der KV.

- *Taggeldern*: Die Taggeldkoordination beruht nicht auf einer ATSG-Regelung, sondern erfolgt durch einzelgesetzliche Anordnung wie folgt: 5.375

  - ***ALV** (Art. 28 Abs. 2 AVIG; Art. 73 KVG; Art. 25 Abs. 3 UVV):* An die Taggelder zufolge Arbeitsunfähigkeit wegen Krankheit, Unfall oder Schwangerschaft werden gemäss Art. 28 Abs. 1 AVIG (längstens bis zum 30. (Kalender-)Tag, innerhalb der Rahmenfrist max. 44 Tage) Taggelder der Kranken-

und Unfallversicherung angerechnet. Bei längerer Teilarbeitsunfähigkeit von mehr als 50% erbringt die UV oder KV das ganze Taggeld, das halbe bei einer Arbeitsunfähigkeit von 26–50%. Bei 25% Arbeitsunfähigkeit und weniger besteht kein UV- resp. KV-Taggeldanspruch, hingegen ein solcher auf das volle ALV-Taggeld (Art. 28 Abs. 4 AVIG).

8C_113/2018 v. 14.6.2018, E. 4.5 betr. Koordination AVIG-UVG; BGE 142 V 448, E. 4.2 betr. Koordination von Arbeitslosenentschädigung mit (VVG-)Krankentaggeld; BGE 135 V 185, E. 6 betr. Taggeldkoordination im Unfall- und Arbeitslosenversicherungsbereich; ARV 2010 Nr. 2 betr. keine Unfalldeckung bei Motivationssemester.

5.376 • ***IV*** *(Art. 16 Abs. 3 UVG):* Während den Eingliederungsmassnahmen der Invalidenversicherung, die einen Anspruch auf Taggelder begründen, ist die Unfallversicherung von ihrer Taggeldpflicht befreit.

5.376a • ***UV–KV*** *oder* ***KV–KV*** *(Art. 128 UVV, Art. 122 Abs. 2 KVV):* Nur wenn das KV-Taggeld höher ist als das UV-Taggeld, muss es *im Falle stationärer Behandlung* ergänzend erbracht werden (Gegenseitigkeitsprinzip). Sind Taggelder von zwei verschiedenen KVG-Versicherern geschuldet, kommt Art. 69 Abs. 2 ATSG zur Anwendung und beide Taggelder sind proportional zu kürzen.

5.376b • ***Mutterschaftsentschädigung*** *(Art. 16g EOG):* Die Mutterschaftsentschädigung schliesst den Bezug von Arbeitslosenentschädigungen, Taggeldern der Invaliden-, Unfall- und Militärversicherung sowie von Erwerbsersatzentschädigung aus. Sie hat der Höhe bereits bezogener Taggelder zu entsprechen (Besitzstand).

c) Kumulationsprinzip (Art. 66 Abs. 1 ATSG)

5.377 Von Kumulation ist die Rede, wenn durch den Risikofall mehrere in Frage kommende Sozialversicherungszweige gleichzeitig leistungspflichtig werden und die versicherte Person ihre Leistungen nicht nur von einer Versicherung, sondern von mehreren beziehen kann. Dieses System ist insbesondere bei Rentenleistungen anzutreffen (vgl. vorne 5.257).

5.378 Das Überentschädigungsverbot basiert grundsätzlich auf dem Kumulationsprinzip, soweit nicht das Gesetz dieses begrenzt resp. ausschliesst. Insbesondere bauen die erste und zweite Säule ergänzend aufeinander auf (Art. 113 Abs. 2 lit. a BV), wobei dort die Koordination in der Form stattfindet, als der Lohn im Umfang des gesetzlichen Koordinationsabzugs (Art. 8 Abs. 1 BVG) in der zweiten Säule nicht obligatorisch versichert ist (vgl. vorne 5.262). Volle Kumulation ist jedoch uneingeschränkt zwischen Sozialversicherung und Privatversicherung anzutreffen, wobei die AVB in der Regel ihrerseits Koordinationsregeln zur Vermeidung einer Überversicherung aufstellen. Einer Kumulation von Leistungen der Sozialversicherungen mit der Lohnfortzahlungspflicht des Arbeitgebers wird damit begegnet, dass entweder die Lohnfortzahlungspflicht durch eine obligatorische Sozialversicherung abgelöst ist, wenn die Sozialversicherungsleistungen mindestens 80% des Lohnes abdecken (Art. 324b Abs. 1 OR) oder die Sozialversicherungsleistungen erst nach Ablauf der Lohnfortzahlungspflicht des Arbeitgebers einsetzen (Art. 26 Abs. 2 BVG).

Das unter dem Vorbehalt der Überentschädigung geltende Kumulationsprinzip bedingt eine Rangfolge von voll- und teilleistungspflichtigen Sozialversicherungszweigen (Art. 66 Abs. 2 ATSG): 5.379

- lit. a: Alters- und Hinterlassenenversicherung und Invalidenversicherung,
- lit. b: Militär- und Unfallversicherung,
- lit. c: Berufliche Alters-, Hinterlassenen- und Invalidenversicherung.

Das vom Einzelgesetz vorgesehene Koordinationsmodell ist jeweils auf den nachrangigen Sozialversicherungszweig anzuwenden. Folgende Koordinationsmodelle kommen zur Anwendung:

aa) Komplementarität (Art. 66 Abs. 2 ATSG, Art. 20 Abs. 2–Abs. 2^{quater} und Art. 31 Abs. 4 UVG, Art. 31–34 UVV; Art. 34 f. BVG i.V.m. Art. 24 ff. BVV2)

Die Komplementarität besteht darin, dass das Einzelgesetz die Höchstgrenze der Rente (in Abhängigkeit vom versicherten Verdienst) als Maximum an Renteneinkommen prozentual festsetzt und, nachdem die 1. Säule immer ungekürzte Leistungen erbringt, zuerst der sekundär und, wenn dies nicht ausreicht, der tertiär Leistungspflichtige die Rente der 1. Säule bis zur einzelgesetzlichen Höchstgrenze ergänzt (komplementiert). Es erfolgt also keine gleichmässige Kürzung aller Renten, sondern von unten nach oben eine Anrechnung, so dass nur die Leistung des letztrangigen Sozialversicherungszweigs, meist die der 2. Säule, gekürzt wird oder sogar entfällt (vgl. hinten 7.49). 5.380

Dem Komplementaritätsprinzip unterworfen ist die *Unfallversicherung* (Art. 20 Abs. 2, Art. 31 Abs. 4 UVG, Art. 31–34 UVV betr. Berücksichtigung des Kongruenzgrundsatzes bei Komplementärrenten, Anpassung an veränderte Verhältnisse, Rentenkürzungen im Alter, Leistungskürzungen, Teuerungszulagen). Die für die Anrechnung massgebende Obergrenze ist bei 90% des *zuletzt bezogenen* versicherten Verdienstes festgesetzt (Art. 22 Abs. 4 UVV; vgl. vorne 5.268) Die Höhe der Komplementärrente ist aber auf das absolute, nicht koordinierte Rentenbetreffnis, auf das die versicherte Person bei Voll- oder Teilinvalidität Anspruch hätte, begrenzt. Auch in der *beruflichen Vorsorge* gilt das Anrechnungsprinzip (Art. 34a BVG, Art. 24–25 BVV2). Die massgebende Obergrenze wird hier *prospektiv* (zum Beweisgrad vgl. hinten 7.32) bei 90% des ohne Gesundheitsschaden *mutmasslich* entgangenen Verdiensts angesetzt. Dieser entspricht vermutungsweise dem von der IV festgelegten hypothetischen Valideneinkommen. 5.381

BGE 143 V 91, E. 3.2 betr. Begriff des mutmasslich entgangenen Verdienstes in der bV; 9C_714/2013 v. 12.6.2014, E. 2.3 betr. widerlegbare Vermutung der Kongruenz zwischen dem von der IV bestimmten Valideneinkommen und dem mutmasslich entgangenen Verdienst.

An die Obergrenze angerechnet werden bei der UV-Komplementärrente die vollen (nicht nur kongruente) Renten der AHV und IV sowie deren Kinderrenten und auch gleichartige Renten ausländischer Sozialversicherungen (Art. 20 Abs. 2 und Abs. 2bis sowie Art. 31 Abs. 4 und Abs. 4bis UVG). In der bV wird zwischen der Koordination vor und derjenigen nach Erreichen des ordentlichen Rentenalters unterschieden. *Vor der fraglichen Altersgrenze* werden an die auf dem mutmasslich entgangenen Verdienst beruhende 90%-Obergrenze angerechnet die in Art. 24 Abs. 1 lit. a–d BVV2 abschliessend aufgeführten Zuflüsse, wie andere ereignisbezogene *kongruente* Invaliden- und Hinterlassenenleistungen in- und ausländischer Sozialversicherungen, Taggelder von obligatorischen oder freiwilligen Versicherungen sowie ein zumutbarerweise erzielbares oder erzieltes Resterwerbs- oder Ersatzeinkommens bei Teilinvalidität, das vermutungsweise dem von der IV festgelegten hypothetischen Invalideneinkommen entspricht (dies kann im überobligatorischen Bereich jedoch abweichend geregelt werden). Invalidenrenten dürfen gemäss Art. 24a Abs. 1 BVV2 *nach Erreichen des ordentlichen Rentenalters* nur beim Zusammentreffen mit Leistungen der Unfall- oder Militärversicherung sowie vergleichbaren ausländischen Leistungen gekürzt werden. Leistungskürzungen aufgrund von Art. 21 ATSG oder solche der Unfall- oder Militärversicherung müssen von der VE nicht ausgeglichen werden (Art. 25 Abs. 2 BVV2). Dem Kongruenzgrundsatz folgend wird bei den auf der gemischten Methode berechneten IV-Renten nur der erwerbliche Teil angerechnet.

BGE 145 V 75, E. 3-5 betr. Anrechnung von IV-Kinderrenten auch bei fehlender zivilrechtlicher Unterhaltspflicht (Zweitausbildung); BGE 144 V 166, E. 3.2.2. und 4 betr. keine Verwertbarkeit einer geringen Restarbeitsfähigkeit (i.c. 10%); BGE 142 V 75, E. 6 betr. Beachtung der ereignisbezogenen Kongruenz; BGE 141 V 351, E. 5 betr. Soziallohnkomponenten bei der Überentschädigungsberechnung in der bV; BGE 137 V 20, E. 5.2 betr. Massgeblichkeit des schweizerischen Arbeitsmarktes für die Ermittlung des zumutbarerweise noch erzielbaren Erwerbseinkommens bei Wohnsitznahme im Ausland;.

<u>Beispiel:</u> 100% Invalidität

Versicherter Verdienst:	Fr. 80'000.–
Rente der 1. Säule:	Fr. 27'360.–
Höchstgrenze UV: 90% des versicherten Verdienstes	Fr. 72'000.–
Höchstgrenze bV: 90% des mutm. entg. Verdienstes (z.B. Fr. 85'000.–)	Fr. 76'500.–
Komplementärrente UV (Fr. 72'000.– – Fr. 27'360.–):	**Fr. 44'640.–**
Komplementärrente bV:	**Fr. 4'500.–**

5.382 In der Unfallversicherung sowie der obligatorischen beruflichen Vorsorge werden lebenslange Renten ausgerichtet. Bei unfallbedingter Invalidität führt dies dazu, dass Unfallinvalide auch im Alter vom höheren Leistungsziel der Unfallversicherung gegenüber demjenigen der 2. Säule profitieren, obwohl sie wegen des im fortgeschrittenen Alter erlittenen Unfalls kaum mehr einen sich auf die Altersvorsorge auswirkenden Rentenschaden erleiden. Ab Erreichen des ordentlichen AHV-Rentenalters werden daher in der *Unfallversicherung* die Invaliden- bzw. die

Komplementärrenten (inkl. Teuerungszulagen) bei einem IV-Grad von *unter 40%* für jedes volle Jahr, das die UVG-versicherte Person im Zeitpunkt des Unfalls älter als 45 Jahre war, um 1%, höchstens um 20% gekürzt. Bei einem IV-Grad von *mind. 40%* werden die Invaliden- bzw. Komplementärrenten um 2%, höchstens um 40%, gekürzt, falls die UVG-versicherte Person im Zeitpunkt des Unfalls älter als 45 Jahre war (Art. 20 Abs. 2ter UVG). Eine Kürzung im genannten Umfang wird auch vorgenommen, wenn sich der Unfall vor dem 45. Altersjahr ereignet, die invalidisierende Arbeitsunfähigkeit als Spätfolge oder Rückfall jedoch erst nach vollendetem 60. Altersjahr eintritt (Art. 20 Abs. 2^{quater} UVG). Aus dem gleichen Grund werden daher auch keine Invalidenrenten mehr erbracht, wenn sich der Unfall nach Erreichen des Rentenalters ereignet. Um zu verhindern, dass die ab dem Rentenalter in der Unfallversicherung gemachten Leistungsreduktionen in die nachrangige bV verschoben werden, statuiert Art. 24a BVV2, dass *nach Erreichen des ordentlichen Rentenalters* die VE ihre Leistungen nur noch beim Zusammentreffen mit Leistungen der Unfall- oder Militärversicherung oder vergleichbaren ausländischen Versicherungsleistungen kürzen darf, doch begrenzt auf den Rentenanspruch gem. Art. 24 und 25 BVG (Art. 24a Abs. 1–3 BVV2). Zudem ist sie nicht verpflichtet, die in der Unfallversicherung aufgrund von Art. 20 Abs. 2ter und 2^{quater} UVG getätigten Kürzungen auszugleichen.

bb) Kürzung (Art. 68, Art. 69 Abs. 3 ATSG)

Soweit nicht das Prinzip der Komplementarität greift, kommt das Kürzungsprinzip zur Anwendung, d.h. die Vergleichsrechnung zwischen den Sozialversicherungsleistungen einerseits mit *dem mutmasslich entgangenen Verdienst* sowie den zusätzlichen risikobedingt entstandenen (nicht durch Sozialversicherungsleistungen gedeckten) Mehrkosten (z.B. für Pflege, Diät, entgangenes Einkommen pflegender Angehöriger, m.E. auch zumutbarer Resterwerb) andererseits. Welche Leistung gekürzt werden muss, ist den Einzelgesetzen zu entnehmen. Meistens handelt es sich um zeitgleich mit Renten zusammenfallende Taggelder (Art. 68 ATSG, Art. 122 KVV). Dabei ist auch bei der Anwendung von Art. 68 ATSG die gesetzgeberische Inkonsequenz in Kauf zu nehmen, dass bei Renten und Taggeldern, und zwar nur solche wegen Arbeitsunfähigkeit, risikobezogen nicht kongruente Leistungen zueinander in Beziehung gesetzt werden (IV-Taggeld und Witwenrente; UV-Taggeld und IV-Rente). Vgl. vorne 5.369. 5.383

Die Koordination von Taggeldern unter sich vollzieht sich grundsätzlich nach dem Kürzungs- oder dem Exklusivitätsprinzip (vgl. 5.375 ff.). 5.384

Beispiel:

Aufwendungen:

Mutmasslich entgangener Verdienst	Fr. 75'000.–
Gesundheitsbedingte Mehrkosten	Fr. 20'000.–
Pflegebedingte Erwerbseinbussen Angehöriger	Fr. 16'000.–
	Fr. 111'000.–

Einnahmen:

Gesamtes Invalidenrenteneinkommen aus Krankheit (IV, bV)	Fr. 67'500.–
Taggelder aus Unfall (80% von Fr. 70'000.–)	Fr. 56'000.–
	Fr. 113'500.–
Kürzung der Taggelder:	**Fr. 2'500.–**

cc) Subrogation (Art. 72–75 ATSG)

5.385 Die Subrogation, auch Regress oder Legalzession genannt, kommt beim Zusammentreffen von Sozialversicherungs- und Haftpflichtansprüchen zur Anwendung, z.B. im Zusammenhang mit dem Eintritt eines Verkehrsunfalls, einer Körperverletzung resp. Tötung oder einer Produktehaftpflicht. Mit ihr wird verhindert, dass die versicherte Person für den gleichen Schaden ihre Ansprüche im vollen Umfang sowohl gegenüber den Sozialversicherungen als auch den Haftpflichtigen geltend machen kann. Für die *nämlichen* Schadensposten steht die versicherte Person somit grundsätzlich nur einer Versicherung gegenüber, d.h. dass sich ihr Anspruch auf Leistungen für sozialversicherungsmässig gedeckte Schäden nur gegen die Sozialversicherungen richtet. Im Unterschied zum Exklusivitätsprinzip erfolgt jedoch keine Befreiung der anderen leistungspflichtigen Versicherungen, sondern eine Verlagerung der Leistungsströme.

BGE 131 III 360, E. 7 betr. Beachtung des Kongruenzgrundsatzes.

aaa) Regress (Art. 72 Abs. 1 ATSG, Art. 34b BVG)

5.386 Bei der extrasystemischen Koordination stehen für den nämlichen Risikofall Ansprüche aus Sozialversicherungen (AHV, IV, EL, bV, KV, UV, MV) Ansprüchen aus Art. 41 ff. OR gegenüber. Die betroffene Person hat gleichzeitig Anspruch sowohl auf die Sozialversicherungs- als auch auf die Haftpflichtansprüche. Die aufgrund der Sozialversicherungsansprüche zur Leistung verpflichteten Sozialversicherer treten im Moment des Eintritts des Risikos von Gesetzes wegen in den Haftpflichtanspruch (samt seinen Nebenrechten) des Opfers ein (Legalzession), d.h. die Haftpflichtansprüche gehen, und zwar beschränkt auf den Umfang der Sozialversicherungsleistungen und nur bei bestehender Kongruenz, auf die leistungspflichtige(n) Sozialversicherung(en) über. Diese erwerben auf diese Weise ein direktes Forderungsrecht gegenüber dem(n) Haftpflichtigen. Dies hat zur Folge, dass die betroffene Person einerseits nicht mehr über den ganzen Haftpflichtanspruch verfügen darf und die Haftpflichtversicherung anderseits nicht mehr mit befreiender Wirkung an die versicherte Person leisten kann.

BGE 137 V 394, E. 5.2 betr. Zulässigkeit eines Vergleichs mit dem Haftpflichtversicherer und Auswirkungen auf die Leistungspflicht des Unfallversicherers; 4C.62/2005 v. 1.11.2005, E. 5.2 betr. Kongruenz und Anrechnung nur eines Teils der durch den Unfall erhöhten IV-Rente und Ausklammerung des vorbestandenem Gesundheitsschaden.

Die Leistungen der Sozialversicherungen sind in *quantitativer* Hinsicht gesetzlich 5.387
festgelegt und begrenzt, während sich der haftpflichtrechtliche Schadenersatzanspruch nach den Regeln von Art. 41 ff. OR bemisst und der Schaden grundsätzlich in vollem Umfang auszugleichen ist. Nicht nur berücksichtigt der haftpflichtrechtliche Schaden, dies im Gegensatz zu den Sozialversicherungen, *sämtliche Schadenselemente,* d.h. noch weitere als die von den Sozialversicherungen angebotenen Leistungsarten, sondern er kann auch bei den kongruenten Leistungen (zur Kongruenz vgl. Art. 74 ATSG und vorne 5.368) betraglich über die gesetzlichen Sozialversicherungsansprüche hinausgehen. Der haftpflichtrechtliche Schaden kann sich zusammensetzen u.a. aus:

- *Haushaltschaden,* der als Schaden zufolge Beeinträchtigung der Leistungsfähigkeit im Haushalt auf Grund der konkreten Verhältnisse (Familie, Wohnen) und unabhängig vom Nachweis effektiver Mehraufwendungen *abstrakt* nach virtuellem Mehraufwand in Stunden im Haushalt x Stundenlohn, kapitalisiert mit einem altersabhängigen Faktor auf die Aktivitätsdauer, berechnet wird.

  BGE 131 III 360, E. 8 betr. konkrete Berechnung des Haushaltschadens.

- *Rentenschaden,* der als Schaden zufolge risikobedingter geringerer Vorsorgeleistungen im Alter in der ersten und zweiten Säule wegen unfallbedingtem vermindertem Erwerbseinkommen nach der geltenden Praxis konkret aufgrund der entgangenen Netto-Einkünfte berechnet wird, indem ein Vergleich der hypothetisch ohne das schädigende Ereignis erzielten künftigen Versicherungsleistungen mit den mutmasslich nach der Schädigung noch anfallenden Renten anzustellen ist.

  BGE 131 III 12, E. 7 betr. Kongruenz und Beispiel einer Berechnung des Haushalt- und des Rentenschadens.

- *Nebenerwerb,* der sozialversicherungsrechtlich nicht versichert ist (z.B. aus selbständiger Erwerbstätigkeit).

- *Lohnbestandteile,* die sozialversicherungsrechtlich nicht mehr versichert sind resp. die Höchstgrenze des versicherten Verdienstes übersteigen (Fr. 148'200.–) sowie die auf 80% reduzierten Renten und Taggelder.

- *Sachleistungen und andere Leistungen,* welche von den Sozialversicherungen im Leistungskatalog nicht angeboten werden oder nicht voll gedeckt sind (z.B. Transportkosten, Pflegekosten).

5.388 Der Schaden des Opfers muss nach Massgabe der Vorstellung des Gesetzgebers *voll* gedeckt werden. Es kann somit primär gegenüber der Sozialversicherung seine gesetzlichen Ansprüche und zudem gegenüber dem Haftpflichtigen den ganzen von der Sozialversicherung nicht gedeckten übrigen Schaden im Rahmen eines *Direktanspruchs* geltend machen (Art. 73 Abs. 3 ATSG). Auf diese Weise erleidet das Opfer keine Einbusse und die Sozialversicherung kann im Umfang ihrer Leistungen auf den Haftpflichtigen regressieren, sofern die Regressforderung nicht verjährt ist (Art. 72 Abs. 3 ATSG: massgebend sind Kenntnis von der Leistung und Person des Ersatzpflichtigen). Dieses Vorgehen wird aufgrund des Kongruenzgrundsatzes für jede Leistungskategorie gesondert durchgeführt (Art. 74 ATSG). Dabei ist in Bezug auf Rentenschäden (Mortalitätsschaden) festzuhalten, dass haftpflichtrechtlich der Erwerbsausfall auf die mutmassliche Aktivitätsdauer beschränkt wird, während Invalidenrenten in der UV und bV als lebenslängliche Renten ausgestaltet sind.

5.389 Beispiel:

Bei einer Schadensquote von 100%:

Schaden (Art. 41 ff. OR) insgesamt:	Fr. 100'000.–
Leistungen der Sozialversicherungen:	Fr. 60'000.–
Direktanspruch des Geschädigten:	Fr. 40'000.–
Regress der Sozialversicherung:	**Fr. 60'000.–**

bbb) Quotenvorrecht (Art. 73 Abs. 1 ATSG)

5.390 Das Haftpflichtrecht berücksichtigt i.S.v. Art. 44 OR bei der Schadenersatzbemessung im Gegensatz zum Sozialversicherungsrecht *jedes Selbstverschulden, eine konstitutionelle Prädisposition des Opfers* und *andere schadensmindernde Faktoren.* Daraus kann eine reduzierte Schadens- bzw. Haftungsquote resultieren, d.h. dass der Haftpflichtige nicht den ganzen Schaden (100%), sondern nur einen Bruchteil davon (z.B. 80%) deckt. Im Gegenzug wird gemäss bundesgerichtlicher Rechtsprechung die Adäquanz, bei grundsätzlich gleichem Begriff, nicht nach den gleichen (strengen) Kriterien wie in der Sozialversicherung beurteilt.

BGE 123 III 11, E. 2-3 betr. strengere Adäquanzbeurteilung in der Sozialversicherung als in der Haftpflichtversicherung.

In den Fällen, bei denen der Haftpflichtige zu Folge Reduktion der Schadens- resp. Haftungsquote nicht den vollen Schaden übernimmt sondern z.B. nur 80% davon, würde dem Opfer ein ungedeckter Restschaden bleiben. Der Gesetzgeber musste daher die Frage beantworten, wer letztlich den Restschaden tragen soll: das Opfer oder die Sozialversicherung? Art. 73 Abs. 1 ATSG beantwortet diese Frage dahingehend, dass der Anspruch des Geschädigten *auf den ganzen 100%igen Schaden* gerichtet ist, was für die Sozialversicherungen zu einem reduzierten Regressanspruch führt. Das Quoten*vorrecht* besteht darin, dass sich das versicherte Opfer *zuerst* aus der Schadens- resp. Haftungsquote des Haftpflichtigen im ganzen Umfang seines Direktanspruchs bedienen kann und die

Sozialversicherungen nur noch in den verbleibenden Rest des Haftungssubstrats (80%) regressieren können.

Beispiel: 5.391

Schaden insgesamt (100%):	Fr. 100'000.–
Haftungsquote des Haftpflichtigen 80%:	Fr. 80'000.–
Leistungen der Sozialversicherungen:	Fr. 60'000.–
Rest- bzw. Direktschaden des Opfers: (Fr. 100'000.– - Fr. 60'000.–)	Fr. 40'000.–
Regress der Sozialversicherung: (Fr. 80'000.– - Fr. 40'000.–)	**Fr. 40'000.–**
	anstatt Fr. 60'000.–

Auch der Regress mit Quotenvorrecht wird für jede Leistungskategorie gesondert errechnet. Durch die Kumulation des Quotenvorrechts kann sich aufgrund des Kongruenzgrundsatzes für den Geschädigten eine Überversicherung ergeben. Ob Art. 69 ATSG hier Anwendung findet und die Sozialversicherung in Missachtung des Kongruenzgrundsatzes in eine nicht kongruente Leistung regressieren darf, ist noch nicht höchstrichterlich entschieden worden. 5.392

BGE 134 III 636, E. 1 betr. voller Regress des Sozialversicherers bei Wegfall des Direktanspruchs des Geschädigten (wegen Verjährung) und somit Wegfall sich konkurrenzierender Gläubiger gegenüber der Haftungsquote.

ccc) Quotenteilung (Art. 73 Abs. 2 ATSG)

Kürzt neben dem Haftpflichtigen auch die Sozialversicherung ihre Leistungen (Art. 21 Abs. 1, 2 oder 4 ATSG bzw. Art. 37 oder 39 UVG) wegen schuldhafter Herbeiführung des Risikos (z.B. um 15%), wäre es unbillig, wenn durch das Quotenvorrecht und den Direktanspruch die versicherte Person die Kürzung der Sozialversicherung wieder ausgleichen könnte. Die Kürzung wird daher auf Grund einer bestimmten Formel zwischen dem Geschädigten und der Sozialversicherung aufgeteilt. Die Ansprüche der versicherten Person gehen nur in dem Umfange auf den Versicherungsträger über, als dessen *ungekürzte* Leistungen zusammen mit dem für den gleichen Zeitraum vom Haftpflichtigen geleisteten gekürzten Schadenersatz den entsprechenden Schaden übersteigen. 5.393

Beispiel: 5.394

Schaden insgesamt:	Fr. 100'000.–
Haftungsquote 80%:	Fr. 80'000.–
Leistungen der Sozialversicherungen ungekürzt	Fr. 60'000.–
Kürzung Sozialversicherungen 15%: (85% x Fr. 60'000.–)	Fr. 51'000.–
Regress: (Fr. 80'000.– + Fr. 60'000.–) – Fr. 100'000.–	**Fr. 40'000.–**
	(anstatt Fr. 51'000.–)
ungedeckter Restschaden des Opfers: (Fr. 51'000.– + Fr. 40'000.–)	**Fr. 9'000.–**

ddd) Regressprivileg (Art. 75 ATSG)

5.395 Das Regressrecht des Sozialversicherers setzt immer das Bestehen eines entsprechenden Haftpflichtanspruchs voraus. Entgegen dem alten Recht (aArt. 44 UVG) haften heute dem Geschädigten bestimmte, abschliessend erfasste, *nahestehende Personengruppen,* wie Familienangehörige, Haushaltsmitglieder und bei Berufsunfällen die Arbeitskollegen resp. der Arbeitgeber auch für leichte Fahrlässigkeit. (Früher waren diese Personen im Falle leichter Fahrlässigkeit von der Haftung ganz befreit, so dass der Geschädigte im Umfang dieses Schadens keinen Direktanspruch hatte und ihn selbst tragen musste und die Sozialversicherung nicht regressieren konnte: Haftungsprivileg.) Art. 75 Abs. 1 ATSG schränkt den Regress des Sozialversicherers bei diesem Personenkreis jedoch grundsätzlich auf die absichtliche oder grobfahrlässige Herbeiführung des Versicherungsfalls ein und statuiert somit ein Regressprivileg für die betreffenden Personengruppen für leichtfahrlässiges Verhalten und Fälle der Kausalhaftung. Im Interesse der Sozialversicherungen fallen die Privilegien weg, soweit die Personen, gegen welche Regress genommen wird, obligatorisch haftpflichtversichert sind (Abs. 3).

Für das Arbeitsprivileg ist der Arbeitsvertrag zwischen dem rechtlichen Arbeitgeber und dem Geschädigten ausschlaggebend, d.h. nicht das Verhältnis zum wirtschaftlichen bzw. faktischen Arbeitgeber (Einsatzbetrieb).

BGE 145 III 63, E. 2 betr. Regressprivileg nur zugunsten des Personalverleihers (unmittelbarer Arbeitgeber), nicht des Einsatzbetriebs (mittelbarer Arbeitgeber).

5.396 Sofern bei einer Mehrheit von Haftpflichtigen nur einer ein Regressprivileg besitzt, wirkt sich dies nicht auf das der andern aus. Sie haften gegenüber der Sozialversicherung im Umfang, wie wenn sie alleine haften würden und dürfen intern auf den Privilegierten keinen Rückgriff nehmen (BGE 113 II 330).

eee) Durchführung des Regresses (Art. 13–17 ATSV)

5.397 Da sich sowohl auf der Seite der Haftpflichtigen als auch auf der der Sozialversicherungen mehrere Leistungserbringer gegenüberstehen können, der Regress jedoch in einem Guss berechnet und erledigt werden sollte, ist ein pragmatisches Vorgehen am Platz. Mehrere am Rückgriff beteiligte Sozialversicherer haben sich auf einen einzigen Vertreter gegenüber dem Haftpflichtigen zu einigen. So macht die 1. Säule auch vorhandene Regressansprüche der Unfall- oder Militärversicherung oder umgekehrt letztere solche der 1. Säule geltend. Als Gesamtgläubiger sind sie in der Folge im Verhältnis ihrer Ansprüche intern gegenseitig ausgleichungspflichtig (Art. 16 ATSV). Die Arbeitslosenversicherung hingegen ist auf sich selber gestellt (Art. 15 ATSV). Kommt keine Einigung über die Vertretung zustande, gilt die Rangfolge gemäss Art. 17 ATSV.

BGE 143 III 79, E. 4 betr. Parteifähigkeit sämtlicher Gesamtgläubiger, interne Aufteilung bei ungenügendem Regresssubstrat.

6. Teil: Die Sozialversicherungsträger

A. Die Durchführung der Sozialversicherung im Allgemeinen

Der hoheitliche Charakter und die staats- resp. sozialpolitischen Ziele der Sozialversicherung würden eigentlich dafür sprechen, dass auch ihre Durchführung durchwegs staatlich organisiert ist. Die Landschaft der Sozialversicherungsträger ist aber alles andere als einheitlich, dies eine Folge der historischen Entwicklung der Sozialversicherung. So ist hierzulande die Durchführung mehrheitlich privatrechtlich organisiert, weil unter anderem den Sozialversicherungen im 19. Jahrhundert Privatversicherungen vorausgingen. Betriebseigene Kassen, Gewerkschaftskassen sowie Privatversicherungen nahmen sich damals der Vorsorge an, weil es dem Bundesstaat und auch den allermeisten Kantonen an entsprechenden Kompetenzen fehlte. Erst gegen Ende des 19. Jahrhunderts hat sich auch der Staat auf Kantons- oder Gemeindeebene aus dem Wohlfahrtsgedanken heraus als verpflichtet erachtet, öffentlich-rechtliche Kassen oder Einrichtungen als Teil der Verwaltung einzurichten, um allen Bürgern eine Versicherungsmöglichkeit anzubieten (es fehlte bei den privaten Trägern an einer Aufnahmepflicht). Zudem musste er seine Kompetenz nutzen, auf diesem Gebiet zu legiferieren, solange keine Bundeskompetenz ausgeschöpft war. 6.01

Die Durchführung der Sozialversicherung ist somit dezentralisiert. Nicht nur verfügen die einzelnen Sozialversicherungszweige über eine eigene Organisation, sondern auch innerhalb dieser besteht in manchen Fällen eine Mehrfachträgerschaft. Grund dafür ist die Tatsache, dass bei Errichtung der Sozialversicherungen bereits erfahrene und bei den Bürgern gut verankerte Einrichtungen bestanden und der Wettbewerbsgedanke, wonach Wettbewerb zu günstigeren und besseren Bedingungen führt, ein Festhalten an der Vielfalt untermauerte. Soweit privatrechtliche Träger mit öffentlichen Aufgaben betraut sind, treten sie gegenüber den Versicherten *hoheitlich* auf (vgl. hinten 7.34 ff.) und haben zudem die *verfassungsmässigen Prinzipien und Grundrechte* zu beachten. 6.02

Der dezentrale Aufbau der Organisation schliesst nicht aus, dass – nach dem Willen des Gesetzgebers – gewisse Funktionen bei einer Institution konzentriert werden können, um den administrativen Aufwand zu vereinfachen und die Effizienz zu steigern (z.B. der Beitragsbezug für AHV/IV/EO/ALV oder die administrative Durchführung der MV durch die Suva zwecks Einsparung von Kosten und Ausnützung von Synergien).

B. Die Durchführung der AHV/IV

I. Die AHV-Ausgleichskassen

1. Allgemeines

6.03 In der Schweiz sind mehr als 100 Ausgleichskassen und Zweigstellen (Bund, Kantone, Gemeinden, Verbände) registriert. Die Ausgleichskassen sind gesetzlich bestimmte Vollzugsstellen, dezentralisierte Verwaltungseinheiten mit eigener Rechtspersönlichkeit, deren Organisation aber gesetzlich in Art. 53–73 AHVG i.V.m. Art. 83–180 AHVV eingehend und einheitlich geregelt ist.

6.04 Die AHV-Ausgleichskassen sind aus der während des 2. Weltkrieges geltenden Lohnausfallentschädigungsordnung (LEO) hervorgegangen. Es handelte sich um Einrichtungen, welche für einen Beitrags- und Leistungsausgleich unter den Arbeitgebern für militärdienstbedingte Lohnfortzahlung sorgten und zu deren Ergänzung für die Angestellten der öffentlichen Hand sowie der Selbständigerwerbenden in der Landwirtschaft (VEO) eine kantonale Ausgleichskasse geschaffen werden musste. Der Ausgleich erfolgte auf drei Stufen: auf der des Betriebes, der Ausgleichskassen und zuletzt des Ausgleichsfonds. In dieses der Bevölkerung bereits vertraute und bewährte System konnte die AHV nach dem 2. Weltkrieg eintreten bzw. es unter ihrer Flagge weiterführen.

2. Typen, Zuständigkeiten und Rechtsformen (Art. 53–64 AHVG, Art. 83–116 AHVV)

a) Typen von Ausgleichskassen

6.05 Da die Ausgleichskassen stark mit der Arbeitgeberschaft und ihrer Branchenorganisation verbunden sind, wirkt sich dies auch auf deren rechtliche Ausgestaltung aus. Aus historischen Gründen spielen die

- *Verbandsausgleichskassen (VAK)* der Berufsverbände eine grosse Rolle. Letztere treten als Gründer von Ausgleichskassen auf, nicht als Vollzugsorgan selbst, und müssen gewisse gesetzliche Voraussetzungen erfüllen, insbesondere finanzielle Sicherheit garantieren, weshalb es keine paritätische Ausgleichskasse gibt (Art. 53 ff. AHVG, Art. 98 ff. AHVV). Das Gesetz verlangt eine Mindestgrösse von 2'000 angeschlossenen Firmen und einer Jahresbeitragssumme von mindestens Fr. 50 Mio. Der vereinsrechtliche Zweck der Gründerverbände muss die Führung einer Ausgleichskasse enthalten. Sie erstellen das Kassenreglement und stellen das Errichtungsgesuch beim BSV. Der Gründerverband bestellt Vertreter in den Kassenvorstand. Alle Funktionen in Bezug auf die Durchführung der AHV sind gesetzlich geregelt. Darüber hinaus hat der Gründerverband insofern eine gewisse Autonomie, als die VAK auch andere soziale Aufgaben wie die bV, KV, UV und Familienausgleichskassen übernehmen kann. Die VAK sind unabhängig und autonom, Einfluss des Gründerverbands vorbehalten. Die Arbeitgeber selber sind aber grundsätzlich nicht als Durchführungsorgan zu verstehen, obschon das Gesetz ihnen bestimmte Pflichten (z.B. Beitrags- oder Mitwirkungspflichten) gegenüber den Durchführungsstellen einerseits und auch gegenüber den Arbeitnehmenden (z.B. Informationspflichten) andererseits auferlegt.

Als Auffangeinrichtung, eine Folge des Volksobligatoriums, muss jeder Kanton eine

- *kantonale Ausgleichskasse (KAK)* errichten, und zwar ebenfalls durch einen besonderen das Reglement enthaltenden, auf Gesuch hin durch das BSV mit konstitutiver Wirkung bewilligten Erlass (Art. 61 AHVG; Art. 109 AHVV).

Auf Bundesebene hat der Bund die

- *Eidgenössische Ausgleichskasse (EAK)* für das Personal des Bundes, der eidg. Gerichte und Bundesanstalten errichtet (Art. 62 AHVG; Art. 110–111 AHVV) sowie die
- *Schweizerische Ausgleichskasse (SAK)* für Auslandschweizer, welche sich freiwillig der AHV unterstellen (vgl. vorne 3.15), geschaffen.

Zwecks Durchführung der Versicherung bedarf der Bund jedoch noch weiterer 6.06
Institutionen, da eine Koordination der Einnahmen und Ausgaben gewährleistet sein muss.

- *Die Zentrale Ausgleichsstelle (ZAS)* ist zuständig für den Rechnungsausgleich und die Koordination unter den verschiedenen AKs. Sie rechnet über sämtliche bei den Ausgleichskassen eingegangenen Beiträge und ausbezahlten resp. erbrachten Leistungen ab. Sie ruft die individuellen Konti (IK) zusammen (vgl. vorne 5.276 f.) und wird demzufolge auch «Zentralbuchhaltung und -registratur der AHV» genannt (Art. 71 AHVG; Art. 174 f. AHVV).
- *Der Ausgleichsfonds* ist eine Hilfseinrichtung der AK im Sinn eines Reservefonds. Entsteht durch das Umlageverfahren bedingt auch einmal ein Ausgabenüberschuss, kann dieser durch den Ausgleichsfonds ausgeglichen werden. Nebst den Vermögenserträgen wird er durch sämtliche ihm gutgeschriebenen Einnahmen der AHV gespiesen. Belastet wird er durch sämtliche Leistungen. Er verwaltet das Vermögen und leistet Ausgleichszahlungen und Vorschüsse an die AKs bzw. nimmt ihre Abrechnungssaldi entgegen (Art. 107–109 AHVG, Art. 211bis ff. AHVV). Die Verwaltung richtet sich nach dem Ausgleichsfondsgesetz vom 16. Juni 2017.

b) *Zuständigkeiten*

6.07 Die versicherten Arbeitnehmer unterstehen zwingend der Ausgleichskasse, der ihr Arbeitgeber angeschlossen ist. Dieser untersteht seinerseits als Verbandsmitglied zwingend seiner VAK oder sonst der KAK (Art. 64 Abs. 1 AHVG, Art. 117–121 AHVV). Ein Wahlrecht besteht nur bei Mitgliedschaft des Arbeitgebers bei einem Berufsverband und einem zwischenberuflichen Verband (Art. 64 Abs. 1 Satz 2 AHVG). Der Arbeitgeber ist verpflichtet, die Löhne und beschäftigten Arbeitnehmer innerhalb von 30 Tagen nach Ablauf des Kalenderjahres der Ausgleichskasse zu melden (Art. 36 AHVV), erhebliche Lohnänderungen auch unterjährig. Betr. strafrechtliche Folgen des Nichtanschlusses oder der nicht fristgerechten Abrechnung der Löhne vgl. Art. 87 AHVG.

9C_709/2015 v. 25.1.2016, E. 3 betr. Zeitpunkt der Ausübung des Wahlrechts; BGE 141 V 191, E. 3.3 betr. Verfahren bei Kassenwechsel vor BSV nach den Regeln des VwVG, weil aufsichtsrechtlicher Natur; soweit das BSV jedoch «erstinstanzlich» entscheidet, findet das ATSG Anwendung; BGE 139 V 58, E. 3 betr. Kassenwechsel eines in die Selbständigkeit entlassenen (kantonalen) Spitals.

Der KAK anzuschliessen haben sich alle nicht einem Berufsverband angehörenden Arbeitgeber mit Sitz/Wohnsitz im Kanton für ihre Arbeitnehmer. Ihr unterstellt sind sodann die im Kanton domizilierten Selbständigerwerbstätigen, welche nicht einer VAK oder anderen Ausgleichskasse zwingend angehören (Art. 64 Abs. 2 AHVG, Art. 117–121 AHVV), die im Kanton wohnhaften Arbeitnehmer ohne beitragspflichten Arbeitgeber sowie die Nichterwerbstätigen.

Die freiwillig der AHV unterstellten Auslandschweizer sind der Zentralen Ausgleichsstelle ZAS mit Sitz in Genf unterstellt (Art. 62 Abs. 2 AHVG).

c) *Rechtsformen*

6.08 VAK, KAK und der Ausgleichsfonds sind selbständige *öffentlich-rechtliche Anstalten*. Grund der Verselbständigung ist die Sicherung der Zweckgebundenheit der Gelder und die Haftungsbeschränkung. Demgegenüber bilden die EAK, die SAK und die ZAS (unselbständige) Teile der *Bundesverwaltung* und sind der Eidgenössischen Finanzverwaltung angegliedert.

3. Aufsicht (Art. 72 AHVG)

6.09 Die Aufsicht über die AK ist geteilt. Während das BSV die *materielle (fachliche) und organisatorische* Aufsicht wahrnimmt und die Durchführung des Bundesrechts sicherstellen muss, unterstehen die AK in *administrativer und personeller* Hinsicht der Aufsicht der durch ihren Sitzkanton bestimmten zuständigen Stelle.

4. Haftung (Art. 70 AHVG; Art. 78 ATSG)

Die Haftung der Kassenorgane richtet sich gegenüber: 6.10

- den Versicherten oder Dritten nach Art. 78 ATSG (externe Haftung). Dabei geht es um Schadenersatzforderungen, die durch fehlbares, aber nicht zwingend auch schuldhaftes Verhalten (Kausalhaftung) der Organe und Funktionäre der Durchführungsorgane entstanden sind.

  BGE 133 V 14, E. 7-9 betr. Direktzahlung an den Versicherten anstatt Drittauszahlung.

- der AHV demgegenüber nach Art. 70 AHVG i.V.m. dem VwVG (interne Haftung). Haftungssubjekt sind die Träger der AK, also die Gründerverbände, die Kantone oder der Bund.
- der AK selbst nach kant. bzw. eidg. Verantwortlichkeitsrecht, bei den VAK nach Vertragsrecht (interne Haftung).

II. Die IV-Stellen

1. Allgemeines (Art. 53 IVG)

Die Durchführung der Invalidenversicherung soll sich, soweit möglich, bestehender Strukturen bedienen. Für den Beitragsbezug und die Rechnungsführung sind daher die AHV-Ausgleichskassen zuständig, während für die besondere Aufgabe des Vollzugs, insbesondere wegen des speziellen Fachwissens, neue Institutionen geschaffen wurden. 6.11

Die Organe sind Verwaltungseinheiten der IV, welche zwar auf die Kantone dezentralisiert verteilt, aber von der Kantonalverwaltung unabhängig sind. Den Kantonen kommt die Aufgabe zu, die IV durchzuführen, einzeln oder gemeinsam. Jeder Kanton besitzt somit eine IV-Stelle, wenn auch nicht zwingend eine eigene. Wie in der AHV erledigt die Zentrale Ausgleichsstelle (ZAS) die zentrale Abrechnung und nimmt den Ausgleich der Beiträge und Leistungen zwischen den Ausgleichskassen vor, führt ein Register der Leistungsbezüger und erstellt eine Reihe von Statistiken (Art. 71 AHVG). Die IV-Stellen leiten der ZAS als Zahlstelle für IV-Sachleistungen die mit den Eingliederungs- und Abklärungsmassnahmen (inkl. Reisekosten) zusammenhängenden Rechnungen zur Begleichung weiter (Art. 78 ff. IVV). Sie ist auch für die Auszahlung der Hilflosenentschädigungen für Minderjährige und des Assistenzbeitrages (Art. 82 Abs. 3 IVV) verantwortlich. 6.12

2. Zuständigkeiten und Aufgaben

a) Kantonale IV-Stellen (Art. 57, 59 IVG, Art. 40 f. IVV)

aa) Zuständigkeiten und Aufgaben

6.13 Zuständig für die Bearbeitung von Leistungsbegehren ist grundsätzlich die IV-Stelle des Kantons, in dem die versicherte Person zur Zeit der Anmeldung Wohnsitz hat (vgl. 7.18). Die einmal begründete Zuständigkeit bleibt auch bei Wohnsitzwechsel innerhalb der Schweiz während des Verfahrens erhalten. Freiwillig versicherte Auslandschweizer und bereits bei einer IV-Stelle angemeldete Personen, die ihren Wohnsitz ins Ausland verlegen, sind der «IV-Stelle für Versicherte im Ausland», welche der Zentralen Ausgleichsstelle (ZAS) angeschlossen ist, unterstellt und haben dort ihre Gesuche, welche auch dort bearbeitet werden, einzureichen (Art. 43 IVV).

Die IV-Stellen bearbeiten die ihnen unterbreiteten Fälle. Sie prüfen die Anspruchsberechtigung, beschliessen und begleiten Wiedereingliederungsmassnahmen, bestimmen Invaliditäts- und Hilflosigkeitsgrad sowie den Hilfebedarf und erlassen Verfügungen im Leistungsbereich, beraten und informieren Arbeitgeber (auch fallunabhängige Beratung, Begleitung und Schulung; Art. 41 Abs. 1 lit. f^{bis} IVV) und behandelnde Ärzte bezüglich der Eingliederung betroffener Versicherter sowie involvierte Fachpersonen aus Schule und Ausbildung (zwecks Verhinderung psychischer Erkrankungen bereits im Kindes- und Jugendalter; Art. 41 Abs. 1 lit. f^{ter} IVV). Weiter ist es Aufgabe der IV-Stellen, die Öffentlichkeit über die Versicherungsbedingungen zu orientieren (Art. 27 ATSG). Im Falle von möglichen Mehrfachanknüpfungen bei Invalidität und Arbeitslosigkeit können sich im Rahmen der IIZ (Interinstitutionellen Zusammenarbeit) die beteiligten Versicherungszweige (sowie die Sozialhilfe) zum Zwecke einer Triage und verbindlichen Erstellung eines gemeinsamen Eingliederungsprogramms zusammenschliessen, was auch eine gesetzliche Aufhebung der Schweigepflicht bedingt (vgl. Art. 68bis IVG; vgl. 6.73). In den Bereichen Integrationsmassnahmen und Massnahmen beruflicher Art schliessen die IV-Stellen Verträge mit externen Leistungserbringern ab (Art. 41 Abs. 1 lit. l IVV). Im Übrigen können die IV-Stellen Experten, Abklärungsstellen, andere mit der Invalidenhilfe betraute Organisationen, andere Sozialversicherungsträger und – neu – mit der Integration von Ausländern betraute Stellen beiziehen (Art. 59 Abs. 6 IVG).

bb) MEDAS und BEFAS (Art. 69 IVV; Art. 43 ATSG)

6.14 Die IV kann in komplexen Fällen externe medizinische (MEDAS) und berufliche (BEFAS) Abklärungsstellen in Anspruch nehmen. Bei den MEDAS handelt es sich um polydisziplinär ausgerichtete Begutachtungsstellen, die rechtlich selbständig (z.B. als Stiftung oder AG) und medizinisch-fachlich unabhängig sind und mit dem BSV eine Leistungsvereinbarung getroffen haben (Art. 72bis Abs. 1 IVV). Sie erstatten für die IV-Stellen, aber auch andere Auftraggeber (Gerichte, andere Versicherungen), polydisziplinäre medizinische Gutachten, an denen mind. drei Fachdisziplinen beteiligt sind. Zwecks Förderung von mehr Unabhängigkeit verlangt Art. 72bis Abs. 2 IVV zudem für polydisziplinäre Gutachten eine auf dem Zufallsprinzip beruhende Zuweisung der Aufträge an die MEDAS durch die elektronische Plattform «SuisseMED@P». Mono- oder bidisziplinäre Gutachten werden ohne Zuweisung durch «SuisseMED@P» durch die IV-Stelle an MEDAS oder andere Gutachter vergeben (vgl. zum Gutachtenaufbau vorne 5.313 und zum Verfahren hinten 7.28).

Urteil EGMG 26275/12 v. 10.12.2015 betr. keine Befangenheit der Gutachterstelle allein aufgrund des Auftragsverhältnisses und Honorierung durch die IV; BGE 141 V 281, E. 5.2.2 betr. Aufgabe des Gutachters und Aufgabe der rechtsanwendenden Stellen; BGE 137 V 210 ff.: grundsätzliche Verfassungs- und Konventionsmässigkeit der Beschaffung medizinischer Entscheidungsgrundlagen durch externe Gutachtensinstitute wie die MEDAS in der schweizerischen IV.

Die sechs in der Schweiz regional verteilten BEFAS klären im Abschluss an die medizinische Abklärung und ihre Ergebnisse im Auftrag der IV ab, wie sich eine noch vorhandene (Rest-)Arbeitsfähigkeit in welchem beruflichen Umfeld und in welchem Umfang praktisch verwerten lässt. Sie unterstützen somit die versicherten Personen bei der Wiedereingliederung und klären im Auftrag der IV, aber auch anderer Versicherungen, während einer bestimmten Zeit (z.B. drei Tage bis vier Wochen bis zu drei Monaten) intern die Fähigkeiten, das Leistungsvermögen und die beruflichen Möglichkeiten der versicherten Person ab. Mit Hilfe eines interdisziplinär zusammengesetzten Teams (Berufsberater, Berufsabklärer, Ärzte, Psychologen) erstellen sie ein Leistungsprofil und vermitteln mit externen Firmen verschiedener Branchen Arbeitsversuche, Arbeitstrainings, Lehrstellen, Praktika oder auch Stellen im 1. Arbeitsmarkt.

cc) *Regionale Ärztliche Dienste (RAD, Art. 59 IVG, Art. 47 ff. IVV)*

Mit der Einführung der RAD strebte man eine Vereinheitlichung der für das Entscheidverfahren notwendigen medizinischen Grundlagen sowie eine gesamtschweizerisch möglichst einheitliche, qualitätsoptimierte und speditive Beurteilung der Leistungsgesuche an. Diese Aufgabe kommt dem RAD zu, welcher die medizinischen Aspekte der Anspruchsvoraussetzungen bei IV-Leistungsgesuchen überprüft, insbesondere mit Bezug auf die Arbeitsunfähigkeit der versicherten Person (vgl. 2.31) und deren Eingliederungsfähigkeit. Zur Aufgabe des RAD gehören denn u.a. auch die Prüfung und die allfällige Vervollständigung der von den IV-Stellen zugestellten medizinischen Unterlagen sowie die Stellungnahme und inhaltliche Überprüfung ärztlicher Berichte und Gutachten auf ihre Vollständigkeit und Nachvollziehbarkeit. Wenn nötig kann der RAD selber medizinische Untersuchungen vornehmen, ärztliche Berichte erstellen oder Experten beiziehen. 6.15

9C_904/2009 v. 7.6.2010, E. 2.2 betr. Kompetenzen der RAD (Zusammenfassung der Rechtsprechung).

b) Ausgleichskassen und IV-Ausgleichsfonds (Art. 60, 79 f. IVG)

6.16 Bei der Abklärung des Anspruchs auf IV-Leistungen wirken die Ausgleichskassen der AHV in zweifacher Hinsicht mit: Sie liefern die nötigen versicherungsmässigen Grundlagen, damit die Voraussetzungen für den Versicherungsanspruch geprüft werden können (insb. die Ermittlung der Beitragszeiten) und berechnen die Renten und Taggelder. Schliesslich sind die Ausgleichskassen auch für die Auszahlung der Renten, Taggelder und Hilflosenentschädigungen für Erwachsene zuständig.

Seit 2011 verfügt die IV über einen eigenständigen IV-Ausgleichsfonds (Art. 79 IVG). Gespiesen wird er mit den Einnahmen (anfangs mit Fr. 5 Mill. aus dem AHV-Ausgleichsfonds) und belastet mit den nach Gesetz vorgesehenen Ausgaben. Betr. die Verwaltung des IV-Ausgleichsfonds vgl. vorne 6.06.

3. Rechtsform (Art. 54 IVG) und Haftung (Art. 59a IVG; Art. 78 ATSG)

6.17 Das Bundesrecht schreibt den Kantonen vor, die IV-Stelle in der Rechtsform einer kantonalen selbständigen öffentlich-rechtlichen Anstalt zu errichten. Obwalden und Thurgau haben die IV-Stellen den KAK angehängt. Mittels interkantonaler Vereinbarung können mehrere IV-Stellen Aufgaben gemeinsam übernehmen. Die Organisation bestimmt sich nach kantonalem Recht. Da es sich um kantonale Rechtsträger handelt, finden auf das Verfahren nicht das VwVG, sondern die Verfahrensregeln des IVG und des kantonalen Prozessrechts Anwendung.

Die Haftung für Schäden, die einer versicherten Personen im Rahmen der Eingliederung durch Durchführungsorgane oder einzelne Funktionäre widerrechtlich zugefügt werden, richtet sich nach Art. 78 ATSG. Ebenso hat die IV (bzw. der Bund) den Schaden zu tragen, wenn Dritte, z.B. bevorschussende Versicherer oder Arbeitgeber, zu Schaden kommen, weil die Rentennachzahlungen nicht an sie sondern an den Versicherten ausbezahlt werden. Die Ersatzansprüche sind bei der IV-Stelle geltend zu machen, welche durch Verfügung (ohne Vorbescheid- und Einspracheverfahren [Art. 78 Abs. 4 ATSG resp. Art. 57a Abs. 1 IVG]) entscheidet (Art. 59a IVG).

BGE 133 V 14, E. 6 betr. Beginn der Verwirkungsfrist für den Verantwortlichkeitsanspruch (Art. 20 Abs. 1 VG) und E. 9 betr. Kausalität für den beim Dritten eingetretenen Schaden.

4. Aufsicht (Art. 64 f. IVG, Art. 50 ff. IVV)

6.18 Zum Zwecke der einheitlichen Rechtsanwendung übt das BSV die *materielle (fachliche), organisatorische und finanzielle* Aufsicht über die IV-Stellen aus, da sie Vollzugsorgane des Bundes sind (Art. 72 AHVG gilt sinngemäss). Dem Kanton kommt eine personelle Aufsichtskompetenz (geregelt in den kantonalen Einführungsgesetzen) in dem Sinne zu, als er die Geschäfts- und Personalreglemente erlässt, die Kaderstellen der IV-Stelle besetzt und die Jahresrechnung resp. den Jahresbericht genehmigt.

Die fachliche Aufsicht, die sich auch auf die RAD bezieht, wird durch allgemeine Weisungen des BSV, durch solche im Einzelfall sowie durch allgemeine Weisungen im medizinischen Fachbereich gegenüber den RAD ausgeübt. Ebenso findet eine jährliche Überprüfung der Geschäftsführung der IV-Stellen statt. Die administrative und finanzielle Aufsicht betrifft die Überprüfung und Genehmigung der Stellenpläne sowie des Voranschlages und der Jahresrechnung der IV-Stellen. 6.19

C. Die Durchführung der beruflichen Vorsorge

I. Verselbständigungspflicht und Rechtsformen (Art. 48 BVG, BVV1; Art. 331 OR i.V.m. Art. 89a Abs. 6 ZGB)

Zwecks Sicherung des Sparvermögens schreibt das Gesetz für den obligatorischen und überobligatorischen Bereich die Schaffung eines verselbständigten Rechtsträgers vor, damit dieses dem Zugriff des Arbeitgebers selber sowie dessen Gläubiger entzogen ist. Um die Selbstauflösungsmöglichkeit, wie bei Körperschaften möglich, definitiv auszuschliessen, lässt der Gesetzgeber als Rechtsform nur die Stiftung i.S.v. Art. 80 ff. ZGB und öffentlich-rechtliche Einrichtungen mit eigener Rechtspersönlichkeit (Art. 48 Abs. 2 BVG) zu. 6.20

Die privatrechtliche Stiftung wird konstitutiv durch öffentliche Urkunde und Handelsregistereintrag errichtet und muss zwecks Durchführung des BVG registriert werden (BVV1). Dazu notwendig ist die Beibringung zahlreicher Unterlagen zur Organisation, Finanzierung und Governance (Art. 12 ff. BVV1). Zuständig dafür ist die kantonale Aufsichtsbehörde, z.B. in der Zentralschweiz die ZBSA (Zentralschweizer BVG- und Stiftungsaufsicht). Nicht registriert werden patronale Wohlfahrtsfonds i.S.v. Art. 89a ZGB, die ebenfalls der Vorsorge dienen, aber keine planmässigen Leistungen erbringen, sondern solche nach Ermessen des Stiftungsrates: Leistungen *ohne* reglementarische Rechtsansprüche (vgl. zu den beitragsrechtlichen Folgen vorne 4.31). Neben einem Register für die BVG-unterstellten VE führt die Aufsichtsbehörde auch eine Liste der nicht zu registrierenden VE (Art. 3 Abs. 2 BVV1), nämlich Vorsorgestiftungen gem. Art. 331 ff. OR i.V.m. Art. 89a Abs. 6 ZGB mit reglementarischen Leistungsansprüchen nur im Überobligatorium und Wohlfahrtsfonds mit Ermessensleistungen i.S.v. Art. 89a Abs. 7/8 ZGB (zur AHV-Beitragsbefreiung gemäss Art. 8^{quater} AHVG vorne 4.31). 6.21

II. Die Personalvorsorgestiftungen

1. Allgemeine Merkmale (Art. 1–1h BVV2)

6.22 Die Personalvorsorgestiftung ist eine Stiftung sui generis und wird durch das BVG als lex specialis gegenüber Art. 80 ff. ZGB in weiten Bereichen überlagert. Der besondere Stiftungszweck einer Personalvorsorgestiftung zeigt sich an folgenden Merkmalen: Anschluss auf Grund eines Arbeitsvertrags von Gesetzes wegen, Vorsorgeschutz für die Risiken Alter, Tod und Invalidität und Versicherung in Form des planmässigen, versicherungsmässigen und kollektiven Risikoschutzes auf Grundlage der Gleichbehandlung der Versicherten.

2. Ausgestaltung von Vorsorgeeinrichtungen

a) Autonome, teil-/halbautonome, nicht autonome und umhüllende Stiftungen (Art. 11 Abs. 1 BVG)

6.23 Der Arbeitgeber ist frei in der Wahl der Form der Durchführung seiner Personalvorsorge, während die Arbeitnehmer keine freie Pensionskassenwahl haben. Er kann für seine Arbeitnehmer eine eigene Vorsorgeeinrichtung errichten oder sich einer bestehenden anschliessen. Im ersteren Fall sind zu unterscheiden:

- *autonome Kassen*: Ab einer gewissen Grösse (mind. 300 Destinatäre) kann die VE selbständig, auf eigene Rechnung und Gefahr, als Versicherung geführt werden (Art. 43 Abs. 1 lit. b BVV2). Die VE kann nur im obligatorischen Bereich tätig sein (sog. Minimalkasse), nur im überobligatorischen (Art. 331 OR i.V.m. Art. 89a Abs. 6 ZGB) oder in beiden Bereichen zusammen (umhüllend).
- *teil- oder halbautonome Kassen:* Die VE lässt die Versicherung auf bestimmte Faktoren begrenzt durch Versicherungsvertrag mit einer Lebensversicherungsgesellschaft ausführen. Teilautonom ist eine VE, die z.B. nur das Obligatorium oder nur das Risiko Alter oder nur Löhne bis zu einer bestimmten Höhe selber versichert, das Überobligatorium bzw. die Risiken Tod und Invalidität oder Kaderlöhne (sog. Belétage-Versicherungen) hingegen auslagert.
- *nicht autonome Kassen:* Der Arbeitgeber gründet eine VE im Sinne des BVG, lässt aber alle Risiken voll durch einen Kollektivversicherungsvertrag mit einer Lebensversicherungsgesellschaft abdecken. Die VE bildet nur das äussere Gefäss der sonst ausgelagerten Versicherung, übernimmt Verwaltungsaufgaben und führt evtl. Wohlfahrtsfonds, Reservekonti etc.
- *umhüllende Kassen:* Obligatorium und Überobligatorium werden durch die gleiche VE und das gleiche Reglement versichert. Das Überobligatorium wird versicherungsmässig, ev. auch ergänzt mit einer Wohlfahrtsfondslösung (Art. 89a ZGB), betrieben. Umhüllende Kassen können ihrerseits autonom, teilautonom oder nicht autonom ausgestaltet sein.

b) Sammel- und Gemeinschaftsstiftungen (Art. 11 Abs. 2–4 BVG, Art. 15 ff. BVV1, Art. 7–9 BVV2)

Der Arbeitgeber, der mangels genügender Arbeitnehmer keine eigene (autonome) VE gründen kann oder zwecks Vereinfachung seiner Administration keine gründen will, muss sich, nach Konsultation der Arbeitnehmer, mittels (privatrechtlichem) Anschlussvertrag einer VE anschliessen (Art. 11 BVG). Beim sog. Anschlussvertrag handelt es sich um einen Innominatkontrakt. Vorteil einer Anschlusslösung ist, dass die Leistungen garantiert sind, d.h. keine Unterdeckung eintreten kann, dafür partizipieren die Versicherten nur beschränkt an der Überschussverteilung (legal quote). Je nach Stellung des Arbeitgebers, wählt er eine 6.24

- *Sammelstiftung:* Sie ist eine VE, i.d.R. von einem Verband, einer Bank oder Versicherung gegründet, welche jedem angeschlossenen Arbeitgeber eine eigene Kasse mit eigener Rechnung und eigenem Reglement als interne Verwaltungseinheit *ohne eigene Rechtspersönlichkeit* (und Parteifähigkeit) anbietet. Sie betreibt die Vorsorge autonom, teilautonom, aber meist nicht autonom (Kollektivversicherungsvertrag bei der Gründergesellschaft).
- *Gemeinschaftsstiftung:* Sofern Rechnung, Reglement und Organisation für alle angeschlossenen Arbeitgeber gleich sind, also keine internen arbeitgeberspezifischen Kassen bestehen, spricht man von einer Gemeinschaftsstiftung. Ihr ist eigen, dass die Arbeitgeber dem gleichen Berufsverband oder der gleichen Branche angehören, weil damit die Risikoverteilung ausgewogen bleibt. Sie betreibt die Versicherung entweder autonom, teilautonom oder nicht autonom.

c) Auffangeinrichtung (Art. 60 BVG)

Es handelt sich um eine von den Sozialpartnern gegründete privatrechtliche Stiftung i.S.v. Art. 80 ff. ZGB, welche eine ausgelagerte Verwaltungseinheit des Bundes darstellt und daher gemäss VwVG funktioniert. Die nur im Obligatorium tätige Auffangeinrichtung ist verpflichtet, Leistungen auszurichten an nicht durch den Arbeitgeber versicherte Arbeitnehmer und an die von ihr aufgenommenen Personen, die nicht oder nicht mehr einer VE angeschlossen sein können. Dazu zählen freiwillig versicherte Selbständigerwerbende, Arbeitslose, Mehrfachbeschäftigte mit niedrigen Teileinkommen (Art. 46 BVG) oder Vorsorgeausgleichsberechtigte nach Scheidung. Soweit ein Arbeitgeber seiner Anschlusspflicht (Art. 11 BVG) nicht nachgekommen ist, wird er durch die mit der Kontrolle der Anschlusspflicht betraute Ausgleichskasse der Auffangeinrichtung gemeldet und von ihr zwangsweise angeschlossen (bzgl. des Zwangsanschlusses hat sie Verfügungskompetenz i.S.v. Art. 5 VwVG, was eine VE sonst nie haben kann). Die Auffangeinrichtung führt auch Freizügigkeitskonti (vgl. hinten 6.33b). 6.25

3. Organe der Vorsorgeeinrichtungen (Art. 51 ff., 53a BVG; Art. 33–41a BVV2; Art. 89a Abs. 3 ZGB) und ihre Haftung (Art. 52 BVG)

6.26 Oberstes Organ, das paritätisch mit Arbeitgeber- und Arbeitnehmervertretern zusammengesetzt ist und alle strategischen Kernaufgaben wahrnehmen muss, ist der *Stiftungsrat*. Er hat sich zwingend mit Art und Ziel der Vermögensverwaltung (Art. 49–59 BVV2), der Organbestellung, der Reglementserstellung und -änderung (vgl. Art. 50 Abs. 1 BVG zum Reglementsinhalt) und ev. der Leistungszusprechung zu befassen (zum umfassenden Aufgabenkatalog: siehe Art. 51a BVG). Während er die Kernaufgaben selber wahrnehmen muss, kann er Fallabwicklung und operative Vermögensverwaltung Dritten übertragen.

BGE 142 V 239, E. 4.4 betr. Parität auch bei Wahl der Arbeitnehmervertreter.

6.27 Die *Revisionsstelle* prüft die Tätigkeiten der Geschäfts- und Rechnungswesen auf ihre Gesetzmässigkeit sowie Statuten- und Reglementskonformität. Dazu gehören gem. Art. 52c BVG insb. Buchführung, Mitgliederbestand, Beiträge und Leistungen, die Verwendung von freien Mitteln und Überschussbeteiligungen, die Vermögensanlage und Rentabilität bzw. Bonität, die Meldepflichten des Stiftungsrats bei Unterdeckung sowie die Vorkehren zur Sicherung der Loyalität in der Vermögensverwaltung und Massnahmen zur Vermeidung von Interessenkonflikten. Sie hat intern den gesetzmässigen Zustand zu beobachten sowie für dessen Einhaltung zu sorgen. Bei festgestellten Unregelmässigkeiten hat sie das oberste Organ zu dessen Wiederherstellung zu veranlassen. Gegenüber der Aufsichtsbehörde ist die Revisionsstelle im Falle von Unregelmässigkeiten mitteilungspflichtig (Art. 36 BVV2), ansonsten sie sich ebenfalls verantwortlich macht (Verantwortlichkeit gemäss Aktienrecht: Art. 52 Abs. 4 BVG).

BGE 141 V 93, E. 6 betr. Mass der Prüfungspflicht durch die Revisionsstelle.

6.28 Als Revisionsstelle, wie übrigens auch als Experten für berufliche Vorsorge, sind nur fachlich und leumundsmässig ausgewiesene (Art. 52b und 52d BVG), vom Arbeitgeber und der VE unabhängige Personen zugelassen. Zur Unabhängigkeit vgl. ausführlich Art. 34 und 40 BVV2.

6.29 Die Aufgabe des *Experten für berufliche Vorsorge* liegt im versicherungsmathematischen Bereich. Der Experte kontrolliert das Gleichgewicht zwischen Arbeitnehmern und Rentnern, Beiträgen, Vermögenserträgen und Leistungen. Er hat zu beobachten, ob die Anlagestrategie mit dem Verlauf des Mittelbedarfs Schritt hält, ob die Rückstellungen mit dem Risikoverlauf vereinbar sind und wenn nicht, welche Massnahmen zu ergreifen sind. Als mögliche Massnahmen kommen in Frage: Änderung der Reglemente bzgl. Beiträgen oder Leistungen, Änderung der Anlagestrategie oder des Umwandlungssatzes. Der Experte ist beizuziehen bei Unterdeckung, Reglementsänderungen, Fusionen und Liquidationen, hier bzgl. der Weitergabe der freien Stiftungsmittel, sowie beim Abschluss von Kollektivversicherungsverträgen und auch schon bei der Gründung.

Alle gesetzlichen und faktischen Organe sind gemäss Art. 52 BVG für den Schaden, den sie der VE absichtlich oder fahrlässig und kausal in Verletzung ihrer Sorgfaltspflichten (z.B. Nichtbeachtung der Vermögensanlagevorschriften, Nichterstattung der Beiträge, Nichteinhaltung von Loyalitätsvorschriften) zufügen, verantwortlich. Es handelt sich um einen Art. 398 OR nachgebildeten Anspruch mit einer Verjährungsfrist von 10 Jahren. 6.30

BGE 143 V 19, E. 6 betr. Haftung wegen Risikofähigkeit der Vermögensanlage; BGE 141 V 51, E. 6 betr. Mass der Sorgfaltspflicht, E. 8.1 betr. Kausalzusammenhang; BGE 140 V 405, E. 5 betr. Verantwortlichkeit der Revisionsstelle in Bezug auf Anlagen der Vorsorgeeinrichtung bei der Stifterfirma (Arbeitgeber); BGE 131 V 55, E. 3.1 betr. Rechtsnatur und Verjährungsfrist (10 Jahre) des Schadensersatzanspruchs.

4. (Direkt-)Aufsicht (Art. 61–62a BVG, BVV1)

Die Tätigkeit der Personalvorsorgestiftungen (registrierte und nicht registrierte) wird von der kantonalen oder regional zentralisierten Aufsichtsbehörde, in deren Gebiet die VE ihren Sitz hat, überwacht (Art. 62 Abs. 1 BVG). Ihr obliegt die Prüfung der Gründungsvoraussetzungen (Art. 12 ff. BVV1) sowie die Registrierung resp. Führung der Verzeichnisse der registrierten und nicht registrierten VE (Art. 3 BVV1). Im Zentrum ihrer Tätigkeit steht die Kontrolle der Gesetzmässigkeit von Statuten, Reglementen (abstrakte Normenkontrolle [ohne konstitutiven Charakter; Ausnahme Teilliquidationsreglement]), der Tätigkeit der Geschäftsführung in Form der Einsicht in die Berichte der Revisionsstelle und des Experten sowie die Entgegennahme von (Aufsichts-)Beschwerden oder Anzeigen von Destinatären oder Dritten (mit schutzwürdigem Interesse; richtet sich nach kantonalem Verfahrensrecht). Sie kann im Falle von Beanstandungen mit den ihr zustehenden Aufsichtsmitteln (vgl. Art. 62a BVG) unter Beachtung des Verhältnismässigkeitsgrundsatzes vorgehen. 6.31

BGE 138 V 346, E. 5.5 betr. Kompetenzen der Aufsichtsbehörde; 9C_500/2012 v. 28.2.2013, E. 2.1 betr. konstitutive Wirkung der Genehmigung des Teilliquidationsreglements.

5. Oberaufsicht (Art. 64 ff. BVG, BVV1)

Die Oberaufsicht nimmt die (weisungs-)unabhängige Oberaufsichtskommission (i.S. einer ständigen Behördenkommission) wahr (zur Unabhängigkeit: Art. 5 BVV1). Die 7–9 unabhängigen Sachverständigen werden vom Bundesrat eingesetzt (Art. 64 BVG). Die Kommission verfügt zwecks Konzentration auf die Grundsatzfragen und Entlastung vom Tagesgeschäft über ein ständiges Sekretariat, welches administrativ dem BSV zugeordnet ist (Art. 64b BVG). Die Beaufsichtigung der Aufsichtsbehörden im Sinne einer Systemaufsicht umfasst die Aufgaben gemäss Art. 64a Abs. 1 BVG: So hat die Oberaufsichtskommission für eine einheitliche Aufsichtspraxis der kantonalen resp. regionalen Aufsichtsbehörden zu sorgen, prüft deren Jahresberichte und kann auch Inspektionen bei ihnen 6.31a durchführen. Bei Vorliegen einer gesetzlichen Grundlage und vorheriger Anhörung der interessierten Kreise kann die Oberaufsichtskommission die für die Aufsichtstätigkeit notwendigen Standards erlassen. Weiter entscheidet sie über die Zulassung der Experten für berufliche Vorsorge und führt ein entsprechendes öffentliches Register. Zur Umsetzung ihrer Aufgaben verfügt sie über ein allgemeines Weisungsrecht gegenüber Aufsichtsbehörden (auch nur an einzelne Behörden gerichtete Weisungen möglich; jedoch keine Weisungskompetenz im Einzelfall), Experten für berufliche Vorsorge und Revisionsstellen.

6.31b Des Weiteren nimmt die Oberaufsichtskommission die Direktaufsicht über die Anlagestiftungen, den Sicherheitsfonds und die Auffangeinrichtung wahr (Art. 64a Abs. 2 BVG). Verfügungen der Oberaufsichtskommission können beim Bundesverwaltungsgericht und alsdann beim Bundesgericht angefochten werden (Art. 74 Abs. 1 BVG).

III. Die öffentlich-rechtlichen Vorsorgeeinrichtungen (Art. 48 Abs. 2 BVG)

6.32 Öffentlich-rechtliche VE versichern in erster Linie das Personal von Bund, Kantonen oder Gemeinden. Sie können auch die Unterstellung resp. den Anschluss Externer, welche i.d.R. auch öffentliche Aufgaben erfüllen, wie z.B. Lehrer oder gemeinnützige Organisationen, zulassen. Öffentlich-rechtliche VE haben gem. Art. 48 Abs. 2 Satz 1 BVG ebenfalls eine eigene Rechtspersönlichkeit aufzuweisen, sei es in Form einer privat- oder öffentlich-rechtlichen Stiftung. Unter den Voraussetzungen gemäss Art. 72a BVG dürfen neu verselbständigte öffentlich-rechtliche VE vom Grundsatz der Vollkapitalisierung abweichen.

Öffentliche VE können als Sammeleinrichtung und sowohl autonom als auch teilautonom oder nicht autonom geführt werden. Rechtliche Grundlage bildet für das Obligatorium und Überobligatorium ein Gesetz/Verordnung der öffentlichen Körperschaften (Bund, Kanton, Gemeinde). Betr. Auslegung vgl. vorne 1.58, betr. Unterstellung vgl. vorne 3.17.

IV. Sicherheitsfonds und Anlagestiftungen (Art. 54 ff. BVG, SFV; Art. 53g–53k BVG, ASV)

6.33 Der *Sicherheitsfonds* ist eine öffentlich-rechtliche Stiftung, dem alle dem FZG unterstellten VE angeschlossen sind und durch diese finanziert wird. Er hat unterschiedliche, in Art. 56 Abs. 1 lit. a–h BVG abschliessend aufgezählte Aufgaben: die Erbringung von Leistungen an die Versicherten (nicht aber die Sicherstellung der Beiträge) bei Zahlungsunfähigkeit der VE (gemäss Art. 56a BVG kann er auf fehlbare Organe der zahlungsunfähig gewordenen VE Rückgriff nehmen), Ausrichtung von Zuschüssen bei ungünstiger Altersstruktur (Risikoausgleich) oder Verbindungsstelle zu den Mitgliedstaaten der EU/EFTA.

BGE 145 V 106, E. 4 betr. Sicherstellung von Leistungen auch einer Gemeinschaftsstiftung sowie E. 6 betr. Fälle missbräuchlicher Inanspruchnahme; BGE 143 V 19, E. 3.2-3 betr. Schaden und eigener Anspruch gegenüber allen für die Zahlungsunfähigkeit der VE Verantwortlichen, nicht nur die Organe (vgl. auch BGE 141 V 112).

Die *Anlagestiftung* ist keine VE sondern eine normale Stiftung i.S.v. Art. 80–89 ZGB (sog. Annexstiftung). Die Stiftung selbst erbringt keine Versicherungsleistungen, sondern – wie ein Anlagefonds – eigentliche Dienstleistungen zu Gunsten der ihr «angeschlossenen» Destinatäre resp. VE. Anlagestiftungen sind Einrichtungen, die der beruflichen Vorsorge *dienen*, und unterstehen infolgedessen dem BVG, seinen Ausführungsbestimmungen in der ASV und nur subsidiär dem Stiftungsrecht (Art. 53g BVG). Sie dienen, wenn auch nur mittelbar, einer öffentlich-rechtlichen Aufgabe und bezwecken die gemeinsame Anlage und Verwaltung von Vorsorgegeldern verschiedener ihr angeschlossener VE. Diese überlassen der Anlagestiftung das Vermögen treuhänderisch zu Eigentum. Das Gesamtvermögen der Anlagestiftung teilt sich auf in das Stammvermögen (Stammkapital) und das Anlagevermögen (Anlagekapital) (Art. 53i BVG). Richtlinien über die Anlagen dieser Vermögen erlässt die aus Vertretern der angeschlossenen VE zusammengesetzte Anlegerversammlung als oberstes strategisches (und für eine Stiftung untypisches) Organ der Stiftung (Art. 53h BVG) oder – falls statutarisch vorgesehenen – der Stiftungsrat als geschäftsführendes Organ. Letzterer nimmt alle Aufgaben wahr, die nicht durch Gesetz oder Statuten der Anlegerversammlung übertragen sind (vgl. Art. 5–6 ASV). Das Anlagevermögen besteht aus den von Anlegern zum Zweck der gemeinsamen Vermögensanlage eingebrachten Geldern und ist, entsprechend den verschiedenen Destinatären, in eine oder mehrere Anlagegruppen gegliedert, die rechnerisch separat zu führen und wirtschaftlich voneinander unabhängig sind (Art. 53i Abs. 2 BVG). Die Vermögensgewinne werden nach einem bestimmten Schlüssel unter den Destinatären verteilt. Die Oberaufsichtskommission nimmt die Direktaufsicht über die Anlagestiftungen wahr (Art. 64a Abs. 2 BVG). 6.33a

BGE 143 V 208, E. 5-6 betr. Rechtmässigkeit von Art. 32 Abs. 1 ASV und Verletzung der Wirtschaftsfreiheit und Eigentumsgarantie.

V. Freizügigkeitsstiftungen und -policen (Art. Art. 4 FZG, 10 FZV), gebundenes Sparen Säule 3a (BVV3)

Die Versicherungsunterstellung endet mit dem rechtlichen Ende des Arbeitsvertrags, was gleichzeitig bei der VE des bisherigen Arbeitgebers die Fälligkeit der Austrittsleistung auslöst (Art. 2 FZG; betr. Freizügigkeit bei Arbeitgeberwechsel vgl. vorne 5.332). Diese ist – um eine Zweckentfremdung des Vorsorgekapitals zu verhindern – auf eine Einrichtung zu übertragen, welche unwiderruflich und ausschliesslich der Vorsorge dient (Art. 10 FZV). Banken errichten zu diesem Zweck Stiftungen i.S.v. Art. 80 ff. ZGB, sog. Freizügigkeitsstiftungen, auf welche das Vorsorgekapital, nach freier Wahl der versicherten Person und verteilt auf max. zwei, übertragen und deponiert (und verzinst) wird. Diese Austritts- bzw. 6.33b

Freizügigkeitsleistung wird entweder bei Eingehung eines neuen Arbeits- bzw. Versicherungsverhältnisses in die neue VE eingebracht (vgl. vorne 5.262) oder bei Eintritt eines Risikos oder Barauszahlungsgrunds (vgl. vorne 5.332) als Kapitalleistung fällig. Das Rechtsverhältnis zur Freizügigkeitsstiftung (oder Versicherungseinrichtung) ist ein privatrechtliches und richtet sich nach deren Vertragsbedingungen. Will man jedoch eine Risikodeckung weiterführen, muss im Freizügigkeitsfall eine Übertragung der Austrittsleistung auf eine Versicherungseinrichtung erfolgen. Betr. Rechtsmittelweg vgl. hinten 7.86.

6.33c Ebenso in Form einer (Bank)Stiftung i.S.v. Art. 80 ff. ZGB bieten Banken, und wer eine Risikodeckung wünscht die Versicherungen, ein Gefäss für das steuerbegünstigte Sparen in der Säue 3a an, in das eine erwerbstätige Person jährlich einen bestimmten Maximalbetrag einlegen kann. Auch diese haben unwiderruflich und ausschliesslich der Vorsorge zu dienen und die Voraussetzungen der BVV3 zu erfüllen, damit die Einlagen von der Steuerbefreiung profitieren (vgl. vorne 1.15). Das Rechtsverhältnis zur Bankstiftung ist ein privatrechtliches. Betr. Rechtsmittelweg vgl. hinten 7.86.

D. Die Durchführung der Krankenversicherung

I. Rechtsformen (Art. 2 Abs. 1, 5 lit. a KVAG)

6.34 Die Krankenversicherung wird von derzeit 60 anerkannten Versicherern, nämlich Krankenkassen und private Versicherungsunternehmen i.S. des VAG, dies in Entsprechung zur Öffnung des Marktes in der UV, betrieben. Als Rechtsform zugelassen sind gemäss Art. 5 lit. a KVAG Aktiengesellschaften, Genossenschaften, Vereine, Stiftungen und juristische Personen des öffentlichen Rechts. Krankenkassen dürfen, Zusatzaufgaben vorbehalten, keine wirtschaftlichen Zwecke verfolgen. Die privaten Versicherungsunternehmen müssen die Bewilligungsanforderungen nach KVAG erfüllen, um die Krankenversicherung durchführen zu dürfen. Für besondere Aufgaben, z.B. Aufgaben im Zusammenhang mit dem FZA (z.B. Befreiung von Versicherungspflicht), administrative Aufgaben, Aufgaben im Zusammenhang mit der Prämienverbilligung, Durchführung des Risikoausgleichs (Art. 17a KVG) oder als Ersatzkasse bei Zahlungsunfähigkeit einer Krankenkasse existiert gemäss Art. 18 KVG die Stiftung «Gemeinsame Einrichtung» (vgl. betr. Insolvenzfonds und Aufsicht hinten 6.39).

6.35 Die Rechtsform bildet nur den äusseren Rahmen, denn der eigentliche Leistungsauftrag, der Vollzug des KVG, ist davon unabhängig und hat sich strikt nach den Regeln des KVG und seinen Verordnungen zu richten. Die Rechtsform spielt in erster Linie bei der internen Willensbildung eine Rolle. Bei den Stiftungen ist es der Stiftungsrat, die Versicherten sind an der Willensbildung nicht beteiligte Destinatäre. Bei den übrigen privatrechtlich organisierten Einrichtungen sind die

Versicherten Mitglieder des Vereins oder Vertragspartner bei Aktiengesellschaften, die oftmals Holdingstruktur aufweisen. Das Verhältnis zur Krankenkasse ist aber immer ein öffentlich-rechtliches.

Die Mitgliedschaftsrechte des Vereinsmitglieds sind i.d.R. auf das gesetzlich zwingende Minimum reduziert. Erwähnt sein soll z.B. der Ersatz der Mitgliederversammlung durch eine Delegiertenversammlung bei grossen Vereinen, die Abwicklung der Vereinsgeschäfte über das Mitteilungsblatt (z.B. Einberufung mit Traktandenliste zur Mitgliederversammlung, Bekanntgabe von Statuten- und Reglementsänderungen [Unklarheits- und Ungewöhnlichkeitsregel, Problem von Art. 6 OR) oder Verschiebung der Kompetenzen auf die Exekutive (z.B. Festsetzung der Prämien oder der Tarifklassen, Abschluss von Verträgen mit den Leistungserbringern, Reglementsänderungen). Während im Finanzierungs- und Leistungsbereich KVG-bedingt keine Autonomie herrscht (z.B. keine Leistungskürzungen, Wagnisse, Austauschbefugnisse ausserhalb der Listen), sind die Krankenkassen in der Gestaltung des Versicherungsverhältnisses und dessen administrativer Abwicklung durch Begründung von Obliegenheiten und deren Sanktionierung sowie durch Mitwirkungspflichten, vorbehältlich des ATSG, frei (z.B. Mahn- und Gebührenordnung). Gestaltungsspielraum geniessen die Versicherer daher vorab im administrativen Bereich. Doch auch im Autonomiebereich müssen die allgemeinen Rechtsgrundsätze Beachtung finden und die organisatorische Gestaltungsfreiheit ist durch Art. 6, 8–10 KVAG beschränkt. Das bedeutet z.B., dass die Oberleitung und Kontrolle sowie Kernaufgaben der Durchführung der Krankenversicherung nicht auf Dritte ausgelagert werden dürfen. Zulässig oder aufgrund er Kleinheit des Versichertenbestandes geboten ist die Rückversicherung der Leistungen. 6.36

BGE 144 V 388, E. 4.1 betr. verbleibender Autonomiebereich neben dem zwingenden KVG; 9C_870/2015 v. 4.2.2016, E. 4 betr. Äquivalenz- und Verhältnismässigkeitsprinzip bei Mahngebühren.

Die Statuten/Reglemente dürfen dem KVG (und sonstigem Bundesrecht) nicht widersprechen und z.B. keine zusätzlichen Leistungsvoraussetzungen vorsehen (vgl. vorne 1.55). Im Übrigen richtet sich das Rechtsverhältnis nach ZGB und OR, so auch die Beitrittserklärung zur – im Rahmen der Statuten – frei wählbaren Krankenkasse. 6.37

BGE 144 V 388, E. 5.4 und 5.6 betr. Unzulässigkeit der Querfinanzierung bei Holding-Strukturen; BGE 129 V 51, E. 3.2 betr. Sanktionen bei Meldepflichtverspätung; BGE 128 V 295, E. 4.c betr. Auslagerung von Aufgaben; BGE 125 V 276 betr. Mahngebühren.

II. Durchführungsbewilligung (Art. 4–11 KVAG, Art. 3–8 KVAV)

Das Gesuch um Anerkennung ist dem BAG einzureichen, und zwar für die Durchführung der sozialen Krankenversicherung nach KVG. Bei Erfüllung der in Art. 5 lit. a–j KVAG abschliessend aufgeführten Bedingungen besteht ein Anspruch auf Bewilligung. 6.38

Dem Gesuch sind zahlreiche in Art. 7 Abs. 2 lit. a–p KVAG nicht abschliessend aufgeführte Unterlagen beizulegen.

Eine Krankenkasse, die mehr als 300'000 Versicherte aufweist, darf selber die Rückversicherung anbieten (Art. 55 KVAV). Das Rückversicherungsgeschäft ist ebenfalls bewilligungspflichtig (Art. 28–33 KVAG, Art. 56–60 KVAV).

III. Aufsicht und Haftung (KVAG, KVAV; Art. 78a KVG; Art. 78 ATSG)

1. Durch das BAG (Art. 34–43, 44 ff., 56 KVAG, Art. 61–66, 67 ff. KVAV)

6.39 Die Aufsicht über die Krankenkassen wird vom BAG ausgeübt. Die Voraussetzungen der Anerkennung und Bewilligung müssen für die ganze Dauer der Tätigkeit erfüllt bleiben, d.h. dass auch die gesetzlichen Vorgaben des KVAG bezüglich Finanzierung, Unternehmensführung (Governance) und Revision eingehalten werden müssen. Inhalt der Aufsicht ist, den gesetzmässigen Vollzug des KVG zu garantieren. Sie besteht einerseits aus der Dienstaufsicht in Form von Weisungen und vor allem Genehmigung von Statuten/Reglementen, Tarifverträgen, Verträgen mit Leistungserbringern bzw. deren fachliche Anerkennung sowie andererseits aus der Kontrolle der Geschäftsführung und Einhaltung der gesetzlichen Bewilligungsbedingungen, Einhaltung der finanziellen Sicherheiten (Reserven, Rückstellungen), der Prämiengestaltung (zu deren Zweck Aufsichtsdaten erhoben werden können), des Risikomanagements und der Vermögensanlage, der Verwaltungskosten, der Gewähr für einwandfreie Geschäftstätigkeit sowie der Transparenz bzgl. Entschädigung der leitenden Organe (vgl. zum Ganzen die Vorgaben gem. Art. 9–48 KVAV). Die Aufsichtsbehörde kann bei Bedarf auch sichernde Massnahmen ergreifen (Art. 38 KVAG) und für die Aufsicht Dritte beiziehen. Ein besonderes Kapitel im KVAG ist der Aufsicht über die «Gemeinsame Einrichtung» gewidmet, insbesondere mit Einzelheiten zu dem von ihr geführten Insolvenzfonds (Art. 45 ff. KVAG, Art. 67 ff. KVAV).

Verletzt der Versicherer die gesetzlichen Anforderungen, wird eine Frist zur Wiederherstellung angesetzt und als ultima ratio die Anerkennung entzogen.

6.40 Ersatzansprüche von Versicherten, Dritten und der gemeinsamen Einrichtung gegenüber den Versicherern richten sich nach Art. 78a KVG i.V.m. Art. 78 ATSG. Im internen Verhältnis haften die Organe und Funktionäre für der Krankenkasse zugeführten Schäden nach Privatrecht.

9C_143/2014 v. 22.7.2014, E. 3 betr. keine Widerrechtlichkeit und Haftung für fehlerhafte Rechtsanwendung und Verweigerung von Versicherungsleistungen.

2. Durch die FINMA (Art. 34 Abs. 5 KVAG, Art. 62 KVAV)

Versicherungsträger, die neben dem KVG auch Zusatzversicherungen nach VVG durchführen (vgl. dazu Art. 2 Abs. 2 und 3 KVAG), unterstehen für den Bereich der Zusatzversicherung dem VAG. Ihre Aufsichtsbehörde ist entsprechend die FINMA. Die Haftung richtet sich nicht nach Art. 78 ATSG, sondern ist eine vertragliche nach Privatrecht. Die Aufsichtstätigkeit von BAG und FINMA muss koordiniert werden, was einen gegenseitigen Informationsaustausch bezüglich Veränderungen und Vorkommnissen, die für die andere Aufsichtsbehörde relevant sein kann, erfordert. 6.41

E. Die Durchführung der Unfallversicherung

I. Die Suva

1. Unterstellung (Art. 66 UVG, Art. 73-89 UVV)

Die Schweizerische Unfallversicherungsanstalt (Suva) wurde 1918 im Zusammenhang mit dem Erlass des KUVG gegründet und ist ein finanziell unabhängiges Unternehmen des öffentlichen Rechts mit Hauptsitz in Luzern. Sie besitzt 18 Agenturen in der ganzen Schweiz. Nur für die in der abschliessenden Liste von Art. 66 Abs. 1 lit. a–q UVG i.V.m. Art. 73–87 UVV aufgeführten Betriebe und Branchen ist die Unterstellung bei der Suva zwingend vorgeschrieben. Das Versicherungsverhältnis wird ex lege, d.h. automatisch mit Abschluss des Arbeitsvertrags begründet, das der freiwillig sich Unterstellenden durch Vereinbarung (Art. 59 Abs.1 UVG). Für die Unterstellung massgebend ist die Zugehörigkeit eines Betriebs zu einer bestimmten Branche, nicht die jeweils ausgeübte Tätigkeit im Betrieb. Gegliederte Betriebe (Neben- und Hilfsbetriebe sowie gemischte Betriebe: Art. 88 UVV) können bei fehlendem sachlichen Zusammenhang ihrer Tätigkeiten getrennt zugeordnet werden. 6.42

BGE 141 V 221, E. 6 betr. ausgegliederte Spitalorganisation: kein neues Wahlrecht; BGE 137 V 114, E. 4 betr. Unterstellung von Betrieben mit Leiharbeit.

Durch das BG über die Übertragung der Führung der Militärversicherung an die Suva wurde ihr auf dem Verordnungsweg die Führung der MV übertragen (Art. 67 UVG). Die MV wird von der Suva als eigene Sozialversicherung in einer eigenen Abteilung geführt und weiterhin vom Bund finanziert (vgl. vorne 4.04). 6.43

2. Rechtsform (Art. 61 Abs. 1 UVG)

Gemäss Art. 61 Abs. 1 UVG ist die Suva eine öffentlich-rechtliche Anstalt des Bundes mit eigener Rechtspersönlichkeit. In den vom Gesetzgeber gesteckten Grenzen tritt die Suva in eigenem Namen und auf eigene Rechnung auf. Nicht 6.44

zuletzt ist sie prozess- und vermögensfähig und kann Subjekt des Privatrechts sein. Die Suva weist darüber hinaus vereinzelt auch körperschaftsähnliche Elemente auf, indem der Suva-Rat aus Vertretern des Bundes sowie der Sozialpartner zusammengesetzt ist (Art. 63 Abs. 1 UVG) und ihnen entsprechend in verschiedenen Bereichen – wie beispielsweise beim Erlass eines Organisationsreglements (Art. 63 Abs. 5 lit. b UVG) – Mitwirkungsrechte zukommen.

3. Organisation (Art. 62 ff. UVG)

a) Suva-Rat (Art. 63 UVG)

6.45 Der Suva-Rat besteht gemäss Art. 63 Abs. 1 UVG aus 40 Mitgliedern. Dabei sind unterstellte Arbeitnehmer und Arbeitgeber paritätisch mit je 16 Mitgliedern und der Bund mit 8 Mitgliedern vertreten. Sie konstituieren sich selbst und wählen Ausschüsse, insbesondere den Suva-Ratsausschuss, welcher auch die Geschäfte zuhanden des Suva-Rates vorbereitet (Art. 63 Abs. 5 und 6 UVG). Die Mitglieder des Suva-Rates werden vom Bundesrat für eine Amtszeit von 4 Jahren gewählt, wobei dieser die Landesteile, Berufsarten und das Geschlecht berücksichtigt. Die Arbeitgeber- bzw. Arbeitnehmerverbände haben ein Vorschlagsrecht.

6.46 Der Suva-Rat steht an der Spitze der Suva und hat gemäss Art. 63 Abs. 5 UVG insbesondere folgende Aufgaben (eine Delegation weiterer Aufgaben ins Organisationsreglement ist zulässig [BBl 2014 7961]):

a. Festlegung der strategischen Ziele, der Grundsätze der Prämienbestimmung und der Personalpolitik der Suva;

b. Verabschiedung des Organisationsreglements zuhanden des Bundesrates;

c. Erlass des Personalreglements;

d. Genehmigung der Rechnungsgrundlagen und Festlegung der Prämientarife;

e. Wahl und Abberufung der Revisionsstelle;

f. Verabschiedung des Jahresberichts und der Jahresrechnung zuhanden des Bundesrates sowie Entscheid über die Verwendung von Ertragsüberschüssen;

g. Ernennung und Abberufung der Mitglieder der Geschäftsleitung und von deren Vorsitzendem;

h. Verabschiedung des Voranschlags für die Betriebskosten, der Finanzplanung und der Ausgestaltung des Rechnungswesens;

i. Organisation der internen Revision sowie Bestellung, Beaufsichtigung und Abberufung des verantwortlichen Aktuars;

k. Aufsicht über die Geschäftsleitung und deren Vorsitzenden, namentlich im Hinblick auf die Befolgung der Gesetzgebung, der massgebenden Reglemente und Weisungen sowie auf die betriebliche Führung;

l. Gewährleistung eines angepassten internen Kontrollsystems und Risikomanagements;

m. Entlastung der Geschäftsleitung.

b) Geschäftsleitung (Art. 64 UVG)

Hauptaufgabe der Geschäftsleitung ist die Leitung und Verwaltung der Suva sowie deren Vertretung nach aussen (Art. 64 Abs. 1 UVG). Damit ist die Geschäftsleitung das oberste *vollziehende* Organ der Suva. Sie nimmt an sämtlichen Sitzungen des obersten Organs, seiner Ausschüsse, Kommissionen und Spezialkommissionen teil und trifft unter Vorbehalt der Befugnisse des Suva-Rats, seiner Ausschüsse und Kommissionen alle Massnahmen, welche der Zweck der Suva und die einheitliche Führung der Geschäfte erfordern. 6.47

c) Revisionsstelle (Art. 64b UVG)

Die Suva hat ihre Jahresrechnung durch eine Revisionsstelle im Sinne von Art. 727 OR ordentlich prüfen zu lassen. Die Revisionsstelle hat zudem die Einhaltung der Finanzierungsvorschriften im Sinne von Art. 90 UVG zu überprüfen. Die Revisionsstelle wird vom Suva-Rat für drei Jahre gewählt und kann entsprechend von ihm auch abberufen werden. Wiederwahl ist ohne Beschränkung möglich. 6.48

4. Autonomie und Kompetenzen

Durch die Oberaufsicht des Bundes wird zum Ausdruck gebracht, dass die durch die Beteiligten selbst verwaltete Suva dem Einfluss der Bundesverwaltung möglichst entzogen werden soll und selbständig auszugestalten ist, zumal der Direktion auch die Kompetenz zur Vertretung der Suva nach aussen und die Geschäftsführung zukommen. Zudem ist die Suva auch gegenüber dem Finanzhaushalt des Bundes autonom, was zur Folge hat, dass jeder Eingriff in das Vermögen oder in die Reserven der Suva auf eine gesetzliche Grundlage gestützt sein muss. Die Suva setzt einen eigenen Voranschlag fest, der weder der Genehmigung des Parlaments noch der Exekutive unterliegt (Art. 61 Abs. 1 i.V.m. Art. 63 Abs. 4 lit. e UVG). Die Grundlagen für die Rechnungsführung hat der Bundesgesetzgeber geregelt (Art. 89 UVG i.V.m. Art. 108 und 109 UVV). Durch das Bundesrecht wird der Suva folglich eine grosse Autonomie zur selbständigen Organisation und Durchführung der UV eingeräumt. Dem Suva-Rat kommen daher umfassende Befugnisse zu (Art. 63 Abs. 4 UVG). 6.49

6.50 Die Zuständigkeit (Art. 66 UVG i.V.m. Art. 73 ff. UVV) und insb. die Aufgaben der Suva ergeben sich aus dem ihr gesetzlich zugewiesenen Tätigkeitsbereich (vgl. Art. 58, 70 Abs. 3 UVG).

6.51 Die Suva hat insb. folgende Aufgaben:

- Erstellen der Tarife (Art. 56 UVG i.V.m. Art. 70 UVV),
- Einreihung der Betriebe in Klassen und Stufen der Prämientarife (Art. 113 Abs. 1 UVV i.V.m. 124 lit. d UVV),
- Berechnung, Festsetzung und Erhebung der Prämien (Art. 92 f. UVG i.V.m. Art. 113 ff. UVV),
- Beurteilung von Leistungsansprüchen, Berechnung und Gewährung von Leistungen und Koordination mit Leistungen anderer Sozialversicherungen (Art. 45 ff. UVG i.V.m. Art. 53 ff. UVV),
- Beaufsichtigung der Anwendung der Vorschriften über die Verhütung von Unfällen und Berufskrankheiten (Art. 49 VUV),
- Geltendmachung des Rückgriffsrechts gegenüber einem haftpflichtigen Dritten (5.397),
- Ausübung der Aufsicht über die Durchführung des UVG und Führung von Statistiken (Art. 97 UVG),
- Behandlung von Einsprachen (Art. 105 UVG),
- Förderung der Verhütung von Nichtberufsunfällen (Art. 88 Abs. 1 UVG).

6.52 Damit stehen die Aufgaben der Suva in engem Zusammenhang mit der prämien- und der leistungsbezogenen Durchführung eines Sozialversicherungszweiges sowie mit der Prävention und Rehabilitation.

6.53 Daneben kann die Suva *Nebentätigkeiten* entfalten, wie die Führung von Rehabilitationskliniken, Schadensabwicklung für Dritte, Entwicklung von Sicherheitsprodukten und deren Verkauf sowie Beratung und Ausbildung im Bereich der betrieblichen Gesundheitsförderung (Art. 67a Abs. 1 UVG). Diese Nebentätigkeiten müssen mit den hoheitlichen Aufgaben der Suva im Zusammenhang mit der Unfallverhütung vereinbar und finanziell selbsttragend sein (Art. 67a Abs. 2 UVG). Für die Durchführung können innerhalb der Suva Leistungszentren gebildet oder von der Suva beherrschte Aktiengesellschaften gegründet werden.

5. Aufsicht (Art. 61 Abs. 3, 79 f. UVG; Art. 76 ATSG) und Haftung (Art. 64c, 100 UVG; Art. 82a MVG; Art. 78 ATSG)

6.54 Der Bundesrat fungiert als Aufsichtsorgan der Suva, wobei er diese Aufgabe dem BAG delegiert hat (Art. 61 Abs. 3 UVG i.V.m. Art. 104 Abs. 1 UVV). Die Aufsicht des Bundes beschränkt sich grundsätzlich auf die Tätigkeit des Suva-Rates und erstreckt sich entsprechend nicht auf die Tätigkeit der diesem nachgeordneten Instanzen.

Als Aufsichtsmittel des Bundes stehen insb. zur Verfügung: 6.55

- Genehmigung der Organisationsreglemente der Suva (Art. 61 Abs. 3 UVG);
- Genehmigung des Jahresberichts und der Jahresrechnung (Art. 61 Abs. 3 UVG);
- Wahl des Suva-Rates durch den Bundesrat (Art. 63 Abs. 2 UVG);
- Möglichkeit der Einforderung von Auskünften durch den Bundesrat (Art. 79 Abs. 1 UVG).

Der Bundesrat sorgt für die Führung von einheitlichen Statistiken, welche u.a. der Beschaffung versicherungstechnischer Grundlagen, der Prämienbemessung und der Verhütung von Unfällen und Berufskrankheiten dienen (Art. 79 Abs. 1 UVG i.V.m. Art. 105 UVV; vgl. auch VO über die Statistiken der UV). 6.56

Das Departement sorgt für die einheitliche Rechnungsführung der Versicherungsträger (Art. 89 UVG i.V.m. Art. 108–112 UVV).

Der Bund kann zudem Massnahmen ergreifen, welche auf die Behebung von Mängeln abzielen (Art. 79 Abs. 1 UVG). Die Massnahmen beschränken sich jedoch darauf, in die Tätigkeit der Suva einzugreifen, wenn in irgendeiner Weise die Durchführung der UV ernsthaft gefährdet erscheint. Aus diesem Grund sind entsprechende Massnahmen mit Zurückhaltung auszuüben.

Daneben haben auch die Kantone Aufsichtsaufgaben, welche in Art. 80 UVG normiert sind. Darunter fallen 6.57

- Aufklärung der Arbeitgeber über ihre Versicherungspflicht,
- Sicherstellung der Überwachung des Versicherungsobligatoriums. Gemäss Art. 80 UVG i.V.m. Art. 106 f. UVV können sie die AHV-Ausgleichskassen mit der Erfüllung dieser Aufgaben betrauen.

Die Haftung für Schäden, die von Organen und Funktionären der Suva Versicherten oder Dritten zugefügt werden, richtet sich nach Art. 78 ATSG, diejenige gegenüber der Suva nach dem Verantwortlichkeitsgesetz des Bundes. Die Verantwortlichkeit der Mitglieder der Organe sowie die der mit der Geschäftsführung und Revision befassten Personen für einen der Suva absichtlich oder fahrlässig zugefügten Schaden richtet sich nach Art. 64c UVG als lex specialis. 6.58

BGE 136 II 187, E. 3.2 betr. Haftung der Suva für Asbestopfer wegen Unterlassung eines Funktionärs.

Forderungen nach Art. 78 ATSG gegenüber der Militärversicherung sind bei der Suva geltend zu machen. Sie entscheidet durch Verfügung (Art. 82a MVG).

II. Andere Versicherer

6.59 Seit der Einführung des Obligatoriums für alle Arbeitnehmer im Jahr 1984 müssen sich Betriebe, die nicht von der Liste in Art. 66 UVG erfasst werden, bei einem anderen anerkannten Unfallversicherer nach freier Wahl unterstellen (Teilmonopol). Die Arbeitgebenden haben ihren Arbeitnehmenden bzw. deren Vertretern bei der Wahl des Versicherers ein Mitbestimmungsrecht einzuräumen (vgl. Art. 69 UVG). Das Rechtsverhältnis zwischen Arbeitgeber und Versicherer beruht auf einem öffentlich-rechtlichen Vertrag (Art. 59 Abs. 2 UVG), doch besteht seitens des Versicherers *kein* Kontrahierungszwang. Setzt sich der Arbeitgeber pflichtwidrig über die Versicherungsunterstellung, die durch die Ausgleichskassen kontrolliert wird, hinweg, wird die Ersatzkasse leistungspflichtig.

8C_809/2011 v. 12.12.2011, E. 5.2 betr. Rechtsnatur des Vertrags nach Art. 59 Abs. 2 UVG; BGE 131 V 431, E. 6.3 betr. keine einseitige Abänderung vertraglicher Klauseln (i.c. Prämienzuschlag für die Verwaltungskosten).

6.60 Die in Art. 68 UVG aufgezählten Versicherer haben sich gemäss Art. 68 Abs. 2 UVG i.V.m. Art. 90 Abs. 4 UVV in ein vom BAG geführtes öffentliches Register einzutragen. Das zur Registrierung erforderliche Gesuch wird vom BAG daraufhin geprüft, ob die Voraussetzungen des Gesetzes erfüllt sind und der Gesuchsteller in der Lage ist, die Versicherung nach dem Gesetz ordnungsgemäss durchzuführen. Dabei wird die Eintragung, welche eine konstitutive Wirkung hat, bzw. die Ablehnung des Eintrags dem Gesuchsteller durch Verfügung eröffnet (Art. 90 Abs. 3 UVV).

1. Private Versicherungseinrichtungen (Art. 68 Abs. 1 lit. a UVG, Art. 90–92 UVV)

6.61 Private Versicherungseinrichtungen i.S.v. Art. 68 Abs. 1 lit. a UVG müssen die Rechtsform einer Aktiengesellschaft oder einer Genossenschaft aufweisen (Art. 7 VAG) und stellen selbständige Subjekte des Privatrechts dar, welchen die Erfüllung von öffentlich-rechtlichen Aufgaben übertragen wird. Im Rahmen ihrer Tätigkeit kommt ihnen auch Autonomie zu. Die Aufsicht übt die Eidgenössische Finanzmarktaufsicht (FINMA) gemäss Art. 79 UVG i.V.m. Art. 104 Abs. 3 UVV nach Massgabe der Versicherungsaufsichtsgesetzgebung aus. Als weitere Aufsichtsbehörde tritt gemäss Art. 104 Abs. 1 UVV das BAG auf, welches die Aufsicht über die einheitliche Anwendung des Gesetzes durch die Versicherer vornimmt. Art. 104 Abs. 4 UVV verpflichtet die beiden Bundesämter zur Koordination ihrer Aufsicht.

2. Öffentliche Unfallversicherungskassen (Art. 68 Abs. 1 lit. b UVG)

Öffentliche Unfallversicherungskassen i.S.v. Art. 68 Abs. 1 lit. b UVG sind Versicherer, welche von den Kantonen und den Gemeinden zum Zwecke der Durchführung der UV, gestützt auf öffentliches Recht, errichtet werden. Dabei können sie als selbständige öffentlich-rechtliche Stiftungen bzw. Anstalten konstituiert oder – mangels einer gegenteiligen bundesrechtlichen Anordnung – auch als unselbständige Verwaltungseinheiten ausgestaltet sein. Je nach Organisationsform kommen ihnen in unterschiedlichem Ausmass Autonomie zu. Öffentliche Unfallversicherungskassen unterstehen der Aufsicht der Kantone bzw. der Gemeinden gemäss deren öffentlichem Recht. 6.62

3. Anerkannte Krankenkassen (Art. 68 Abs. 1 lit. c UVG)

Krankenkassen i.S. des KVAG sind ebenfalls zur Durchführung der Unfallversicherung zugelassen. Gemäss Art. 70 Abs. 2 UVG können sie die Versicherung der Heilbehandlung, einschliesslich der Sachschäden, der Reise-, Transport- und Rettungskosten sowie des Taggeldes, durchführen. Für darüber hinausgehende Leistungen haben sie jedoch mit anderen Versicherern (Suva, private Versicherungsgesellschaften, öffentliche Unfallkassen) eine entsprechende Zusammenarbeit zu vereinbaren (dazu gehören insb. Rentenleistungen oder Rentenversicherungen). 6.63

BGE 138 V 161, E. 2.2-4 betr. Zusammenarbeit und Bindungswirkung bei der Durchführung der UV durch eine Krankenkasse i.S. des KVG zusammen mit einem anderen Versicherer gemäss Art. 70 Abs. 2 UVG.

III. Ersatzkasse (Art. 72 f. UVG, Art. 94–96, 107 UVV)

Zur Verhinderung von Versicherungslücken musste eine Ersatzkasse errichtet werden. Es handelt sich um eine Stiftung i.S.v. Art. 80 ff. ZGB, deren Stiftungsrat paritätisch aus Vertretern der Versicherer, Arbeitgeber- und Arbeitnehmerorganisationen zusammengesetzt ist. Die Ersatzkasse bezweckt, dass Arbeitnehmende, welche durch ihren Arbeitgeber gesetzeswidrig nicht bei einem Versicherungsträger (vgl. Art. 69 UVG) versichert werden, deren Arbeitgeber keinen Versicherer gefunden hat oder deren Unfallversicherer in Konkurs fällt, Versicherungsschutz geniessen. Damit dient die Ersatzkasse als Auffangeinrichtung und erbringt die gesetzlichen Leistungen an UVG-Versicherte. Die Ersatzkasse weist überdies auf Meldung der die Unterstellungskontrolle ausübenden Ausgleichskasse säumige Arbeitgeber nach erfolgter Mahnung mittels Verfügung einem Versicherer zu (Art. 73 Abs. 2 UVG, Art. 107 UVV). 6.64

8C_473/2018 v. 5.3.2019, A.a, E. 3.3 und 5.2 betr. Zwangszuweisung durch die Ersatzkasse.

Die Ersatzkasse übernimmt auch die Aufgabe, im Falle eines Grossereignisses, dessen Versicherungsleistungen das Nettoprämienvolumen des Vorjahres aller Versicherer übersteigt, die Meldung der von den Versicherern erbrachten Leistungen entgegenzunehmen (Art. 73 Abs. 2ter UVG, Art. 95a UVV). Die Ersatzkasse verwaltet einen für Grossereignisse eingerichteten Ausgleichsfonds, der mit von ihr festgesetzten und durch die Versicherer eingezogenen Prämienzuschlägen gespiesen wird. Sie vergütet den Versicherern die Aufwendungen, welche die Schwelle für ein Grossereignis übersteigen (Art. 90 Abs. 4 UVG).

Die Ersatzkasse wird vom BAG, das auch die Stiftungsaufsicht des Bundes (Art. 84 ZGB) übernimmt, beaufsichtigt (Art. 79 Abs. 3 UVG i.V.m. Art. 104 Abs. 2 UVV).

F. Die Durchführung der Arbeitslosenversicherung

I. Im Allgemeinen

6.65 Die Durchführung der ALV ist sehr zersplittert und auf viele verschiedene Träger verteilt. Das liegt daran, dass verschiedene Beteiligte wie z.B. Arbeitgeber, Arbeitsvermittlung und heute mehr denn je auch die öffentliche Hand in den Ablauf involviert sind.

6.66 Historisch ist die ALV ebenfalls aus privater Initiative herausgewachsen, was sich insb. in ihrer Organisation zeigt.

II. Die Durchführungsorgane

1. Ausgleichskassen (Art. 77–81 AVIG, Art. 103–108 AVIV)

6.67 Wie bei der AHV-Organisation finden sich verschiedene private, gesamtschweizerische, regional oder kantonal gewichtige, von Arbeitgeber- und Arbeitnehmerverbänden gegründete selbständige Träger, welche durch eine kantonale Ausgleichskasse für Nicht-Verbandsangehörige ergänzt werden. Die eigentliche Kasse, welche vom Träger geführt wird, ist eine Verwaltungseinheit resp. ein «Aufgabenkomplex» und hat keine eigene Rechtspersönlichkeit. Sie kann jedoch in eigenem Namen nach aussen auftreten und handeln und geniesst zudem prozessuale Parteifähigkeit (Art. 79 Abs. 2 AVIG). Die Träger haben der Ausgleichsstelle als übergeordnetem Organ die Reglemente zur Genehmigung vorzulegen. Die Anerkennung wirkt konstitutiv.

6.68 Die Aufgaben der Kassen sind in Art. 81 AVIG abschliessend aufgezählt. Sie klären die Anspruchsberechtigung ab, richten die Leistungen aus, verwalten das Betriebskapital und sind für die Rechnungslegung verantwortlich.

2. Ausgleichsstelle ALV (Art. 83, 83a AVIG, Art. 109–117a AVIV)

Die Ausgleichsstelle wird vom seco geführt und ist eine unselbständige Verwaltungseinheit, welche von verschiedenen Abteilungen des seco gemeinsam betrieben wird. Sie hat eine ganze Reihe von Kompetenzen, welche sich zusammengefasst als Kontroll- und Aufsichtstätigkeit über die Kassen bzgl. der gesetzmässigen Durchführung der ALV beschreiben lassen (z.B. Geltendmachung von Schadenersatzansprüchen gegenüber den Kassen). Darüber hinaus kommen ihr gewisse Entscheidungskompetenzen zu. Im Zentrum stehen auch die Sicherung der finanziellen Leistungen, die Koordination mit andern Sozialversicherungen und die Weisungsbefugnis gegenüber den Kassen. 6.69

3. Ausgleichsfonds ALV (Art. 84 AVIG, Art. 118 AVIV), Aufsichtskommission (Art. 89 AVIG, Art. 121a–b AVIV)

Der Ausgleichsfonds ist ein unselbständiges Sondervermögen der ALV, das durch die Ausgleichsstelle geführt (Art. 83 Abs. 1 lit. b AVIG) und vom Bund verwaltet wird. Er ist das Sammelbecken für alle Beiträge, Rückerstattungen, Schadenersatzleistungen und Kapitalerträge. Das Vermögen im Fonds ist ausschlaggebend für die Gestaltung der Höhe der Beiträge, welche durch die AHV-Ausgleichskassen eingezogen und an den Fonds weitergeleitet werden (vgl. Art. 86–88, 90–93 AVIG). 6.70

Der Fonds wird durch die Aufsichtskommission überwacht, welche auch die Jahresrechnung und den Jahresbericht zuhanden des Bundesrats abnimmt und für die Anlage des Vermögens Richtlinien erlässt.

4. Kantonale Amtsstellen (Art. 85, 85b–85f AVIG, Art. 119–119d AVIV)

Den kantonalen Amtsstellen kommt die Aufgabe zu, die Arbeitsvermittlung (operativ) und die arbeitsmarktlichen Massnahmen durchzuführen. Sie haben der Ausgleichsstelle gegenüber periodisch Rechnung abzulegen und Bericht über arbeitsmarktliche Massnahmen zu erstatten. 6.71

Für die Arbeitsvermittlung i.e.S. richtet die Amtsstelle Regionale Arbeitsvermittlungszentren (RAV) ein, welche diese Aufgabe auch privaten Organisationen im Mandatsverhältnis übertragen können. Daneben werden sie von tripartiten Kommissionen (Arbeitgeber, Arbeitnehmer und Arbeitsmarktbehörde) beraten. Zur besseren Durchführung der arbeitsmarktlichen Massnahmen kann die Amtsstelle auch Logistikstellen (LAM) schaffen. 6.72

6.73 In diesem Zusammenhang haben sich zwecks besserer Koordination auf der Basis von Zusammenarbeitsverträgen Gremien gebildet, welche als Interinstitutionelle Zusammenarbeit «IIZ» bekannt sind und zur Aufgabe haben, die Bereiche IV, ALV und Sozialhilfe, und seit Inkrafttreten der 5. IVG-Revision am 1. Januar 2008 auch alle andern Sozial- und Privatversicherungen, zu koordinieren (vgl. Art. 68bis IVG). Dadurch sollen der Drehtüreffekt verringert, die berufliche Eingliederung erleichtert und die Kosten gesenkt werden. Gesetzliche Grundlage bildet Art. 85f AVIG.

III. Aufsicht und Haftung (Art. 82, 82a, 85g, 85h AVIG; Art. 78 ATSG)

6.74 Betr. Aufsicht siehe oben unter 2. Ausgleichsstelle und 3. Aufsichtskommission.

6.75 Die Haftung der Funktionäre der Arbeitslosenversicherung gegenüber Versicherten und Dritten richtet sich nach Art. 78 ATSG und die Ansprüche sind bei der zuständigen kantonalen Kasse geltend zu machen. Die Träger der Kassen bzw. der Kanton als Durchführungsorgan haftet dem Bund für Schäden, welche ihre Stellen durch mangelhafte Erfüllung ihrer Aufgaben absichtlich oder grobfahrlässig verursachen (Art. 85g AVIG). In beiden Fällen verjährt die Haftung ein Jahr seit Kenntnis des Schadens oder zehn Jahre seit der schädigenden Handlung.

G. Die Durchführung der Familienzulagen

I. Durchführungsorgane

6.76 Als Durchführungsorgane fungieren (Art. 14 FamZG):

- die von den Kantonen anerkannten beruflichen und zwischenberuflichen (nicht aber Betriebskassen, vgl. Art. 12 FamZV) Familienausgleichskassen;
- die von den AHV-Ausgleichskassen geführten Familienausgleichskassen (erforderlich ist ein schriftliches Gesuch ans BSV, vgl. Art. 63 Abs. 4 AHVG und Art. 130 ff. AHVV).

6.77 Den Familienausgleichskassen obliegt namentlich (Art. 15 FamZG):

- die Festsetzung und Ausrichtung der Familienzulagen;
- die Festsetzung und Erhebung der Beiträge;
- der Erlass und die Eröffnung der Verfügungen und der Einspracheentscheide;
- das finanzielle Gleichgewicht durch Äufnung einer angemessenen Schwankungsreserve sicherzustellen.

6.78 Die Auszahlung erfolgt hingegen i.d.R. durch die Arbeitgebenden zusammen mit dem Lohn.

BGE 140 V 233, E. 4 betr. Funktion der Arbeitgeberin als blosse Zahlstelle, nicht jedoch als Durchführungsorgan nach FamZG (Bundesrechtswidrigkeit einer kantonalen Bestimmung, welche eine Rückerstattungspflicht des Arbeitgebers anstelle des Arbeitnehmers statuiert [Art. 4 Abs. 2 FamZG-BE]).

II. Aufsicht und Haftung

Die Familienausgleichskassen stehen unter kantonaler Aufsicht (Art. 17 Abs. 2 6.79
FamZG). Die Haftung gegenüber Dritten richtet sich nach Art. 78 ATSG.

7. Teil: Das Verfahrensrecht

A. Allgemeines

Im Bereich des Sozialversicherungsrechts hat man schon seit jeher eine grösstmögliche Vereinheitlichung des Verfahrensrechts angestrebt, welche letztlich im ATSG ihre gesetzliche Verankerung gefunden hat. Dieses Ziel wird auf Bundesebene durch eine harmonisierende Rechtsprechung des Bundesgerichts in Luzern weiter vorangetrieben. Kantonal geregelt ist nach Einführung der Bundeszivilprozessordnung nur noch die Gerichtsorganisation. 7.01

Ziel des Verfahrensrechts in der Sozialversicherung ist, die Massenverwaltung praktikabel zu gestalten sowie eine rasche Lösung und einen raschen Vollzug herbeizuführen. Im Sozialbereich zentral ist auch eine erleichterte Zugänglichkeit zum Leistungsanspruch, indem dieser nicht durch finanzielle Barrieren erschwert werden darf. Im Bereich des formellen Rechts gelten das Legalitätsprinzip einerseits und die verfassungsmässigen Garantien andererseits. Rechtsstaatliches Handeln bedeutet nicht nur gesetzmässiges Handeln der Verwaltung, sondern auch Waffengleichheit der am Verfahren Beteiligten. Dies hat in jedem Verfahrensstadium zu gelten, also sowohl im Verwaltungsverfahren als auch im Rechtsmittelverfahren. Wegweisend ist dabei auch die Rechtsprechung des Europäischen Gerichtshofes für Menschenrechte (EGMR) in Strassburg. 7.02

B. Die Verfahrensprinzipien

I. Auf Verfassungsebene

Von zentraler Bedeutung im Verfahrensbereich sind: 7.03

- *Art. 6 EMRK* betr. ein faires öffentliches Verfahren. Darunter fallen verschiedene Aspekte, wie insbesondere das Recht auf ein unabhängiges und unbefangenes Gericht, aber auch das Beschwerderecht wegen Rechtsverzögerung oder Rechtsverweigerung und der Anspruch auf ein faires Verfahren generell. Letzteres beinhaltet einen prozessualen Anspruch auf Chancen- und Waffengleichheit sowohl im Rechtsmittel- wie auch, analog, im vorangehenden Administrativverfahren. Dazu zählen insbesondere das Recht auf persönliche Teilnahme, das Recht auf Beweis und der Anspruch auf rechtliches Gehör. Der Anspruch auf ein faires Verfahren bedeutet konkret den Anspruch der versicherten Person, «nicht in eine prozessuale Lage versetzt zu werden, aus der sie keine vernünftige Chance hat, ihre Sache dem Gericht zu unterbreiten, ohne gegenüber der anderen Partei klar benachteiligt zu sein». Dabei stützt man sich beim *Verwaltungsverfahren* auf Art. 29 BV, während man sich im *Rechtsmittelverfahren* auf Art. 30 BV berufen muss.

8C_304/2016 v. 15.9.2017, E. 4.1 betr. Kognition des EGMR, wonach er nur prüft, ob ein Verfahren *insgesamt fair im Sinne von Art. 6 Abs. 1 EMRK* gewesen ist.

Obwohl Art. 6 EMRK von «civil rights» spricht, wird er auch im sozialversicherungsrechtlichen Verfahren bzgl. Beiträge und Leistungen angewandt. Aus Art. 6 EMRK abgeleitet wird auch der Anspruch auf ein *gerichtliches Verfahren,* was letztendlich zu der in Art. 29a BV verankerten Rechtsweggarantie geführt hat.

BGE 137 V 210, E. 1.1 und 1.4 betr. Frage der Verfahrensfairness durch die beweismässige Gewichtung von MEDAS-Gutachten; E. 2.4 betr. Gefährdung der Unbefangenheit der MEDAS auf Grund ihrer wirtschaftlichen Abhängigkeit.

- *Art. 9 BV* betr. Schutz vor Willkür, Handeln nach Treu und Glauben,
- *Art. 29 und 30 BV* betr. Verfahrensgarantien im Verwaltungs- und Gerichtsverfahren. Sie gehen inhaltlich *nicht* über Art. 6 EMRK hinaus.

1. Rasches Verfahren (Art. 29 Abs. 1 BV)

7.04 Art. 6 EMRK und Art. 29 BV bezwecken nicht ein Urteil in einer bestimmten, absolut festgelegten kurzen Zeit. Rasches Verfahren heisst auch nicht ungenaue Abklärungen und Ermessensentscheide. «Rasches Verfahren» ist relativ zu verstehen und immer in Beziehung zu setzen mit der Komplexität des Falles. Mit raschem Verfahren gemeint ist die Verhinderung der eigentlichen Rechtsverzögerung durch *sachlich nicht gerechtfertigte* zeitliche Verschleppung bzw. Untätigkeit der Gerichte und Verwaltungsbehörden. Das Gebot des raschen Verfahrens hat keinen Vorrang gegenüber dem Untersuchungsgrundsatz.

9C_502/2008 v. 23.7.2008, E. 3 betr. Erledigungspflicht nach sachlichen Gründen und nicht nach chronologischem Eingang der Beschwerde.

7.05 Objektiv gerechtfertigte Gründe für eine übermässige Verfahrensdauer liegen vor, wenn bei komplexer und schwieriger Sachverhaltslage mehr Abklärungen (Beweisabnahmen, Gutachten), jedoch nur die für die Entscheidfindung wirklich notwendigen (wobei der Versicherer über ein grosses Ermessen bei der Auftragserteilung verfügt: Art. 43 ATSG), getroffen werden müssen, wenn die Frage einer Sistierung des Verfahrens wegen laufender Parallelverfahren bei anderen Sozialversicherungsträgern oder von Haftpflicht-, Arbeitsvertrags- oder Strafprozessen im Raum steht oder wenn die Verzögerung durch das Verhalten der versicherten Person selbst, z.B. durch Verletzung von Mitwirkungspflichten, verursacht wird. Kein gerechtfertigter Grund für eine Verfahrensverzögerung bilden die Ansetzung zu langer Fristen oder die Überlastung der Behörde bzw. des Gerichts, was de facto jedoch nicht ausgeblendet werden kann. Als Massstab für die Anerkennung einer Rechtsverzögerung werden mehr als 30 Monate Gesamtverfahrensdauer angenommen. Bei Einsprachen räumt man 2 Monate ein, sofern nicht zusätzliche

Abklärungen mehr Zeit erfordern und im Fall des Erlasses einer Verfügung können 30 Tage als Richtwert angenommen werden. In jedem Fall hat die versicherte Person *vorgängig* unter Fristansetzung und Androhung der Rechtsverzögerungsbeschwerde die säumige Behörde zu mahnen und darf sich selber nicht treuwidrig verhalten. Eine Rechtsverzögerungsbeschwerde (Art. 56 Abs. 2 ATSG) setzt zudem ein aktuelles und praktisches Rechtsschutzinteresse nicht nur im Zeitpunkt der Eingabe, sondern auch der Urteilsfällung voraus.

8C_125/2016 v. 4.11.2016, E. 4.1 betr. zu lange Verfahrensdauer, wenn zwischen Exploration und Gutachten ohne ersichtlichen Grund ein Jahr verstreicht. Erfordernis der Ermahnung der Behörde durch die versicherte Person; 9C_84/2015 v. 17.3.2015, E. 3.2.3 betr. Sorgfaltspflichten und Verhalten nach Treu und Glauben des Rechtssuchenden im Gerichtsverfahren; 9C_106/2013 v. 4.3.2013, E. 1.2 betr. zu lange Verfahrensdauer von zwei Jahren bei einfacher Sachverhaltslage; 8C_602/2012 v. 12.4.2013, E. 4.2.1 betr. Gebot der Waffengleichheit als von der Rechtsprechung abgeleiteter Teilgehalt aus dem Gebot eines fairen Verfahrens; BGE 131 V 407, E. 3 betr. Gesamtverfahrensdauer von mehr als sieben Jahren als absolut zu lange; BGE 130 V 90, E. 5 betr. Voraussetzungen für längere Verfahrensdauer; BGE 126 V 244, E. 5 betr. Verletzung des Raschheitsgebots bei Beschwerdeantwortfristen von vier Monaten; BGE 125 V 373, E. 2.a betr. Verfahrensdauer von 33 Monaten.

Von Rechtsverweigerung ist die Rede, wenn eine Behörde fälschlicherweise auf 7.06
eine Eingabe nicht eintritt und sie nicht regelmässig prüft. Dies beurteilt sich nach dem anwendbaren Verfahrensrecht. Überspitzter Formalismus ist dann eine Form der Rechtsverweigerung, wenn formelle Vorschriften zum Selbstzweck, d.h. ohne ersichtliche Notwendigkeit und ohne schutzwürdige Interessen mit übertriebener Schärfe aufgestellt bzw. gehandhabt oder an Rechtsschriften überspannte Anforderungen gestellt werden und dadurch dem Rechtsuchenden der Rechtsweg versperrt wird. Die ein ordnungsgemässes Verfahren garantierenden unerlässlichen prozessualen Formen, die eine rechtsgleiche Abwicklung des Verfahrens sowie die Durchsetzung des materiellen Rechts gewährleisten, sind jedoch nicht als überspitzter Formalismus zu qualifizieren.

9C_410/2018 v. 19.7.2018, E. 3 betr. kein überspitzter Formalismus bei verspätetem Kostenvorschuss; BGE 142 V 152, E. 4.2 betr. überspitzter Formalismus bei Unterschriftserfordernis.

2. Öffentliches Verfahren (Art. 6 EMRK; Art. 30 Abs. 3 BV)

Der Zweck der Öffentlichkeit lässt sich aus der Kontrolle der Verfahrensfairness 7.07
herleiten, ist jedoch nicht formeller und absoluter Natur. Der Anspruch gem. Art. 6 EMRK auf ein öffentliches Verfahren (mit mündlicher Verhandlung, Publikums- und Presseanwesenheit) berührt nur das Gerichtsverfahren. Gesetzliche Einschränkungen im Interesse der Sittlichkeit, der öffentlichen Ordnung und Sicherheit und zum Schutz der Persönlichkeit der Parteien (z.B. bei familienbezogenen Fragen) sind jedoch zulässig. Ebenso ~~macht~~ ergibt Öffentlichkeit keinen Sinn, wenn es um rein technische Fragen geht, der Beschwerdegegenstand auch ohne öffentliche Verhandlung als aussichtslos zu betrachten ist oder der Antrag schikanös erscheint und einer Verzögerungstaktik dient. Dem Grundsatz der Öffentlichkeit ist grundsätzlich Genüge getan, wenn die Parteien im erstinstanzlichen Verfahren (zwecks Verhinderung einer Verfahrensverzögerung) – kein Anspruch auf

eine zweite öffentliche Verhandlung vor Bundesgericht, vorbehalten die Ausnahmen gem. Art. 57 und 58 Abs. 1 BGG – ein *ausdrückliches, klares und unmissverständliches* Begehren, eine Begründungspflicht besteht nicht, für eine öffentliche Verhandlung verlangen können. Fehlt ein rechtzeitiges Begehren, gilt der Anspruch als verwirkt.

8C_338/2016 v. 21.11.2016, E. 1-2 betr. Voraussetzungen für mündliche Verhandlung vor Bundesgericht; 9C_251/2011 v. 16.8.2011, E. 2.2 betr. Verwirkung des Anspruchs auf öffentliche Verhandlung.

7.08 Aus dem Öffentlichkeitsgrundsatz ist im Übrigen aber *kein Anspruch* des Rechtsuchenden auf *persönliche Anhörung* oder *mündliche Beweisabnahme* durch das urteilende Gericht abzuleiten. Der Anspruch auf eine Gerichtsverhandlung seinerseits ist davon abhängig, ob das persönliche Erscheinen und die mündliche Anhörung vor Gericht für die Entscheidung der Sache selbst von Bedeutung sind, insb. einen Einfluss auf das Ergebnis der zu beurteilenden Streitigkeit hat und die mündliche Verhandlung über die bereits vorliegenden schriftlichen Eingaben hinaus neue Erkenntnisse erwarten lässt. Es geht also darum, ob z.B. ein zusätzliches Beweismittel eingebracht werden kann, sich widersprechende medizinische Gutachten ausdiskutiert und offene Tatfragen auf diese Weise geklärt werden können, es neue tatsächliche Erkenntnisse gibt oder die Feststellung einer relevanten Vorfrage, wie z.B. das Bestehen eines Arbeitsverhältnisses, geklärt werden muss.

8C_723/2016 vom 30.3.2017, E. 3.2 betr. kein Anspruch auf öffentliche Verhandlung ausschliesslich zum Zweck einer Beweisabnahme; 9C_162/2015 v. 12.8.2015, E. 2.2 betr. Voraussetzungen für öffentliche Verhandlung (vgl. auch BGE 136 I 279); 8C_390/2012 v. 10.10.2012, E. 3 betr. Antrag auf «persönliche Anhörung» vor dem Gericht schliesst öffentliche Verhandlung mit ein; BGE 137 I 86, E. 5.1 betr. öffentliche und mündliche Verhandlung um die Frage der Zweijahresfrist für Geschlechtsumwandlungen (EMRG arrêt no 29002/06 v. 8.1.2009); 9C_677/2010 v. 11.10.2010, E. 2 betr. sich widersprechende ärztliche Berichte zur Zumutbarkeit der Wiedereingliederung; BGE 122 V 47, E. 3 betr. Voraussetzungen für den Anspruch.

3. Anspruch auf rechtliches Gehör (Art. 6 EMRK; Art. 29 Abs. 2 BV; Art. 42 ATSG)

7.09 Der Anspruch auf rechtliches Gehör besteht grundsätzlich in jedem Verfahrensstadium, auch im Rechtsmittelverfahren. Unter Vorbehalt eines formalistischen Leerlaufs und damit verbundener Verfahrensverzögerung, d.h. dass der Ausgang des Verfahrens noch beeinflusst werden kann, ist er von absoluter, rein formeller Natur und nur *heilbar* bei voller rechtlicher und tatsächlicher Kognition einer (oberen) Beschwerdeinstanz (vgl. hinten 7.64, 7.78 ff.). Eine Verletzung des Gehörsanspruchs führt ungeachtet der materiellen Prüfung zur Aufhebung des Entscheids. Das rechtliche Gehör wird im Verwaltungsverfahren zwecks Verfahrensbeschleunigung grundsätzlich in das Einspracheverfahren verschoben, vorbehalten bleibt das Vorbescheidverfahren in der Invalidenversicherung (Art. 57a IVG) sowie die im Rahmen von Begutachtungen durch die Rechtsprechung eingeräumten Verfahrensgarantien.

9C_279/2019 v. 1.7.2019, E. 2 betr. Rechtsnatur und Wirkungen; 8C_46/2013 v. 27.8.2013, E. 5.2 betr. keine Rückweisung wegen Verletzung des rechtlichen Gehörs bei formalistischem Leerlauf; BGE 137 V 210, E. 3.4.1 betr. Verstärkung der Partizipationsrechte im Verfahren der medizinischen Begutachtung; 9C_591/2010 v. 20.12.2010, E. 5.1.2 betr. kein Anspruch auf Einsichtnahme in rein interne, meinungsbildende Akten.

Das rechtliche Gehör dient einerseits der Klärung des Sachverhaltes, anderseits stellt es ein persönlichkeitsbezogenes Mitwirkungsrecht beim Erlass eines Entscheids dar. *Inhaltlich* geht es beim Gehörsanspruch darum, der Partei, in deren Rechtsstellung wesentlich eingegriffen wird, vor Erlass eines sie belastenden Entscheides Gelegenheit zur Stellungnahme einzuräumen. Dabei hat die Durchführungsstelle die Vorbringen der Partei zu berücksichtigen, indem sie sie «hört», sich mit ihnen auseinandersetzt und sie bei der Entscheidfindung, mit Begründung, einfliessen lässt: sog. *Prüfungs- und Begründungspflicht.* Nicht erforderlich ist jedoch eine einlässliche Auseinandersetzung mit allen Parteistandpunkten und eine ausdrückliche Widerlegung sämtlicher Vorbringen, denn die Behörde darf sich auf die für den Entscheid *wesentlichen* Punkte beschränken. 7.10

BGE 141 V 25, E. 3.1 betr. Inhalt des rechtlichen Gehörs.

Die Formen der Beachtung des Gehörsanspruchs äussern sich im Recht auf Akteneinsicht, Orientierung und Äusserung bzgl. der laufenden Verfahrensschritte (z.B. zu Gutachten, Stellungnahmen, Begründungen), Beibringung entscheidrelevanter Beweismittel resp. auf Stellung von Beweisanträgen sowie Erhebung solcher Beweise, Mitwirkung bei der Sachverhaltsabklärung und Äusserung zum Beweisergebnis sowie auf Beizug eines Dolmetschers. Dabei muss nur bei rechtlicher Relevanz und Einfluss auf das Ergebnis eine Beweisabnahme erfolgen. 7.11

BGE 143 V 71, E. 4.4 betr. Verweigerung der Erstreckung einer behördlichen Frist als Verletzung des Anspruchs auf rechtliches Gehör; 8C_42/2014 v. 29.5.2015, E. 5.1 betr. Gutachten bzgl. Aktivitätsdauer eines Berufssportlers; 8C_834/2013 v. 18.7.2014, E. 5.2.2 betr. keine Verletzung des rechtlichen Gehörs bei Nichtbeachtung von nicht entscheidrelevanten Beweisanträgen; BGE 140 V 260, E. 3.3 f. betr. kein Beizug Angehöriger zur Übersetzung eines psychiatrischen Untersuchungsgesprächs (Auswirkungen in beweisrechtlicher Hinsicht); BGE 138 V 218, E. 8.1.2 betr. Aktenführungspflicht von Verwaltung und Behörden als Gegenstück und notwendige Voraussetzung zur Wahrnehmung des aus Art. 29 Abs. 2 BV fliessenden Akteneinsichts- und Beweisführungsrecht; BGE 138 V 125, E. 3 betr. Recht auf Beweisabnahme (Videoüberwachung am Arbeitsplatz); BGE 136 V 117, E. 4.2.2 betr. Recht auf Selbstbestimmung im sozialversicherungsrechtlichen Abklärungsverfahren: keine «verdeckten» Abklärungen; BGE 131 V 41, E. 3 betr. kein Recht auf Übersetzung bei internen Notizen (auch nicht aufgrund VO 883/2004); BGE 127 V 219, E. 2 betr. Akteneinsichtsrecht und Recht auf Übersetzung eines MEDAS-Gutachtens.

4. Kostenlosigkeit des Verfahrens, unentgeltlicher Beistand (Art. 29 Abs. 3 BV)

Die Kostenlosigkeit des Verfahrens bzw. der Verzicht auf Gerichtsgebühren betrifft das Verwaltungsverfahren und – mit der *(ATSG-)Revision* von Art. 61 lit. a i.V.m. lit. f^{bis} ATSG (vgl. hinten 7. 84, 7.117) – stark eingeschränkt das Rechtsmittelverfahren, und zwar unabhängig der Verfahrensart (Art. 45 Abs. 1 ATSG, aber auch bei Schadenersatzprozessen i.S.v. Art. 52 AHVG/Art. 52 BVG). Sie 7.12

bezieht sich auf alle mit dem Beschwerde- resp. Rechtsmittelverfahren anfallenden Auslagen, Kosten für Dolmetscher, Gutachten, Spesenersatz u.s.w. Die im Zusammenhang mit dem Abklärungsverfahren i.S.v. Art. 43 ATSG entstehenden Kosten, wie insb. medizinische Abklärungen, Reisekosten, Übersetzungskosten usw. gehen zu Lasten der Durchführungsorgane. Der Grundsatz der Kostenlosigkeit ist auf Gesetzesstufe konkretisiert, jedoch auf Bundesebene durch Art. 69 Abs. 1bis IVG und Art. 66 BGG relativiert worden (Fr. 200.– bis Fr. 1000.–). Auch bei mutwilliger und leichtsinniger Prozessführung durch die versicherte Person werden Kosten auferlegt.

BGE 143 V 269, E. 6 und 7.2 betr. anwendbare Tarife und BGE 139 V 496, E. 4.4 betr. Kriterien zur Kostentragung eines vom Gericht angeordneten Gutachtens

Der Anspruch auf unentgeltliche Prozessführung und unentgeltlichen Rechtsbeistand bezweckt, dass auch eine versicherte Person bei Bedürftigkeit ihre Belange vor Gericht geltend machen und ihre Parteirechte, vertreten durch einen Anwalt, wahren kann. Bedürftigkeit liegt vor, wenn, unter Berücksichtigung eines angemessenen Notgroschens, durch die Prozesskosten der Grundbedarf für den Lebensunterhalt (aufgrund der gesamten Einkommens- und Vermögensverhältnisse sowie sämtlicher finanzieller Verpflichtungen beider Ehegatten [auch Konkubinatspaare] zusammen und unter Berücksichtigung der familienrechtlichen Unterhaltspflicht) im Zeitpunkt der Einreichung des Gesuchs unterschritten würde. Die Bedürftigkeit deckt sich somit nicht mit dem betreibungsrechtlichen Existenzminimum. Der Anspruch setzt zudem voraus, dass der geltend gemachte Anspruch – nach Massgabe einer summarischen Vorprüfung der Prozessaussichten – nicht aussichtslos ist, d.h. die Gewinnaussichten im Zeitpunkt der Verfahrenseinleitung deutlich grösser als die Verlustaussichten sind, und es sich um schwierige tatsächliche oder rechtliche Fragen handelt. Der Anspruch besteht sowohl im Einsprache- (Art. 37 Abs. 4 ATSG) als auch im Rechtsmittelverfahren (Art. 61 lit. f ATSG, Art. 64 BGG), nicht jedoch im Abklärungsverfahren.

BGE 144 V 97, E. 3.5 betr. kein rückwirkender Entzug der unentgeltlichen Verbeiständung bei nachträglichem Vermögenszuwachs; 9C_659/2016 v. 17.1.2017, E. 4.2 betr. Begriff der Bedürftigkeit; BGE 139 V 496, E. 4.4 betr. Kriterien zur Kostentragung eines vom Gericht angeordneten Gutachtens; 8C_1008/2012 v. 24.5.2013, E. 3.3.3 betr. gleiche Berechnungsweise der Bedürftigkeit bei Konkubinatspaaren wie bei Ehepaaren; 9C_432/2010 v. 8.7.2010, E. 5 betr. Berechnung der Bedürftigkeit bei getrennt lebenden Eheleuten unter Berücksichtigung der familienrechtlichen Unterhaltspflicht auch während des Getrenntlebens; BGE 135 I 1, E. 7.4.1 betr. Anspruch auch bei Vertretung durch eine gemeinnützige, sich nicht aus Beiträgen finanzierende Organisation; BGE 128 V 323 betr. Begriff der Mutwilligkeit; BGE 132 V 443, E. 3 betr. kein Anspruch auf anwaltliche Verbeiständung bei medizinischer Begutachtung.

5. Unabhängigkeit, Unparteilichkeit (Art. 30 Abs. 1 BV)

7.13 Die Zusammensetzung des urteilenden Gerichts muss einerseits vollständig und die Richter und die übrigen am Spruchkörper Beteiligten dürfen andererseits nicht befangen resp. mit einem gesetzlichen Ausstandsgrund behaftet sein, welcher zu Misstrauen in die Unparteilichkeit Anlass geben. Dabei genügt bereits der Anschein der Befangenheit. Befangenheit ist anzunehmen, wenn das Verfahren nicht ergebnisoffen ist, sondern Anhaltspunkte bestehen, dass bereits festgefasste Meinungen über den Verfahrensausgang im Raum stehen. Die Beteiligung von Mitgliedern des Spruchkörpers in einem andern Verfahren, auch im Fall einer Rückweisung beim gleichen Verfahren, sowie das Veröffentlichen wissenschaftlicher, in objektiver Weise mit einer Rechtsfrage sich befassender Publikationen führen nicht automatisch zu einer Befangenheit, soweit sie nicht inhaltlich auf eine *eindeutige Voreingenommenheit* schliessen lassen. Auf Ebene des Bundesgerichts sind für die Zusammensetzung des Spruchkörpers Art. 22, 32 Abs. 1 BGG sowie Art. 40 BGerR massgebend.

8C_709/2017 v. 27.4.2018, E. 2.2.1 betr. keine unzulässige Mehrfachbefassung einer Gerichtsperson bei Rückweisung an die Vorinstanz; BGE 144 V 37, E. 2 betr. Zulässigkeit einer «aktiven» Zusammensetzung des Spruchkörpers.

Nicht nur für das Gericht sondern auch für Sachverständige, welche durch ihre tatsächlichen Abklärungen wesentlich zur Sachverhaltsermittlung beitragen, gelten das Gebot der Unbefangenheit resp. die gleichen Ausstands- und Ablehnungsgründe wie für das Gericht, in diesen Fällen jedoch basierend auf Art. 29 Abs. 1 BV.

8C_531/2014 v. 23.1.2015, E. 6.1.1 betr. gleiche Ausstandsgründe wie bei Richtern bei Sachverständigen wie medizinische Gutachter; Anschein der Befangenheit genügt: i.c. Besprechungen zwischen Gutachter und Versicherer.

In den Ausstand zu treten haben auch Funktionäre von Durchführungsstellen, wenn sie über Rechte und Pflichten von Versicherten entscheiden können und in der Sache ein eigenes persönliches Interesse haben, mit einer Partei verheiratet sind oder in Lebensgemeinschaft leben, mit ihr in gerader Linie oder bis zum dritten Grad in Seitenlinie verwandt oder verschwägert sind, Vertreter der Partei oder für sie anderweitig tätig sind sowie wenn andere Gründe, so z.B. eindeutige Voreingenommenheit, eine Befangenheit nahelegen (Art. 36 ATSG, Art. 10 Abs. 1 VwVG).

Das Ausstandsbegehren muss bei erster Gelegenheit gestellt werden, ansonsten die Berufung als gegen Treu und Glauben verstossend qualifiziert wird.

BGE 143 V 66, E. 4.3 betr. Zeitpunkt der Geltendmachung von Ausstandsgründen; 9C_19/2017 v. 30.3.2017, E. 3.2 betr. Begriff der Befangenheit; BGE 139 I 121, E. 5 betr. Befangenheit des gesamten Spruchkörpers; BGE 138 V 154, E. 3.2 betr. Zulässigkeit der Urteilsredaktion durch Gerichtsschreiber/innen; 9C_140/2011 v. 31.5.2011, E. 4 betr. Verneinung einer Befangenheit und 8C_828/2010 v. 14.6.2011, E. 2 betr. Bejahung einer Befangenheit; 9C_375/2008 v. 30.10.2008, E. 4 betr. keine Befangenheit eines vormals anwaltlich tätig gewesenen Gerichtssekretärs; BGE 125 V 499, E. 3 betr. Einbeziehung auch des Gerichtsschreibers; BGE 128 V 82, E. 3 betr. Unabhängigkeit eines teilamtlichen auch als Anwalt tätigen Richters.

6. Willkür (Art. 9 BV)

Verwaltungs- und Gerichtsinstanzen dürfen nicht willkürlich entscheiden. Willkür 7.14
liegt nach bundesgerichtlicher Rechtsprechung vor, wenn ein Entscheid offen-

sichtlich unhaltbar ist, zur tatsächlichen Situation in klarem Widerspruch steht oder dem Gerechtigkeitsempfinden in stossender Weise zuwiderläuft. Willkür liegt zudem vor, wenn eine Norm oder ein anerkannter Rechtsgrundsatz *schwer* verletzt wird. Als willkürlich gilt auch eine offensichtlich, mithin augenfällig und eindeutig unrichtige Sachverhaltsfeststellung. Für die Annahme von Willkür genügt es jedoch nicht, dass eine andere Lösung im Rahmen des Ermessens auch vertretbar und plausibel oder sogar besser wäre. Willkür ist nur gegeben, wenn letztlich auch das *Ergebnis* als willkürlich erscheint.

9C_418/2017 v. 30.10.2017, E. 1 betr. Begriff der Willkür (vgl. auch BGE 135 V 2, E. 1.3).

II. Auf Gesetzesebene

7.15 Für das kantonale Verfahren werden die Verfahrensgrundsätze im ATSG und damit auch auf Gesetzesstufe geregelt, während auf Bundesebene dafür das Bundesgerichtsgesetz und seine Ausführungserlasse massgebend sind.

	Verwaltungsverfahren	***Rechtsmittelverfahren***
a) rasches Verfahren	Art. 51 Abs. 1 ATSG	Art. 61 lit. a ATSG
b) – Öffentlichkeit – mündl./schriftl.	keine	Art. 61 lit. a ATSG Art. 28, 59 BGG
c) – rechtliches Gehör – Akteneinsicht	Art. 42 ATSG Art. 47 f. ATSG	Art. 61 lit. c und d ATSG
d) – Kostenlosigkeit, Verfahrenskosten	Art. 45 ATSG	Art. 61 lit. f^{bis} ATSG
Ausnahmen:	– Verwaltungskosten bei unentschuldbarem Verhalten – Mahngebühren – Kopierkosten? – Beratungskosten auf Bundesebene	– Streitigkeiten, die **nicht Leistungen** betreffen und solche, die **Leistungen** betreffen gemäss gesetzlicher Ausnahme: z.B. Art. 69 Abs. 1bis IVG) – Mutwilligkeit, Leichtfertigkeit Art. 65 Abs. 4 BGG
– Unentgeltlicher Beistand	Art. 37 Abs. 4 ATSG	Art. 61 Abs. 1 lit. f ATSG Art. 64 BGG
Ausnahmen:	– keine Aussichtslosigkeit – finanzielle Bedürftigkeit – komplexe Materie, schwerer Eingriff in die Rechtsstellung, unübersichtlicher Sachverhalt.	– keine Aussichtslosigkeit – finanzielle Bedürftigkeit – komplexe Materie, schwerer Eingriff in die Rechtsstellung, unübersichtlicher Sachverhalt.

	Verwaltungsverfahren	*Rechtsmittelverfahren*
e) – Unabhängigkeit, – Unbefangenheit	Art. 36 ATSG	Art. 6–8, 34–38 BGG

9C_614/2014 v. 16.1.2015, E. 2 betr. kein zwingender Anspruch im raschen Verfahren auf einen zweiten Schriftenwechsel; BGE 131 V 153, E. 6 betr. Höhe des Anwaltshonorars im Verwaltungsverfahren.

C. Das Verwaltungsverfahren

I. Anmelde- und Abklärungsverfahren

1. Anmeldung zum Leistungsbezug, Nachzahlung von Leistungen

Während im Sozialversicherungsverfahren grundsätzlich die Untersuchungsmaxime gilt, ist hingegen der Beginn des Verfahrens der Dispositionsmaxime unterworfen, d.h. dass sich die versicherte Person *zum Leistungsbezug anmelden* muss. Es steht nämlich der versicherten Person frei, durch Nichtanmeldung formlos auf Leistungen zu verzichten oder auch eine Anmeldung zu widerrufen. Auf einen solchen Verzicht kann man in Form einer (verspäteten) Anmeldung zurückkommen, hingegen unter Inkaufnahme von möglichen Rechtsnachteilen, so insbesondere die Verwirkung von Ansprüchen (vgl. vorne 5.354 f.). Für die Geltendmachung von Leistungen (und Beiträgen) gilt gem. Art. 24 Abs. 1 ATSG eine Verwirkungsfrist von 5 Jahren (z.B. für Renten, Hilfsmittel). Einzelgesetze sehen davon abweichend kürzere Fristen vor, wie z.B. Art. 42^{septies} Abs. 2 (Assistenzbeitrag) resp. Art. 48 Abs. 1 IVG (Hilflosenentschädigung, Hilfsmittel, medizinische Massnahmen): Nachzahlung nur für 12 Monate vor Geltendmachung des Anspruchs; Art. 29 Abs. 1 IVG: Rentenanspruch erst 6 Monate nach Geltendmachung (Anmeldung); Art. 22 Abs. 1 ELV: 6 Monate seit (Renten)Verfügungserlass der AHV/IV; Art. 45 und 46 UVG: Kürzung von Leistungen bei Versäumnis der sofortigen Unfallmeldung durch die Versicherten oder deren Arbeitgeber bzw. Arbeitslosenversicherung oder Erschwerung der Abklärung und Beweisbarkeit der tatsächlichen Verhältnisse. 7.16

BGE 140 V 473, E. 3.2 und 3.3 betr. Anwendbarkeit von Art. 29 Abs. 1 IVG auch in der 2. Säule; BGE 138 V 298, E. 5 betr. rückwirkende Zahlung von Ergänzungsleistungen gemäss Art. 24 Abs. 1 ATSG.

I.S.v. Art. 23 ATSG auf Leistungen ausdrücklich und schriftlich verzichten kann man nur, wenn keine eigenen (also nur bei guten wirtschaftlichen Verhältnissen) oder Drittinteressen (Haftpflichtige, Sozialhilfe, Familie und unterstützungspflichtige Verwandte) verletzt werden. Ansonsten ist der Verzicht nichtig.

2. Anmeldeberechtigte Personen und Anmeldungsempfänger (Art. 29 Abs. 1, 30 ATSG; Art. 67 AHVV; Art. 66 IVV; Art. 20 ELV; Art. 45 Abs. 2 UVG; Art. 10 BVV2; Art. 10 Abs. 3 AVIG)

7.17 Wer zur Anmeldung berechtigt ist, ist in Art. 29 ATSG nicht geregelt. Der Kreis der zur Anmeldung legitimierten Personen muss den Einzelgesetzen entnommen werden und ist unterschiedlich weit gefasst. Zur Anmeldung berechtigte Personen können sein:

- die versicherte Person und ihr gesetzlicher Vertreter (z.B. Inhaber der elterlichen Sorge oder Vormund, Ehegatte/eingetragene Partner sowie gemäss Erwachsenenschutzrecht [Art. 360 ZGB] Berechtigte resp. der Beistand gemäss seinem Aufgabenbereich [Art. 374, 390 ZGB]),

  BGE 138 V 58, E. 3-4 betr. keine Legitimation der den Versicherten unterstützenden Fürsorgebehörde für die Anmeldung zum vorzeitigen Bezug der Altersrente nach Art. 67 Abs. 1bis AHVV im Rahmen einer Beistandschaft ad hoc für den Versicherten (aArt. 392 Abs. 1 ZGB).

- betroffene Verwandte in auf- und absteigender Linie oder der Ehegatte, gemäss seinem Aufgabenbereich [Art. 374, 390 ZGB]),

  BGE 138 V 292, E. 4.3.2 betr. EL-Anmeldelegitimation durch Kinder bejaht; 9C_301/2016 v. 25.1.2017, E. 3.2 betr. EL-Anmeldelegitimation durch Ehegatten analog Art. 67 AHVV.

- regelmässig, nicht aber nur einmalig oder gelegentlich, unterstützende Behörden (z.B. Sozialhilfebehörde), Institutionen, Hilfeleistende, die Drittauszahlung an sich verlangen können (Art. 20 ATSG; vgl. vorne 5.352), oder regelmässig Betreuende,
- kraft eigenen Rechts der Willensvollstrecker oder die Erbberechtigten,
- der vorleistungspflichtige Sozialversicherer (Art. 70 ATSG; vgl. vorne 5.361),

  BGE 135 V 106, E. 6.3 betr. Krankenversicherer gegenüber IV.

- der Arbeitgeber in der UV und bV.

7.18 Anmeldeempfänger ist der örtlich und sachlich zuständige Versicherungsträger. Die Zuständigkeit ergibt sich aus dem Einzelgesetz. Den sachlich oder örtlich unzuständigen Versicherer, bei dem *versehentlich* (ohne Wissen und Willen) Anmeldungen, Eingaben und andere Unterlagen eingegangen sind, trifft eine Weiterleitungspflicht, ohne dass daraus dem Versicherten Rechtsnachteile erwachsen dürfen (Art. 30 ATSG). Seine Zuständigkeit prüft der Versicherer von Amtes wegen. Gegenüber der versicherten Person muss der Versicherer auf Wunsch hin bei *Ablehnung seiner Zuständigkeit* verfügungsweise Nichteintreten entscheiden (grundsätzlich als Zwischenverfügung [vgl. hinten 7.41 f.], jedoch *End*verfügung im Falle der Abgrenzung Krankheit/Unfall), und gegebenenfalls eine *positive Zuständigkeitsverfügung* erlassen, wenn die versicherte Person mit der Bejahung der Zuständigkeit durch den Versicherer nicht einverstanden ist (Art. 35

ATSG). Leider sind aber die Ausnahmen von Art. 35 ATSG zahlreich, so: Art. 64 Abs. 6 AHVG; Art. 46 IVV; Art. 83 Abs. 1 lit. r AVIG.

BGE 143 V 66, E. 4.3 betr. Verstoss gegen Treu und Glauben, Verfahrensmängel, i.c. örtlich unzuständige IV-Stelle, erst in einem späteren Verfahrensstadium geltend zu machen.

Bei positiven wie negativen Kompetenzkonflikten *unter den Versicherungsträgern* entscheidet die Aufsichtsbehörde durch Verfügung, da die Sozialversicherungsträger unter sich keine Verfügungsbefugnis haben. Ausgeschlossen ist eine Zuständigkeitsabrede im Sinne eines Vergleichs.

3. Form der Anmeldung, Neuanmeldung, Beratung (Art. 29 Abs. 1 ATSG, Art. 17 Abs. 1 ATSG, Art. 27 ATSG)

Die Anmeldung erfolgt in aller Regel schriftlich mittels vorgeschriebenen Formularen. Deren Vereinheitlichung wurde durch das ATSG nicht herbeigeführt. Keiner eigentlichen Anmeldung bedarf es in der KV. Im System des Tiers garant genügt die Einreichung der Rechnung des Leistungserbringers. 7.19

Keine Anmeldung im eigentlichen Sinn stellt die *Meldung* durch die gemäss Art. 3b Abs. 2 IVG berechtigen Personen und Institutionen zur Früherfassung einer arbeitsunfähigen Person gemäss Art. 3a IVG dar (vgl. vorne 5.111 f.). Hier handelt es sich um eine Vorabklärung, die in eine formelle Anmeldung zum Leistungsbezug münden kann (Art. 3c Abs. 6 i.V.m. Art. 7b Abs. 2 lit. a IVG).

Inhalt der Anmeldung bilden die Personalien sowie eine kurze Schilderung des Sachverhalts (Risikos). In aller Regel hat die versicherte Person mit ihrer Anmeldung auch ihre Ansprüche zu bezeichnen, doch wahrt sie damit nicht nur die geltend gemachten Ansprüche, sondern auch *alle weiteren* ihr zustehenden. Bei Unvollständigkeit der Anmeldung hat der Versicherer die Anmeldung zur Nachbesserung zurückzugeben (Ausfluss von Art. 27 ATSG). Er kann damit eine Fristansetzung unter Androhung von Säumnisfolgen (Nichteintreten) verknüpfen. Eine *Neuanmeldung* ist grundsätzlich jederzeit möglich, gemäss Art. 87 Abs. 3 IVV (i.V.m. Art. 17 Abs. 1 ATSG) jedoch nur unter der Bedingung der *Glaubhaftmachung einer erheblichen Veränderung der tatsächlichen Grundlagen* für den Leistungsanspruch. 7.20

9C_27/2019 v. 27.6.2019, E. 4.2 betr. Voraussetzung der veränderten Befundlage, nicht abweichender Diagnosen oder höherer Arbeitsunfähigkeit; 8C_590/2015 v. 24.11.2015, E. 5.2 betr. keine Neuanmeldung aufgrund einer Praxisänderung ohne Änderung der Voraussetzungen für den Leistungsanspruch; 8C_233/2010 v. 7.1.2011, E. 5.1 betr. grosszügige Handhabung bei nach einer Anmeldung später noch neu geltend gemachten andern Leistungsbegehren (Neuanmeldung).

Zur Beratungspflicht der Versicherungsträger gehört es gemäss Art. 27 Abs. 1 ATSG, auf *eigene Initiative hin* die interessierten Personen über ihre Rechte und Pflichten (z.B. Unterstellung, Beiträge, Leistungen) in ihrem jeweiligen Zuständigkeitsbereich *allgemein* aufzuklären (z.B. durch Merkblätter, Broschüren, Internet und dgl.). Die allgemeine Aufklärungspflicht i.S.v. Art. 27 Abs. 1 ATSG kann auch 7.21

auf einen Leistungserbringer oder den Arbeitgeber übertragen werden. Letzterer hat zudem eine aus Art. 331 Abs. 4 OR fliessende zusätzliche allgemeine Informationspflicht gegenüber seinen Arbeitnehmenden.

Darüber hinaus hat die versicherte Person gemäss Art. 27 Abs. 2 ATSG auch Anspruch auf *individuelle unentgeltliche Beratung* in dem Sinn, als sie auf ihren Wunsch hin über ihre Rechte und Pflichten in ihrer konkreten Situation (Beratungs- und Hinweispflicht) aufgeklärt werden muss (z.B. Aufklärung über Schadenminderungs-, Melde- und Mitwirkungspflichten, Vorleistungspflichten anderer Versicherer und damit verbundene Anmeldungspflicht, Folgen von Auslandaufenthalten, Fristen, Rechtsmittel, Leistungsansprüche). Dabei ist der Versicherer auch verpflichtet, Missverständnisse oder falsche Vorstellungen und Irrtümer seitens des Versicherten aus dem Weg zu räumen. Zudem muss ein Versicherungsträger gemäss Art. 27 Abs. 3 ATSG, nur bezogen auf die aktuelle Situation (nicht auf alle in der Zukunft möglichen), durchaus auch auf die Zuständigkeit anderer Versicherungen hinweisen, wenn Anhaltspunkte dafür bestehen, dass die Person in den versicherten Personenkreis einer anderen Versicherung fällt. Es handelt sich dabei um eine allgemeine Hinweispflicht. Dennoch muss weder auf allgemein Bekanntes oder selbstverständliche elementare Verhaltenspflichten (z.B. Eingliederungswille, vgl. vorne 1.65) noch auf alle theoretisch möglichen Ansprüche anderer Sozialversicherungen hingewiesen werden. Sinn und Zweck dieser Bestimmung ist es, die versicherte Person in die Lage zu versetzen, sich so zu verhalten, dass die gesetzgeberischen Ziele des Erlasses für sie erreicht werden. Für weitergehende Beratungen kann eine Gebühr verlangt werden. Eine fehlerhafte, oder ihr gleichgestellt unterlassene, Beratung kann eine Haftung des Durchführungsorgans bewirken (vgl. vorne 1.67 f.).

Da das ATSG auf die bV keine Anwendung findet, ist in Art. 86b BVG ein Katalog von Informationspflichten der Vorsorgeeinrichtung gegenüber den Versicherten aufgestellt worden.

8C_625/2018 v. 22.1.2019, E. 5 betr. Folgen einer Falschauskunft der ALV; BGE 140 V 22, E. 5.4.4 betr. Informationspflicht der Vorsorgeeinrichtung (Art. 86b Abs. 1 lit. a BVG) hinsichtlich Verabschiedung eines Teilliquidationsreglements; 9C_339/2013 v. 29.1.2014, E. 5 betr. Verletzung der Informationspflicht i.S.v. Art. 86b Abs. 1 lit. a BVG aufgrund fehlender Mitteilung über eine Reglementsänderung bezüglich schriftliche Erklärung als Voraussetzung für eine Lebenspartnerrente; 9C_44/2012 v. 12.4.2012, E. 3.3 betr. beratende Klärung bei widersprüchlichen Aussagen der versicherten Person und Pflicht der Behörde, Missverständnisse beim Versicherten aufzuklären (EO); 9C_894/2008 v. 18.12.2009, E. 3 betr. Voraussetzungen und Tragweite der Beratungspflicht; BGE 131 V 472, E. 6 betr. Wegreise ins Ausland und Verlust der Vermittlungsfähigkeit mit folgender Leistungskürzung: Treu und Glauben.

4. Das Abklärungsverfahren

a) Untersuchungsmaxime und Schweigepflicht (Art. 33, 43–46 ATSG)

7.22 Die Untersuchungsmaxime herrscht, trotz des engen Wortlauts von Art. 43 ATSG, auf allen Stufen und in allen Bereichen des Verwaltungsverfahrens, also im Zusammenhang mit der Unterstellung, der Beitragserhebung oder den Leistungen (vgl. zu den Mitwirkungspflichten der versicherten Person hinten 7.25 ff.). Der Grund dafür liegt darin, dass es sich um ein öffentlich-rechtliches Verfahren handelt, die Verwaltung den besseren fachlichen Durchblick hat und es die Schutzbedürftigkeit des Antragstellers erfordert. Dieser kann jedoch jederzeit das Abklärungsverfahren unterbrechen, sei es durch Rückzug oder durch Verweigerung der Mitwirkung. Im Abklärungsverfahren bedeutet der Untersuchungsgrundsatz zweierlei:

- Feststellung des Sachverhalts von Amtes wegen sowie
- Rechtsanwendung und Auslegung von Amtes wegen.

Die Verwaltung hat die Verfahrensleitung inne und muss, unabhängig von den Parteianträgen (solche darf sie bei rechtlicher Relevanz jedoch nicht einfach ignorieren: vgl. vorne 7.09 ff.), den rechtserheblichen Sachverhalt selbständig und von Amtes wegen ermitteln und sich die für die Beurteilung und Entscheidung notwendigen Unterlagen, Auskünfte und Beweismittel verschaffen. Dabei geniesst sie einen Ermessensspielraum bezüglich deren Notwendigkeit, Umfang und Zweckmässigkeit. Rechtserheblich sind alle Tatsachen, von deren Vorliegen es abhängt, ob über den streitigen Anspruch so oder anders zu entscheiden ist. Ziel des Verfahrens ist die Ermittlung der tatsächlichen Wahrheit und die richtige Rechtsanwendung. Es sind z.B. alle in Frage kommenden Leistungskategorien zu prüfen sowie alle rechtsbegründenden und rechtsausschliessenden Sachverhalte abzuklären. Dabei ist der Versicherer als gesetzesvollziehendes Organ gemäss bundesgerichtlicher Rechtsprechung im Abklärungsverfahren zur Objektivität verpflichtet und nicht, wie im Rechtsmittelverfahren, Partei, d.h. hat bzw. hätte während des Verwaltungsverfahrens eine neutrale Rolle einzunehmen.

Von der Verwaltung *vollständig* abgeklärt werden müssen nur die *rechtlich relevanten* Tatsachen. Wie weit die Abklärungen zu gehen haben, liegt im Ermessen der Verwaltung. Dabei braucht sie nicht das allerletzte Detail abzuklären. Ist nach ihrer Einschätzung der Sachverhalt hinreichend abgeklärt und für die Entscheidfällung reif bzw. gilt er aufgrund pflichtgemässer Beweiswürdigung als *überwiegend wahrscheinlich*, d.h. es sind aus weiteren Abklärungen keine zusätzlichen Erkenntnisse mehr zu erwarten, kann sie von weiteren Abklärungen absehen (antizipierte Beweiswürdigung, Grundsatz des raschen Verfahrens). Auf weitere Abklärungen darf immer auch dann verzichtet werden, wenn die versicherte Person ihrer Mitwirkungspflicht nicht nachkommt.

9C_262/2018 v. 22.8.2018, E. 4.1 betr. antizipierte Beweiswürdigung im Abklärungsverfahren; 8C_42/2015 v. 29.5.2015, E. 5.1 betr. keine Verletzung des rechtlichen Gehörs durch Verweigerung eines Gutachtens; BGE 132 V 368, E. 6.2 betr. keine Teilabklärungen und Verschiebung von Abklärungen und Beweiserhebungen ins Einspracheverfahren.

Sämtliche an der Durchführung, Kontrolle oder Aufsicht der Sozialversicherungen beteiligten Personen (z.B. Sachbearbeiter, Ärzte, Abklärungsstellen, externe Gutachter, Arbeitgeber) unterliegen gegenüber Dritten, d.h. Aussenstehenden 7.23

der jeweiligen Verwaltungs*einheit*, einer Schweigepflicht (Art. 33 ATSG), vorbehalten bleiben die Art. 32, 28 Abs. 3 und 47 ATSG sowie einzelgesetzliche Aufhebungen von der Schweigepflicht betr. Datenbekanntgabe. Soweit nicht ein gesetzlicher Rechtfertigungsgrund besteht, muss somit die versicherte Person für jeden einzelnen Schritt ihre Einwilligung zur Datenweitergabe erteilen.

7.24 Die Kosten der angeordneten Abklärungen (z.B. med. Untersuchungen, Gutachten, Übersetzungen, Reisespesen) sowie diejenigen für Erwerbsausfall und Spesen der Partei und der Auskunftsperson trägt der Versicherungsträger (Art. 45 ATSG). Er kommt auch für die Kosten nicht von ihm angeordneter Massnahmen (Parteigutachten) auf, sofern sie geeignet sind, den Ausgang des Verfahrens zu beeinflussen. Der Partei können hingegen die Kosten auferlegt werden, wenn sie in unentschuldbarer Weise und trotz Mahnung die Abklärung verhindert oder erschwert (*ATSG-Revision* [Abs. 4]: bei vorwerfbarem Verhalten und bewusst unwahren Angaben auch die Kosten einer Observation).

9C_921/2013 v. 24.2.2014, E. 5.2 betr. Übernahme der Kosten durch die IV der nicht von der IV angeordneten, vor der Anmeldung zum IV-Leistungsbezug durchgeführten Abklärungen und nicht durch die KV; 9C_763/2012 v. 3.5.2013, E. 6 betr. Neutralitätspflicht während Abklärungsverfahren; BGE 136 V 376, E. 4 betr. Stellung der Invalidenversicherung im Verwaltungsverfahren; BGE 132 V 93, E. 4 und 5.2.8.

b) Mitwirkungspflichten (Art. 28, 31, 43 ATSG; Art. 7b IVG; Art. 10, 24 Abs. 4 BVV2)

7.25 Der Untersuchungsgrundsatz bedarf einer Ergänzung durch die Mitwirkungspflichten der versicherten Person oder der Arbeitgeber, welche beim Vollzug der Sozialversicherungsgesetzte unentgeltlich mitzuwirken haben (Art. 28 Abs. 1 ATSG). Dazu gehört u.a., dass der *vollständig ausgefüllte Antrag* auf Leistungsbezug als Ausfluss der Mitwirkungspflicht eingereicht werden muss oder dass der Arbeitgeber über Arbeitnehmerbestand und Löhne bzw. deren erhebliche Veränderungen Meldung erstattet.

Adressaten der Mitwirkungspflichten sind neben den versicherten Personen auch andere Leistungsansprecher sowie, wenn es um die Beanspruchung von Versicherungsleistungen geht (*ATSG-Revision*: auch bei Festsetzung des Regressanspruchs), die durch die versicherte Person vom Berufs- oder Amtsgeheimnis entbundene Dritte (Art. 28 Abs. 3 ATSG: Ermächtigung im Einzelfall; in Abweichung davon jedoch Art. 6a IVG als Generalermächtigung/gesetzliche Ermächtigung), wie z.B. Ärzte, Spitäler oder Amtsstellen, soweit diesen nicht ein Zeugnisverweigerungsrecht zukommt (Art. 42 Abs. 1 lit. a BZP). Kann Art. 28 ATSG nicht zur Anwendung gelangen, ist Art. 13 VwVG massgebend (vgl. Art. 55 Abs. 1 ATSG).

7.26 Inhaltlich geht es um die Mitwirkung bei der Sachverhaltsabklärung, so z.B. Mitwirkung bei notwendigen und zumutbaren medizinischen Untersuchungen (Art. 43 Abs. 2 ATSG), Einreichung von Unterlagen und Akten, Erteilen von mündlichen oder schriftlichen Auskünften, Duldung von Augenscheinen oder Entbindung vom Arzt- oder Berufsgeheimnis durch die urteilsfähige versicherte Person (Art. 28 Abs. 2 und 3 ATSG). Dritte sind jedoch ausschliesslich zur Auskunftserteilung (samt der belegenden notwendigen Unterlagen), nicht auch zu anderen Mitwirkungshandlungen, verpflichtet. Die Mitwirkung der dazu verpflichteten versicherten Person sowie der Arbeitgeber muss unentgeltlich erfolgen, während andere Verpflichtete (z.B. der Arzt) zu entschädigen sind, soweit es sich nicht um Amts- und Verwaltungshilfe i.S.v. Art. 32 ATSG handelt.

Die Verletzung oder Nichtvornahme einer *zumutbaren* Mitwirkungshandlung zieht, soweit man ihr in unentschuldbarer Weise nicht nachkommt, nach gehöriger Fristansetzung und Androhung der Sanktion entweder *Nichteintreten* auf das Gesuch oder *Entscheid aufgrund der Akten* nach sich. Es ist die günstigere Lösung zu wählen (Art. 43 Abs. 3 ATSG). Die Sanktion darf aber nur solange andauern, als die Mitwirkung verweigert wird, denn bei nachträglicher Mitwirkungsbereitschaft entfällt der Kausalzusammenhang zur Sanktion.

8C_636/2016 v. 16.11.2016, E. 2 und 4.3 betr. Folgen der Verletzung der Mitwirkungspflicht.

Eine Verletzung der Mitwirkungspflicht im Verfahren der Invalidenversicherung bewirkt in den Fällen von Art. 7b Abs. 2 lit. a–d IVG (z.B. Verletzung der Auskunfts- oder Meldepflicht, Mitwirkung bei medizinischen Abklärungen), in Berücksichtigung des Ausmasses des Verschuldens, als Sanktion zudem Leistungskürzungen oder -einstellungen i.S.v. Art. 21 Abs. 4 ATSG, und zwar *ohne* Durchführung eines Mahn- und Bedenkzeitverfahrens.

8C_674/2013 v. 20.2.2014, E. 4.1 betr. Zulässigkeit einer relativ kurzen Bedenkfrist im Rahmen des Mahn- und Bedenkzeitverfahrens (i.c. 8 Tage); 8C_396/2012 v. 6.10.2012, E. 5 betr. keine Verletzung der Mitwirkungspflicht bei blosser Verschiebung von vorgeschlagenen Untersuchungsterminen und Entschuldbarkeit; BGE 138 V 63, E. 4.3 betr. Sanktionierung bei unrechtmässigem Leistungsbezug gemäss Art. 7b Abs. 2 lit. c IVG; BGE 136 V 2, E. 2 betr. Verwaltungshilfe unter den Sozialversicherungsträgern gemäss Art. 32 ATSG (i.c. Akteneinsichtsrecht auch im Beschwerdeverfahren bejaht).

Eine aus Treu und Glauben herzuleitende Mitwirkungspflicht ist die *Meldepflicht* 7.27
(Art. 31 ATSG). Ändern sich, wie insbesondere bei Dauerleistungen möglich, die statusbezogenen, familiären, zivilstandsmässigen, wirtschaftlichen oder gesundheitlichen Verhältnisse zum Guten oder Schlechten in erheblicher Weise (vgl. vorne 5.337), muss die von der Leistung begünstigte Person oder Stelle dem Versicherungsträger oder dem Durchführungsorgan unverzüglich Meldung zwecks Anpassung der Leistungen erstatten (vgl. z.B. Art. 77 IVV). Eine Meldepflichtverletzung begeht auch, wer unvollständige Angaben macht (z.B. Formulare unvollständig oder falsch ausfüllt). Die Verletzung der Meldepflicht führt zu einer Rückerstattungspflicht unrechtmässig bezogener Leistungen (Art. 25 ATSG, vgl. vorne 5.356), welche nur bei gutem Glauben *und* grosser Härte erlassen werden kann, und gem. *ATSG-Revision* (Art. 52a ATSG, Art. 26b BVG) zur Möglichkeit der vorsorglichen Einstellung von Leistungen (vgl. hinten 7.42). Auf die Meldepflicht muss hingewiesen werden (Art. 27 ATSG). Sie betrifft nur Sachverhaltsänderungen, nicht Rechts- und Rechtsprechungsänderungen. Die Mel-

depflichtverletzung ist bereits bei leichter Fahrlässigkeit erfüllt. Zusätzlich ist Verschuldensfähigkeit notwendig. Meldepflichtig sind auch der gesetzliche Vertreter, Behörden oder der Arbeitgeber, denen die Leistung z.B. durch Abtretung oder Direktzahlung (in der UV) zukommt, sowie Leistungen beziehende Angehörige (Familienmitglieder, Lebenspartner) und alle Stellen und Organe der Sozialversicherung, welche *in Ausübung ihrer Funktion* Kenntnis von der Sachverhaltsänderung erhalten. Sodann treffen auch den Arbeitgeber gewisse Meldepflichten, wie z.B. Meldung der Arbeitnehmenden bei der AK (Art. 35 Abs. 2, 36 Abs. 2 AHVV), der VE (vgl. Art. 10 BVV2) oder die Unfallmeldung (Art. 45 UVG). Davon zu unterscheiden ist die Meldung i.S.v. Art. 3b IVG (Früherfassung, vgl. vorne 5.111 f.).

9C_771/2014 v. 19.5.2015, E. 4.2.2 betr. Meldepflicht bzgl. der IV-Rentenaufhebung gegenüber der Vorsorgeeinrichtung; 8C_28/2014 v. 22.7.2014, E. 5 betr. Kausalität zwischen Meldepflichtverletzung und fortgesetzter Leistungsausrichtung; 8C_726/2011 v. 11.1.2012, E. 3.3 betr. keine Meldepflichtverletzung bei Absolvierung unentgeltlicher Probetage im Hinblick auf eine spätere Anstellung; BGE 138 V 218, E. 10 betr. Meldepflicht der Zivilstandsänderung; 9C_921/2010 v. 19.1.2011, E. 5 betr. Verletzung der Meldepflicht durch den Vertreter und Anrechnung von dessen Unterlassung beim Vertretenen.

c) Mitwirkungsrechte (Art. 27, 42, 47 f. ATSG)

7.28 Die versicherte Person geniesst im Rahmen ihrer Mitwirkung im Verfahren auch rechtliche Garantien wie:

- Wahrung des rechtlichen Gehörs (Art. 42 ATSG, vgl. vorne 7.09 ff.), welches jedoch gemäss Art. 42 Abs. 2 ATSG auch ins Einspracheverfahren verlegt werden kann (Ausnahme: Art. 57a IVG). Dem Anspruch auf rechtliches Gehör zugeordnet werden auch das Recht auf einen Dolmetscher oder Zustellung sowie Begründung des Entscheids (Art. 49 Abs. 3 ATSG);
- Recht auf Akteneinsicht (als Teil des Anspruchs auf rechtliches Gehör, um seine Vorbringen belegen zu können) auf (schriftliches) Gesuch des Antragstellers hin während eines pendenten Verfahrens gegenüber der zuständigen Behörde (auch Gericht), verbunden mit der Pflicht zur Information aller Verfahrensbeteiligter im Falle unbekannter und entscheidrelevanter Akten (Art. 47 ATSG, Art. 8 ATSV). Hingegen ist Art. 8 DSG massgebend bei einem ausserhalb des pendenten Verfahrens ausgeübten Einsichtsrecht. Auf der Grundlage von Art. 32 ATSG (Amtshilfe) bzw. gesetzlichem Recht zur Datenbekanntgabe (z.B. Art. 84a KVG) oder im Rahmen der Interinstitutionellen Zusammenarbeit (IIZ) geben sich die jeweiligen Sozialversicherungsträger gegenseitig kostenlos Daten bekannt (Art. 68bis Abs. 2 IVG, Art. 85f Abs. 2 und 3 AVIG).

  BGE 136 V 2, E. 2 betr. Amtshilfe während des Beschwerdeverfahrens; BGE 132 V 387, E. 6.2 betr. Form und Zuständigkeiten für das Akteneinsichtsrecht; BGE 127 V 219, E. 1.b betr. Recht auf Zustellung der Akten in Kopieform.

- Recht auf Äusserung zu tatsächlichen Fragen, nicht zu Rechtsfragen;

- Recht auf Beibringung *erheblicher* Beweise und Pflicht der Behörde, diese entgegenzunehmen, zu prüfen und, sofern von Relevanz, abzunehmen (vgl. vorne 7.22),
- Recht auf unentgeltliche Auskunft und Beratung über die Rechte und Pflichten gegenüber dem im konkreten Fall zuständigen Versicherungsträger (Art. 27 ATSG: vgl. vorne 7.21, 1.68).
- Recht auf Mitwirkung bei der Sachverhaltsabklärung, so insb. das Teilnahmerecht bei Beweisabnahmen sowie das Recht, Fragen resp. Ergänzungsfragen zu stellen. Im Zusammenhang mit der Vergabe eines medizinischen Gutachtens besteht das Recht auf Bekanntgabe von Namen und Facharzttitel (nicht aber beruflicher Werdegang und absolvierte Aus- und Weiterbildungen) des beauftragten externen und unabhängigen, effektiv mit der Abklärung befassten Gutachters (auch wenn Spital als Auftragnehmer auftritt: Art. 44 ATSG). Nur so kann die versicherte Person von ihrem Recht auf Ablehnung aus triftigen Gründen (z.B. Befangenheit, Inkompetenz) Gebrauch machen. Vertrauensärzte der Versicherung oder Suva-Kreisärzte gelten jedoch aufgrund ihres Anstellungsverhältnisses nicht a priori als befangen, d.h. dass auch versicherungsinternen Gutachten im materiellen Sinn Beweiswert zukommt. Über die gesetzlichen formellen persönlichen Ausstandsgründe (Art. 36 Abs. 1 ATSG: Befangenheit [nicht jedoch wirtschaftliche], Verwandtschaft, Eigeninteressen; vgl. vorne 7.13) hinaus können auch materielle (z.B. mangelnde Fachkompetenz, second opinion) geltend gemacht werden.

  8C_875/2017 v. 5.7.2018, E. 3 betr. Beweiswert versicherungsinterner Gutachten: kein Anspruch auf externe Begutachtung aus Art. 6 EMRK; BGE 138 V 271, E. 1.1 betr. materielle «Ablehnungsgründe» und E. 1.2 betr. nicht wiedergutzumachender Nachteil im erstinstanzlichen Verfahren und E. 2 betr. im bundesgerichtlichen nur mit Bezug auf formelle Ausstandsgründe; BGE 137 V 210, E. 3.4.2.7 betr. formelle und materielle, nicht aber wirtschaftliche Befangenheitsgründe.

In Ausdehnung der Mitwirkungsrechte im Zusammenhang mit der medizinischen Begutachtung hat die Behörde der versicherten Person in einem ersten Schritt die Art des Gutachtens (poly-, bi- oder monodisziplinär), die Fachdisziplinen und die Expertenfragen mitzuteilen (nicht in Verfügungsform) und ihr Gelegenheit zur Stellungnahme und für Zusatzfragen zu geben. Findet sich in der Folge kein Konsens bzw. werden nicht alle Zusatzfragen zugelassen, muss zwecks Wahrung der Mitwirkungsrechte eine Zwischenverfügung erlassen werden (vgl. hinten 7.41 f.). Nach Bereinigung der Differenzen wird im Fall der Vergabe eines *polydisziplinären* Gutachtens in einem zweiten Schritt die Gutachterstelle nach dem Zufallsprinzip (Plattform SuisseMED@P) «ausgelost» und dem Versicherten die Person der Gutachter mitgeteilt, damit er formelle oder materielle Ausstandgründe geltend machen kann. Findet sich kein Konsens bezüglich der Person des Gutachters bzw. der Gutachterstelle, wird eine Zwischenverfügung erlassen (Art. 44 ATSG, Art. 93 MVG). Bei *mono- und bidisziplinären* Gutachten sind die Mitwirkungsrechte im Sinn von

BGE 137 V 210 ff. gleichermassen zu berücksichtigen, nur erfolgt keine Zuweisung durch «SuisseMED@P». Der Versicherer wählt in diesen Fällen die Gutachter resp. Gutachterstelle aus und die versicherte Person kann dagegen ihre formellen oder materiellen Einwände geltend machen, was bei ausbleibendem Konsens Anlass für eine Zwischenverfügung ist. Den Gutachtern steht jedoch das Recht zu, weitere für die Abklärung notwendige Disziplinen vorzuschlagen resp. nach Rücksprache mit dem Auftraggeber beizuziehen.

8C_862/2017 v. 23.4.2018, E. 4.1.2 betr. keine gerichtliche Überprüfung der Mitwirkungsrechte bei Gerichtsgutachten; 8C_15/2015 v. 31.3.2015, E. 6.4 betr. keine Anwendung der Verfahrensgarantien gem. BGE 137 V 210 ff. auf vom Krankentaggeldversicherer eingeholten medizinischen Gutachten; BGE 141 V 330, E. 4.4 betr. Einschränkungen durch die IV bezüglich der zugelassenen Zusatzfragen ebenfalls in Form einer Zwischenverfügung, E. 6 betr. mögliche Arten von Zusatzfragen; BGE 140 V 260, E. 3 betr. kein Recht auf Beizug Angehöriger bei Abklärungen sowie 8C_504/2014 v. 29.9.2014, E. 5.2.2 betr. ebenso bei Haushaltabklärungen; BGE 139 V 349, E. 5 betr. Anwendung der Mitwirkungsrechte gem. BGE 137 V 210 ff. auch auf mono- und bidisziplinäre Gutachten und E. 3.3 betr. Beizug von weiteren Disziplinen auf Empfehlung der Gutachter; BGE 138 V 318, E. 6.1.4 betr. Anordnung einer Begutachtung in der UV analog zu den für die IV entwickelten Modalitäten (BGE 137 V 210 ff.); BGE 137 V 210, E. 3.4.2 betr. vorgängiges Äusserungsrecht zu den Gutachterfragen und den Gutachtern; BGE 136 V 117 , E. 3.4 betr. keine Anwendung von Art. 44 ATSG im Falle fachmedizinischer Stellungnahmen der Rehaklinik Bellikon im Auftrag der Suva; BGE 135 V 254, E. 4.3 betr. keine Anwendbarkeit von Art. 44 ATSG auf RAD-Ärzten; BGE 132 V 376, E. 6-7 betr. MEDAS als unabhängige Institution; BGE 132 V 93, E. 7 betr. persönlicher Zweifel des Patienten, nicht ernst genommen zu werden.

d) Beweiserhebung

7.29 Sachverhaltsabklärung von Amtes wegen bedeutet, dass der Versicherer die Beweise, unter Mitwirkung der Parteien, zu erheben hat und es seine Sache ist, *sämtliche* zur Erhärtung des rechtlich relevanten Sachverhalts dienlichen Beweise beizubringen. Das ATSG schränkt die zugelassenen Beweismittel nicht ein. Als Beweismittel kommen, in ergänzender Anwendung des VwVG (vgl. Art. 55 Abs. 1 ATSG) auch die in Art. 12 VwVG erwähnten in Frage:

- mündliche und schriftliche Auskünfte und Befragungen, auch Dritter (vgl. auch Art. 88 MVG),
- Augenschein sowie Abklärungsbericht vor Ort,
- Gutachten (Gerichtsgutachten, Administrativgutachten, Arztberichte, Aktengutachten sowie alle anderen nicht medizinischen Gutachten von Fachpersonen),
- Zeugen,
- Urkunden,
- Untersuchungen, die objektiv und subjektiv zumutbar sind (Art. 43 Abs. 2 i.V.m. Art. 21 Abs. 4 ATSG),

9C_732/2012 v. 26.11.2012 betr. Zumutbarkeit eines Bluttests zur Kontrolle der Medikamenteneinnahme; 9C_748/2011 v. 1.12.2011, E. 3 betr. Zumutbarkeit einer BEFAS-Abklärung bei Traumatisierung; 9C_621/2007 v. 8.10.2008, E. 5 betr. DNA-Analyse zur Feststellung der Abstammung grundsätzlich bejaht (im Zusammenhang mit Art. 9 Abs. 3 IVG).

- Erfahrungssätze.

Die Verwaltung würdigt die Beweise frei. Sie kennt grundsätzlich keine Hierarchie in der Beweiswürdigkeit der Beweismittel. Massgebend ist in erster Linie die Überzeugungskraft des Beweismittels und nicht seine Herkunft oder Bezeichnung. Im Falle von Gutachten räumt das Bundesgericht Gerichtsgutachten und (versicherungsexternen) Administrativgutachten einen höheren (vollen) Beweiswert ein als Parteigutachten oder, wegen der besonderen Vertrauensstellung, den Hausarztberichten. Versicherungsinterne Gutachten geniessen grundsätzlich ebenfalls vollen Beweiswert, solange nicht schon geringe Zweifel an der Zuverlässigkeit und Schlüssigkeit der ärztlichen Feststellung aufkommen. Damit ein Gutachten aber generell als beweiswürdig gilt, hat es auf vollständig erhobenen Grundlagen zu beruhen, die Vorakten zu berücksichtigen, die gestellten Fragen umfassend zu beantworten und in seinen Folgerungen nachvollziehbar, widerspruchsfrei und zuverlässig zu sein. Zudem ist indikatorenorientiert vorzugehen (vgl. vorne 5.313, 2.31), falls es um die Abklärung der Arbeitsfähigkeit bei nicht objektivierbaren oder anderen psychischen Gesundheitsschäden geht (wobei auch bei den übrigen Gesundheitsstörungen ein entsprechendes, den zu beurteilenden Krankheitsbildern adäquates Vorgehen wünschenswert erscheint). Das Gericht wird bei Schlüssigkeit und Erfüllen der formellen Bedingungen vom Ergebnis eines Gutachtens kaum abweichen. 7.30

8C_336/2015 v. 25.8.2015, E. 4.3 betr. Beweiswert von RAD-Berichten, Administrativ- und Gerichtsgutachten (vgl. auch BGE 139 V 225, E. 5.2 und BGE 125 V 351, E. 3.b); BGE 141 V 281, E. 5.2 betr. indikatorenorientierte gutachterliche Abklärung im Falle von nicht objektivierbaren Gesundheitsschäden; 8C_159/2014 v. 26.8.2014, E. 3.2 betr. Beweiswert von Gerichtsgutachten: kein Abweichen bei Fehlen offensichtlich widersprüchlicher Aussagen oder gegensätzlicher Meinungsäusserungen der Fachexperten; BGE 140 V 193, E. 3.1 betr. Grundsatz der freien Beweiswürdigung in Bezug auf Sachverständigengutachten zur Beurteilung der Arbeitsunfähigkeit.

Rechtswidrig, so insbesondere ohne Einwilligung der versicherten Person, erlangte Beweismittel sind nur dann nicht zu verwerten, wenn nicht ein Rechtfertigungsgrund wie höher stehendes privates oder öffentliches Interesse vorliegt. Die Verwertbarkeit widerrechtlich erlangter Beweismittel richtet sich nach Art. 152 Abs. 2 ZPO oder Art. 141 Abs. 2 StPO, wonach bei letzterer widerrechtlich erlangtes Beweismaterial dann verwertbar ist, wenn die erfassten Handlungen aus eigenem Antrieb und ohne äussere Beeinflussung des Bespitzelten gemacht wurden und ihm dabei keine Falle gestellt worden war (vgl. BGE 131 I 272, E. 4.2). In diesen Zusammenhang zu stellen ist auch die Observation von Leistungsbezügern, die bei Aussichtslosigkeit anderer Abklärungsmassnahmen eingesetzt werden kann, wenn konkrete Anhaltspunkte bestehen, dass auf unrechtmässige Weise Leistungen erwirkt werden (Art. 43a Abs. 1 ATSG: Inkraftsetzung voraussichtlich auf 1.1.2020 oder 1.9.2019). Damit die Observation rechtmässig ist, müssen zusätzlich zahlreiche Bedingungen erfüllt sein, wie insbesondere der Beizug nur ausgewiesener Spezialisten, Verwendung nur von gewissen technischen Mitteln (bei Standortbestimmungsgeräten nur mit gerichtlicher Genehmi- 7.31

gung: Art. 43b ATSG), beschränkter Zeitraum (30 Tage innerhalb von sechs Monaten), auf allgemein zugänglichem Ort bzw. Einsehbarkeit von einem allgemein zugänglichen Ort (Art. 43a Abs. 4–6 ATSG). Vor Erlass der Verfügung ist die observierte Person über die Observation zu informieren (mit Gewährung des rechtlichen Gehörs und Akteneinsichtsrechts) und bei Nichtbestätigung des Anfangsverdachts muss eine Verfügung erlassen und nach deren Rechtskraft das Observationsmaterial vernichtet werden (Art. 43a Abs. 8 ATSG).

9C_806/2016 vom 14.7.2017, E. 5.1 betr. Zulässigkeit der Verwertung von widerrechtlichen Observationen (vgl. Rz 100 des Urteils 61838/10 i.S. Vukota-Bojic), da das Verfahren als solches nicht gegen Art. 6 EMRK verstiess; 9C_535/2017 v. 14.12.2017, E. 4.2 und 8C_304/2016 v. 15.9.2017, E. 4 betr. trotz Verletzung von Art. 13 BV zulässige Verwertung fair erlangter Beweismittel; BGE 138 V 125, E. 3.2 betr. Verwertbarkeit von Video-Aufnahmen des Arbeitgebers; BGE 132 V 242 betr. Bejahung der Verwertung von Video-Aufnahmen durch die UV eines privaten Detektivs der Haftpflichtversicherung.

Eine Weitergabe von Gutachten und Auskünften an andere Versicherungen (z.B. zur Erstellung eines Aktengutachtens) ist nur mit Einverständnis der versicherten Person zulässig (Art. 28 Abs. 3 ATSG).

Eine antizipierte Beweiswürdigung ist möglich, sofern der rechtserhebliche Sachverhalt umfassend abgeklärt wurde, keine widersprüchlichen Aussagen vorliegen und weitere Beweiserhebungen keine neuen Erkenntnisse bringen. Die antizipierte Beweiswürdigung gilt somit nicht als Verletzung des Untersuchungsgrundsatzes und des rechtlichen Gehörsanspruchs, sofern sie *nicht willkürlich* erfolgt (vgl. hinten 7.110).

7.32 Im Falle der Zusprechung oder Ablehnung von Leistungen wird *kein strikter Beweis* verlangt, anders als bei der Unterstellung oder im Beitragsbereich. Auf Grund der oft hypothetischen Verhältnisse und der Tatsache, dass es sich namentlich bei medizinischen Einschätzungen um Entscheide mit einer gewissen Ermessensbreite handelt, muss man sich mit dem *Beweisgrad der überwiegenden Wahrscheinlichkeit* begnügen, so insbesondere bei der Abklärung des natürlichen Kausalzusammenhangs. Die blosse *Möglichkeit oder Wahrscheinlichkeit* einer Ursache bzw. einer Tatsache reicht jedoch für eine bestimmte Rechtsfolge nicht aus.

8C_501/2018 v. 13.12.2018, E. 3 betr. Nachweis asbestbedingter Ursache (BGE 138 V 218).

7.33 Die Beweislastverteilung bzw. die formelle Beweislast entspricht Art. 8 ZGB. Wer Rechte beansprucht, trägt die Folgen der Beweislosigkeit. Leistungsbegründende Tatsachen sind von der versicherten Person, leistungsaufhebende vom Versicherer zu beweisen.

9C_338/2018 v. 17.12.2018, E. 4.2 betr. Beweislast und Beweislosigkeit; 9C_764/2016 v. 20.4.2017, E. 3.1 betr. Beweislastverteilung.

II. Die Verfügung

7.34 Das sozialversicherungsrechtliche Verwaltungsverfahren ist dadurch gekennzeichnet, dass es der versicherten Person sowohl mit formellen Verfügungen i.S.v. Art. 49 ATSG als auch im formlosen Verfahren i.S.v. Art. 51 ATSG begegnen kann. In weiten Bereichen – aus verfahrensökonomischen Gründen – wird nämlich ohne Erlass von formellen Verfügungen, also im formlosen Verfahren, vorgegangen, so insbesondere im Bereich der Zusprechung von Taggeldern, Sachleistungen oder der Erhebung der Arbeitgeber-/Arbeitnehmerbeiträge und anderem mehr (vgl. Art. 14 Abs. 3 AHVG; Art. 58 IVG i.V.m. Art. 74ter IVV; Art. 80 Abs. 1 KVG; Art. 124 UVV e contrario; Art. 24 Abs. 7 MVV; Art. 18 Abs. 2 EOG; Art. 100 Abs. 1 AVIG).

Während die Durchführungsorgane, auch die privatrechtlich organisierten, mit hoheitlicher Gewalt und Verfügungsbefugnis ausgestattet sind, fehlt es im Bereich der beruflichen Vorsorge hingegen an der Verfügungsbefugnis der Vorsorgeeinrichtungen, da sie nicht mit hoheitlicher Gewalt ausgestattet sind. Ausnahme bildet einzig die Befugnis der Auffangeinrichtung, den Zwangsanschluss und die rückwirkend geschuldeten Beiträge zu verfügen.

1. Begriff und Gegenstand (Art. 5 VwVG i.V.m. Art. 49 Abs. 1 und 51 ATSG)

Das ATSG umschreibt den Verfügungsbegriff nicht ausdrücklich. Indessen hat die Rechtsprechung festgelegt, dass im Sozialversicherungsrecht der Verfügungsbegriff analog zu demjenigen nach Art. 5 Abs. 1 VwVG zu bestimmen ist. Dafür spricht auch die in Art. 55 Abs. 1 ATSG enthaltene Verweisung auf das VwVG. Entsprechend handelt es sich bei Verfügungen um 7.35

- *Anordnungen* (= einseitig)
- *der Behörden* (= hoheitlich)
- *im Einzelfall* (= individuell konkret), welche sich auf
- *öffentliches Recht* des Bundes (= Bundessozialversicherungsrecht)

stützen. Keinen Verfügungscharakter haben behördliche Empfehlungen, Belehrungen und Beratungen i.S.v. Art. 27 ATSG, reine Aufforderungen zur Selbsteingliederung oder Aufnahme resp. Befolgung von Eingliederungsmassnahmen, Mitteilungen sowie Zusicherungen, sofern mit ihnen nicht verbindlich behördliche Rechtsfolgen verknüpft werden. Kein Verfügungscharakter kommt auch einem Brief, der Mitteilung betr. Vornahme eines Gutachtens (vgl. 7.28) oder einem Beiblatt zur Verfügung zu, sofern diese nicht die nötigen formellen Erfordernisse erfüllen.

BGE 130 V 388, E. 2.3 betr. Begriff der Verfügung und Voraussetzung eines Sachurteils.

Gemäss Art. 49 Abs. 1 ATSG kommen als Gegenstand der Verfügung *Leistungen, Forderungen und Anordnungen* in Frage. Leistungen und Forderungen entsprechen dem Begriffspaar «Rechte und Pflichten» gemäss Art. 5 Abs. 1 lit. a VwVG. Die Einzelgesetze können aber auch selbständig anordnen, in welchen 7.36

Fällen formelle Verfügungen zu erlassen sind (z.B. Art. 100 Abs. 1 AVIG). Zudem ist Art. 49 ATSG nur auf diejenigen Bereiche anwendbar, welche in den Einzelgesetzen dem ATSG überhaupt unterstellt sind (vgl. Art. 1 KVG, Art. 1 UVG).

7.37 Der genaue Gehalt des Begriffes *Anordnung* bereitet dagegen Auslegungsschwierigkeiten; die Materialien nennen die Massnahmen zur Unfallverhütung als Beispiel einer Anordnung (BBl 1991 II 261). Es ist davon auszugehen, dass der Gesetzgeber – in Analogie zu Art. 5 Abs. 2 VwVG – darunter alle Entscheide, welche in der «Abwicklung» eines konkreten Rechtsverhältnisses gefällt werden und darüber hinaus materiell Rechte und Pflichten begründen, als Verfügung betrachtet (Entscheide über Zuständigkeit, Ausstand [z.B. eines Gutachters], Sistierung, Ablehnung von Beweisen oder Vollstreckungsentscheide; vgl. hinten 7.41). Hingegen gelten – wiederum in Analogie zu Art. 5 VwVG – nicht alle beliebigen der Verfahrensabwicklung dienenden Entscheide eines Versicherungsträgers als Anordnung.

BGE 139 V 349, E. 3.3 sowie 137 V 210, E. 3.4.2.2-3.4.2.8 betr. Verfahren und verfügungsweiser Anordnung bei Vergabe von Gutachten.

7.38 Nach Art. 49 Abs. 1 ATSG ist bei *erheblichen* Leistungen («sehr namhafte Zahlungen»), Forderungen und Anordnungen eine schriftliche Verfügung zu erlassen. Für die Festlegung der Erheblichkeit sind die einzelgesetzlichen Regelungen heranzuziehen, welche weitergehende Festlegungen enthalten können oder aus verfahrensökonomischen Gründen auf das formlose Verfahren verweisen (vgl. vorne 7.34: Arbeitgeber-/Arbeitnehmerbeiträge oder Leistungen wie Hilfsmittel oder medizinische/therapeutische Massnahmen). Sicher fallen aber Rentenleistungen, Abfindungen, Integritätsentschädigungen, Leistungskürzungen und Beitragsnachforderungen darunter. Darüber hinaus wird die Erheblichkeitsgrenze – monetär ausgedrückt – bei einigen hundert Franken liegen sowie alle periodischen Leistungen erfassen. In jedem Fall ist bei *Ablehnung von Rechtsbegehren* eine formelle Verfügung zu erlassen.

BGE 141 V 191, E. 3.1 betr. Entscheid über Kassenzugehörigkeit durch das BSV als Anordnung; BGE 132 V 93, E. 5.2 betr. Verhältnis zwischen Verfügung und formlosem Verfahren.

7.39 Soweit das *formlose Verfahren* i.S.v. Art. 51 ATSG zur Anwendung gelangt, hat die versicherte Person (auch bei Unerheblichkeit des Anfechtungsgegenstands) gemäss Art. 51 Abs. 2 ATSG immer das Recht, eine schriftliche Verfügung zu verlangen, da nur eine solche einsprache- und rechtsmittelfähig ist. Gestützt auf die in Art. 27 Abs. 2 ATSG niedergelegte Beratungspflicht ist die versicherte Person über dieses Recht zu informieren. Das ATSG schweigt sich über die Frist aus, in welcher die betroffene Person eine schriftliche Verfügung verlangen muss, weil sich diese Frage nicht für alle Zweige der Sozialversicherung einheitlich lösen lässt. Als rechtzeitig gestellt gilt das entsprechende Begehren jedenfalls dann, wenn es innerhalb eines Zeitraumes erfolgt, der als vernünftig erscheint und den Prinzipien des Vertrauensschutzes, der Rechtssicherheit sowie der Komplexität und Sachkunde der Partei Rechnung trägt (ca. 14 Tage in der

IV, max. 12 Monte in der KV, 3 Monate bei Unfalltaggeld, 90 Tage bei Arbeitslosenentschädigung, 6 Monate in der MV). Nach einer bestimmten Zeit erwächst jedoch auch eine solche «faktische Verfügung» in Rechtskraft, d.h. dass danach von der versicherten Person keine formelle Verfügung mehr verlangt werden kann (betr. fehlerhafte oder fehlerhaft eröffnete Verfügung vgl. hinten 7.46 f.). Der Versicherungsträger seinerseits sollte aber innerhalb von 30 Tagen auf seinen Realakt zurückkommen (analog der Einsprachefrist), falls er ihn nicht gelten lassen will und dem Begehren der versicherten Person um Erlass einer Verfügung innerhalb von 30 Tagen (als Richtwert; vgl. Art. 127 KVV) entsprechen, obwohl auch Art. 51 Abs. 2 ATSG dazu keine Frist nennt (vgl. 7.68). Kommt der Versicherungsträger dem Begehren nicht nach, kann eine Rechtsverweigerungsbeschwerde ans kantonale Sozialversicherungsgericht erhoben werden (vgl. hinten 7.68)

8C_554/2015 v. 19.10.2015, E. 3.4 betr. formlose Verfügung für Taggeldabrechnung der Arbeitslosenversicherung und Rechtskraft innert 90 Tage ohne Rüge des Adressaten; BGE 134 V 145, E. 5.3.1 betr. Reaktionsfrist auf zulässige formlose «Verfügungen»; BGE 125 V 118, E. 3.a betr. Verzögerung eines Einspracheentscheids.

2. Inhalt und Auslegung

7.40 Gemäss der Rechtsprechung des Bundesgerichts sind Verfügungen nicht allein nach ihrem nicht immer treffenden Wortlaut, sondern in erster Linie nach ihrem wirklichen rechtlichen Bedeutungsgehalt zu verstehen. Sie müssen mithin so ausgelegt werden, wie sie der Empfänger aufgrund aller Umstände, die ihm im Zeitpunkt der Eröffnung bekannt waren oder hätten bekannt sein müssen, in guten Treuen verstehen durfte und musste. Soweit das Dispositiv nicht genügend Aufschluss über Inhalt und Tragweite der Verfügung liefert, ist auf die Begründung zurückzugreifen.

8C_652/2016 v. 21.2.2017, E. 4.3 betr. Auslegung von Verfügungen; BGE 141 V 255, E. 1.2 betr. materielle Leistungsverweigerung oder Nichteintreten.

7.41 Erweist sich eine Verfügung als mangelhaft, ist sie anfechtbar. Nichtigkeit der Verfügung wird nur ganz ausnahmsweise bei offensichtlicher Erkennbarkeit und besonderer Schwere des Mangels angenommen (z.B. Erlass durch eine absolut unzuständige Behörde [örtliche Unzuständigkeit genügt hingegen nicht], an eine falsche Partei, schwere Verfahrensfehler, Sittenwidrigkeit). Obwohl die Nichtigkeit, eine Rechtsfrage, jederzeit geltend gemacht werden kann, darf eine Berufung darauf die Rechtssicherheit nicht in Frage stellen und muss auf Grund von Treu und Glauben innert nützlicher Frist erfolgen.

8C_677/2017 v. 23.2.2018, E. 5.2-5.3 betr. keine Nichtigkeit bei unterlassener Bezeichnung des Rückkommenstitels; BGE 143 V 66, E. 4.2 betr. keine Nichtigkeit bei örtlicher Unzuständigkeit; 9C_357/2015 v. 10.9.2015, E. 3.2 betr. Voraussetzungen der Nichtigkeit einer Verfügung; 9C_320/2014 v. 29.1.2015, E. 4.1 betr. keine Nichtigkeit bei Ausstellung einer Verfügung betr. IV-Leistungen durch die AHV-Ausgleichskasse; BGE 122 V 189, E. 2 betr. fehlende Rechtsmittelbelehrung.

3. Arten von Verfügungen

a) Zwischenverfügungen

7.42 Zwischenverfügungen, im ATSG nicht speziell definiert, sind verfahrens- und prozessleitende *Anordnungen,* welche *im Laufe des Verfahrens* Rechte und Pflichten begründen. Es handelt sich um Entscheide, die nach Rechtshängigkeit des Verfahrens, jedoch vor dem Sachentscheid ergehen. Nicht in der Form einer Zwischenverfügung, sondern in der eines Endentscheids, wird die Frage der sachlichen Zuständigkeit von Kranken- oder Unfallversicherung entschieden, da es in diesem Fall um die Beurteilung einer materiell-rechtlichen Frage geht. Dasselbe gilt für eine Nichteintretensverfügung wegen Verletzung von Mitwirkungspflichten (vgl. vorne 7.26).

Als Beispiele von Zwischenverfügungen kommen Entscheide in Frage über:

- örtliche und z.T. auch sachliche Zuständigkeit (vgl. vorne 7.18),
- Ausstand oder Ablehnung (vgl. vorne 7.13),
- Anordnung eines Gutachtens, Bestellung eines Gutachters und bezüglich der Expertenfragen, sofern keine einvernehmliche Lösung gefunden wird (vgl. vorne 7.28),
- Anspruch auf unentgeltlichen Rechtsbeistand (vgl. vorne 7.12),
- Kostenvorschuss,
- aufschiebende Wirkung (= keine sofortige Vollstreckbarkeit; vgl. hinten 7.62, 7.84, 7.102, 7.117),
- vorsorgliche Massnahmen,
- Verfahrenssistierung,
- *ATSG-Revision* Art. 52a: vorsorgliche Einstellung der Leistungen bei Meldepflichtverletzung oder Verdacht auf unrechtmässige Leistungserwirkung.

7.43 Gemäss Art. 52 Abs. 1 ATSG kann gegen prozess- und verfahrensleitende Verfügungen *keine Einsprache* erhoben, sondern gemäss Art. 56 Abs. 1 i.V.m. Art. 60 Abs. 1 ATSG innert 30 Tagen direkt Beschwerde an das kantonale Versicherungsgericht eingereicht werden (vgl. hinten 7.68). Dabei kommt die Regelung des VwVG (insb. Art. 45 VwVG) als Umsetzung allgemeiner verfahrensrechtlicher Grundsätze ergänzend zum Zuge. Auf Beschwerden gegen Zwischenverfügungen wird jedoch aus prozessökonomischen Gründen regelmässig nur eingetreten, wenn *ein nicht wieder gutzumachender Nachteil vorliegt* (vgl. hinten 7.71). Zwischenverfügungen erwachsen nicht in materielle Rechtskraft, d.h. sie sind jederzeit anpassbar und vermögen in zeitlicher Hinsicht keine über den Endentscheid hinausgehende Wirkungen zu entfalten.

BGE 139 V 339, E. 4.5 betr. kein nicht wieder gutzumachender Nachteil bei blosser Ankündigung einer Begutachtung; BGE 138 V 271, E. 3 betr. nicht wieder gutzumachender Nachteil bei Gutachten im erstinstanzlichen Verfahren bejaht. Weiterzug ans Bundesgericht nur bei formellen Ausstandsgründen; 9C_887/2008 v. 28.11.2008, E. 1.2 betr. unentgeltliche Rechtspflege und nicht wieder gutzumachender Nachteil nur bei Bedingung der Leistung eines Kostenvorschusses sowie unentgeltlicher Rechtsbeistand als nicht wiedergutzumachender Nachteil.

b) Feststellungsverfügungen

Feststellungsverfügungen enthalten einen verbindlichen Entscheid über den aktuellen Bestand, Nichtbestand oder Umfang von verwaltungsrechtlichen Leistungen oder Forderungen (Rechten und Pflichten), *nicht* jedoch die Feststellung eines bestimmten Sachverhalts oder einer abstrakten Rechtslage, geschweige denn die Begründung, Änderung oder Aufhebung von Rechten und Pflichten (vgl. auch Art. 25 Abs. 1 VwVG). Für den Erlass einer Feststellungsverfügung ist gemäss Art. 49 Abs. 2 ATSG in Analogie zu Art. 25 Abs. 2 VwVG ein aktuelles, rechtliches oder tatsächliches *schützenswertes bzw. schutzwürdiges Interesse* (materielle Beschwer) vorausgesetzt, wobei die Regelung im ATSG – im Gegensatz zu jener im VwVG – nur die *Glaubhaftmachung* und nicht den Nachweis des schutzwürdigen Interesses verlangt (z.B. bei komplizierten oder zahlenmässig ins Gewicht fallenden Fragestellungen). Nach der Rechtsprechung des Bundesgerichts liegt ein schutzwürdiges Interesse dann vor, wenn ohne die verbindliche Feststellung der konkreten Rechtslage Gefahr besteht, einen Rechtsverlust zu erleiden. Zudem wird das Feststellungsinteresse in Fällen mit sehr komplizierten Verhältnissen bejaht, welche eine grosse Zahl betroffener Versicherter und eine neuartige Fragestellung beschlagen. Aufgrund der *subsidiären Natur* der Feststellungsverfügung fehlt es am schützenswerten Interesse immer dann, wenn auch eine Gestaltungs- resp. Leistungsverfügung erwirkt werden kann (so z.B. bei der Statusfrage bzgl. selbständiger Erwerbstätigkeit). 7.44

9C_250/2017 v. 30.1.2017, E. 1.2.1 sowie BGE 142 V 2, E. 1 betr. allgemeine Voraussetzungen für Feststellungsinteresse; BGE 139 V 143, E. 3 betr. Voraussetzungen für den Anspruch auf Erlass einer Feststellungsverfügung; 9C_858/2010 v. 17.5.2011, E. 2.1 betr. Feststellungsinteresse an der Bestimmung der Höhe des Invaliditätsgrades; BGE 132 V 257, E. 2.4-5 betr. Abgrenzung selbständiger und unselbständiger Erwerbstätigkeit.

4. Eröffnung von Verfügungen (Art. 49 Abs. 3 und 55 Abs. 1 ATSG i.V.m. den Bestimmungen des VwVG)

a) Voraussetzungen

Die Verfügung im formellen Sinn muss auch formalen Kriterien entsprechen und für die versicherte Person als solche *erkennbar* sein, d.h. zumindest entweder als Verfügung bezeichnet sein oder, falls dies nicht der Fall ist, zumindest eine Rechtsmittelbelehrung enthalten. Gemäss Art. 49 Abs. 3 ATSG werden folgende Merkmale vorausgesetzt: 7.45

- *Schriftlichkeit* der Eröffnung an Parteien als Regelfall (ergibt sich aus Art. 49 Abs. 1 ATSG; Ausnahmen: Art. 34 Abs. 2 VwVG bei Zwischenverfügungen und Art. 36 VwVG bei Eröffnung durch amtliche Publikation);
- *Bezeichnung* als Verfügung;
- *Begründung*, wenn den Begehren der Parteien nicht voll entsprochen wird (analog Art. 35 Abs. 3 VwVG), was sich aus dem Gehörsanspruch ableitet;
- *Rechtsmittelbelehrung* über ordentliche Rechtsmittel sowie Instanz und Frist (keine Ausnahme wie in Art. 35 Abs. 3 VwVG);
- *(ATSG-Revision [Abs. 5]: Möglichkeit des Entzugs der aufschiebenden Wirkung auch für Geldleistungen im Hinblick auf eine Einsprache oder Beschwerde).*

Bei Verfügungen von Bundesbehörden: Eröffnung in der dem Begehren entsprechenden Amtssprache;

Bei Verfügungen von letzten kantonalen Behörden: Eröffnung in der nach kantonalem Recht vorgeschriebenen Amtssprache (Art. 33a VwVG, gilt auch für Verfügungen).

b) Mangelhafte Eröffnung (Art. 49 Abs. 3 ATSG)

7.46 Die Eröffnung stellt eine empfangsbedürftige einseitige Rechtshandlung dar.

Grundsätzlich darf der betroffenen Person aus einer mangelhaften oder nicht korrekt eröffneten Verfügung kein Rechtsnachteil erwachsen. Es gilt, das Rechtsschutzinteresse der vom Mangel betroffenen Person gegen das Interesse an Rechtssicherheit der Verwaltung abzuwägen.

7.47 Der Verfügungscharakter geht grundsätzlich nicht verloren, wenn einzelne gesetzliche Formvorschriften verletzt werden (z.B. keine Bezeichnung als Verfügung, fehlende Unterschrift). Massgebend ist das Vorhandensein der Strukturmerkmale, d.h. *eine mit Rechtsfolgen verknüpfte Rechtsgestaltung*, welche im Einzelfall zu eruieren ist und aufgrund derer festgestellt werden muss, ob die betroffene Person durch den Eröffnungsmangel nach Treu und Glauben tatsächlich in die Irre geführt wird, einen Nachteil erleiden muss und der Zweck der fehlerhaften Mitteilung erreicht wird. Bei einer mangelhaft eröffneten Verfügung (z.B. Zustellung an die versicherte Person anstatt an ihren Vertreter, unzulässige Wahl des formlosen Verfahrens, wie z.B. Leistungsablehnung in Form eines Briefes) muss so verfahren werden, dass der Adressat keine Rechtsnachteile erleidet. Insbesondere darf er nicht in der Möglichkeit, ein Rechtsmittel zu ergreifen, eingeschränkt werden. Die Folgen sind je nach Einzelfall festzulegen, gegebenenfalls ist das Rechtsmittel trotz verspäteter Einreichung entgegenzunehmen oder es ist nachträglich eine formelle Verfügung zu erlassen.

8C_485/2018 v. 11.2.2019, E. 4-5 betr. Folgen einer mangelhaften Eröffnung.

Belehrungen über eine unzuständige Instanz führen zu keinem Rechtsnachteil, da gemäss Art. 30 bzw. 58 Abs. 3 ATSG eine Weiterleitungspflicht besteht.

Die Berufung auf eine mangelhafte Eröffnung seitens des Adressaten findet ihre Grenzen am Rechtsmissbrauch. Es muss nämlich bei Zweifeln nach Treu und Glauben mit dem Absender der mangelhaften Verfügung Rücksprache genommen werden. Wird fälschlicherweise keine formelle Verfügung i.S.v. Art. 49 Abs. 1 ATSG erlassen (und somit auch Dritten nicht eröffnet), sondern z.B. eine Leistungseinstellung nur in Form eines Briefes (formloses Verfahren) mitgeteilt, muss die versicherte Person, in Analogie zu Art. 51 Abs. 2 ATSG, gemäss bundesgerichtlicher Rechtsprechung innerhalb einer vernünftigen Zeit, in der Regel innerhalb eines Jahres seit der Mitteilung, eine formelle, einsprachefähige Verfügung verlangen. Nach Verstreichen dieses Zeitrahmens wird auch eine fehlerhafte Mitteilung wirksam. Eine längere Frist kommt allenfalls dann in Frage, wenn die Person rechtsunkundig und nicht anwaltlich vertreten ist sowie in guten Treuen annehmen durfte, der Versicherer habe noch keinen abschliessenden Entscheid fällen wollen und sei mit weiteren Abklärungen befasst. 7.48

Im Fall mangelhafter Eröffnung dürfen dem Adressaten keine zusätzlichen Verfahrenskosten auferlegt werden.

8C_620/2016 v. 21.11.2016, E. 2.4 betr. Vertrauensschutz bzgl. Fallabschluss; 9C_788/2014 v. 27.11.2014, E. 4 betr. blosse Verrechnung von EO-Leistungen mit bestehenden Forderungen der Ausgleichskasse; 9C_863/2013 v. 9.5.2014, E. 3.3 betr. Beginn der Beschwerdefrist im Falle der Zustellung einer Verfügung der IV-Stelle im Original an den Versicherten und in Kopie an die Vertreterin: massgebend ist der (i.c. spätere) Zeitpunkt der Zustellung an die Vertreterin; BGE 134 V 145, E. 5.3.2 betr. Heilung des Formmangels durch Anfordern einer Verfügung innerhalb eines Jahres; BGE 122 V 200, E. 3 betr. Verfahrenskosten.

c) Eröffnung der Verfügung an einen anderen Sozialversicherungsträger (Art. 49 Abs. 4 ATSG)

Gemäss Art. 55 Abs. 1 ATSG i.V.m. Art. 34 Abs. 1 VwVG und aus dem Anspruch auf rechtliches Gehör ergibt sich, dass die Verfügung allen Dritten, welche zur Beschwerde legitimiert und vom Inhalt der Verfügung *berührt* sind, zu eröffnen ist. Berührtheit bedeutet, dass der Dritte ein schützenswertes Interesse nachweisen kann, indem er in einer besonderen, beachtenswerten nahen Beziehung zur Streitsache steht und in seinen rechtlichen und tatsächlichen Interessen spürbar betroffen ist. Berührtheit liegt unter anderem vor zwischen der 1. und 2. Säule, bei Komplementärrentenfestsetzungen, Vorleistungspflichten i.S.v. Art. 70 ATSG, Konkurrenz mehrerer Unfallversicherer untereinander (Art. 77 UVG), bei Unterstellungsfragen sowie Abgrenzung zwischen Krankheit und Unfall. 7.49

BGE 144 V 29, E. 4 betr. Berührtsein in Fällen von Art. 77 UVG; BGE 141 V 439, E. 4.2 betr. keine Eröffnung von IV-Verfügungen gegenüber Institutionen der Säule 3a; BGE 134 V 153, E. 4.1 betr. Fallgruppen und 5.5 betr. Berührtsein der VE bei Verfügung der Unfallversicherung; BGE 133 V 549, E. 6 betr. keine Betroffenheit zwischen der Invaliden- und der Unfallversicherung, da sie den IV-Grad selbständig ermitteln muss; BGE 131 V 298, E. 5.3.2 betr. Berührtsein des Arbeitgebers im Fall der Ausrichtung von Taggeldern, jedoch gemäss E. 6 kein Berührtsein des Arbeitgebers im Falle von Invalidenrenten.

7.50 Darüber hinaus kommen jedoch weitere Zustellungsberechtigte in Frage, wobei sich diesbezüglich eine Regelung aus den entsprechenden Einzelgesetzen zu ergeben hat (beispielsweise Art. 76 Abs. 1 lit. a–g IVV: Zustellung auch an Gutachter). Dabei kann es sich auch um einen ausländischen Versicherungsträger handeln. Nicht berücksichtigt werden jedoch Privatversicherer.

BGE 125 V 339, E. 4.d betr. kein Berührtsein des Privatversicherers.

Gemäss Art. 49 Abs. 4 ATSG kann der Träger die gleichen Rechtsmittel wie die versicherte Person ergreifen, was sich bereits aus Art. 59 ATSG ergibt. Verzichtet der andere Versicherungsträger auf die Einreichung eines Rechtsmittels, muss er den betreffenden Entscheid grundsätzlich gegen sich gelten lassen. Das Gleiche gilt im Falle der tatsächlichen Kenntnisnahme vom Inhalt einer Verfügung (oder einer formlosen Mitteilung) trotz nicht erfolgter Eröffnung (Treu und Glauben). Eine unterlassene Eröffnung kann im Rechtsmittelverfahren durch Beiladung nachgeholt werden. Wird der zuständigen VE im Verfahren um eine Invalidenrente der IV-Vorbescheid nicht eröffnet, so kann die VE selbständig über das Vorliegen der Voraussetzungen für ihre Invalidenrente befinden (Wegfall der Bindungswirkung, vgl. vorne 2.33, 5.320).

8C_485/2018 v. 11.2.2019, E. 5.4 betr. treuwidrige Berufung auf Formmangel; BGE 138 V 125, E. 3.3 betr. keine Bindungswirkung für die VE bei Nichteröffnung.

5. Revision und Wiedererwägung (Art. 53 ATSG)

a) Revision (Art. 53 Abs. 1 ATSG)

7.51 Bei der Revision handelt es sich um einen sog. *Rückkommenstitel,* d.h. um das Zurückkommen auf eine bereits ergangene Verfügung. Gemäss Art. 53 Abs. 1 ATSG müssen *formell rechtskräftige* Verfügungen und Einspracheentscheide *von Amtes wegen* dann in Revision gezogen werden, wenn *nach* deren Erlass durch die versicherte Person oder den Versicherungsträger *nachträglich erhebliche neue* Tatsachen oder Beweismittel (gleich zu verstehen wie i.S.v. Art. 61 lit. i ATSG und Art. 123 Abs. 2 lit. a BGG) entdeckt werden. Diese müssen aber zur Zeit des Verfügungserlasses bereits existiert haben, waren aber dazumal nicht bekannt und hätten auch bei gehöriger Sorgfalt nicht entdeckt resp. beigebracht werden können. Die neu entdeckte Tatsache muss zudem geeignet sein, die geltende Verfügung unrichtig werden zu lassen (Erheblichkeit). Art. 53 Abs. 1 ATSG, der aber auch bei rechtsbeständig gewordenen formlosen Realakten zur Anwendung gelangt, bildet die Grundlage der Revision im Rahmen des Verwaltungsverfahrens und ist nicht mit der gerichtlichen Revision i.S.v. Art. 61 lit. i ATSG oder der materiell leistungsbezogenen i.S.v. Art. 17 ATSG (vgl. vorne 5.337 ff.) zu verwechseln. Die Aufzählung der Revisionsgründe ist nicht abschliessend und für Art. 53 ATSG gilt wohl der in Art. 61 lit. i ATSG zusätzlich angeführte Revisionsgrund der Einwirkung eines Verbrechens oder Vergehens ebenfalls. Zulässig ist die spätere Anpassung einer rechtskräftigen Verfügung bei

Dauerrechtsverhältnissen auch dann, wenn sich das massgebliche Recht geändert hat *und* eine entsprechende Übergangsbestimmung vorliegt. Ausgeschlossen ist die Revision, wenn es sich nur um eine neue Rechtsprechung oder die neue Würdigung bisheriger Tatsachen handelt.

BGE 144 V 245, E. 5 betr. keine Erheblichkeit bei unterlassener Diagnose bei der vormaligen medizinischen Abklärung; BGE 142 V 448, E. 5.4 betr. nachträglich ausgerichtete VVG-Krankentaggelder und Rückforderung von Arbeitslosentaggeldern für den gleichen Zeitraum; BGE 140 V 85, E. 4.4 betr. Geltung der «5%-Regel» hinsichtlich Erheblichkeit; BGE 135 V 215, E. 7.4 betr. Aufnahme von Art. 7 Abs. 2 ATSG als Konkretisierung der Rechtsprechung; BGE 134 V 64, E. 2.3.1 betr. Anwendung neuer gesetzlicher Voraussetzungen auf laufende Renten.

Die Revision bezieht sich lediglich auf das Dispositiv und nicht auf die Begründung des Entscheids. Für die Prüfung der Revisionsvoraussetzungen sowie zur (allfälligen) neuen Verfügung in der Sache ist diejenige Instanz zuständig, deren Entscheid im Revisionsverfahren zu überprüfen ist. Da Art. 53 Abs. 1 ATSG keine Fristen bestimmt, kommt die in Art. 67 Abs. 1 und 2 VwVG enthaltene Regelung (90-tägige relative seit *sicherem Wissen* um die neuen Grundlagen und 10-jährige absolute Frist) – in Entsprechung von Art. 55 Abs. 1 ATSG – zum Tragen. Im Übrigen richtet sich das Revisionsverfahren nach den allgemeinen Verfahrensbestimmungen der Art. 34 ff. ATSG.

BGE 143 V 105, E. 2.4 betr. sichere Kenntnis der neuen Grundlagen und Beginn des Fristenlaufs; 9C_343/2012 v. 11.10.2012, E. 4.1.1 betr. Beginn der relativen Frist im Zeitpunkt des Vorliegens der den Revisionsgrund bildenden Unterlagen, i.c. das ärztliche Gutachten und nicht schon der Observationsbericht.

b) Wiedererwägung (Art. 53 Abs. 2 und 3 ATSG)

Ein weiterer Rückkommenstitel ist die Wiedererwägung. Sie ermöglicht dem Ver- 7.52
sicherungsträger, auf Gesuch hin oder aus eigener Initiative auf eine *formell rechtskräftige* Verfügung (auch einen Vergleich i.S.v. Art. 50 ATSG) oder einen Einspracheentscheid, aber auch auf Entscheide im formlosen Verfahren (vgl. 7.39), zurückzukommen, sofern diese nicht schon Gegenstand einer gerichtlichen Überprüfung bildeten. Die verfügende Behörde kann neu verfügen, wenn die ursprüngliche Verfügung schon *anfänglich* mit Bezug auf Sachverhaltsfeststellung oder Rechtsanwendung *offensichtlich und zweifellos unrichtig* war (d.h. dass kein vernünftiger Zweifel an der Unrichtigkeit der Verfügung möglich ist, sodass Entscheide mit Ermessensspielraum ausscheiden) und ihre Berichtigung von *erheblicher* Bedeutung ist. Die Wiedererwägung erfasst, im Gegensatz zur Revision, die im Zeitpunkt des Erlasses unrichtige Rechtsanwendung sowie auch die eindeutig unrichtige oder unter Rechtsverletzung zu Stande gekommene Sachverhaltsermittlung, nicht aber eine Rechtsprechungsänderung. Auch in der beruflichen Vorsorge (Obligatorium und Überobligatorium), auf die das ATSG nicht anwendbar ist, gilt der Grundsatz, dass der Leistungsanspruch nur solange besteht, als die Voraussetzungen dafür erfüllt sind. Im Obligatorium bedarf es im Fall einer ursprünglich und offensichtlich fehlerhaften Leistungszusage bei nachträglicher Entdeckung des Mangels ebenfalls eines Rückkommenstitels (eine

Bindungswirkung an eine offensichtlich fehlerhafte Verfügung der IV besteht ohnehin nicht). Die Wiedererwägung ist nicht von Amtes wegen vorzunehmen, so dass dem Versicherungsträger ein diesbezügliches Ermessen zusteht. Entsprechend hat auch die versicherte Person keinen Rechtsanspruch auf Wiedererwägung, so dass ein Nichteintreten auch nicht einsprachefähig ist. Über die zeitliche Wirkung einer Wiedererwägung – ex tunc, ex nunc oder pro futuro – bestimmt der entsprechende Versicherungsträger. Das Verfahren der Wiedererwägung richtet sich nach Art. 34 ff. ATSG, wobei *keine* zeitliche Befristung für die Einleitung besteht. Die Wiedererwägung ist somit jederzeit, unabhängig vom Grundsatz von Treu und Glauben bzw. einer Besitzstandwahrung, möglich und will dem Legalitätsprinzip zum Durchbruch verhelfen.

9C_641/2017 v. 16.10.2018, E. 8 betr. unrichtige Beitragserhebung betr. zu grosszügiger Spesenpauschale von Kantonsräten; 9C_321/2017 v. 20.11.2017, E. 2.3 betr. «Wiedererwägung» in der beruflichen Vorsorge; BGE 141 V 405, E. 5.2 betr. Voraussetzungen der Wiedererwägung; 9C_738/2014 v. 23.12.2014, E. 3 betr. Wiedererwägung in Form einer Rückerstattungsverfügung; BGE 140 V 85, E. 4.4 betr. Geltung der «5%-Regel» (Erheblichkeit) auch für Wiedererwägungen einer Invalidenrente (in Analogie zur Revision); BGE 140 V 514, E. 3.5 betr. unbefristete Wiedererwägungsmöglichkeit; 9C_1043/2012 v. 8.5.2013 betr. kein Verstoss gegen Treu und Glauben im Fall der Berichtigung auch noch eines weiteren Fehlers; BGE 140 V 77, E. 3 betr. Voraussetzungen der Wiedererwägung von gestützt auf einen Vergleich verfügten UVG-Versicherungsleistungen bzw. einer UVG-Invalidenrente; BGE 138 V 324, E. 5.3.3 betr. bewilligter Schutzdienst; 9C_946/2009 v. 30.9.2010, E. 3.1 betr. zweifelsfrei unrichtiger Bestimmung des AHV-Status; BGE 135 V 201, E. 6 betr. Voraussetzungen der Wiedererwägung bei Rechtsprechungsänderungen, insb. E. 7.2 betr. Gleichbehandlungsgebot; BGE 133 V 50, E. 4 betr. keine Einsprache gegen Nichteintreten auf Wiedererwägung.

7.53 Bei einer Wiedererwägung im Rahmen eines Einspracheverfahrens muss die versicherte Person gemäss Art. 12 Abs. 2 ATSV durch den Versicherer auf die Möglichkeit einer reformatio in peius und auf die Gelegenheit zum Rückzug der Einsprache aufmerksam gemacht werden. Im Fall einer reformatio in peius ist das rechtliche Gehör zu wahren. Zieht die versicherte Person die Einsprache zurück, gilt die ursprüngliche Verfügung.

BGE 131 V 414, E. 1 betr. doppelte Aufklärungspflicht des Versicherers.

7.54 Bemerkt der Versicherungsträger während eines laufenden Beschwerdeverfahrens lite pendente die Unrichtigkeit der bisherigen Verfügung, kann er diese gemäss Art. 53 Abs. 3 ATSG solange in Wiedererwägung ziehen, bis er die Beschwerdeantwort einreicht, was der Regelung von Art. 58 Abs. 1 VwVG entspricht. Dabei muss der Versicherer die besonderen Wiedererwägungsvoraussetzungen – insb. die Annahme einer zweifellosen Unrichtigkeit – nicht beachten, um auf den Entscheid zurückzukommen. Einer Wiedererwägung nach der Stellungnahme des Versicherers kommt der Charakter eines Antrags an das Gericht zu.

7.55 Nach der Rechtsprechung des Bundesgerichts können eigentliche Rechnungsfehler formlos berichtigt werden (BGE 99 V 64). Dies stellt ein allgemeiner Rechtsgrundsatz des Sozialversicherungsrechts dar, welcher durch Art. 53 ATSG unangetastet bleibt.

III. Das Einspracheverfahren (Art. 52 ATSG, Art. 10–12 ATSV)

1. Anfechtungsobjekt

Die Einsprache bildet Teil des Verwaltungsverfahrens. Ihr Anfechtungsobjekt ist ausschliesslich eine *formelle Verfügung* i.S.v. Art. 49 Abs. 1 ATSG. Ausgeschlossen ist die Einsprachemöglichkeit in den vom Gesetz vorgesehenen Fällen (Art. 57a IVG betr. Vorbescheidverfahren, vgl. hinten 7.63), beim formlosen Verfahren nach Art. 51 ATSG (in diesem Fall muss innert vernünftiger Zeit die Ausstellung einer Verfügung verlangt werden: Art. 51 Abs. 2 ATSG, vgl. 7.39), bei Rechtsverweigerung und Rechtsverzögerung, gegen Zwischenverfügungen (Art. 52 Abs. 1 ATSG) und bei allen vom ATSG nicht erfassten Bereichen (Medizinalrecht, Tarifrecht, Beiträge an Institutionen, berufliche Vorsorge). 7.56

2. Form und Inhalt der Einsprache (Art. 10 ATSV)

Mit der Einsprachemöglichkeit werden die Parteirechte in dem Sinn erweitert, als spätestens in diesem Verfahrensstadium Gelegenheit zum rechtlichen Gehör geboten werden muss. Damit erlaubt die Einsprache eine nochmalige Überprüfung der der Verfügung zu Grunde liegenden Tatsachen und rechtlichen Würdigungen, weshalb sie nicht kassatorischer Natur sein darf. Auf Grund der grossen Bedeutung in verfahrensrechtlicher Sicht werden nur geringe Anforderungen an die Form und den Inhalt einer Einsprache gestellt: 7.57

- *schriftlich mit Unterschrift der versicherten* Person *oder ihres Rechtsbeistandes oder mündlich* (d.h. mittels unterzeichnetem Protokoll) oder durch Einreichung der die Verfügung widerlegenden Beweise,

  BGE 142 V 152, E. 4 betr. Erfordernis der Unterschrift und Nachfristgewährung zur Behebung des Mangels.

- *Willen des Einspruchs gegen die Verfügung durch Stellung eines Rechtsbegehrens mit minimaler Begründung*

Im Rahmen des Einspracheverfahrens gilt das Rügeprinzip, d.h. dass die Einsprache auch auf einzelne Punkte der Verfügung beschränkt werden kann, wie z.B. die Wahl der Bemessungsmethode, nicht aber die Bestreitung der Invalidität oder nur die Beitragsgrundlagen, nicht aber auch die Unterstellung oder der Status. Zulässig ist es zudem, die Einsprache vorsorglich einzureichen, wenn Abklärungen längere Zeit in Anspruch nehmen. Eine Ausdehnung des Streitgegenstandes ist nur in einem engen sachlichen und notwendigen Zusammenhang zum Streitgegenstand möglich. Auf eine Einsprache kann *nach* ergangener Verfügung ausdrücklich oder durch unbenutzten Ablauf der Rechtsmittelfrist verzichtet werden.

8C_396/2017 v. 1.2.2018, E. 5.2 betr. Auslegung einer Einsprache resp. der Begründung.

Genügt die Einsprache den gesetzlichen Anforderungen nicht, so ist unter Androhung der Rechtsfolgen in jedem Fall, vorbehältlich von Rechtsmissbrauch auch bei einer vorsorglichen Einsprache, eine angemessene Frist zur Behebung der Mängel anzusetzen, ansonsten bei unbenutztem Fristablauf auf die Einsprache nicht eingetreten wird (Endentscheid).

BGE 142 V 52, E. 4.3 betr. Pflicht zur Zurückweisung zur Nachbesserung als Ausfluss von Art. 29 Abs. 1 BV; BGE 140 V 82, E. 4.3 betr. Widerruf einer Einsprache-Verzichtserklärung (Art. 52 ATSG) im Unfallversicherungsrecht in analoger Anwendung von Art. 9 OR auch per E-Mail möglich; 8C_28/2011 v. 26.5.2011, E. 5 betr. Pflicht zur Begründung der Einsprache.

3. Einsprachelegitimation

7.58 Zur Einsprache legitimiert ist jedermann, der auch beschwerdelegitimiert ist, so die versicherte Person selbst und zudem, wer ein schutzwürdiges, ausreichendes sowie *sachlich eng* und *direkt* mit dem Streitgegenstand zusammenhängendes Interesse hat und durch die Verfügung beschwert ist (Art. 59 ATSG). Der Kreis der Einspracheberechtigten deckt sich mit dem der Beschwerdeberechtigten sowie demjenigen der von der Verfügung «Berührten» i.S.v. Art. 49 Abs. 4 ATSG (vgl. vorne 7.49).

BGE 138 V 292, E. 4.3.2 betr. Einsprachelegitimation in Entsprechung zur Anmeldelegitimation; 8C_606/2007 v. 27.8.2008, E. 7.3.2.2-3 betr. keine Einsprachelegitimation von blossen Gläubigern der versicherten Person, in gewissen Fällen auch der Sozialhilfebehörde oder der Privatversicherer.

4. Zuständige Einreichungsstelle

7.59 Die Einsprache ist gemäss Art. 52 ATSG bei der Stelle, welche die Verfügung erlassen hat, einzureichen (siehe die Ausnahmen hinten 7.63). Da man sich immer noch auf der Stufe des Verwaltungsverfahrens befindet, gelten die allgemeinen Verfahrensbestimmungen i.S.v. Art. 34 ff. ATSG auch für die Einsprache, so die Weiterleitungspflicht, Fristenregelung etc. In der Regel wird die Einsprache von einer eigens dafür geschaffenen internen Stelle behandelt.

5. Frist

7.60 Die Frist zur Einreichung der Einsprache beträgt 30 Tage (vgl. Art. 38 f. ATSG). Es handelt sich um eine *gesetzliche* und somit *nicht erstreckbare* Frist. Nur im Fall objektiv absolut unverschuldeter Verhinderung (nicht z.B. Ferien im Ausland), die Frist einhalten zu können, kann diese auf Ersuchen wiederhergestellt werden, sofern die Rechtshandlung innert 30 Tagen seit Wegfall des Hindernisses und unter Angabe des Hinderungsgrundes nachgeholt wird (vgl. Art. 41 ATSG). Auf Grund der Weiterleitungspflicht bei versehentlich bei der unzuständigen Stelle eingereichten Einsprachen gilt die Frist ebenfalls als gewahrt, was die unzuständige Stelle zur Eingangsbestätigung verpflichtet. Bei einer Einsprache, die den gesetzlichen Anforderungen nicht entspricht, ist hingegen eine angemessene *behördliche Nachfrist* zur Verbesserung formeller Mängel (z.B. Unterschrift, Begründung) anzusetzen, die jedoch nicht in rechtsmissbräuchlicher Weise zwecks Verlängerung der Frist erwirkt werden darf (Art. 40 ATSG, Art. 10 Abs. 5 ATSV). Darüber hinaus kann eine behördliche Nachfrist bewilligt werden, wenn innerhalb der Einsprachefrist eine Partei mit hinreichenden Gründen (z.B. Arbeitsüberlastung, umfangreiches Dossier, Abwesenheit) um eine Fristerstreckung nachsucht. Im Übrigen haben im Einspracheverfahren nicht strengere Bedingungen für die Nachfristansetzung (erstreckbare behördliche Frist) zu gelten als im Beschwerdeverfahren i.S.v. Art. 61 lit. b ATSG.

Bei Zustellung des Entscheids während eines Fristenstillstands beginnt die Rechtsmittelfrist am ersten Tag nach Ablauf des Fristenstillstands zu laufen. 7.61

BGE 143 V 71, E. 4.3.5 betr. Voraussetzung für Fristerstreckung und Fristwiederherstellung und 8C_479/2016 v. 2.8.2017, E. 6.5 betr. angemessene Nachfrist (Art. 29 Abs. 1 BV) unter Berücksichtigung der Abholfrist für eingeschriebene Sendungen; BGE 142 V 152, E. 2.3 betr. rechtsmissbräuchliches Verhalten bei Nachfrist (mit Hinweis auf BGE 134 V 162); 9C_821/2016 v. 2.2.2017, E. 2.2 betr. Voraussetzungen für Fristwiederherstellung; 8C_95/2015 v. 1.6.2015, E. 6.1 betr. keine Wiederherstellung der gesetzlichen Frist trotz krankheitsbedingter Unterlassung, jedoch Möglichkeit der Beauftragung Dritter; 8C_767/2008 v.12.1.2009, E. 5 betr. keine Fristwiederherstellung bei zumutbarer Substitution; 8C_910/2008 v. 30.1.2009, E. 3.4 betr. keine Fristwiederherstellung bei PC-Problemen; BGE 131 V 305, E. 4 betr. Anwendung von Art. 38 Abs. 1 und 4 ATSG auf die Einsprachefrist.

6. Wirkungen der Einsprache

Die Einsprache entfaltet verfahrensmässig folgende Wirkungen: 7.62

- *aufschiebende Wirkung*, sofern dies gesetzlich nicht ausgeschlossen ist, der Versicherer die aufschiebende Wirkung nicht entzieht (vgl. vorne 7.42 und *ATSG-Revision*: Art. 52 Abs. 4 ATSG) oder die Rechtsfolge nicht aufschiebbar ist (Art. 11 ATSV),
- *keine formelle Rechtskraft* der ganzen oder nur teilweise angefochtenen Verfügung (Möglichkeit der Wiedererwägung). Nicht gerügte Punkte der Verfügung treten somit in Rechtskraft.
- *Wahrung des rechtlichen Gehörs (Art. 29 Abs. 1 BV),*
- *Pflicht zum Erlass eines begründeten Einspracheentscheids* mit Rechtsmittelbelehrung.

Der Einspracheentscheid hat ebenfalls innerhalb angemessener Frist (abhängig vom Schwierigkeitsgrad, den zusätzlich abzuklärenden Fragen oder Dritteinspracheberechtigten; ohne solche Faktoren in einem Zeitraum von rund zwei Monaten) mit Begründung und mit Rechtsmittelbelehrung (vgl. hinten 7.66 ff.) zu ergehen.

7. Ausnahmen

7.63 Das dem gerichtlichen Verfahren vorgelagerte Einspracheverfahren erfährt einzelgesetzliche Konkretisierungen und auch gesetzliche Abweichungen vom ATSG:

- ***ATSG:*** keine Einsprache gegen Verfügungen betr. Verantwortlichkeitsansprüche nach Art. 78 ATSG (Art. 78 Abs. 4 ATSG),
- ***AHV:*** Ordnungsbussenverfügungen (Art. 91 Abs. 2 AHVG),
- ***IV:*** Auf Grund der Einspracheflut hat der Gesetzgeber das vormals herrschende Vorbescheidverfahren wieder eingeführt. Gemäss Art. 57a IVG wird somit der versicherten Person *vor Erlass* der Verfügung Gelegenheit zur Wahrung ihres Gehörsanspruchs eingeräumt, indem ihr der Vorbescheid, d.h. die kommende Verfügung, zur Kenntnis gebracht wird. Innerhalb der (*ATSG-Revision:* Art. 57a Abs. 3 IVG neu gesetzlichen) Frist von 30 Tagen kann sie dagegen Einwendungen geltend machen. Die Verfügung der IV-Stelle ist gemäss Art. 69 Abs. 1 lit. a IVG direkt beim Versicherungsgericht am Ort der IV-Stelle anzufechten.

  BGE 140 V 116, E. 3 betr. keine Parteientschädigung im Vorbescheidverfahren nach Art. 57a IVG und Unterschied zum Einspracheverfahren.
- ***KV:*** Auf Grund der privatrechtlich organisierten Trägerschaft wird gemäss Art. 85 KVG ausgeschlossen, dass dem Einspracheverfahren ein versicherungsinterner Instanzenzug vorgeschoben wird.
- ***UV:*** Die Einsprache ist auch gegen eine auf einer Verfügung beruhenden Prämienrechnung möglich (Art. 105 UVG), nicht jedoch gegen eine Verfügung bei Gefahr in Verzug im Zusammenhang mit der Unfallverhütung (Art. 105a UVG).
- ***AVIG:*** Die Kantone können eine andere als die verfügende Stelle als Einsprachestelle bezeichnen (Art. 100 Abs. 2 AVIG).

8. Verfahren

7.64 Da das Einspracheverfahren zum Verwaltungsverfahren gehört, kommen folgende Verfahrensgrundsätze zur Geltung, insbesondere:

- *Untersuchungsgrundsatz,*
- *umfassende Kognition (Art. 12 Abs. 1 ATSV;* auch Angemessenheitsüberprüfung*),* Möglichkeit der reformatio in melius sowie der reformatio in peius; wobei der Sozialversicherer die Einsprache führende Person bei einer drohenden Schlechterstellung darauf hinzuweisen hat und ihr die Möglichkeit des Rückzugs ihrer Einsprache geben muss (Art. 12 Abs. 2 ATSV),
- *Kostenlosigkeit* des Verfahrens,

- *in der Regel keine Parteientschädigung*, hingegen bei Obsiegen der einen unentgeltlichen Rechtsbeistand beanspruchenden Partei oder bei besonders grossen Aufwendungen bzw. grossem Schwierigkeitsgrad,

  9C_877/2017 v. 28.5.2018, E. 8.2 betr. Voraussetzungen für Parteientschädigung,

- *Anspruch auf unentgeltlichen Rechtsbeistand (Art. 37 Abs. 4 ATSG),*
- aufschiebende Wirkung: vgl. Art. 11 ATSV.

Der Einspracheentscheid ist reformatorischer Natur und ersetzt die Verfügung und befindet materiell über den Streitgegenstand. Soweit formell auf die Einsprache nicht eingetreten wird (wegen Fristversäumnis) oder diese gegenstandslos geworden ist, gilt die ursprüngliche Verfügung weiter.

D. Das Rechtsmittelverfahren

Mit dem Einlegen eines Rechtsmittels wechselt der Streitgegenstand vom Administrativverfahren ins Rechtsmittelverfahren. Durch die formgültige Beschwerdeerhebung und ab der ersten Beschwerdeantwort ist ausschliesslich das kantonale Gericht (oder das Bundesverwaltungsgericht) für das Verfahren (inkl. Abklärungen) und die Streitbeilegung zuständig (Devolutiveffekt). 7.65

BGE 136 V 2, E. 2 betr. Verwaltungshilfe unter Sozialversicherungen (Art. 32 ATSG) trotz Devolutiveffekt der Beschwerde auch im Beschwerdeverfahren nach Art. 56 ff. ATSG.

Aufgrund der Verpflichtung zur Beachtung völkerrechtlicher Garantien (Art. 6 Ziff. 1 EMRK) hat das ATSG die Rahmenbedingungen in Bezug auf das Verfahren vor kantonalen Sozialversicherungsgerichten geschaffen und die Bundesverfassung wurde durch die Art. 191a–c BV ergänzt.

I. Die Beschwerde ans kantonale Versicherungsgericht

1. Sachliche Zuständigkeit (Art. 57 ATSG)

Das kantonale Versicherungsgericht ist die einzige und auch letzte Instanz für sozialversicherungsrechtliche Streitigkeiten auf kantonaler Ebene (Art. 75 Abs. 2 lit. a BGG). Versicherungsinterne Instanzenzüge sind nicht zugelassen (vgl. Art. 86 KVG). Betreffend Organisation ist kantonales Recht (Gerichtsorganisationsrecht, entsprechende Einführungsgesetze) anwendbar. Es kann sich somit auch um eine Kammer an einem oberen Gericht, insbesondere dem kantonalen Verwaltungsgericht, handeln. 7.66

9C_758/2014 v. 26.11.2014, E. 3 betr. Weiterleitungspflicht des Versicherers (Art. 30 ATSG) an das kant. Sozialversicherungsgericht bei Eingang eines als Beschwerde gegen eine IV-Verfügung des Versicherers zu verstehenden Schreibens des Versicherten.

7.67 Sachlich zuständig ist das kantonale Sozialversicherungsgericht für Beschwerden, die Streitigkeiten sozialversicherungsrechtlicher Natur zwischen Versicherten, Versicherern und allenfalls auch Arbeitgebern betreffen. Sodann sind auch Klagen gemäss Art. 73 BVG beim kantonalen Versicherungsgericht einzureichen (vgl. hinten 7.85 ff.). Ebenso haben Streitigkeiten von Versicherern unter sich vor kantonalem Versicherungsgericht stattzufinden, soweit nicht das kantonale Schiedsgericht (vgl. hinten 7. 91 ff.) oder Bundesverwaltungsgericht (vgl. hinten 7.97 ff.) zuständig ist (z.B. ausdrücklich Art. 87 KVG, jedoch unter Ausschluss des ATSG). Darüber hinaus ist das kantonale Versicherungsgericht auch für zuständig erklärt worden im Zusammenhang mit Ansprüchen, die ihre Grundlage im Opferhilfegesetz (OHG; SR 312.5) haben. Weiter kann es je nach kantonaler Regelung sogar aufgrund des engen Sachzusammenhangs für Streitigkeiten aus Zusatzversicherungen zur sozialen Krankenversicherung nach Versicherungsvertrag (VVG) sachlich zuständig sein (vgl. Art. 7 ZPO; hier stellt sich jedoch das Problem, dass dann für eine zivilrechtliche Streitigkeit nur eine anstatt mindestens zwei kantonale Instanzen gegeben ist: Art. 75 Abs. 2 BGG), ebenfalls für Ansprüche auf Grund kantonalrechtlicher Sozialleistungen wie z.B. kantonale Beihilfen und Gemeindezuschüsse zu Ergänzungsleistungen, kantonale Kinderzulagen oder Arbeitslosenhilfe.

2. Anfechtungsobjekt (Art. 56 ATSG)

7.68 Streit- bzw. Anfechtungsobjekte der Beschwerde sind (Art. 56 ATSG):

- *Einspracheentscheide* der Verwaltungsträger i.S.v. Art.52 ATSG,
- Verfügungen der IV- Stellen i.S.v. Art. 49 Abs. 1 ATSG (vgl. Art. 57a IVG),
- *Zwischenverfügungen i.S.v. Art. 49 Abs. 1 ATSG* (vgl. vorne 7.42 f. und betr. nicht wiedergutzumachender Nachteil vgl. hinten 7.71),
- *Rechtsverweigerungs-, Rechtsverzögerungsbeschwerden.*

Kein Anfechtungsobjekt bildet jedoch ein Nichteintretensentscheid dann, wenn der Versicherungsträger, z.B. im Fall von Wiedererwägung oder Verletzung der Mitwirkungspflichten bzgl. seines Handelns, über einen gewissen Ermessensspielraum verfügt.

3. Beschwerdelegitimation (Art. 59 ATSG)

7.69 Voraussetzung für die Legitimation ist einerseits die Betroffenheit resp. das Berührtsein durch das Anfechtungsobjekt bzw. das Vorliegen einer engen Beziehung zum Streitgegenstand (Einspracheentscheid oder Zwischenverfügung) und andererseits das Vorliegen eines schutzwürdigen Interesses. Zu bejahen ist das schutzwürdige Interesse immer dann, wenn der beschwerdeführenden Partei durch den status quo resp. das Nichtergreifen des Rechtsmittels ein unmittelbarer wirtschaftlicher, ideeller, rechtlicher oder auch praktischer Nachteil erwachsen würde, mit anderen Worten muss durch den Ausgang des Rechtsmittelverfahrens der status quo verändert und der Nachteil beseitigt werden können. Massgebend ist ein aktuelles Interesse, d.h. es muss auch noch im Zeitpunkt der Urteilsfällung vorhanden sein. Ein bloss theoretisches Interesse an der Abklärung einer Rechtsfrage oder die Geltendmachung öffentlicher Interessen genügen nicht.

8C_751/2018 v. 6.5.2019, E. 4.2.1 betr. schutzwürdiges Interesse bei Fragen der Leistungskoordination; 8C_515/2016 v. 22.6.2017, E. 2.2 betr. Begriff des schutzwürdigen Interesses; 8C_180/2016 v. 29.6.2016, E. 2 betr. schutzwürdiges Interesse der VE nur im Umfang der Bindungswirkung zum IV-Entscheid; 8C_319/2015 v. 13.7.2015, E. 2 betr. kein schutzwürdiges Interesse an Formulierungsänderung; 9C_932/2012 v. 17.4.2013, E. 3.1 betr. fehlendes Rechtsschutzinteresse im Falle einer eine ganze Rente beziehenden verwitweten Invalidenrentenbezügerin; 8C_921/2012 v. 12.3.2013, E. 4 betr. Beschwerdelegitimation des Versicherers gem. Art. 59 ATSG nur «pro Adressat» und für sich selber nur nach Art. 78a UVG; BGE 136 V 7, E. 2.1 betr. Auslegung des Begriffs des schutzwürdigen Interesses für Beschwerdelegitimation im kantonalen Verfahren analog zu Art. 89 BGG; BGE 133 V 188, E. 2-5 betr. Sozialhilfebehörde (Fall einer Rechtsverweigerung); 8C_68/2008 v. 27.1.2009, E. 2 betr. keine Legitimation von Angehörigen; BGE 131 V 298, E. 5-6 betr. Arbeitgeber; BGE 125 V 344, E. 4 betr. Fehlen des Interesses bei einem Privatversicherer gegenüber dem Unfallversicherer..

Ein blosses Feststellungsinteresse kann ebenfalls genügen, ist jedoch gegen- 7.70
über einem Leistungsbegehren in derselben Angelegenheit subsidiär. Der Nachteil muss im Urteilszeitpunkt noch aktuell sein.

Im Zusammenhang mit der Beschwerde gegen Zwischenverfügungen muss der 7.71
versicherten Person zudem ein *nicht wiedergutzumachender Nachteil* drohen, das heisst, dass es sich um Vorbringen handeln muss, die im Endentscheid nicht mehr berücksichtigt werden könnten (z.B. beim Anspruch auf unentgeltliche Verbeiständung, formelle Ausstandgründe, vgl. 7.28). Ein tatsächlicher Nachteil genügt, jedoch fallen die Verlängerung oder Verteuerung des Verfahrens nicht darunter.

BGE 141 V 330, E. 8 betr. (eher kein) nicht wiedergutzumachender Nachteil bei Verweigerung von Zusatzfragen.

Die Beschwerdelegitimation kommt rechtsfähigen natürlichen und juristischen 7.72
Personen zu. In erster Linie geht es um die von der Verfügung betroffene versicherte Person sowie den Versicherungsträger. Sodann regeln die Einzelgesetze, ob auch mitbetroffene (in eigenen Ansprüchen berührte) Angehörige der betroffenen Person (z.B. Unterhaltsberechtigte) zur Beschwerde zugelassen werden, was bei zur Anmeldung Legitimierten jeweils der Fall ist (vgl. vorne 7.17). Legitimiert können auch andere Sozialversicherungen, der Arbeitgeber, die unterstützende Sozialhilfebehörde oder Dritte sein, die den Leistungsanspruch für sich geltend machen können (Art. 20 oder Art. 22 ATSG).

9C_787/2017 v. 16.8.2018, E. 2.3 betr. keine Beschwerdelegitimation von Geschwistern.

Grundsätzlich sind auf kantonaler Ebene alle diejenigen Personen beschwerde- 7.73
legitimiert, die es auch auf Bundesebene sind (Art. 89 BGG).

Die Tatsache, nicht bereits gegen die Verfügung Einsprache erhoben zu haben, 7.74
weil die Verfügung nicht eröffnet worden ist (Art. 49 Abs. 4 ATSG), schadet nicht.

4. Frist und zuständiges Gericht (Art. 58, 60 ATSG)

7.75 Die gesetzliche, nicht erstreckbare Beschwerdefrist wird in Art. 60 ATSG auf 30 Tage seit Zustellung des Einspracheentscheids bzw. der (Zwischen-)Verfügung (die Zählung beginnt an dem auf den Zugang folgenden Tag) angesetzt. Für die Berechnung der Fristen und die Folgen bei Fristversäumnis sind die Art. 38–41 ATSG sinngemäss anwendbar (vgl. dazu eingehend vorne 7.60).

BGE 143 I 187, E. 2.3 betr. keine elektronische Eingabe ohne gesetzliche Grundlage im kantonalen Recht: Fristversäumnis.

7.76 Zuständig ist gemäss Art. 58 ATSG grundsätzlich das Versicherungsgericht des Kantons, in welchem der Beschwerdeführer *zur Zeit der Beschwerdeerhebung seinen Wohnsitz* hat. Handelt es sich um einen Arbeitgeber, so ist es das Gericht an seinem Sitz. Befindet sich der Wohnsitz resp. Sitz nicht mehr in der Schweiz, ist das Versicherungsgericht des Kantons zuständig, in dem der Wohnsitz resp. Sitz sich zuletzt befunden hat oder, bei Unsicherheit darüber, der Kanton, in dem das Durchführungsorgan seinen Sitz hat. Bei festgestellter Unzuständigkeit trifft das Gericht eine Weiterleitungspflicht (Art. 58 Abs. 3 ATSG) oder es fällt einen formellen Nichteintretensentscheid.

8C_750/2018 v. 6.5.2019, E. 5 betr. negativer Kompetenzkonflikt bei Wohnsitz im Ausland; 9C_192/2019 v. 25.4.2019, E. 2 betr. Auseinanderfallen von EL-Zuständigkeit und neuem Wohnsitz; BGE 135 V 153, E. 2-4 betr. negativer Kompetenzkonflikt im Falle einer Beschwerde von Hinterlassenen: örtliche Zuständigkeit am Wohnsitz der Hinterlassenen.

7.77 Von der in Art. 58 ATSG aufgestellten Zuständigkeitsordnung weichen gewisse Einzelgesetze insofern ab, als die örtliche Zuständigkeit an den Sitz des Durchführungsorgans anknüpft wird, so insbesondere bei der:

- ***AHV/IV/EO***: Zuständigkeit des Ortes der Ausgleichskasse (Art. 84 AHVG, Art. 69 IVG; Art. 24 EOG),
- ***AVIG***: besondere örtliche und sachliche Zuständigkeiten (Art. 100 Abs. 3 AVIG i.V.m. Art. 128 AVIV, Art. 101 AVIG),
- ***freiwilligen AHV/IV für Auslandschweizer***: Bundesverwaltungsgericht (Art. 85bis AHVG, Art. 69 Abs. 1 lit. b IVG).

5. Kognition (Art. 61 lit. d ATSG)

7.78 Auf kantonaler Ebene hat die erste Instanz volle Kognition, da die Kognition einer unteren Instanz nicht enger sein darf als diejenige der oberen. Sie rollt somit das Verfahren in tatsächlicher und rechtlicher Hinsicht nochmals neu auf. Im Rahmen des Schriftenwechsels sind somit Noven, neue Behauptungen und Beweismittel zulässig, dies stets unter Wahrung des Gehörsanspruchs.

Im Vordergrund steht dabei die richtige Durchsetzung des materiellen Rechts. Das heisst im Einzelnen, dass sie frei überprüft:

- Sachverhalt resp. Sachverhaltsfeststellung,
- Rechtsausübung (Gesetzesauslegung, Prüfung der Verfassungsmässigkeit von Verordnungen und Weisungen, Verletzung von Rechtsgrundsätzen und verfassungsmässigen Rechten),

  BGE 144 V 138, E. 2.4 betr. Ermessenskontrolle bei unselbständigen Verordnungen.

- Ermessen. Obwohl die kantonale Instanz aufgrund ihrer vollen Kognition grundsätzlich eine Angemessenheitsprüfung der Verwaltungsfügung vornehmen darf, setzt sie ihr eigenes Ermessen *nur bei triftigem Grund,* d.h. wenn eine andere Einschätzung viel naheliegender ist, an die Stelle des Ermessens der Behörde. Je grösser der Ermessensspielraum der Behörde (vgl. vorne 1.57), desto geringer ist die Möglichkeit der Überprüfung, vorbehalten Ermessensüber- oder -unterschreitung bzw. -missbrauch.

  BGE 137 V 71, E. 5.1 betr. Ermessensüberprüfung des (Sozial)Versicherungsgerichts.

Zur vollen Kognition gehört auch die Möglichkeit einer *reformatio in melius* (Verbesserung der Rechtsstellung der beschwerdeführenden Partei unter Wahrung des rechtlichen Gehörs) oder einer *reformatio in peius* (Verschlechterung der Rechtsstellung der beschwerdeführenden Partei unter Wahrung des rechtlichen Gehörs und des Hinweises auf die Möglichkeit des Klagerückzugs) und die Nichtbindung des Gerichts an die Parteianträge. 7.79

BGE 144 V 153, E. 4 betr. Pflicht, eine reformatio in peius ins Auge zu fassen.

Ist der Sachverhalt ungenügend abgeklärt, so erfolgt eine Rückweisung an die Verwaltung oder, wenn das kantonale Prozessrecht es zulässt, die Ergänzung des Sachverhalts durch das Gericht (allenfalls mit Hilfe eines Gerichtsgutachtens), sofern sich das Gericht von weiteren Abklärungen mehr Aufschluss verspricht. 7.80

8C_159/2014 v. 26.8.2014, E. 3.2 betr. Beweiswert von Gerichtsgutachten bei Fehlen offensichtlicher widersprüchlicher Aussagen oder triftiger, gegensätzlicher Meinungsäusserungen der Fachexperten; BGE 139 V 349, E. 5.3 betr. Gerichtsgutachten und Pflicht zur Inanspruchnahme von SuisseMED@P; BGE 139 V 99, E. 2 betr. keine Anfechtbarkeit eines Rückweisungsentscheids der Vorinstanz an die Verwaltung.

Im Rechtsmittelverfahren mit voller Kognition kann auch eine im Verwaltungsverfahren erfahrene leichte Verletzung des rechtlichen Gehörs geheilt werden.

Anfechtungs- bzw. Streitgegenstand ist der Inhalt der Verfügung bzw. des Einspracheentscheids im Zeitpunkt seines Erlasses, welcher sich im Dispositiv niederschlägt (bei unklarem Dispositiv vgl. vorne 7.40). Die beschwerdeführende Partei hat 7.81

- *den Sachverhalt* darzustellen,
- *Rechtsbegehren* zu stellen und diese kurz
- zu *begründen.*

Der Anfechtungsgegenstand ist für das Gericht verbindlich. Er kann durch die beschwerdeführende Partei eingeschränkt werden, indem sie *nicht alle Punkte* 7.82

rügt (Rügeprinzip). Die nicht gerügten Punkte erwachsen somit in Rechtskraft. Eine Ausdehnung des Anfechtungsgegenstandes auf nachträglich eingetretene Ereignisse ist nur bei engem Sachzusammenhang oder aus prozessökonomischen Gründen möglich.

7.83 Die Rechtsausübung erfolgt von Amtes wegen, basierend auf den im Zeitpunkt des Ereignisses (Sachverhalt) geltenden Rechtsnormen, anderslautende Übergangsbestimmungen vorbehalten.

6. Verfahren (Art. 61 ATSG)

7.84 Die Verfahrensgrundsätze für das Verfahren auf kantonaler Ebene sind in Art. 61 ATSG niedergelegt, wobei zusätzlich Art. 29 und 30 BV bzw. Art. 6 EMRK von Bedeutung sind. Zudem ist auch das kantonale Verfahrensrecht zu beachten. Das Verfahren hat:

- *rasch und einfach* (Art. 29 Abs. 1 BV und Art. 61 lit. a ATSG), d.h. keine objektiv nicht sachlich begründeten Verzögerungen enthaltend (vgl. im Einzelnen vorne 7.04 ff.), und in der Regel öffentlich zu sein,
- *dem Untersuchungsgrundsatz* zu entsprechen, d.h. die Abklärung des rechtserheblichen Sachverhalts und die Rechtsanwendung erfolgen von Amtes wegen und unter Vorbehalt der Mitwirkungspflichten der Parteien (vgl. vorne 7.22 ff.),

  BGE 143 V 269, E. 7.3 betr. Höhe der von der IV-Stelle zu tragenden Kosten eines polydisziplinären Gerichtsgutachtens; BGE 137 V 210, E. 4.2 betr. unzureichende Sachverhaltsabklärung und Gerichtsgutachten.

- *grundsätzlich mit aufschiebender Wirkung ausgestattet* zu werden (Art. 55 Abs. 1 VwVG),
- durch *Sach- oder Prozessurteil* abgeschlossen zu werden,
- mit *einer Rechtsmittelbelehrung* versehen zu sein,
- *kostenpflichtig* zu sein (*ATSG-Revision* lit. a und f^{bis}) nach den Regeln des kantonalen Verfahrensrechts, bei Streitigkeiten *über Leistungen* jedoch nur, wenn dies im jeweiligen Einzelgesetz vorgesehen ist (vgl. neu Art. 85bis Abs. 2 AHVG, Art. 69 Abs. 1bis IVG). Fehlt es an einer entsprechenden einzelgesetzlichen Regelung, kann das Gericht dennoch Kosten auferlegen, wenn mutwillig oder leichtsinnig prozessiert wird, so z.B. bei Rechtsmittelverfahren wider besseres Wissen, offensichtlich rechtswidriger Lage, Unverständlichkeit, rechtsmissbräuchlicher Verfahrensverzögerung, Verletzung der Mitwirkungspflicht z.B. durch Nichteinreichen von Unterlagen, Nichtbefolgen von gerichtlichen Anordnungen usw. Aussichtslosigkeit für sich allein und ohne Element des «wider besseren Wissens» bedeutet jedoch noch keine leichtsinnige Prozessführung. Einzig im Zuge der Revision des Invalidenversicherungsgesetzes ist das kantonale Verfahren bei Fragen um Bewilligung oder Verweigerung von IV-Leistungen gemäss Art. 69 Abs. 1bis IVG im Umfang von Fr. 200.–

bis Fr. 1'000.– kostenpflichtig erklärt worden. Der obsiegenden Beschwerde führenden und vertretenen Person resp. einem obsiegenden Privatversicherer (nicht jedoch dem Sozialversicherer) werden Parteikosten (für Vertretung, Barauslagen) zugesprochen, welche sich nach dem Schwierigkeitsgrad und der Bedeutung der Streitsache bemisst.

9C_53/2017 v. 18.8.2017, E. 3.3 betr. Parteientschädigung für den als Anwalt auftretenden Ehemann; 9C_641/2014 v. 16.1.2015, E. 2 betr. kein zwingender Anspruch auf zweiten Schriftenwechsel; 9C_30/2014 v. 6.5.2014, E. 2-4 betr. Parteikostenersatz für Gewerkschaft, Bemessungskriterien für die Höhe des Parteikostenersatzes; 8C_410/2013 v. 15.1.2014, E. 5.3 betr. keine umfangreichen Zusatzabklärungen durch die Verwaltung im Beschwerdeverfahren aufgrund von Art. 61 lit. a ATSG; 8C_229/2013 vom 25.7.2013, E. 4.1 betr. Voraussetzungen für die Annahme einer mutwilligen oder leichtsinnigen Prozessführung; BGE 131 V 153, E. 6.2 und 7 betr. unangemessene Parteientschädigung als Bundesrechtsverletzung (sog. EVG-Tarif).

II. Die Klage ans kantonale Versicherungsgericht (Art. 73 BVG)

1. Anwendungsbereich, Anfechtungsobjekt, Streitgegenstand, anwendbares Recht

Die Möglichkeit der Klage ans kantonale Versicherungsgericht bezieht sich auf BVG-Streitigkeiten i.S.v. Art. 73 BVG, welche nicht in den (sachlichen) Zuständigkeitsbereich des Aufsichtswegs i.S.v. Art. 74 BVG (vgl. hinten 7.103 f.) oder in den der Zivilgerichte fallen. Die Vorsorgeeinrichtungen, auch die öffentlich-rechtlichen, haben – im Gegensatz zu allen anderen Sozialversicherungsträgern und der Auffangeinrichtung – *keine Verfügungskompetenz*. Somit entfällt ein Einspracheverfahren (das ATSG ist auf die 2. Säule ohnehin nicht anwendbar). Die örtliche Zuständigkeit richtet sich nach Art. 73 Abs. 3 BVG, der einen Wahlgerichtsstand entweder am schweizerischen Sitz oder Wohnsitz des Beklagten oder am Ort des Betriebes, bei welchem der Versicherte angestellt war (Art. 73 Abs. 3 BVG), vorsieht. Bei Gegenstandslosigkeit des letzteren kann auch am Wohnsitz der klagenden Partei geklagt werden. 7.85

9C_1016/2010 v. 30.5.2011, E. 2.3.2 betr. Klage am Wohnsitz der klagenden Partei oder am Sitz der Auffangeinrichtung in Bern; BGE 133 V 488, E. 4 betr. Gerichtsstand bei mehreren Beklagten.

Anfechtungsobjekt bildet der *der Beschluss bzw. Bescheid* der Vorsorgeeinrichtung, welcher direkt mit Klage ans kantonale Gericht weitergezogen werden kann. 7.86

Streitgegenstand sind Streitigkeiten, welche ihren Rechtsgrund im BVG bzw. FZG (und deren Verordnungen) haben und zwar für den obligatorischen und überobligatorischen Bereich (Art. 49 Abs. 2 Ziff. 22 BVG [umhüllende Kassen, vgl. vorne 6.23]) oder welche ihren Rechtsgrund im Verhältnis zu einer Vorsorgeeinrichtung i.S.v .Art. 89a Abs. 6 f. ZGB haben und für welche das Gesetz die Zuständigkeit von Art. 73 BVG vorsieht (Art. 89a Abs. 6 Ziff. 19 [ohne

Ermessensleistungen] und Abs. 7 Ziff. 8 [mit Ermessensleistungen] ZGB). Dazu zählen:

- *die Berechnung von Leistungen,*
- *die Festsetzung von Beiträgen,*
- *Die Berechnung der Austrittsleistung resp. der Rente im Scheidungsfall* (Art. 281 ZPO),
- *Verantwortlichkeitsklagen* gemäss Art. 52 BVG,
- *Regressansprüche des Sicherheitsfonds* gemäss Art. 56a BVG,
- *Klagen bzgl. Freizügigkeitskonti bzw. -policen,*
- *Klagen bzgl. der gebundenen Vorsorge 3a (gemäss BVV3),*
- *Leistungen aus Wohlfahrtsfonds.*

Die vier zuletzt aufgeführten Klagen sind ihrer Natur nach zivilrechtliche, doch hat man, wegen des erhöhten Schutzbedürfnisses und der engen Konnexität zum BVG, für sie das Sozialversicherungsverfahren gewählt.

7.87 Nicht berufsvorsorgerechtliche, sondern zivilrechtliche Streitigkeiten sind demgegenüber:

- falsche oder unterbliebene Auskünfte des Arbeitgebers gegenüber dem Arbeitnehmer (Art. 331 Abs. 4 OR),
- Schadenersatzansprüche gegenüber dem Arbeitgeber wegen ungenügender Vorsorge (Art. 328 i.V.m. Art. 97 ff. OR),
- arbeitsrechtliche Streitigkeiten, sofern nicht als Vorfrage,
- Bestimmung der *Voraussetzungen* und *Höhe der Teilungsquote* bei scheidungsrechtlich bedingter Austrittsleistung (Art. 281 ZPO).

9C_817/2018 v. 24.6.2019, E. 3 betr. Verpflichtung des Arbeitgebers zur Ausfinanzierung einer Frühpensionierung; BGE 136 V 73, E. 5.3 betr. Änderung der Rechtsprechung hinsichtlich berufsvorsorgerechtlicher Zuständigkeit nach Art. 73 BVG zur Beurteilung von Ersatzforderungen aus Nicht- oder Schlechterfüllung eines Anschlussvertrages (bei Schadenersatzanspruch aus Verletzung anschlussvertraglicher Pflichten, der spezifisch berufsvorsorgerechtlicher Natur ist, ist das Berufsvorsorgegericht und nicht das Zivilgericht sachlich zuständig).

2. Klagelegitimation

7.88 Klagelegitimiert sind nur die am Vorsorgeverhältnis beteiligten Personen resp. Institutionen, soweit es sich um BVG-Streitigkeiten handelt.

In Frage kommen somit Streitigkeiten zwischen:

- Vorsorgeeinrichtung – Destinatär: Leistungen, Beiträge, Rückerstattungsansprüche
- Vorsorgeeinrichtung – Arbeitgeber: Unterstellung, Beiträge, Auskünfte, Meldepflichten, Rückerstattungsansprüche
- Vorsorgeeinrichtung – Organe
- Vorsorgeeinrichtung – Vorsorgeeinrichtung oder vorleistungspflichtiger Versicherung
- Arbeitgeber – Arbeitnehmer: Beiträge.

Vorsorgeeinrichtungen sind nur dann aktiv- und passivlegitimiert, wenn sie *reglementarisch* zugesicherte Rechtsansprüche auf Leistungen für Alter, Tod und Invalidität im Sinne des BVG ausrichten. Für Vorsorgeeinrichtungen (patronale Wohlfahrtsfonds mit oder ohne Ermessensleistungen), die keine BVG-Leistungen erbringen, gilt die in Art. 89a Abs. 6 Ziff. 19 bzw. Abs. 7 Ziff. 8 ZGB festgehaltene Verweisung auf Art. 73 und 74 BVG. Nicht als Vorsorgeeinrichtung und somit nicht als passivlegitimiert gilt der durch Kollektivversicherungsvertrag einbezogene Rückversicherer bei teil- oder nicht autonomen Vorsorgeeinrichtungen. 7.89

BGE 128 V 243, E. 1 betr. Legitimation des Krankentaggeldversicherers; SZS 2003 441 betr. individueller Rechtsanspruch gegenüber einem Wohlfahrtsfonds.

3. Kognition und Verfahren

Auch im Bereich der beruflichen Vorsorge herrscht *Untersuchungsmaxime*, was umfassende Feststellung des Sachverhalts sowie Rechtsausübung von Amtes wegen und somit volle Kognition bedeutet (Art. 73 Abs. 2 BVG). Vorausgesetzt wird ein unmittelbares, aktuelles und schutzwürdiges Interesse, welches sich auch auf eine (subsidiäre) Feststellungsklage beziehen kann, sofern keine Leistungsklage erhoben werden kann. Im Zusammenhang mit Leistungsklagen werden auch abstrakte Normenkontrollen bezüglich der Verfassungs- und Gesetzmässigkeit von Statuten und Reglementen durchgeführt sowie vorfrageweise zivilrechtliche Fragen (z.B. arbeitsrechtliche) abgeklärt. 7.90

Es handelt sich um ein einfaches, rasches und i.d.R. kostenloses Verfahren. Das Gericht hat ein Sach- oder Prozessurteil zu fällen. Es darf die Sache nicht zur Ergänzung an die Vorsorgeeinrichtung zurückweisen, sondern muss die nötigen Abklärungen selbst treffen.

BGE 138 V 86, E. 5.2.3 betr. Anforderungen an den Untersuchungsgrundsatz nach Art. 73 Abs. 2 BVG: Einschränkung durch die Mitwirkungspflichten der Parteien, insb. die Substanziierungspflicht.

III. Die Klage ans kantonale Schiedsgericht (Art. 27bis IVG; Art. 89 KVG; Art. 57 UVG; Art. 27 MVG)

1. Rechtsnatur des Schiedsgerichts

7.91 Beim kantonalen Schiedsgericht handelt es sich um eine öffentlich-rechtliche Institution, und zwar um eine staatlich und paritätisch (Leistungserbringer und Versicherer) zusammengesetzte *ständige Einrichtung*, die Streitigkeiten mit Grundlage im Sozialversicherungsbereich, also nicht VVG-Zusatzversicherungen, beurteilt. Die Bestimmungen des ATSG sind auf Schiedsgerichte nicht anwendbar (Art. 1 Abs. 2 lit. e KVG, Art. 1 Abs. 2 lit. a UVG), hingegen gelten die allgemeinen verfassungsrechtlichen Garantien (vgl. vorne 7.03 ff.)

2. Zuständigkeit und Klagelegitimation

7.92 Das kantonale Schiedsgericht entscheidet ausschliesslich in Streitigkeiten zwischen Leistungserbringern und den zuständigen Sozialversicherungen. Dies gilt auch dann, wenn im System des Tiers garant die versicherte Person Schuldnerin gegenüber dem Leistungserbringer ist und es sich um eine Rechtsbeziehung zwischen Leistungserbringer und Versicherung handelt, wie z.B. bei Rückerstattungsansprüchen des Versicherers wegen Überarztung (Art. 56 KVG) im System des Tiers garant (vgl. vorne 5.58). Als «Leistungserbringer» zugelassen sind auch deren Verbände oder auch ein solcher, der gerade um die Zulassung als Leistungserbringer kämpfen muss. Die Streitigkeit muss sich aus Rechtsbeziehungen ergeben, wie sie *durch das jeweilige Sozialversicherungsgesetz begründet* werden, demzufolge nicht aus zivilrechtlichen oder andern öffentlichrechtlichen Grundlagen.

7.93 Im schiedsgerichtlichen Verfahren beurteilt werden zum Beispiel (vgl. Art. 27bis IVG; Art. 57 Abs. 3, Art. 59 Abs. 2 KVG; Art. 55, Art. 57 UVG; Art. 23, Art. 27 MVG):

- Tarifstreitigkeiten,
- Rückerstattungsansprüche wegen Überarztung,
- Ablehnung von Vertrauensärzten,
- Zulassung bzw. Ablehnung als Leistungserbringer,
- Herausgabe von Patientendaten (SwissDRG) durch den Leistungserbringer an den Versicherer.

BGE 136 V 141, E. 4 betr. sachliche Zuständigkeit des Schiedsgerichts nach Art. 57 UVG für Streitigkeiten zwischen Leistungserbringer und Unfallversicherer; 9C_687/2010 v. 30.12.2010, E. 4 betr. Anwendung falscher Tarife durch den Leistungserbringer: fehlende Zuständigkeit des kantonalen Sozialversicherungsgerichts und Aufhebung von dessen Urteil.

3. Verfahren

Da die Verfahrensregeln gemäss ATSG für das kant. Schiedsgericht nicht zur Anwendung gelangen, gelten die allgemeinen kantonalen Verfahrensbestimmungen, die bundesrechtlichen Garantien (Art. 30 Abs. 1 BV) sowie der Grundsatz, dass eine Leistungs- bzw. Gestaltungsklage einer Feststellungsklage vorzugehen hat. Das kantonale Schiedsgericht kann auch dem kantonalen Versicherungsgericht angeschlossen werden (z.B. Kanton Zürich). 7.94

BGE 144 V 138, E. 4.2-3 betr. Feststellungsinteresse bei Feststellungsklage auch im Schiedsgerichtsverfahren (i.c. verneint).

Das Verfahren ist einfach und rasch. Es gilt die Untersuchungsmaxime. Prozessleitende Entscheide werden als Verfügungen erlassen und sind ans Bundesgericht weiterziehbar (vgl. hinten 7.106). 7.95

Da das kantonale Schiedsgericht auf der gleichen Stufe wie das kantonale Versicherungsgericht steht, gilt es als letzte kantonale Instanz. 7.96

IV. Der Beschwerdeweg ans Bundesverwaltungsgericht

1. Im Allgemeinen

Das Bundesverwaltungsgericht, als Vorinstanz des Bundesgerichts, erfüllt die Bedingungen der EMRK an die Unabhängigkeit von Gerichtsinstanzen und ihre Besetzung (vgl. Art. 191a und 191c BV). Es hat seine Grundlage im Bundesgesetz über das Bundesverwaltungsgericht (VGG) vom 17. Juni 2005, welches in erster Linie Organisation, Vorinstanzen und sachliche Zuständigkeiten regelt und subsidiär, soweit es keine Regelung trifft, vom VwVG ergänzt wird (z.B. bei Verfahrensfragen). 7.97

Anfechtungsobjekte und mit Beschwerde ans Bundesverwaltungsgericht weiterziehbar sind Verfügungen von Bundesbehörden i.S.v. Art. 5 VwVG, wie z.B. Verfügungen des BAG oder BSV als Aufsichtsbehörden (z.B. Art. 64 Abs. 6 AHVG, Art. 78a UVG), Verfügungen der Auffangeinrichtung, Verfügungen der SAK/ZAS, Zwischenverfügungen, Einspracheentscheide, Entscheide von Bundesämtern (z.B. Art. 101 AVIG bzgl. seco) oder bestimmte Verfügungen und Einspracheentscheide der gemeinsamen Einrichtung (Art. 18 Abs. 8 KVG, Art. 90a KVG). Zudem kann Rechtsverzögerung geltend gemacht werden. 7.98

BGE 141 V 191, E. 3.3 betr. kein Einspracheverfahren gem. Art. 52 ATSG und Anwendung des VwVG bei *aufsichtsrechtlichen* Streitigkeiten über die Zuständigkeit.

Als Vorinstanzen zugelassen sind gemäss Art. 33 lit. i VGG kantonale Instanzen, soweit ein Bundesgesetz gegen ihre Verfügungen die Beschwerde an das Bundesverwaltungsgericht vorsieht. Das Bundesverwaltungsgericht beurteilt zudem Beschwerden gegen Beschlüsse der Kantonsregierungen (z.B. Art. 39, 45, 46 Abs. 4, Art. 47, 48, Art. 51, 54, 55 und 55a KVG). 7.99

9C_488/2018 v. 18.1.2019, E. 1.2 betr. Beitragsverfügung der Auffangeinrichtung.

2. Der UV-Beschwerdeweg (Art. 109, 111 UVG, Art. 132 UVV)

7.100 Das Bundesverwaltungsgericht ist mit Bezug auf die Unfallversicherung, in Abweichung von Art. 58 Abs. 1 ATSG, für drei spezielle Bereiche zuständig:

- Unterstellungsverfügungen i.S.v. Art. 66 UVG,
- Einreihung in die Klassen und Stufen der Prämientarife (Art. 92 Abs. 2 UVG),
- Anordnungen bzgl. Unfallverhütung bzw. Berufskrankheiten (Art. 81 ff. UVG).

7.101 Anfechtungsobjekt ist die Verfügung resp. der Einspracheentscheid des Unfallversicherers.

7.102 Das Verfahren richtet sich nach dem VGG resp. VwVG. Gemäss Art. 50 VwVG beträgt die Beschwerdefrist ans Bundesverwaltungsgericht 30 Tage seit Eröffnung der Verfügung resp. des Einspracheentscheids. Es wird grundsätzlich keine aufschiebende Wirkung erteilt.

3. Der BVG-Beschwerdeweg (Art. 74 BVG)

7.103 Der Rechtsweg in der beruflichen Vorsorge ist geteilt. Neben der Klage i.S.v. Art. 73 BVG (vgl. vorne 7.85 ff.) kann gegen die Tätigkeit resp. Beschlüsse des Stiftungsrates oder anderer Organe einer Vorsorgeeinrichtung Aufsichtsbeschwerde an die zuständige Aufsichtsbehörde (kantonale, regionale, OAK) erhoben werden. Es werden nicht nur Vorsorgeeinrichtungen erfasst, sondern auch die der beruflichen Vorsorge dienenden Stiftungen (z.B. Anlagestiftungen, Freizügigkeitsstiftungen). Zur Aufsichtsbeschwerde legitimiert ist, wer am Vorverfahren teilgenommen hat oder keine Teilnahmemöglichkeit hatte, der ein schutzwürdiges Interesse geltend machen kann und durch einen Akt der Stiftung (oder dessen Unterlassen) besonders berührt ist (jedermann offensteht die blosse Anzeige an die Aufsichtsbehörde). Voraussetzung ist, dass *keine Leistungsklage* i.S.v. Art. 73 BVG möglich ist. Anfechtungs- resp. Streitgegenstand bilden u.a.:

- Feststellung der Widerrechtlichkeit von Statuten oder Reglementen (unabhängig von einer Leistungsklage): abstrakte Normenkontrolle,
- Beanstandung der Tätigkeit der Organe,
- Generelle Erstellung des Verteilplans bei Teil- oder Gesamtliquidation (Art. 53b ff. BVG),
- Verletzung von Informationspflichten gegenüber den Destinatären (Art. 86b BVG),
- Verletzung der Parität im Stiftungsrat (Art. 51 BVG),
- Verletzung von Anlagevorschriften (BVV2, ASV),
- Verletzung der Unabhängigkeit und Loyalität der Organe (Art. 51b, Art. 51c BVG, Art. 48f–48l BVV2),

- Verfahrensfehler bei der Beschlussfassung,
- Rechtsverzögerung und Rechtsverweigerung.

BGE 141 V 605, E. 3.2.3 betr. Rechtsmittelwege im Fall von Teilliquidation; BGE 140 V 22, E. 4.2 betr. Legitimation des Arbeitgebers, die Voraussetzungen, das Verfahren und den Verteilungsplan einer Teilliquidation der Vorsorgeeinrichtung bei der zuständigen Aufsichtsbehörde überprüfen und entscheiden zu lassen; 9C_823/2011 v. 23.3.2012, E. 2.3 betr. Voraussetzungen der Legitimation eines Stiftungsratsmitglieds, i.c. wegen fehlendem persönlichem Interesse verneint im Fall der Rüge einer unkorrekten Beschlussfassung.

Gegen Verfügungen der zuständigen Aufsichtsbehörde sowie auch gegen solche 7.104 der Auffangeinrichtung und des Sicherheitsfonds steht, unter Einhaltung einer 30-tägigen Beschwerdefrist seit Eröffnung des Entscheids der Aufsichtsbehörde oder seit dessen Kenntnisnahme (Art. 50 VwVG), die Beschwerde ans Bundesverwaltungsgericht offen. Beschwerdelegitimiert sind die am Verfahren Beteiligten, sofern sie ein Rechtsschutzinteresse haben und vom Vorentscheid berührt sind. Wie im Verwaltungsverfahren ist die Aufsichtsbehörde bis zur Beschwerde ans Bundesverwaltungsgericht zur Objektivität und Neutralität verpflichtet, im Rechtsmittelverfahren jedoch Partei. Massgebend für das Verfahren sind die allgemeinen Grundsätze des Verwaltungsprozesses sowie das VGG und VwVG und auf kantonaler Ebene das kantonale Verfahrensrecht.

V. Die Beschwerde in öffentlich-rechtlichen Angelegenheiten ans Bundesgericht (Art. 82 ff. BGG)

1. Anwendbares Recht

Für das Verfahren vor Bundesgericht massgebend ist das Bundesgesetz über 7.105 das Bundesgericht (BGG) vom 17. Juni 2005 sowie diverse darauf beruhende Richtlinien und Reglemente. Bei der Beschwerde in öffentlich-rechtlichen Angelegenheiten handelt es sich um eine Einheitsbeschwerde, so dass die I. sozialrechtliche Abteilung des Bundesgerichts in Luzern nunmehr auch neben den sozialversicherungsrechtlichen Beschwerden solche im Zusammenhang mit der Sozial- und Opferhilfe sowie den kantonalen (Familien-)Zulagen beurteilt. Soweit die Beschwerde in öffentlich-rechtlichen Angelegenheiten nicht ergriffen werden kann, muss geprüft werden, ob die subsidiäre Verfassungsbeschwerde i.S.v. Art. 113 ff. BGG Platz greift.

2. Anfechtungsobjekt

Anfechtungsobjekt der Beschwerde ans Bundesgericht sind (Art. 86, 90, 91 und 7.106 92 BGG):

- *letztinstanzliche Urteile/Teilurteile* eines kantonalen Versicherungsgerichts (vgl. vorne 7.66 ff., 7.85 ff.)
- *Urteile* des kantonalen Schiedsgerichts (vgl. vorne 7.91 ff.),

- *Zwischenentscheide* betr. Ausstand oder Zuständigkeit (Art. 92 BGG) oder andere bei nicht wiedergutzumachendem Nachteil (Art. 93 Abs. 1 lit. a BGG),
- *Entscheide des Bundesverwaltungsgerichts,*
- *Rechtsverweigerungs- und Rechtsverzögerungsbeschwerden* (Art. 94 BGG).

3. Beschwerdelegitimation und Frist

7.107 Zur Beschwerde legitimiert sind (Art. 89 BGG):

- *die Beteiligten am vorinstanzlichen Verfahren*, sofern sie «berührt sind» und *ein schutzwürdiges, aktuelles (Rechtsschutz- bzw. Feststellungs-)Interesse* haben. Das Interesse ist gegeben, wenn man durch das Urteil der Vorinstanz beschwert ist, wobei die Beschwer nicht ausschliesslich rechtlicher sondern auch tatsächlicher resp. praktischer oder finanzieller Natur sein kann. Die betroffene Person (legitimiert kann auch jemand sein, der im vorinstanzlichen Verfahren übergangen wurde) muss aber eine besonders beachtenswerte Beziehung zur Streitsache haben und mehr als Dritte davon betroffen sein (siehe auch Art. 49 Abs. 4 ATSG: andere berührte Sozialversicherer). Gemäss dem Grundsatz der Einheit des Verfahrens, müssen sich die Parteien (vorbehalten bleibt Art. 89 Abs. 1 lit. a BGG) an allen vorinstanzlichen Verfahren beteiligt haben (Art. 111 BGG).

  BGE 138 V 161, E. 2.5.1 betr. fehlende Beschwerdelegitimation im Falle der Nichtteilnahme am vorinstanzlichen Verfahren, vorbehalten bleiben Verfahrensfehler; BGE 138 V 292, E. 4 betr. schutzwürdiges Interesse des Kindes einer Ergänzungsleistungen beziehenden Person; BGE 138 V 339, E. 2.3.1 betr. Beschwerdelegitimation der IV-Stellen; BGE 128 V 36, E. 1.a betr. finanzielles Interesse Recht auf Übersetzung.

- *BSV, BAG, seco* (Art. 89 BGG), gesetzliche Drittbeschwerdebefugnis.

  BGE 140 V 321, E. 3.7 betr. keine Legitimation des BAG zur Anfechtung eines Rückweisungsentscheids des Bundesverwaltungsgerichts betreffend einen Kompetenzkonflikt zwischen Versicherern; BGE 136 V 106, E. 3.4 betr. fehlende Beschwerdebefugnis des seco gegen einen Entscheid des Bundesverwaltungsgerichts auf dem Gebiete der Arbeitslosenversicherung, da weder aufgrund von Art. 89 Abs. 1 BGG noch Art. 89 Abs. 2 lit. a BGG i.V.m. Art. 102 Abs. 2 AVIG gegeben.

7.108 Die Beschwerdefrist nach Eröffnung der vollständigen Ausfertigung (Art. 100 BGG) beträgt:

- gegen Endentscheide: 30 Tage,
- gegen Zwischenentscheide: 30 Tage,
- wegen Rechtsverzögerung (Art. 94 BGG): jederzeit.

7.109 Es handelt sich um eine gesetzliche und daher nicht erstreckbare Frist. Möglich ist Wiederherstellung der Frist mittels Begehren und Grundangabe innerhalb von 30 Tagen seit Wegfall des Hindernisses im Fall objektiv unverschuldeter Verhinderung (Art. 50 Abs. 1 BGG) oder im Fall einer falschen Rechtsmittelbelehrung

(Art. 49 BGG). Die Frist gilt bei Einreichung bei einer unzuständigen Stelle aufgrund der Weiterleitungspflicht als gewahrt (Art. 48 Abs. 3 BGG).

4. Kognition (Art. 95–99, 105 BGG)

Die Kognition des Bundesgerichts wurde mit der Justizreform auch in sozialrechtlichen Fragen eingeschränkt. Das Bundesgericht ist grundsätzlich an die 7.110

- *Sachverhaltsfeststellungen* der Vorinstanz gebunden. Diese bilden die den Rechtsfragen zu Grunde liegenden *Tatfragen*, so z.B. konkrete Beweiswürdigung, Wohnsituation bei Betreuungsgutschriften, Feststellung des versicherten Verdienstes (aber nicht Zusammensetzung), die Frage des natürlichen Kausalzusammenhangs, Festlegung des Gesundheitsschadens sowie seine Entwicklung (Befunderhebung, Diagnosestellung), die medizinische Feststellung der Arbeitsfähigkeit (i.S. einer Folgenabschätzung [keine abschliessende Beurteilungskompetenz der Arztperson; vgl. 2.31]), die vorhandenen Ressourcen sowie deren Auswirkungen auf die Arbeitsfähigkeit, Feststellung des Eintritts der Arbeitsunfähigkeit, Lohnfeststellungen bei Invalidität (LSE, DAP), Festsetzung des hyp. Einkommens, Umfang der Hilfsbedürftigkeit, die Aufteilung zwischen Erwerbs- und Aufgabenbereich sowie die tatsächliche prozentuale Einschränkung im Aufgabenbereich, Bonität der Anlage beim Arbeitgeber (Art. 57 BVV2), Zeitpunkt des Zugangs der Verfügung beim Adressaten.

  9C_541/2017 v. 31.10.2017, E. 3.2 betr. konkrete Beweiswürdigung als Tatfrage; 9C_680/2016 v. 14.6.2017, E. 3.5.2 betr. Festsetzung des hyp. Resterwerbseinkommens als Tatfrage und der möglichen Verwertbarkeit der Restarbeitsfähigkeit als Rechtsfrage; BGE 141 V 281, E. 7 betr. ärztliche Feststellungen; BGE 141 V 51, E. 8.1 betr. Kausalzusammenhang bei Sorgfaltspflichtverletzungen (Art. 52 BVG); BGE 134 V 53, E. 4 betr. Umfang des hyp. zumutbaren Einkommens bei Einkommensverzicht in der EL als Sachverhaltsfeststellung.

  Zwei Ausnahmen sind zu beachten:

  1. Bei *willkürlicher resp. offensichtlich unrichtiger, unvollständiger* oder unter *Rechtsverletzung* (hier muss sie sich aber auf den Ausgang des Verfahrens auswirken, darf also nicht abstrakt geltend gemacht werden) vorgenommener Feststellung des Sachverhalts, insb. durch Verletzung des rechtlichen Gehörs oder einer andern bundesrechtlichen Verfahrensvorschrift sowie bei Ermessensüber- oder -unterschreitung resp. Ermessensmissbrauch, ist die Sachverhaltsprüfung zulässig.

     BGE 137 V 71, E. 5.2 betr. Ermessensüberprüfung des Bundesgerichts.

  2. Hinsichtlich der Zusprechung oder Verweigerung von *Geldleistungen* der ***UV*** oder ***MV*** ist *jede unrichtige Sachverhaltsfeststellung* beschwerdefähig (Art. 97 Abs. 2 BGG).

     8C_126/2017 v. 5.9.2017, E. 1.1 betr. eingeschränkte Kognition auch bei Sachleistungen, bei welchen das Kostenvergütungsprinzip zum Tragen kommt; 8C_108/2017 v. 16.8.2017, E. 1.2 betr. eingeschränkte Kognition bei Prüfung der Unterstellungsvoraussetzungen im Fall beanspruchter Geld- 7.111

leistungen; BGE 140 V 136, E. 1.2 betr. eingeschränkte Kognition auch, wenn lediglich die Auszahlungsmodalität einer unbestrittenen Geldleistung der UV/MV (i.c. Waisenrente) streitig ist (keine Anwendung der Ausnahmeregelung von Art. 105 Abs. 3 i.V.m. Art. 97 Abs. 2 BGG).

In allen übrigen Streitigkeiten kann das Bundesgericht nur noch

- *Rechtsfragen* prüfen, wie insb. Statusfragen, adäquater Kausalzusammenhang, Eintretens- und Zuständigkeitsfragen, Auslegung von Gesetzen und Verordnungen, die Frage der Invaliditätsbemessung, der Rechtsbegriffe wie Arbeits- und Erwerbsunfähigkeit, Invalidität, Hilflosigkeit, Zumutbarkeit von Arbeitsleistungen aufgrund der allgemeinen Lebenserfahrung oder prozentuale Aufteilung im Aufgabenbereich, Beachtung des Untersuchungsgrundsatzes, Anwendung der Beweis*würdigungsregeln*, Ermessensfragen und Auslegung unbestimmter Rechtsbegriffe (z.B. erheblich), unvollständige Feststellung rechtserheblicher Tatsachen, Gesichtspunkte über Verwertbarkeit von Restarbeitsfähigkeit.

  9C_541/2017 v. 31.10.2017, E. 3.2 betr. Untersuchungsgrundsatz und Beweiswürdigungsregeln als Rechtsfrage; BGE 141 V 281, E. 7 betr. Würdigung der ärztlichen Feststellungen im Hinblick auf Arbeitsunfähigkeit; BGE 140 V 193, E. 3.3 betr. unter Verletzung von Bundesrecht (Art. 95 lit. a BGG) vorgenommene Feststellung des Sachverhaltes durch die Vorinstanz; BGE 132 V 393, E. 3-4.

7.112 Das Bundesgericht legt seinem Urteil den von der Vorinstanz festgestellten Sachverhalt zu Grunde (Art. 106 Abs. 1 BGG), vorbehalten bleibt eine Berichtigung bei offensichtlicher Unrichtigkeit oder bei Rechtsverletzung. Bei ungenügender Sachverhaltsermittlung bei Leistungsstreitigkeiten erfolgt eine Rückweisung an die Vorinstanz und nicht an den Versicherungsträger.

7.113 Das Bundesgericht ist an die Parteianträge gebunden (Art. 107 Abs. 1 BGG). Der Streitgegenstand kann somit weder ausgedehnt noch eingeschränkt werden, weshalb auch keine reformatio in peius mehr möglich ist.

7.114 Es ergibt sich somit aus der Beschränkung der Sachverhaltsfeststellung, dass das Bundesgericht *nur noch eine Rechtskontrolle* durchführt, d.h. für Rechtsfragen aus dem Bereich des gesamten Bundesrechts und des kantonalen Rechts, nicht jedoch des ausländischen Rechts, zuständig ist.

7.115 *Noven* (neue rechtsrelevante Tatsachen und Beweismittel oder Einreden) sind vor Bundesgericht nicht mehr zulässig, es sei denn, sie hätten sich unmittelbar aus dem vorinstanzlichen Verfahren ergeben, wie z.B. bei neuen Beweisen aufgrund einer gerügten Verletzung des rechtlichen Gehörs oder Nichtbeachten medizinischer Gutachten (Art. 99 BGG). Das gilt auch für die Bereiche UV und MV, wo volle Kognition gegeben ist.

BGE 135 V 194, E. 2-3 betr. generelles Novenverbot auch in der UV und MV, soweit die Noven nicht durch das vorinstanzliche Verfahren begründet werden.

7.116 Das Bundesgericht beruht sachlich auf den abschliessenden Feststellungen der Vorinstanz. Treten neue Tatsachen oder Beweise nach dem vorinstanzlichen Urteil zu Tage, ist die Revision des Urteils das richtige Rechtsmittel. Unzulässig sind auch neue Begehren, weil der Streitgegenstand nicht ausgedehnt, höchstens eingeschränkt werden darf. Hingegen sind neue rechtliche Begründungen oder Anträge anzuhören.

5. Verfahren

Für das Verfahren werden durch das BGG folgende Fragen geregelt: 7.117

- Anwendung des Rechts von Amtes wegen (Art. 106 Abs. 1 BGG), keine Bindung weder an die in der Beschwerde geltend gemachten Argumente noch an die Erwägungen der Vorinstanz.
- grundsätzlich keine aufschiebende Wirkung (Art. 103 BGG),

  8C_451/2010 v. 11.11.2010, E. 4 betr. aufschiebender Wirkung im Falle einer Rückweisung auch während des Abklärungsverfahrens bis zum Erlass der neuen Verfügung.
- schriftlich, elektronisch (Art. 39 und 42 BGG),
- Gerichtskosten auch bei Streitigkeiten über Sozialversicherungsleistungen je nach Streitwert zwischen Fr. 200.– bis Fr. 1'000.– (Art. 65 Abs. 4 lit. a, Art. 66 BGG). Vorbehalten bleibt die unentgeltliche Rechtspflege (Art. 64 BGG). Kostenpflichtig ist grundsätzlich die unterliegende oder die unnötige Kosten verursachende Partei, wobei Bund, Kanton und Gemeinden sowie unter bestimmten Voraussetzungen mit öffentlich-rechtlichen Aufgaben betraute Organisationen davon befreit sind (Art. 66 Abs. 4 BGG).

  BGE 133 V 637, E. 4 betr. keine Befreiung von Gerichtskosten für private Arbeitslosenkassen, deren Träger nicht der Kanton, sondern eine Arbeitgeber- oder Arbeitnehmerorganisation ist.
- Parteientschädigung kann nur die *obsiegende Partei* beanspruchen. Bund, Kantonen und Gemeinden sowie mit öffentlich-rechtlichen Aufgaben betrauten Organisationen wird in der Regel keine Parteientschädigung zugesprochen, wenn sie in ihrem amtlichen Wirkungskreis obsiegen. (Art. 68 BGG).

  9C_475/2009 v. 23.10.2009, E. 3 betr. Anspruch des durch eine Rechtsschutzversicherung vertretenen obsiegenden Versicherten, nicht jedoch eines obsiegenden Sozialversicherers; BGE 129 V 113, E. 4 betr. Willensvollstrecker; BGE 122 V 278, E. 3.e betr. Verbandsvertreter.
- Verletzt eine Partei prozessuale Sorgfaltspflichten, kann ihr die Parteientschädigung entzogen werden.

  BGE 125 V 373, E. 2.b betr. Verletzung von Mitwirkungspflichten, i.c. nicht Geltendmachung einer Rechtsverzögerungsbeschwerde; SZS 2004 151 f.
- Grundsatz der Gleichwertigkeit und Effektivität. Bzgl. der FZA gilt, dass jeder Mitgliedstaat eine Verwaltungsgerichtsbeschwerde in Fristwahrung entgegen zu nehmen und an den zuständigen Staat weiterzuleiten hat (Art. 81 VO [EG] 883/2004). Die Verfahren laufen, vorbehältlich einer VO-Bestimmung, nach innerstaatlichem Recht, welches nicht strenger als andere Verfahren sein darf und auch das EU-Recht in seiner Durchsetzbarkeit nicht erschweren sollte.

E. Die Aufsichtsbeschwerde ans BSV, BAG, seco

7.118 Soweit der Sozialversicherungsträger den gesetzlichen Vorgaben nicht entspricht und kein ordentliches Rechtsmittel zur Verfügung steht, kann jedermann der Aufsichtsbehörde Anzeige erstatten. Diese ist an keine Form gebunden, weil es sich um kein Rechtsmittel handelt. Die Aufsichtsbehörde muss sie nur entgegennehmen und der Anzeiger hat keine Parteirechte. Die Aufsichtsbehörde wird, wenn sie darauf eintritt, Aufsichtsmittel einsetzen. Materiell behandelt wird die Anzeige nur bei wiederholter und wiederholbarer Verfehlung.

Stichwortverzeichnis

B

C

D

E

F

G

H

I

J

K

L

M

N

O

P

Q

R

S

V

W

Z